고전의 쓸모

고전의 쓸모

홍성준 지음

시여비

들어가며

우리에게 책이란 무엇인가

　오래전 인터넷이 널리 보급되고 디지털 출판의 환경이 조성되자 많은 사람은 '종이책'이 사라질 것이라는 전망 또는 우려했다. 그때 필자는 '런던의 말똥과 같은 이야기'라는 말로 반박했다.
　산업혁명으로 인구가 늘어나고 도시가 팽창했다. 당시 대중 운송 수단인 마차도 크게 늘었다. 그런데 도시의 거리에는 마차와 함께 말똥도 넘쳐났다. 19세기 말 영국의 지식인들과 언론은 '20세기가 되면 런던은 3m 두께의 말똥으로 뒤덮일 것이다'라고 걱정했다. 그러나 20세기가 되자 바로 자동차들이 마차를 대신해 거리를 다니게 되었다. 이런 개념을 설명하는 적당한 말로, 유교에서 말하는 '문이재도(文以載道)'라는 것을 생각할 수 있다. '도(道)를 문(文)으로써 실어 나른다'라는 말이다. 조금 더 어려운 개념인 '제행무상(諸行無常) – 세상 모든 일은 한 가지 모습으로만 있지 않다'라는 불교의 개념도 유사한 말이다. 수단은 수단일 뿐 내재한 본질을 대신할 수 없다.
　책도 마찬가지이다. 그것이 대나무 조각에 새겼든, 진흙 판에 새겼든, 붓으로 썼든, 금속활자로 인쇄되었든, 인터넷이라는 가상 공간에 유령처럼 떠 있든 책은 책이다. 중요한 것은 내용(텍스트)이다. 책의 본질인 텍스트가 독자들에게 사랑받는 한 영원할 것이다.

책은 불타서 사라져도 책의 내용은 영원히 남는다. 그런 유명한 사건이 '분서갱유(焚書坑儒)'이다. '분서'는 책을 불사른다는 뜻이고, '갱유'는 '유학자를 구덩이에 산 채로 파묻는다'라는 뜻이다. 기원전 213년 진시황(秦始皇)은 함양궁(咸陽宮)에서 주연을 베풀었다. 이때 참석한 박사 중 제나라 출신인 유학자 순우월(淳于越)이 군현제(郡縣制)에 반대하며 은(殷), 주(周) 시대의 봉건제(封建制 : 封土建國)로 돌아갈 것을 주장했다. 진시황은 다시 천하가 분열되고 전쟁이 일어나는 것을 막고자 했다. 제후(王)에게 땅과 백성을 떼어주는 봉건제를 폐지했고 통일한 전국을 36개 군으로 나누고 각 군에 임명한 태수를 파견해 통치하도록 했다. 그것이 군현제이다. 그런데 순우월이 황제 앞에서 군현제를 반대했다. 그러자 승상 이사(李斯)가 순우월의 주장을 반박했다. "옛것을 배워서 새것을 비방하는 자들은 모두 멸족시키십시오"

이런 사실은 모두 역사의 기록으로 남아 있다. 결국 '협서율(挾書律)'이 제정되었다. 이 법으로 의약(醫藥), 복서(卜筮), 종수(種樹) 등의 실용 도서(詩書)와 박사관(博士官)이 소장하고 있는 제자백가(諸子百家)의 책들을 제외하고, 전국의 군수(郡守)와 군위(郡尉) 등 개인이 소장한 책들을 모두 찾아내 불태웠다. 이듬해인 기원전 212년 후원하던 방술사(方術士) 후생(侯生)과 노생(盧生)이 황제를 비난하고 도망쳤다. 그러자 어사(御史)에게 함양(咸陽)에 있는 유학자를 조사해 황제를 비판한 460여 명을 찾아내 그들을 구덩이에 파묻어 죽였다. 역사에서 책과 관련된 가장 끔찍한 사건 중 하나이다. 이후에도 동서고금을 막론하고 독재 권력은 자신들을 비판하는 책을 쓰거나 출판하고 소지하는 것을 탄압했다. 진시황처럼 실제로 책을 불태우고 저자를 죽인 독재자는 많았다. 그러나 책은 살아남았고 지금도 이 세상의 서가와 우리의 머릿속에 있다. 진시황이 불태워버린 『시경』, 『서경』, 유가와 제자백가의 책, 선진(先秦) 시대의 주옥 같은 글들도 끝내 살아남았다.

"죽어도 잊히지 않는 사람이 오래 사는 것이다"

그렇다면 살아남은 책들은 어떤 이유였을까? 살아남을 수 있는 책의 가치를 결정하는 것은 대개 세 가지이다. 서술된 내용이 공감할 수 있는 생생한 사례가 풍부해야 하고, 이전에 없던 혁신적인 주장이 담겨야 하며, 이것을 확실하게 보증하는 저자의 직간접적 경험이 있어야 한다. 이런 가치를 지닌 책이라면 독자는 정성스럽게 읽고 세상에 그 가치를 알리고 전할 것이다. 이처럼 책의 생명은 가치가 살아 있는 것이다. 생명을 지닌 책은 후대로 계속 전해지며 더 많은 독자가 나타난다. 이들 중에 더 좋은 책을 쓰는 새로운 저자가 나타난다. 한 번도 만나 본 일이 없는 생면부지의 제자라고 할 수도 있다. 이렇게 생명력을 지닌 책은 국경이 없다. 인접 국가뿐만 아니라 전 세계가 보고 기억하기 때문이다. 책은 저자가 살았던 한 시대, 한 나라를 넘어 인류 보편적인 지식과 사상을 담고 있다. 『노자도덕경』에 나오는 "죽어도 잊히지 않는 사람이 오래 사는 것이다(死而不亡者壽 사이불망자수)"라는 대목은 이런 경우를 말하는 것이다. 그러나 아무리 당대의 유명한 베스트셀러라도 시대를 뛰어넘는 생명력을 지닌 책은 많지 않다. 우리는 생명력을 지니고 시대를 뛰어넘어 살아남은 책을 '고전(古典)'이라고 한다. 여기서 거론하는 책은 모두 고전이다. 그렇다면 밤하늘의 별처럼 많고 많은 고전 중에 무엇을 기준으로 선정했는지 밝히고자 한다.

우선 선정된 고전이 지닌 시대와 공간을 초월한 생명력을 보았다. 하지만 시기는 전(前)근대로 한정했다. 대체로 고대부터 19세기 중반까지이다. 다음은 대중적 기호와 정서를 고려했다. 이왕이면 이미 널리 알려진 책이 좋다. 대신에 필자가 느낀 감상을 나누고자 했다. 또 비슷한 가치를 지닌 여러 권 중에서 오로지 이 한 권을 택한 것은 상대적으로 나눌 감상이 풍부하거나 지금 시대에 필요하다고 생각했기 때문이다. 가령, 처음 소개하는 『주역(周易)』은 3경(三經 : 주역, 서경, 시경) 중의 하나인데 굳이 『주역』을 선정한 이유는 저자로 알려진 주문왕이 『주역』을 집필하는 과정에서 나눌 이야기가 많기 때문이다.

  마지막으로 많은 분야에서 높게 평가하는 책을 선정했다. 가령, 『산해경(山海經)』은 지금도 유명한 동양의 신화로 많은 엔터테인먼트 산업이나 게임 산업에서 주목할 만한 가치가 있다. 마찬가지로 사상, 철학, 정치, 문학, 의학, 공학 등의 분야에서 여전히 가치를 인정받고 있고 대중에게 알려진 책들을 골라 소개하고 정리하려 했다. 이러한 책들은 한자(문), 유교(성리학), 불교(선종) 등의 사상과 문화를 공유한 동아시아 국가와 밀접한 관계를 맺어왔다. 이를을 기반으로 많은 문화유산을 보유한 하나의 문명권인 동아시아의 중국, 일본, 베트남의 책들을 정리했다. 전근대 중국인의 인명, 지명, 역사 용어 등은 익숙한 한국식 발음으로 표기했다. 현대 인물은 현재 발음으로 했다. 일본과 베트남은 가능한 현지 발음을 확인해 표기하도록 노력했다. 그리고 작품 배열도 한문(漢文), 당시(唐詩), 송사(宋詞), 원곡(元曲), 명청소설(明淸小說)과 같이 일반적인 문화사 흐름에 맞춰 정리했다. 책이 저술된 시대 또는 책의 내용을 더욱 잘 이해할 수 있게 하기 위해서이다. 한 가지 아쉬운 점은 베트남의 분량이 적은 것이다. 그 이유는 한국에 소개된 베트남의 책이 많지 않기 때문이다. 아마도 한국이 베트남에 큰 관심이 없기 때문일 수도 있다. 이 책을 계기로 베트남 책들이 한국에 많이 소개되기를 바란다.

  『역사의 쓸모』를 통해 정말 고전을 읽는 재미를 느끼길 바란다는 말로 서문을 마치고자 한다. 여기 소개한 책이 그 길의 길라잡이가 되길 소망한다. 땀 흘려 일하는 이 땅의 건강한 사람들이 책을 많이 읽기 희망한다.

  이 책을 내기까지 큰 도움을 주었던 세 사람에게 반드시 고마운 나의 마음을 전하고 싶다. 먼저 언제나 나의 글을 최초로 읽고 가치를 인정해 주저함 없이 출간을 결정해준 레인북 출판사 대표이다. 그리고 이번 책에 거론된 동아시아 지역을 함께 여행하며 책 바깥의 세상에 눈뜨게 해준 이영태, 김정아에게도 고마움을 전한다.

홍성준 씀

추천의 글

동양 인문학의 정수를 꿰뚫은 고전의 길잡이

『고전의 쓸모』는 가히 동양 인문학의 정수를 꿰뚫는 고전의 길잡이라고 평할 수 있다.

최근 돈을 중시하는 금융자본주의가 세상을 풍미하고 있는 탓에 인간과 노동의 가치에 대한 상실이 우려되는 때, 단비와 같은 책이 아닐 수 없다.

대학에서도 많은 학생들이 고전을 제대로 읽지 못하고 한 시절을 보내는 경우가 허다하다. 그래서 내가 머물고 있는 대학에서도 인문사고 역량강화라는 프로그램을 통해 우격다짐으로 고전시리즈를 탐독할 수 있는 기회를 주고 있기도 하다.

옛 선인들의 글을 읽다보면 많은 부분 동양의 고전을 통해 현실을 돌아보면서 세태를 풍자했던 구절을 종종 접하곤 한다. 그렇기 때문에 동양 인문학에 대한 성찰 없이 옛글을 접하다가는 오역(誤譯)을 범하기 일쑤이다. 그럼에도 번번이 동양의 고전에 대한 입문서가 없었던 것이 오늘날의 실태였다.

개인으로서 한 인간이 겪는 경험은 매우 제한되어 있다. 하지만 인류의 다양한 경험이 축적되어 있는 고전을 마주하다보면 자신의 존재를 키워나갈 수 있다. 인문학을 통해 자신의 정체성을 깨닫고 내가 무엇을 해야 할 것인가에 대한 실마리를 얻을 수 있게 된다. 그러한 과정 속에서 올바른 인식들은 지켜나가고 그른 것들은 냉혹한 반성을 통해 엄격하게 채근해야만 성숙한 존재로 거듭날 수 있다. 이 책이 현 시점 우리가 어디에 있는지를 돌아보면서 과거의 인식을 통해 우리가 어디로 가야 할 것인가에 대한 미래의 좌표를 설정해줄 것으로 믿어 의심치 않는다.

 내가 필자를 만난 것은 여러 해 전 경제 관련 시민단체를 통해서인데, 그동안 필자가 보여주었던 인문학에 대한 해박한 지식은 나를 놀라게 한 적이 한두 번이 아니었다. 이번 『고전의 쓸모』는 중국과 일본뿐만 아니라 베트남의 서적까지 망라해 유교, 불교 및 다양한 사상을 포괄하고 있어 필자의 박학다문한 면모를 십분 잘 보여주고 있다.

동아시아비교문화연구회 회장·건국대 교수
홍성화

차례

004 들어가며 책이란 나에게 무엇인가

1부 중국, 천하의 문장들

1장_혼돈에서 인간의 질서를 세우다 '경천위지(經天緯地)'

022 인내, 포용, 극복의 정치 『주역(周易)』

031 꿈과 환상의 세계 『산해경(山海經)』, 아픈 내 몸속 세상 『황제내경(黃帝內經)』

041 나라에 반역하고 부모를 살해하려는 자는 두려울 것이다 『춘추(春秋)』

059 병법의 요체는 상대를 속이는 것에 있다 『손자병법(孫子兵法)』

075 인의를 해치는 자는 왕이 아니라 하찮은 놈이니 죽여라 『맹자(孟子)』

086 쓸모 있는 것과 없는 것 사이를 자유롭게 거닐던 『장자(莊子)』

090 법을 무시하고 음모가 난무하며, 외세에 의존하는 나라는 망한다 『한비자(韓非子)』

104 약자와 함께하는 것이 의로움이다 『묵자(墨子)』

106 모든 사람이 다 취해있는데 나만이 홀로 깨어 있어서 쫓겨나게 되었노라 『어부사(漁父辭)』

115 이 책에서 한 글자라도 고칠 수 있다면 천금을 주겠다 『여씨춘추(呂氏春秋)』

2장_더욱 깊어지고 한계를 넘어서다 '문질빈빈(文質彬彬)'

122 천하의 울분을 모아 터트린 『사기(史記)』

130 국가가 산업과 시장을 통제하는 것은 옳은가 『염철론(鹽鐵論)』

136 풍채와 골격을 갖춘 시와 문장으로 한 시대를 풍미했던 '조조(曹操) 3부자'

142 눈물로 읽는 시 '비분시(悲憤詩)'

146 다섯 말의 쌀을 위하여 향리의 소인(小人)에게 허리를 굽힐 수 없다 '도연명(陶淵明)'

149 누구나 춤추듯이 가볍게 하늘로 날아오르는 신선이 되는 길 『포박자(抱朴子)』

154 불타지 않는 혀를 남긴 번역가 '구마라집(鳩摩羅什)'

163 중생의 마음이 바로 대승이다 『대승기신론(大乘起信論)』

167 중국에서 인도까지 구법 여행 『대당서역기(大唐西域記)』

173 단 한 번의 깨달음으로 누구나 부처가 된다 『육조단경(六祖壇經)』

180 제왕학의 요체 『정관정요(貞觀政要)』

182 실용적인 과학·기술 『구장산술(九章算術)』, 『사시찬요(四時纂要)』, 『다경(茶經)』

187 시 두 구절을 삼 년 만에 얻어 읊어 보니 두 줄기 눈물 흐르네 '찬란한 당시(唐詩)의 세계'

209 사람은 어떻게 할 수 없는 후에야 말을 하게 되고, 시는 곤궁할수록 더욱 공교해진다 '당송팔대가(唐宋八大家)'

226 『장자』 한 권 읽는 것보다 이 『적벽부(赤壁賦)』 단 두 편을 읽는 것이 더 낫다

239 노래로 부르기 위해 쓰는 시 '사(詞)'

258 한문을 잘 아는 선비도 10년을 꼬박 읽어야 한다 『자치통감(資治通鑑)』

263 수양과 학문을 하는 이유 『대학장구(大學章句)』

3장_흐트러진 것은 다시 바로잡아야 한다 '경장(更張)'

272 억울하게 죽은 여인의 원한 이야기 『두아원(竇娥冤)』, 죽음을 초월한 사랑 이야기 『모란정(牡丹亭)』

277 천년의 시간을 넘어 영웅들의 이야기로 재탄생한 『삼국지연의(三國志演義)』, 반란의 이야기로 마오쩌둥을 사로잡은 『수호지(水滸誌)』

288 먼 여행 떠났던 아들을 기다리는 어머니에게 드린다 『서하객유기(徐霞客遊記)』

293 칼싸움에 고수 왜구를 조직의 힘으로 격파하라 『기효신서(紀效新書)』

302 백성을 위한 과학책 『무원록(無冤錄)』, 『천공개물(天工開物)』, 『본초강목(本草綱目)』

309 생각하지 않고도 알고, 배우지 않고도 할 수 있는 것은 내 마음속 양지(良知) 때문이다 『전습록(傳習錄)』

316 '해서(海瑞)', 황제를 탄핵하다

323 나이 50에 혼자 짖는 개가 되었다 『분서(焚書)』

328 천하에 평온한 땅이 없는 것은 모두 군주 때문이다 『명이대방록(明夷待訪錄)』

331 요괴와 사랑에 빠지다 『요재지이(聊齋志異)』

332 '서화보(書畫譜)'로 그림을 읽고 배우다.

335 우리 기독교의 하느님이 곧 유교의 상제님이시다 『천주실의(天主實義)』

341 절대권력을 가진 황제와 반역을 꿈꾼 지식인의 맞짱 토론 『대의각미록(大義覺迷錄)』

346 구멍이 뚫린 하늘을 메우려다 남은 돌멩이 하나가 지상에 떨어져 누린 일장춘몽 『홍루몽(紅樓夢)』

349 서세동점의 시대, 오랑캐를 본받아 오랑캐를 제압하자 『해국도지(海國圖志)』

2부 일본, 천황을 위한 역사

1장_일본열도에서 문명이 시작되다 일본식 변화 '와후(和風)'

356 한반도에 대한 병적인 집착의 출발 『일본서기(日本書紀)』

368 순수하고 진실한 고대의 노래 『만엽집(万葉集)』

374 눈이 먼 노승 '감진(鑑眞)', 불법을 전하고자 바다를 건너다

378 헤이안 시대 귀족들의 감수성 『고킨와카집(古今和歌集)』

385 세상에서 가장 완벽한 남자 히카루 겐지의 다채로운 사랑과 빛나는 영화
그리고 허무한 죽음을 노래한 이야기 『겐지 모노가타리(源氏物語)』

390 『겐지 모노가타리』와 함께 궁중 여성문인의 대표작 『마쿠라노 소시(枕草子)』

392 심심하여 마음에 떠올랐다 사라지는 시시한 것들을 썼다 『쓰레즈레구사(徒然草)』

394 말세에는 다른 것 다 필요 없다, 오직 '나무아미타불'만 염불하면 극락간다 '호넨(法然)'

405 군기 모노가타리의 대표작 『헤이케 모노가타리(平家物語)』

409 요괴와 원령 천국의 출발

2장_풍요의 시대, 에도(江戶) 시대의 문화

416 '퇴계 선생에게 배웠소', 하야시 라잔(林羅山)의 주자학 입문서 『삼덕초(三德抄)』

428 효(孝)를 강조한 일본 양명학의 시조 '나카에 도주(中江藤樹)'

430 주자학 이전의 성인의 도로 되돌아 가자, 고학(古学)의 '오규 소라이(荻生徂徠)'

435 이상한 유학자 그룹 미토학파가 일본역사를 정리했다 『대일본사(大日本史)』

439 온 우주를 담는 단 한 줄의 시어 하이쿠의 명인 '마츠오 바쇼(芭蕉)'

444 여자 3,742명과 남자 725명을 상대로 온갖 섹스 행각을 벌인 호색한의 인생을 그린 소설 『호색일대남(好色一代男)』

447 최고의 괴담소설 『우게쓰 모노가타리(雨月物語)』

449 에도 시민을 열광시킨 가부키만 뽑았다 『가부키 18번집(歌舞伎十八番集)』

452 47명의 사무라이가 저지른 복수극 『가나데혼주신구라(仮名手本忠臣蔵)』

454 서양의학을 배우다 『난학사시(蘭学事始)』

460 위험한 일본의 시작 '국학(国学)'

465 일본의 바다를 지켜라 '해방론(海防論)'

469 위험한 사상 정한론(征韓論)과 대동아공영권(大東亞共榮圈)을 만든 '요시다 쇼인(吉田松陰)'

3부 베트남, 승리의 노래
남국의 산하에 오색구름이 찬연하게 피오르다

478 우리는 천년 숙적 중국을 격퇴했다 『평오대고(平吳大誥)』

503 베트남의 건국 신화와 전설, 민담의 세계 『영남척괴열전(嶺南拓怪列傳)』

505 쯔놈 시의 여왕 '호 쑤언흐엉(胡春香)'

509 조선의 사신 이수광과 필담을 나누다 '풍 각코안(馮克寬)'

514 마치며

516 참고문헌

520 찾아보기

1부

중국, 천하의 문장들

중국 고전의 탄생과 배경

중국	책의 탄생과 그 배경	한국
삼황오제 (三皇五帝)	• 삼황 : 복희(伏羲), 여와(女媧) 또는 수인(燧人), 신농(神農) • 오제 : 황제(黃帝), 전욱(顓頊), 제곡(帝嚳), 당요(唐堯), 우순(虞舜) • 『황제내경(黃帝內經)』, 『산해경(山海經)』 등	고조선
하(夏)	• B.C. 2070~1600년경 • 왕조의 출현 : 선양제가 없어지고 상속제에 의한 왕위 계승	
은(殷) 또는 상(商)	• B.C. 1600~1046년 • 하남성 은허(殷墟) 유적 발굴, 갑골문(甲骨文) 사용	
주(周)	• B.C. 1046~256년 • 섬서성 시안(西安) 북쪽 호경(鎬京)에 초기 서주(西周) 도읍, 종법제와 봉건제 실시 • 『주역(周易)』, 『시경(詩經)』 등	
춘추(春秋)시대	• 주나라의 하남성 낙양(洛陽)으로 동천(東遷), B.C. 770~403년 • 춘추 5패(五霸) : 제(齊)나라의 환공(桓公), 진(晉)나라의 문공, 초(楚)나라의 장왕, 오(吳)나라의 왕 합려, 월(越)나라의 왕 구천 • 『노자도덕경(老子道德經)』, 『춘추(春秋)』, 『논어(論語)』, 『손자병법(孫子兵法)』 등	
전국(戰國)시대	• B.C. 476(또는 403년)~221년 • 전국 7웅 : 제(齊), 초(楚), 연(燕), 한(韓), 조(趙), 위(魏), 진(秦) • 제자백가의 유세 활동 • 『맹자(孟子)』, 『장자(莊子)』, 『묵자(墨子)』, 『손빈병법(孫臏兵法)』, 『초사(楚辭)』, 『한비자(韓非子)』, 『여씨춘추(呂氏春秋)』 등	
진(秦)·한(漢)	• 진의 천하통일(B.C. 221~206년) : 황제 등장, 군현제 실시 • 초한 전쟁 5년 : 〈대풍가(大風歌)〉의 유방과 〈해하가(垓下歌)〉의 항우의 대결, 유방의 승리와 한의 건국 • 한나라 B.C. 202~220년, 중간 왕망의 신(新)나라 15년에 의해 전한(前漢)과 후한(後漢)으로 나뉨 • 문경의 치 40년 번영, 흉노와 40년 전쟁과 실크로드 확보, 유교의 국교화, 훈고학·경학 연구, 불교 전래, 고문이란 문체가 발달 • 『과진론(過秦論)』, 『사기(史記)』, 『염철론(鹽鐵論)』 등	고조선의 멸망, 삼한과 부여 등 여러 나라 등장

위진남북조 (魏晉南北朝)	• 221~589년의 혼란기 : 한나라 멸망 후 위·촉·오 삼국시대, 이후 통일한 진(晉)이 곧 팔왕의 난과 영가의 난으로 멸망, 북방은 북방의 5개 민족국가 쟁탈을 하다가 북위(北魏), 이후 동(北齊)서(北周)로 분열)가 등장, 남방은 한족의 동진(東晉)·송(宋)·제(齊)·양(梁)·진(陳)의 왕조가 이어서 등장 • 북위와 북주의 율령제와 균전제 등 개혁, 북방 민족과 한족의 융합으로 호한체제 등장 • 도교와 불교의 국교화, 시문학과 회화, 서예 발전 • 건안 문학, 지괴소설 『포박자(抱朴子)』, 도교 경전 『대승기신론(大乘起信論)』과 불경 번역, 〈귀거래사(歸去來辭)〉 등	삼국 시대 : 고구려, 백제, 신라
수(隋)·당(唐)	• 수(581년 ~ 618년) : 약 400년 만에 통일제국, 과거제 실시, 대운하 개통, 고구려 침략과 실패로 인한 멸망 • 당(581년 ~ 618년) : 세계제국으로 발전, 토지세·요역·특산물 부과 제도인 조용조 실시, 정관의 치와 개원의 치, 무주혁명 15년 동안 여성 황제 등장, 과거제 발달로 관료의 군사 귀족 집단에서 문인 사대부로 세력 교체, 당시(唐詩)의 완성과 확산, 고문운동, 이후 당송팔대가(唐宋八大家) 등 • 『정관정요(貞觀政要)』, 『대당서역기(大唐西域記)』, 『육조단경(六祖壇經)』, 『다경(茶經)』 등	삼국 시대, 신라와 발해
오대십국(五代十 國)·북송(北宋)	• 오대십국(907년~979년) : 중원지역의 전통왕조인 후양(後梁)·후당(後唐)·후진(後晉)·후한(後漢)·후주(後周)를 5대라고 한다. 주변의 10개 지방정권인 오(吳)·남당(南唐)·오월(吳越)·민(閩)·형남(荊南)·초(楚)·남한(南漢)·전촉(前蜀)·후촉(後蜀)·북한(北漢)을 10국이라 말한다. 후진의 석격당이 거란에게 연운 16주(오늘날 북경 일대)를 바치고 지원받아 건국한 사건과 사(詞) 문학이 남당과 촉에서 발달한 것이 중요 • 북송(960~1127년)에서는 문인 사대부에 의한 정치, 거란으로부터 연운16주 탈환 실패와 전연의 맹 등으로 배타적이고 국수주의적 문화 발달, 개혁을 둘러싼 구법당과 신법당의 당쟁 등의 사건이 중요, 도시 서민문화 발달 • 당송팔대가, 사 문학 발달, 성리학의 발달 등 • 〈추풍사(秋風辭)〉, 〈적벽부(赤壁賦)〉 『자치통감(資治通鑑)』, 〈심심멱멱(尋尋覓覓)〉, 〈청명상하도(淸明上河圖)〉 등	고려
남송(南宋)·금(金)	• 북방의 거란을 멸망시킨 여진족의 금(1115~1234년)나라가 남하해 정강의 변을 일으킨 후, 남송(1127~1279년)과 대치한 시기, 금과 남송은 소홍화의로 공존한 것, 주자학을 탄압한 경원위학의 금이란 사건이 중요 • 주자의 『사서집주(四書集註)』, 왕중양(王重陽)의 전진교(全眞敎) 창립, 육유(陸游)의 시 10,000수 등	

원(元)	• 북방 초원과 유라시아의 주요 지역을 장악한 몽골족이 중국을 정복해 세운 왕조(1271~1368년)로 민족 차별과 한족에 대한 잔혹한 탄압으로 100년을 채우지 못하고 한족의 봉기에 쫓겨 몽골 지방으로 패퇴 • 희곡(戱曲) 발달 : 관한경(關漢卿) 활동 등	고려
명(明)	• 명나라(1368~1644년)는 정치적으로는 몽골의 원을 몰아내고 세운 왕조이기 때문에 민족주의적이고, 농업경제를 중시했고, 일세일원(한 황제 재위 동안 한 개 연호만 사용)을 하는 황제의 독재, 대외적으로 북방의 몽골 세력과 동남방의 왜구, 내부적으로는 황제와 환관 세력의 부패와 전횡이 심각한 상태, 경제·사회·문화적으로 큰 번영, 관학의 주자학에 대항해 양명학 발전, 가톨릭의 본격적인 전래, 대중(통속)소설의 발달 등 • 『삼국지연의(三國志演義)』, 『수호지(水滸志)』, 『서하객유기(徐霞客遊記)』, 『영락대전(永樂大全)』, 『기효신서(紀效新書)』, 『전습록(傳習錄)』, 『분서(焚書)』, 『천주실의(天主實義)』, 『요재지이(聊齋志異)』, 『명이대방록(明夷待訪錄)』 등	조선
청(淸)	• 만주족의 청(1636~1912년)이 이자성의 반란과 오삼계의 배신으로 산해관을 넘어서 중국을 지배했고, 중국 역사상 최대 영토를 확보했던 '통일적 다민족국가(현대 중국이 내세우는 국가론)'의 모델이다. 강희제·옹정제·건륭제 재위 기간이 최전성기였고, 1840년 아편전쟁 이후 외세의 침략에 시달리다가 1911년 공화제를 표방한 신해혁명에 의해 멸망했다. 고증학과 춘추공양학 등이 발달했다. • 『강희자전(康熙字典)』, 『대의각미록(大義覺迷錄)』, 『사고전서(四庫全書)』, 『홍루몽(紅樓夢)』, 『해국도지(海國圖志)』 등	

1장

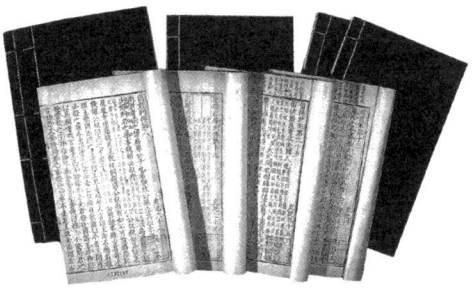

혼돈에서 인간의 질서를 세우다
'경천위지(經天緯地)'

인내, 포용, 극복의 정치 『주역(周易)』

『주역』이라는 아주 오래된 책이 있다. 이 책이 언제 만들어졌는지는 정확히 모른다. 다만, 저자로 주(周)나라(BC 1046~771년)의 시조로 알려진 문왕(文王)이 많이 거론되어 왔다. 성은 희(姬), 이름은 창(昌)이다. 주나라는 원래 상(商 또는 은殷)나라가 책봉한 서쪽에 있는 작은 제후국(지금의 섬서성陝西省 기산岐山)이었다. 당시 희창은 서쪽의 백작이라는 뜻의 서백(西伯)이란 작위에 있었다.

후대의 유명한 역사가 사마천(司馬遷)은 참기 힘든 고난과 치욕을 견디고 탄생한 발분(發憤, 억울한 일을 당해 분한 마음이 일어나 씀)의 명저들을 거론한 바 있다. 바로 천하를 주유했던 공자(孔子)의 『춘추(春秋)』, 추방된 굴원(屈原)의 『이소(離騷)』, 실명한 좌구명(左丘明)의 『국어(國語)』, 다리 잘린 손빈(孫臏)의 『병법』, 촉(蜀)으로 쫓겨난 여불위의 『여씨춘추(呂氏春秋)』, 진(秦)나라 감옥에서 죽은 한비자의 『한비자(韓非子)』, 그리고 『주역』이다.

당시 주문왕은 성인으로 칭송받던 군주였고, 천하의 민심이 그에게 쏠리고 있었다. 그러자 상나라의 마지막 왕인 주왕(紂王)이 그를 조가(朝歌, 당시 수도)로 소환해 유리(羑里)라는 감옥에 가두었다. 주왕은 폭군으로 유명하다. 주지육림(酒池肉林, 술로 연못을 만들고 고기로 숲을 이룬 쾌락의 파티)과 포락지형(炮烙之刑, 기름을 바른 구리 기둥을 숯불 위에 걸쳐 달군 후, 그 위로 죄인을 맨발로 건너가게 하는 형벌)이라는 고사성어도 주왕에게서 유래한다. 주왕은 하(夏)나라의 마지막 왕인 걸왕(桀王)과 함께 '걸주'라고 불리는 폭군의 영원한 대명사이다. 이런 주왕이 주문왕의 장남 백읍고(伯邑考)를 죽여 탕으로 만들어 주문왕에게 먹기를 강요했다. 주문왕이 결국 그 탕을 먹자, "성인은 사람을 안 먹는다는데, 네가 그러고도 성인이냐?"라며 조롱과 모욕을 주었다. 그렇게 주문왕은 7년을 유리 감옥에 갇혀 있었다. 이때 절망 속에도 무너지지 않고 인내하며 옥중에서 쓴 책이 『주역』이다. 이후 미녀와 보물을 바치고 풀려났다. 그리고 자신의 영지에서 가장 비옥한 지역을 바치면서까지 잔인한 포락지형을 폐지해달라고 주왕에게 청원했다. 복수가 아니라 천하 만민의 생명과 인권을 보호하기 위해서였다. 결국 주왕의 허락을 받아 내었다. 이처럼 주문왕은 절망속에서 『주역』을 집필했고 악형 폐지를 이끈 극복의 정치를 보여주었다. 강상(姜尙, 일명 강태공)을 등용하기도 했다. 강상은 휘어있지 않은 낚싯바늘로 낚시하며 세월을 보내고, 나이 70세에 왕의 스승이 되었다는 전설적인 인물이다. 훗날 상나라를 멸망시키는 정벌 전쟁에서 크게 활약했다. 문왕이 죽은 후에 둘째 아들 무왕(武王)이 주왕을 정벌하고 천자(天子, 천명을 받아 왕이 된 자)가 되었다. 그리고 아버지를 문왕으로 추증(나라에 공로가 있는 사람에게 죽은 뒤에 품계를 높여주는 일)했다.

주나라는 목야대전(牧野大戰)으로 상나라를 멸망시켰다. 이미 포악한 정치를 하는 상나라는 천하의 민심이 떠난 상태였다. "상나라 주왕의 군사는 비록 수는 많았지만, 모두 싸울 마음이 없어 마음속으로는 주무왕의 군대가 빨리 쳐들어오기를 바라였다.", "주왕의 병사들이 모두 병기를 거꾸로 들고 싸우면서 주무왕에게 길을 열어주었다"라는 기록이 사마천의 『사기(史記)』에 있다. 상나라를 멸망시키는 데는 잔인한 주왕과 일부 권력자를 제거하는 것만으로도 충분했다. 이후 주무왕은 많은 상나라 유민(遺民)을 포용해 그들이 송(宋)나라(중국 하남성 상구商丘)를 세우게 했다. 송나라는 춘추 시대(BC 286년)까지 존속했다.

중국의 고대국가 중 가장 이상적인 국가로 인정받는 나라는 하나라, 은나라, 주나라였다. 흔히 '삼대(三代)'라고 표현한다. 공자(孔子)는 이중 예(禮)와 악(樂)으로 나라를 다스린 최고의 문명국가는 주나라이며, 문화의 영원한 전범(典範 본보기가 될 만한 모범)이라고 평가했다.

『주역』은 글자 그대로 보면 주나라의 '역'이라는 의미이다. 그렇다면 역(易)은 무엇일까? 중국과 동아시아의 '대성인(大聖人)', '만세사표(萬世師表, 영원한 인류의 스승)'라고 불리는 공자도 『주역』을 매우 좋아해 '위편삼절(韋編三絶, 책을 묶은 끈이 3번 끊어졌다)'이라는 고사성어가 생겼다. 『주역』은 유교의 3대 경전(주역, 서경, 시경) 중 하나로 평생 공부하고 숭배도 해야 하는 책이기도 하다.

일반적으로 책 제목에 '경(經)'이 있으면 영원불변의 진리를 담은 책을 말한다. 주로 성인의 언행을 담고 있고, 후대에 지극한 숭배와 연구의 대상이 되는 책이기도 하다. 한(漢)나라 때까지는 '○○경'이라 표명한 책이 많다. 이후 이 '경'을 연구하는 학문과 사상이 발달한다.

반면에 '경'이 붙은 책은 오래된 책이고 내용이 어렵다는 의미와 같다. 그래서 이 '경'을 해설한 책이 필요했다. '경'을 해설한 책을 '전(傳)'이라고 한다. 이 '전'은 한 인물에 대한 생애, 업적, 일화 등을 다룬 전기를 의미하기도 한다.*

우리는 『주역』을 점칠 때 사용하는 책으로 알고 있다. 하지만 동아시아에서 『주역』을 공부하고 숭배했던 역사 속 많은 성인, 현자, 지식인은 모두 점쟁이일까? 그 의문의 답을 찾아보자.

『주역』은 64개의 괘(卦)라는 부호를 만들어 눈으로 볼 수 있는 우리 주변의 천지 만물과 자연현상을 설명하는 책이다. 기본은 양효(陽爻 / 또는 强爻 : ─)와 음효(陰爻 / 또는 柔爻 : ─ ─)라는 부호이고, 이 부호를 하나씩 사용해서 결합하면 4가지 변화를 만들 수 있다. 여기에 다시 한 개의 부호를 더 하면 3회의 8개의 괘(卦)가 완성된다. 팔괘는 건(乾:☰), 곤(坤:☷), 진(震:☳), 손(巽:☴), 감(坎:☵), 이(離:☲), 간(艮:☶), 태(兌:☱)로 구성되어 있다. 이것은 하늘, 땅, 번개, 바람과 같은 자연현상을 의미하기도 하고, 방향을 의미하기도 하며, 인간의 신체나 성질, 동물을 의미하기도 한다.

괘(卦)	자연	인간	신체	동물	성질	방위
건(乾)	天	父	머리	말	健	北西
곤(坤)	地	母	배	소	順	南西
진(震)	雷(천둥)	長男	발	용	動	東
손(巽)	風/木	長女	사타구니	닭	入	南東
감(坎)	水/雨	中男(차남)	귀	돼지	險	北
이(離)	火/日/電(번개)	中女(차녀)	눈	꿩	麗	南
간(艮)	山	小男	손	개	止	北
태(兌)	澤	小女	입	양	悅	西

　지금도 한의학, 풍수지리, 중국 무술의 유명한 팔괘장, 그리고 한국의 태극기 등에서 여전히 쓰이고 있는 개념이다. 처음 이 팔괘를 만든 사람은 동아시아의 창세기를 열었던 3명의 신인(神人) 중 한 명인 복희씨(伏羲氏)이다. 복희씨의 모습은 '국립중앙박물관 중앙아시아실(실크로드의 도시국가들)'에 가면, 컴퍼스와 자를 들고 뱀의 모습으로 여동생인 여와(女媧)와 함께 엉켜있는 벽화를 볼 수 있다. 이렇듯 팔괘는 동아시아의 보편적인의 문화였다.

　그러나 이 팔괘만으로는 복잡하고 어려운 사건이나 상황을 만나면 이해하거나 설명하기 어렵다. 그래서 이 팔괘를 2번씩 중첩해 총 64개의 괘를 만들었다. 그것이 64괘이다.

상괘 하괘	천天 ☰	택澤 ☱	화火 ☲	뇌雷 ☳	풍風 ☴	수水 ☵	산山 ☶	지地 ☷
천天 ☰	건위천 乾爲天	택천쾌 澤天夬	화천대유 火天大有	뇌천대장 雷天大壯	풍천소축 風天小畜	수천수 水天需	산천대축 山川大畜	지천태 地天泰
택澤 ☱	천택이 天澤履	태위택 兌爲澤	화택규 火澤睽	뇌택귀매 雷澤歸妹	풍택중부 風澤中孚	수택절 水澤節	산택손 山澤損	지택림 地澤臨
화火 ☲	천화동인 天火同人	택화혁 澤火革	이위화 離爲火	뇌화풍 雷火豊	풍화가인 風火家人	수화기제 水火旣濟	산화비 山火賁	지화명이 地火明夷
뇌雷 ☳	천뢰무망 天雷无妄	택뢰수 澤雷隨	화뢰서합 火雷噬嗑	진위뢰 震爲雷	풍뢰익 風雷益	수뢰둔 水雷屯	산뢰이 山雷頤	지뢰복 地雷復
풍風 ☴	천풍구 天風姤	택풍대과 澤風大過	화풍정 火風鼎	뇌풍항 雷風恒	손위풍 巽爲風	수풍정 水風井	산풍고 山風蠱	지풍승 地風升
수水 ☵	천수송 天水訟	택수곤 澤水困	화수미제 火水未濟	뇌수해 雷水解	풍수환 風水渙	감위수 坎爲水	산수몽 山水蒙	지수사 地水師
산山 ☶	천산둔 天山遯	택산함 澤山咸	화산여 火山旅	뇌산소과 雷山小過	풍산점 風山漸	수산건 水山蹇	간위산 艮爲山	지산겸 地山謙
지地 ☷	천지비 天地否	택지췌 澤地萃	화지진 火地晋	뇌지예 雷地豫	풍지관 風地觀	수지비 水地比	산지박 山地剝	곤위지 坤爲地

 이렇게 만든 64괘를 통해 사건과 현상을 이해하고 길흉(吉凶)을 가늠하는 것이다. 이때 중요한 것은 해석이다. 하나의 괘를 전체적으로 해석하는 괘사(卦辭)가 64개 있고, 이 괘를 구성하는 각각의 6효를 따로 해석하는 384개의 효사(爻辭)가 있다. 전체 64괘를 모두 설명하긴 어렵지만 맨 처음 등장하는 건위천(乾爲天☰) 괘를 잠시 보자. 상괘(上卦) 천(天)과 하괘 천이 합쳐진 것이다. 이 괘사를 구성하는 원문의 내용은 이렇다.

"하늘은 으뜸이며 형통하고 이롭고 바르다. 드러난 모양을 설명하면 크고 으뜸이다. 만물은 이것에서 시작한다. 하늘의 도를 통솔하고(乾 元享. 利貞. 彖曰 大哉乾元 萬物資始. 乃統天 건 원형. 이정. 단왈 대재건원 만물시원. 내통천) … 드러난 모양을 보면 하늘의 운행은 강건하다. 군자는 이로써 스스로 쉬지 않고 힘을 쓰는 것이다. 물에 잠겨있는 용이니 쓰지 마라.(象曰 天行健. 君子以自强不息. 潛龍勿用 단상왈 천행건. 군자이 자강이불식. 잠룡물용) … 초구(6효 중 맨 아래)는 물에 잠겨있는 용이니 쓰지 마라. 드러난 모양을 보면 물에 잠겨있는 용이니 쓰지 말라는 것은 아직 햇볕(땅) 아래 숨어 있는 것이다. 다음 효(九二 : 6효 중 밑에서 2번째)의 모양을 보면 땅 위로 드러난 용은 대인을 만나 이롭다. 드러난 모양을 보면(初九 潛龍 勿用. 彖曰 潛龍勿用 陽在下也. 九二 見龍在田 利見大人. 彖曰 초구 잠룡 물용. 단왈 잠룡물용 양재지야. 구이 견룡재견 이견대인. 전단왈) …"

전체적인 설명과 각각의 효를 맨 아래부터 차례로 설명하는 방식으로 구성되어 있다. 괘사의 문장과 괘사를 보는 방법을 보면 주문왕은 『주역』에서 '지금의 이 고통으로 모든 것이 끝나지는 않으며 즐거움도 영원하지는 않다'라고 말하는 듯하다. 즉 고난 속에서 자신을 위로하고 지나친 방종과 쾌락을 조심하고 경계하라는 의미처럼 들린다.

주요한 내용은 살면서 마주하는 다양한 상황을 '음과 양'으로 나누어 설명한다. 그 음양은 대부분 다른 성질로 대립하는 모습이지만 다시 그 음양은 바뀐다는 것이다. 이것이 주역의 원리인데 여기서 실천 윤리, 정치 철학, 자연법칙 등을 찾는 연구를 한다.

가령, 앞에 인용한 건위천 괘의 원문에 나오는 '원형리정(元亨利貞)'은 후대 성리학(性理學)에서 중요한 철학적 개념으로 발전했다. 이 원형리정은 짧게 말하면 천도(天道)의 네 가지 덕(德)이다. '원'은 봄이며 만물의 시초로 인(仁)을 의미하고, '형'은 여름이며 만물이 자라는 예(禮)를 의미하고, '이'는 가을이고 만물이 이루어지는 의(義)가 되고, '정'은 겨울이며 만물이 거두어져 지(智)를 의미한다. '자강불식(自强不息)'은 군자의 수양에서 중요한 덕목으로 강조되어왔고 지금도 많은 서예 작품에서 주요한 주제로 등장한다. 이렇게『주역』은 학문과 예술적 가치를 지니며 중국과 동아시아에서 수천 년 동안 이어져 왔다.

주역의 원리를 표현하는 말로 '궁즉변 변즉통(窮則變 變則通)'이란 말이 자주 쓰인다. 이 전체 문장은 '역은 궁하면 변하고 변하면 통하고 통하면 영원하다. 이로써 하늘이 도와 길하며 이롭지 않음이 없다(易, 窮則變, 變則通, 通則久, 是以自天祐之, 吉无不利)' 이다. 이 십익은 공자가 서술했다고 하지만 정확히 알 수 없다. 이 말은『계사전(繫辭傳)』에서 기원한다.『주역』을 해석한 책들을 모두 '십익(十翼)'이라 한다. 십익의 책 모두를 소개하면『단전(彖傳)』상하(上下),『상전(象傳)』상하,『계사전(繫辭傳)』상하,『문언전(文言傳)』,『설괘전(說卦傳)』,『서괘전(序卦傳)』,『잡괘전(雜卦傳)』이다. 이 중에 가장 유명한 책이『계사전(繫辭傳)』이다. 앞서 인용한 원문에서 본 '단(彖)'과 '상(象)'도 모두 십익의 해설서 중 하나의 해석이다.

『주역』을 공부하지 않은 사람은 확실한 의미를 이해하기 어렵다. 위대한 성인과 대학자도 평생 공부하는 것이『주역』이다. 백전백승의 이순신 장군도『주역』으로 늘 점을 쳤다고 한다. 점은 굳이 주나라 때처럼 서죽(筮竹, 점을 치는 50개의 대나무 조각)과 그것을 넣고 흔들 산통(算筒)을 준비할 필요는 없다. 동전이나 주사위만으로도 충분하다. 그러나 거의 맞지 않는 경우가 많다.

끝으로『주역』해설서를 쓴 어느 저자는 세 가지를 경고한다. 늘 기억해야 할 경고이기 때문에 소개한다. "막연한 것을 두고 점을 치지 말라!"이다. 이 말은 점을 치기 전에 충분히 생각하고 구체적인 질문으로 점을 치라는 말이다. '앞으로 행복해질까?'라는 모호한 질문보다 '무엇을 어떻게 하면 행복(불행)해질까?'와 같이 구체적으로 물으라는 것이다. '진인사대천명(盡人事待天命)'이라는 말과 같이 점은 최후의 수단이다.

다음은 "점의 마음에 안 든다고 같은 것을 또 점치지 말라!"이다. 이를 따르지 않는다는 건 진리와 신에 대한 모독이다.

마지막으로 "부정한 일을 점쳐서는 안 된다!"이다. 가령, 마음속으로 저놈은 미운 놈이니 죽었으면 하고 바라는 것, 부정축재의 목적으로 하는 것 등의 부정한 마음으로 점을 치지 말라는 것이다. 만약 이를 어기면 하늘의 벌을 받을 것이라고 경고한다. 이 경고들은 모두 새겨들을 만하다.

한동안 나라를 떠들썩하게 만들었던 '화천대유'라는 회사의 이름도 『주역』에서 따온 말이다. '성남시 대장동 택지개발 비리 사건'이다. 그런데 이 비리 사건에 갑자기 주역의 괘들이 등장했다. 사건의 주요 피의자들이 만든 투자회사 이름을 화천대유(火天大有), 천화동인(天火同人), 지천태(地天泰) 등 괘의 이름을 쓴 것이다. 이 중 '화천대유'의 괘사를 보자.

화천대유는 전체적으로 좋은 의미이다. '한낮의 태양'과 같은 의미이다. 전체적 의미를 설명하는 대상(大象)은 "태양이 중천에 높이 오르고 있다. 이것이 대유의 괘상이다. 군자는 이 괘상을 보고 선악을 가려내어 악을 누르고 선을 표창해서 하늘의 큰 명을 따른다." 도둑놈들에게는 어이 없는 극찬이다. 여섯 괘의 의미도 보자.

첫 번째 효는 '해로운 것을 멀리하고 부지런히 노력하면 허물이 없을 것이다'라고 되어 있다. 두 번째 효는 '책임은 무겁고 길은 멀다'라고 한다. 세 번째 효는 '제후가 천자에게 조공을 드린다. 소인은 여기에 낄 수 없다. 합당치 않는 대우와 총애는 도리어 해가 된다.' 네 번째 효는 '군주를 능가하는 권세를 가지지만 강력히 자제한다'라고 되어 있다. 다섯 번째 효는 '성심성의로 사람을 대하고 또한 범하기 어려운 위엄을 갖추고 있다'라고 한다. 마지막 효는 '하늘은 이 사람을 도우므로 모든 일이 순조롭고 길하다"라고 한다. 정말 좋은 괘다. 평소 주역을 아는 자가 불법적인 이익을 위해 이 괘의 이름을 사용했을 것이다.

※ 한문 문체

한문의 문장형식(문체)에 대해 알아보자. 신하가 임금에게 상주하는 글의 형식을 '주(奏)', 비슷한 것으로 황제에게 올리는 글을 '표(表)', 태자에게 올리는 '전(箋)'이 있다. '장(章)'도 황제에게 올리는 글이다. 조선 초 요동(遼東) 정벌 추진 정책 등으로 명(明)나라와 외교 갈등을 일으킨 사건을 '표전문 사건'이라고 한다. 이 사건은 조선의 왕이 중국 황제에게 올린 글이 표면적인 이유였다. 또한 황제의 명령을 적어 내려준 글을 '제(制)' 또는 '조(詔)'라고 한다.

지식인들의 글을 보자. 사물의 이치나 일 처리 방향을 바로 잡고자 쓴 글을 '의(議)', 사건과 인물에 대해 시비득실(是非得失)을 따지며 강력한 주장을 담은 글을 '논(論)', 사물에 대한 자신만의 해석과 서술을 중심으로 쓴 글을 '설(說)', 선대의 학문적 성과나 논문에 다는 주석을 '소(疏)', 문답 형식으로 쓴 글을 '대(對)', 편지체의 글을 '장(狀)', 사람들에게 훈계하는 글을 '잠(箴)', 객관적으로 사건의 기록과 사물에 대한 관찰을 담은 글을 '기(記)'라고 한다.

또 문장이 4자와 6자로 된 대구(對句)를 구사하는 형식으로 화려한 수사를 많이 쓰는 '변(병)려문(騈儷體)'이 있다. 대구란 비슷한 (또는 반대되는) 내용의 같은 글자 수로 만든 구절 또는 문장이 2개 이상 병렬되게 배치한 것이다. 이 변려문은 '사륙변려문'이라고도 한다. 이런 문체는 후대 고문(古文) 운동 제창자들에게 혹독한 비판의 대상이 되기도 했다.

마지막으로 과거제 시행과 관료제의 성장으로 관련 문체들도 발전한다. 과거 시험의 마지막 단계에서 역사, 철학, 정치현안에 관한 응시자의 답변서를 '책(策)'이라고 했다.

그런데 명청(明淸) 시대에는 팔고문(八股文)이 유행했다. 반드시 남송(南宋)의 주자(朱子)가 정리(集註)한 사서오경(四書五經, 논어, 맹자, 대학, 중용, 시경, 서경, 주역, 예기, 춘추)에서 인용해야 하고, 8개의 대구로만 과거시험의 답안지를 작성하는 문체를 말한다. 이 때문에 응시자(예비관료)의 학문과 인격 평가가 아닌 답안지 작성 기술에 따라 합격이 좌우되는 폐해를 가져왔다. 또한 '사상 통제'라는 비판이 많았다. 이 때문에 과거제와 유학 등 동아시아의 오랜 문화전통이 부정적으로 인식되는 계기가 되었다. 심지어 중국 혁명의 마오쩌둥(毛澤東)도 당내 사상 투쟁을 전개할 때, 소련 유학을 다녀온 지식인 공산주의자를 비판하며 그들을 '당(黨)의 팔고'라고 몰아세웠다.

꿈과 환상의 세계 『산해경(山海經)』, 아픈 내 몸속 세상 『황제내경(黃帝內經)』

『산해경』은 무어라 한마디로 정의내리기 어려운 책이다. 고대 중국과 그 주변 나를 담은 지리책이자 동아시아의 신화를 모은 책이다. 우(禹) 임금이 세운 하나라의 대신이었던 백익(伯益)이 쓴 책이라고 도하고 춘추 시대부터 한(漢)나라 초기에 형성된 책이라고도 한다. 전체 구성은 5권의 『산경(山經)』과 13권의 『해경(海經)』으로 나누어져 있다. 천지창조, 영웅의 이적(異蹟), 이 세상의 수많은 산과 바다에 사는 다양한 사람들과 기이한 동식물, 자연환경, 풍속 등을 정리했다. 몇 가지 내용을 소개한다.

먼저 '제강(帝江)'이다. 얼굴이 없고 몸은 자루의 모양이고 색깔은 불꽃처럼 붉으며, 여섯 개의 다리와 네 개의 날개를 가지고 있다. 춤과 노래를 좋아해 다리와 날개를 움직여 춤을 추고 노래했다. 장자(莊子)는 그를 인간이 만든 질서 이전에 존재했던 혼돈(渾沌)이라 했다. 숙(儵)과 홀(忽)이라는 친구가 있어서 선의(善意)로 제강에게 눈, 코, 귀, 입 등 일곱 개의 구멍(중요한 인간의 신체 기관)을 뚫어 주었다. 그러자 제강은 7일 만에 죽었다. 인간이 선의로 지구라는 태초의 자연을 인위적으로 가공해 기후 위기와 환경재앙을 불러온 지금의 현실을 대비해 보면 생각할수록 의미심장한 이야기이다.

거인 '반고(盤古)'의 이야기는 천지창조에 관한 것이다. 반고는 1만 8천 년 만에 알에서 잠을 깼다. 당시 세계는 불안정했고 어쩌면 곧 무너질지 모를 하늘을 반고가 떠받치고 있었다. 그동안 그의 몸이 더 자라면서 하늘을 높이 밀어 올리자 하늘과 땅은 더욱 멀어져 세계기 드디어 안정되었다. 하지만 너무 힘들어 누워 쉬다가 죽었다. 이때 그는 고통스러운 숨소리를 내는데 그것이 천둥과 바람이 되었다. 그가 흘린 피는 강과 바다가 되었고 뼈와 살은 언덕과 산을 이루었다. 눈은 하늘로 올라가 해와 달이 되었다. 세계는 이렇게 창조되었다는 이야기이다. 즉, 어떤 절대자가 하루아침에 창조한 것이 아닌 오랜 노고(勞苦)로 창조된 것이다.

인간을 만든 '여와(女媧)'라는 여신의 이야기도 흥미롭다. 어느 날 그냥 심심해서 강가의 진흙을 빚어 인간을 만들었다. 나중에는 그것도 귀찮아서 진흙탕에 새끼줄을 담갔다가 여기저기 흔들어 털어내니 진흙이 사방으로 튀면서 인간들이 마구 튀어나왔다. 이처럼 중국과 동아시아에서는 인간은 세상 만물을 신을 대신하는 위대한 존재로 태어난 것이 아니다. 그냥 신이 심심해서 만든 '하찮은 존재'인 것이다.

그렇다고 이 여신은 인간을 사랑하지 않았을까? 어느 날 태고의 하늘을 떠받치고 있었던 네 개의 기둥이 부러지고 거대한 홍수가 지상으로 밀려들어왔다. 그러자 여와는 오색으로 빛나는 돌들을 다듬어 하늘의 구멍을 메웠다. 이처럼 그녀는 인간을 함부로 대하거나 불행해지는 것도 원하지 않았다. 참고로 오색 돌 중의 하나가 먼 훗날 『홍루몽』의 주인공 가보옥(賈寶玉)으로 환생한다.

또 다른 여신인 '서왕모(西王母)'의 이야기도 재미있다. 곤륜산(崑崙山, 실제 지명이 아니라 신화와 전설상의 산) 꼭대기에 궁전을 짓고 그 앞에 있는 요지(瑤池)라는 연못에서 다른 신들과 유명 인사를 초대해 큰 잔치를 자주 열었다. 이때 신선(神仙)이 되는 기술을 알려주었다. 후대에 화가들이 이 모습을 소재로 그림을 많이 그렸다. 초대된 인사 중에서 주나라 목왕(穆王)과 한나라 무제(武帝)의 이야기가 유명하다. 이 여신이 휘파람을 불면 세 마리의 파랑새가 나타나 곁에서 시중을 들었는데, 이 새가 '삼청조(三靑鳥)'이다. 한국의 민속화에도 많이 등장한다. 또 하나 중요한 이야기는 장생불사의 복숭아 즉 '반도(蟠桃)'이다. 이 반도로 과수원을 만들었는데 몰래 훔쳐먹고 장수한 자가 삼천갑자동방삭(三千甲子東方朔)이다. 동방삭이 살았다는 삼천갑자는 3,000×60년 즉 180,000년이다. 이 이야기도 많은 그림의 소재가 되었다.

재미있는 것은 신에 대한 미화이다. 서왕모는 모든 사람의 사랑을 한 몸에 받는 여신의 모습이다. 그러나 초기에는 표범의 꼬리와 호랑이 이빨을 지니고 쑥대처럼 헝클어진 머리에 비녀를 꽂은 무서운 괴수의 모습이었다고 한다. 신도 시대에 맞게 인간들의 요청으로 그 모습이 바뀔 수 있다는 것이 흥미롭다.

이번에 소개하고 싶은 신은 '신농씨(神農氏)'이다. 남방을 다스리고 불을 관장했던 염제(炎帝)라고도 한다. 불을 발명해 우리에게 화식(火食)하는 법을 알려준 '수인씨(燧人氏)', 사냥의 기술과 앞서 말한 팔괘를 알려준 '복희씨(伏羲氏)', 그리고 농경을 시작한 '신농씨'를 '3황(三皇)'이라고 한다. 모두가 인류 초기에 인간에게 유익한 것을 제공했던 신들이다. 임금이라고 말하는 것을 보면 아마도 인간이었을 것이다. 훗날 진시황이 '황제'라고 자칭한 명칭은 공덕이 큰 이 3황과 이후 '5제(五帝)'를 합성한 것에서 유래했다. 5제는 황제(黃누를황帝), 전욱(顓頊), 제곡(帝嚳), 당요(唐堯), 우순(虞舜)이다.

신농씨는 외모가 특이했는데 소의 머리에 사람의 몸을 지녔다. 또 배가 투명해 배 속을 훤히 들여다볼 수 있었다. 그래서 풀의 성질을 알기 위해 직접 풀을 씹어 삼키고 배 속의 상태를 보면서 효능을 알아냈다고 한다. 하루에 100가지 풀과 70가지의 독초를 씹어 먹었다. 그렇게 인간에게 유용한 풀과 그렇지 않은 풀을 가려냈다. 이것이 그가 농경의 신이며 한의학의 신이 된 이유이다. 배 속에서 찻잎이 위아래로 돌며 독성과 노폐물을 청소하는 차(茶)의 효능도 발견했다. 그러던 그가 맹독성을 가진 단장초(斷腸草)의 효능을 알고자 먹었다가 죽었다고도 하고, 독충을 맛보다가 죽었다고도 한다. 죽는 마지막 순간까지도 인간을 위한 삶을 살았다. 신은 인간을 위한 존재여야 한다. 인간이 신을 위해 존재하는 것은 잘못이다.

이번에는 영웅이다. 원래 천상의 신이었고 활의 명수인 명궁이었던 '예(羿)'의 이야기이다. 태평성대의 대명사인 요(堯) 임금 때 하늘에 갑자기 10개의 태양이 떠올랐다. 세상은 그 열기로 불탔고 강은 말라버렸다. 그리고 숨어 있던 온갖 괴수가 출몰했다. 인간 세상은 지옥으로 변했다. 이때 요 임금의 부탁으로 등장한 예가 활로 화살을 쏘아 하늘의 태양 9개를 맞혀 떨어뜨렸다. 그리고 날뛰던 괴수도 활로 쏘아 모두 죽였고 다시 인간 세상은 안정을 되찾았다.

그런데 예가 죽인 태양은 옥황상제 제준(帝俊)과 태양의 여신 희화(羲和)의 아들이었다. 평소에는 동방의 부상(扶桑)이라는 뽕나무에서 까마귀인 삼족오(三足烏)의 모습으로 살면서 번갈아가며 하늘로 날아올라 태양 역할을 했다. 아들이 죽자 옥황상제는 분노했다. 예와 그의 아내 항아(姮娥, 또는 상아嫦娥)를 신에서 인간으로 강등시키고 인간 세상으로 추방했다. 이제 예는 지상에서 사랑하는 아내와 영원히 살아야 했다. 어느 날 곤륜산의 서왕모에게서 불사약 두 개를 얻었다. 그런데 이 불사약 한 개를 먹으면 그냥 죽지 않고 두 개를 모두 먹으면 다시 신이 되어 천상으로 되돌아갈 수 있었다. 그러자 항아는 남편을 배신하고 두 개를 먹고 하늘로 올라갔다. 하지만 남편을 배신한 벌로 달의 두꺼비가 되었다. 사랑하는 아내에게 배신당한 예는 마지막까지 아끼던 제자의 배신으로 죽음을 맞는다. 제자 봉몽(逢蒙)은 스승인 예를 죽여서라도 활의 일인자가 되고 싶었다. 그래서 사냥을 마치고 피곤한 몸으로 귀가하던 스승을 미리 준비한 복숭아 몽둥이로 때려죽였다. 이렇게 위대한 영웅의 모험과 비극, 사랑과 배신의 슬픈 이야기는 마무리된다. 이때부터 제사상에 복숭아를 올리지 않는다는 말도 있다.

지금까지는 모두 신이 인간을 위해 헌신한 이야기이다. 이와 다른 이야기도 있다. '신들의 전쟁' 이야기가 그렇다. 동아시아 신화판 '왕좌의 게임'이기도 하다. 신농씨를 몰아내고 그의 자리를 차지한 '황제(黃帝)' 그리고 황제의 자손 '전욱(顓頊)', 이 황제의 패권에 기기묘묘한 전술로 도전했던 '치우(蚩尤)', 비참하게 죽은 치우의 복수를 위해 다시 저항한 머리 없는 '형천(刑天)', 분하고 억울해 불주산(不周山)에 있던 하늘 떠받치던 기둥을 무너뜨린 '공공(共工)'의 이야기이다.

이렇게 창세기와 고대 원시에서 문명의 시대로 변혁이 일어나던 3황 5제(三皇五帝)의 시대가 끝나고 역사 시대의 여명이 밝았다. 요 임금 시대에 큰 홍수가 일어났다. 치수 책임자였던 곤(鯀)은 천상의 흙인 식양(息壤)을 훔쳐 9년 동안 제방을 쌓아 물을 막았다. 식양은 저절로 자라는 신비한 흙이다. 그러나 계속 몰려드는 거대한 물줄기로 제방은 무너졌다. 곤에게 책임을 물어 그를 처형했다. 그러자 이상한 일이 일어났다. 시체는 썩지 않았고 3년 후 오도(吳刀)라는 예리한 칼로 곤의 배를 가르자 외뿔이 달린 규룡(虯龍) 튀어나왔다. 그가 우(禹)이다. 요 임금을 지나 순(舜) 임금 때에도 다시 큰 홍수가 일어났다. 그러자 다시 치수 책임자가 된 우는 천하를 주유하는 것으로 임무를 시작했다. 천하의 산과 강을 돌아보며 산과 지형의 높고 낮음, 강이 흐르는 방향과 수량, 속도 등을 조사했다. 이를 바탕으로 13년 동안 곳곳에 수로를 만들었다. 결국 우는 홍수를 막는 데 성공했다. 그 해법은 홍수로 넘쳐나는 사나운 물을 제방으로 막는 것이 아니라 바다까지 물길을 내어 잘 흐르게 만든 것이다. 타고난 거대한 힘이나 신비로운 능력이 아닌 번뜩이는 지혜와 노력으로 난관을 극복하는 인간의 시대가 도래한 것이다. 우는 치수를 위해 천하를 돌보다가 '다리털이 모두 빠졌다'라는 고사처럼 자신의 몸을 아끼지 않고 일했다. 그 후에 순 임금에게 선양(禪讓, 평화적 방식으로 왕위를 타인에게 물려주고 왕은 그냥 은퇴하는 것)을 받아 하(夏)나라를 세웠다.

『산해경』에는 앞서 소개한 것처럼 신과 영웅만 등장하지 않는다. 조선(朝鮮)이나 청구(靑邱)와 같이 당시 존재했던 나라뿐만 아니라 날개 달린 사람들이 사는 '우민국(羽民國)', 사람의 가슴에 큰 구멍이 있어서 긴 나무 막대에 꿰어서 앞뒤로 다른 사람이 들고 이동하는 '관흉국(貫胸國)', 인어의 나라 '저인국(氐人國)'

등 상상 속의 다양한 나라도 등장한다. 또 꼬리 아홉 달린 여우 '구미호(九尾狐)', 사람의 얼굴을 가진 새 '인면조(人面鳥)', 앞서 소개한 해 뜨는 뽕나무 '부상(扶桑)'처럼 기이한 동식물도 많이 등장한다. 이러한 『산해경』은 후대에 많은 영향을 주었다. 수많은 신화와 전설을 모아 편집한 『회남자(淮南子)』와 같은 책들이 무수히 출현한다. 문학적으로 굴원(屈原)과 같은 수많은 시인과 지괴소설(志怪小說, 3~6세기 육조 시대부터 등장한 기괴한 이야기)에 큰 영향을 미친다.

한국과 일본 등 동아시아에서도 마찬가지다. 고구려(高句麗) 고분벽화에도 『산해경』의 세계가 등장한다. 고분 안에는 해와 달 속에 삼족오(三足烏)와 두꺼비가 살고 하늘에는 인면조가 날고 있다. 『산해경』의 세계를 표현한 것 중 압권은 조선 중후기 지식인과 민중에게 크게 유행했던 〈원형천하도(圓形天下圖)〉이다. 이 지도에 담긴 내용에는 『산해경』과 『회남자』의 세계가 담겼다. 당시 조선은 초기부터 정교하고 사실적인 지리 정보를 담은 지도를 꾸준히 제작해 온 나라였다. 조선 전체 지도뿐만 아니라 세계지도도 마찬가지였다. 하지만 〈원형천하도〉는 사실적인 지도와 다른 이상한 지도였다.

지도에는 역사서인 『한서 지리지(漢書 地理志)』 속 서역(西域, 실크로드 상의 도시국가들)의 지명, 여행기로 유명한 혜초(慧超)의 『왕오천축국전(往五天竺國傳)』 속 인도의 여러 국가명 등 과거에 존재했거나 현존하는 국가명이 담겨있었다. 하지만 그 외의 지명은 『산해경』과 『회남자』에 나오는 상상 속의 지명이었다. 이 지도는 그 시기 조선만의 독특한 문화가 반영된 것이다. 지도의 전체적인 모양이 독특하다. 하늘은 둥글고 땅은 네모라는 전통적인 '천원지방(天圓地方)'의 우주관과는 전혀 다르기 때문이다. 이렇게 생긴 지도는 이 세상 어디에도 없다. 지도에 담긴 정보도 꿈과 낭만, 환상의 세계이다. 오직 조선 시대 사람들만 지도에 어디에도 없는 세계를 그려 넣고 그곳을 여행하는 상상을 했을 것이다.

이처럼 『산해경』의 세계는 동아시아 전체에 수천 년간 영향을 주었다. 최근에도 소설과 영화, TV 드라마는 물론 게임과 엔터테인먼트 산업에서도 크게 활용되고 끊임없이 재창조되고 있다. 『산해경』은 지금도 읽고 이해할 필요가 있는 책이다.

이번에 소개할 책은 『황제내경(黃帝內經)』이란 고대 의학서이다. 이 또한 제목이 '경'이니 의학 분야에서 불변의 진리를 담은 경전으로 인정받는 책이다. 삼황오제의 황제와 그의 신하이자 명의인 기백(岐伯)이 의학에 관해 토론한 내용을 정리했다. 하지만 이 이야기는 전설일 뿐이고 전국(戰國) 시대 또는 한(漢)나라 때에 만든 책이라고 여겨진다. 당시의 누군가가 고대부터 이어져 내려온 의학을 정리하고 전설적인 인물들을 등장시켜 책을 만든 것이다. 이런 전설적인 인물을 등장시켜야만 책의 권위와 인기를 얻는다고 믿었을 것이다. 그래서 책의 제목에도 '경(經)' 붙는다. 고대의 책에는 이런 경우가 많다. 역사에 실존하는 위인뿐만 아니라 가공의 인물을 창작했다. 이런 고대 의학서에는 약재와 식물을 정리한 『신농본초경(神農本草經)』(전설의 신농씨가 저자), 『맥진(脈診)』(손목의 안쪽에서 뛰는 맥으로 병증을 찾는 것), 6개 분야에서 어려운 문제에 대한 해답을 달아서 정리한 『난경(難經)』(전설적인 신의 편작扁鵲이 저자) 등이 있다.

책은 전체 18권이며 「소문(素問)」과 「침경(鍼經)」으로 각 9권씩 나누어져 있다. 소문은 황제의 질문에 기백이 대답한 내용을 정리한 것이다. 자연을 중시하는 도가(道家)적인 내용이 많고 양생술(養生術)과 관련이 깊다. 양생술은 인간의 생명과 건강을 지키고 유지하기 위해 호흡과 체조를 하는 도인술(導引術)을 바탕으로 한다. 여기에 신선이 되고 불로장생을 위한 선약(仙藥) 즉 단약(丹藥)이라는 위험한 약을 만드는 내용도 있다. 또 음양오행(陰陽五行)의 원리로 인간 장부(臟腑, 인간의 내장 기관)의 기능을 설명했다.

음과 양이란 물질 현상에서 반대되는 성질을 말한다. 밤과 낮, 남과 여, 위와 아래 등과 같은 것을 말한다. 이를 한의학 논리로 풀이하면 몸의 상태 또는 생활 조건은 풍(風), 습(濕), 한(寒), 열(熱)과 같이 네 가지 현상이 있다. 그래서 건조하면 보습해야 하고 차가우면 따뜻하게 해야 한다는 것이다. 그런데 그 안에도 '진짜'와 '가짜'가 있다. 음 안에도 양이, 양 안에도 음이 존재하기 때문이다. 가령, 열은 다 같은 것이 아니라 실열(實熱)과 허열(虛熱)이 있어 잘 진단해 맞는 처방을 해야 한다. 그래야 음양의 기가 조화로운 사람(陰陽和平之人)이 되고 건강을 지킬 수 있다고 말한다.

그리고 우주를 구성하는 다섯 가지 물질 즉 '오행'으로 생명의 최소 단위를 설명한다. 그것은 물(水), 나무(木), 불(火), 흙(土), 쇠(金)이다. 하지만 고대 그리스 철학의 원소 개념과는 다르다. 독립적으로 존재하는 것이 아니라 상대적인 관계 속에서 존재한다. 이것들은 서로 상생과 상극하는 성격을 가지며 운동을 한다. 그래서 오행이란 이 다섯 가지 원소가 끝없이 성장·소멸하는 운동 현상을 말한다. 이 '음양오행론'은 의학 분야뿐 아니라 철학, 종교, 건축, 시간, 방위 등 다방면에서 사용된다. 도식으로 보면 아래 그림과 같다. 이 그림을 말로 풀면 다음과 같다. 상생은 '목(木)은 화(火)를, 화(火)는 토(土)를, 토(土)는 금(金)을, 금(金)은 수(水)를, 수(水)는 목(木)을 생한다'라고 한다. 상극은 '수는 화를, 화

는 금을, 금은 목을, 목은 토를, 토는 수를 이긴다'는 것이다. 신체의 장부(臟腑)와 조응한다는 것이 한의학에서 중요하다. 즉, 木은 간과 쓸개, 火는 심장과 소장, 土는 위장과 비장, 金은 폐장과 대장, 水는 신장과 방광에 해당한다. 이런 전제 위에서 오행의 원리로 병든 몸을 치료하는 것이다. 가령, 간(木)에 열이 나서 몸이 가렵거나 붉은 반점이 나타나면 직접 간을 치료하는 것보다

폐(肺) 기능을 도와 치료하는 방식이다. 금은 목을 이기기 때문이다.

사람은 오행 중 하나의 강한 기운을 가지고 태어난다는 것이다. 이것이 체질론(體質論)이다. 이 책의 중요한 의학적 가치는 인간의 몸에 있는 365개 경혈(經穴)의 위치를 정확히 파악해 효과적인 침구(鍼灸, 침과 뜸)법을 가르쳐 준다는 점이다. 경혈은 경락(經絡)의 기(氣)가 인체 표면에 드러나는 공간이며, 경락은 육장(肝·心·脾·肺·腎·心包)과 육부(膽·小腸·胃·大腸·膀胱·三焦)를 연결해 기와 혈이 흐르는 길이다.

한편, 제목이 '내경'인 것을 보면 '외경(外經)'도 존재했을 것으로 추정된다. 침경은 당(唐)나라 때부터 '영추(靈樞)'로 이름이 바뀌었다. 『황제내경』을 기반으로 중국의 한의학은 비약적으로 발전했다. 감기 등 한사(寒邪)로 생긴 병과 치료 방법을 정리한 『상한론(傷寒論)』을 쓴 '장중경(張仲景, 후한 말)', 마비산(麻沸散)을 이용해 외과수술을 한 '화타(華陀)', 동식물과 광물 약재 365종과 환(丸, 알갱이), 산(散, 가루), 고(膏, 즙과 같은 것), 주(酒, 술) 등의 약을 만들고 복용하는 법을 정리한 『신농본초경집주(神農本草經集注)』를 집필한 남조양(南朝梁)의 도사 '도홍경(陶弘景)', 『비급천금요방(備急千金要方)』 30권과 『천금익방(千金翼方)』 30권을 쓰며 약왕(藥王)으로 민중의 칭송을 받던 당나라의 '손사막(孫思邈)', 약재 총 1,871종을 정리한 『본초강목(本草綱目)』을 집필한 명나라의 '이시진(李時珍)' 등이 유명하다.

의사 때로는 도교(道敎)의 도사(술사)라고 불렸던 그들이 출현해 중국의 한의학을 이끌었다. 오랜 세월 동안 인간의 생명과 건강을 돌본 이들은 지금도 각종 소설, 영화, 드라마 등에도 자주 등장한다.

중국의 역대 왕조들은 의료체계를 제도화하기 위해 노력했다. 이미 주나라 때부터 국가의 의료기관과 명의(名醫)가 존재했다. 통일제국 진(秦)나라 때부터는 법의학이 존재했으며 수(隋)나라 때부터는 의학 교육기관을 두어 체계적으로 의사를 배출하기 시작했다. 송(宋)나라 때부터는 아라비아의 의술도 국립의료기관에 도입되었다. 이때는 한약재를 다른 나라로 수출하기 시작한 시기이기도 하다.

『동의보감(東醫寶鑑)』의 나라인 한국은 물론 일본의 한의학도 중국과 더불어 발전을 거듭했다. 한국은 삼국 시대부터 체계적인 의료제도와 의사, 독자적인 의서가 존재했다. 일본에 한의학을 전파한 사람도 신라의 의사였다. 후기 신라 시대에는 의료교육 기관이 설립되었다. 고려 시대에는 해외의 의료지식이 많이 유입되었다. 또한 국산 의약재를 정리한『향약구급방(鄕藥救急方)』이 지금까지도 전해지고 있다. 흥미로운 것은 중국산 한약재는 앞에 '당(唐)' 자를 붙이고, 국산의 경우 앞에 '향(鄕)' 자 또는 '토(土)' 자를 붙이는 경우가 많았다. 가령, 중국산 목향(木香)은 '당목향', 국산 목향은 '토목향'이라 했다. 국산 한약재를 '향약'이라고 한다. 오늘날에도 중국 화교(華僑)가 모여 사는 곳을 '당인가(唐人街)'라고 칭하는 곳이 많다. 조선 시대는 국가가 체계적인 의료시설과 기관을 세우고 공식 시험인 '의학취재(醫學取才)'를 통해 의사를 배출했고 체계적으로 의서도 출간했다. 중인(中人) 신분이 응시했고 고위직이 아닌 중하위의 기술직이었다. 그래서 유생(儒生)이 보는 '과거(科擧)'가 아닌 '취재'라고 했다.

일본은 고대국가가 성립하는 시기부터 한반도와 중국에서 한의학이 들어왔다. 그러나 지리적 특성 때문에 한의학이 유입하는 데 많은 한계가 있었다. 그러다가 평화로운 에도 시대에 크게 발전했다. 이때 중국과 조선으로부터 많은 의료지식이 들어왔다. 그중 조선의『동의보감』도 있었다. 조선 인삼을 본격적으로 수입하고 독자적인 한약재를 개발한 것도 이때였다. 에도 막부 시대는 모든 분야에서 폭발적 성장했던 것처럼 의학도 마찬가지였다. 18세기에는 네덜란드의 의학 특히 해부학이 들어오면서 큰 성장을 보았다. 이 시기 나온『해체신서(解體新書)』가 그것이다.

오늘날의 한의학 상황을 보자. 일본은 메이지 유신(明治維新) 이후 서양의학을 국가가 의료의 중심에 두면서 더는 공식적으로 한의학이 존재할 이유가

사라졌다. 다만 학문으로 연구하는 학자들이 있을 뿐이다. 반면 한국은 전통 학문과 산업 중에 거의 유일하게 살아남아 있다. 또 국가의 한의사 제도도 있다. 중국의 경우는 전혀 다른 상황이다. 중국공산당과 국가가 나서 전통 한의학을 '중의학(中醫學)'으로 인정하고 적극적으로 지원하고 육성했다. 마오쩌둥 등 공산당 지도자들은 당시 궁핍하고 피폐한 중국 땅에서 또 치열했던 중국 혁명 전쟁 시기에도 한의사들은 가난한 민중들을 치료해 의사로서 책임을 다했던 모습에 깊은 인상을 받은 것 때문이라고 한다.

나라에 반역하고 부모를 살해하려는 자는 두려울 것이다 『춘추(春秋)』

『춘추』는 고대의 성인이며, 사상가, 교육자 그리고 개혁정치가였던 공자(孔子)가 쓴 역사책이다. 공자의 이름은 구(丘), 자는 중니(仲尼)이며 춘추 시대 후반기 노(魯)나라 사람이다. 극존칭의 의미로 부자(夫子)로 호칭하기도 한다. 하지만 이 책에서는 일반적으로 부르는 호칭인 '공자'로 쓸 것이다.

공자의 인생을 들여다보면 고난 속에 태어나 고단한 인생을 살았다. 그러나 자신의 사상 인(仁)을 지키며 교육하고 주나라의 이상적인 정치를 부활해 고난의 시대와 민중을 구제하려는 삶의 목표가 있었다. 이 목표를 실현하고자 하루도 쉬지 않고 부단히 노력한 위대한 인물이다.『논어(論語)』에서 어떤 은자(隱者. 숨어 사는 지식인)가 공자를 평가한 '불가이위(不可而爲 : 불가능하지만 한다)'라는 말이 있다. 그의 도(道)는 지금 당장 실현될 수 없다는 것을 본인도 알지만 반드시 해야 할 사명이기에 끊임없이 실천한다는 의미이다. 공자의 모습에서 인간을 위해 신에서 불을 훔쳤으나 그 때문에 끊임없이 고통을 받았던 그리스 신화 속 비극적인 영웅인 시시포스(Sisyphus)가 연상된다.

참고로 자(子)라는 것은 스승이다. 주(周, 정확히는 서주西周)나라 이후 춘추전국 시대에 학문과 사상에서 탁월한 스승과 그를 추종하는 제자 집단이 일가(一家)를 이룬 경우 성(姓)에 자(子)붙여 불렀다. 이들의 학문을 자학(子學)이라 하며, 이 시대를 자학(子學)의 시대라고도 한다. 이런 스승과 그를 추종하는 집단들이 천하에 많았다는 의미에서 제자백가(諸子百家)라고 한다. 원래는 유가(儒家) 이외의 사상가에게도 자(스승)를 붙였었지만 이후 유학자(儒學者, 유교의 학문을 공부하고 연구하는 자) 중에 존경받는 스승만을 의미하게 되었다.

공자는 육십 노인이었던 장군과 오로지 그 집안의 대를 잇기 위해 시집을 온 십 대 후반의 소녀 사이에서 태어났다. 공자의 어머니는 정식 결혼한 처가 아니라 씨받이와 같은 불행한 대우를 받았다. 공자가 태어나기도 전에 늙은 남편이 죽었다. 그러자 남편(장군) 집에서 쫓겨난 어린 소녀는 니구산(尼丘山) 속 바위굴에서 홀로 아이를 출산했다. 이런 비극적 상황에서 태어난 아이가 바로 공자이다. 이름은 그냥 산의 이름을 따서 구(丘)로 지었다. 공자의 어머니는 가난과 냉대 속에서 고통받고 있는 오늘날 미혼모와 같았다. 공자 또한 순탄치 않았다. 이런 어머니마저 아직 십 대인 그를 남기고 세상을 떠났다. 혈혈단신 고아가 된 공자는 하루하루 생계를 꾸리기도 어려웠을 것이다. 그런데 어떻게 공부해 관직을 얻고 결혼까지 했는지 모든 것이 미스터리이다.

다만 똑똑한 공자가 공씨 본가를 상대로 투쟁을 벌여 하층 귀족인 '사'라는 신분을 찾았다는 이야기가 있다. 공자의 아버지는 장군이었지만 망명객 출신으로 당시 주나라 봉건제도에서 귀족계급인 경(卿), 대부(大夫), 사(士) 중에 하층 귀족인 사(士) 계급이었다. 그런데 공씨 본가에는 본처 소생의 장애가 있는 아들이 한 명 있었다. 하지만 장애인 차별 때문에 본처의 아들은 장남의 지위를 인정받지 못했다. 이렇게 장남의 지위는 공자에게 돌아갔다. 그 덕분에 스무 살 때 미관말직이지만 관직을 얻었다. 첫 직장은 당시 권력자였던 귀족의 말과 양을 치는 것이었다. 이른 아침 성문이 열리면 가축들을 몰고 나가 초원에서 풀을 먹이고 저녁에는 가축을 몰고 돌아와 축사에 넣는 것이다.

  결혼은 했지만 순탄치 않았다. 일설에는 가난한 살림살이에도 공자가 '고대 주나라 귀족처럼 살고자 하는 고상한 취향' 때문에 아내가 질려 이혼했다고 한다. 공자는 이혼당하고 아들 리(鯉)를 혼자 키웠다. 아들 리의 자는 백어(伯魚) 이다. 공자는 미관말직의 고단한 생활에서도 학문과 수양을 게을리 하지 않았 다. 혼자서는 어려운 일이었기에 그를 이끌어 준 스승이 있었을 것이다. 그의 스승으로는 오(吳)나라의 계찰공자(季札公子)가 거론된다. 계찰은 오나라 왕위를 거절하고 떠나 천하를 주유했던 공자(公子; 이 시대까지 왕자를 공자라 칭함)로 유명하 다. 계찰은 죽은 서(徐)나라의 왕과 약속을 지키기 위해 그의 무덤 옆 나무에 자신의 보검을 걸어 두었다는 고사로 유명하다.

  공자는 30세가 넘었을 때 학당을 열어 신분을 가리지 않고 제자를 받았다. 최초의 사설 학교였다. 교육 과목은 총 6가지 즉 '육례(六藝)'였다. 육례는 예(禮), 악(樂), 사(射), 어(御), 서(書), 수(數)를 말한다. 예는 사회생활의 대면 예절 또는 주공(周公)이 만든 주례(周禮)와 의례(儀禮), 악은 관련 음악, 사는 활쏘기, 어는 전차 몰기, 서는 서경(書經) 또는 문장 작법, 수는 기초적인 수학이다. 이때 내세운 교육 이념이 '유교무류(有敎無類)'이다. '교육에는 차별이 없다'라는 뜻이다. 학문은 원래 왕과 귀족의 전유물이었다. 이런 차별을 공자가 혁파한 것이다. 그에게는 3천 명에 육박하는 제자가 있었고와 그중 10명은 출중한 실력을 가진 제자(十哲)가 있었다. 이 제자들이 여러 나라에서 왕성하게 활동했다. 이들이 유가(儒家)이다.

이후 공자는 교육자로서 명성이 높아졌고 드디어 조국 노(魯)나라의 국정에 참여할 기회가 찾아왔다. 자신의 이상을 현실에서 실행할 기회를 얻은 것이다. 당시 52세로 적은 나이가 아니였지만 귀족 세력을 약화시키기 위해 여러 가지 개혁을 실행했다. 결국 이웃 제(齊)나라가 노나라의 국정 혼란을 일으키기 위해 보낸 미녀와 악공(樂工)을 받지 말자고 주장하다 실각하고 말았다. 이때가 공자의 나이 55세였다. 이후 좌절하지 않고 약 14년 동안 천하의 많은 나라를 떠돌며 자신이 추구하는 정치와 사상을 전파하고 실현하고자 노력했다. 이 고난과 역경의 길에 수많은 제자가 함께했다. 68세에 귀국해 72세에 세상을 떠났다. 죽기 전 마지막 노래를 불렀다고 한다.

"태산이 무너지는가! 대들보가 부러지는가! 철인(哲人)은 죽어가는가!"
太山坏乎(태산괴호)! 梁柱摧乎(양주최호)! 哲人萎乎(철인위호)!

그의 생애에서 가장 중요한 마지막 20여 년을 다룬 책이 있다. 타이완(臺灣) 출신 역사학자 왕건문(王健文)이 쓴 『공자, 최후의 20년』이다. 전문가답게 공자와 관련한 기록물(論語, 孔子世家, 左傳 등)과 근대 경학자(經學者)의 공자관에 대한 해석과 이해를 바탕으로 공자의 생애 마지막 20년을 조명한 탁월한 책이다.

왕건문이 생각하는 『논어(論語)』는 공자와 제자들이 담담하고 일상적인 언어로 도(道)를 논한 대담록이 결코 아니라는 것이다. 이전까지 『논어』를 평가했던 통념을 정면으로 반박했다. 왕건문은 그의 책에서 『논어』를 다음과 같이 평가했다. 공자가 나이 50세가 넘어 우연히 찾아왔던 정치활동의 기회를 잃고 그 절망감에 젖어 천하를 유랑하다 귀국해 실패를 자인하며 노년을 보내야 했던 늙은 정치가의 비명이며 절규라고 했다. 제자들과의 대화도 실상은 공자가 현실 정치에 참여하려는 태도를 놓고 격정적인 갈등과 첨예한 대립을 정리한 것이라고 썼다. 왕건문의 책은 읽는 내내 현실의 공자를 보는 듯한 생동감을 준다.

공자를 좀 더 알고 싶다면 중국 CCTV에서 2010년 만든 드라마 〈공자〉를 보면 좋다. 여기에는 한국의 배우 겸 가수인 이정현이 남자(南子) 역으로 나온다. 남자는 위영공(衛靈公)의 아내(후처)이다. 공자를 유혹하려던 음탕한 여자 또는 위영공의 태자와 권력투쟁을 한 악녀처럼 평가를 받는 사람이다. 오늘날의 영화와 드라마에서는 늙고 무능한 남편을 대신해 정치를 했고, 공자에게 제자가 되길 자청하며 배우기를 청했던 인물로 묘사된다. 전혀 상반된 평가이다.

공자가 죽기 2년 전에 마지막으로 저술한 책이 『춘추』이다. 이 책은 공자의 조국인 노(魯)나라의 역사이다. 이 책은 공자가 직접 썼다는 점, 역사를 정리하는 방식, 단어와 문장의 특별한 서술 방법 등이 중요한 가치를 지닌다.

노나라를 알아보자. 노나라를 알려면 먼저 주(周)나라를 알아야 한다. 앞서 말한 대로 주나라는 상나라를 무너뜨리고 BC 1046년에 세워졌다. 황하(黃河) 일대부터 회수(淮水, 황하와 남쪽 장강長江 사이의 강) 일대가 전통적 개념의 중원(中原) 지역이었다. 그런데 당시 통치체계는 주나라의 왕이 이 중원의 전체 지역(이른바 천하)을 다스리지 못했다. 주나라는 실제 섬서성 기산(岐山) 지역의 작은 나라였다. 그리스나 이집트의 역사에 나오는 도시국가와 비슷한 규모였다. 당시 중국은 이런 작은 나라들로 구성되어 있었다. 이런 작은 나라가 하(夏)나라 때는 1만여 개, 은(殷=商)나라 때는 3천여 개, 주나라 때는 8백여 개가 있었다. 이들은 모두 독립 국가였다. 주나라는 이 나라들의 협조를 얻어야 천하를 다스릴 수 있었다. 주나라 왕은 오늘날의 UN 사무총장과 중세 유럽의 교황보다 좀 더 나은 정도였다.

각 지역의 작은 나라는 방(邦) 또는 국(國)이라 불렸고 이 나라의 왕을 내부적으로 국군(國君)이라고 했다. 이 국군이 독립적인 경(卿)과 대부(大夫)들의 협조로 통치하는 구조였다. 이들이 토지를 소유하고 부속된 백성을 직접 다스리는 지배계급이었다. 그리고 지배계급 아래에 하층 귀족인 사(士)라는 말단 관료는 자신에게 귀속된 토지와 백성은 없었다. 오로지 자신의 실력으로 출사해 국군과 경대부를 보좌하는 실무 관료였다.

동아시아 정치에서 중요한 개념은 천명(天命, 하늘이 부여한 정당성)이었다. 지상의 인간 중 한 명이 하늘로부터 천명을 받아 천자(天子)의 자리에 올라 천하(天下)를 통치하는 것이다. 그래서 발달한 것이 봉건제(封建制)이다. 이 제도가 가장 정교하게 발달한 나라가 '고대의 이상적인 세 국가(삼대, 三代)' 중 마지막 국가인 주나라였다.

봉건제란 중앙의 왕이 경기(京畿)라는 직할지를 직접 다스리고 나머지 천하의 각 지역은 제후(諸侯)가 다스리는 구조이다. 제후들은 주나라의 왕인 주 천자의 권위에 복종하는 신하였지만 자기 나라에서는 '왕 역할'을 했다. 이들 제후국 사이에도 서열이 있었다. 작위의 권위에 따라 공(公), 후(侯), 백(伯), 자(子), 남(男)으로 나뉘었고 이들은 주 나라 천자에게 '분봉(分封)'으로 통치 지역을 하사받았다. 그리고 이들의 지위는 대체로 후손들에게 계승되었다.

이처럼 제후에게 일정한 지역을 떼어주는 분봉과 혈연적 친연 관계 따른 '종법(宗法)'으로 이들은 통제하고 관리했다. 종법상 가장 큰 어른도 주나라 왕이었다. 또 하나 중요한 것은 주 왕실과 같은 희(姬)씨 성을 가진 제후에게는 수도 호경(鎬京, 오늘날 西安 북쪽)에서 가까운 황하 주변을 분봉했고, 다른 성을 가진 제후에게는 먼 곳을 분봉했다. 가령, 개국공신이었던 강태공(姜太公)에게는 천하의 동쪽 끝에 있는 제(齊)나라를 분봉했다. 지금의 산동성 치박(淄博)이 당시 제나라 수도였던 임치(臨淄)이다. 주 천자에게 분봉 받고 주 왕실의 권위에 복종하는 제후국은 약 70여 개가 있었다. 이중 50여 개 제후국이 주 왕실과 같은 희(姬)씨 성을 가진 제후였다.

이들 제후는 가까운 곳은 일 년에 한 번, 먼 곳은 삼 년에 한 번 정도 종갓집인 주나라를 방문해 조공(朝貢)을 바치며 왕에게 인사(배알, 拜謁)하고 새 달력(책력, 冊曆)을 받아 오는 것이 전부였다. 오히려 조공한 물품보다 천자가 내려주는 회사품(回賜品)이 가치가 더 큰 경우가 많았다. 가끔 군사적 위기가 발생하면 주 왕실 수호를 위해 제후들은 회맹(會盟)이란 것을 하고 출병하기도 했다. 그것도 강압이 아니라 형편에 따라 하는 것이었다. 결국 시간이 흐를수록 주 왕실과 제후들 간의 유대감은 점점 사라지게 되었다.

이런 상황에서 안 좋은 일이 한꺼번에 터졌다. 제대로 왕 노릇 못하는 한심한 왕인 주나라 유왕(幽王)과 애첩 포사(褒姒)가 천하 제후들에게 저지른 장난질과 태자의 지위를 흔드는 사건이 일어났다. 이와 같은 내부 갈등과 혼란은 북방 민족인 견융(犬戎)에 침략의 빌미를 제공했다. 이로 인해 왕은 죽고 그 애첩은 실종되었다. 수도는 파괴되고 나라는 풍비박산이 났다. 주나라는 왕실의 권위가 땅에 떨어졌고 천하를 통솔할 능력이 없음이 만천하에 드러났다.

BC 770년 주나라 평왕(平王)이 수도를 동쪽 낙양(洛陽)으로 천도하면서 난리를 겨우 수습했다. 이때부터를 '동주(東周) 시대' 또는 '춘추(春秋) 시대'라고 한다. 이 용어는 공자의 책 『춘추』에서 유래한 것이다. 이제부터는 주나라가 아닌 제후국 중의 강대국인 패자(霸者)가 천하 질서를 통솔하는 지위에 올랐다. 제(齊)나라의 환공(桓公), 진(晉)나라의 문공(文公), 초(楚)나라의 장왕(莊王), 오(吳)나라의 왕 합려(闔閭), 월(越)나라의 왕 구천(勾踐)이 춘추 5패였다. 때로는 진(秦)나라의 목공(穆公)도 함께 거론된다.

주나라는 계속 존재했으나 BC 256년 진(秦)나라에 의해 망한다. 이 시대를 전국 시대라고 하는데 7개의 강대국 즉 전국 7웅(戰國七雄)이 천하통일을 목표로 대규모 살상전을 전개하던 때였다. '전국'이란 말은 『전국책(戰國策)』(전국 시대에 활약한 유세객의 책략과 언변을 모은 책)이란 책 제목에서 유래했다.

이제 노나라에 대해 알아보자. 위치는 지금의 산동성 태산(泰山) 남쪽 곡부(曲阜)였다. 노나라는 단(周公 旦)이 공작으로서 주 천자에게 분봉 받은 나라였다. 일반적으로 그를 '주공(周公)'이라 했다. 공자가 꿈에서도 잊지 못할 정도로 흠모하는 성인이었다. 공자는 『논어(論語)』의 「술이편(述而編)」에서 "심하구나. 내가 이렇게까지 늙었구나! 얼마나 오래되었을까? 내가 꿈속에서 주공을 뵙지 못한 지…"라고 주공을 향한 흠모하는 마음을 드러냈다.

주공은 『주역』을 만든 주 문왕의 셋째 아들이며 목야대전(牧野大戰)의 승리로 상나라를 무너뜨린 주 무왕의 동생이다. 상나라 정벌과 건국 과정에서 큰 공을 세웠다.

그런데 무왕은 상나라를 멸망시키고 불과 2년 만에 죽는다. 무왕이 병으로 위독해지자 자신이 형 대신 죽겠다고 하늘에 빌었다. 그 내용을 적어 쇠로 된 상자에 넣어 매달아 놓기도 했다. 이것이 '금등지사(金縢之詞)'이다. 먼 훗날 주공이 죽은 후 큰 가뭄이 들자 조카였던 주나라 성왕(成王)은 금등지사를 열어 내용을 확인했다. 내용을 확인하고 크게 감동해 "앞으로 노나라에서는 주공의 제사를 주 천자와 같은 예(禮)로 올리도록 하라"는 명령을 내렸다. 이 때문에 노나라는 주나라의 정통 예제(禮制)를 전승하게 되었다.

금등지사는 한국의 1990년대 영화로도 만들어진 베스트셀러 소설인 『영원한 제국』에서도 등장한다. 사도세자가 당쟁(노론)의 희생양으로 억울하게 죽게 되었고 영조가 너무도 슬퍼서 그 사연을 '금등지사'에 담아 사후에 정조에게 전하려 했다는 것이 전체 이야기를 관통하는 중요한 내용이다. 이렇듯 금등지사는 현대의 한국 작가에게도 큰 영감을 준 것이다.

무왕이 죽고 그의 어린 아들인 성왕이 왕위를 계승했다. 주공이 어린 조카를 대신해 7년 동안 섭정(攝政)했다. 섭정이란 통치가 어려운 왕을 대신해 신하가 통치하는 것이다. 건국 초기에 발생한 반란 등의 여러 난제를 해결했고 예악(禮樂)으로 표현되는 찬란한 주나라의 문물제도를 만들었다.

하지만 그가 왕위를 찬탈할 것이라고 비방하는 사람들(친족, 형제)이 많았다. 이에 주공은 비방하는 자들을 올빼미에 비유하고 자신의 무고를 밝히는 『시경(詩經)』의 「빈풍편(豳風篇)」을 지어 어린 왕에게 바쳤다. "나는 왕위에 대한 욕심이 없다. 오직 어린 왕을 보필하는 것이다"라는 것을 강조하는 행동이었다. 사실 주공의 의도에 대해서는 오늘날까지 논란이 많다. 이런 논란이 계속된 이유는 후대의 많은 왕위 찬탈자들이 처음에는 하나같이 '자신은 주공의 마음을 가졌다고 주장'했기 때문이기도 하다.

지금도 산동성 곡부(曲阜)시에 가면 주공의 묘(廟, 사당)를 볼 수 있다. 사당은 크지 않지만 울창한 향나무숲 속에 있어서 고요하고 신비롭다. 동쪽 벽에는 '경천위지(經天緯地, 하늘을 날 줄로 삼고 땅을 씨줄로 삼아 천하를 경영)', 서쪽 벽에는 '제례작악(制禮作樂, 예와 악을 만들었다)'이란 붉은색 큰 글씨가 있다. 그의 위대한 업적을 요약한 말이다. 그는 훗날 유교(儒敎)에서 경전으로 받들어지는 『주례(周禮)』와 『의례(儀禮)』라는 책을 남겼다.

이런 주공이 분봉을 받은 나라가 노나라였기 때문에 당연히 주나라의 예악이 잘 보존되고 있었고 이런 풍토에서 공자가 성장한 것이다. 공자가 살던 춘추 시대 말기는 주나라의 예악으로 나라를 통치하는 시대가 아니었다. 패자들의 패도(霸道, 무력에 기반해 실력으로 하는 정치)가 횡행하던 시대였다.

당시 노나라는의 상황은 국제적으로 무시당하는 약소국이었다. 내부적으로는 한심한 왕 실제로는 공(公)과 그 공실(公室)의 일가친척인 삼환(三桓)이란 귀족이 전횡을 일삼고 있었다. 삼환 중 하나인 계손씨(季孫氏)의 가신인 양호(陽虎)가 반란을 일으켰다가 여의치 않자 외국으로 망명하는 등의 사건으로 노나라는 극심한 혼란에 빠졌다. 이후 전국 시대에 이르러 남쪽의 강대국 초(楚)나라에 망했다. 이런 시대에 공자가 『춘추』라는 역사에 남을 책을 남긴 것이다.

한편, 레오나르도 다 빈치의 〈최후의 만찬〉 속 예수와 배신자 유다처럼 반란을 일으킨 악당 '양호'와 성인 '공자'의 얼굴은 똑같이 닮았다고 한다. 그러나 다 빈치의 그림은 단지 모델이 같은 사람이었고 공자의 경우는 실제로 양호와 닮았다는 것이다. 이 때문에 공자가 천하를 주유하며 진(陳)나라로 가다가 광(匡) 땅에서 죽을 뻔한 적도 있었다. 양호가 예전에 노나라에서 도망쳐 천하를 떠돌다가 광에서 무고한 사람을 많이 해쳤기 때문이었다. 그래서 광의 사람들이 공자의 모습을 보고 양호로 오해해 죽이려 했던 것이다. 똑같이 생긴 악당과 성인 참으로 기구한 인연이다.

『춘추』는 노나라 은공(隱公) 1년(BC 722)에서 애공(哀公) 14년(BC 481)까지 242년 동안 있었던 사건과 12명의 공(公) 이야기를 연대순으로 서술했다. 불과 1만 6천여 자로 정리했다. 이후 『춘추』의 가치를 높이 평가한 한(漢)나라 때부터 경전으로 인정받는다. 세 가지 중요한 특징을 중심으로 책의 가치를 살펴보자.

첫째는 공자가 직접 쓴 책으로서의 가치를 지녔다. 그러나 직접 쓴 게 아니라는 주장도 있으며 공개적으로 출간된 것인지에 대해서도 약간의 논쟁이 있었다. 이와 관련해서 유명한 말이 있다. 공자는 『논어』에서 '술이부작(述而不作)'이라고 표현했다. 해석하면 '이미 있는 것을 기술(또는 설명)했지만 새롭게 지은(창작) 것은 아니다'라는 뜻이다. 이는 경전에 대한 겸손 또는 철학적 사유가 담겼다기보다는 이미 있는 내용을 자신의 의도 대로 정리하고 엮었다는 말이다. 여기에 해당하는 책이 『춘추』와 『시경』 등이다. 이미 오래전부터 천하의 제후국에서 불렸던 노래를 주나라부터 채록(採錄)하는 국가의 관리가 있었다. 노나라도 왕(公)의 사적(史蹟)을 적어 남길 필요는 있었을 것이다. 이렇게 『시경』도 만들어졌다. 물론 사적을 모아 자신의 의견을 더해 편집한 것도 저술로 보아야 한다.

『춘추』가 공개적으로 출판되지 않았다는 다른 주장도 있다. 공자의 제자 집단이 공자가 죽은 후 분열되었고 각 파벌이『논어』를 비롯한 공자의 책들을 각자 다르게 이해했던 것도 사실이다. 일부 집단과 파벌에 의해서 내부적으로만 전승되는 책이었을 가능성도 있다. 특히『춘추』는 그런 가능성이 높은 책이다. 하지만 후대에 맹자는 물론 다른 사상가 집단인 한비자나 장자도 공자가『춘추』를 지었다고 했다. 이를 두고 많은 학술 토론도 있었다. 그 논의 끝에『춘추』는 공자가 직접 쓴 책이라고 평가하는 것이 일반적인 견해이다.

둘째는 시대순으로 역사를 정리하는 편년체 서술 방식이 중요한 가치를 지녔다. 앞서『춘추』는 노나라 12명의 왕 즉 공(公)들이 재위한 242년 동안의 일들을 '연대순으로 정리'한 역사서라고 했다. 여기서 중요한 것은 '재위한 왕'과 '연대순'이라는 것이다. 이런 방식의 역사서술을 '편년체(編年體)'라고 한다.

편년체 사서 중에 가장 오래된 책이『춘추』이다. 이후 당(唐) 때부터 동아시아의 모든 왕조 국가는 정식으로 사관(史官)을 두고 편년체로 공식적인 역사를 서술했다. 이런 방식으로 쓴 책 중 가장 유명한 역사서는 송(宋)나라 때 사마광(司馬光)이 쓴『자치통감(資治通鑑)』과 조선 시대의『조선왕조실록』이다.*

셋째는『춘추』만이 가지는 단어 선택과 문장의 특별한 서술 방식이다. 이를 '춘추필법(春秋筆法)'이라고 하며 후대에 극찬받는다. 춘추필법은 대의명분이 분명하고 준엄한 문장으로 인물과 사건을 평가하는 것을 말한다. 하지만 원래 의미는 조금 다르다.『춘추』만의 특징은 다음과 같다.

일단 한 글자, 한 구절, 한 문장, 한 문단을 아주 간결하게 썼다. 이 때문에 242년의 역사를 불과 1만 6천여 자로 정리할 수 있었다. 또한 글 속에 좋은 평가 또는 비판하는 호오(好惡)와 옳고 그름을 판단하는 포폄(襃貶)을 숨겨 놓았다는 것이다. 다음은 문구를 계속해서 잇고 관련 사항을 나열했다. 이것을 '속사비사(屬辭比事)'라고 한다. 이럴 경우 한 문장, 한 사항이 눈에 띄지 않지만 전체적으로 보면 대의가 확연히 드러난다. 속사비사는 『예기(禮記)』에서 기원했다. 이 『예기』도 주나라 등 고대의 예법을 공자가 정리한 책인데 한나라 때에 이르러 경전의 지위를 부여받는다.

이런 『춘추』의 특징을 연구한 한(전한 武帝)나라 때의 동중서(董仲舒)는 그의 책 『춘추번로(春秋繁露)』에서 '대의미언(大義微言)'이라고 정의했다. 이 의미는 공자가 『춘추』에서 은밀하게 비판을 드러냈다는 것이다. 동중서는 기존의 유가 사상을 국가의 종교인 '유교(儒敎)'로 변형·발전시켰다고 평가받는 인물이다.*

하지만 공자의 비판 정신을 처음으로 인정하고 평가한 사람은 공자 자신이었다. "나를 아는 자는 오직 『춘추』이고 나에게 죄를 물을 자도 『춘추』이다"라는 공자의 말을 맹자(孟子)는 자신의 책 『맹자』에서 인용하고 있다. 이 말은 『춘추』는 공자의 준엄한 비판 정신과 철학·사상이 온전히 남아 있는 책이란 의미이기도 하다.

맹자도 '공자가 『춘추』를 완성하니 난신적자(亂臣賊子)들이 두려워했다'라고 『맹자』에 적었다. 난신적자란 '군주를 시해하고 부모를 죽이는 자'라는 뜻이다. 그만큼 『춘추』는 인물과 사건에 대한 준엄한 심판이 담겨있다는 평가이다. 맹자는 『등문공 하(滕文公下)』에 위에 의견을 다음과 같이 적었다.

"세상이 쇠퇴하고 도리가 미약해지자 그릇된 학설들과 포악한 행위들이 다시 일어나서 신하가 그 군주를 시해하고 자식이 아비를 죽이는 일이 일어났다.

공자는 이를 두려워하여 『춘추』를 지었다.

(난신적자를 단죄하는) 춘추는 천자가 하는 일이다.

이런 까닭에 공자는 '나를 알아주는 것도 오직 『춘추』를 통해서요, 나를 꾸짖는 것도 오직 『춘추』를 통해서 하리라!"

世衰道微(세쇠도미), 邪說暴行有作(사설포행유작), 臣弑其君者有之(신시기군자유지), 子弑其父者有之(자시기부자유지). 孔子懼(공자구), 作春秋(작춘추).

春秋(춘추), 天子之事也(천자지사야).

是故孔子曰(시고공자왈), '知我者其惟春秋乎(지아자기유춘추호)! 罪我者其惟春秋乎!(죄아자기유춘추호)!

『춘추』는 이해하기 어려운 책이다. 역사책이 '대의미언'으로 쓰였으니 처음 탄생부터 어려운 책이었다. 그래서 따로 해설서가 출현한다.『춘추좌씨전(春秋左氏傳)』,『춘추곡량전(春秋穀梁傳)』,『춘추공양전(春秋公羊傳)』이다.『춘추좌씨전』은 공자와 같은 노나라 출신 좌구명(左丘明)이 저자이다.『춘추곡량전』은 공자의 제자인 자하(子夏)가 곡량자(穀梁子)에게 전했고『춘추공양전』도 자하(子夏)가 공양고(公羊高)에게 전수했다고 전해진다. 하지만 이 저자들의 정체는 불분명하다. 가령, 좌구명은 성이 좌씨인지, 좌구씨인지 또는 좌사(左史) 벼슬을 하는 구씨성에 명이란 이름을 쓰는 사람인지도 모른다. 사마천은 실명한 사람이라고도 하고, 공자 이후『춘추좌씨전』을 쓴 좌구명도 있으며,『논어』의「공야장편(公冶長篇)」을 보면 공자가 생전에 직접 칭찬한 좌구명도 있다.

이렇게 된 이유를 진시황의 분서갱유에서 찾을 수 있다. 분서갱유로 책은 사라졌지만 일부 사람들이 책의 내용을 기억해 한나라가 들어서자 머릿속의 내용을 구술해 다시 책으로 만들었기 때문이다. 참고로 이때까지의 책은 대나무 조각인 죽간(竹簡)이었고 이런 죽간을 끈으로 꿰어서 놓은 것이 책(册)이었다. 종이가 널리 보급된 것은 한참 뒤의 일이다. 이것을 '이제 금(今)'을 써서 금문(今文)이라 한다. 이 때문에 진나라 이전인 선진(先秦) 시대의 경전을 연구하는 학자를 '금문학자'라고 했다.

그런데 분서갱유로 모든 책이 사라진 것이 아니었다. 어느 날 갑자기 곡부에 있는 공자의 집과 오래된 집의 흙 담벼락 속에서 발견되었다. 분서갱유라는 긴박한 상황이 발생하자 급히 담벼락에 구멍을 뚫어 그 속에 죽간을 집어넣고 다시 흙으로 메운 것이다. 오랜 세월이 흘러 집수리, 자연적인 붕괴 등으로 책들이 다시 출현한 것이다. 이것이 고문(古文)이고 이것을 연구하는 학자를 '고문학자'라고 한다. 하지만 책이 다시 출현한 것에 대해서는 모두 정상적이지는 않아서 의심과 비판을 받았다. 이 시기 학문적 경향은 '훈고학(訓詁學)'이었다. 훈고학은 한 글자와 한 구절, 한 문장과 한 문단을 두고 정확한 경전의 내용과 성인의 가르침을 찾는 학문이다. 오늘날 훈고학이란 말은 사소한 문제를 두고 논쟁하는 태도를 비난할 때 많이 쓴다.

이런 학술토론은 학문과 사상의 발전을 가져온 긍정적 측면이 더 크다. 이러한 토론은 주로 6경(六經) 즉 유가(儒家)의 6개 경서(經書)에 집중되어 있다. 『시경(詩經)』, 『서경(書經)』, 『역경(易經, 곧 주역)』, 『춘추』, 『예기』, 『악경(樂經)』이 6경이다. 마지막 『악경』을 제외하고 5경이라도 한다. 그래서 한(漢)나라 시대를 '경학(經學)의 시대'라고도 한다. 한(漢)나라 역사를 전체적으로 보면 초반에는 '금문'이, 후반에는 '고문'이 우세했다. 이 과정에서 치열한 사상 투쟁이 있었다. 금문학자와 고문학자의 치열한 논쟁에서 늘 중심이었던 것은 『춘추』에 관한 해석이었다. 유흠(劉歆)이라는 학자를 중심으로 『춘추좌씨전』을 추종하는 학파가 결국 주류가 되었다. 유교적 이상 국가를 내세우며 찬탈한 왕망(王莽)은 이 『춘추좌씨전』을 근거로 삼았다. 다른 '춘추곡량학파'와 '춘추공양학'은 밀려났다.

그러나 춘추공양학은 다시 2,000년 후에 화려하게 부활했다. 청(淸)나라 말 강유위(康有爲) 등은 변법유신운동(變法維新運動)을 일으킨 세력으로 '춘추공양학파'라고도 한다. '변법유신운동'이란 국가의 법과 사회의 제도를 개혁하자는 운동이었다. 이들은 춘추공양학을 연구하며 망해가는 중국을 구하고 새로운 시대를 개척할 이념과 실천 윤리를 『춘추』 연구에서 찾았다.

그런데『춘추』에 대한 근본적인 질문이 있다. 지난 수천 년 동안 누구나 한 번쯤 품었던 의문이었다. 하지만 영원불변의 진리를 담은 경전의 권위와 찬란한 가치 때문에『춘추』에 대한 의문을 공개적으로 제기하기 어려웠을 것이다.

포폄호오(褒貶好惡)와 속사비사(屬辭比事)라는 편집 과정에서 저자의 판단으로 사라진 사건 기록은 없을까? 그렇다면 그것은 무엇이었을까? 설마 없는 사실을 조작하지는 않았을까? 물론 책의 집필과 편집은 저자의 권리이기 때문에 비판하기 어렵다.

다음은『춘추좌씨전』등이 다시 등장하고 이를 기반으로 권력을 쟁취한 사례에서 보듯이 책의 내용이 왜곡되었다는 의심을 가질 수밖에 없다.『춘추』는 시대마다 다른 정치권력자 또는 당대의 학술 사상계의 권력자가 반대파를 공격하는 수단이기도 했다. 실제로 이 부분에 대한 비판은 오랜 세월 동안 있었다.

마지막 유교 국가인 청나라가 1911년 신해혁명(辛亥革命)으로 망했다. 이미 조선은 일본의 식민지가 되었고 베트남도 프랑스의 반(半)식민지였다. 그리고 중국은 민국(民國)의 새 시대가 도래했지만 중국과 동아시아는 더욱 극심한 혼란과 비극이 연달아 일어났다. 이 과정에서 경전에 대한 비판과 수용의 문제로 큰 논란이 있었다. 경전을 부정하고 폐기하자는 주장도 있었다. 1926년 고힐강(顧頡剛) 등 '의고파(擬古派)'에 의해 출간된『고사변(古史辨)』이란 책을 통해 격렬한 포문을 열었다.『서경』,『춘추』등 고전(경전)에 기록된 고대의 역사는 모두 후세에 '날조된 거짓말'이라고 주장한 것이다. 이렇게 100년 동안 동아시아의 과거 역사, 사상, 종교, 문화는 부정되었고, 일부만 각국의 상황에 맞게 변형되어 남았다. 이것이 동아시아의 근대이다. 이러한 격렬한 논쟁 후 수많은 경전은 근대에 와서 숭배와 혐오의 대상에서 벗어나게 되었다. 그리고 자유로운 학문 연구와 토론의 대상이 되었다.

『춘추』라는 역사책이 이토록 많은 존경과 권위를 가지게 된 더 큰 이유가 있다. 공자의 『춘추』가 아니어도 대부분의 역사책은 동아시아에서 큰 의미를 지닌다. 조선 시대 사관(史官) 제도만 보더라도 사관으로 근무하는 이들이 직책이 비록 낮고 나이가 어리더라도 왕과 대신조차도 존중했다. 그들의 역할에 대해 누구도 시비를 걸지 않았고 그들이 하는 말에 경청했다. 그뿐 아니라 사초(史草)라는 1차 기록물을 남기는 모든 젊은 관료의 비판적 간쟁(諫諍)도 존중했다. 그렇다면 왜 역사를 기록하는 것을 높게 평가하고 사관을 존중했을까? 아마도 두려움 때문이었을 것이다.**

이와 관련한 이야기를 소개한다. 춘추 시대 제 나라의 22대 장공(莊公)이란 왕이 있었다. 그에게는 안영(晏嬰)이란 좋은 신하가 있었는데도 제대로 '왕 노릇'을 못했던 한심한 군주였다. 그런데 최저(崔杼)라는 자는 이런 왕이 즉위하도록 공을 세워 권신이 되었다. 이런 까닭에 장공은 최저의 집을 자주 들락거렸고 미인이었던 최저의 아내 당강(棠姜)도 자주 만났다. 급기야 최저 몰래 당강과 사통(私通)까지 했다. 나중에 이 사실을 안 최저가 화가 나 장공을 죽였다.

최저는 역사에 자신이 '왕을 시해한 자'라고 남겨지는 것을 원치 않았다. 그래서 사관인 태사(太史) 백(伯, 맏이)에게 '왕이 학질로 죽었다'라는 거짓된 내용을 기록하라고 명령했다. 이에 태사 백은 명령을 거부하고 '최저가 장공을 시해했다(崔杼弑莊公, 최저시장공)'라고 사실을 기록했다. 그러자 최저는 화가 나 태사를 죽였다. 이후 태사 직은 동생인 중(仲, 둘째)이 이어받았다. 최저는 중을 불러 다시 거짓으로 기록하라고 명령했다. 하지만 중도 형과 같이 '崔杼弑莊公'이라고 다시 분명하게 기록했다. 최저는 더욱 화가 나서 둘째 중도 죽였다. 이제 막내 계(季)만 남았다. 최저가 계마저 부른다는 소식을 들은 또 다른 사관인 남사(南史)가 급히 죽간을 챙겨 궁으로 가다가 계를 만났다. 그리고 그에게 말했다.

"태사의 형제들이 모두 죽으면 역사가 왜곡되어 기록될 것 같아 이제는 내가 나선 것이오."

정확한 역사를 기록하기 위해 죽기를 각오한 비장한 말이다. 결국 최저는 역사 왜곡을 포기했다. 이런 연유로 우리는 2,500년이 지난 지금 최저가 왕을 시해했다는 사실과 역사를 왜곡하기 위해 사관을 죽였다는 것을 정확히 알 수 있는 것이다.

※ 유교 국가

유교국가와 관련해서 다른 차원의 문제를 고민해보자. 지혜를 가진 철학자는 통치를 전담하고, 용기 있는 자는 군을 담당해 국방을 책임지고, 농민과 노동자는 성실하게 생산을 책임지도록 하는 국가, 욕망을 절제하고 신분별로 각자의 책임을 다하는 사회가 이상 국가라고 생각했던 고대의 성인(현자)는 많았다. 그 대표적인 인물이 그리스의 플라톤일 것이다.

동아시아에서 이와 비슷한 지향을 가진 국가가 많았다. 교양있는 (유)학자가 정치하는 것은 당연한 일이었고 특정 학문이 곧 국가 정책이 되는 것도 당연했던 유교 국가였다. 앞서 거론한 전한(前漢, 중국은 西漢) 시대 동중서 이후 후한(後漢, 중국은 東漢) 시대부터 유학자가 정치 전면에 나섰다. 수·당(隋唐) 시대 이후 과거제 실시로 유학자들이 국가의 핵심 관료로 성장했고 송(宋)나라 이후 완전한 유교 국가(유학으로 무장한 황제와 사대부들이 통치를 전담하는 시대)로 바뀌었다.

그 시절 국가, 사회, 정치는 오늘날과 전혀 달랐다. 이익을 위해 피 터지게 싸우고 그 처절한 싸움에 승리하기 위한 재주와 능력이 가장 중요한 가치로 인정받는 지금과는 전혀 다른 세상이었을 것이다. 최소한 예의와 염치가 이익과 승리보다 더 중요했다. 정치도 윤리가 강조되었다.

하지만 지난 5천 년 동안 인간의 역사에서 '이상 국가'가 존재한 적은 없었다. 철학자 또는 유학자의 통치도 마찬가지이다. 그들의 정치에는 반드시 나타나는 나쁜 현상이 있었다. 그것은 유학자끼리 분열하고 끝없이 싸웠다. 우리가 흔히 말하는 '당파싸움'이다. 지향하는 가치와 이상을 실천함에 있어서 늘 '순수성'에 집착하기 때문이다. 그래서 우리는 정통이고 너희는 이단이라고 공격했다. 처음에는 반대파의 부정부패를 없애는 등의 긍정적인 효과가 있다. 하지만 나중에는 현실과 무관한 '증오'만 남게 된다. 유교 국가의 전형적 폐해였다. 그 유교 국가도 말기가 되면 그 '순수성'마저도 사라졌다. 왕조 말기가 되면 정치하는 유학자는 온갖 추태를 드러내는 경우가 많았다.

대학교수들이 올해의 정치와 사회를 표현하는 사자성어를 발표하는데 몇 년 전에는 '당동벌이(黨同伐異)'였다. '같은 무리는 무조건 옳고 다른 사람은 무조건 배척한다'는 의미이다. 후한의 유학자 이응(李膺)을 중심으로 한 당인(黨人)들이 타 세력을 배척한 것에서 유래했다. 이 말은 유교 국가의 태생적 한계를 지적한 말이다.

기록 문화

말과 행동이 역사에 영원히 기록된다는 것은 끊임없이 평가받아야 한다는 것을 의미한다. 역사는 최종 심판자이고 영원한 신(神)이다. 이를 두려워하지 않을 자는 없다.

역사의 가치에 늘 각성하고 정확한 역사를 기록하고 높이 평가하는 문화는 동아시아의 중요한 특징이다. 그중에 한국이 2019년 유네스코에 등재된 세계기록문화유산은 총 16건을 보유하고 있다. 아시아 1위, 세계 4위의 보유국이다. 이 말은 동아시아의 국가 중에 가장 역사를 존중하고 역사의 가치를 소중하게 여겼다는 방증이다.

반면, 중국은 13건의 세계기록문화유산이 있다. 과거 '문화대혁명'이란 사건 등으로 파괴되어 기록문화유산이 한국보다 적다. 일본은 불과 7건밖에 없다. 전근대 시대 특히 중세 무가의 막부 정권들은 그런 것을 제대로 인식하지 못했다. 그리고 근·현대 제국주의 시대 자료는 대부분 전쟁과 식민지 범죄(강제노역, 종군위안부) 기록물이기 때문에 자진해서 공개하기를 꺼리거나 스스로 폐기했기 때문이다. 마지막으로 베트남도 3건이다.

동아시아에서 사관(史官) 제도는 국가가 생긴 이래 설립된 제도이다. 주목할 점은 최소한 사관을 2명 두었다. 왕의 행동을 기록하는 좌사(左史)와 말을 기록하는 우사(右史)가 그들이다. 왕이 말과 행동이 상반될 수 있다는 것을 전제로 만들었다. 오늘날에도 대중 정치인들이 공개적으로 하는 말과 실제 행동이 상반되어 대중의 비판을 호되게 받는 경우가 종종 있다. 그래서인지 가끔은 좌사와 우사가 지닌 가치를 새삼 느끼게 한다.

병법의 요체는 상대를 속이는 것에 있다 『손자병법(孫子兵法)』

공자가 출현한 춘추 시대부터 세상이 크게 바뀌었다. 전통적인 종법(宗法) 질서는 무너지고 하극상이 만연했다. 강대국에 의해 약소국이 멸망했고 기존 왕과 상층 귀족의 자리를 실력 있는 하층 신분을 가진 이들이 차지했다. 그래서 종법 질서나 기존의 가치관에 얽매이지 않고 누구나 실력을 발휘할 수 있게 되었다. 이런 방식으로 당시 경제적 기반의 핵심이었던 토지까지 소유하게 되었다.

급기야 신하가 왕을 내쫓고 스스로 왕이 되는 상황에 이르렀다. 주나라 무왕의 둘째 아들 당숙 우(唐叔虞)가 세운 나라이며 춘추 시대 패자인 진문공(晉文公)의 나라였던 진에서는 신하인 경대부들이 왕을 폐위시키고 나라를 나누어 가졌다. 각자 조(趙), 위(魏), 한(韓)으로 분립한 것이다. 강태공(姜太公)이 세운 나라이고 제환공(齊桓公)이란 패자가 다스리던 제에서도 전(田)씨 귀족들이 왕을 폐위시키고 왕위를 차지했다. 이렇게 전국 시대가 개막되었다.

그러자 지배계급 밑에서 말단 관리를 담당해왔던 사(士) 계급은 크게 동요했다. 세습하던 관직이나 토지가 없어졌기 때문이다. 이제는 각자가 알아서 살아남아야 했다. 더는 왕과 상층 귀족에 대한 충성심이나 조국에 대한 애국심 따위는 필요 없게 되었다. 이들은 여러 나라의 군주에게 자신의 재주를 팔기 위해 천하를 분주히 돌아다녀야 했다. 더 많은 땅과 재물을 소유할 수 있는 고위직에 등용되기 위해서였다. 이처럼 이들은 개인의 욕망에 따라 움직였지만 한편으로는 도탄에 빠진 세상을 구제할 거대한 이상도 함께 품었다. 이들이 바로 '제자백가'이고 '유세객'이다. 이들의 세계가 본격적으로 펼쳐진 것이다. 이것이 춘추전국 시대이다.

이런 사 계급 출신 중에 가장 먼저 활발하게 움직인 집단이 전쟁 전문가들이었다. 춘추전국 시대는 끝없는 전쟁의 시대였기 때문에 전쟁 전문가가 필요했다. 군대를 잘 관리하고 전쟁에서 승리하는 병법(兵法)에 달통한 이들을 '병가(兵家)'라고 했다.

이 병가 중에 가장 유명한 사람은 손무(孫武)와 손빈(孫臏), 오기(吳起), 전양저(田穰苴) 등이다. 모두 훌륭한 병법서를 남겨 후대에 높은 평가를 받았다. 이들이 남긴 병법서는 천년이 지난 후인 송(宋)나라 때 다른 병법서와 함께 '무경칠서(武經七書)'로 지정되어 병법 연구의 핵심으로 인정받았다. 『삼국지』의 영웅인 조조(曹操)가 손자의 병법에 주석을 단 책도 유명하다. 바로 『손자위무제주(孫子魏武帝注)』란 책이다. 조선 시대에도 무경칠서는 무과 시험 교재였다. 관련해서 흥미로운 일은 훗날 세조가 되는 수양대군이 무경칠서에 주해(註解)를 달아 조선의 병법을 발전시키려 했다. 이제 네 명의 병법 대가들에 대해 살펴보자.

먼저 '전양저'이다. 춘추 시대 말기 제나라에서 사마(司馬, 군사 관련 업무를 관장하는 고위직)였기 때문에 사마양저(司馬穰苴)로 더 유명하다. 제나라에 병합된 진(陳)나라 출신이다. 재상인 안영(晏嬰)이 제(齊)나라 경공(景公)에게 추천해 장군으로 임명되었다. 헤이해진 군대의 기강을 잡기 위해 경공이 총애했던 권신을 일부러 죽인 이야기가 유명하다. 연(燕)나라, 진(晉)나라 등과 싸워 큰 승리를 거두고 대사마(大司馬)가 되었다. 이후 『사마법(司馬法)』이라는 병법서를 남겼다.

다음은 '오기'이다. 전국 시대 초기 사람이다. 목적을 위해 수단과 방법을 가리지 않고 복수를 위해 물불을 가리지 않는 인물로 유명했다. 유명한 사건 몇 가지를 보자.

처음에는 돈으로 관직을 사기 위해 고관대작에게 뇌물을 바치는 '엽관(獵官)운동'을 했다. 하지만 돈만 날리고 관직도 얻지 못하자 아버지가 화병으로 죽었다. 이를 두고 동네 사람들이 비웃고 놀렸다. 그러자 뛰어나가 수십 명을 칼로 찔러 죽였다. 이 때문에 동네에서 도망쳐야 했다. 이때 배웅 나온 늙은 어머니에게 자신의 팔뚝을 물어뜯으며 '출세(재상)하기 전에는 절대 돌아오지 않겠다'고 약속했다.

우선 필요한 것은 실력을 키우는 것이었다. 이를 위해 처음으로 모신 스승은 증삼(曾參, 공자의 제자)이었다. 그러던 어느 날 고향에서 어머니 부고(訃告)가 날아왔다. 오기는 어떤 미동도 없이 책만 보았다. 스승 증삼이 그 이유를 묻자 오기는 어머니와 생전에 한 약속을 이야기해 주었다. 이 이야기를 들은 증삼은 그를 주저 없이 '파문(破門)'했다. 스승 증삼은 효(孝)로 유명한 유가(儒家)의 증자(曾子)였기 때문이었다.

유가에서 파문당한 오기가 간 곳은 병가였다. 거기서 병법을 익히고 드디어 노(魯)에서 관직을 얻었다. 마침 제나라가 노나라를 공격했다. 상황이 급박해지자 궁궐에서는 왕과 대신들이 숙의에 들어갔다. 모두 오기가 출병할 군대의 사령관으로 적합하다고 생각했지만 결정하지 못하고 있었다. 그의 아내가 제나라 출신으로 적과 내통할 수 있다는 우려 때문이었다. 이 이야기를 들은 오기는 바로 집으로 가 아내의 목을 베었다. 그리고 아내의 머리를 들고 왕과 대신들 앞에 나타났다. 결국 군사령관이 되었고 전쟁에서 승리했다. 왕과 대신들은 오기의 능력은 인정했지만 아내처럼 자신들도 주저 없이 죽일 수 있는 사람으로 생각했다. 이후 전쟁의 전략 문제로 왕과 이견을 보이다가 얼마 후 해임되었다. 물론 이런 오기에 대한 기록이 다 맞는다고 확언할 수 없다. 전혀 다른 따뜻한 장군의 면모를 보여주는 사건도 있었기 때문이다.

오기가 병사의 발에 난 종기의 고름을 입으로 빨아내어 병이 나았다는 이야기이다. 장군이 이렇게까지 하며 병사들에게 애정을 보이는 것은 쉬운 일이 아니다. 이처럼 오기는 생사를 함께하는 병사들과 친밀도가 높았기 때문에 전쟁에서 늘 승리해 위대한 병가로서 역사에 남은 것이다. 하지만 병사의 종기를 치료한 준 기록 뒤에 또 다른 기록을 보면 이 병사의 어머니가 그 소식을 듣고 울며 통곡했다고 한다. 그 이유는 병사의 아버지도 오기에게 크게 감동해 전쟁터로 나가 제 한 몸을 아끼지 않고 싸우다 죽었기 때문이다. 오기는 전쟁의 승리를 위해 병사의 발에 난 종기를 치료한 것뿐이지 병사에 대한 애정 때문은 아니었다는 것이다.

오기는 여러 나라에서 장군으로 많은 전쟁에서 승리해 고위직에 오르기도 했지만 다시 해임되었다. 특히 위(魏)나라 문후(文后)에게 등용되어 활약했다. 하지만 문후가 죽은 뒤 쫓겨나 초(楚)나라로 갔다. 초나라 도왕(悼王)은 이미 명성이 자자한 오기를 재상으로 등용했다. 오기는 부국강병을 위해 법 제도를 정비하고 불필요한 관직을 없애 낭비되는 재정을 줄였다. 이런 오기의 개혁은 사라진 관직의 주인이었던 귀족의 반발을 초래했다. 도왕이 죽자 귀족들이 왕의 빈소에서 그를 죽이려 활을 쏘며 달려들었다. 화살에 맞아 죽어가던 오기는 '나 혼자 죽을 수는 없지!'라고 생각했다. 그래서 그는 왕의 시신 위에 올라가 엎드렸고 귀족들이 쏜 화살이 고슴도치처럼 등에 박혀 죽었다. 오기는 물론 왕의 시신에도 귀족들이 쏜 화살이 박혔다. 왕에게 활을 쏜 귀족들도 모두 '반역죄'로 처형당했다. 이 때문에 70여 귀족 가문이 몰락했다. 오기다운 죽음이었다. 그가 남긴 병법 책이 『오자병법(吳子兵法)』이다.

마지막으로 '손자(孫子)'다. 그런데 손자는 두 명이다. 한 명은 춘추 시대 말의 '손무(孫武)'이고, 다른 한 명은 전국 시대 중기 '손빈(孫臏)'이다.

손무는 제나라 출신인데 전쟁을 피해 집안이 외국으로 피신했다. 그래서 오(吳)에 정착했다. 이때 그의 능력을 알아본 사람은 오나라 재상 오자서(伍子胥)였다. 오자서는 왕인 합려(闔閭)에게 그를 추천했다. 손무는 자신의 병법 책을 왕에게 바쳤다. 하지만 왕은 그의 실제 능력을 보고 싶어 했다. 왕은 궁녀 180명을 훈련시켜 병법을 눈앞에서 펼쳐 보이라고 했다. 참 짓궂은 시험이었다.

 손무는 궁녀를 각 90명씩 두 편으로 나누어 부대로 편재하고 왕이 총애하는 두 명의 후궁을 대장으로 삼았다. 그리고 명령을 수행하는 군대의 규칙 등을 알려주고 간단한 훈련을 시작했다. 북을 치며 행군을 명령했지만 제대로 될 리가 만무했다. 동원된 여인들은 태어나서 처음 해본 군대 훈련이었다. 궁녀라고 해도 일반 병사보다 신분이 높았기 때문에 반발심도 있었다. 더욱이 대장들은 왕의 총애받는 후궁이었기에 처음 본 백면서생(白面書生, 글만 읽고 세상 물정은 모르는 자)이었던 손무의 명령을 비웃었다.

 이에 손무는 명령을 수행하지 않는 각 부대의 대장인 두 명의 후궁을 '명령불복종'으로 그 자리에서 참수했다. 참관하던 왕이 말릴 틈도 없었다. 왕은 당황했고 화도 났지만 어쩔 수가 없는 일이었다. 손무는 새로운 부대의 대장을 임명하고 다시 명령을 내렸다. 궁녀들은 이전과 달리 일사불란하게 행군했다. 다른 명령도 척척 수행해냈다. 앞서 소개한 사마양저의 사례와 비슷하다.

 결국 합려는 손무를 등용했다. 손무는 "왕은 병서를 좋아하지만 병서를 사용할 줄을 모른다"라고 왕에게 따끔한 충고를 했다고 한다. 하지만 왕은 '장군의 역할'을 할 수 없다. 해서도 안 된다. 왕은 '왕의 일'을 해야 한다. 왕은 전쟁을 잘 아는 적합한 인재를 장군으로 등용하면 된다. 즉, 왕에게는 지인지감(知人之鑑, 사람을 알아보는 안목)만 있으면 된다.*

 이후 손무의 생애는 불분명하다. 합려는 오자서와 함께 초나라 정벌전에 나섰다. 초반에는 대단한 기세로 초의 수도 영(郢)을 함락했다. 당시 모두가 초나라는 멸망할 것으로 예상했다. 그러나 가족을 잃은 것에 대한 복수에 눈이 뒤집힌 오자서의 만행으로 민심을 잃었다. 초나라는 신포서(申包胥)의 외교활동으로 진(秦)나라 애공(哀公)에게 도움을 받았다. 그 덕에 초 나라는 다시 기사회생했다. 그리고 합려의 동생 부개(夫槪)가 반란을 일으켰다가 실패해 초나라로 망명하고, 월(越)나라는 오나라가 초나라로 출병한 틈을 노려 배후에서 오나라 후방을 기습해 큰 혼란이 일어났다. 오는 초나라 정벌에 실패했다. 그런데 손무의 기록은 이상하게 보이지 않는다. 초나라 정벌전에 참가했는지, 혼란이 일어났을 때 무엇을 했는지 알 수 없다. 다만 『손자병법(孫子兵法)』이라는 불멸의 병법을 남겼다.**

이번에는 또 다른 손자인 손빈의 이야기이다. 전국 시대 중기에 살았고 손무의 후손이다. 먼저 그의 스승 귀곡자(鬼谷子)라는 신비로운 인물부터 이야기해 보자. 실제 이름은 왕리(王利) 또는 왕후(王詡)라고 하고 이름도 으스스한 귀곡산장(鬼谷山莊)에 살았다. 『귀곡자(鬼谷子)』라는 요사스러운 제목의 책을 남겨 '귀곡자'라고 했다. 그는 전설 속 도사처럼 천문, 지리, 병법, 처세술 등에 능통했다고 한다. 네 명의 제자를 길렀는데 이 제자들은 모두 전국 시대 중후반 천하를 호령했던 대단한 인물들이다. 소진(蘇秦), 장의(張儀)***, 손빈, 방연(龐涓)이 그들이다. 너무도 신비스러운 이야기라서 의심할 수도 있지만 귀곡자에 대한 유적(하북성 운몽산雲夢山 귀곡동鬼谷洞)도 있고 입증할 만한 유물(한대 마왕퇴馬王堆)도 출토되었다.

귀곡자에게 함께 병법을 배운 방연이 먼저 위(魏, '양梁'나라라고도 함)나라 혜왕(惠王)에게 등용되어 장군이 되었다. 손빈을 속여 초대해 모함으로 죄를 조작했다. 그리고 무릎뼈를 도려내는 형벌과 얼굴에 먹물로 죄명을 새겨 넣는 형벌을 가했다. 손빈의 '빈(臏)' 자가 무릎뼈를 도려내는 형벌을 의미한다. 다시는 두 발로 걷지 못하게 된 손빈을 감옥에 방치했다.

방연이 이런 짓을 한 이유는 손빈의 능력을 질투했기 때문이라고 전해진다. 너무도 야비하고 용서받기 어려운 일이지만 실력(능력) 제일주의와 약육강식이 판치는 전국 시대의 전형적인 모습일 수도 있다.

손빈은 몰래 제(齊)나라 사신을 만나 구사일생으로 위나라를 탈출했다. 이후 제나라 장군 전기(田忌)의 빈객(賓客)이 되었다. 어느 날 경마대회에서 전기의 말 세 마리를 모두 우승시키는 일이 있었다. 방법은 최고로 좋은 상등의 말은 중등 말과 겨루게 하고, 중등의 말은 하등 말과 겨루게 하고, 하등의 말은 상대의 상등 말과 겨루게 하는 것이었다. 반드시 2대1로 이기는 경기였다. 이 경기 후 전기는 손빈을 제나라 위왕(齊威王)에게 추천한다.

　위나라가 조(趙)나라를 공격했다. 그러자 조는 제나라에 도움을 요청했다. 전기 장군의 참모로 손빈이 함께 참전했다. 이때 손빈이 내놓은 계책은 이미 위나라의 군대로 포위된 조나라로 진군하지 말고 위나라를 공격하자는 것이었다. 마침 위나라는 주력부대가 모두 출병해 본국의 방어가 취약했다. 그래서 제나라는 위나라를 공격했다. 이에 놀란 위나라는 군대는 조나라에서 황급히 철군할 수밖에 없었다. 이때 강행군으로 피로가 쌓인 위나라 군대는 미리 매복해있던 제나라 군대에 대패했다. 이것이 '계릉(桂陵) 전투'이다. 이 전투에서 손빈의 낸 계책은 '위위구조(圍魏救趙)'였다. 이 계책은 적의 약점을 공격하는 것이다.

　13년 뒤 위나라는 방연을 장군으로 임명하고 이웃인 한(韓)나라를 공격했다. 그러자 제나라는 한나라에 구원군을 파병하는데 이전과 같이 전기 장군과 손빈이 함께 출전했다. 드디어 손빈이 복수할 절호의 기회를 잡은 것이다.

　방연은 이전처럼 전투가 진행될 것이라 예상해 본국(위나라)에 일부의 주력부대를 남기고 한나라를 공격했다. 그의 전략은 제나라 군대가 진군해 오면 본국 위에 있는 남은 군대와 한나라에 출병한 군대가 연락을 주고받다가 정확한 시점에 맞춰 양쪽에서 공격해 제나라 군대를 포위하는 전략이었다. 그리고 마지막 협공으로 제나라의 군대를 격멸하는 것이었다. 훌륭한 전략이었지만 손빈은 방연보다 한 수 위였다. 그는 방연의 전략에 '유인책'으로 맞섰다. 우선 군대를 철수시켰다. 거기에 더해 '감조지계(減竈之計)'로 적을 더 확실하게 속였다. 감조지계란 아궁이를 줄이는 계책이다.

당시 전쟁에서는 군사들이 먹을 곡물을 사람이 직접 짊어지거나 소와 말에 실어 전쟁터까지 날라야 했다. 야외에서 직접 아궁이를 만들고 솥을 걸어 밥을 지어 먹어야 했다. 그래서 전투 병력보다 식량 운송에 몇 배의 인력이 필요했고 야외 취사도 쉽지 않은 일이었다. 이처럼 농경 국가가 해외 파병을 하려면 온 국력을 쏟아부어야 했다. 그나마 유목국가는 말린 고기(육포)을 전투식량으로 먹었기 때문에 그나마 나은 상황이었다. 이처럼 전국 시대 전쟁은 대체로 황하 연변과 장강(양자강) 북쪽의 비교적 좁은 지역에서 일어났지만 동원된 병사와 민간인은 엄청난 고통을 받았다.

손빈은 불을 땐 아궁이 흔적을 첫째 날은 10만 명이 밥을 먹을 수 있을 정도로 만들어 놓고 후퇴하고, 둘째 날은 그 절반인 5만 명, 다시 셋째 날은 2만 5천 명으로 줄여나갔다. 이러한 정찰 보고를 받은 방연은 당연히 다음과 같이 생각했다. 적군(제나라 군대)이 포위되는 것이 두려워 후퇴하는 것이고 이미 겁을 먹은 병사들이 이탈해 도망치고 있다고 판단했다. 이처럼 방연은 자신의 판단과 전략을 확신했고 자만심은 하늘을 찔렀다. 그래서 제나라 군대를 완전히 격멸하기 위해 추격전을 전개했다.

한편, 손빈은 마릉(馬陵)에서 전투의 마지막 결전을 준비하고 있었다. 깊은 계곡인 마릉은 매복하기 적합한 곳이었다. 계곡 양쪽에 궁수부대를 배치했다. 나무를 모두 베어 길목을 막았고 나무 한 그루만 베지 않고 남겼다. 그리고 다음과 같이 나무의 껍질을 벗기고 글을 남겼다.

"방연이 이 나무 밑에서 죽는다(龐涓死于此樹之下)." _군사 손빈

깊은 밤이 되자 마릉 계곡에 도착한 방연은 나무에 적힌 글이 궁금해 불을 피웠다. 이것이 신호가 되어 숨어 있던 제나라 궁수들이 일제히 화살을 쏘았다. 계곡에 갇힌 위나라 군대는 순식간에 전멸했다. 방연은 "그놈이 세상에 이름을 떨치겠군" 하고 탄식하며 자결했다. 이것으로 손빈의 복수는 끝났다.

이 전투로 위나라 주력부대는 괴멸되었고 태자는 포로로 잡혔다. 전국 시대 초기 위세를 떨치던 위나라는 국세가 땅에 떨어져 다시는 회복하지 못했다. 반면 제나라는 천하에 그 위세를 드러내며 강대국이 되었다.

마릉 전투 이후 손빈의 기록은 없다. 그도 병법 책을 남겼다. 하지만 모두 손자(孫子)라고 불렸기 때문에 손빈의 병법책에 대한 논란은 오랜 세월 있었다. 하지만 현대 중국에서 손빈의 병법책이 고고학 발굴로 세상에 드러났다. 이로써 손자는 손무와 손빈 두 명이고 각자 병법서를 남긴 것으로 결론이 났다.

병가와 병법 책 중에서 손무(손자)의 가장 유명한 『손자병법』을 소개한다. 그런데 어떤 사람들은 몇몇 구절을 거론하며 손무는 '전쟁을 회피하고 평화를 지향했다'라고 설명하기도 한다. 하지만 손자의 진짜 의도는 '전쟁은 아주 신중하게 결정해야 한다'라는 것이었다. 불가피하게 전쟁을 하더라도 아군의 피해는 적게하고, 가능하면 싸우지 않고 적의 항복을 받아 적의 군사력을도 흡수하려 했다.

『손자병법』은 전체 13편으로 정리되어 있다. 후대에 조조 등 많은 병법가가 주석을 달아 더 많은 내용으로 전해지고 연구되었다 원래 13편의 핵심 주장을 짚어 보고 사람들이 많이 인용하는 구절도 소개하고자 한다.

「시계편(始計篇)」

전쟁 계책의 시작이란 의미이다. 여기서 가장 유명한 구절이 나온다. '병자궤

도야(兵者詭道也)'이다. 이 의미는 '전쟁의 본질은 상대를 속이는 것이다'라는 것이다. 물론 상대는 속이고 나는 속지 말아야 한다. 전쟁이란 국가의 존망을 가르는 중대사이기 때문에 반드시 깊이 살펴보고 꼼꼼히 따져서 시작해야 한다는 대목도 중요하다. 그리고 바로 이어서 손자는 신중하게 살펴볼 '오사(五事)'와 '칠계(七計)'를 제시했다.

오사는 백성으로부터 받는 왕의 정치적 신뢰(죽음도 불사할 정도로)를 얻고 있는지를 살펴보는 것(道), 기후 조건을 살펴보는 것(天), 지정학적 위치을 살펴보는 것(地), 군대를 잘 통솔할 수 있는 장군이 있는지를 살펴보는 것(將), 운용 시스템이 갖추었는지를 살펴보는 것(法)이다.

다음 칠계는 지금 싸울 적군과 비교해 깊이 따져보라는 것이다. 따져볼 내용은 어느 쪽 장군이 더 유능한지, 기후와 지리는 어느 쪽에게 더 유리한지, 어느 쪽이 더 법령이 잘 시행되고 있는지, 어느 쪽이 군대가 더 강한지, 어느 쪽이 병사들은 잘 훈련되었는지, 어느 쪽이 더 상벌이 분명한지이다.

「작전편(作戰篇)」

전쟁을 결정하기 전에 먼저 비용을 계산해 보라는 것이다. 매일 천금을 소모해야 10만 대군을 조직하고 유지할 수 있다. 전쟁에서 패해 나라가 망하는 것이 아니라 천문학적인 전쟁 비용을 감당하지 못해 망하는 것이다. 전쟁으로 궁핍해지면 다른 나라의 공격에 취약한 상태가 된다. 그래서 식량을 미리 준비하는 것도 중요하지만 부족한 것은 현지의 적에게 약탈하라고 한다. 가령, 적의 식량 1종(鐘, 고대의 도량형)은 아군의 20종에 해당하는 가치라고 한다. 식량뿐이 아니라 무기도 이에 해당한다. 빼앗은 전차는 깃발만 아군 것으로 달고 재사용하라고 한다. 심지어 포로도 후대하여 아군으로 활용하라고 한다. 마지막으로 백성의 생명과 국가의 존망을 생각해서 전쟁을 오래 끌지 말라고 한다.

「모공편(謀攻篇)」

공격을 도모하기 전에 공격의 목적이 무엇인지를 먼저 고민해야 한다는 의미이다. 「모공편」에서는 '백 번 싸워서 백 번 이기는 것보다 싸우지 않고 적을 굴복시키는 것이 좋다. 그래서 최선의 방법은 아군의 병력으로 적의 싸우려는 의지를 꺾는 것이고, 차선은 외교를 통해 승리하는 것이고, 그다음이 적의 병사를 깨는 것이고, 가장 하책은 성을 공격하는 것'이라고 주장한다. '패퇴하고 돌아가는 적군을 절대 죽이지 말라. 포위된 적군에게는 반드시 퇴로를 열어주라'고 한다.

왜 그럴까? 하책일수록 아군도 그만큼 손실이 발생할 수밖에 없다. 가능하면 아군 피와 손실 없이 승리해야 한다. 직접적인 전쟁 없이 승리와 똑같은 결과를 획득해야 한다. 이는 인도주의적 관점이 결코 아니다. 지극히 실용적인 관점이다. 자국의 전투력을 보존하면서 주변의 적국을 무너뜨리는 실용을 말한다. 그래야 적국을 점령했을 때 1+1=2가 되는 것처럼 전투력이 배가된다.

'적군보다 10배의 병력이면 포위하고, 5배의 병력이면 공격하고, 2배의 병력이면 적을 분리해 공격하고, 맞먹는 병력이면 최선을 다해 싸우고, 적보다 적은 병력이면 도망치고, 승산이 없으면 피한다. 그러므로 소수의 병력으로 무리하게 싸우면 강대한 적의 포로가 될 따름이다'라는 내용도 아주 중요한 문장이다.

「모공편」에도 유명한 문장이 또다시 등장한다. 이 문장도 많이들 인용한다.

적을 알고 나를 알면 백 번 싸워도 위태롭지 않고,
적을 모르고 나만 알면 한 번 이기고 한 번 질 것이며,
적을 모르고 나도 모르면 싸울 때마다 위태롭다.

知彼知己 百戰不殆(지피지기 백전불태).

不知彼而知己 一勝一負(부지피이지기 일승일패).

不知彼不知己 每戰必殆(부지피부지기 매전필태).

「군형편(軍形篇)」

'군형'이란 말을 단 한 단어로 말하기는 어렵다. 단순화해서 말하면 군대의 형태이지만 그런 수준의 말이 아니다. 준비 태세, 방위 태세, 능동적 공수 전환 태세 등 여러 의미가 담겨있다. 정반합(正反合)의 상태는 다시 정반합으로 나가는 변증법의 논리와 차면 기운다는 주역의 논리가 숨어 있다.

구체적으로 이런 표현들이 나온다. '공격은 전력이 여유가 있을 때 하는 것이고, 공격을 시작할 때 다양한 기상 조건을 보며 군대를 움직인다. 그렇게 자신을 보호하면서 승리한다.' '수비는 다양한 지형을 이용해 적의 공격을 막아 한다.' 이런 조건들을 하나하나 살피고 준비해야 한다고 말한다. '잘못된 것들(준비가 부족 사항)에 대해 미리 조치해 반드시 승리할 상황을 만들어 놓는 것이다. 그런 후 이미 패배할 수밖에 없는(준비와 점검을 안 한) 적을 상대해 승리한다'라고 강조한다. 군대를 '저울의 균형추'에 비교하고, '승리하는 군대는 천 길 높이의 계곡 상류에 축적된 물을 한 번에 쏟아내는 것과 같다'라고 한다. 이것을 군대의 '형(形)'이라고 손자는 강조했다. 「군형편」은 다음의 「병세편」과 같이 읽어야 그 의미를 더 잘 이해할 수 있다.

「군형편(軍形篇)」에서는 "승리하는 군대는 미리 승리할 수 있는 조건을 만들어 놓고 전쟁하고, 패배하는 군대는 먼저 전쟁을 일으키고 이후에 승리하려고 한다(是故勝兵先勝而後求戰, 敗兵先戰而後求勝)"라는 문구가 사람들에게 많이 인용된다.

「병세편(兵勢篇)」

「병세편」에서는 앞서 말한 '형'을 갖춘 대규모의 군대를 실제 운용하는 문제를 다룬다. 핵심은 합리적인 부대 편제, 효과적인 명령 전달 체계, 원칙으로 대적하고 기묘한 변칙으로 승리하는 것 등이다. 여기서 다시 응축된 에너지가 폭발하듯이 기세를 몰아 전쟁에 임해야 한다고 강조한다. 비유하기를 '천 길 산꼭대기에서 굴러떨어지는 돌맹이'라고 했다. 이런 기세를 갖춘 군대가 승리하는 법이다. '전쟁을 잘하는 자는 그 세력으로 승리하며 사람에게 의지하지 않는다'라고 손무는 강조하고 있다.

그리고 대규모 군대가 맞붙는 대회전(大會戰) 또는 공격과 수비가 반복되면서 인적 물적 피해가 큰 진지전(陣地戰)보다 적의 강점을 피하고 적의 약점을 파고드는 전투를 하라고 한다. 즉 '상대적 기동전(相對的機動戰)'을 강조한다. 이런 주장은 「허실편(虛實篇)」으로 이어진다. 이 기동전과 현대 중국에서 쓰는 '운동전(運動戰)'은 거의 같은 의미이다.

다음은 적을 속여 빠르게 부대를 운용해야 한다는 것을 강조한 「군쟁편(軍爭篇)」이 있다. '바람처럼 빠르게, 숲처럼 고요하게, 불길처럼 맹렬하게, 산처럼 묵직하게'라는 뜻으로 '풍림화산(風林火山)'이란 말도 여기서 유래한다. 다음은 다양한 상황에 대한 종합적 판단과 유연한 대응을 말한 「구변편(九變篇)」이다.

「행군편(行軍篇)」에서는 군대가 행군할 때 지형과 관련한 현상을 살피며 적의 매복 여부를 판단해야 한다고 말한다. 그래서 척후병(斥候兵)을 반드시 활용해야 한다고 강조하고 있다. 「지형편(地形篇)」은 앞서 거론한 「시계편」의 오사 중에서 지(地)의 중요성, 관련 정보를 분석학고 판단하는 것 등의 내용이다. 이어지는 「구지편(九地篇)」은 전투하는 아홉 가지 지형에 관한 주의 사항을 담고 있다. 거론한 아홉 가지 지형은 산지(散地), 경지(輕地), 쟁지(爭地), 교지(交地), 구지(衢地), 중지(重地), 비지(圮地), 위지(圍地), 사지(死地)를 말한다.

다음은 「화공편(火攻篇)」이다. 습도와 풍향 등의 자연조건을 확인해 보고 불을 이용해 공격하라는 것이다. 끝으로 「용간편(用間篇)」은 간첩 활용의 중요성과 효용성을 강조한다. 다섯 종류의 간첩, 향간(鄕間), 내간(內間), 반간(反間), 사간(死間), 생간(生間)을 소개하고 활용하는 방법도 정리했다.

많은 사람이 현대 중국의 혁명가 마오쩌둥(毛澤東)이 정강산(井岡山) 진지에서 밝힌 16자 전술 교리는 『손자병법』이 응축된 것이라고 말한다.

敵進我退(적진아퇴) : 적군이 진격해 오면 아군은 후퇴한다.
敵駐我擾(적주아요) : 적군이 머무르면 아군은 교란한다.
敵疲我打(적피아타) : 적군이 피곤하면 아군은 타격한다.
敵退我追(적퇴아추) : 적군이 후퇴하면 아군은 추격한다.

이 16자 안에 전진과 후퇴, 집결과 분산, 신속한 상호 전환의 요체가 모두 담겨있어서 매우 절묘한 전술 교리이다. 전문적인 군사학을 배울 기회가 없었던 농민군(홍군紅軍)에게 아주 효과적이었다. 이처럼 16자 전술은 『손자병법』이 현대에도 여전히 사용할 수 있는 사례라고 말할 수 있다.

※ 현장 지휘관과 정치

전쟁 수행은 전적으로 현장 지휘관(장군)에게 있어야 한다는 손자식의 주장을 현대전에서는 '임무형 전술'이라 한다. 현대의 대표적 사례가 2차 세계대전 때의 독일군과 중동전의 이스라엘군일 것이다. 그러나 대부분 군 통수권자인 군주나 대통령 등의 지휘 아래 '명령형 전술 체계'로 전체 군대를 운용한다. 관련한 주장으로는, 독일의 전략가 클라우제비츠(Clausewitz, Karl von)는 '전쟁은 국내정치의 연장'이라고 했고, 프랑스의 정치가 조르주 클레망소(Georges Clemenceau)는 '전쟁은 군인에게만 믿고 맡기기엔 너무 중요한 문제'라고 했다. 국내 정치와 세계정세를 모르는 장군이 전쟁을 전적으로 지휘해서는 안 된다는 것이다. 이 문제는 전쟁과 역사에서 늘 논쟁이다. 여러모로 생각해 볼 일이다.

※ 대량 살상 전쟁의 시대 개막

전쟁사의 관점에서 손자가 살았던 시대를 간단하게 이해하고 다음 이야기를 전개하고자 한다. 손자가 살았던 시대는 전쟁의 양상이 크게 바뀌던 시대였다.

춘추 시대까지의 전쟁은 규모가 작았다. 인구수 때문만은 아니다. 당시 전쟁은 소수의 귀족 전사들의 전유물이었다. 왕부터 사(士)까지의 지배계급만 국방의 의무가 있었다. 이 때문에 출전한 군대 규모가 수천 명에서 수만 명 정도에 불과했다. 매복은 거의 없었다. 대부분 싸우는 양쪽 모두가 한눈에 볼 수 있는 평원에서 전투를 벌였다. 개전도 양쪽이 미리 선전 포고서를 교환해 시간과 장소를 약속하고 전쟁터로 나온다. 바로 맞붙는 것이 아니다. 전쟁의 대의명분을 위해 설전(舌戰)부터 시작하는 경우가 많았다. 소설 『삼국지연의』처럼 무기도 비싼 청동기였고 전차(戰車) 위주의 소규모 전쟁을 했다. 이 전차 수가 국력의 규모를 보여주는 지표였다. 천자는 만승지국(萬乘之國), 제후는 천승지국(千乘之國)이라는 말도 이런 의미였다. 전투 시간도 짧아 불과 몇 시간에서 몇 날 정도가 전부였다. 전쟁이 끝나면 사신을 교환해 강화조약을 맺고 마무리했다.

이러한 전쟁의 양상이 전면적으로 바뀐 것은 손무가 살았던 춘추 시대 말기이다. 특히 오·월(吳越) 전쟁 때부터이다. 이때부터 소규모 전차전이 아니라 수십만 명의 보병이 동원되는 전쟁이었다. 정확히는 동원이 아니라 '강제징집'이었다. 한 번 전쟁이 일어나면 수년에 걸쳐 진행되었다. 지구전과 진지전이었다. 핵심 방어 시설인 성벽의 높이부터가 이전과는 달리 엄청나게 높아졌고 더욱 견고해졌기 때문이기도 하다. 수천 리를 이동하는 작전이 일상처럼 일어났다. 이 시대부터 전쟁으로 인한 인명 피해도 상상을 초월했다. 전국 시대 말기에 활동한 진(秦)나라 장군 백기(白起)는 장평(長平) 대전에서 40만 명의 조나라 병사를 몰살시켰다. 이 시대에는 최대 백만 명의 병사를 전투에 동원하는 나라가 생기기 시작했다. 그리고 진나라가 통일하기 전 100년 동안 진과의 전쟁으로 전사한 적국의 병사가 총 166만 8,000명이라는 통계도 있다.

전국 시대는 진, 초, 한, 조, 위, 연, 제의 일곱 나라가 치열한 각축전을 벌이고 있었다. 전국 시대 말기에 이 일곱 나라의 전체 병사 수를 500만 명 정도로 추산한다. 이 일곱 나라의 전체인구가 대략 2,000만 명 이상이라고 추정하는데, 그 절반이 남성일 것이고 다시 그 절반이 성인 남성일 것이다. 그 성인 남자의 총수가 500만 명이 된다. 성인 남성 전체가 징집된 병사였다. 나머지는 후방의 각종 의무를 담당한 가족까지 합치면 대부분의 백성이 전쟁에 동원되는 '전시체제'였다. 한마디로 약 200년의 전국 시대는 현대의 1, 2차 세계대전 같은 '전국민총력전'의 시대였다. 전국 시대부터는 제후들끼리 경쟁해서 패권(패자)을 차지하는 것이 아니라 타국을 멸망(어쩌면 절멸)시켜 자국이 살아남는 것이 국가적 목표가 된 것이다. 그 목표 달성하기 위해 '변법(變法)'으로 부국강병을 이루기 위해 힘을 쏟았다.

전국 시대에 돌입하면서 춘추시대의 많은 나라는 '전국 7웅'에게 잡아 먹혔다. 이제 전국 시대의 목표는 나머지 6개국을 먹어 치우고 끝까지 살아남아 천하를 통일하는 것이었다.

현종횡가와 국제동맹

소진과 장의는 모두 종횡가(縱橫家)라는 유세객이었다. 소진은 강대국 진(秦)나라에 맞서 전국의 나머지 6개국이 동맹을 맺자는 '합종책(合從策)'을 제안했다. 6개국의 동의를 얻어 동맹을 맺고, 그 6개국의 재상이 된 인물이다. 한편 장의는 그 합종책으로 묶인 6개국의 동맹을 깨버린 유세객이다. 그가 주장하는 것은 '연횡책(連衡策)'으로써 진나라와 각자 동맹 관계를 맺어 각국의 안전을 보장받으라는 것이다. 소진이 사라진 후 실현된다.

그런데 둘 다 현실적이지 않은 주장이었다. 왜냐하면 원래부터 6개국은 서로 불신하고 갈등이 있었던 사이였다. 진나라가 없어도 호시탐탐 이웃 국가를 공격했기 때문에 합종책(6국 동맹)은 처음부터 유지될 수 없었다. 그렇다면 연횡책으로 안전을 보장할 수 있었을까? 그것도 아니었다. 진나라는 이웃 국가에 대한 정벌전으로 국가가 성장하는 구조를 가진 나라였다. 궁극적으로 6개국은 모두 공격 대상이었다. 공격의 선후가 있을 뿐이었다.

그나마 이 두 가지 전략은 제안한 당사자(소진과 장의)가 살아 있을 때, 동맹을 보증할 수 있는 위치(재상)일 때만 실현될 수 있는 방안이었다.

인의를 해치는 자는 왕이 아니라 하찮은 놈이니 죽여라 『맹자(孟子)』

맹자는 전국 시대 중기의 유가 사상가이다. 여러 나라의 왕에게 그의 사상을 전하려던 유명한 '유세객'이기도 하다. 『맹자(孟子)』는 맹자와 그의 제자들의 어록을 정리한 유가의 경전이다. 때로는 맹자가 직접 썼고 제자들이 쓰기도 했다. 손자나 노자 등등 다른 사상가와 책들도 마찬가지다.

공자처럼 맹자도 유명해지기 전까지 어떻게 살았는지 정확히 알 수 없다. 출생지가 공자의 노나라 옆 추(鄒)라는 소국이라는 것과 '맹모삼천(孟母三遷)'이란 고사가 있어서 그의 어머니가 자식 교육에 헌신적이었다는 것뿐이다.

이웃의 노와 제는 학문이 발달한 곳이었기에 약간의 경제적 뒷받침과 본인의 노력이 있었다면 배울만한 조건은 충분했다. 제나라는 국가에서 도성 남문에 여러 학자를 초빙해 직하학궁(稷下學宮)이란 곳을 운영했다. 다양한 학문을 배울 수 있고 여러 학파의 학자들이 교류를 할 수 있는 곳이었다. 그래서 전국 시대 중후반의 유명한 학자나 사상가들은 대부분 이곳에서 인연을 맺었다. 맹자 이후 또 다른 유가의 학자인 순자(荀子)도 이 학궁의 좨주(祭酒 학문과 덕행 뛰어난 연장자로서 잔치에서 술잔을 들어 땅에 제사를 지낸 자로 학교의 교장과 같음)로 있었다.

사마천의 『사기열전(史記列傳)』은 맹자가 공자의 손자인 자사(子思)에게 학문을 배웠다고 밝히고 있다. 자사는 사서 중 하나인 『중용(中庸)』의 저자이다. 『중용』은 주로 치우치지 않는 마음으로 성인의 도를 닦아 본연의 품성을 유지하자는 내용이다.

맹자가 학문과 사상이 원숙해진 시기는 언제였을까? 전국 시대의 비참한 상황을 더는 참지 못하고 본격적인 유세 활동을 시작한 시기는 언제였을까? 바로 그의 나이 50세 정도였다. 그가 유세에서 처음 만난 왕은 양 혜왕(梁惠王)이었다. 『맹자』의 처음에 나오는 왕이다. 앞서 소개한 방연(龐涓)을 장군으로 등용했던 위 혜왕과 같은 인물이다. 같은 나라이고 같은 시기인데 나라의 이름이 위(魏)에서 갑자기 양(梁)으로 바뀐 이유는 무엇일까? 그것은 수도를 안읍(安邑)에서 동쪽인 대량(大梁)으로 천도했기 때문이다. 이 천도의 이유를 알면 양 혜왕이란 인물을 이해할 수 있다. 심지어 맹자를 만났을 당시 그의 심리상태도 어느 정도 추측할 수 있다.

원래 위(양나라)는 전국 시대 초기의 강대한 나라였다. 초대 왕 문후(文侯)는 좋은 인재를 등용해 잘 활용했다. 법가 사상가인 이회(李悝)를 등용해 '변법'을 시행했고 앞서 소개한 유명한 병가(兵家) '오기(吳起)'를 등용해 진(秦)의 하서(河西)를 빼앗았다. 서문표(西門豹)를 등용해 하서 지역을 잘 다스렸고 '악양(樂羊)'을 등용해 조(趙)나라 북쪽 중산국(中山國)을 정복했다. 그러나 2대 왕 무후(武侯)는 앞서 오기의 사례처럼 외국인 출신의 인재를 추방했다. 그래도 이때까지는 위나라 상태가 좋았다.

하지만 위나라는 서쪽의 진나라, 북쪽의 조나라, 동쪽의 제나라, 남쪽의 초나라와 같은 강력한 국가들 사이에 있었다. 주변 4대 강대국의 위협과 공격을 받으며 국세가 차츰 기울기 시작했다. 3대 혜왕 때 위나라는 결정적인 두 가지 사건으로 급격히 내리막길로 들어섰다. 첫 번째 사건은 앞서 거론한 마릉(馬陵) 전투였다. 이 전투로 방연이 전사하고 혜왕의 태자 신(申)이 포로가 되는 엄청난 패배를 당한다. 두 번째 사건은 진나라의 상앙(商鞅)이 바로 마릉 전투 후 위나라의 서쪽으로 쳐들어왔다. 상앙은 이 전투로 그와 친분이 있던 사령관 공자 앙(卬)에게 맹약을 맺자고 속여 포로로 끌고 가는 대승을 거뒀다. 이 두 번의 패배 후 치명상을 입은 혜왕은 이를 수습하기 위해 대량으로 천도했다. 이때부터 위나라를 양나라로 불렀다.

이 두 번의 치명상을 겪은 양나라에 맹자가 첫 유세를 온 것이었다. 정상적인 왕이라면 절치부심하며 제와 진에 복수하기 위해서 훌륭한 인재를 등용하고자 노력했을 것이다. 하지만 양 혜왕은 그렇게 하지 않았다.

양 혜왕은 맹자를 만나자마자 "늙은이(일반적인 경칭)가 천리를 멀다 하지 않고 오셨는데, 우리나라에 무슨 '이득'이 있느냐?"라고 물었다. 그러자 맹자가 "하필 이익이냐!"라고 답했다. 그리고 "왕이 이익을 탐하면 나라가 망한다"라고 한바탕 야단을 친다. 이 대목은 『맹자』의 첫 대목이라 유명하다.

이 대목에서 우리가 눈여겨볼 것은 왕의 질문보다 맹자의 대답이다. 맹자의 대답은 왕도정치를 말하는 것이었지만 양 혜왕에 대한 비난의 의미도 담겼다. 아마도 맹자가 비판했던 전국 시대의 전형적인 왕이 양 혜왕이라고 생각했다. 양 혜왕은 『맹자』의 첫 대목에 기록되며 비참하게 패망했던 왕들을 대표해 2,000년이 넘도록 사람들에게 비난받은 것이다. 맹자의 왕도정치는 주 문왕과 같은 성인이나 업적이 많아 자부심이 넘치는 강대국 왕이었다면 수용했겠지만 양 혜왕에게는 무리였을 것이다. 양 혜왕은 맹자를 이해하고 왕도정치를 실행할 의사가 있었다. 하지만 거기까지였다. 그는 맹자와 만나고 난 후 얼마되지 않아 죽었다. 그 뒤를 이은 양왕(襄王)은 그냥 평범 아니 변변치 않았다. 나라는 더 기울어졌고 맹자도 곧 떠났다.

맹자의 다음 유세지는 제나라였다. 제나라의 선왕(宣王) 밑에서 객경(客卿)으로 대우받았다. 객경은 외국인이 공경(公卿)이란 고위직이 되는 경우다. 이 시대는 인재가 국가의 흥망성쇠를 결정하는 중요한 요인이었다.

후대인 진시황(秦始皇) 초기 진나라에서 정국(鄭國)이라는 한(韓)나라 출신 토목 기술자인 전문 관료가 '간첩'으로 암약하다가 발각된 사건이 일어났다. 이 때문에 외국인 객경과 외국 출신 전문가를 모두 추방하려 했는데 이사(李斯)가 이를 강력히 반대하는 상소를 올렸다. 이 상소가 〈간축객서(諫逐客書)〉라는 천하의 명문이다. 주요 내용은 "진나라가 누구 덕에 부강해졌나? 모두 객경들 덕이다! 만약에 이들이 없었다면 진나라는 서쪽 변방의 변변치 못한 나라로 여전히 머물렀을 것이다!"라는 것이었다. 외국인 인재를 마다하지 않는 것이 동서고금 모든 강대국의 필수 조건이다. 외국인에게 배타적인 나라는 강대국이 되지 못한다.

제 선왕은 맹자는 물론 음양가(陰陽家, 음양오행설을 주장)인 추연(鄒衍), 유명한 만담가(漫談家)인 순우곤(淳于髡) 등 제자백가의 유명한 인물들을 후대해 학술과 문화를 발전시켰다. 그러나 이때부터 제나라는 저물기 시작했다. 시작은 연(燕)나라의 내분에 군사적으로 개입하면서부터였다.

어딘지 정상이 아닌 듯한 연나라 왕 쾌(噲, 시호가 없다)라는 위인이 재상이었던 '자지(子之)'에게 왕위를 선양(禪讓)했다. 선양이란 왕위를 평화적으로 아들이 아닌 '덕(德)'이 있는 자에게 넘기는 것이다. 이는 유가(儒家)에서 이상적인 정권교체 방식으로 여겼다. 이렇게 자지는 왕이 되었지만 기존의 태자가 가만히 있을 리 없었다. 이에 강력히 반발했고 자지가 태자를 먼저 공격하려 하자 외국으로 망명했다.

연나라의 이런 상황을 지켜보던 제나라는 광장(匡章) 장군의 10만 병력으로 공격했다. 처음 연의 백성들은 제의 군대를 환영하며 성문을 열고 맞이했다. 연나라 백성은 국내 세력으로는 혼란을 수습할 수 없다고 생각해 제나라의 힘을 빌려 국내 문제를 해결하려 했다. 자지(子之)는 사지를 찢기는 거열형(車裂刑)에 처해졌고 그의 찢긴 시체는 젓갈로 담겼다. 제의 군대는 계속 주둔했다. 그러자 민심도 돌아섰다. 제나라의 점령에 반대하는 폭동이 일어났고 주변국들도 연나라를 구하겠다며 군사 개입을 시도했다. 결국 제나라 군대는 철수할 수밖에 없었다.

그리고 이 혼란 중에 연왕 쾌의 다른 아들이 즉위하는데 그가 연 소왕(燕昭王)이다. 이때부터 소왕은 30년 동안 절치부심 칼을 갈았다. 30년 뒤 명장 악의

(樂毅)를 출전시켜 불과 5년 만에 70여 개의 제나라 성을 점령했다. 악의는 『삼국지연의』 속 제갈공명(諸葛孔明)이 자신의 롤 모델이라고 한 장군이었다. 제나라는 거(莒)와 즉묵(即墨) 딱 두 개 성만 남았다. 거의 망한 것과 다름없었다. 당시 제의 왕은 민왕(湣王)이었다. 앞서 거론한 제 선왕의 아들이다. 그는 초나라에 급히 구원요청을 했지만 초의 배신으로 비참하게 대들보에 매달려 3일만에 굶어 죽었다.

연나라에 대한 제나라의 개입은 누가 보아도 실패한 군사 조치였다. 누군가는 책임져야 했다. 그가 바로 맹자였다. 맹자는 제나라의 선왕에게 연에 대한 군사 개입을 하라고 권했기 때문이다. 맹자는 제나라를 떠나야 했다. 그 후 송(宋)나라, 설(薛)나라, 등(騰)나라 등을 돌며 유세를 했다. 그러나 소득은 별로 없었다. 이 세 나라는 강대국에 복속된 약소국이기 때문에 맹자의 거대한 사상을 실현하기에는 역부족이었다. 결국 유세 활동을 접고 고국인 추나라로 돌아가 제자 교육과 집필 활동을 하다가 사망했을 것으로 추정한다.

이제부터 맹자의 책 『맹자』의 주요 내용을 짚어 보자. 『맹자』는 마치 『논어』처럼 죽기 전 맹자의 '언행'을 모아 죽은 후에 제자들이 공동 집필한 것이다. 전체 7편(또는 장章이라 함)으로 구성되어 있다. 일단 7편 제목만 보면 다음과 같다. 「양혜왕편」, 「공손추(公孫丑)편」, 「등문공(騰文公)편」, 「이루(離婁)편」, 「만장(萬章)편」, 「고자(孟子)편」, 「진심(盡心)편」이다. 각 편을 상하(上下)로 나누어 14편 또는 14장으로 말하기도 한다.

큰 주제를 보면 먼저 '왕도정치'가 있다. 양 혜왕은 자신의 나라가 이웃 국가와 비교해 인구가 적다고 걱정했다. 그러자 맹자는 전쟁터에서 도망친 병사를 이야기하며 "50걸음 도망친 자가 100걸음 도망친 자를 보고 비웃는다"라고 말했다. 나라별 인구의 차이는 정도의 차이가 있을 뿐 본질적으로 보면 같다는 말이다. 이 말은 '오십보백보(五十步百步)'라는 고사가 되었다. 맹자는 양 혜왕의 걱정에 대해 "왕이 왕도정치를 하면 이웃 국가의 백성이 올 것이다"라는 해답을 내놓았다.

그리고 왕도정치를 통해 백성들의 의식주라는 기본적인 삶을 보장해줘야 한다고 말했다. 왕은 백성에게 안정적인 생업인 '항산(恒産)'을 갖도록 만들어줘야 하고 학교인 상서(庠序)를 세워 교육해야 한다는 것이다. 여기서 나온 유명한 말이 "무항산무항심(無恒産無恒心), 유항산유항심(有恒産有恒心)"이다. 이 말은 '사람은 안정적인 생업이 없으면 (도덕적으로) 항상 같은 마음이 없고, 안정적인 생업이 있어야 (도덕적으로) 항상 같은 마음이 있다'라는 의미이다.

또한 맹자는 구체적인 제도 개혁을 주장했다. 등나라 문공에게 '정전제(井田制)'로 토지를 개혁하라고 권한다. 정전제란 하(夏), 은(殷, 상商), 주(周), 삼대(三代)에 걸쳐 시행된 토지제도이다. 사방 1리(약 400m)의 토지를 '정(井)' 자의 모양으로 9등분하여 중앙의 1개 등분을 공전(公田)으로, 주위 8개 등분을 사전(私田)으로 한다는 내용이다. 1개의 공전은 여덟 가구가 공동으로 경작하게 하여 수확한 농작물을 세금으로 내게 하고, 나머지 사전은 개인이 경작해 생계를 유지하게 하는 것이다.

이처럼 정전제는 개인과 국가 모두에게 합리적인 정책이었다. 이후 유학자들은 정전제를 이상적인 토지제도로 여겼다. 그래서 정전제는 권력자들이 백성의 토지를 마구 차지하는 '토지겸병(土地兼幷)'이 심해질 때마다 제기되었다. 정약용도 이 정전제 시행을 주장했다.

다음 중요한 사상은 '천명(天命)'과 '혁명(革命)'이다.

요(堯), 순(舜), 그리고 삼대의 성인이 이상적인 정치를 한 이유는 하늘로부터 '천명(天命)'을 받은 유덕자(有德者, 덕이 있는 자)이기 때문이라는 것이다. '덕'이란 말은 다양한 의미가 있지만 유가의 덕이란 학문과 수양으로 착한 품성을 이룬 것을 의미한다. 하늘이 덕을 가진 자에게 인간을 대표해 천하를 다스리도록 명령하는 것이 '천명'이다. 제왕(帝王, 황제와 왕)을 천자(天子)라고도 한다. 이를 기반으로 고대 성인(천명을 받은 천자)의 정치 철학과 논리를 담은 책이 유교 경전인 『서경(書經)』이다. 요, 순과 3대 나라를 창업한 왕의 '정치선언'과 '창업 정당성'을 담은 책이기도 하다. 그래서 전근대 시대 중국과 동아시아의 정치를 제대로 이해하려면 꼭 읽어야 할 책이다.

제왕 중에는 실덕(失德)한 폭군도 있었다. 하나라의 마지막 걸왕(桀王)과 은나라의 마지막 주왕(紂王)이 그렇다. 맹자는 이런 자는 왕이 아닌 잔적(殘賊, 붙잡히지 않고 남은 도둑)이고 일개 필부(匹夫)라고 했다. 잔적은 인의(仁義)를 해치는 자라는 의미이고 필부는 그냥 하찮은 놈이란 뜻의 모욕적인 표현이다. 그래서 진명천자(眞明天子, 천명을 받은 진짜 천자)가 잔적과 필부를 잡아 죽이는 것이다. 이것을 '방벌(放伐)'이라 한다. 그래서 걸왕을 상나라 탕왕(湯王)이, 주왕을 주나라 무왕(武王)이 방벌했다. 이것을 '탕무방벌(湯武放伐)'이라고 한다. 폭군이 출현하면 하늘의 천명으로 새로운 유덕자가 천자에 올라 백성을 보호하기 위해 폭군을 토벌해야 한다는 주장이다.

맹자는 진명천자의 출연 주기를 예언했다. 그 주기는 500년에 한 번씩 진짜 천자가 출현해 폭군을 죽이고 도탄에 빠진 백성을 구제한다는 것이다. 가장 먼저 구제해야 할 백성은 나이 들어 아내가 없는 '홀아비(鰥)', 나이 들어 지아비가 없는 '과부(寡)', 나이 들어 부양해줄 자식이 없는 '독(獨, 오늘날 독거노인)', 어린데 보살펴줄 부모가 없는 '고아(孤)'라고 했다. 이 네 부류의 사람은 이 세상 어디에나 있고 소외된 가장 곤궁한 사람들이다. 이 주기를 '일치일란(一治一亂)'이라고 한다. 한 번의 치세와 한 번의 난세가 반복된다는 의미이다. 난세는 무도한 부자와 강자에게는 천국이고 빈자와 민중에게는 지옥이다. 치세는 그 반대의 의미이다. 치세의 다른 말은 태평성대이다.

지금까지 『맹자』의 천명과 혁명에 관한 이야기를 다루었다. 유럽의 사회주의 혁명 사상가인 프리드리히 엥겔스는 중세에 일어난 독일 농민전쟁을 연구하며 전근대 사회에서 혁명적인 사상은 종교의 외피를 쓴다고 평가했다. 맹자의 경우 여기에 한 단어를 더 집어넣어야 한다. 그냥 '종교'가 아니라 '주류 종교'였다. 이처럼 『맹자』는 지배계급의 주류 이데올로기였다. 하지만 동시에 동아시아의 전근대 사회에서 일어난 수많은 혁명과 반란의 중요한 이념적 근거를 제시했다. 동아시아의 혁명가 또는 반란자는 대부분 '맹자주의자'라고도 말할 수도 있다. 그만큼 맹자는 중요한 사상가였다.

조선을 세운 혁명가인 정도전(鄭道傳)의 핵심적인 사상도 『맹자』였다. 그가 나주에서 유배 생활을 할 때 큰 깨달음을 얻게 된 두 가지 계기는 헐벗은 농민을 직접 만난 것과 『맹자』를 깊이 탐독한 것이었다. 유배지로 끌려가는 정도전에게 『맹자』를 주며 탐독을 권한 사람이 하필이면 정몽주(鄭夢周)였다. 만고 충신이 불순한 죄인에게 『맹자』의 혁명사상을 권한 것이다. 이런 것이 역사의 아이러니이다.

마지막으로 '성선설(性善說)'을 소개한다. 인간에게 본래 선(善)도 악(惡)도 없다고 주장한 고자(告子)라는 사상가와 논쟁하며 맹자는 인간은 본성이 선(善)하다고 주장했다. 그 근거로 우물에 빠지려는 아이를 본다면 차마 손 놓고 그냥 구경하지는 않는다. 누구나 측은한 마음으로 아이를 구하려고 한다. 이것이 '불인지심(不忍之心)'이다. 이 마음을 보면 분명히 인간의 본성은 선하다고 주장한다. 이 논리를 확장해 인·의·예·지·신(仁義禮智信) 다섯 가지 인간의 마땅한 도리인 윤리 덕목을 찾는다. '측은지심(惻隱之心, 불쌍한 것에 대한 측은한 마음)'이란 마음은 인(仁)의 시작이고, '수오지심(羞惡之心, 옳지 못한 것에 대한 분노)'은 의(義)의 시작이고, '사양지심(辭讓之心, 겸손하게 양보하는 마음)'은 예(禮)의 시작이고, '시비지심

(是非之心, 옳고 그름을 아는 마음)'은 지(智)의 시작이다. 이것이 '사단(四端)'이다. '단'은 대체로 단서(端緒)라고 해석되지만 논쟁도 있다.

이 사단설은 후대에 성리학(性理學) 특히 주자(朱子)가 주목하면서 심성론(心性論)으로 사상과 철학을 발전시켰다. 조선성리학에서 발전한 '사단칠정론(四端七情論)'은 『맹자』의 이 사단과 『예기』, 『중용』에 나오는 일곱 가지 감정(七情, 기쁨喜, 분노怒, 슬픔哀, 두려움懼, 사랑愛, 미움惡, 욕심慾)의 관계를 밝힌 것이다. 그래서 이황(李滉)은 사단의 마음이 '이(理)'이고, 칠정의 마음을 '기(氣)'라고 주장했다. 이후 조선 철학계는 이와 기가 섞일 수 있는 것인지, 아니면 전혀 독립된 것인지, 무엇이 먼저 작동하는지 등을 두고 큰 논쟁이 일었다. 이 논쟁은 철학계를 넘어 당시 조선 정계의 당파가 나뉘는 계기가 되었다.

맹자는 이런 마음은 누구에게 배워서 아는 게 아니라 그냥 행동하는 것이라고 주장했다. 인간이 태어날 때 그냥 하늘로부터 부여받은 본성이며 이것이 양지(良知)이고 양능(良能)이라는 것이다. 이를 중요한 가치로 받아들인 사상이 명(明)나라 때의 양명학(陽明學)이다.

『맹자』는 한(漢)나라 때부터 준(準) 경전으로 대우받기 시작했다. 또한 당(唐)나라 때 '고문운동'으로 유명한 한유(韓愈)가 외래 종교인 불교에 맞서 요, 순, 우, 탕, 주문왕, 주무왕, 주공, 공자, 맹자로 이어지는 유교의 '도통론(道統論)'을 제기하면서 『맹자』에 대한 대우가 달라졌다. 이후 송(宋, 북송北宋)나라 때 이런 입장이 확고해지면서 성리학이 성립되었다. 남송(南宋)의 주자는 『논어』, 『맹자』, 『대학』, 『중용』을 아예 '사서(四書)'로 지정하고 여기에 모두 주석을 단 책이 『주자집주(朱子集註)』이다. 이후 중국과 동아시아의 모든 성리학자는 『주자집주』를 통해 『맹자』와 다른 유교 경전을 공부하게 된다.

중국의 제왕 중에 유독 『맹자』를 싫어했던 사람이 있었다. 명나라 태조(太祖) 주원장(朱元璋)이다. 그는 다분히 폭군 기질이 있었는데, 『맹자』의 내용 중에서 제왕에게 무례하고 심지어 멸시하는 듯한 표현을 담고 있어 화가 났다. 맹자를 유교의 성인으로 대우해 제사를 지내는 문묘(文廟)에서 퇴출하고 그와 관련한 책을 모두 불태우려고 했다. 그러자 신하들이 "성인을 위해 반대 간언을 하다가 죽겠다"라며 저항했다. 명 태조는 한 걸음 양보해 『맹자』의 내용 중에서 문제가 되는 표현들만 삭제하고 나머지는 그대로 두고 이전처럼 대우하도록 양보했다. 한국은 성리학이 본격적으로 도입된 고려 말부터 『맹자』를 진지하게 탐구하기 시작했다.

『맹자』가 주장하는 성선설과 유교 사상에 대한 비판은 먼 후대*에 있었지만 거의 같은 시대에 직접 지목해서 비판한 사람이 있었다. 그는 유가에서 중요한 스승으로 존경받는 순자(荀子)였다. 얼핏 생각하면 '성악설(性惡說)'을 주창하는 사람이니 당연하다고 생각할 수 있지만 그의 책 『순자』를 보면 다른 논리가 있다. 『순자』의 「비십이자편(非十二子篇)」을 보면 유명한 제자백가 사상가 중에 12명의 '선생이 아닌 자'를 지목해 혹독하게 비판했다. 그중에 유가의 공자와 자유(子遊 또는 子斿)에게는 칭찬을, 자사(子思)와 맹자에게는 가혹하게 비판했다. 그 이유는 다음과 같다. "자사와 맹자는 자기들끼리 자화자찬이나 하고 떠들어댔지만 내용은 엉터리이다. 멍청한 유생들이 떠받드니 후세에 존경받게 되었다"라고 했다.

맹자와 순자는 사상과 실천에서 상반된 길을 걸었다. 인간을 보는 인식은 '성선설'과 '성악설'로, 실천은 '세상을 바꾸자는 혁명론'과 '인간 사회의 질서를 중시해 예(禮)'로 극명한 차이를 보였다. 이 때문에 정통을 따지는 유교의 도통(道統)에 맹자는 있지만 순자는 없다. 오히려 순자는 법가(法家)에서 숭상한다. 유가를 탄압한 법가에서 숭배하는 유학자라니 이 또한 역사의 아이러니이다.

※ '인간이 선하다'라는 연역법의 문제

근대에는 『맹자』와 다른 유교 성현을 비판했다. 그중에서 영국의 스펜서가 쓴 『사회진화론』을 『천연론(天演論)』으로 번역한 엄복(嚴復)의 비판이 매우 흥미롭다. 성선설로 대표되는 유교의 심성론에서는 '모든 인간은 선하다'라는 절대적인 대전제가 있다. 이 대전제가 더 이상의 사고와 토론을 어렵게 만들었고 이런 연역법 때문에 중국에서 과학이 발달할 수 없었다는 것이다. 즉 절대적인 대전제로 인해 더는 입증의 필요도 토론도 전개될 수 없다는 것이다. 그래서 반대로 '왜 인간이 선한지'를 여러 가지로 증거로 조리가 있게 따지는 귀납법으로 사고하고 토론해야 한다고 주장했다. 꽤 타당한 주장이다. 연역법 사고에서 끝판왕은 아마 양명학일 것이다. 양명학에는 이런 말이 있다. "모든 경전은 내 마음에 주석을 단 것에 불과하다(六經皆注我心)." 그러므로 내 마음만 잘 보면 더는 경전 연구를 할 필요가 없어진다.

참고로 엄복이 번역해 중국을 발칵 뒤집은 스펜서의 『사회진화론』에 대해 잠깐 알아보자. 『사회진화론』은 일반적으로 제국주의 침략, 파시즘, 우생학(인류를 유전학적으로 개량위해 여러 조건과 인자 등을 연구하는 학문), 인종주의에 정당성을 부여한 아주 위험한 사상이다. 오늘날에도 자주 쓰는 약육강식, 적자생존과 같은 말도 이런 개념에서 유래한 것이다.

쓸모 있는 것과 없는 것 사이를 자유롭게 거닐던 『장자(莊子)』

장자는 노자(老子)와 함께 도가(道家)의 대표적인 사상가이다. 도가라는 말은 한(漢)나라 때 형성된 것이며 노자와 장자는 다른 사상가라는 주장도 있다. 후대에 도가는 대중적인 사상이 되었고 국가가 공인한 종교로 발전하면서 이들에 대한 평가도 격상된다. 노자는 태상노군(太上老君)이라는 '신'으로, 장자는 남화진인(南華眞人)이라는 '신선'으로 숭배받는다.

먼저 노자를 보자. 노자는 춘추 시대에 살았던 사람으로 추정된다. 이름은 이이(李耳), 자는 담(聃)이다. 초(楚)나라 출신으로 오랫동안 낙양(洛陽)에서 주(周)나라의 장서각(藏書閣, 왕실 도서관)에서 관장을 지냈다. 공자가 젊은 시절 방문해 예(禮)에 관해 물었다고 한다. '공자문례(孔子問禮)'라는 고사이다. 훗날 공자는 이때 만남을 회상하며 노자를 "용처럼 변화무쌍한 사람"이라고 극찬했다. 그리고 말년에 푸른 소를 타고 관문인 함곡관(函谷關)을 지나 서쪽으로 갔다. 이때 문지기인 윤희(尹喜)가 부탁해 『노자도덕경(老子道德經)』 5,000자를 써줬다고 한다. 이 『노자도덕경』은 실제로 존재하지만 나머지는 다 전설과 같은 이야기이다.

서쪽으로 간 노자는 어떻게 되었을까? 인도로 가 부처가 되었다고 한다. 이 전설은 한(漢)나라 이후 성립된 도교(道敎)의 도사들이 삼국(三國)·남북조(南北朝)에 이르자 외래 종교인 불교의 교세에 밀릴 수 있다는 위기의식을 가지면서 나타났다. 노자를 내세워 자신의 종교인 도교의 위상이 더 높이고자 거짓으로 지어낸 것이었다. 이것을 '노자화호설(老子化胡說)'이라 한다. 이처럼 노자의 정체는 확실치 않다.

이제 장자를 보자. 장자는 송(宋)나라의 속국인 몽(蒙) 출신이다. 이름은 주(周)인데 전국 시대 후반기 맹자와 동시대 사람이고, 옻칠하는 칠원(漆園)의 말단 책임자라고도 한다. 초나라 위왕(威王)이 그를 초빙하자 거절했다고 한다. 거절 이유가 걸작이다. "제사에서 제물로 쓰일 소는 소중하고 귀한 대접을 받지만 도살장으로 끌려갈 때가 되면 울고불고하며 싫다고 해도 되돌릴 수 없다. 나는 더러운 도랑에서 살아도 자유롭게 살고 싶다." 이 외에는 노자만큼이나 알려진 것이 없다. 『장자』 33편(내편 7편, 외편 15편, 잡편 11편)이 남아 전해진다. 『장자』는 훗날 도교가 경전으로 숭배하는데 『남화진경(南華眞經)』이라고 한다.

  장자는 상상을 뛰어넘는 발상과 표현, 재미있고 다양한 우화(寓話)들로 자신의 사상인 도(道)를 설명한다. 『장자』는 시작부터 다르다. 내편의 처음은 「소요유(逍遙遊)편」이다. 여기에는 지금까지 한 번도 듣도 보도 못한 희한한 새가 등장한다. 바로 '대붕(大鵬)'이다.

  "먼 북쪽 바다에 곤(鯤)이란 이름의 큰 물고기가 산다. 이 곤의 크기는 몇천 리가 되는지 알 수가 없다. 이것이 변하여 새가 되면 그 이름을 붕(鵬)이라 하는데 붕의 등도 몇천 리가 되는지 알 수 없다. 한번 떨치고 날아오르면 그 날개는 하늘에 드리운 구름과도 같았다. 이 새가 바다를 따라 먼 남쪽의 바다로 가서 몸을 숨긴다. 남쪽 바다란 하늘의 연못(天池)이다. … 매미와 비둘기가 '붕'을 비웃으면서 말했다. '우리는 모든 힘을 다해 날아도 느릅나무나 박달나무 가지에 간신히 오르는데 어떨 때는 그곳에도 못 오르고 땅바닥에 내동댕이쳐진다. 그런데 어찌하여 '붕'은 9만 리나 높이 올라 그 남쪽 바다로 가려 하는가? 터무니없고 쓸데없는 짓이다. … 작은 지혜는 큰 지혜에 미치지 못하고 짧게 사는 것은 긴 수명에 미치지 못한다. 어찌 그것을 알겠는가? 하루살이 버섯은 밤과 새벽을 알지 못하고, 쓰르라미와 매미는 봄과 가을을 모른다."

  이 글을 읽다 보면 지금까지 우리는 세상을 귀뚜라미, 매미, 비둘기 등의 눈으로 보고 있는 것과 같은 느낌을 받는다. 첫 구절부터 '거대한 발상의 전환'과 '장대한 지혜'를 가져야 한다고 말한다. 이 두 가지를 갖춘 사람만이 세상을 자유롭게 거닐며 살 수 있기 때문이다. 이 편의 제목인 '소요유'처럼 말이다. 『장자』는 그것을 귀뚜라미와 같은 미미한 존재와 거대한 대붕으로 비교해 선명하게 설명했다.

외편의 「산목(山木)편」에도 「소요유(逍遙遊)편」과 같은 발상의 전환과 번뜩이는 지혜가 드러나는 이야기가 있다.

장자가 산속을 거닐다가 아주 무성하게 큰 나무를 보았는데 벌목(伐木)하는 사람이 그 옆에 있으면서도 그 나무를 베지 않았다. 그 까닭을 물었더니 "쓸 만한 나무가 아니다"라고 했다.

장자가 말했다. "이 나무는 쓸모가 없어서 천수를 다할 수 있다."

선생이 산에서 나와 옛 친구의 집에서 묵게 되었다. 친구가 기뻐하며 하인에게 거위를 잡아서 요리하라고 시켰다.

그러자 하인이 여쭈어 묻는데 "한 마리는 잘 울고 한 마리는 울지 못합니다. 어느 것을 잡을까요?"라고 했다. 주인이 말했다. "울지 못하는 놈을 잡아라."

다음 날 제자가 장자에게 물었다. "어제 산중의 나무는 쓸모없기 때문에 천수를 다할 수 있고 지금 주인의 거위는 쓸모없기 때문에 죽었습니다. 선생께서는 장차 어디에 몸을 두시겠습니까?"

장자가 웃으면서 말했다.

"나는 쓸모 있음과 쓸모없음 사이에 머물 것이다."

'난득호도(難得糊塗)'라는 말이 있다. 사실은 똑똑한데 바보처럼 사는 것이 쉽지 않다는 뜻이다. 이 말은 청나라 때 뛰어난 서예가이자 화가였던 정섭(鄭燮)의 고사이다. 정확히는 그의 서예 작품에서 유래한 말이다. 그가 어떤 이유에서 이런 말을 남겼는지 정확하지 않지만 추측해 볼 수 있다. 그는 나이를 먹어 지방에서 현령(縣令)을 지냈다. 주변의 부패한 관료 집단과 의심의 눈초리로 감시하는 황제의 사이에서 살아남기 위한 처세술이었을 것이다.

장자가 살던 시대도 잔인무도한 전국 시대였다. 이 시대의 왕은 부국강병을 위해 이름난 지식인을 초빙해 고위직을 주고 그들의 지혜를 구했다. 하지만 그러다가 쓸모없어지면 바로 버렸다. 이런 천하의 세태를 예의주시하던 지혜로운 장자는 '쓸모 있음과 쓸모없음'의 사이에 머물고자 했을 것이다.

마지막으로 장자의 '나비 꿈 이야기'를 보자. 내편 중 두 번째인 「제물론(齊物論)편」에 나오는 이야기다.

"내가 지난밤 꿈에 나비가 되었다. 꽃들 사이를 너무도 자유롭게 날아다녔다. 내가 나인 것을 잊었다. 그러다가 꿈에서 깨어보니 나였다. 나는 누군가? 나비가 나의 꿈을 꾸고 있는 것인지, 내가 나비의 꿈을 꾼 것인지…. 나와 나비라면 반드시 구분이 있을 것인데 이것은 내가 '물(物)로 바뀜(化)'을 말하는 것이다."

'호접몽(胡蝶夢)'이라 불리는 아주 유명한 이야기다. 이 이야기는 많은 예술 분야에서 작품의 소재로 사용되었다. 세계적인 작곡가 윤이상도 이 이야기를 주제로 〈나비의 꿈〉이라는 오페라를 작곡했다. 장자는 바깥 사물과 자신이 하나가 되는 '물아일체(物我一體)'의 경지에 도달한 것으로 보인다. 장자는 이런 경지에 이르려면 '좌망(坐忘)'이라는 수련을 해야 한다고 말했다. 이후 도교에서도 이 수련은 강조되고 발전했다.

법을 무시하고 음모가 난무하며, 외세에 의존하는 나라는 망한다 『한비자(韓非子)』

황제가 되기 전 그냥 진(秦)나라의 왕이었던 영정(嬴政)은 어느 날 다음과 같이 탄식했다. "과인이 이 사람을 만나서 친구로 사귈 수 있다면 죽어도 여한이 없을 것이다." 한비자의 책을 읽고 진왕 정이 한 말이다. 진왕은 한비자를 흠모했다. 하지만 한비자가 죽은 곳은 아이러니하게도 진나라 감옥이었다.

한비자는 전국 시대 말기 한(韓)나라 마지막 왕 안(安)의 왕자(서자 출신)이다. 이름은 한비(韓非)이고, 자(子)는 앞서 밝힌 것처럼 스승이란 의미의 경칭이다. 그는 대표적인 법가(法家) 사상가이다. 나중에 진나라에서 승상(丞相, 고대 정승)으로 출세한 이사(李斯)와 함께 젊어서 유가의 순자(荀子)에게 육경(六經, 시경, 주역 등 6개의 경전)을 배웠다. 한비자는 노예제 폐지를 주장하다가 뜻을 이루지 못하고 산속에 들어가 학교를 세우고 제자를 가르쳤다. 또 자신의 조국이자 아버지의 나라인 한나라를 위해 여러 가지 정책을 제안했지만 모두 거부 되었다는 기록도 있다.

한비자의 친구였지만 그를 죽음으로 내몬 이사는 진나라로 가 당시 승상이었던 여불위(呂不韋)의 추천으로 관직을 얻었다. 진왕 정의 측근 시종으로 있다가 공을 세워 객경(客卿, 외국 출신 대신)이 되었다. 이때 '정국(鄭國) 사건'이 일어났고 천하의 명문이라고 평가받는 『간축객서(諫逐客書)』를 썼다. 이 때문에 외국인 추방령은 철회되었다. 정국 사건은 약소국인 한나라가 바로 붙어 있는 강대국 진나라의 공격을 두려워해 진나라에 첩자를 보낸 것이 사건의 발단이었다. 한의 지정학적 위치가 문제였다. 진이 천하를 통일하기 위해 다른 6국으로 출병하는 첫 길목에 한나라가 있었다. 누가 보아도 진나라의 강력한 군대가 제일 먼저 공격할 곳이는 한나라였다. 한나라는 진의 침공을 막기는 불가능했기 때문에 최대한 늦추고자 온갖 방안을 짜내야 했다. 한나라가 찾은 방법은 진이 대규모 토목공사를 벌이도록 유도해 국력을 소진시켜 침략할 여력을 줄이자는 것이었다. 이 방안을 실현하기 위해 진나라에 파견된 인물이 토목기술자인 정국이었다. 그는 진왕 정에게 진나라의 관중(關中) 평원에 흐르는 두 강인 경하(涇河)의 물줄기를 낙수(洛水)로 흘러가도록 연결하는 초대형 수리 시설을 건설하자고 제안했다. 드디어 공사가 시작되었는데 정국이 한나라 간첩이란 사실이 발각되었다. 왕은 처음에 그냥 죽이려 했지만 정국이 "내가 간첩이지만 수로가 완성되면 진나라는 엄청난 이익이 될 것"이라고 항변했다. 이를 곰곰이 생각한 왕은 그를 살려주고 수로를 완성했다. 이뿐 아니라 수로의 이름을 정국으로 했다. 그래서 수로의 이름이 '정국거(鄭國渠)'이다. 정국의 말대로 정국거가 완성된 뒤 관중 평원은 흉년이 없었고 진이 더욱 부강해지는 기초가 되었다.

약소국 왕자였던 한비자의 죽음에 대해 알아보자. 진왕 정은 한비자의 책을 보고 감동해 그를 초빙하려고 했다. 그러자 이사가 계책을 내었다. "그냥 부르면 한의 왕자인 한비자는 절대 오지 않을 것입니다. 먼저 군대를 동원해 한을 압박하면 한은 반드시 한비자를 사신으로 보낼 것입니다. 그때 회유하십시오." 이 계책대로 일은 진행되었고 한은 어쩔 수 없이 한비자를 사신으로 파견했다. 그런데 오매불망 한비자를 보고 싶어 했던 진왕 정이 그를 감옥에 가뒀고 결국 감옥에서 독살당했다. 한비자를 죽게 만든 사람이 바로 이사였다. 자신보다 재능이 뛰어난 한비자가 진왕에게 총애받을 것이 두려워 죽였다는 것이다. 이사는 진왕에게 "한비자는 한의 왕자이기 때문에 진나라에 충성하지 않을 것입니다. 그가 내는 계책도 한을 위한 것이지 진나라에 유리한 것이 없을 것입니다"라고 설득했고 독살까지 했다. 고작 옛 친구의 질투 때문에 위대한 사상가가 감옥에서 허무하게 죽었다.

다음은 진왕 영정이 흠모했던 한비자의 사상에 대해 알아보자. 『한비자』는 총 55편의 글로 구성되어 있다. 책 속의 문장의 표현이 구체적이고 직접적이다. 허사(虛辭)나 서론이 없이 바로 권력의 문제라는 본론으로 들어간다. 유가나 도가의 문장과는 확실히 다르다. 그중에 「고분(孤憤)편」과 「오두(五蠹)편」이 가장 유명하다. 진왕 영정도 이 두 편에 감동해 한비자를 만나고 싶어 했다. '고분'의 뜻은 '홀로 분노한다'는 의미이다. 한비자는 '나라의 중신(重臣) 때문'에 분노했다. 「고분(孤憤)편」의 내용을 들여다보자.

"원래 신하는 군주의 명령에 따라 일하고 법에 따라 자신의 직무를 해야 한다. 그러나 중신은 군주의 명령과 무관하게 사적인 이익과 자기 집안 편익만 추구한다. 자신들의 권세로 군주조차 따르게 만든다. 그뿐이 아니라 주변국도 중신을 통하지 않으면 일의 성과를 낼 수 없고 적국조차 중신을 칭찬한다. 다른 백관(百官, 모든 벼슬아치)들도 중신에게 의뢰하지 않으면 일을 할 수 없으니 중신이 부려 먹는다. 낭중(郎中, 왕의 비서)도 중신에게 의뢰하지 못하면 군주를 만날 수 없다. 군주의 측근들은 중신의 비위를 숨기고 봉록과 예우가 낮은 학사는 중신을 찬양하게 된다. … 그래서 법치(法治)를 주장하는 선비(원문에는 법술지사法術之士 등으로 표현)가 등용되면 중신과 원수 사이가 된다. 이 때문에 중신은 군주에게 충성하는 체하며 자신의 원수인 법치를 주장하는 선비를 천거하지 않는다. 군주는 이 4중의 장벽 너머에 있는 중신의 실체를 보지 못한다. … 중신은 법치를 주장하는 선비의 죄가 보이면 법으로 죽인다. 죄가 없으면 암살도 한다. … 붕당(朋黨)을 만든 자는 군주를 속이고 거짓으로 사적 이익을 추구하고 중신과 결탁한다. … 법치를 시행하지 못하는 나라는 군주의 측근이 청렴하지도 지혜롭지도 않아서이다. … 청렴한 관리와 지혜로운 관리는 쫓겨나고 군주는 총명함을 잃어버린다. … 대신은 탐욕스러운 자들과 붕당을 만들고 결탁해 군주를 속이고 법을 훼손해 백성을 혼란에 빠뜨린다. 결국 영토는 축소되고 군주를 욕되게 만든다. 이런 큰 죄에 책임을 묻지 않는 것은 군주의 실책이다. … 결국 나라가 망하지 않을 수 없다."

글을 읽다 보면 군주정(君主政, 나라를 다스리는 군주가 대대로 세습되며 이루어지는 정치체계)의 폐해로 혼군(昏君)과 암군(暗君)이 나타나는 것이 아니라 중신·대신 등 소수의 측근이 전횡을 일삼는 것이 숨은 원인이라고 느끼게 된다. 오늘날의 '비선 실세'라고 불리는 자들이 연상된다. 이와 같은 사건이 진나라에도 있었다. 진왕 영정은 어려서 상국(相國)*인 여불위(呂不韋), 어머니 조희(趙姬), 환관 노애(嫪毐)에게 둘러싸여 그들의 전횡을 그냥 지켜보며 성장했다.

진왕이 성인이 되어 환관 노애의 반란을 진압하고 여세를 몰아 여불위와 어머니까지 제거했다. 비로소 친정(親政, 직접 정치에 나섬)을 하게 되었다. 이런 궁정 쿠데타의 기억 때문에 진왕은 한비자의 글에 감동받았을 것이다. 그리고 분명한 것은 새로운 법가 세력과 기존의 귀족 권력은 숙명적으로 서로를 죽여야 하는 '상극(相剋)'이란 점이었다. 강력한 개혁을 하려면 반드시 목숨을 걸어야 한다는 만고의 진리이다. 모두가 좋아하고 환영하는 개혁은 없다.

이제 「오두편」을 보자. 오두는 '나라를 좀먹는 다섯 마리 벌레'라는 뜻이다. 다섯 부류의 집단을 비판하는 글이다. 유자(儒者), 언담자(言談者, 즉 유세객), 대검자(帶劍者, 즉 유협遊俠), 환기어자(患其御者, 군주의 측근), 상공인(商工人)**이다.

첫째, '유자'는 선왕의 인의를 내세우고 외형과 복장을 성대하게 꾸며 교묘한 변설로 법과 군주의 마음을 어지럽힌다. 둘째, 유세객은 거짓말과 간사한 말로 외국의 힘을 빌려 사적 이익은 챙기고 국가의 이익은 버린다. 셋째, 대검자(협객)는 칼을 차고 무리를 모으고 절개와 지조로 그 이름을 드러내며 관련 관청의 법령을 위반한다. 넷째, 군주의 측근들은 사사로이 뇌물을 받고, 유력자들의 청탁은 들어주고, 전쟁에서 공을 세운 자는 물리친다. 다섯째, 상공인은 일그러지고 질이 나쁜 상품을 만들고 좋지 않은 재화를 사두었다가 때를 기다려 농부의 이익을 가로챘다. 이 「오두편」을 한비자는 이렇게 마무리한다.

"이 다섯 부류는 나라를 좀먹는 자들이다. 군주가 이 다섯 좀벌레를 제거하지 못하고 병사를 양성하지 못하면, 멸망하는 나라이거나 소멸이 되어 사라질 왕조라고 해도 이상한 일이 아니다."(此五者, 邦之蠹也. 人主不除此五蠹之民, 不養耿介之士, 則海內雖有破亡之國, 削滅之朝, 亦勿怪矣.)

이제 전체 55편의 제목을 소개한다. 한비자가 진왕에게 상주하기 위해 저술한 것이라는 '초진견(初秦見)', 한의 보존을 위해 진왕에게 상주한 글 '존한(存韓)', 설득의 어려움을 군주에게 알리는 '난언(難言)', 신하를 통제하고 군주의 자리를 보존하기 위해서는 방법 '애신(愛臣)', 군주가 나아갈 길 '주도(主道)', 신하들이 지킬 법도 '유도(有度)', 포상과 처벌 권한 두 가지(두 개의 몽둥이)는 모두 군주가 반드시 가져야 한다는 '이병(二柄)', '양권(揚權)', 나쁜 신하가 군주에게 저지르는 여덟 가지 간사한 행동 '팔간(八姦)', 망국에 이를 수 있는 군주의 열 가지 잘못 '십과(十過)', 인재로서 등용되지 못한 분노를 드러내 유명한 '고분(孤憤)', '세난(說難)', 군주를 해치는 신하의 유형 분석한 '간겁시신(姦劫弒臣)', 나라가 망할 징조 '망징(亡徵)', 군주의 권력을 지키기 위한 정보의 문제 '삼수(三守)', 가족들이 군주에게 해가 될 수도 있다는 '비내(備內)', 군주의 군림하는 방식 '남면(南面)', 미신타파 '식사(飾邪)', 노자(老子)에 대한 황로학(黃老學)적 해석 '해로(解老)', '유로(喩老)', '설림(說林)'의 상하(上下) 편, '관행(觀行)', '안위(安危)', '수도(守道)', '용인(用人)', '공명(功名)', '대체(大體)', '내저설(內儲說)' 상과 하편, '외저설(外儲說)' 4편, '난(難)' 4편, '난세(難勢)', '문변(問辯)', '문전(問田)', '정법(正法)', '설의(說疑)', '궤사(詭使)', '육반(六反)', '팔설(八說)', '팔경(八經)', 그 유명한 '오두(五蠹)', '현학(顯學)', '충효(忠孝)', '인주(人主)', '칙령(勅

領)', '심도(心度)', '제분(制分)'으로 되어 있다. '이병', '비내', '고분', '세난' 등은 논리적인 논문체의 문장이라고 평가받는다. 반면, '십과', '설림', '내외저설' 등은 우화라고도 한다. 또 '초진견', '존한' 등은 한비자가 직접 쓰지 않았다는 주장도 있다.

참고로 '황로학(黃老學)'은 황제(黃帝, 전설적인 5제 중 1인)와 노자(老子)의 학문이라는 의미이다. 황제는 중국의 시조이자 최초의 제왕으로 숭배받는 존재이고 노자는 무위(無爲) 심술(心術)로 이해된다. 대체적인 의미는 일일이 지적하거나 설명하지 않아도 진리의 요체 도(道)를 알면 스스로 알아서 일을 잘 처리할 수 있다는 것이다. 사마천의 『사기』는 한비자 학문의 근본을 황로학이라고 했다. 황로학은 전국 시대부터 한나라 초반에 유행한 학문이다.

여기서 근래 정치권과 언론에 자주 등장하는 『한비자』의 세 가지 편을 추려 간단히 보자. 나쁜 신하가 군주에게 저지르는 여덟 가지 간사한 행동 '팔간(八姦)'이다. 오늘날의 '권력형 부정부패 사건' 등을 연상할 수도 있다.

'동상(同床)'은 잠자리를 같이하는 비빈(妃嬪)들이 군주를 유혹하고, 편안히 쉬려고 할 때나 만취했을 때를 이용해서 원하고자 하는 일을 얻어내려 하는 것이다.

'재방(在旁)'은 군주를 가까이 모시는 측근들이 군주에게 아첨하고 비위를 맞추어 자신들의 이익을 꾀하는 것이다.

'부형(父兄)'이란 친인척들은 혈연관계를 내세워 군주를 이용하는 것이다.

'양앙(養殃)'이란 군주의 기호로써 궁궐과 누각, 연못 등을 가꾸기 좋아하거나 개나 말을 꾸미는 것을 좋아해 재앙이 되는 것이다.

'민맹(民萌)'이란 신하가 공적인 재물로 백성들의 환심을 사면서 자신의 목적을 달성하기 위해 행동하는 것이다.

'유행(流行)'이란 교묘한 말로 외부와의 단절이 심한 군주의 마음을 허물고 판단을 흐리게 하는 것이다.

'위강(威强)'이란 신하들이 협객이나 무사 등의 위세를 빌려 군주를 위협하고 권력을 휘두르는 것이다.

'사방(四方)'이란 주변국들의 위세를 이용해 군주가 큰 나라를 섬기도록 하면서 군주를 '좌지우지'하는 것이다.

다음은 망국에 이를 수 있는 군주의 열 가지 잘못 '10과(十過)'이다.

> 첫 번째, 사소하고 작은 충성은 큰 충성을 해칠 수 있다.
> 두 번째, 작은 이익을 탐하면 큰 이익을 해칠 수 있다.
> 세 번째, 행동이 편협하고 방자하여 제후들에게 무례하게 구는 것이다.
> 네 번째, 정무를 돌보는 데에 힘쓰지 않고 음악만 좋아하여 곤궁해지는 것이다.
> 다섯 번째, 탐욕스럽고 집요하게 재물을 좋아해 개인의 이익만 밝혀 나라를 멸하게 하고 본인도 망하는 것이다.
> 여섯 번째, 무희들의 춤과 노래에 빠져 국정을 돌보지 않는 것이다.
> 일곱 번째, 나라 밖으로 여행을 다니고 간언을 듣지 않는 것은 위태롭게 되는 길이다.
> 여덟 번째, 잘못하고도 충신의 말에 듣지 않고 제멋대로 하는 독단을 저지르는 것은 자신의 명예를 훼손하고 남들을 비웃을 사게 된다.
> 아홉 번째, 안으로 자신의 능력을 헤아리지 않고 밖으로 다른 나라의 제후들에게 의지하려는 것은 나라를 빼앗기는 우환이 된다.
> 열 번째, 나라가 작은데도 다른 나라에 예의가 없고 간언하는 신하의 말을 듣지 않는 것은 나라의 대를 끊는 길이다.

나라가 망할 징조 '망징(亡徵)편' 47가지 중 몇 가지 사례를 소개한다. 이 사례를 지금과 대비해서 보면 느끼는 바가 크다.

1. 대개 임금이 다스리는 나라는 작은데 대부(大夫)들이 차지한 영토는 크며, 임금의 권위는 가볍고 대신들의 권력이 무거우면 그 나라는 망한다.

2. 법령과 금법(禁法)을 가볍게 여기고 모략과 꾀에만 힘쓰고, 나라 안의 정치는 황폐하게 만들고 나라 밖의 외교와 원조에만 의지하면 그 나라는 망한다.

3. 여러 신하가 쓸모없는 학문만을 익히고 귀족의 자식들은 변설을 즐기며, 장사꾼들은 재화를 나라 밖으로 빼돌려 쌓아놓고 백성들은 나라 안에서 곤궁하게 지내게 되면 그 나라는 망한다.

4. 임금이 화려한 궁전과 높은 누각 및 정원의 연못 만드는 일을 좋아하고 호사스러운 수레와 의복 및 기구나 노리개 등의 사치를 즐겨 백성을 괴롭히고 재물을 함부로 낭비하면 그 나라는 망한다.

5. 임금이 때와 날을 받아 귀신을 섬기며, 복서(卜筮 : 점술)를 믿고 제사 지내는 일을 좋아하면 그 나라는 망한다.

6. 임금이 신하들의 의견을 들을 때 많은 벼슬아치의 말을 증거로 참고하여 알아보지도 않고 오직 한 사람만을 밖으로 내보내 정보를 얻는 창구로 삼는다면 그 나라는 망한다.

7. 나라의 관직이 몇 사람의 수중에 장악되어 있고 벼슬과 봉록을 돈으로 살 수 있다면 그 나라는 망한다.

8. 임금이 게으르고 무엇이나 이루지 못하고 유약하여 쉽게 결단을 내리지 못하며, 옳은 일과 잘못된 일을 결정짓지 못해 스스로 확고하게 설 수 없다면 그 나라는 망한다.

9. 임금이 탐욕스러워 만족하지 못하고 이익만을 가까이하고 좋아한다면 그 나라는 망한다.

10. 임금이 잔혹한 형벌을 가하는 것을 좋아해 법령을 마음대로 휘두르고, 변설을 즐겨 그 실용에 힘쓰지 않으며, 아름답게 꾸민 글에 빠져 그 공로를 돌아보지 않으면 그 나라는 망한다.

11. 임금의 사람됨이 천박해 속마음을 쉽게 들여다볼 수 있고, 자신의 계획을 남에게 누설하기를 좋아해 조금도 감추지 않고, 여러 신하의 의견과 말을 쓸데없이 이리저리 옮기면 그 나라는 망한다.

12. 임금의 성품이 너무 강해 신하들과 화합할 줄 모르고, 간언(諫言)을 물리치고 신하를 이기는 것을 즐기며, 나라의 이익을 깊이 생각하지 않고 경솔하게 자신의 믿음에만 의지하면 그 나라는 망한다.

13. 임금이 다른 나라와의 외교나 원조만 믿고 이웃 나라를 얕보며 강대국의 도움에 의지하여 가까운 이웃 나라를 멸시하면 그 나라는 망한다.

14. 다른 나라에서 온 사람이 처자식과 재산은 나라 밖에 두며, 위로는 임금의 모사(謀事)와 계략(計略)에 참여하고 아래로는 백성 다스리는 일에 관계되면 그 나라는 망한다.

15. 백성들은 재상(宰相)을 믿지 않고, 신하들은 임금에게 충성심을 갖지 않는데도 임금이 총애하고 신뢰해 내쫓지 않는다면 그 나라는 망한다.

16. 임금이 나라 안의 뛰어난 선비를 중용(重用)하지 않고 나라 밖의 사람에게 관직과 봉토(封土)를 주며, 공로를 기준으로 삼지 않고 명성만을 좇아 진퇴를 결정하며, 다른 나라에서 데려온 사람만을 믿고 그 지위를 높게 하여 나라 안의 신하들보다 귀하게 만들면 그 나라는 망한다.

17. 임금이 왕위를 정당하게 승계할 적자(適者)를 가볍게 여기고 서자(庶子)를 대등하게 대접하고 태자(太子)가 아직 정해지지도 않았는데 임금이 죽으면 그 나라는 망한다.

18. 임금이 자신의 잘못을 모르고 나라는 혼란스러운데 자신의 능력이 뛰어나다고 자부하며 나라의 재력은 살펴보지도 않고 이웃의 적을 가볍게 여기면 그 나라는 망한다.

19. 나라가 작으면서도 큰 나라에 대해 겸손하지 않고 힘은 약하면서도 강한 나라를 겁내지 않으며, 무례하게도 이웃의 큰 나라를 업신여기고 탐욕만을 추구하고 외교에 졸렬하면 그 나라는 망한다.

20. 태자가 이미 정해져 있는데도 임금이 강성한 적국에서 후처(後妻)를 맞아들여 정

부인으로 삼으면 태자의 자리는 위태로워지고, 신하들은 마음을 바꾸어 정부인 쪽으로 쏠릴 것이니 그 나라는 망한다.

21. 임금이 겁이 많아 자기 신념대로 나라를 지키지 못하고, 지레짐작은 재빨리 하면서도 마음이 유약하여 정작 결단을 내려야 할 때 망설이다가 때를 놓치면 그 나라는 망한다.

22. 임금이 일이 있어 다른 나라에 나가 있는데 신하들이 왕위를 너무 오래 비워두면 안 된다는 명분을 내세워 새로운 임금을 세우거나 외국에 인질로 가 있는 태자가 돌아오지도 않았는데 임금이 다른 아들로 태자를 정하면 민심은 흔들린다. 나라 안 백성들의 마음이 흔들리면 그 나라는 망한다.

23. 임금이 대신들을 가볍게 대우하거나 욕을 보여 원한을 품게 하고 또 백성들에게 가혹하게 형벌을 가하고 일을 시켜 그 원한과 수치를 잊지 않고 있는데도 그 사람들을 자신의 주변 가까이에 둔다면 역적이 생긴다. 역적이 일어나면 그 나라는 망한다.

24. 세력 있는 두 대신이 권력다툼을 하고 임금의 형제들이 세력이 강해 나라 안에 당파가 생겨나고 또한 나라 밖으로부터 도움을 받아 서로 세력을 다투는 일이 생기면 그 나라는 망한다.

25. 임금이 젊은 시녀(侍女)나 아름다운 후궁들의 말에 귀를 기울이고 총애하는 신하나 농간(弄奸)하는 측근의 지모(智謀)를 써서 조정 안팎의 원망과 슬픔이 가득한데도, 이에 전혀 아랑곳하지 않고 거듭 불법을 저지르게 되면 그 나라는 망한다.

26. 임금이 원로대신을 업신여기고 왕실의 형제나 친척들에게 무례하고, 백성들을 괴롭히며 죄 없는 사람을 함부로 잡아 죽이는 일이 있으면 그 나라는 망한다

_〈2천 년을 살아남은 명문〉 중에서〉

『한비자』는 기존의 법가 사상을 집대성했다고 평가한다. 그것은 기존의 법가 사상가 세 명과 그들이 내세운 세 가지 가치를 종합해서 완성했다는 것이다.

그 세 가지는 상앙(商鞅)의 '법(法)', 신불해(申不害, 한나라 소후昭侯의 재상)의 '술(術)', 신도(愼到, 제선왕의 직하학궁 학자)의 '세(勢)'이다. '법'은 군주가 누구에게나 평등하고 내용과 집행이 명확한 법을 제정한다는 것이다. '술'은 군주가 은밀하게 권력을 동원해 신하를 통제하는 것이다. '세'는 막강한 군주의 권력으로 누구나 법을 따르게 하는 것이다.

마지막으로 진나라와 법가 사상가에 대해 요약한 내용이다. 진(秦)나라가 서쪽 변방의 약소국에서 전국칠웅(戰國七雄)으로 성장해 다른 여섯 나라를 멸망시키고 천하를 통일할 수 있었던 이유는 세 가지이다.

첫째는 지정학적 위치가 유리했다. 무엇보다 풍요로운 관중(關中) 평원에서 기반을 잡았다. 서남쪽으로 비옥한 파촉(巴蜀, 사천성)과 한중(漢中, 섬서성 남부 한수漢水의 상류)을 빼앗아 안정적인 식량을 생산할 수 있었다. 북쪽의 유목민족 지역에서 좋은 군마(軍馬)를 얻었고, 남쪽으로는 험준한 무산(巫山)과 검중(黔中)이 천연의 방어막이 있었고, 동쪽으로 효산(崤山)과 함곡관(函谷關)이라는 요새가 있었다.

둘째, 왕의 자질이었다. 효공(孝公)부터 혜문왕(惠文王), 무왕(武王), 소왕(昭王), 효문왕(孝文王), 장양왕(莊襄王) 마지막으로 진왕 정(진시황)까지 내리 7대가 모두 성공한 군주였다. 뛰어난 능력과 유능한 대신의 발탁해 조력을 받았다. 이런 사례는 당시는 물론 이후에도 다른 나라와 다른 왕조에서는 도저히 찾아볼 수 없는 대단한 사례이다. 성공한 군주가 3대까지 이어진 경우도 겨우 찾을 수 있는 사례이다.

셋째, 법가 사상가의 활약이다. 시작은 효공 때 등용된 상앙(商鞅)이다. 상앙은 위(衛)나라의 왕족 출신으로 원래 이름은 위앙(衛鞅)이다. 진나라에서 공이 커 옛 상(商)나라 지역을 영지로 받아 상앙이 된 것이다. 처음에 위(魏)나라의 재상인 공숙좌(公叔痤)의 가신이 되었다. 그의 재능을 알아본 공숙좌는 죽기 전 병문안을 온 위 혜왕(魏惠王)에게 추천했다. 그리고 추천과 함께 다른 말도 남겼다. "상앙을 등용하지 않으시려면 반드시 죽이십시오! 다른 나라 군주가 그의 재능을 알아보고 등용하면 우리나라에 후환이 됩니다." 하지만 위 혜왕은 상앙을 등용하지 않았고 공숙좌는 이 사실을 상앙에게 말해줬다. 그래서 상앙은 곧장 위나라를 떠났다. 그가 간 곳은 천하의 인재를 구하고 있었던 진 효공이다. 진 효공의 신임을 얻어 새로운 법과 제도를 만들어 강력한 개혁(변법과 군현제)을 시행했다. 이에 기존의 귀족 세력들은 강력히 반발했다. 상앙은 효공이 죽자 외국으로 탈출하려다가 (자신의 변법 때문에) 강화된 검문으로 붙잡혔다. 그는 사지가 찢기는 거열형(車裂刑)으로 죽었고 그의 가족을 멸족했다.

법가 사상가 중 마지막 대미(大尾)를 장식한 사람은 이사(李斯)이다. 진시황에게 등용되어 진나라의 통일 대업에 큰 공적을 남겼다. 진나라 통일 사업이라 말할 수 있는 문자와 도량형 통일, 도로 개통, 군현제의 전면적 시행 그리고 만리장성 등 과도한 토목공사와 분서갱유 정책 등에 깊숙이 개입했다. 그도 끝내 환관 조고(趙高)의 손에 잔인하게 죽었다. 그는 수도 함양(咸陽)의 시장에서 허리가 잘리고 코가 베어지는 요참형(腰斬刑)에 처해 졌고 삼족을 멸했다. 후대에는 이런 이유로 법가와 진나라는 비판받았다.***

법가 특히 한비자 방식은 근본적인 모순이 있다고 생각한다. 군주가 현명한 자라면 이보다 더 효과적인 통치술은 없다. 아무리 작은 나라라도 강대국이 될 수 있다. 하지만 동서고금 역사 속 모든 군주가 그렇지 않았다. 현명한 군주는 적었고 대체로 평범했다. 오히려 현명한 군주보다 혼군(昏君)·암군(暗君)이 더 많다. 그들은 대체로 한비자가 지적한 것들만 골라서 했다. 특히 권신, 외척, 환관에게 권력을 위임하여 나라를 망치고 자신도 망하는 경우가 많았다. 이 셋은 동시에 나타나기도 하고 둘 이상이 나타나서 서로 싸우기도 했다. 한비자도 그런 점을 잘 알았을 것이다. 그래서 자신의 책에서 망국의 이유를 군주에게서 찾는 부분을 더 강조했다.

인상국, 국상, 승상의 지위와 차이

여불위가 누린 '상국'이란 지위에 대해 잠시 알아보자. 상국은 한자적 의미는 '나라와 같다'라는 것이다. 국상(國相)이라고도 한다. 일반적으로 고대의 재상이다. 그런데 재상을 의미하는 것에는 세 가지가 있다. 제일 낮은 것이 '삼공(三公)'이다. 때로는 '삼정승(三政丞, 영의정과 좌·우의정)'이라 한다. 삼공은 태위(太尉, 군사 담당)·사도(司徒, 재정 담당)·사공(司空, 법무와 감찰 등 담당)의 업무를 보는 세 사람을 말한다. 실무부서의 장관급보다 높다. 이 삼공의 권한을 합쳐 한 사람에게 집중하는 것이 '승상(丞相)'이다. 승상이 삼공보다 높다. 그런데 승상보다 더 높은 지위가 바로 '상국'이다. 제왕과 맞먹는 자리이며 일반적으로는 명예직에 가깝다. 그러나 여불위는 제왕의 권력을 휘둘렀다. 이후 진시황은 여불위를 죽이고 상국이란 직책을 없앴다. 원래는 상국이 아니라 '상방(相邦)'이라고 했는데, 한나라의 개국 군주의 이름이 유방(劉邦)이라서 상국으로 불렀다고 한다. 많은 왕조에서 상국 또는 승상은 명예직임에도 왕조 말기의 허수아비 황제를 대신했다. 이천 년 뒤의 명·청 시대 황제는 승상직을 아예 없애 황제가 조정의 각 부처를 직접 지휘했다. 황제를 보좌하는 극소수의 고위 관료만 곁에 두었다. 이들을 '내각대학사(內閣大學士)'라고 불렀다.

사, 농, 공, 상 그리고 중농주의

여기서 법가 사상가가 상공인을 적대시한 것을 이유를 알아보자. 단순한 사(士)·농(農)·공(工)·상(商)의 차별이 아니다. 여기에는 아주 구체적인 이유가 있다. 당시는 농업경제가 국가와 사회의 핵심 기반이었다. 안정적인 농업생산이 민생안정이고 국가의 힘이었다.

역대 모든 왕조 국가는 농민을 토지에 붙잡아 두고 생산에 전념하게 만들고 그들로부터 국가는 세금과 군역, 요역을 챙겨야 했다. 역(役)은 군사 징발·노동력 동원 등을 의미하고 당시의 세금이었다. 때로는 토지개혁으로 중간 착취자인 지주(地主)보다는 자영농(自營農)을 보호하고 육성했다.

그러다가 중·후반기로 가면 국가(군주)의 통치가 느슨해지고 지주와 상공인이 과도하게 늘어나 농민이 땅을 잃고 유랑하는 일이 많아졌다. 또는 누군가(지주, 세력가)의 노비가 되었다. 노비는 그 주인에게만 귀속될 뿐 국가와는 무관한 집단이기 때문에 납세자가 줄게 된다. 이런 현상이 가속화하면 결국 왕조 국가는 멸망한다. 그리고 새 왕조가 들어서면서 다시 토지를 유랑하는 농민에게 돌려주고 지주와 상공인을 억제하는 정책을 또 시행한다. 때로는 과도하게 노비를 해방시켰다.

이런 농업과 농민을 중시하는 숭농주의(重農主義)를 강력하게 시행하고 극단까지 몰고 간 정치세력이 법가(法家)이다. 유가가 아니다. 오히려 공자는 자공(子貢)이란 상인을 제자로 두어 중요시했고, 주자(朱子)의 사상이 큰 영향을 미친 상인 세력이 휘상(徽商)집단이다. 이 휘상을 그린 까닭에 유상(儒商)이라고도 한다. 유교 때문에 동아시아에서 상공인이 차별받았다는 것은 오해이다. '억제했다' 정도의 표현이 적당하다. 유교도 '민생 안정'을 위해 농업을 중시하고 상공업을 경시했다. 이와 반대로 '민생 복리'를 위해 '상업자유화'를 적극 추진한 유교국가도 있었다. 대표적으로 송나라가 그렇다.

그렇다면 법가는 중농주의를 어디까지 끌고 갔을까? 진효공(秦孝公) 때 '변법(變法)'으로 개혁을 이룬 정치가가 상앙(商鞅)이다. 상앙이 세운 중농억상(重農抑商) 정책 중 한 가지를 보면 이렇다. '식량과 직물 생산이 많은 농민은 면세 혜택을 준다. 상공업에 종사하거나 일없이 빈둥거리고 놀면 가족 전체와 함께 황무지로 추방해 그곳을 개간하도록 해서 농사를 짓게 한다.' 이렇듯 법가인 한비자뿐만 아니라 상앙도 상공인을 '좀벌레'로 취급했다. 상앙도 『상군서(商君書)』라는 저서를 남겼고 그도 구 세력의 정치보복으로 비참한 최후를 맞이했다.

❋❋❋ 법가주의 비판의 실제

진나라에 대한, 특히 법가 사상에 대한 평가는 지난 2,000여 년 동안 비판 일색이었다. 그중 유명한 것이 진나라가 망하고 등장한 한나라 때 가의(賈誼)가 쓴 『과진론(過秦論)』이다. 천고의 명문이라 칭송받는 글이다. 제목의 의미는 '진나라의 잘못을 논한다'라는 의미이다. 주된 내용은 진나라가 멸망한 원인이 유가의 왕도 정치사상을 버리고 법가 사상에 기초한 가혹한 형벌과 법률을 시행했기 때문이라는 것이다. 이런 망국의 사례를 한나라는 교훈으로 삼으라는 일종의 정치평론이다. 이렇게 진나라와 법가는 영원히 비판받았고 희생되었던 유가는 숭배받았다.

그러나 다른 평가도 많다. 동아시아의 역대 왕조 국가는 모두 유교를 최고의 가치로 내세우고 숭배했지만 뒤로는 법가처럼 사고하고 법으로 통치했다는 것이다. 겉과 속이 달랐다는 것이다. 마치 유럽에서 마키아벨리즘(Machiavellism)에 대한 태도와 비슷하다. 그래서 한비자의 사상을 동양의 마키아벨리즘이라고 부르는 사람도 있다.

한국도 비슷했다. 현실 정치에 이미 온몸을 담근 자, 정치 권력을 지향하는 지식인, 정치 권력에 민감한 언론인들을 보면 『한비자』를 공부하고 인용하는 경우가 많다. 현대 중국은 더 노골적이다. 혁명 이후 중국에서는 공자를 비판하고 진시황을 찬양한다. 지금도 중국공산당의 고위급 당원 교육기관인 당교(黨校)의 교과목이 한비자와 법가 사상이다.

약자와 함께하는 것이 의로움이다 『묵자(墨子)』

묵자는 이름이 묵적(墨翟)이고 생몰(生沒) 연대는 알 수 없다. 『묵자』는 책 이름이기도 하다. 묵(墨)이 성이라고도 하고 이마에 죄명을 먹으로 문신하는 형벌인 묵형(墨刑)을 받은 자라고도 한다. 또는 노동으로 피부가 검게 탄 이거나 먹줄 쓰는 목공(木工, 목수) – 노동자 출신이라서 생긴 모욕적인 '멸칭(蔑稱)'일 수도 있다. 누군지 알 수 없으니 설이 분분하다. 이런 까닭에 묵자의 사상은 주로 노동자들에게 지지를 많이 받았다고 한다. 분명한 것은 전국 시대 초기에 활동했고 유가와 사상적으로 크게 대립했다는 점이다. 묵자를 추종하는 묵가(墨家) 집단을 형성해서 활발하게 활동했는데 최고 지도자를 거자(鉅子)라고 했다.

책의 주요한 내용을 보자. 책은 15권, 53편으로 구성되어 있다. 그중 가장 유명한 것이 '겸애(兼愛)'와 '비공(非攻)'이다.

먼저 '겸애'이다. 겸애는 전체를 사랑하는 보편적 사랑이란 의미이다. 천하의 가장 큰 해악은 분별하고 차별하는 것이다. 이런 분별과 차별로 큰 나라는 작은 나라를 공격하고, 강자는 약자를 공격하고, 귀족은 평민을 멸시하는 것 등이 발생한다는 것이다. 분별과 차별 없이 모두를 사랑하라는 것이다.

하지만 유가의 인(仁) 등은 '겸애'가 아니라 '별애(別愛)'라는 것이다. 즉 '차별'을 전제로 한 사랑이다. 이런 차별은 유가의 윤리가 '친친(親親)'에서 나오는 것이기 때문이라고 설명한다. 유가의 윤리는 기본적으로 부모, 형제, 친구 등 가까운 자에게서 멀리 나가는 것으로 발전한다. 친친이라는 것은 친한 사람과 친한 것이라는 것이다. 결국은 내 가족, 내 친척, 내 친구, 내 나라를 중심에 두고 다른 것들은 차별하게 된다는 것이다.

천하에 존재하는 해악을 제거하려면 유가의 '별애'를 비리고 차별 없는 사랑인 '겸애'로부터 시작해야 한다고 주장한다. 이 겸애에 교리를 붙여서 '겸애교리(兼愛交利)'라는 말도 자주 쓴다. '차별 없이 사랑하고 서로 이익을 나누자'라는 의미이다.

다음은 '비공'이다. 비공은 공격하지 말라는 뜻이다. 앞서 거론한 별애의 연장선 또는 앞뒤 면의 논리이다. 비공은 다른 나라의 땅을 빼앗고 그 나라 백성을 죽이거나 약탈하는 모든 전쟁 행위에 반대하는 것이다. 천하통일을 반대하고 당시 존재했던 여러 나라의 독립과 공존을 주장했다. 여기서 반대하는 전쟁은 침략 전쟁을 말하는 것이고 방어를 위한 전쟁은 찬성한다. 위 혜왕이 공수반(公輸般)의 공격용 무기인 운제(雲梯)를 앞세워 송나라를 공격하려 하자 묵자가 달려가 설득과 방어 기술을 시연(試演)해 공격을 중지시켰다는 고사가 있다. 나중에는 방어 전쟁을 위해 방어용 무기 개발에도 나섰다.

이 외에 유명한 몇 가지를 더 소개한다. 대부분 유가 집단과 첨예하게 대립했던 주장이기도 하다. 국가의 중요한 예식에 투입되는 재정을 아끼라는 '절용(節用)', 고위직이 죽어도 호화로운 장례를 치르지 말고 일반 민중처럼 소박한 박장(薄葬)을 치르라는 '절장(節葬)', 지배자의 사치와 향락을 위한 음악을 반대하는 '비악(非樂)'이다. 이처럼 묵자는 의식주와 같은 민생 문제를 중요시했다. 묵자의 이런 주장에 대해 유가는 격렬하게 분노했다. 특히 『맹자』는 묵자를 금수(禽獸)라고 맹비난했다. 유가는 인간 행동의 근본은 효이고 통치의 수단으로 예악(禮樂)을 중시했기 때문이다. 다음은 아랫사람의 복종과 윗사람의 겸애를 동시에 해야 한다는 '상동(尚同)', 실질적인 도움을 줄 수 있는 농민이나 수공업자도 관리로 채용하는 '상현(尚賢)'이 중요하다고 주장했다. 이것도 신부에 따른 예절과 고위 관리일수록 덕(德)을 중시하는 유가와는 정반대되는 주장이었다.

특이한 부분은 '천지(天志)'와 '명귀(明鬼)'이다. 묵자는 유일 절대신인 '하느님'을 믿었다. 귀신의 존재도 인정했지만 과학 기술도 중시했다. 책의 많은 부분을 과학 기술에 할애한 것도 주목할 부분이다.

묵자의 사상은 진시황이 천하통일을 하고 중국이 거대한 제국으로 발전하면서 자취를 감추었다. 다시 주목받기 시작한 것은 근대 이후이다. 기독교와 마르크스 사상의 도입 때문인데 2,500년 전에 동아시아에서 근대 사상에도 전혀 뒤처지지 않은 선구적인 사상이 존재했다는 이유 때문이다.

모든 사람이 다 취해있는데 나 홀로 깨어 있어 쫓겨나게 되었노라 『어부사(漁父辭)』

쫓겨난 굴원이 강가에서 서성이고 있었다. 초췌한 그를 보고 물었다. "그대는 삼려대부(三閭大夫)가 아니오. 어쩌다가 여기에 이르렀소?"

굴원이 대답하기를 "온 세상이 모두 혼탁한데 나만 홀로 깨끗하고, 모든 사람이 다 취했는데 나만이 홀로 깨어 있으니 이런 까닭에 추방을 당하였소"라고 했다.

어부가 말하기를 "성인은 사물에 막히고 얽매이지 않고 세속을 따라가니, 세상 사람들이 모두 흐리면 어찌하여 그 진흙탕을 휘저어 그 물결을 흩날려버리지 않으며, 모든 사람이 다 취했으면 어찌하여 그 술지게미를 먹고 그 막걸리를 마시지 않으시오. 무슨 까닭으로 깊이 생각하고 고상하게 행동하여 쫓겨나셨소?"라고 했다.

굴원이 대답하기를 "내가 들으니 '새로 머리 감은 사람은 반드시 갓을 털고, 새로 목욕한 사람은 반드시 옷을 턴다'라고 하였소. 어떻게 자신의 깨끗함으로 상대의 더러운 것을 받아들일 수 있겠소. 차라리 상수(湘水)의 물결에 뛰어들어 강의 물고기 배 속에 장사지내질지언정 어떻게 희고 깨끗한 내가 더러운 세속의 먼지를 뒤집어쓸 수 있겠소?"라고 했다.

어부가 빙그레 웃고는 노를 저어 떠나면서 노래하기를 "창랑(滄浪)의 물이 맑으면 나의 갓끈을 빨 수 있고 창랑의 물이 흐리면 나의 발을 씻을 수 있다네"라고 하고는 마침내 떠나서 더는 함께 말하지 않았다.

『어부사』라는 고대의 시가이다. 작가는 굴원(屈原)이다. 굴원의 성은 미(芈)이고, 씨는 굴(屈)이다. 이름은 평(平)이고, 자(字)는 원(原)이다. 성과 씨를 구분하고 이름보다 많이 쓰는 자로 '미원'이라 쓸 수도 있지만 오늘날 일반적으로 쓰는 이름은 '굴원'이다. 그는 초·중기 전국 시대의 초나라 명문 귀족으로 태어났다. 좌도(左徒), 삼려대부(三閭大夫) 등의 고위직으로 회왕(懷王)과 아들 경양왕(頃襄王) 시대에 활동했다. 유능한 인재이자 정치인이었으나 왕의 무능과 측근의 계속된 중상모략으로 『어부사』의 내용처럼 추방당해 유배 생활을 했다. 결국 멱라수(汨羅水)에 투신해 자살했다. 이 또한 『어부사』의 내용처럼 강에 투신해 물고기 배 속에서 장사를 지냈다. 그리고 '초사(楚辭)*'라는 초나라의 시가를 많이 남겼다. 굴원이 죽은 날이 음력 5월 5일이다. 그의 억울한 죽음을 추모하기 위해 민중들이 용선절(龍船節, 용 모양 배의 경주)과 종자(粽子, 찹쌀 주먹밥)를 만들었다. 이후 중국의 단오절 풍습이 되었다.

  굴원의 초사 작품을 소개하기 전에 그의 정치적 좌절과 죽음으로 몰고 간 비애와 분노가 어떻게 시작되었는지 알아볼 필요가 있다. 그가 처음 관직에 올랐을 때 초나라 왕은 회왕이었다. 좌도로서 내정과 외교 분야에서 활동했다. 당시 진(秦)나라처럼 이전 선왕인 초 도왕(楚悼王) 때 오기가 추진했다가 좌절된 '변법'을 주장했다. 하지만 왕과 측근들은 개혁에 관심이 없었고 오히려 굴원을 시기하고 비방했다.

  한편, 회왕은 처음에 소진의 합종책을 받아들여 제, 위, 한, 조, 연과 동맹을 맺어 강대국 진(秦)에 맞섰다. 진이 연횡책을 내세우는 장의(張儀)를 사신으로 파견해 회왕을 회유했다. '동맹을 파기하면 600리 땅을 주겠다'라는 내용이었다. 회왕은 욕심에 눈이 멀어 진나라의 제안을 수락하고 즉시 주요 동맹국인 제나라에 모욕적인 언사를 퍼부으며 동맹을 파기했다.

동맹이 파기된 것을 본 장의는 말을 싹 바꾸었다. "내가 언제 600리 땅을 주겠다고 했나? 땅에 그렇게 욕심이 나면 나의 봉토 중 6리라도 가져라!"라고 한 것이다. 회왕은 속은 것에 화가 나 대책 없이 강대국 진나라와 우호를 끊고 공격했다. 하지만 준비 없이 출전한 군대는 참패할 수밖에 없다. 오히려 중요한 한중(漢中) 땅을 잃었다. 그 후에도 부질없는 전쟁을 계속했지만 모두 패배하고 땅만 더 빼앗겼다.

진 혜문왕(惠文王)은 초 회왕이 불쌍했는지 한중 땅의 절반을 돌려주겠다고 했다. 그러자 회왕은 "다른 것은 필요 없고 사신으로 다시 장의를 보내시오"라고 회신했다. 그렇게 장의에게 복수할 날만을 기다렸지만 사신으로 온 장의는 뇌물로 왕비를 매수해 무사히 되돌아갔다. 이런 수준의 왕에게 계속 충언했던 굴원의 처지도 안타깝다. 굴원의 충언에 대한 왕의 대답은 안타깝게도 추방과 유배였다.

이것으로 끝이 아니었다. 이제 진의 동맹국인 초를 제나라를 비롯한 여러 다른 나라가 동맹을 맺고 쳐들어왔다. 회왕은 태자를 진에 인질로 보내 구원을 요청해 겨우 위기를 수습했다. 하지만 이번에는 진에 인질로 있던 태자가 진나라 대부(大夫)를 죽이고 초나라로 도주해 왔다. 이에 진나라는 다른 나라와 동맹을 맺고 초나라를 공격했다. 결국 초는 패전했고 진과 화친하며 겨우 수습했다.

무능한 회왕은 죽을 때도 곱게 죽지 못했다. 진의 소양왕(昭襄王)이 회맹을 요청하며 국경 무관(武關)에서 직접 왕끼리 만나자고 제안했다. 굴원 등 많은 신하가 진을 믿을 수 없다며 반대했지만 회왕은 귀신에 홀린 듯 직접 회맹 장소로 갔다. 그리고 그대로 진에 억류되었다. 한번은 탈출했지만 여러 나라가 그의 입국을 거부했다. 그렇게 떠돌다가 진나라 군대에 다시 붙잡혀 끌려갔다. 회왕은 적국인 진에서 병들어 죽었다. 이를 두고 굴원이 분노했다고 한다.

회왕이 진에 억류되자 제의 인질이었던 태자가 급히 왕위에 올랐다. 그가 경양왕이다. 즉위 초부터 진에 연이어 패배했다. 그는 진의 힘을 실감하고 복수를 포기했다. 오히려 진과 동맹을 맺고 제를 치기도 했다.

이 시기 경양왕의 아우 자란(子蘭)이 영윤(令尹, 재상)이 되었다. 이 자가 바로 아버지 회왕을 직접 국경지대인 문관으로 나가 진의 소양왕을 만나라고 부추긴 자였다. 그리고 당시 상관대부(上官大夫)를 이용해 굴원을 모략했다. 이 시기에 굴원은 추방된 것이다.

이후 경양왕이 재위 중반에 다시 여러 나라와 동맹을 맺고 진을 공격하려 했다. 이 소식을 들은 진은 바로 백전백승의 명장 백기(白起)를 앞세워 선제공격했다. 백기는 초군을 궤멸시켰고 초의 수도 영(郢)을 빼앗았다. 그리고 초의 선왕들이 묻힌 이릉(夷陵)에 불을 질렀다. 백기의 침략은 일방적인 도륙 수준이었다. 이때 초나라에 있던 천하의 요충지 무산(巫山)과 검중(黔中)이 진나라의 수중으로 들어갔다.

아직 초가 망한 것은 아니었다. 초나라는 옛 진(陳)나라 땅으로 천도했고 그곳을 다시 영(郢)이라 했다. 하지만 초나라는 천하를 평정한 주(周)나라와 함께 원래 강대국으로 출발한 나라였다. 하지만 겨우 망국의 위기만 넘긴 것이다.

굴원이 남긴 초사를 보면 크게 두 가지로 나눌 수 있다. 하나는 초나라의 회왕(懷王), 그의 아들 경양왕, 간신들 때문에 겪었던 정치적 좌절과 분노를 노래한 시가이다. 〈이소(離騷)〉, 〈애영(哀郢)〉 등이 여기에 해당한다. 다른 하나는 신화와 무속에 상상력을 더한 낭만적인 시가이다. 〈천문(天問)〉과 〈구가(九歌)〉 등이 여기에 해당한다.

다만 기록이 명확하지 않아서 해당 작품이 언제, 어떤 사건 이후에 창작되었는지 정확히 알 수 없다. 여러 주장만 분분할 뿐이다. 만약 창작 시점을 명확히 밝힐 수만 있다면 굴원의 시 세계를 조금 더 이해할 수 있었을 것이다.

많은 극찬을 받는 초사 작품은 〈이소〉이다. 전체 373구 2,490자로 이루어진 장편 서사시이고 '정치 서정시'이다. 전체 내용을 요약하면 이렇다.

"나는 고양씨(帝高陽)의 후예이며 백용(伯庸)의 아들로 인(寅)의 해 정월 경인의 날 태어났다"라는 글로 시작한다. 즉 전설 속 삼황오제의 후손이며 인년 인월 인일(寅年 寅月 寅日)이라는 아주 특별한 날에 태어난 비범한 인물이 자기라고 소개한다. 그리고 이름이 정칙(正則), 자가 영균(靈均)이라는 인물을 창작해 그를 자신으로 삼았다. 영균은 이상을 실현하고자 군주를 위해 헌신하고 충성하지만 간신들의 모함으로 인해 군주를 떠나게 되었다. 이 세상에서 환멸을 느끼고 좌절한 영균은 떠난다. 그러면서도 끊임없이 신화와 역사 속 인물을 회상하며 현실의 초나라를 걱정한다. 이때 여수(女嬃)가 나타나 붙잡기도 하지만 원수(沅水)·상수(湘水)를 건너 창오산(蒼梧山)에 묻힌 제순(帝舜, 순임금)을 만나 자신의 이상을 호소하며 눈물을 흘린다.

곤륜산(崑崙山)에 올라 여러 천신을 만난다. 이상적인 미녀인 낙수(洛水)의 여신 복비(宓妃), 유융국(有娀國)의 미녀, 유우씨(有虞氏)의 두 자매 등이다. 고민과 방황 속에서 찾아간 점쟁이 영분(靈氛)과 무당 무함(巫咸)으로부터 더 멀리 떠나라고 점괘를 받는다. 길일을 택해 먼 세계로 여행을 시작하려 하늘로 날아오른다. 그 아래 고향이 보이자 머뭇거리며 돌아보고 나가지를 못한다.

이처럼 출생과 가계의 소개로 시작해 이상을 실현하고자 분투하는 과정을 신화와 전설, 고대 역사를 끌어들여 장엄하고 화려하게 펼쳐 보인다. 끝내 현실의 벽에 부딪혀 울분과 회한의 눈물을 뿌린다. 좌절하지 않고 다시 나서려는 의지를 비장하게 표명한다.

제목 '이소'의 의미에 대해서는 의견이 분분하다. 사마천은 '시름과 걱정', 전한 말에 사부(詞賦)를 많이 지었고 왕망의 찬탈을 조력했던 양웅(揚雄)은 '불만', 『한서(漢書)』를 저술한 후한의 반고(班固)는 '걱정거리를 만나다', 〈초사장구(楚辭章句)〉를 지었던 후한의 문장가 왕일(王逸)은 '이별의 근심' 등으로 다양하게 해석되었다. 또는 그냥 '초사'의 다른 이름이라는 주장도 있다.

중국과 동아시아의 많은 사람이 〈이소〉를 읽고 감동해 눈물을 흘렸다. 그리고 직접 감상의 글을 많이 남겼다. 조선 시대 불의한 세조 정권을 반대하며 세상을 떠돌았던 김시습도 그랬다. 이런 이유는 그들에게는 굴원과 같은 감정이 있었을 것이다. 이는 '회재불우(懷才不遇, 큰 재능과 꿈을 품고 있지만 때를 잘못 만나 슬픈 것)'의 슬픔을 공유한 것이다. 수많은 왕조 국가의 지식인은 자신의 재능을 알아보는 훌륭한 군주와 숙명적으로 만나 재능과 꿈을 마음껏 펼치는 것을 소망한다. 하지만 소망을 이룬 사람보다 대부분 가난과 굴욕, 좌절과 분노 속에서 살았다. 굴원의 처지와 인생을 알고 그의 시를 보면 시적 표현과 시로 드러난 감정이 그대로 자신의 가슴으로 들어와 깊이 공감했을 것이다.

굴원의 전기를 쓴 사마천과 그를 추모하는 시를 쓴 가의(賈誼)도 그랬다. 여기서 가의는 앞서 거론한 『과진론』의 저자이다. 『신서(新書)』는 그의 글을 모은 전집이다. 가의는 한나라 초기에 불과 20세에 최연소 박사가 된 장래가 촉망받는 지식인이었다. 하지만 그도 공신이며 권신이었던 자들로부터 배척받아 과거 초나라가 있었던 장사국(長沙國)이란 먼 지방 제후국의 태부(太傅, 재정 담당 또는 감찰)로 좌천되어 쫓겨났다. 장사국으로 가는 길에서 상강(湘江)을 지나게 되었다. 자신의 억울한 처지를 떠올리며 초나라 조정에서 쫓겨나 이 상강 상류 멱라수에서 죽은 굴원을 추모하게 된 것이다. 그때 남긴 시가 〈조굴원부(弔屈原賦)〉이다. 그후에도 가의는 불운을 계속 겪다가 33세에 요절했다.

사마천은 이 불운의 굴원과 가의를 함께 묶어 『굴원가생열전(屈原賈生列傳)』이라는 전기로 정리했다. 앞서 거론한 가의가 쓴 굴원에 대한 추모시와 멱라수에 투신해 죽기 전 마지막 남긴 절명시(絕命詩)인 〈회사부(懷沙賦)〉도 전기에 실었다. 그리고 젊은 날 사마천은 굴원의 투신했던 곳을 여행하기도 했다.

〈이소〉에서 유명한 구절은 '길은 아득히 멀기만 해도 나는 위(하늘)아래(땅) 어디라도 찾을 것이다(路漫漫其修遠兮, 吾將上下而求索 로만만기수원혜, 오장상하이구색)'이다. 새롭게 일을 시작할 때나 마음을 다잡으려 할 때 많이 인용하는 말이다.

〈이소〉와 함께 그의 뜨거운 우국충정을 느낄 수 있는 작품이 〈애영〉이다. 초의 수도 영이 진의 백기에게 함락되고 전 국토가 거대한 장지(葬地)가 되자 피 끓는 심정으로 처참하게 무너지고 있는 조국 초나라에 대한 슬픔을 노래한 시이다. 시작은 영의 함락으로 급히 피난 길에 오른 백성을 먼저 생각한다.

> 하늘의 깨끗하지 않은 명이여! (皇天之不純命兮 황천지불순명혜!)
> 어찌 백성들을 (두려움에) 떨고 잘못되게 하십니까. (何百姓之震愆 하백성지진건.)
> 백성들은 흩어져 서로(가족)를 잃고 (民離散而相失兮 민리산이상실혜)
> 바로 음력 2월에 동쪽으로 옮겨 가네. (方仲春而東遷 방중춘이동천.)
> 고향을 떠나 멀리 떠나니 (去故鄕而就遠兮 거고향이취원혜)
> 장강과 하수를 따라서 흘러가는구나. (遵江夏以流亡 준강하이유망.)

몸은 비록 수도 영을 떠나 9년여 동안 장강을 따라 떠돌다 강남(江南)땅에 머물고 있지만 '슬프고 답답해 펼 길이 없으니 아! 실의에 차서 슬픔을 머금고 있네(慘鬱鬱而不通兮, 蹇侘傺而含慼 참울울이불통혜, 건차제이함척)'라고 심정을 표현하고 있다.

이번에 소개할 시는 〈천문〉이다. '천문'은 '하늘에 묻는다'라는 뜻이다. 우주창조, 창조 신화, 전설, 역사 등 172종에 달하는 의문을 하늘에 제기하는 것이다. 이 시의 결론은 조국 초나라에 대한 충정이다. 현대 중국의 화성 탐사선

이름이 이 '천문'이다. 달 탐사선도 상아(嫦娥, 앞의 『산해경』 참고)였으니 현대 과학에도 고전 문학의 상상력을 녹인 것이다.

 마지막으로 〈구가〉를 소개한다. 구가는 무속에서 신에게 제사를 지낼 때 쓰이는 가무와 깊은 연관이 있다. 앞서 거론한 후한의 왕일은 『초사장구』에서 "초나라 남방 원수(沅水)·상수(湘水) 일대의 지역에서 귀신을 믿고 제사 지내기를 좋아하는 민간풍속이 성행했고 제사 때는 반드시 가무로써 귀신을 즐겁게 한다"라고 밝혔다.

 무당과 무속을 대하는 태도는 확실히 장강 유역의 초는 북방의 황하 지역과는 달랐다. 비슷한 시기 활동한 위(魏)의 서문 표(西門豹)는 강물의 귀신인 하백(河伯)에게 인신공양을 하던 못된 무당을 강에 집어 던져 죽인 사건으로 유명하다.

 〈구가〉는 낭만적이고 환상적인 시이다. 천신 '동황태일(東皇太一)', 생명과 죽음의 신 '대사명(大司命)'과 어린이 생명과 운명의 여신 '소사명(少司命)', 태양신을 형상화한 '동군(東君)', 구름의 신 '운중군(雲中君)', 상수의 남신 '상군(湘君)'과 상수의 여신 '상부인(湘夫人)', 산의 정령(산중 여인) '산귀(山鬼)', 황하의 수신 '하백(河伯)', 나라의 영령 '국상(國殤)' 등의 신들이 등장한다. 무당과 박수가 시로 노래를 부르는데 때로는 한 명이 독창하기도 하고, 때로는 여럿이 합창하기도 하며 다채롭게 구성되어 있다. 이 모습을 상상해보면 유럽의 오페라나 판소리의 창극(唱劇)과 같은 느낌이다.

 한편, 상군과 상부인은 순 임금과 그의 두 부인인 아황(娥皇)과 여영(女英)이라고도 한다. 고대 전설이다. 요(堯) 임금이 두 딸 아황과 여영을 순(舜)에게 시집보내고 왕위를 선양했다고 한다. 세월이 흘러 순 임금이 남방으로 순행(巡幸)을 떠났다가 창오(蒼梧)에서 갑자기 죽었다. 그러자 아황과 여영은 상강(湘江)을 헤매며 슬피 울었는데 이때 흘린 눈물이 대나무에 얼룩이 되어 반죽(斑竹) 또는 상비죽(湘妃竹)이 되었다. 그 둘이 상강에 몸을 던져 신이 되었다고 한다. 이 때문에 상군과 상부인을 순임금과 아황, 여영이라고 하는 것이다.

굴원이 죽은 후 그의 후계자 송옥(宋玉)이 뜻을 이어 초사 구변(九辯)을 지어 굴원을 추모했다. 송옥은 굴원과 함께 초사의 대가로 이름을 남겼다. 참고로 '미여송옥(美如宋玉, 아름답기가 송옥과 같다)'이라는 말이 있다. '송옥'은 중국 고대 4대 미남으로도 유명하다. 나머지는 사마씨(司馬氏)의 진(晉)나라 문학가 '반안(潘安)', 북제(北齊)의 전설적인 장군 '난릉왕(蘭陵王)', 남조의 마지막 나라 진(陳)에서 남자로서 황후가 되었다는 '한자고(韓子高)'이다. 진의 명사 '위개(衛玠)'나 죽림칠현(竹林七賢)의 '혜강(嵇康)'을 꼽기도 한다.

※ 북방의 시경과 남방의 초사

고대 황하 유역의 북방 시가를 대표하는 것이 『시경(詩經)』이다. 장강 유역의 남방 대표 시가는 역시 『초사(楚辭)』이다. 시경을 읽으면 소박하고 사실적인 표현이 감동을 주고, 초사를 읽으면 격정적이고 낭만적인 분위기가 좋다.

『시경』은 주(周)나라는 채시관(採詩官)이란 관리가 민심과 제후국 정치 동향을 파악하기 위해 전국의 민요를 수집해서 모은 것이 많다. 그렇게 모은 민요 305수를 악관(樂官)이 궁중 연회에서 풍(風)·아(雅)·송(頌)이란 노래와 춤으로 만들어 선사했다. 이후 춘추 시대에는 외교에서 사신의 언어 수사로 사용되기도 했다.

반면 초사는 굴원 등 작가가 명확해 작가의 개성이 고스란히 담긴 작품이 많다. 형식적으로 보면 4자가 한 구절이고, 때로는 6, 7자가 한 구절이다. 또 구절 중간에 어조사 혜(兮), 사(些), 지(只), 자가 많이 있어 음운을 조절하고 부드러운 느낌을 준다. 『초사』는 한나라 때 유향(劉向)이 굴원, 송옥, 가의 그리고 자신의 작품을 모아 만든 책의 제목이기도 하다.

그리고 『시경』은 유교의 오경(五經)의 경전 중 하나가 되었다. 공자가 육례 교육을 시작했을 때부터 가장 중요시했다. 『논어』를 보면 공자가 아들 리(鯉)에게 『시경』에 대해 이런 말을 했다. '불학시 무이언(不學詩 無以言). 즉 시(시경)를 배우지 않고는 말할 수 없다'라고 했다. 시는 중국과 동아시아에서 지식인의 언어로 반드시 알고 지을 수 있어야 한다는 의미이기도 하다.

이 책에서 한 글자라도 고칠 수 있다면 천금을 주겠다 『여씨춘추(呂氏春秋)』

『여씨춘추』는 통일전 진나라의 상국 여불위(呂不韋)가 천하의 학자 3천여 명을 모아 편찬한 책이다. 춘추전국 시대 모든 사상과 학술을 망라해 정리한 책으로 일종의 백과사전이라고 정의하기도 한다. 한나라의 역사학자 반고(班固)는 "유가와 묵가를 아우르고 명가와 법가를 합쳤다(兼儒墨 合名法)"라고 평가했다. 청의 학자 왕중(汪中)은 "제자백가 학설의 모든 면을 다 겸비하고 있다(諸子之說 兼而有之)"라고 평가했다. 도가(道家), 농가(農家), 병가(兵家), 음양가(陰陽家) 등의 사상도 실려있기 때문이다. 반고는 『여씨춘추』를 잡가(雜家)라고도 했는데 제자백가의 사상을 절충, 집대성, 해설했기 때문이다.

12권의 「기(紀)」, 8권의 「람(覽)」, 6권의 「론(論)」, 20여만 자로 구성되어 있다. 「기」는 일 년 열두 달의 성격과 각 달에 해당하는 '인사교훈(人事教訓)'을 정리했고 「람」은 오늘날의 보고서, 「론」은 이름처럼 논문집과 같은 성격의 글이다. 대부분 유실되고 「유시람(有始覽)」 7편과 머리말에 해당하는 '서의(序意)'의 일부만 남았다.

이런 식으로 모든 경(經, 경전)·사(史, 역사책)·자(子, 제자백가처럼 다양한 사상서)·집(集, 한두 사람의 시와 글을 모은 문집)을 망라해 하나로 묶는 고전을 '유서(類書)'라고 한다. 비슷한 말로 총서(叢書)고도 한다. 그래서 『여씨춘추』를 유서의 시초라고 하기도 한다. 하지만 최초의 유서로 인정받는 책은 삼국 시대 위(魏)나라 왕상(王象)의 『황람(皇覽)』이다. 이후 명청 시대로 가면 주로 황제가 문치(文治)의 업적을 쌓으려고 국책사업으로 추진했다. 당시 조선에서도 많은 유서가 발간했는데 『여씨춘추』와 달리 당대 최고의 학자 한 사람이 편찬한 것이 대부분이었다. 그중 유명한 유서로는 『고사촬요(攷事撮要)』, 『대동운부군옥(大東韻府群玉)』, 『지봉유설(芝峯類說)』, 『성호사설(星湖僿說)』, 『오주연문장전산고(五洲衍文長箋散藁)』,

『임하필기(林下筆記)』 등이 있다.

그렇다면 『여씨춘추』라는 대단한 책이 출간된 이유는 무엇일까? 책의 저자인 여불위는 어떤 사람일까? 궁금할 수밖에 없다. 먼저 편찬자 여불위를 보자. 그는 위(衛)나라 출신의 상인이었다. 앞에서도 밝혔듯이 진나라는 상인을 극단적으로 혐오하고 억압했던 나라였다. 이런 진나라에서 최고 지위인 상방이었으며 3,000명의 학자를 동원해 역사에 남는 불멸의 백과사전을 편찬했다는 것은 놀라운 일이다. 이런 모든 장벽을 뛰어넘은 인물이 여불위였다.

그가 태어난 위나라는 주무왕(周武王)의 동생 강숙(康叔)이 봉토로 받은 나라였다. 약소국이었고 수도는 복양(濮陽)이었다. 여불위는 한(韓)의 양적(陽翟)에서 대상인으로 성장했고 이후 전국으로 활동 반경을 넓혔다. 여불위는 조(趙)의 수도 한단(邯鄲)에서 인생 최고의 투자처를 찾았다. 인질로 와있던 진 소양왕(昭襄王)의 태자였던 안국군(安國君)의 아들 이인(異人)을 찾은 것이다. '원금 대비 농업으로 얻는 투자이익은 열 배이고 상업으로 얻을 투자이익은 백 배였지만 이보다 더 큰 이익을 가져다줄 미래의 왕에게서 투자 가치를 발견한 것이다. 이것이 '기화가거(奇貨可居)'라는 고사이다. 이인에게 접근해 막대한 재물인 '오백금(五百金)'을 주고 별 볼 일 없는 인질을 그럴듯한 인물로 보이도록 했다. 심지어 자신이 좋아했던 애첩인 조희(趙姬)도 이인에게 바쳤다. 그리고 진으로 가 안국군이 총애하는 정실부인이었던 화양부인(華陽夫人) 세력에 접근해 많은 뇌물을 안겼다. 이렇게 여불위는 진나라 왕실에서 거의 잊히고 버려진 이인을 다시 부각했다.

이때 진나라가 조나라를 공격하자 인질인 이인도 위기에 빠졌다. 진과 조는 서로 국경이 붙어 있었고 치열하게 싸우던 사이였다. 여불위는 이때도 거액의 뇌물로 이인을 진나라로 탈출시켰다. 그리고 이인의 부인이 된 조희와 아들 정

(政, 훗날 진시황)을 조나라의 위협으로부터 안전한 곳에 숨겼다. 진으로 간 이인은 이름을 자초(子楚)로 바꾸고 초나라의 옷을 입고 화양부인을 만났다. 그리고 그녀의 양아들이 되었다. 화양부인은 정실부인이지만 아들이 없었고 초나라 출신이었기 때문에 서로의 결핍을 채워줄 수 있었다.

이런 일들을 꾸민 끝에 이인(자초)은 안국군의 다른 아들들(20여 명)을 제치고 드디어 태자가 되었다. 얼마 후 재위 56년 만에 소양왕이 죽고 이미 늙어버린 그의 아들 안국군이 드디어 즉위해 효문왕(孝文王)이 되었다. 하지만 단 3일 만에 효문왕이 죽고 이인이 왕위를 이어 장양왕(莊襄王)으로 즉위했다. 그동안 고생한 장양왕은 무척 기뻤을 것이다. 그보다 더 기뻐한 사람은 여불위였을 것이다.

이제 본격적으로 여불위의 시대가 온 것이다. 이제 그가 회수할 투자이익은 상상할 수 없을 만큼 커졌다. 더욱이 장양왕도 불과 3년 만에 죽고 여불위가 왕의 전권을 휘두르는 시대가 왔다. 13세의 어린 영정(嬴政)이 왕(훗날 진시황)이 된 것이다. 승상보다 더 높은 상방(相邦)의 자리에 오른 여불위는 섭정(攝政, 왕을 대신해 국정을 총괄)했고, 그의 옛 애인 조희는 왕궁을 장악했다. 심지어 어린 왕을 여불위를 아버지에 버금가는 존재인 '중보(仲父)'라고 불렀다. 참고로 父자는 여기서 보로 읽는다. 비슷한 용례가 주나라의 조상인 고공단보(古公亶父)이다.

한편, 여불위와 조희의 관계는 예나 지금이나 의심받는다. 심지어 진시황 영정의 진짜 아빠가 여불위라는 의심도 있었다. 하지만 진시황이 죽은 후 진나라가 망하고 심각한 내전을 겪으며 등장한 한나라가 정당성을 만들기 위해 조작한 이야기에 불과하다는 비판도 있다. 만약 진시황이 진 왕실의 '영(嬴)씨'가 아니고 '여(呂)씨'라면 그는 천명(天命)을 받은 천자가 아니라 찬탈자가 되어 정당성이 잃게 된다. 상방으로 있던 여불위는 많은 공적을 남겼다. 군사적 업적도 있었고 내치에서도 성공적이었다. 그러나 모든 것이 다 잘된 것은 아니다.

문제는 왕의 모후인 조희였다. 외롭다고 자꾸 여불위를 찾은 것이다. 차츰 이런 조희에게 부담을 느낀 여불위는 거대한 성기를 가진 노애(嫪毒)를 환관으로 꾸며 조희에게 보냈다. 노애는 조희에게 총애를 받고 귀족의 지위에 올랐다. 그렇게 위기는 커져가고 있었다.

드디어 영정이 22세에 왕에 되던 해에 칼을 뽑아 들었다. 어느 날 노애와 조희 사이에서 태어난 아이들이 발견된 것이다. 이를 불안하게 여긴 노애가 선수를 쳐 반란을 일으켰다. 그러자 왕이 바로 반격해 노애의 반란군을 토벌하고 노애와 이부(異父)동생들을 잔인하게 죽였다. 그리고 조희는 유폐시켰다.

이 왕태후의 불륜과 노애의 반란에서 최초의 책임이 여불위에게 있음이 밝혀졌다. 상방의 직위에서 파면되고 그의 영지인 낙양으로 쫓겨났다. 일 년 뒤 다시 왕은 여불위에게 책임을 가혹하게 물었다. "그대는 진나라에 무슨 공이 있어서 식읍(食邑, 조세를 직접 받을 수 있는 공신 영지) 10만 호(戶)를 받았는가? 그대는 진의 왕실과 어떤 혈연관계가 있기에 중보라는 존칭을 받았나? 가족을 모두 이끌고 촉(蜀)으로 이주할 것을 명한다!" 촉으로 유배 간 여불위는 독주를 마시고 영욕(榮辱)의 인생을 스스로 끊었다. 그리고 왕은 여불위의 잔존 세력을 모두 제거했다.

이제는 『여씨춘추』 편찬 이유를 알아보자. 역사에서는 전국 시대 후반기 유명했던 사공자(公子)와의 관련성을 말한다. 사공자는 제(齊)의 맹상군(孟嘗君), 조(趙)의 평원군(平原君), 위(魏)의 신릉군(信陵君), 초(楚)의 춘신군(春申君)이다. 이들은 모두 각국 왕실의 왕족이거나 친척(귀족) 출신이고 무능한 왕을 대신해 국정을 주도했다. 특히 군사·외교 분야에서 활약했다. 그들은 엄청난 크기의 영지를 가졌으며 따르는 추종 세력도 많았던 권세가였다. 이를 알 수 있는 것이 어마어마한 규모의 식객(食客)·문객(門客)이었다. 이들은 평소 권세가의 저택에서 권세가가 내려준 밥을 먹고 권세가의 추천으로 등용되어 왕보다 자기를 꽂아 준 그들에게 충성하는 자들이다.

여불위도 처음 목적은 같았다. 많은 식객을 받아들여 추종 세력을 확장하기 위해서였다. 하지만 여불위가 거기서 멈추었다면 다른 사공자와 같은 정도의 권세가에 머물렀을 것이다. 여불위는 여기서 한 걸음 더 나아갔다. 자신을 추종하는 식객 중에 학문에 뛰어난 자들을 모아 『여씨춘추』를 편찬했다.

당시 진나라는 진 효공·상앙 이래로 법가의 나라였다. 그 결과 강력한 군대와 국부(國富)를 가지게 되었다. 돈 많고 싸움 잘하는 나라였지만 문화적으로는 후진국이었다. 이 때문에 당시 천하의 다른 나라 사람들은 진나라를 포악한 호랑이와 이리의 나라라는 의미로 '호랑지국(虎狼之國)'이라 불렀다. 진나라를 무서워하면서도 경멸했다. 그래서 여불위는 부족한 문화 분야의 성취를 이루고 싶었다. 그리고 『여씨춘추』 편찬에 참여한 학자들이 성장한다면 이후 공직에 진출해서 진의 '천하통일'에 도움이 될 것이라는 점도 고려했다.

여불위가 『여씨춘추』를 '잡가' 형식으로 쓴 것은 또 다른 의도가 있었다. 여불위는 책에 정치사상과 강령을 담았다. 그 의도는 진나라가 법가의 나라였지만 한계를 넘어서려 했다. 만약 천하통일을 이룬 진나라가 법가에 의한 정치에서 벗어나 법가, 유가, 도가 등의 다양한 사상을 받아들여 새로운 사상으로 발전시켰다면 역사는 어떻게 변했을까? 한 번쯤 상상해볼 만하다. 실제로 현대 유명한 역사학자 궈모러(郭沫若)는 진시황이 여불위를 제거한 것은 단순한 '왕권강화'가 아닌 사상투쟁 차원으로 보았다. 법가 수제자인 진시황이 다양한 사상을 받아들이려는 잡가 사상가 여불위를 내친 것이다.

『여씨춘추』 편찬 당시에 여불위는 천하를 얻은 듯 자신만만했다. 완성된 『여씨춘추』를 수도 함양(咸陽)의 성문 앞에 진열하고 방(榜)을 내걸었다.

"누구든 이 책에서 단 한 글자라도 보태거나 뺄 수 있는 사람에게 천금(千金)을 주리라!"

2장

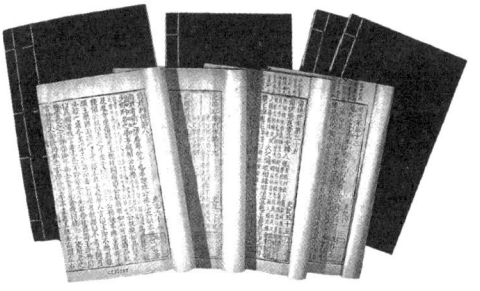

더욱 깊어지고 한계를 넘어서다

'문질빈빈(文質彬彬)'

천하의 울분을 모아 터트린 『사기(史記)』

『사기』를 흔히 '발분지서(發憤之書)'라고 한다. 글자대로 보면 울분·분노를 터트리는 책이다. 그렇다면 누구의 울분이고 분노일까? 일차적으로 저자 사마천(司馬遷)의 것이다. 무슨 이유로 화가 나서 책을 썼다고 했을까? 더구나 개인적 감정을 쓴 책도 아닌 역사책에 왜 울분과 분노를 담았을까? 『사기』를 제대로 알기 위해서는 책을 쓴 동기를 알아야 한다.

한나라의 7대 황제인 무제(武帝) 시절 국가의 중대사는 강한 북방의 흉노(匈奴)와 전쟁이었다. 이때 장군 이릉(李陵)의 보병 5천 명이 8만 명의 흉노군에 포위당해 분전하다가 끝내 항복하고 투항한 사건이 발생했다. 이 사건의 발단은 이릉의 할아버지 이광(李廣) 장군 때부터 집안에 대한 무시와 냉대가 있었기 때문이었다. 이릉에게도 마찬가지였다. 황제는 일부러 이릉에게 약한 군대를 지휘하게 하고 작전에서 미끼가 되어 적을 유인하는 임무를 주거나 중요하지 않은 전장으로 보내 공적을 쌓지 못하게 했다.

무제가 이런 짓을 한 이유는 자신이 사랑하는 아내나 첩 집안 출신의 젊은 장군들이 군공(軍功)을 세우도록 하기 위해서였다. 이광과 이릉보다 더 높은 역량을 가진 군대를 그들에게 맡겨 큰 군공을 세우도록 했다.

그런데 무제가 기회(거의 특혜)를 준 그들은 공신도 귀족도 아니었다. 이광 집안보다 군 경력도 없고 신분도 낮았다. 그러나 이들이 군공을 세워 귀족이 되면 자신의 사랑하는 아내나 첩의 위상을 높일 수 있었다.

다른 이유도 있었다. 무제는 미천하고 젊은 장군을 직접 키워야 충직한 자기 사람으로 만들 수 있다고 생각했다. 이 때문에 무제는 대놓고 이광 집안을 차별한 것이다.

이광 집안으로서는 너무도 억울한 일이었다. 더욱이 이릉의 패전 과정과 이후 투항에 대한 보고도 왜곡된 것이었다. 하지만 무제는 그의 집안을 아예 몰살시켰다. 바로 이 사건에 대한 무제의 판결에 사마천이 정면으로 반기를 들었다. 진상을 밝히는 상소를 올렸다.

  당시 사마천은 아버지 사마담(司馬談)에 이어 천문과 역법, 역사와 학문을 연구하는 직책인 태사령(太史令)이었다. 엄정한 사실에 기초해 일하는 사관다운 태도였다. 그러나 결과는 참혹했다. 분노한 무제는 그를 궁형(宮刑, 성기를 자르는 형벌)으로 처벌했다. 사마천에게는 딸밖에 없었기에 집안의 대(代)를 끊은 것이다. 이를 '이릉의 화(禍)'라고 한다.

  이후 무제는 사마천을 중서령(中書令)으로 승진시켜 궁중을 출입하게 하고 자신의 곁을 지키도록 했다. 학식이 높았기에 죽이기는 아깝다고 생각했을 것이다. 죽이는 대신 곁에 두어 모욕을 자주 주었다. 사마천을 환관처럼 취급했다. 심지어 궁중에서 여인과 성관계를 할 때도 자신의 곁을 지키도록 했다.

  이런 사마천이 느낀 분노가 『사기』를 쓴 동기였다. 이런 동기가 잘 드러난 글로 평가받는 것이 '보임안서(報任安書)'라는 편지이다. 이 편지는 당신이 중서령이 되었으니 자신을 황제에게 추천해달라고 보낸 임안의 청탁 편지에 대한 사마천의 답장이다.

  여기서 명문이 나온다. 고난과 좌절 속에서도 명작을 탄생시킨 사람을 차례차례 소환한다. 주문왕, 공자, 좌구명, 굴원, 손빈, 여불위, 한비자…. 자신도 이들처럼 불후의 명작 『사기』를 쓸 것이라고 천명한다. 여기서 사마천은 자신의 분노를 사적인 감정으로만 생각하지 않았다. 위대한 선각자처럼 자신의 분노를 승화시켜 역사 분야 최고의 책 『사기』를 탄생시켰다. 이를 위해 '이릉의 화'에서 명예로운 죽음을 선택하지 않고 치욕적인 궁형을 자청한 것이다.

  사마천이 처음 붙인 『사기』의 제목은 '태사공서(太史公書)'였다. 후대에 『사기』로 불린 것이다. 실제 『사기』의 서문은 '태사공자서(太史公自序)'이다. 서문을 책의 마지막 130번째 편으로 남긴 것이 특이하다. 자신의 가계, 학문, 여행 등의 인생을 회고하며 집필 동기를 밝히고 「본기」 등 책의 주요 부분에 대한 요지들을 정리했다. 마치 자신과 자기 성과물을 객관적으로 기록했다는 느낌이다. 그리고 집필 동기는 아버지의 유언때문이라고 썼다.

이토록 방대하고 위대한 걸작을 남긴 사마천에 대해 자세히 알아보자. 사마천을 키운 세 가지가 있다.

첫째는 '아버지 사마담'이다. 자신의 집안 사마(司馬)씨는 주나라 선왕(宣王) 때부터 대대로 역사 기록을 담당한 집안이라 밝힌다. 역사는 하늘이 자신의 집안에 내린 '천직'이라는 것이다. 당시까지 신분제 사회였기 때문에 관직은 귀족 집안의 가업으로 대물림되었다. 사마담은 죽기 전 아들 사마천에게 유언을 남긴다. 공자의 『춘추』 이후 제대로 된 역사책이 없으므로 제대로 된 역사책을 쓰라고 했다. 사마천은 아버지가 그동안 정리하고 보존한 역사기록을 책으로 편찬하겠다고 눈물로 약속했다.

둘째는 '뛰어난 스승'이다. 당대 최고의 학자인 공안국(孔安國)과 동중서(董仲舒)가 사마천의 스승이었다. 공안국에게는 상서(尙書) 즉 『서경』을 통해 고대의 정치사상과 제도를 배웠다. 동중서에게는 『춘추』를 통해 공자와 유가의 사상을 배웠다.

셋째는 '여행'이다. 그가 태어나서 자란 지역은 당시 수도인 장안(長安) 옆 한성(韓城)이다. 장안과 그 주변은 '관중평원(關中平原)' 지역으로 고대 주나라, 진나라, 한나라 등의 터전이었다. 그래서 역대 왕릉과 도성, 유적지, 전투지 등이 즐비했다. 어린 사마천은 이런 곳을 직접 보고 느끼며 자란 것이다. 그리고 성년이 된 그는 총 일곱 번을 여행했다.

첫 번째 여행은 그의 나이 스무 살 때였다. 한국에서 흔히 양자강(揚子江)이라고 불리는 장강(長江)과 그 북쪽(황하 아래) 회하(淮河) 지역을 여행했다. 거기서 영원한 성군 '순임금', 장강을 떠도는 고혼(孤魂) '굴원', 피비린내 진동하는 '오·월대전', 한나라 개국공신이지만 토사구팽당한 '한신(韓信)', 한나라를 창업한 '유방', 그리고 '항우(項羽)' 등을 만났다. 여행 코스를 보면 호연지기를 키우는 배움 여행이었다. 이 여행에는 스스로의 노력도 있었지만 스승인 공안국의 후원과 지지도 있었다. 사마천은 여행에서 돌아온 후 스승 공안국의 추천으로 낭중(郞中)이란 관직에 올랐다.

두 번째부터 마지막 일곱 번까지는 관직에 있으면서 모두 황제인 무제의 순행(巡幸)을 수행한 것이었다. 지금의 섬서성 서쪽 끝에 해당하는 진나라의 고대 수도였던 옹(雍)은 제례 때문에 갔고 지금의 중국의 서남부에 해당하는 '서남이(西南夷)' 지역은 군사적 문제로 다녀왔다. 그리고 산동성 태산(泰山)의 황제 봉선(封禪, 하늘에 제사)을 전후로 북방과 동북방 지역, 서쪽 지방부터 북쪽 지방까지 돌아보았다. 비록 출장 개념의 공적인 여행이었지만 그가 간 곳은 모두 고대사에 등장하는 중요한 지명과 사적지가 있는 곳이었다. 역사책을 쓰고 싶었던 사마천에게 결코 놓칠 수 없는 답사였다.

이렇게 탄생한 책이 『사기』이다. 책 속에는 3황 5제 중 마지막 황제부터 한 무제의 재위 기간까지의 역사를 기록했다. 「본기(本紀)」 12권, 「표(表)」 10권, 「서(書)」 8권, 「세가(世家)」 30권, 「열전(列傳)」 70권, 약 52만 6,500여 글자로 구성된 '기전체(紀傳體) 형식'의 역사서이다.

기전체는 그가 처음 개발한 역사서술 방식이다. 천명을 받은 제왕과 그 계승자(정통왕조)를 다룬 「본기」, 각 지역 제후들을 다룬 「세가」, 왕과 제후는 아니고 시대를 대표하는 인물들을 서술한 「열전」, 제례, 천문, 경제, 법률 등을 다룬 제도사(制度史) 「지(志)」, 「연표(年表)」로 구성되어 있다. 연대별로 사건과 인물을 기술하는 '편년체'로 쓴 공자의 『춘추』와는 다른 서술 방식이다. 이 두 가지 서술 방식 이외에 주제별로 분류해 서술하는 '강목체', 사건 중심으로 서술하는 '기사본말체'가 있다.

『사기』는 사마천만의 독특한 방식으로 역사를 집필했다. 가령, 「본기」에는 황제도 아닌 항우(項羽)가 한의 유방보다 먼저 나오고 여성인 유방의 부인 여후(呂后)의 내용도 있다. 일반적으로 항우는 반란자이고 여후는 남성이 아닌 여성이기 때문에 결코 「본기」에 오를 수 없다. 하지만 사마천은 이들이 실질적인 황제였다고 판단했다. 사마천은 유학을 배웠지만 꽉 막힌 인간이 아니었다. 특히 『사기』에서 주목할 점은 각 편에 '태사공왈(太史公曰)'로 시작되는 '사평(史評)'을 남겼다는 것이다. 사평은 특정한 사건과 특정한 인물을 왜 선택하고 기술했는지 밝히는 글이다. 파편적인 과거의 사실을 무작위로 기록한 것은 역사가 아니다. 끝없이 흐르는 시간 속에 등장하는 무수히 많은 인물과 사건 중에서 왜 굳이 이 사람과 이 사건을 선택하고 역사에 남긴 이유를 밝히는 것도 중요하다. 그것이 역사의 가치이고 역사를 읽는 이유일 것이다.

지금까지는 역사학으로서의 가치를 설명했다. 『사기』는 그것보다는 문학적 가치가 더 높다. 원 사료(史料, 역사서술의 자료)에서 그대로 인용하는 죽은 문장이 아니라 생동감 있는 사마천만의 문장을 구사했다. 전체적으로 간결하고 압축되었지만 폭발적인 의미가 담긴 힘 있는 단어를 구사했다. 일상적으로 쓰는 구어(口語)나 속어(俗語)가 그대로 쓰였다. 「열전」에서 이런 장점이 더 잘 드러난다. 인물의 개성을 잘 드러나는 일화를 예시로 들면서 그가 어떤 사람인지 강하게 부각했다. 일반적으로 인물을 쓴 전기라면 몇 년도에 태어나 죽을 때까지 시시콜콜하게 가계, 관직, 업적 등에 관한 모든 자료를 나열할 것이다. 하지만 사마천은 그런 것은 다 빼고 기록하는 인물의 인생에서 가장 극적인 사건을 중심으로 서술하고 때로는 그 일과 관련된 인물(또는 당시 제3자)이 말한 내용까지 상세히 기록했다. 그리고 주제별로 인물(자객, 협객, 혹리 등)을 묶어 서술했다. 마지막에는 그가 어떤 인물이며 역사에 왜 기록해야 하는지에 대해 알 수 있도록 자기만의 관점으로 사평을 남겼다.

『사기』의 문장은 천하의 명문이다. 이후 역사에서도 『사기』의 문장을 끊임없이 찬양했다. 오랫동안 유행하던 '사륙변려문'에 반대하며 당송(唐宋) 시대 사대부들이 전개한 '고문(古文)으로 돌아가자'라는 운동에서 강조된 것이 산문체 문장이다. 저자가 자유롭게 주제를 드러내는 문장을 산문이라 보았다. 특히 그들이 강조한 산문체는 한나라 때와 그 이전의 '고문'을 의미하고 이중 모범이 되는 것이 『사기』의 문장이었다. 조선에서도 비슷한 일이 있다. 정조가 당시 유행하던 패관문학(稗官文學)에 반대해 일으킨 것이 '문체반정(文體反正)'이다. 문체를 올바른 문장으로 되돌린다는 의미인데 올바른 문장이란 바로 '고문'이다. 그 고문의 최고가 『사기』인 것이다. 『사기』의 문장 중에 명문장이라고 인정받는 글을 소개한다.

먼저 「백이·숙제 열전」의 사평으로 나오는 글이다.

혹자는 말한다. "하늘의 도는 사사로움이 없어 항상 착한 사람을 더불어 (보호) 한다." 백이와 숙제는 착한 사람일까? 나쁜 사람일까? 덕을 쌓고 행실을 깨끗이 하였건만 굶어 죽었다!

또한 중니(공자)는 일흔 명의 제자 중에서 유독 안연만이 학문을 좋아한다고 칭찬했다. 그러나 안회는 늘 가난해서 술지게미, 쌀겨와 같은 거친 음식조차 배불리 먹지 못하고 끝내 젊은 나이에 죽었다. 하늘이 착한 사람에게 베푼다면 어찌 이런 일이 일어날 수 있는가?

도척은 날마다 무고한 사람을 죽이고 그들의 간을 회 쳐 먹었다. 제멋대로 흉포하게 굴면서 수천 명이나 되는 무리를 모아 천하를 마음껏 누비다가 마침내 천수를 누리고 죽었다. 이는 그의 어떤 덕행에 따른 것인가?

　이는 아마 더욱 뚜렷하고 현저한 예일 것이다. 근래에는 품행이 법도에 맞지 않고 법이 금지하는 일만 행하면서도 죽을 때까지 편안하게 즐기고 호강하며 대대로 부귀가 이어지는 사람이 있다.

　그런가 하면 걸음 한 번 내딛는 데도 땅을 가려서 딛고, 말을 할 때도 때를 기다려서 하며, 길을 갈 때는 지름길을 가지 않고, 공명정대한 일이 아니면 마음을 내서 적극적으로 행동하지 않는데도 재앙을 입는 사람은 이루 다 헤아릴 수가 없을 만큼 많다.

　이런 사실은 나를 매우 당혹스럽게 한다. 만약에 이것이 이른바 하늘의 도라면 옳은 것인가? 그른 것인가?

或曰:「天道無親, 常與善人.」若伯夷·叔, 可謂善人者非邪? 積仁絜行如此而餓死! 且七十子之徒, 仲尼獨薦顔淵爲好學. 然回也屢空, 糟糠不厭, 而卒蚤夭. 天之報施善人, 其何如哉? 盜蹠日殺不辜, 肝人之肉, 暴戾恣睢, 聚黨數千人橫行天下, 竟以壽終. 是遵何哉? 此其尤大彰明較著者也. 若至近世, 操行不軌, 犯忌諱, 而終身逸樂, 富厚累世不絶. 或擇地而蹈之, 時然後出言, 行不由徑, 非公正不發憤, 而遇禍災者, 不可勝數也. 余甚惑焉, 儻所謂天道, 是邪非邪?

다음은 「유협열전」의 사평으로 나오는 글이다.

　유협(협객)은 반드시 (법적) '정의'에 부합하지 않는다. 하지만 그의 말은 반드시 믿음이 있고, 그의 행동은 반드시 과감하고, 이미 약속을 했다면 반드시 진실을 다하고, 곤궁한 처지를 당한 사람에게 자신을 아끼지 않도 온 몸을 던져 구한다. 자신의 능력을 자랑하지 않았고 그의 공덕을 과시하는 것을 수치로 삼았으니 대체로 모두 칭찬할 만한 것들이었다!

> 今游俠, 其行雖不軌於正義, 然其言必信, 其行必果, 已諾必誠, 不愛其軀, 赴士之困, 已存亡死生矣, 而不矜其能, 羞伐其德, 蓋亦有足多者焉!

끝으로 오늘날 공화국(공화정)의 어원이 되는 공화(共和)와 『사기』에 대해 짧게 알아보자. 기원전 841년부터 기원전 828년까지 주나라의 여왕(厲王)이 민중 반란으로 죽은 후 선왕(宣王)이 즉위할 때까지의 기간을 '공화'라고 한다. 이 기간에 주나라는 왕이 아닌 공(共)나라 백작 화(和)를 중심으로 한 제후(귀족)들이 공동으로 통치했다. 그런데 『사기』는 공화 원년(元年)을 기년(紀年)으로 「12제후연표(十二諸侯年表)」를 연대에 따라 상세히 기록했다. 이 때문에 지금 우리가 이후 역사의 시점을 정확히 알 수 있는 것이다. 이처럼 『사기』는 역사서의 기준이 되었다.

국가가 산업과 시장을 통제하는 것은 옳은가 『염철론(鹽鐵論)』

2,000년 전 어느 날, 성난 표정의 수십여 명의 사람들과 그들에게 포위되어있는 소수의 정부 관료들이 치열하고 날카로운 토론을 전개했다. 참석자의 대부분은 유교 경전(5경)의 전문가(책에는 현량賢良과 문학文學)인 국립대학 태학(太學)의 교수였다. 소수는 정부 고위 관료인 승상 차천추(車千秋)와 어사대부(御史大夫, 오늘날 검찰총장과 비슷) 상홍양(桑弘羊) 그리고 몇몇이었다. 이중 상홍양은 오랫동안 재무와 경제를 담당한 관료였다. 마치 청문회장과 같은 풍경이었다.

이들의 논쟁 주제는 지난 40여 년간 전임 황제가 추진했던 '국가 전매(專賣)' 정책과 물가조절 정책인 '균수(均輸)'와 '평균(平準)' 등의 경제정책을 이후에도 계속 시행할 것인지에 대한 것이었다. 국가 전매란 국가가 생산물을 독점으로 판매하는 것이다. 그 품목은 소금, 철, 술이다. 균수와 평균은 지역마다 생산력의 차이로 발생하는 물가의 차이를 평균치로 맞추는 것이다. 가령, 쌀이 풍작인 지역에서 쌀을 국가가 대량 구매해 국가 창고에 보관했다가 쌀이 부족한 지역의 시장에 공급하는 것이다. 이를 통해 중간 유통에서 생긴 이익을 국가가 모두 챙기고 시장 소비자는 늘 평균 가격에 물품을 구매할 수 있다. 하지만 상인에게는 불리한 정책이었다. 이들의 격론에서 당시 국가 경제정책의 적용 사례와 그 효과 그리고 유가와 법가라는 전혀 다른 정치사상의 선명한 차이점 등을 알 수 있다.

『염철론』은 이 격정적인 토론이 끝나고 50여 년이 지난 후 지방 제후국에서 활동했던 환관(桓寬)이 생생하게 정리해 엮은 것이다. 제목에는 전매 품목인 소금과 철을 전면에 내세웠다. 구성은 먼저 어사대부 상홍양 등의 관료가 정책을 시행한 이유를 설명하면 그 내용을 유학자가 반박한다. 이에 유학자의 주장이 황당하고 비현실적이라고 관료가 재반박한다. 다시 유학자도 한 치의 물러

섬이 없이 재반박하는 모습을 생생하게 기록했다. 그런데 토론의 마무리는 정부 관료들이 '말없이 고개를 숙였다'라고 책이 적혀 있다. 이 부분은 이해하기 어려운 내용이다. 저자인 환관도 토론회장에 있었던 유학자들과 같은 사상적 견해를 가지고 있었기 때문이다. 하지만 그날 집단 공격을 받았던 관료들은 자신들의 말을 기록으로 남기지 못했다.

이제 논쟁의 핵심 주제와 토론과정을 구체적으로 알아보자. 관료들은 국가가 서민의 경제생활에 많은 영향을 주는 술, 소금, 철기 등을 독점으로 공급해야 하는 필요성을 설명한다. 일종의 국유화의 필요성을 강조한 것이다. 그리고 앞으로 경제성장과 부를 창출하기 위해서는 전통적인 농업에 집중하기보다는 광업개발이나 상업을 활성화해야 한다고 주장했다. 이렇게 쌓아 올린 모든 국부(國富)를 전쟁의 준비자금으로 사용해 이민족을 정벌하는 것이 국가의 미래를 위해 우리가 추구해야 할 왕도정치의 가치라고 역설했다.

반면, 유학자들은 국가가 독점으로 공급하는 상품은 질이 좋지 않고 시장의 수요와는 맞지 않아 혼란을 초래하고 있다고 반박했다. 오히려 국가의 독점 공급 체제 때문에 과거 소금과 철의 생산업자가 고스란히 담당 관료로 임용되어 많은 폐해를 만들었다고 비판했다. 즉 그들이 더 많은 자신의 부를 쌓아 올리기 위해 관직을 이용했다는 것이다.

유학자들은 차라리 생산과 유통은 민간과 시장에게 넘기라고 질책했다. 화폐 발행도 시장의 수요에 따르면 되는데 국가가 화폐를 발행하고 수급을 조절하는 재정정책은 부당하다고 주장했다. 세금도 토지에 따른 현물세 등과 같은 것만 남기고 상업으로 생긴 이익과 재산에 붙는 세금을 다 없애라고 주문했다. 국가가 걷는 요역(徭役, 세금으로 노동력 징발), 병역(兵役) 등이 너무 많다는 이유였다. 국가는 민생 안정을 위해 오직 농업만 장려하고 사회의 윤리와 도덕을 잡아주는 역할만 하라는 것이다.

또한 관리를 선발할 때 왜 유재(有才, 한 가지 재주 있는 자)만 선발하는지 따졌다. 기술과 더불어 인품이 훌륭한 '유덕(有德)한 현자를 관직에 모시라고 주장했다. 이 외에도 이민족과 전쟁으로 영토를 확장하는 것도 국가의 미래에 도움이 안 된다고 주장했다. 농업이 불가능한 지역(주로 북방의 초원지대)을 억지로 정복하기 보다 덕(德)으로 유목민족을 감화시켜야 한다고 말했다. 이는 외교를 통한 '조공무역' 방식을 주장한 것이다. 물론 이 유학자의 주장은 기본적으로 고대의 전설적인 성군(요·순, 우·탕, 주공, 공자 등)에게서 근거를 찾았다. 그리고 유학자가 역사에서 승리했다고 말했다. 유교가 정치 전면에 나서면서 한무제 또는 법가 식의 통치술과 정치사상은 역사에서 모두 사라졌기 때문이다. 그러나 유교 국가의 정책을 잘 들여다보면 유교적 명분으로 포장했지만 내용의 상당 부분은 상홍양의 정책과 같았다. 국가 전매제도, 균수와 평균 등의 정책도 이후 왕조는 물론 현대 국가들도 시행했기 때문이다.

이런 토론의 배경에는 당시 한나라가 처한 위기가 있었다는 것을 알아야 한다. 그래야 치열한 토론의 이유를 더 잘 이해할 수 있다.

먼저 사회·경제적인 위기를 보자. 오랜 전쟁 끝에 건국된 한나라는 '백성을 쉬게 하는 것'을 최고의 정책으로 삼았다. 세금도, 부역도, 특히 '무엇무엇을 하지 말라'는 식으로 금지했던 진나라의 법을 최대한 줄였다. 대외정책에서도 강대한 흉노(匈奴)와의 전쟁을 피하고 화친으로 평화를 유지했다. 하지만 흉노에 바친 세폐(歲幣, 신년 축하 공물)와 회사품(回賜品, 조공무역에서 중국 측 답례품) 그리고 자존심이 크게 상하는 화번공주(和蕃公主)의 출가(황실 공주를 화친을 위해 이민족 군주에게 시집보내는 것)*는 문제로 지적되었다.

이러한 평화유지 정책은 역사상 최고의 경제적 풍요와 번영을 가져왔다. 역사에는 "땅에 돈이 떨어져도 줍지를 않았으며 창고에는 쌀들이 썩어나갈 정도였다"라고 기록되어 있다. 이른바 '문경의 치(文景之治)' 40여 년이다. 문경은 5대 황제 문제(文帝)와 6대 경제(景帝)를 말한다.

이렇게 한나라를 싹 바꾼 황제가 바로 그 유명한 무제(武帝) 유철(劉徹)이다. 그는 북방의 흉노, 남서방의 서남이(西南夷), 남방의 동월(東越), 백월(百越) 그리고 동방의 조선에 대한 침략 전쟁을 적극적으로 추진했다. 이 과정에서 실크로드 지역을 확보했다. 무려 54년에 이르는 무제의 치세는 침략 전쟁과 그것을 위한 정책뿐이라고 평가해도 결코 지나친 말이 아니었다. 이때 엄청난 전쟁 비용을 썼다. 이미 문경의 치가 남긴 엄청난 국고를 탕진했다. 흉노를 정벌한다고 해도 해결할 수 없는 문제였다. 초원은 농민에게 필요가 없었고 실크로드를 통한 상업적 이득도 없었다. 무제의 치세 후반기에는 전쟁을 포기하거나 새로운 세원(稅源)을 확보할 방법이 필요했다. 그래서 나온 방법이 각종 세금의 신설, 도로 건설, 징병에 따른 요역 등을 높이는 것이었다. 그리고 국가가 술, 철, 소금을 전매(專賣)하고 더 나아가 수송비와 물가조절 명목으로 직접 시장에 개입하는 정책을 폈다. 심지어 권력자나 부자들의 은닉재산을 환수하기 위해 고발을 장려했다. 고발에 따른 보상이 커서 적극적으로 자신의 상전을 고발하는 상놈들이 많았다. 이 고발 장려 정책은 국가가 하극상을 조장한다는 비난이 일었다.

이런 무제가 드디어 죽은 것이다. 생전에는 크게 드러나지 않았던 사회·경제적인 위기가 한꺼번에 폭발했다. 이 때문에 상홍양을 비롯한 관료와 유하자가 기존의 정책을 고수할지 아니면 새로운 정책을 수립할지 치열하게 논쟁하고 결정해야만 했다. 여기에는 정치적 위기와 혼란이 도사리고 있었다. 한무제는 그냥 곱게 죽지 않았다. 말년의 늙은 황제는 의심이 많아져 젊은 태자도 의심했다. 태자의 이름은 유거(劉據)이고, 일명 '여태자(戾太子)'라고 한다. 위기에 몰린 태자는 어머니인 위황후(衛皇后)의 묵인하에 반란을 일으켰다. 이를 '무고의 난(巫蠱之亂)'이라 한다. 결국 반란은 실패했고 일가는 몰살당했다. 이후 한무제는 태자 자리를 또 다른 8살 아들에게 주었는데 그의 어미(구익부인 鉤弋夫人)는 죽였다. 외척 세력의 문제를 애초부터 없애려 했다. 곧 무제가 죽고 여덟 살 어린 아들 유불릉(劉弗陵: 소제昭帝)이 즉위해 선대의 공과를 이어가야 했다. 시작은 조선의 영조와 사도세자 이야기와 같지만 결과는 한나라가 더 심각한 위기에 봉착한 것이 다르다. 이제 권신이 등장해 어린 황제를 끼고 권력을 전횡할 일만 남은 것이었다.

어린 황제를 보필해야 할 사람은 군권을 장악한 대장군인 '곽광(霍光)', 흉노의 왕자 출신이며 한무제의 측근이었던 '김일제(金日磾)', 어린 황제의 장인인 '상관걸(上官傑)' 그리고 관료인 '상홍양'이었다. 좋은 말로 보필일 뿐 이들은 어린 황제를 끼고 권력을 나눠 가졌다. 하지만 이런 상황은 오래가지 못했다. 항상 그렇듯 권력을 독점하려는 욕심때문에 싸움이 일어났다. 군부 대표, 구 세력 대표, 왕실과 외척 대표, 관료 대표 4인이 권력투쟁을 벌였다.

책을 통해 본 치열한 이 정책토론회는 곽광이 기획하고 연출한 것이었다. 책 어디에도 곽광이 등장하지 않지만 그의 의도는 잘 담겨있다. 선대 황제의 실패한 경제정책을 입안하고 추진했던 책임자 상홍양과 관료들의 책임을 공개적으로 폭로하고 비판받게 만드는 것이 토론회의 목적이었다.

권력투쟁의 최종 승자는 곽광이었다. 자연사한 김일제를 제외하고 상관걸과 상홍양은 일 년 뒤 비참하게 죽었다. 상관걸과 상홍양은 연회를 열어 곽광을 죽이려 했지만 내부의 배신으로 실패했다. 드디어 곽광의 시대가 되었다. 소제가 죽은 후에도 또 한 명의 '미숙한 자'를 황제로 앉혀 전횡을 계속했다. 그가 선제(宣帝)이다. 선제가 즉위하고 겨우 정상화되었다. 선제는 무제의 증손이며 죽은 여태자의 손자였다. 여태자의 반란(무고의 난) 때 갓난아기라서 죽음을 피했고 감옥에 수감되었다. 그렇게 감옥에서 죽을 운명이었지만 어느 충성스러운 한 간수가 어린 선제를 보살펴 살아남았다. 선제가 즉위한 후 얼마 되지 않아 늙은 곽광은 죽었다. 선제는 그 일가를 몰살하고 이전 정책들도 정비하면서 이 혼란을 비로소 끝냈다.

화번공주와 약소국

화번공주로 오손(烏孫)의 왕 곤막(昆莫)에게 시집간 황실 공주인 '세군(細君)'이 남긴 시를 보자.

우리 집은 나를 하늘 한쪽 끝으로 시집보내서.
먼 다른 나라 오손왕에게 내 몸을 맡기었다네.
궁려로 집으로 삼고 모전으로 담장으로 삼으며,
고기를 밥으로 삼고 짐승 젖을 장국으로 삼았네.
항상 생각나는 고향 생각에 마음은 병이 들고,
원하건대, 노란 고니가 되어 고향에 돌아가기를.

吾家嫁我兮天一方(오가가아혜천일방), 遠托異國兮烏孫王(원탁이국혜오손왕),
廬爲室兮旃爲墻(궁려위실혜전위장), 以肉爲食兮酪爲漿(이육위식혜락위장),
肉爲食兮酪爲漿(이육위식혜락위장), 居常土思兮心內傷(거상토사혜심내상),
爲黃鵠兮歸故鄉(원위황고혜귀고향).

상상해보라. 황실 일가 군왕의 딸로 태어나 금지옥엽 귀하게 자란 여인이 머나먼 초원지대 유목국가로 시집갔다. 설상가상 너무 늙은 남편은 말도 통하지 않아 외롭고 모든 것이 낯선 초원의 천막에서 밤마다 고향을 그리워하던 그녀를 생각하면 참으로 슬프고 안타까운 이야기다.

늙은 왕이 죽고 화번공주는 더 딱한 처지로 몰렸다. 초원의 풍습은 왕이 죽으면 그의 아들과 결혼해야 한다. 그러나 중국의 유리나 상식적으로 생각할 때 그것은 근친상간이고 패륜이었다. 그녀는 어쩔 수 없어 한무제에게 글을 올려 자신의 귀국을 간절히 요청했다. 그러나 무제는 '나는 장차 오손과 손을 잡고 흉노를 멸망시키려 한다. 그들의 요구대로 아들과 결혼해 오손과의 동맹을 깨는 일이 없도록 하라'라고 싸늘하게 답했다.

당시 오손의 시정학석 위치는 오늘날의 한반도처럼 교량 국가였다. 흉노를 공격하려면 반드시 지나야 하는 곳이었다. 그렇게 그녀는 얼마 후 죽었다. 이후 황실에서는 해우(解憂) 공주를 또 오손왕에게 시집 보냈다. 결국 한 나라는 흉노를 멸망시켰다. 그리고 오손도 그 과정에서 사라졌다.

풍채와 골격을 갖춘 시와 문장으로 한 시대를 풍미했던 '조조(曹操) 삼부자'

조조는 난세의 간사한 영웅이란 이미지가 강하다. 그에게 가장 부합 하는 말은 "협천자이령제후(挾天子以令諸侯, 천자를 끼고 제후들을 호령한다)"일 것이다. 물론 비난의 의미이다. 하지만 이 말 속에는 후한(後漢) 말 그가 중원(中原, 황하 중심부)을 장악하고 천하의 군웅(群雄)들 속에서 우뚝 설 수 있던 이유가 숨어있다. 그는 군벌들의 내전을 피해 이리저리 쫓기던 마지막 황제 헌제(獻帝)를 찾아 근거지를 허창(許昌)으로 옮기고 연호를 건안(建安)으로 고쳤다. 이처럼 조조는 누구보다 탁월한 정치적 혜안을 지녔고 무너진 한나라의 질서를 바로잡고 황하 지역을 안정화했다. 뛰어난 장군이며 훌륭한 행정가이자 개혁을 추구한 정치가였다.

하지만 악명도 높았다. 바로 '서주(徐州) 대학살' 때문이다. 이때 죽은 무고한 양민이 10만 명에 이른다. 이 서주 학살사건으로 그는 씻을 수 없는 오명을 가지게 되었다. 이 학살로 수많은 피난민과 유가족이 전국으로 흩어지면서 반(反) 조조의 흐름이 만들어졌다. 이 학살사건은 조조의 가족이 연주(兗州)로 가던 중 서주 목사(牧使) 도겸(陶謙)이 자신의 영지에서 장개(張闓)와 수하들을 보내 조조의 아버지 조숭(曹嵩), 동생 조덕(曹德), 나머지 일족을 죽였던 것에 대한 조조의 복수였다.

조조는 시대의 문학을 이끌던 위대한 문인이기도 했다. 이 시대 문학의 특징을 '비분강개(悲憤慷慨)' 또는 '건안풍골(建安風骨)'이라 한다. 그래서 이 시대 문학을 '건안문학'이라고 한다. 내전과 혼란의 시대를 강한 어조로 탄식하고 질타하며 고통의 난세를 극복하려는 강한 열망을 노래한 글들이 많다.

『단가행(短歌行)』의 연작시 「보출하문행(步出夏門行, 하문을 걸어 나서며)」에서 〈관창해(觀滄海, 푸른 바다를 바라보며)〉, 〈구수수(龜雖壽, 거북이가 비록 오래 산다고 해도)〉 등의 시가 유명하다. 민요에서 시작된 악부시(樂府詩)*의 형식을 가졌다. 먼저 짧은 노래라는 의미인 단가행을 보자. 시작은 슬픈 어조로 인생을 논한다.

술을 마주하며 노래하니 우리의 인생이 얼마나 되겠는가!
머리카락을 움켜쥐고 먹던 음식을 토해내며 인재를 얻는다.

對酒當歌(대주당가), 人生幾何(인생기하)! 譬如朝露(비여조로), 去日苦多(거일고다).

시작은 쓸쓸하고 관조적이다. 이후 비분강개한 심정을 토로한다. 하지만 마지막은 다르다. 주나라를 세운 고대 성인 주공(周公)의 고사로 결구를 마무리한다.

산은 높아지는 것을 마다하지 않고 바다는 깊어지는 것을 꺼리지 않는다.
주공이 입속 음식도 뱉고 인재를 구한 것처럼 한다면 천하의 인심을 얻을 것이다.

山不厭高(산불염고), 海不厭深(해불염심), 周公吐哺(주공토포), 天下歸心(천하귀심).

〈보출하문행〉에서는 구수수의 한 대목을 소개한다. 워낙 유명해 서예 작품으로 많이 등장한다.

늙은 말은 비록 마구간에 누워 있어도 그 뜻은 천 리를 달리고,
열사(또는 뜨거운 용사)는 늙어도 웅장한 마음은 사라지지 않는다.

老驥伏櫪(노기복력) 志在千里(지재천리), 烈士暮年(열사모년) 壯心不已(장심불이).

이 작품은 원래 관도(官渡)에서 원소(袁紹)의 대군을 물리친 조조가 승전한 자

신의 군대를 위해 행진곡으로 작사한 것이다. 그런데 약 100년 후 실패한 반란을 일으켰던 동진(東晉)의 왕돈(王敦)이란 자가 있었다. 밤에 술만 먹으면 자신의 군대 지휘봉으로 타구(唾具, 침 뱉는 그릇) 주둥이가 찌그러지도록 두드리며 조조의 〈보출하문행〉을 열정적으로 불렀다고 한다. 같은 시, 같은 노래라도 부르는 자의 처지에 따라 느낌은 전혀 다르다. 『세설신어(世說新語)』에 나오는 이야기이다. 『세설신어』는 남조(南朝) 송(宋)나라의 유의경(劉義慶)이 후한(後漢) 말에서 동진(東晉) 말까지 약 200년간 실존 인물 700여 명의 언행과 일화를 모은 책이다. 이 시대의 사회상과 사상연구에서 중요한 자료이다.

조조는 시뿐만 아니라 문장도 좋았다. 유명한 글이 〈구현령(求賢令)〉과 〈술지령(述志令)〉이다. 〈구현령〉은 과거처럼 신분이나 유력자의 추천으로 인재를 등용하는 것이 아니라 오직 재능만 보고 등용하겠다는 포고문이다. 자신도 아버지가 환관의 양자였다. 그래서 그의 휘하에는 유능한 문신과 무장이 많았지만 권문세족 출신은 적었다. 반면 그의 숙적인 원소(元紹)는 권문세족 출신이었고 휘하에도 명문가가 추천한 '명사'가 많았다. 아마도 관도에서의 승패는 조조와 원소의 인재관과 용인술의 차이가 결정했다고 볼 수 있다.

〈술지령〉은 '천하에 자기의 뜻을 밝힌다'라는 의미이다. 조조가 스무 살에 효렴(孝廉)으로 천거를 받아 관직에 오를 때부터 황화 유역의 패권을 거머쥔 때까지 조조 자신의 인생을 분명한 어조로 서술한 글이다. 자신의 정당성도 강하게 드러내는 문장도 있다. "만약에 내가 없었다면 얼마나 많은 인간이 황제와 왕이라고 참칭하고 세상을 어지럽게 했을까 (設使天下無有孤 不知當幾人稱帝 幾人稱王)?" 아마 이 한 문장을 말하기 위해 〈술지령〉을 발표했다는 생각마저 든다. 우리는 오랫동안 소설 『삼국지연의(三國志演義)』를 통해 이 시대와 조조를 이해했다. 하지만 소설은 소설일 뿐이다. 실제 역사를 알아야 균형 있게 그 시대를 이해할 수 있다.

조조의 장남 조비(曹丕)도 유명하다. 아버지 조조와 달리 위(魏)나라를 개국하며 황제에 올랐다. 아버지 조조는 실제로 황제의 권력을 휘둘렀지만 황제는 아니었다. 그 옛날 주공처럼 한나라의 제후왕인 위 왕(魏王)에 머물렀다. 조조가 죽은 후 아들 조비에 의해 위나라의 무제(武帝)로 추증된다. 조비는 황제가 된 후 약간의 공적을 쌓았고 문인으로 최초의 칠언시(七言詩. 시의 한 구가 7자인 시)인 『연가행(燕歌行)』을 썼다. 연(燕)나라 땅으로 전쟁에 나간 남편을 그리워하는 아내의 사랑을 노래한 시이다. 또한 문학 평론집인 『전론(典論)』을 편찬했는데 수록된 논문(論文)은 가장 오랜 문학이론 비평서라고 평가한다.

조조의 아들 중 문재(文才)로 이름을 날린 이는 셋째 아들 조식(曹植)이다. 문학사에서 문명을 남긴 것 이외에 정치적으로 형 조비와 함께 아버지 조조의 후계 자리를 놓고 싸우다 패배한 사건으로 유명하다. 조식이 가장 두각을 나타낸 분야는 문학이었다. 소설 『삼국지』로 누구나 알게 된 유명한 그의 시가 〈칠보시(七步詩)〉이다. 일곱 걸음을 걷는 사이에 시를 짓고 못 짓는다면 죽일 것이라는 형의 명령으로 지은 유명한 시이다.

깍지를 태워 콩을 삶으니, 콩이 솥 안에서 우는구나.
본디 한 뿌리에서 자랐건만, 서로 볶아대기를 어찌 그리 서두르는가.

煮豆燃豆萁(자두연두기), 豆在釜中泣(두재부중읍).
本是同根生(본시동근생), 相煎何太急(상전하태급).

형 조비도 감동해 죄를 묻지 않았다고 한다. 이 시는 여러 버전이 전해지는데 『고문진보(古文眞寶)』에 실린 것을 기준으로 삼았다. 『고문진보』는 송나라 말

황견(黃堅)이 전국 시대부터 송나라 때까지 유명한 시와 문장을 골라서 편찬한 책이다. 다양한 형식의 217편이 전집(前集) 10권에 다양한 문체의 문장 67편이 후집(後集) 10권에 수록되어 있다. 옛날부터 한문을 배울때 꼭 공부해야 하는 필수 교재다.

조비의 시 중에 최고는 〈낙신부(洛神賦)〉이다. 낙신은 황하의 여신이며 낙수(洛水, 낙양 근처의 강)의 여신 복비(宓妃)이다. 신화 속 여신을 향한 절절한 사랑을 갈구하는 내용이다. 평가에서 복비의 아름다움을 묘사하는 부분은 아주 화려하고 정교한 글로 대구(對句)를 맞추어 장식미가 뛰어나다고 평가한다.

여기서 복비는 신화 속 여신이지만 실제 존재했던 어떤 미녀를 조식이 사랑하고 그리워했다는 주장이 많다. 그런데 그 여인과 조식은 도저히 맺어질 수 없는 관계였고 심지어 사랑을 고백할 수조차 없는 대상이었다는 것이다.

당대 최고의 신분이자 문인이었던 조식이 사랑조차 고백할 수 없는 여인은 누구였을까? 그 여인은 바로 조비의 아내인 문소황후(文昭皇后) 견씨(甄氏, 조식의 형수)였다. 형수에 대한 이룰 수 없는 사랑을 노래한 시가 〈낙신부〉라는 것이다.

먼저 견씨라는 여인의 인생을 먼저 따라가 보자. 그녀의 첫 남편은 원소(袁紹)의 아들 원희(袁熙)이다. 원소는 조조와 황하 유역의 패권을 다투던 군웅이었지만 패배하고 분사(憤死, 분을 참지 못해 죽음)했다. 결혼한 지 8년 가까이 되던 해 원소의 본거지인 업성(鄴城)이 함락되자 조조군의 포로가 되었다. 이때 조비를 만나 재혼한다. 이후 별문제 없이 아이도 낳고 살았다. 그런데 어느 날 갑자기 남편 조비의 냉대와 박해로 죽었다. 이 죽음이 조비가 〈낙신부〉를 보고 조식과 아내의 관계를 의심했기 때문이라는 주장이 있다. 조비와 조식의 갈등도 선친 조조의 후계 지위 때문이 아니라 견씨 때문이라고 많은 학자가 주장했다.

조조에 대한 악평이 많은 『세설신어(世說新語)』에는 먼저 조조가 미녀를 좋아해 견씨를 찾았으나 이미 조비가 선수를 쳤다고 적혀 있다. 〈낙신부〉의 여신은 복비가 아니라 견씨라는 것이다. 조조 삼부자가 정적의 아내(며느리)를 두고 갈등하는 모양새였다. 조식은 후계 문제로 갈등하던 형이나 자신 때문에 논란의 중심에 선 형수보다 오래 살았다.

조조 삼부자와 함께 이 시대 건안문학을 이끌던 문인들을 '건안칠자(建安七子)'라고 한다. 공융(孔融), 진림(陳琳), 왕찬(王粲), 서간(徐幹), 완우(阮瑀), 응창(應瑒), 유정(劉楨)이 그들이다. 모두 조조의 업성(鄴城)에서 조씨 삼부자의 밑에서 활약한 인물들이다.

※ 악부시와 사륙변려문

한나라 시대 유행한 '악부시(樂府詩)'에 대해 잠시 알아보자. 시의 생산과 사용 방법을 보면 고대의 '시경'과 거의 같다. 한무제 때 악부라는 관청을 두어 민간의 민요를 수집했다. 수집한 민요를 궁중 연회와 같은 곳에서 연주와 춤이 공연될 때 쓰인 노래 가사이다. 시경과 같이 같은 운율을 사용해 음악성이 높은 운문(韻文)시의 전통을 계승했다. 시경은 4자인데 한나라 때의 악부는 5자이다.

원래 민중의 노래였기 때문에 인생의 희로애락, 남녀의 사랑 그리고 전쟁을 반대하고 유랑민의 고통을 진솔하게 표현한 것이 많다. 악부체의 시는 이후에도 많은 문인과 시인에게 영향을 주었다. 한국에서는 고려 중기 수입된 후 많은 문인이 악부체의 시를 남겼다.

이 시대에는 '사부(辭賦)'라는 작품도 유행한다. 이 작품은 남방의 '조사(楚辭)'에 뿌리를 두고 있다. 사는 서정(敍情)을 주로 표현하고, 부는 서사(敍事)를 주로 서술하는 것이다. 이후 화려한 장식미를 강조한 '사륙변려문'으로 발전한다. '궁정시인'이라고 평가받는 '사마상여(司馬相如)'가 유명하다. 사마상여는 '헌신적인 부인 탁문군(卓文君) 이야기'가 유명하다. 그래서 과부가 된 탁문군에게 청혼하며 만든 〈봉구황(鳳求凰)〉이 탄생했다.

눈물로 읽는 시 '비분시(悲憤詩)'

조조와 영웅들이 활약한 시대는 내전과 살육의 시대였다. 단 두 수의 시로 피눈물로 얼룩진 이 시대를 증언한 시인이 있었다. 바로 채염(蔡琰)이다. 채문희(蔡文姬)라고도 하는데 이 이름은 훗날 잠깐 통일했던 진(晉) 무제의 아버지와 이름과 같았기 때문에 피휘(避諱, 제왕의 이름과 같은 이름은 못쓰게 함)해 생긴 것이다. 이 이름의 의미는 '글을 아는 계집'이다. 채염은 후한의 대학자였고 동탁(董卓) 밑에서 벼슬을 한 채옹(蔡邕)의 딸이다. 학문에 뛰어났고 무엇보다 어린 나이부터 음악에 재능이 있었다. 나이 6세에 끊어진 가야금 줄이 몇 번째인지를 정확히 알 정도로 절대음감이었다. 16세에 결혼했지만 곧 사별했다. 이후 친정으로 돌아와 보니 아버지는 동탁의 죽음을 슬퍼했다는 이유로 왕윤(王允)에게 죽었다. 동탁이 죽은 후 그의 부하들이 일으킨 반란으로 아버지 채옹이 쓴 수천 권의 장서(藏書)가 다 사라졌다. 그리고 낙양으로 쳐들어온 흉노에게 납치되어 끌려가 남흉노 좌현왕(左賢王) 유표(劉豹)에게 첩으로 바쳐졌다. 그와 12년을 살면서 두 아이를 낳았다.

중원의 패권을 잡은 조조가 채옹과의 친분을 기억하고 흉노에 많은 금품을 주고 협상해 채염을 데려왔다. 그녀는 돌아왔지만 두 아이와 생이별 하게 된 것이다. 이런 아픔을 담아 쓴 시 두 편을 남겼다. 하나는 〈비분시(悲憤詩)〉이다. 시어는 어떤 꾸밈이나 과장이 없다. 적나라한 현실과 처절한 체험의 기억만 있다. 전문을 읽으면 그녀가 겪은 고통을 누구나 공감된다. 여기서는 필요한 부분만 발췌했다. 동탁의 찬탈 행위로부터 자신의 슬픔과 분노가 시작되었다고 명확히 밝히며 시를 써 내려 간다.

한나라 말 황제가 권력을 잃으니,

동탁은 하늘의 질서를 어지럽혔도다.

황제를 죽이고 찬탈하려는 마음을 가져

먼저 어진 사람부터 모두 해쳤다.

...

모두 베어버리고 살아남은 자가 없으니

시체가 서로 기대고 있을 뿐이었다

말 옆구리에는 (죽은) 남자의 머리를 매달고

말 뒤에는 (납치한) 부녀자를 실었다.

...

간혹 채찍과 몽둥이로 맞으면,

독한 통증이 아래까지 나란히 내려간다.

아침이면 울며 끌려가고,

밤이면 비통하게 신음하며 주저앉았네.

...

계절이 바뀌면 부모 생각 간절하고,

슬픈 탄식은 끝날 수가 없어라.

먼 곳(중원)에서 손님이 왔다 하면,

그 말 듣고 언제나 들뜬다.

나는 풀려날 수 있었지만,

아이들은 버려야 하네.

하늘은 인심을 묶었으니,

헤어지면 다시 못 볼 것으로 생각한다.

살아서나 죽어서도 영원히 헤어지니,

차마 해줄 말이 없구나.

아이가 다가와 내 목을 껴안고는,

묻기를, 엄마 어디 가요?

사람들이 엄마 이곳 떠난다는데,

언제 다시 돌아오시나요?

엄마는 항상 인자하셨는데,

지금은 왜 이리 매정하신가요.

나는 아직 어른이 되지 않았는데,

절 버리고 가시면 어떡하나요.

이 꼴 보자니 오장이 무너지고,

어지러워 미칠 것만 같다.

울며불며 아이 손 어루만지며,

떠나려 하지만 다시 머뭇거리며 후회가 드네.

…

남은 인생 얼마일까.

회한과 걱정 속에서 끝내겠구나.

시의 내용은 살펴보면 도입부에서는 자신의 비극은 한나라 지배계급의 내전에서 출발한 것이라 밝힌다. 그리고 전쟁의 참상 그리고 납치 상황의 내용이 이어진다. 하지만 포로 생활 중에도 귀향의 희망을 버리지 않았다. 드디어 그 날이 왔다. 하지만 아이들과 생이별을 해야 했다. 아이들과 동료들을 남기고 귀환한다. 그리고 이어진 시의 마무리는 쓸쓸하다.

또 다른 시는 〈호가십팔박〉이다. 내용은 마찬가지로 채염의 고통스러운 마음이 드러나 있다. 조금 색다른 것은 호가(胡笳)라는 악기에 맞춰 부르는 운문 가사로 되어있다. 지금도 연주되고 불린다.

이 외에 전해지는 채염의 이야기는 고향으로 돌아와 새로 결혼했다. 그런데 남편의 큰 잘못으로 죽게 되자 조조를 급히 찾아갔다. 머리를 풀어 헤치고 맨발로 가서 땅바닥에 무릎 꿇고 남편을 구명했다. 마침 연회 중이었던 조조가 손님들에게 소개하니 모두가 그녀를 불쌍히 여겼다고 한다. 지어낸 열녀 이야기 같지만 역사에 기록된 이야기이다.

다른 이야기는 다 아버지와 관련된 이야기다. 위대한 학자인 아버지의 글을 남기고 싶었던 그녀는 조조의 부탁으로 그때까지 외운 400편의 글을 써서 내놓았다. 다른 하나는 아버지 채옹이 유명한 서예가이기도 했는데 그 서법(書法)을 채염이 서성(書聖) 왕희지(王羲之)까지 전해지도록 했다.

한편, 채염이 한나라로 돌아오는 소재로 그려진 그림들은 문제가 많았다. 그 이유는 최초의 그림이 그려진 남송이란 나라를 보면 알 수 있다. 남송은 여진족(女眞族)의 금(金)나라에 쫓겨 남하한 나라였다. 송나라 때는 북방의 거란(契丹), 여진, 몽골, 탕구트족의 서하(西夏) 등 북방 민족의 외침이 많았다. 〈문희귀한도(文姬歸漢圖)〉뿐만 아니라 비슷한 소재로 그려졌던 이 시기 그림들은 '우리 송의 순결한 여인이 야만적인 오랑캐에게 더럽혀져 돌아왔다'라고 채염의 이야기를 해석해 표현했기 때문이다.

채염은 자신이 누구 때문에 끌려가 그 고초를 겪고 아이들과 생이별을 했던 이유를 묻고 싶었을 것이다. 특히 자신을 끌고 간 흉노족보다 동탁을 비롯한 중원의 영웅이라는 난신적자(亂臣賊子)들에게 말이다.

다섯 말의 쌀을 위하여 향리의 소인(小人)에게 허리를 굽힐 수 없다 '도연명(陶淵明)'

도연명은 벼슬을 버리고 귀향해 가난한 농민으로 살면서 시를 쓴 전원시인으로 유명하다. 간단하게 그의 인생을 보면 동진(東晉) 말부터 남조(南朝)의 송(宋)나라 초기까지 살았다. 연명(淵明)은 호이고, 이름은 잠(潛)이다. 동진 초기 군벌이었던 도간(陶侃)의 증손이었지만 조부 시절에 집안은 몰락했다. 고향은 명산으로 유명한 여산(廬山)의 근처 시상(柴桑)이다. 29세에 지방의 제례 관련 보조직인 '주(州)의 좨주(祭酒) 참군(參軍)'직을 얻었다. 이후 12년간 말단 관료로 여러 지방에서 근무했다. 드디어 41세에 팽택(彭澤) 현령(縣令)으로 80일 동안 근무하고 관직을 떠났다.

관직을 떠나며 "내 오두미(五斗米, 다섯 말)의 녹봉(祿俸) 때문에 허리를 굽히고 향리(鄕里)의 소인에게 절을 해야 하느냐"라고 말했다. 그의 대표작이 『귀거래사(歸去來辭)』인데 떠나는 심경이 잘 드러나 있다. 이후 63세에 죽기까지 고향에서 농사를 지으며 농민들과 살았다. 그리고 시를 쓰는 데 전념했다. 그가 관직을 그만둔 이유에 대해서는 여러 가지 말 못 할 사정이 있었다. 다만 어려서부터 무너진 집안을 다시 일으켜 세우고, 유교 사상에 따른 경세제민(經世濟民, 세상을 다스리고 백성을 구제함)의 포부를 버릴 수 없었다.

한나라가 망하고 삼국(魏·蜀·吳) 시대 잠깐 통일한 진(晉), 내란과 외침을 피해 남쪽으로 피난 가서 세운 동진(東晉), 그 자리를 차지한 북방의 오호십육국(五胡十六國), 북방의 북위(北魏)와 이후 분열된 북주(北周)와 북제(北齊)의 북조(北朝), 남조(南朝)의 송(宋)·제(齊)·양(梁)·진(陳)까지 역사상 유례없는 암흑기였다. 남북으로 나뉜 경계는 동쪽의 회수(淮水, 산동성 밑 황하와 양자강 사이의 강)와 서쪽의 진령(秦嶺) 산맥(섬서성과 사천성 사이 산맥)이다. 이 경계로 기후와 문화적 풍토가 달랐다. 수(隋)가 통일할 때까지 400년간 지속되었던 이 시대를 '위진남북조 시대'라고 한다. 이 시대의 특징은 칼 찬 군벌이라면 아무나 황제가 되겠다고 날뛰던 시대였다. 조선의 뛰어난 문인 임제(林悌)는 "나도 이 위진남북조 시대나 오대십국(五代十國, 당 멸망부터 송 건국까지 난세)에 태어났으면 돌아가면서 해 먹는 천자를 10년은 했을 것이다"라고 말할 정도였다. 이런 시대에 태어난 지식인과 시인이라면 당연히 염증을 느꼈을 것이다. 도연명도 관직을 떠나 농사를 지으며 전업 시인으로 살게 된 이유가 여기에 있었다.

위진남북 시대가 일종의 '흑역사'라는 기존의 평가에 대해 요즘은 다른 의견도 많다. 도교와 불교의 발전과 같은 사상사적인 전환, 인재 등용과 토지 과세 제도의 새로운 모색, 호한(胡漢, 북방 유목민족과 농경하는 남쪽의 한족) 민족의 통합, 예술과 문학의 발전 등을 보면 새로운 시대를 잉태한 때라고 평가하기도 한다.

이제 본격적으로 도연명의 시를 보자. 가장 유명한 『귀거래사』를 보면 4편으로 된 장편시이다. 처음은 관리를 그만두고 전원으로 돌아가는 심경, 고향 집에 도착해 자녀들을 만나는 기쁨, 세속과의 절연한 전원생활의 즐거움, 마지막은 자연의 섭리에 따라 이 한평생을 보내겠다는 소망 등을 담았다. "돌아가련다. 전원이 바로 거칠어지려는데 아니 돌아갈 것이냐(歸去來兮 田園將蕪 胡不歸)"라는 내용의 도입부는 많이 사람들에게 회자 되는 구절이다.

이 시는 후대 도시의 관료 생활에 지친 지식인들에게 큰 위안과 희망을 주었다. 도연명과 같은 시기를 살았던 사령운(謝靈運), 당나라의 왕유(王維)나 유종원(柳宗元), 송나라의 소식(蘇軾) 등에게 많은 영향을 주었다. 조선에서도 『귀거래사』를 번역해 가사(歌詞)로 불렀고 정선(鄭敾)은 〈귀거래사도(歸去來辭圖)〉라는 8폭 화첩을 남겼다. 도연명의 또 다른 유명한 시는 〈음주(飮酒)〉라는 20수의 연작시이다. 그는 술을 너무도 좋아했고 늘 마셨다. 그중 이 다섯 번째가 너무 좋다.

초가를 지어 마을 끝에 살고 있으니, 다니는 수레의 시끄러움도 없다.

그대는 어떻게 이럴 수 있냐고 물으니, 스스로 외진 곳에 있으니 마음도 멀다고 한다.

동쪽 울타리 아래에서 국화를 따고, 유유히 남산을 바라본다네.

산의 기운 저녁이라 아름답고, 나는 새는 짝지어 돌아가네.

이 속에 진정한 뜻 들어 있으나, 말을 하고자 해도 이미 말을 잊었다.

廬在人境 결려재인경, 而無車馬喧 무거마훤, 問君何能爾 문군하능이, 心遠地自偏 심원지자편, 採菊東籬下 채국동리하, 悠然見南山 유연견남산, 山氣日夕佳 산기일석가, 飛鳥相與還 비조상여환, 此中有眞意 차중유진의, 欲辨已忘言(욕변이망언).

취해서 한세상을 살다가 꿈꾸듯이 죽을 수 있는 취생몽사(醉生夢死)의 경지. 먼지 풀풀 날리는 세상에서 벗어나 세상의 말조차 잊고 산수에 묻혀 사는 산사(山寺)의 노승과 같은 삶. 소나무 아래 국화를 보면서 술을 마시다 취해 잠든 도연명. 이와 같은 삶을 살고 싶은 사람이라면 누구나 공감할 시이다. 이런 삶을 꿈꾸는 사람들을 위해 도연명은 남겨진 세상인 별천지를 산문으로 그려 냈다. 그것이 〈도화원기(桃花源記)〉이다.

또한 도연명은 영사시(詠史詩)도 남겼다. 원래 영사시는 역사상 중요한 사건이나 유명한 인물을 소재로 쓰는 시이다. 그런데『산해경』에 나오는 전설 속 인물에 대한 영사를 남긴 게 특이한 점이다. 도연명다운 주제 선정이다.

누구나 가볍게 하늘로 날아오르는 신선이 되는 길을 알려주마 『포박자(抱朴子)』

　신선은 불로장생하고 하늘을 가볍게 날아오르며 물에 젖지 않고 불에 타지도 않는다. 사람도 신도 아니지만 분명히 이 세상 어딘가에 존재하는 자이다. 이런 신선을 동경해 만나서 비법을 배우고 그들이 먹는 '선단(仙丹)'을 얻고자 갈망하는 것은 아주 오래된 동아시아의 보편적인 문화였다. 이 신선을 선인(仙人)이라고도 한다. 오래전부터 신선 관련 사상과 관련 책들이 있었고 지금도 수많은 소설과 드라마, 만화, 영화, 게임 등에서 소재로 사용되며 우리에게 익숙하다.

　신선은 원래 타고난 선골(仙骨)이 아니면 아무나 될 수 있는 것이 아니었다. 그렇게 다들 믿었다. 그런데 누군가 외쳤다. "누구나 수련하면 신선이 될 수 있다!" 그가 동진(東晉)의 갈홍(葛洪)이다. 갈홍은 처음에 가난 속에서도 유교를 배워 관직에 올랐다. 그리고 그의 증조할아버지 갈현(葛玄)이 유명한 '금단(金丹)' 전문가였기 때문에 도교를 배웠다.

　참고로 금단이란 단사(丹砂, 붉은색 광물질)를 태워 화학적 변화를 일으킨 것을 유황(硫黃) 등의 물질과 배합하고 다시 여러 과정을 거쳐서 만든 약이다. 복잡한 20가지의 제조 방법이 있다고 한다. 선단과 단약은 비슷한 말이다. 이런 금단은 위험한 광물질로 만든 해로운 화학제품이다. 과거 황제 중에 반쯤 미쳐서 정무(政務)를 제대로 보지 못했던 자는 대부분 이 금단에 중독된 환자였다. 이처럼 금단은 몸과 나라를 망치는 아주 위험한 약이었다. 하지만 당시 많은 사람은 이렇게 금단을 만들어 먹으면 신선이 된다고 믿었다. 물론 경계한 황제도 있고 비판한 지식인도 많았다.

　갈홍은 갈현의 제자 정은(鄭隱)에게 금단 제조 비법과 건강과 생명을 지키는 양생술(養生術)을 배웠다. 장인이었던 포현(鮑玄)에게 방술(方術, 도사의 술법)과 의술을 배웠다. 그리고 갈홍은 『포박자』를 저술했다. 내편 20권은 신선이 되는 내단(內丹)과 외단(外丹) 등을 다룬 것이고, 외편 50권은 유교의 관점에서 풍속을 논하는 내용이다. 책 제목인 포박자는 '견소포박(見素抱朴, 소박한 것을 드러내고, 소박한 것을 품는다)'이란 노자의 구절에 따온 것이며 저자의 호이기도 하다.

내단은 주로 호흡법과 방중술 등을, 외단은 금단의 제조와 복용법을 다루고 있다. 이 내·외단을 통해 신선이 되는 길로 나가는 것이다. 이 금단 제조를 위해 약물학, 화학, 의학 등의 연구가 동반했기 때문에 긍정적인 평가를 하기도 한다. 나부산(羅浮山)에서 수련하던 중에 81세의 나이로 세상을 떠났다. 죽을 때 얼굴빛이 산 사람과 같았고 몸은 부드러웠다. 관에 넣기 위해 시신을 들자 매우 가벼워서 빈 옷과도 같았다. 그래서 사람들은 그가 '시해득선(尸解得仙)'했다고 믿었다.

이제 『포박자』의 주요한 내용을 보자. 제1권의 '창현(暢玄)'은 서론에 해당한다. 여기서 현(玄)·현도(玄道)를 주장하는 의미는 자신의 주장을 도교의 경전 『노자도덕경』에서 출발했고 정당성을 부여받았다고 밝히는 것이다. "현이란 자연의 시작으로 모든 현상의 근원"이라고 『포박자』는 적고 있다. 현(玄)이란 단어는 거의 도교만 쓰는 것이다.

재미있는 부분은 제2권의 '논선(論仙)'이다. 신선의 존재 여부를 논한 것이다. 갈홍은 평범한 사람의 상상과 경험을 넘어선 곳에 불사의 신선이 있다고 주장했다. 그 근거로 조비와 조식의 글과 유향(劉向)의 『열선전(列仙傳)』을 들었다. 신선의 성격과 신분은 제왕의 권세와 부귀를 누리는 사람이 아니라 가난하고 미천한 선비라 했다. 최상의 신선은 살아 있는 육신 그대로 하늘에 오르는 '천선(天仙)'이라 했다. 명산에서 노니는 신선을 '지선(地仙)', 죽은 뒤 육신이란 껍질을 벗고 떠나는 신선을 '시해선(尸解仙)'이라고 했다. 갈홍의 최후가 시해선으로 변해 날아간 것이다.

제3권 '대속(對俗)'에서 갈홍은 자신의 가장 중요한 주장을 편다. 노자나 팽조(彭祖, 800살 동안 산 전설 속 인물)는 태생이 선골(仙骨)이었다는 것에 대한 반박이다. 갈홍은 누구나 금단을 먹고 호흡을 가다듬으면 천지와 함께 무궁하게 살 수 있다고 주장했다. 그러나 이러한 수행을 하더라도 선행(善行)하지 않으면 신선이 될 수 없다는 것이다. 반대로 선을 쌓으면 신선이 되지 못하더라도 빨리 죽는 화는 면한다고 했다. 제4권은 '금단(金丹)'인데 금단의 종류별로 제조법과 복용법에 대해 상세히 적어 놓았다. 금단을 제조하려면 명산에 들어가 오랜 시간 몸을 청결히 하고 각종 금기를 지켜야 한다고 적었다. 제5권 '지리(至理)'는 호흡법과 금주법(禁呪法, 주문, 염불, 주술 등과 같은 것)에 대해 설명하고 있다.

제6권 '미지(微旨)'에는 재미있는 내용이 있다. 사람 몸에 '삼시(三尸)'라는 벌레가 사는데 경신(庚申) 날에 하늘로 올라가 사람의 죄를 보고한다. 삼시는 사람 몸속에서 수명과 질병, 욕망을 좌우하고 연말에는 부엌 신이 하늘에 올라가 보고해 사람의 수명을 줄인다고 한다. 이 때문에 연말이 되면 부뚜막에 엿을 붙여 놓는 풍습이 있다. 부엌 신의 입을 엿으로 막는다는 의미이다.

제15권 '잡응(雜應)'에서는 장생(長生)을 위해 벽곡(辟穀, 곡식과 화식火食을 금하는 것), 생각대로 몸을 바꾸는 변신술, 예언술, 재난을 피하는 방법, 은신법 등을 설명한다. 심지어 바람, 비, 구름을 일으키고 호랑이 등 야수와 용 그리고 귀신을 부리는 법, 불에 타지도 물에 젖지도 않고 추위와 더위를 느끼지 않는 법 등도 알려준다.

한국의 '환단고기 지지자들'도 이『포박자』를 주목했다. 전설 속 황제가 동방의 청구(靑邱)에 방문해 "풍산(風山)을 지나던 중 자부선인(紫府仙人)을 만나 삼황내문(三皇內文)을 받고 만신(萬神)을 부리게 되었다"라고 한『포박자』의 내용 때문이다.

도교의 역사

여기서 도교의 역사에 대한 이해가 필요하다. 사상과 철학의 도가에서 도교라는 종교로 발전한 것은 후한 말이다. 기존에 도가와 앞서 거론한 '음양오행설'과 '신선 사상'이 합쳐지면서 종교로 발전했다. 이 시기는 유가가 '유교'라는 국가종교로 발전한 시기인 전한(前漢)보다 조금 늦다. 또한 외래 종교인 불교로부터 받은 자극도 많다.

최초로 종교화한 것은 '태평도(太平道)'이다. 이를 창시한 사람은 우길(于吉)이고 그의 계승자는 장각(張角)이다. 태평도는 방사(方士)의 방술(方術)로 민중의 질병을 치료했다. 이들이 교단을 만들고 조직을 이용해 반란을 일으키는데 이것이 '황건적(黃巾賊)의 난'이다. 그리고 장릉(張陵)은 '오두미도(五斗米道)'를 창시했는데 가입비로 쌀 5두를 받았기 때문에 붙은 이름이다. 이 때문에 '쌀 도둑'이란 비난을 받았다. 오두미도를 귀도(鬼道)라고도 하는데 신과의 교감을 중시했고 이 교감으로 질병을 치료했다. 손자인 장노(張魯)가 한중(漢中)에 정권을 세워 크게 발전했다. 장릉의 후예라고 하는 인물을 대대로 교단의 중심이 되어 '천사도(天師道)', '정일교(正一敎)'로 발전했다.

도교는 위진남북조 시대에 종교로 확실히 자리 잡았다. 이때 갈홍의 역할이 컸다. 그는 기존의 신선사상을 집대성했다고 평가받는 인물이다. 특히 금단 제조법을 일반인이 쉽게 접근할 수 있게 만들었다. 또 태을원군(太乙元君, 노자이고 이후 太上老君)과 현녀(玄女) 등의 도교 신들도 구체화하고 위상을 만들어 주었다.

한편, 북조(北朝)에서는 구겸지(寇兼之)가 등장해 교리와 교단을 정비하고 '신천사도(新天師道)'를 제창했다. 중요한 것은 구겸지의 활약으로 도교는 북위(北魏) 왕조의 국교가 되었다. 불온한 반란 사상이라고 취급받던 처지에서 위상이 높아진 것이다. 그러나 북위의 '폐불(廢佛)'이라는 종교탄압 사건의 배후라는 혐의가 있었지만 대체로 그가 폐불을 사주했다는 것은 확실하지 않다. 하지만 계속된 폐불 사건은 도교의 사주라는 혐의가 짙고 도교와 불교의 갈등은 이후에도 아주 오랫동안 계속되었다. 분명한 사실은 폐불 사건을 주도한 이들은 황제와 조정 대신이었다. 이들은 자신들의 종교적 신념과 경제적 약탈을 목적으로 폐불 사건을 저질렀다. 구겸지는 시해선이 되어 하늘로 올라갔다고 전해진다.

반면, 남조에서 육수정(陸修靜)이라는 걸출한 도사가 나타나 유·불·도 3교의 교류와 공존을 추진했다. 그래서 유교의 도원명 시인, 불교의 혜원(慧遠), 도교의 육수정이 여산(廬山)에서 만나 교류했다는 '호계삼소(虎溪三笑)'라는 전설이 탄생했다. 육수정은 도교 경전의 목록을 삼동경서(三洞經書)로 총괄해 정리했다. 그 뒤를 잇는 인물이 도홍경(陶泓景)이다. 양무제(梁武帝)가 산속의 그에게 국정을 물어와 산중재상(山中宰相)이라 불렸고 북위의 고승 담란(曇鸞)이 방문했다는 일화가 있다. 모두 그와 도교의 위상을 말해 주는 일화이다. 이들은 모산(茅山)에 중심 교단을 두었기 때문에 모산파 또는 상청파(上淸派)라고 하며 도교의 교학(敎學)을 발전시켰다고 평가받는다.

수·당 시대에 도교의 교리가 완성되었다. 재미있는 사실은 당(唐)나라는 황제가 이(李)씨 였다.

도교의 노자도 원래 이름이 이이(李耳)였다. 그래서 당나라는 노자와 같은 이씨이기 때문에 그가 황실의 선조라고 주장하며 도교를 국교로 숭배했다. 하지만 당의 이씨는 북방의 선비족 출신이고 노자의 이름도 입증할 수 없는 전설이다. 이렇게라도 해서 황실의 위상을 높이기 위해 통치의 수단으로 전설까지 이용했다. 이처럼 당에서는 역대 황제와 황실이 도교 숭배에 적극적이었다. 국가의 중요한 제례를 도교의 도사가 주관했다. 또 일정 자격을 갖춘 자에게 '도사 자격증'을 주는 도첩제(度牒制)를 시행했다. 이 제도는 불교에서도 시행되었다.
　송(宋)나라 때는 자신이 하늘에서 내려온 익성보덕진군(翊聖保德眞君)이라고 주장하는 장수 진(張守眞)이 태조(太祖) 앞에 나타난 사건, 3대 진종(眞宗)은 정월 초하루 밤에 경전인『대중상부(大中祥符)』세 편이 하늘에서 내려왔다고 주장하는 사건(이후 연호도 바꿈). 진종은 황실의 조(趙)씨 조상이 하늘에서 내려왔다는 일화 등등 도교와 관련된 황당한 이야기가 많다. 도교 경전이 하늘에서 내려온 것을 '천서하강(天書下降) 사건'이라 하는데 당시 왕흠약(王欽若)이란 간신이 우매한 진종의 환심을 사기 위한 조작이었다. 왕흠약은 드라마〈판관 포청천〉에서 포청천이 찾아가 조언을 구하는 왕재상이다. 그리고 역대 황제 중 가장 심각한 자는 북송 최고의 암군 휘종(徽宗)이었다. 휘종은 도교를 신봉하고 예술을 사랑한 군주였지만 국정을 외면해 나라를 망하게 했다고 평가받는 인물이다. 실력과 철학을 갖춘 사대부가 역사의 전면에 등장해 성리학이 발달하고 유교의 전면적 국가통치가 실현된 송나라에서 이처럼 도교 때문에 일어난 부정적인 사건도 많았다. 그러다가 송나라(북송)는 망했다.

　남쪽에는 북송 정권이 남쪽으로 피난 가서 남송을 세웠고 북쪽에는 여진족의 금(金)나라가 들어섰다. 이후 몽골족이 흥기하여 원(元)으로 통일되었다. 이 시기 크게 발전한 도교는 왕중양(王重陽)의 '전진교(全眞敎)'이다. 유명한 진융(金庸)의 무협소설에 등장하는 무술 고수 중신통(中神通)이 그의 별호이다. 비로소 도교는 왕중양에 의해 유교, 불교, 도교를 합한 '삼교동원(三敎同源)' 사상으로 또 한차례 발전한다. 오히려 불교의 수행 방법을 수용하고 기존의 주술과 단금을 배척했다. 이후 몽골의 칭기즈 칸에게 "무지막지한 살생을 중단하고 위생(衛生)에 힘쓰라" 하고 충고한 구장춘(丘長春)이 왕중양의 뒤를 이어서 전진교를 더욱 발전시켰다. 이 시기 전진교는 불교처럼 석굴로 도관(도교의 사원)을 만들고 불교의 대장경처럼 『도장(道藏)』도 편집했다.
　명나라에서는 도교와 불교 교단을 통제했다. 태조 주원장(朱元璋)은 자신이 출가해 승려 생활을 직접 경험해봤기 때문에 종교의 폐해를 잘 알았다. 출가자 규정과 도첩 발행 규정을 강화했다. 황실과는 오직 도교의 정일교(正一敎)가 밀착되어 있었다. 이 정일교가 주도해서 도장도 편집했다.

불타지 않는 혀를 남긴 번역가 '구마라집(鳩摩羅什)'

 중국 서안(西安) 서남쪽으로 약 40km 떨어진 곳에 오래된 사찰이 있다. 사찰의 이름은 초당사(草堂寺)이다. 여기에는 기묘한 사연을 가진 놀라운 부도탑(浮屠塔)이 있다. 부도탑은 고승의 사리나 유골을 모신 탑을 말한다. 그런데 이 부도탑의 주인공은 엄밀히 말해서 승(僧)이라 말하기가 어렵고 그렇다고 속(俗)이라고도 할 수 없다. 더욱이 탑 속에 있는 것도 사리나 유골이 아니다. 사람의 '혀'이다. '사람의 혀라니?' 처음 듣는 사람은 누구나 놀랄만한 이야기이다.

 이 이야기의 주인공은 구마라집이다. 또는 구마라습, 구마라십, 쿠마라지바라고도 한다. 아니면 그의 이름에서 '구마라'를 의역해 동수(童壽)라고도 한다. 이름에서 알 수 있듯이 그는 동아시아 한자(漢字) 문화권 출신이 아니다. 그러나 동아시아에서 그는 너무도 대단하고 위대한 인물이다. 만약 그가 없었다면 동아시아의 불교는 없었을 것이다. 그가 존재해 우리가 아는 불교가 발전했고 오늘에 이른 것이다.

 먼저 구마라집 출현 이전의 불교 특히 동아시아 불교를 먼저 보자. 알다시피 불교는 인도의 종교이다. 인도는 아리안족의 침입과 정복 이후 피부색과 혈통에 따른 신분 차별을 제도화(카스트 제도)한 불평등한 나라였다. 그래서 차별을 정당화하는 교리를 가진 브라만교(이후 힌두교)가 발달했다. 이런 상황에서 불교는 기원전 6세기경 석가모니(석가족의 가비라국의 왕자 출신인 싯다르타 고타마)가 창시한 종교이다. 불교에서는 그를 부처 또는 붓다라고 한다. 부처는 평생 많은 지역에서 포교했고 수많은 제자와 신자가 그를 따랐다. 그리고 교단도 만들어졌다. 부처는 약 80세에 열반(涅槃)에 들었다. 이후 불교 교단은 성장도, 분열도 했다. 그중 '부파불교(部派佛敎)'가 발전했다. 부파불교는 인도에서 주류였다. 바로 우리가 알고 있는 소승불교(小乘佛敎)이다. 소승불교는 출가자를 중심으로 수행하는 것을 추구한다. 최고의 수행 단계에 도달한 자를 아라한(Arhat, 阿羅漢) 또는 나한(羅漢)이라고 한다.

그러나 부파불교가 일부 출가자만의 전유물로 전락했다며 '대승불교(大乘佛敎)'가 등장했다. 거리의 불탑에 모인 신자와 불상을 모시는 신자가 지지층이었다. 이들이 중요시한 것은 보살(菩薩, Bodhisattva)이다. 소수가 아닌 누구든지 수행하면 보살의 길을 지나 부처가 된다는 것이다. 보살은 자신이 부처가 되는 것을 잠시 유보하고 '중생제도(衆生濟度 고통에 빠진 중생을 구원하는 것)'에 힘써야 한다고 말한다. 그래서 대승불교에서는 다양한 보살이 고난에 빠진 중생의 구원자로 나타난다.

이 대승불교가 포교승과 상인의 활약으로 히말라야산맥을 넘어 중앙아시아 실크로드 연변의 도시국가로 전파되었다. 중국에서는 전통적으로 이 지역을 서역(西域)이라고 했다. 실크로드는 당시 수도인 장안(長安)에서 유럽의 로마까지 이어진 길이다. 비단이 주요 상품이라고 생각한 19세기 독일 학자 리히트호펜(Richthofen)이 실크로드라고 명명했다. 하지만 비단뿐만 아니라 종이, 인쇄술, 화약 등이 서쪽 세계로 전파된 길이다. 이 길은 하서회랑(河西回廊)과 돈황(燉煌)에서 천산(天山)산맥과 타클라마칸(Taklamakan) 사막이란 장벽을 만나 세 갈래로 나뉜다. 천산산맥을 두고 북로와 남로, 타클라마칸 사막 남쪽 아래의 서역남로를 말한다. 그중 서역남로 '호탄(于闐 또는 和田)'과 천산남로의 '쿠차(龜玆)'가 중국으로 불교가 전파된 주요 경로였다. 이 외에 조로아스터교(Zoroastrianism, 일명 拜火敎), 마니교(Manichaeism, 摩尼敎), 이슬람교, 기독교와 같은 종교 등도 최초로 이 길을 따라 전파되었다.

실크로드는 이길 외에 '초원길'과 '바닷길'도 주요한 길이었다. 유목민족 이동 경로이며 청동기 전래에 관련이 깊은 초원길은 아시아 대륙 북방의 초원지대를 잇는 길이었다. 바닷길은 동아시아의 바다와 동남아시아, 인도양, 아라비아해를 잇는 해로이다. 향신료, 도자기, 차 등이 교역되었고 명(明)나라 정화(鄭和)의 대선단이 운항한 경로이다. 신라의 로만 글라스(Roman glass) 제품과 이슬람 상인 등이 이 바닷길로 들어왔다.

중국에 불교가 들어온 루트에 대해 여러 주장이 있다. 북방의 유목민족(가령, 흉노)이 불교를 먼저 도입했고 이후 황하까지 내려가 점령하면서 중국 내로 전파했다는 주장이 있다. 또 중국 남쪽 바다로 온 상인들과 교역하면서 상인들과 불교 포교승이 함께 입국해 불교를 전파했다는 주장도 있다. 한국도 마찬가지이다. 고구려 북방의 초원길로, 가야 남방의 바닷길로 불교가 들어왔다는 주장이 있다. 이처럼 약간의 시간 차이는 있지만 다양한 길로 불교가 전래되었다. 공식적으로는 후한 명제(明帝) 때 불교가 최초로 전파되었다고 인정받는다. 당시 수도였던 낙양(洛陽)의 백마사(白馬寺)가 최초의 절이라고 하는데 여기에는 사연이 있다. 가섭마등(迦葉摩騰)과 축법란(竺法蘭)이 이때 공식적으로 입국한 외국인 승려이다. 이들은 외국사절로 인정받아 사신의 숙소인 홍로시(鴻臚寺)에 묵었다. 그들은 지금의 외국 대사관과 같은 곳에서 포교를 시작한 것이다. 이곳이 바로 백마사이다. 이들은 죽어서 백마사에 묻혔다.

하지만 불교는 이때까지 매우 낯선 외국 종교일 뿐이었다. 남방불교식으로 몸을 드러내는 천 한 장 걸치고 머리를 빡빡 깎은 승려의 외모부터가 당시 한나라 사람의 눈에는 생소했다. 유교 국가에서는 반듯한 머리의 관과 정장을 갖추는 것은 당연한 예법이고 머리털은 물론 신체를 함부로 훼손하는 것은 금기였기 때문이다. 또한 포교를 하려면 중국어를 능통하게 사용할 줄 알아야 했다. 신자들을 모으고 종교로 성장하려면 인도의 불교 교리를 한문으로 제대로 번역한 경전이 필요했다.

이런 난관을 뚫고 최초의 번역가들이 등장한다. 외국인 승려 안세고(安世高), 지루가참(支婁迦讖) 등이다. 이들은 최초로 불경을 한문으로 번역했다. 이 시대를 '고역(古譯) 시대'라고 한다. 또한 '격의불교(格義佛敎)'라고도 했다. 격의불교는 당시 불교의 교리를 중국인에게 쉽게 이해시키기 위해 그들이 익숙한 전통 사상의 언어로 번역한 것을 말한다. 예를 들어, 반야(般若) 사상의 '공(空)'을 도가의 '무(無)'로, '열반'을 '무위(無爲)'로 번역했다. 이런 식의 번역은 불교에 대한 오해와 왜곡을 불러일으킬 수도 있었다. 이 문제를 본격적으로 제기한 승려가 '도안(道安)'이다. 특히 초기 불교에서 중요한 것이 교단 정비인데 이를 위해 제대로 된 율장(律藏, 승려집단의 계율을 정리한 경전)의 번역이 시급했다. 그래서 도안은 당시 황하 유역을 정복하고 천하통일 꿈꾸던 전진(前秦)의 왕 부견(符堅)에게 실크로드 쿠차의 구마라집을 장안(長安)으로 데려와 달라고 부탁한다. 부견도 곧 동의했다.

왜 부견은 멀고 먼 쿠차에 있는 구마라집을 군대까지 파견해 데려올 생각을 했을까? 당시 황하 유역(전통적인 중원지역)은 북방 유목민족이 지배하고 있었다. 이 시대를 '5호 16국 시대'라고 한다. 흉노(匈奴), 갈(羯), 선비(鮮卑), 저(氐), 강(羌)이라는 다섯 민족이 16개의 나라를 세운 시대를 말한다. 부견은 저(氐)족 출신이었다. 부견의 전진은 북방 중원지역을 잠깐동안 통일했다. 이후 다시 이 지역을 통일한 왕조는 선비족 출신의 북위(北魏)였고 잠시 북위가 분열해 북주(北周)와 북제(北齊)로 양분되었다. 이들 북방의 국가들 모두는 황실과 지배계급이 대부분 북방 유목민족이다.

이 때문에 북방의 국가들은 모두 불리한 점이 있었다. 소수의 유목민족이 다수의 한족 농민들을 다스려야 한다는 것이었다. 그래서 그들은 '호한체제(胡漢體制)'라는 정치·사회적인 개혁을 진행했다. 형벌과 행정에 관한 법규를 제정 반포하는 '율령제', 토지를 균등하게 분배하는 '균전제' 등을 시행했다. 궁극적인 목표는 호한 양민족을 통합하는 것이었다. 하지만 이것만으로는 부족했기 때문에 신흥종교인 불교를 주목했다.

이전부터 유목민족은 불교를 많이 믿었고 한족에게도 급속도로 전파되고 있었다. 그래서 유목민족의 황제들은 자신이 현세(現世)의 부처라고 자처하며 불교를 통치 수단으로 삼으려 했다. 그 상징이 북위의 수도였던 산서성 대동(大同)시에 위치한 운강석굴(雲崗石窟)에 즐비하게 서 있는 거대한 석조 불상들이다. 바로 이 불상의 모델이 북위의 역대 황제였다. 이 때문에 부견은 '구마라집'이 꼭 필요했다.

이제 구마라집에 대해 알아보자. 그는 어떻게 국제적으로 유명한 인물이 되었고, 어떤 연유로 장안까지 오게 되었을까?

구마라집의 아버지는 인도인 구마라염(鳩摩羅炎, Kumārāyana)이다. 그는 인도의 카스트에서 최상층 계급인 브라만(婆羅門)이었고 재상 집안에 태어났다. 구마라염은 장차 재상이 될 사람이었다. 그러나 모든 것을 포기하고 출가해 불교 승려가 되었다. 그 후 포교를 위해 히말라야산맥 넘어 실크로드의 쿠차(龜玆)국으로 갔다. 쿠차국의 왕은 그를 국사(國師)로 맞이했다. 그런데 국왕의 누이동생인 지바카(耆婆, Jīva)가 구마라염을 좋아해 왕이 나서 그 둘을 부부로 맺어주었다. 그래서 태어난 아이가 구마라집(Jiūmóluóshí)이다. 구마라집이 일곱 살이 되자 어머니가 돌연 출가를 선언하고 어린 아들과 함께 서북 인도 카슈미르(계빈 罽賓)에 있던 반두달다(槃頭達多)로 떠났다. 여기서 처음에는 소승불교를 배웠다. 하지만 일 년 뒤 대승불교로 전향했다. 이렇게 구마라집은 어머니와 함께 서북 인도와 서역의 여러 나라를 다니며 불교를 배웠다. 20살 때는 더는 배울 것이 없었고 이론으로는 누구도 넘볼 수 없는 수준에 올랐을 정도로 명성이 드높았다. 그러자 어머니는 아들에게 "장차 동토(東土, 즉 중국)로 가 불교를 포교하라"라고 말하고 그를 떠났다. 혼자 남은 구마라집은 약 20여 년을 대승불교 연구에 정진했고 그 명성이 중국까지 퍼졌다. 이런 구라마집을 데려오기 위해 전진 왕 부견은 여광(呂光) 장군에게 7만의 병력을 이끌고 서역의 쿠차까지 원정을 다녀오도록 했다. 장안에서 쿠차까지 거리는 약 7,500여 리(3,000km)에 이른다. 여광의 원정군 서역의 도시국가들을 차례차례 점령하며 서쪽으로 향했다. 그런데 부견 왕에게 큰 문제가 생겼다. 여광의 원정군이 출발한 후 남조 동진에 대한 정벌 전쟁에도 나섰기 때문이다. 시기상조라고 반대하던 한족 출신 재상 왕맹(王猛)이 죽자마자 무려 87만 대군이 남쪽으로 출정했다. 동진은 재상 사안(謝安)이 전권을 가지고 있었고 조카 사현(謝玄)에게 8만의 병력으로 전진군을 방어하라고 했다. 전진군과 동진군이 맞붙은 곳은 비수(淝水)였다. 비수는 황하와 장강(長江, 양자강) 사이에 있는 회하(淮河)의 지류이다.

여기서 8만의 동진군이 87만의 전진군을 격퇴하는 기적이 일어났다. 동진의 사현이 강을 사이에 두고 싸울 수 없으니 자신들이 강을 건너 싸울 수 있는 공간을 내어 달라고 요청했다. 이 요청을 받아들인 부견이 전진군이 조금씩 뒤로 물리는 중 엄청난 사건이 터졌다. 그때 전진군에 포로로 잡혀 있던 동진의 주서(朱序)가 "패배했다! 후퇴!!"라고 소리쳤고 이 말에 겁을 먹은 일부 전진 병사가 도망치기 시작했다. 부견과 군 수뇌부가 뒤늦게 상황을 파악하고 "정지", "정렬"을 외쳤지만 이미 걷잡을 수 없었다. 동진군의 공격으로 죽은 병사보다 겁먹고 도망치다 서로 엉켜 넘어져 죽은 병사들이 더 많을 정도였다. 결국 동진군은 대열이 무너지며 동진군에 대패했다. 이 전쟁을 '비수 전투' 또는 '비수 대전'이라 한다. 살아 돌아간 전진의 군사는 겨우 10만 명이었다. 이런 최악의 상황에서 선비족의 모용수(慕容垂) 등이 반란을 일으켰다. 이 반란으로 나라는 여러 개로 쪼개졌다. 강족의 요장(姚萇)이 왕 부견을 죽이고 후진(後秦)을 세웠다.

한편, 여광의 7만 대군을 맞은 쿠차국왕 백순(白純)은 다른 오아시스 도시국가처럼 항복하지 않았다. 하지만 대군을 막을 수 없었던 쿠차국은 패망했고 구마라집은 포로로 잡혔다. 그런데 구마라집 신분이 왕의 초대를 받은 귀빈이 아닌 전쟁 포로로 묶여 끌려간 이유는 여광이 불교도가 아니고 성격도 잔학한 자였기 때문이다. 여광은 구마라집을 묶어서 말에 태우고 가다가 강제로 떨어 뜨리곤 했다. 심지어 구마라집을 강제로 파계(破戒)하도록 만들었다. 패망한 쿠차국 공주(집안의 조카)와 강제 결혼을 요구했다. 이를 거절하면 공주를 죽이겠다고 협박했다. 어쩔 수 없이 구마라집은 공주와 동침하고 파계(破戒)했다. 그렇게 중국으로 끌려갔다.

귀국하던 여광은 부견 왕이 죽고 나라가 망했다는 소식을 듣고 하서회랑(河西回廊, 실크로드 시작 지역, 지금의 감숙성)의 양주(涼州)에 후량(後涼)이라는 새로운 나라를 세우고 자신이 왕이 되었다. 구마라집도 후량에서 억류된 채로 17년을 보냈다. 이때 그는 중국 민중을 만나면서 중국어와 한문을 배웠다. 이 덕분에 그는 중국인의 삶과 마음을 제대로 이해하고 불경을 한문으로 번역하는 작업도 시작할 수 있었다.

다시 반전이 시작되었다. 전진의 뒤를 이은 후진도 구마라집이 필요했다. 당시 후진의 왕은 요장의 맏아들 요흥(姚興)이었다. 그런데 요흥이 구마라집을 국사로 초빙했지만 중간에서 후량이 막고 나선 것이다. 요흥은 군대를 파병해 후량을 패망시켰다. 결과적으로 구마라집을 얻으려는 자들 때문에 두 나라가 멸망했다.

후진의 수도 장안에 도착한 노년의 구마라집 앞에 새로운 환경이 기다리고 있었다. 후진의 요흥은 궁중에 대규모 역경장(譯經場)을 건설했다. 서명각(西明閣)과 소요원(逍遙園)을 건립해 경전 번역을 위한 모든 편의를 제공했다. 여기서 1~3천여 명의 승려가 경전 번역 작업에 동참했다. 요흥이 직접 참석하기도 했다.

번역 방식은 구마라집이 인도 경전을 중국어로 풀어 말하면 그것을 받아 적어 원고를 만들었다. 이 원고를 다시 윤문과 교열 작업을 거쳐 한문으로 된 불교 경전 완성했다. 대략 35부 348권의 경전을 번역해 출간했다. 앞서 양주에서 번역한 것까지 합쳐 총 73부 384권의 경전을 번역했다. 이 번역으로 불교는 비약적으로 발전했다.

구마라집의 번역을 '구역(舊譯)'이라 한다. 『법화경(法華經)』, 『아미타경(阿彌陀經)』 등은 간결하면서도 명확하고 유려하게 번역된 수작으로 꼽는다. 지금도 그가 번역한 많은 경전은 동아시아의 수도승과 신자들에게 읽히고 있다. 이 중에 유명한 것이 『반야경(般若經)』에서의 명문장인 '색즉시공 공즉시색(色卽是空 空卽是色)'이다. 불교의 핵심 사상인 공(空)과 물질의 관계에 대해 가장 명쾌하게 해설했다고 평가한다.

구마라집은 번역에 대해 "이미 입에서 한 번 씹은 밥을 다른 사람에게 먹이는 것과 같다. 잘못된 번역은 원래의 맛을 잃고 심지어 구역질까지 느끼게 할 수 있다"라고 했다. 또한 "천축의 풍습은 문채(文彩)를 몹시 사랑하여 그 찬불가는 지극히 아름답다. 지금 이것을 한문으로 옮겨 번역하면 그 뜻만 얻을 수 있을 뿐 그 말까지 전할 수는 없다"라고 했다. 당시 인도의 경전은 고대 산스크리트로 만들어진 노래와 같았고 이것을 함축적인 언어인 한문으로 옮기는 어렵다는 의미이다.

이 시기 구마라집은 또다시 논란에 휘말린다. 요흥이 구마라집을 십여 명의 여인과 함께 살게 했다. 구마라집의 총명함을 잇는 후손을 생산하려는 목적이었다. 마치 품질 우수한 종마(種馬)로 취급을 한 것이다. 이 일로 구마라집은 두고두고 비난받았다. 그도 "진흙에서 연꽃이 피는데 다만 연꽃만을 취할 것이요, 진흙은 취하지 말라"고 자주 말하며 이 일로 자신이 평생 쌓아 올린 업적이 훼손될까 걱정했다.

구마라집은 죽기 전에 "내가 전한 것에 틀린 것이 없다면 내 몸이 사라진 뒤에라도 내 혀는 타지 않을 것이다"라는 유언을 남겼다. 그가 죽고 화장했지만 혀만 불에 타지 않았고 지금까지 중국 시안의 초당사 부도탑에 남아 있다.

구마라집은 경전과 혀만 남긴 것은 아니다. 승조(僧肇), 도생(道生), 승예(僧叡), 도융(道融)이라는 걸출한 제자를 배출했다. 승조는 중국인 최초로 불교의 공 사상을 이해했다고 평가 받고 있고, 도생은 돈오설(頓悟說, 한 번에 깨닫는다는 선종 불교의 핵심 사상)의 최초의 주창자라고 한다. 이 네 명을 '라집사철(羅什四哲)'이라고 한다.

중생의 마음이 바로 대승이다 『대승기신론(大乘起信論)』

『대승기신론』은 대승불교로 입문하는 개론서이다. 글의 제목에 '논'이 들어가는 것으로 알 수 있듯이 이 책의 성격은 논서 또는 논문이다. 제목은 '대승에 대한 믿음을 일으키는 논서'라는 의미이다.

대승불교(大乘佛敎)는 동아시아의 불교이다. 본 고장인 인도에서는 소수파로 존재했다가 소멸했다. 동아시아 이외 지역의 불교는 대부분 소승불교(小乘佛敎)이다. 대승과 소승으로 불린 이유는 대승불교가 소승불교를 비판하기 위해 만든 명칭이다. 그렇다면 대승불교의 핵심 사상은 무엇일까? 무엇이 소승불교보다 우월한지 대승불교의 특징을 알아보자.

『대승기신론』의 저자는 인도의 마명(馬鳴)이다. 산스크리트어로는 아슈바고샤 (Aśvaghoṣa)이다. 생몰 연대는 정확히 알 수 없지만 기원전 2세기 초에서 중엽 사이에 활동(쿠샨 왕조 3대 카니슈카 왕 시대)했다. 중인도의 동부지역 마가다 (Magadha)에서 활동한 유명한 논사(論師)였다. 논사들은 논장(論藏, 불교 이론)에 밝아서 논쟁을 통해 사상과 이론을 발전시켰다. 마명은 정통 브라만 계급이었고 협존자(脇尊者)라는 논사와의 논쟁에서 지고 불교에 귀의했다.

저서로는 『대승기신론』과 『대장엄논경(大莊嚴論經)』 등이 있다. 그는 뛰어난 시인이기도 했다. 부처의 일생을 아름다운 서사시로 정리한 〈불소행찬(佛所行讚)〉, 아난다가 아름다운 아내 순다리에 대한 사랑과 집착을 버리고 불교 수행자로 성장하는 과정을 그린 〈손타리난타시(孫陀利難陀詩)〉를 남겼다. 그리고 〈뇌타화라(賴吒和羅)〉라는 가곡을 작곡했다. 이 곡을 마가다국의 왕족 앞에서 직접 연주했고 마명의 음악을 들은 그들은 세상과 인생의 무상함을 깨닫고 출가했다고 한다. 이처럼 그는 문학뿐만 아니라 음악에도 재능이 있었다.

책의 내용은 대승불교 경전의 핵심적인 사상, 논리, 본질을 간결한 문답으로 정리한 것이다. 크게 세 부분으로 나뉜다. 「귀경술의(歸敬述意, 도입 부분)」, 「정립론체(正立論體, 본문 부분)」, 「총결회향(總結廻向, 결론 부분)」이다. 「귀경술의」는 '게송(偈頌)'으로 되어있는데, 게송은 부처의 공덕이나 불교 교리를 설명하는 4구의 시구(詩句)이다.

「정립논체」는 다시 논을 지은 이유를 밝힌 '인연분(因緣分)', 논의 주제를 제시하는 '입의분(立義分)', 제시된 주제를 자세히 풀이하는 '해석분(解釋分)', 어떻게 믿는 마음을 내어 수행할 것인가를 밝힌 '수행신심분(修行信心分)', 그리고 수행을 권하고 그 이익을 말하는 '권수이익분(勸修利益分)'으로 나뉜다.

『대승기신론』의 내용을 전통적으로 일심(一心), 이문(二門), 삼대(三大), 사신(四信), 오행(五行)으로 나누어 설명한다. 이 중에 가장 중요한 내용은 '일심'이다. 이 부분은 깨끗하고 청정한 본래의 마음인 '진여(眞如)', 이 마음이 끊임없이 움직이고 변화하는 '생멸(生滅)'로 나누어 설명한다. 일심은 '체(體)', 드러난 모양의 '상(相)', 운동 또는 작용의 '용(用)'으로 나누어 전개한다. 궁극적으로 대승에 대한 믿음을 통해 수행을 실천하도록 하는 것이 주요 내용이다.

핵심은 '중생의 마음이 바로 대승'이라 천명한 것이며 이 대승의 근원이 '진여'라는 것이다. 중생의 본래 마음이 진여이며 또한 일체 만법이 진여에 의해서 전개된다는 것이다. 이것이 '진여연기설(眞如緣起說)'이다.

『대승기신론』은 인도에서 원전은 발견되지 않았고 번역본만 남아 있다. 한역본(漢譯本)은 남조 양 무제 때 인도 출신인 진제(眞諦, Pramārtha)가 번역한 것이 있고, 다른 번역본은 후대인 당나라 무측천 황제 때 실크로드 호탄 출신의 실차난타(實叉難陀, śikṣānanda)의 것이 있다.

진제는 구마라집, 현장(玄奘)과 함께 3대 불교 번역가로 꼽히는 인물이다. 노년에 양 무제의 초청으로 중국에 왔지만 곧 엄청난 고난의 길에 들어선다. '후경(侯景)의 난'이 일어나 전란을 피해 이곳저곳으로 피난 다녔다. 피난 중에도 번역 작업을 계속했다. 결국 고난의 중국 생활을 접고 다시 인도로 가는 중에 바다에서 죽었다.

여기에 흥미로운 사실 하나가 있다. 앞서 말한 대로 『대승기신론』은 인도에 없다. 그런데 없는 경전의 번역본이 중국에 있는 것이다. 그리고 이 번역본이 거대한 불교의 흐름을 새로 만들었다. 바로 이 부분이다. 애초에 존재하지 않은 경전을 진제가 새로 창작한 것일지도 모른다는 의심을 가질 수밖에 없다.

진제는 천재 번역가라고 칭송받는 인물이다. 번역은 단순히 말과 글자를 새로운 말과 글로 옮기는 것이 아니다. 원서의 사상과 철학을 충분히 이해하고 번역하려는 나라의 사상과 철학도 통달해야 한다. 진제는 국제적으로 유명한 불교 고승이며 뛰어난 학자였기에 머나먼 인도에서 중국으로 초청한 것이다. 진제는 중국에서 새로운 불교 교파인 '섭론종(攝論宗)'을 창시했다. 섭론종은 뒤에 현장의 비판이 더해져 '법상종(法相宗)'으로 발전했다.

또한 의심스러운 것은 『대승기신론』이란 책의 내용이다. 중국의 전통 사상과 철학이 이 『대승기신론』에 녹아 들어가 있다. 실제로 '마음(心)'은 『맹자』 이래로 중국 철학사에서 가장 중요한 개념이다. 또 '체'와 '용'도 이름만 '이(理)'와 '기(氣)'로 바꾸면 성리학의 핵심 개념과 거의 같다.

역사는 『대승기신론』에 큰 가치를 부여였다. 6세기 이후 동아시아 불교계에 엄청난 영향을 미쳤다. 『대승기신론』 덕분에 누구나 대승불교를 배우고 불교에 귀의했고 대승불교가 이론적으로 발전할 수 있었다.

유명한 고승과 학자들은 앞다투어 『대승기신론』의 해석서를 발표했다. 그중에서도 중국의 법장(法藏)이 쓴 『대승기신론의기(大乘起信論義記)』가 유명하다. 법장은 '현수(賢首)대사'라고도 하며 화엄종(華嚴宗)의 3대 조사로 화엄종을 크게 발전시켰다. 그래서 화엄종을 '현수종'이라고도 한다. 화엄종이 정치·사회적으로나 역사적으로 중요한 가치를 지니는 이유는 거대한 통일제국인 당나라에 불교의 이론을 제공했기 때문이었다. 통일신라 시대의 화엄종도 비슷한 가치를 지녔다. 또한 지의(智顗)가 개창한 천태종(天台宗)도 약 400년 만에 통일제국 수나라에 화엄종과 같은 중요한 역할을 했고, 고려의 천태종도 후삼국을 통일한 고려 왕실에 중요한 통치 명분을 제공했다.

한국에서는 신라의 원효(元曉)가 발표한 『대승기신론소(大乘起信論疏)』가 중요한 가치를 지닌다. 이 책이 나오자마자 신라는 물론 당나라와 일본까지 큰 반향을 일으키며 주목받았다. 일본에서는 여러 번 재출간 되었다. 20세기 초 실크로드 돈황(敦煌)에서 고문서가 무더기로 발견되었다. 여기에 『대승기신론소』의 8~10세기 필사본이 있었다. 신라의 원효가 죽은 지 100년이 지난 후에 먼 나라인 돈황에서 누군가가 원효의 『대승기신론소』로 대승불교를 공부했다는 것이다. 중국 불교계에서는 『대승기신론소』를 '해동소(海東疏)'라고 한다.

중국에서 인도까지 구법 여행 『대당서역기(大唐西域記)』

구마라집이 번역한 책을 읽는 것만으로 만족하지 못한 승려가 있었다. 그래서 더는 못 견디고 직접 불교의 고향 인도로 가는 '구법승(求法僧)' 대열에 뛰어들었다. 그가 바로 현장(玄奘, 삼장법사)이다.

그런데 당시 중국에서 인도로 여행을 하는 것은 쉬운 일이 아니었다. 불타는 사막을 지나야 했고 몸이 얼어붙을 것 같은 거대한 산맥과 고원들을 넘어야 했다. 아니면 거친 바다의 파도를 헤치며 가야 했다. 이뿐만 아니라 온갖 해충과 야수 그리고 도적 떼가 있는 지역도 거쳐야 했다. 몸에는 장삼과 가사 한 장 걸치고 공양에 필요한 바루(鉢盂)와 최소한의 소지품을 등에 메고 가야 하는 목숨을 건 모험이었다. 그리고 마침내 도착한 인도는 거대한 대륙이다. 무덥고 습하며 문화 풍습도 전혀 다른 세계였다. 우호적인 사람을 만나면 시주를 받고 아니면 기약도 없이 굶어야 하는 탁발승(托鉢僧)의 처지였다. 때로는 강도를 만나 죽을 수 있다. 이 때문에 끝내 돌아오지 못하는 경우도 많았다. 이렇게 인도에 간 승려를 구법승이라 하는데 그들이 남긴 글을 보자.

> 사하(沙河)에는 악령(惡靈)과 뜨거운 바람이 많이 있어서,
> 모두 죽고 단 한 명도 그 목숨을 보전하지 못했다.
> 하늘에는 새도 날지 않고 땅에는 뛰는 짐승도 없다.
> 멀리 보아도 눈 닿는 데 없고, 갈 곳도 알지 못한다.
> 다만 죽은 자의 해골이 이정표가 될 뿐이다.
>
> _법현(法顯)

그대는 서역이 멀다고 한탄하고, 나는 동쪽 길이 멀다고 탄식한다.

길은 거칠고 고개에 엄청난 눈 쌓였는데, 험한 산골엔 도적 떼가 날뛰는구나.

새는 날다가 가파른 산 높이에 놀라고, 사람은 굽은 나무 의지하며 어렵사리 넘어가노니, 평생 눈물을 흘리지 않았건만, 오늘은 하염없이 떨어지누나.

_혜초(慧超)

앞의 글은 동진의 승려 법현이 인도로 구법 여행을 다녀와 남긴 『불국기(佛國記)』에 담겨있다. 돈황(敦煌)에서 '흐르는 모래사막'을 건널 때의 모습이다. 그는 61세에 최초로 파미르고원을 넘어 인도로 갔고 돌아온 길은 바닷길이었다. 그렇게 15년 동안 30여 개 나라를 다녀왔다.

뒤의 글은 신라 출신 혜초가 남긴 『왕오천축국전(往五天竺國傳)』에 있는 5언 율시(律詩) 5편 중 하나이다. 돌아오는 길에 서역으로 떠나는 중국 사신을 만나 쓴 시이다. '오천축국'이란 인도 대륙의 다섯 지역이라는 의미(당시에는 강력한 통일제국이 없었음)이다. 그리고 가는 길에 있는 중앙아시아 실크로드와 서쪽의 페르시아(이란)까지 다녀왔다. 『왕오천축국전』은 현장의 『대당서역기(大唐西域記)』, 일본 엔닌(圓仁)의 『입당구법순례기(入唐求法巡禮記)』와 함께 '동아시아 3대 여행기'로 평가받는다. 모두 당나라 때 여행기이다. 혜초가 남긴 이 책은 오랫동안 잊혔으나 20세기 초 돈황의 막고굴(莫高窟) 장경동(藏經洞)에서 프랑스인 폴 펠리오(Paul Pelliot)가 발견해 약탈하다시피 가져가 세상에 알려졌다. 이렇게 죽음을 무릅쓰고 구법 여행을 다녀온 승려는 2세기부터 8세기까지 총 131명이고 이 중에 한반도 출신은 혜초를 포함해 11명이다.

이중 가장 유명한 승려가 현장이다. 속명은 진위(陳褘)이고 고향은 낙양 동쪽 구씨현(緱氏縣)이다. 13세에 낙양 정토사(淨土寺)에서 출가했다. 뛰어난 재능(특히 언어)이 있어서 이미 20대에 중국에서 스승을 찾기 어려웠다고 한다. 아마도 이것이 아마도 인도행의 이유였을 것이다. 특히 '유가사지론(瑜伽師地論)'을 배우고 싶어 했다. 유가사지론은 오늘날의 요가(yoga)처럼 수행하는 유가종(瑜伽宗) 또는 유식종(唯識宗)의 학문이다.

현장은 27세에 인도로 떠났다. 그러나 이는 법을 어기는 일이었다. 이때 당나라는 내부적으로 '현무문의 변(玄武門之變)'이란 사건으로 혼란스러웠다. 현무문의 변은 당 태조 이연(李淵)의 차남 이세민(李世民)이 수도인 장안의 현무문에서 친형인 태자 이건성(李建成)과 동생 이원길(李元吉)을 죽이고 황제인 아버지를 별궁에 유폐한 사건이었다. 그리고 2대 태종 황제가 되었다. 그런데 당의 북쪽에는 강력한 돌궐(突厥)이 있었다. 만약 내부의 권력투쟁으로 생긴 위험 요소가 외부의 적과 연결된다면 걷잡을 수 없는 상황에 놓일 수 있었다. 이 때문에 입출국을 불허했다. 일종에 비상계엄령이 국경 관문인 옥문관(玉門關)에 내려져 있었다. 현장은 이런 상황에서 몰래 출국한 것이다.

출국 후 어렵게 여정을 이어가다가 서역의 고창국(高昌國)에 도착했다. 고창국의 왕 국문태(麴文泰)는 현장을 극진히 대접했고 강연도 들었다. 하지만 떠나려는 현장을 "제발 계속 남아 달라"라며 붙잡았다. 현장은 단식 투쟁까지 하고 겨우 떠날 수 있었다. 그리고 반드시 돌아오는 길에 고창국을 방문하겠다고 약속했다.

인도에 도착한 현장은 가장 먼저 그가 그토록 원했던 '유가사지론'을 배웠다. 스승은 나란다 사(寺)의 명예총장에 해당하는 계현(戒賢, Silabhadra)이다. 이때 계현은 이미 100세가 넘은 나이였다. 계현의 꿈에 나타난 관세음보살이 앞으로 중국에서 대법사(즉 현장)가 올 것이라고 예언했다고 한다. 그래서 병이 있었지만 20년 동안 현장을 기다렸다는 불교 설화가 있다. 이렇듯 현장은 불교에서 전설과도 같은 인물이다.

인도에 도착한 현장은 나란다 사에서 최고의 예우를 받으며 대승과 소승, 힌두교, 자이아나교와 같은 다른 종교까지 폭넓게 공부했다. 이후 나란다 사의 대표로 성장하고 있던 힌두교의 논사(論師)와 토론을 벌여 승리했다. 그리고 나쁜 소견을 깬다는 『파악견론(破惡見論)』을 집필했다. 또 갈야국사국(羯若鞠闍國) 계일왕(戒日王, Hārsha왕)의 무차대회(無遮大會, 승려와 속가인 모두 참석하는 불교 법회)에 참석했다. 18개국 왕과 6,000여 명의 승려, 타 종교 대표자 등과의 논쟁에서 5일 만에 승리했고 18일 동안 아무도 그에게 도전하지 못했다. 이렇게 현장은 인도 대륙 최고의 불교 논사가 되었다.

그리고 현장은 다른 구법승처럼 불교 4대 성지를 순례했다. 4대 성지는 부처가 태어난 '룸비니(Lumbini, 네팔 남부)', 득(성)도한 '부다가야(Bodhgaya, 인도 북동부 비하르주)', 처음 설법한 '사르나트(Sarnath, 녹야원, 인도 북부 우타르푸라데시주)', 열반에 들어간 '쿠시나가라(Kushinagar, 인도 힌두스탄 평야)'이다.

그런데 순례지에는 인도 남부 바다 어딘가에 있다는 보타락가산(補陀洛迦山, potalaka)이 있다. 보타락가산이 중요한 이유는 불교에서 관세음보살(觀世音菩薩)이 있다는 성지이기 때문이다. 관세음보살은 관자재(觀自在)보살, 관음(觀音)보살 등으로 불린다. 누구든 고통에 빠졌을 때 그의 이름을 부르면 반드시 나타나 구해주고 언제든 자유자재로 몸을 바꾸어 다양한 상황에서 중생을 구제할 수 있다. 이런 민중 친화적인 모습으로 인기가 아주 많았다. 티베트의 달라이 라마는 관세음보살의 화신이며 중국 남부 절강성의 보타산(普陀山)은 관세음보살의 성지이다. 한국은 삼면 바다에 관음보살 성지가 있다. 양양의 낙산사, 남해 보리암, 강화 석모도 보문사이다. 고려 불화에서도 가장 인기가 많은 주제가 〈수월관음도(水月觀音圖)〉이다. 불화 속 관음보살은 보관(寶冠)을 쓰고 한 손에는 목마른 중생에게 줄 감로수(甘露水)가 든 정병, 다른 손에는 연꽃(버드나무 가지)을 들고 앉아 있는데 선재동자(善財童子)가 찾아와 선지식(善知識)을 묻는 장면으로 구성되어 있다. 한편 일본에도 후다라쿠산지(補陀洛山寺, 와카야마현) 등의 관음보살 성지가 있다.

이제 현장은 귀국 길에 올랐다. 이때 657종의 경전을 520상자에 담고, 150과의 불사리(佛舍利, 부처의 유골)와 중요한 불상을 모사한 7구의 작은 불상을 들고 출발했다. 어마어마한 짐을 들고 무사히 돌아올 수 있었던 이유는 여러 나라의 도움 덕분이었다. 갈 때와 달리 인도에서 알려진 현장의 명성이 국제적으로 큰 반향을 일으켰기 때문이다. 이 시기 당나라는 내부적 혼란을 수습하고 대외적으로 돌궐과 그 동맹국을 공격하는 등 대국으로 도약하고 있었기에 당나라 승려에 대한 대우도 이전과 달랐다.

한편, 현장이 인도에 있을 때 서역으로 가는 길에 현장을 극진히 대접했던 국문태의 고창국은 당 태종이 파견한 후군집(侯君集) 군대의 침략으로 사라졌다. 지정학적으로 보면 동쪽에 강대국 당이, 북방에 또 다른 강대국 돌궐이, 남쪽에는 신흥 토번(吐蕃)이 있었다. 이 사이에 고창국과 도시국가인 약소국이 있었다. 이 국가들은 생존을 위해 당과 돌궐에 이중으로 충성을 맹세하며 생존을 도모했다. 고창국의 왕인 국문태가 서역으로 가는 현장을 극진하게 예우한 까닭은 그가 독실한 불교 신자이기도 했지만 현장이 신흥 강대국인 당나라 출신의 고승이었기 때문일지도 모른다.

호탄(于闐國)에 도착한 현장은 우선 당 태종에게 사죄의 표문(表文)부터 올렸다. 당 태종은 현장의 표문을 읽자마자 황궁 앞 주작대로(朱雀大路, 황제 전용도로)로 모시라고 명령했다. 현장은 태종의 환대를 받으며 금의환향했다. 그 답례로 『대당서역기』를 써서 바쳤다. 현장의 여행기인 『대당서역기』는 16년 동안 1만 6천 킬로미터를 여행한 기록이다. 직접 방문한 110개국, 이야기로 들어서 알게 된 28개국에 대한 정보가 담겨있다. 이제 막 서역의 도시국가들을 정복하고 실크로드와 중앙아시아의 통제권을 확보하려는 당에 매우 중요한 자료였다. 지금은 당나라는 사라지고 없지만 『대당서역기』라는 위대한 불멸의 여행기로 우리에게 남아 있다.

　이후 현장은 계속 당 황실에서 최고의 예우를 받았다. 중국 서안에 자은사(慈恩寺)가 있다. 자은사는 태종 이후 즉위한 황제 고종이 자신의 어머니 은혜를 기리고자 세운 절이다. 현장은 이 자은사에 주석(절의 주지와 비슷한 의미)을 하며 인도의 경전을 번역했다. 19년 동안 74종, 1,335권의 경전을 번역했다. 이것을 앞선 번역과 구분해 '신역(新譯)'이라 한다. 자은사 경내의 53m 높이의 대안탑(大雁塔)은 현장이 가져온 인도의 경전을 영원히 봉안(奉安, 받들어 모심)한 곳이다.

　현장이 처음 도착해 배운 유가종은 이후 제자인 규기(窺基)에 의해 법상종(法相宗)으로 발전했다. 법상종은 화엄종(華嚴宗)과 함께 교종(敎宗, 불교 교리에 집중하는 특징)의 2대 종파로 평가받는다. 참고로 규기는 '3거 화상(三車和尙)'이라고 불렸는데 세 개의 수레에 술, 안주, 여자를 태우고 다녔다고 해서 붙은 별명이다. 신라의 원측도 현장의 제자였다. 이 두 명의 제자는 죽은 후 현장과 함께 지금의 서안 흥교사(興敎寺)에 있는 3개의 전탑(塼塔, 벽돌탑)에 나란히 묻혔다.

　현장이 지금도 대중적으로 큰 인기를 누리는 것은 두 가지 이유가 있다. 하나는 현장이 정리한 '반야심경(般若心經)'이다. '마하반야바라밀다심경~'으로 시작해 '색즉시공 공즉시색~' '~아제아제 바라아제 바라승아제 보리 사바하'로 마무리하는 독송(讀誦)이다. 지난 1,500여 년 동안 동아시아의 수많은 민중은 부처님의 가피(加被)로 고통의 바다에서 구해달라고 현장의 반야심경을 독송하며 빌어왔다.

　또 하나는 『서유기(西遊記)』이다. 원전은 명나라 오승은(吳承恩)의 소설이다. 내용은 누구나 알 것이다. 여기서 등장하는 삼장법사가 현장이다. 의미는 경을 모은 '경장(經藏)', 율을 모은 '율장(律藏)', 논을 모은 '논장(論藏)'을 합쳐 '삼장'이라 하는데 현장은 이 삼장에 모두 능통했다는 것이다. 당 태종이 내린 법호이다.

단 한 번의 깨달음으로 누구나 부처가 된다 『육조단경(六祖壇經)』

선종(禪宗)은 일반적으로 참선 수행으로 '깨달음'을 얻는 것을 지향하는 불교 종파로 불교 교리 연구를 중심에 두는 교종(敎宗)과는 다르다고 말한다. 여기에 동아시아 전체의 역사와 문명이란 시각에서 보면 더 큰 가치를 부여할 수 있다.

전혀 다른 세계인 인도에서 약 2,000년 전 중국에 전파된 불교는 오랜 세월 많은 우여곡절 끝에 중국화에 성공했고 전혀 새로운 중국불교로 거듭 태어난 것이 '선종'이다. 이 선종이 당나라 중·후반기부터 5가 7종(五家七宗)으로 크게 발전했다. 5가는 위앙종(潙仰宗), 임제종(臨濟宗), 조동종(曹洞宗), 운문종(雲門宗), 법안종(法眼宗)이고, 여기에 송나라 때 임제종이 분화한 황룡파(黃龍派), 양기파(楊岐派)까지를 합해 7종이라 한다.

이 선종은 한국, 일본, 베트남 등으로 전파되었다. 신라 말 고려 초에 형성된 구산선문(九山禪門)으로 발전했고 오늘날 조계종(曹溪宗)으로 성립되었다. 일본도 중세 때부터 임제종과 조동종이 발달했다. 베트남도 선종이 유입되어 발달했다. 최근 시인과 평화운동가로 이름이 높은 틱낫한(Thích Nhất Hạnh/釋一行) 승려도 임제종이라 알려져 있다. 이처럼 선종은 전형적인 동아시아 불교이다.

선종 역사에서 유명한 승려가 혜능(惠能)이다. 이 혜능의 일생과 깨달음, 역대 선종의 역사 등을 정리한 책이 『육조단경』이다. 이 책은 오랫동안 선종의 교육용 입문서로 사용되어 왔다. 이 책이 교육용이라는 것은 제목에 있는 '단'자를 보면 알 수 있다. 단은 새로 불교에 입문한 제자들(재가 신도 포함)이 평생 지켜야 할 불교 계율을 받는 수계(受戒)의식을 하는 자리이다.

혜종이 선종의 6번째 조사(祖師, 선종에서 뛰어난 행적을 남긴 스승)라고 해서 '육조'라고 한다. 그렇다면 1대부터 5대까지 혜능 이전의 유명한 선배 조사에 대해 알아보자.

1대 조사가 그 유명한 달마(達磨)이다. 남북조 시대 외국에서 누군가 온 것은 분명해 보인다. 많이 알려진 보리달마(菩提達磨, Bodhidharma)는 일반적으로 남인도 향지국(香至國) 왕자 출신으로 알려져 있다.(다른 이론도 많다) 특징은 얼굴에 털이 많고 눈은 크게 부릅뜬 얼굴을 하고 있다. 보리달마는 '진리를 깨닫는다'라는 의미이다. 얼굴이 험한 것은 원래는 미남이었는데 곤륜산(崑崙山)의 신선이 바꿨고, 눈은 숭산(嵩山)의 소림사(少林寺)에서 9년 동안 벽을 보고 좌선하다가 졸음을 쫓기 위해 눈꺼풀을 잘랐기 때문이다. 그럼에도 달마의 외모는 인기가 높아 그림으로 많이 그렸다. 조선의 김명국(金明國)이 그린 달마도가 유명하다.

달마는 중국에 와서 남조의 유명한 불교 군주인 양(梁)나라 무제를 만난 이야기가 유명하다. 이때 무제가 "천 개의 절을 짓고, 천 개의 탑을 쌓고, 2만여 명의 스님에게 공양했다"라고 공덕을 자랑하자 달마는 "공덕이 없다"라고 크게 꾸짖었다고 한다.

무제는 후대에 지나치게 불교를 숭배해 나라를 망쳤다고 비판받는 인물이다. 군주로 재위한 50년 동안 승려처럼 살았다. 툭하면 황제 자리를 내놓고 머리 깎고 절로 들어가 버렸다. 그러면 대신들이 거금을 절에 바치고 다시 데려와 황제 자리에 앉혔다. 불교 군주로서 모범을 보이는 것을 통치 수단으로 여겼을 수는 있다. 그렇게 불성실한 황제는 말년에 후경(侯景)의 반란으로 감금되어 굶어 죽었다. 이 반란으로 나라는 거의 망하고 무고한 수도 건강(建康, 현 남경南京)의 시민들은 죽거나 고통받았다.

이런 양 무제에서 벗어난 달마는 갈대를 타고 황하를 건너 숭산의 소림사에서 좌선 수련을 했고 소림사 권법도 창시했다고 한다. 그를 미워한 자들이 여러 번 독살하려 했지만 모두 실패했다. 마지막에는 그냥 귀찮아 그 독을 먹고 죽었는데 3년 후 짚신 한 짝을 무덤에 남기고 '부활'해 인도로 돌아갔다고 한다. 그래서 사라진 달마의 육신은 이후에도 많은 이야기를 양산했다.

다른 이야기는 역사에 남아 있는 기록이다. 북위의 양현지(楊衒之)가 쓴 『낙양가람기(洛陽伽藍記)』에 달마가 등장한다. 『낙양가람기』는 전란으로 피폐해진 낙양의 모습, 당시 정치, 불교에 관한 중요한 기록이 담겨있다. 당시 낙양 최대 사찰인 영녕사(永寧寺)의 목탑을 달마가 보고 이 세상에 다시 없을 훌륭한 탑이라고 감탄했다는 기록이 있다. 앞의 전설과 같은 이야기와 다른 것은 두 가지이다. 하나는 달마의 출신국이 인도가 아닌 파사국(波斯國, 페르시아)라는 것이고, 다른 하나는 양 무제가 활약하던 시기보다 약 50년 이상 차이가 난다.

그러나 불교사에서는 분명하게 선종의 1대 조사가 달마이다. 그가 소림사에서 수련한 것도 사실로 보인다. 분명한 것은 달마가 2대 조사인 혜가(慧可)에게 『능가경(楞伽經)』과 의발(衣鉢, 스승이 입던 옷과 먹던 밥그릇)을 주는 선종의 의식으로 '법통'을 넘겼다고 한다.

혜가와 달마의 유명한 일화가 있다. 이 스승과 제자의 첫 만남은 장엄하다. 눈이 펑펑 내리는 어느 날 혜가는 한쪽 팔을 스스로 자르고 피 흘리며 눈밭에 꿇어 불법(佛法)을 구했다는 일화이다. 또 다른 유명한 일화는 혜가가 "마음이 편하지 못합니다. 마음을 편하게 해주십시오"라고 하자, 달마는 "그 마음을 가져와라. 그러면 편하게 해주겠다"라고 했다. 혜가가 다시 "마음을 찾을 수 없습니다"라고 하자, 달마가 "너의 편치 못한 마음을 찾을 수 없다면 이미 편해졌도다"라고 다시 답했다. 이것이 바로 '안심법문(安心法門)'이다.

위의 달마와 혜가의 일화에서는 이전의 불교가 '진리'를 말해왔다면 선종은 갑자기 '마음'을 말하고 있다. 그것도 '나(너)의 마음'이다. 심지어 이 달마와 혜가의 선문답(禪問答)은 유교의 『맹자(孟子)』가 말한 '잃어버린 마음(放心)'이 연상된다. 그리고 유교 경전 서경(書經)의 '인심도심(人心道心)'도 생각난다. 이 때문에 선종은 그냥 불교가 아닌 '중국불교'라고 하는 것이다. 물론 『맹자』의 마음은 선(善)이며 불인지심(不忍之心)과 같은 네 가지 단서(四端)이고, 선종의 마음은 '불성(佛性)'이다. 이 불성은 모든 생명체 어디에나 있다. 내 안에 있는 그 불성을 깨달으면 누구나 부처가 된다는 것이다. 혜가 이후로 3조 승찬(僧璨), 4조 도신(道信), 5조 홍인(弘忍), 그리고 6조 혜능으로 선종의 법통이 이어진다.

오늘날은 당연히 선종의 6조가 혜능이지만 당시에는 꼭 그렇지 않았던 것 같다. 홍인의 10대 제자에는 혜능도 있지만 신수(神秀)라는 더 걸출한 인물도 있었다. 신수는 이 홍인의 교단에서 수석 제자였고 오늘날 실질적인 선종의 개창자라고 평가받는 인물이다. 정치·사회적으로 당시 더 높은 위상을 지녔다. 역사상 유일한 여성 황제로 유명한 무측천(武則天, 흔히 측천무후라고 함)의 요청으로 국사(國師)가 되어 장안과 낙양이라는 당시의 양대 수도에서 활동했다.

반면, 혜능은 태어나길 중국 남쪽 끝 신주(新州, 당시 광동성)에서 태어났고 나무를 짊어지고 팔러 다녔다는 기록을 보아 매우 곤궁한 삶을 살았다. 우연히 금강경(金剛經) 독경 소리를 듣고 출가를 결심해 5조 홍인을 찾아가 입문을 청했다고 한다. 그러나 이때 홍인은 인종과 지역 차별이 담긴 말을 했다. "너는 남방 오랑캐인데 불성(佛性)을 알겠느냐?"라고 했다. 정확히는 영남(嶺南) 지방 갈료(獦獠)족라고 했다. 영남은 강서성과 광동성의 경계 지역에 있는 대유령(大庾嶺) 산맥 이남을 말한다. 갈료족은 당시 원주민을 말하는 듯하다. 혜능은 명쾌하게 "사람은 남북이 있지만 불성에는 남북이 없다!"라고 답한다. 그래서 혜능은 홍인의 절에 남았지만 방앗간에서 고된 노동을 해야 했다. 그런 중 다시 그의 지혜가 돋보이는 순간이 왔다.

홍인이 후임 6대 조사를 뽑아 자신의 의발을 넘기겠다고 '게송(偈頌, 외기 쉽게 게구(偈句)로 지어 부처의 공덕을 찬미하는 노래)'했다. 이에 또 다른 제자 신수는 이런 게송을 써서 벽에 붙여 놓았다.

몸은 보리수나무요, (身是菩提樹,)

마음은 맑은 거울의 바탕이로다. (心是明鏡台.)

언제나 부지런히 닦고 닦아서, (時時勤拂拭,)

먼지가 끼지 않도록 해야겠네. (莫使惹塵埃.)

신수의 게송을 본 다른 제자들은 칭찬했으나 홍인은 조금 부족하다고 생각했는지 다른 게송을 지어 올리라고 했다. 방앗간에서 일만 하던 혜능은 글을 몰라서 다른 사람에게 자신의 게송을 적게 했다. 글은 모르지만 이미 마음속에 불성을 깨쳤다는 의미이다.

보리는 본래 나무가 아니요, (菩提本无樹,)

밝은 거울 역시 있을 수 없다. (明鏡亦非台.)

본래 아무것도 없으니, (本來无一物,)

어디서 먼지를 닦을 것인가. (何處惹塵埃.)

이 게송을 보고 홍인은 마음속으로 혜능을 후계자로 정했지만 그를 크게 질책하며 가치 없는 게송이니 지워버리도록 했다. 그러나 한밤중에 몰래 혜능을 불러 달마의 승복과 탁발 그릇을 물려줬다. 이렇게 혜능은 선종의 6대 조사가 되었다.

신수와 혜능은 활동했던 지역이 서로 너무 멀어 부딪칠 일이 없었다. 신수는 북방 수도 낙양과 장안에서, 혜능은 먼 남쪽 바닷가 광동성 소주(韶州)의 조계산(曹溪山)에 있는 남화선사(南華禪寺) 혹은 보림사(寶林寺)에서 활동했다. 이 시기 유명한 일화가 있다.

광동성으로 돌아온 혜능은 바로 절로 들어가 승려가 되지 않고 한동안 산에서 조용히 살았다. 어느 날 절의 법회가 있어서 그도 법문을 들으러 갔다. 이때 당간지주(幢竿支柱)에 걸린 깃발이 바람에 나부끼자 누군가는 "바람이 움직인다"라고 했고, 다른 누군가는 "깃발이 움직인다"라고 했다. 이때 혜능이 나서서 "바람이 움직이는 것도 아니고 깃발이 움직이는 것도 아니다. 마음이 움직인다"라고 말했다. 이 일로 사람들이 그를 알아보며 불법을 청했다고 한다. 이렇게 본격적인 선종의 포교 활동을 시작했다. 그의 선종을 남종선(南宗禪)이라고 한다. 이렇게 북방의 북종선(北宗禪)과 분화되었다. 혜능은 76세까지 활동하다 입적했고 지금은 남화선사에 등신불(等身佛, 사람의 크기와 같게 만든 불상)로 남아 있다.

그런데 누가 선종의 6대 조사인지, 남종선과 북종선은 어떻게 다른 것인지, 당시에는 큰 문제가 아니었다. 이 둘의 차이점은 불성에 대한 '깨달음에 도달하는 방법'이다. 남종선은 '돈오(頓悟)'를, 북종선은 '점오(漸悟)'를 주장했다. 돈오는 '단 한 번(즉각)'에 깨달음을 얻는다는 의미이고, 점오는 '점진적인 수련'으로 깨달음을 얻는다는 것이다. 중국 및 동아시아의 문화에서는 이미 『맹자』의 성선설과 같은 사상이 뿌리내려 있었기에 돈오설이 호응이 높았을 거라고 평가한다. 이 문제를 공론화한 이는 혜능의 제자 신회(神會)였다. 신회는 불교를 처음 공부할 때 신수에게 3년 동안 배웠다. 하지만 이후 혜능의 제자가 되어 죽을 때까지 모신다. 그는 신수가 죽은 후 열렸던 무차대회(無遮大會)에서 북종선을 공개적으로 비판했다. 그 의미는 매우 심오하고 중요한 내용이었지만 그때까지는 교세가 작은 지방 종파가 저지른 소란에 불과했다. 그런데 얼마 후 소수파 남종선의 신회가 주류인 북종선을 압도하는 사건이 일어났다. 결정적인 계기는 바로 '안녹산(安祿山)과 사사명(史思明)의 반란(안사의 난)'이었다. 이 반란으로 당의 국운이 기운 것도 있지만 불교계의 판도가 완전히 뒤바뀌었다. 반은 불교 국가였던 당나라의 양대 수도(낙양과 장안)에는 대형 사찰과 고승, 불교를 후원하는 각종 세력과 그들의 기반이 집중해 있었다. 당연히 북종선도 거기에 있었다. 하지만 이 안사의 난으로 모든 것이 한순간에 모두 불타 버리고 죽거나 약탈당했다. 이 빈자리를 신회와 남종선이 차지했다.

당시 조정은 세수가 부족해지자 군비를 충당하기 위해 도첩(度牒, 승려 신분증) 장사를 했다. 그래도 해결되지 않자 신회가 나서 불교 행사를 열어 향수전(香水錢)을 걷고 조정에 헌납했다. 그러자 숙종(肅宗) 황제가 고마움의 표시로 낙양 하택사(荷澤寺)의 주석(주지) 자리를 줬다. 이때 신회의 종파를 하택종(荷澤宗)이라고 했다. 이렇게 남종선이 불교계의 주류가 된 것이다. 혜능이 죽은 후 40년 만의 일이었다.

이 남종선의 핵심 주장은 '불립문자 교외별전 직지인심 견성성불(不立文字 敎外別傳 直指人心·見性成佛)'의 16자이다. '부처의 가르침은 문자나 말이 아닌 마음으로 전하는 것이고 그 마음을 바로 보고 불성을 깨달으면 부처가 된다'라는 의미이다. 이후 남종선은 차츰 분화해 5가 7종으로 발전했다. 선의 일상성을 강조한 '마조도일(馬祖道一)', 자급자족하는 선승의 규율을 세운 '백장회해(百丈懷海)', 일화와 명언이 많은 '임제의현(臨濟義玄)' 등이 유명하다. 이후 이 남종선이 지금까지 동아시아 불교의 주류가 되었다.

제왕학의 요체 『정관정요(貞觀政要)』

『정관정요』의 주인공은 당 태종이다. 책의 내용은 당 태종과 신하인 위징(魏徵), 방현령(房玄齡), 두여회(杜如晦), 왕규(王珪) 등이 군주의 리더십, 정치윤리, 정치사상, 민생, 군사 문제 등에 관해 나눈 대화를 정리한 것이다. 당 태종은 치세 24년을 '정관의 치(貞觀之治)'라고 칭송받는 인물이다. 정관은 그의 치세 연호이며 지금까지 동아시아 군주의 모범이라고 평가받는다. 한국에서는 고구려를 침략한 인물로 부정적인 평가도 있다.

그래서 『정관정요』는 동아시아 모든 군주가 읽는 제왕학의 교과서였고 성공한 군주의 정치 요체를 정리한 책이라고 평가받는다. 『정관정요』 이외에 『대학연의(大學衍義)』, 『자치통감(資治通鑑)』, 『춘추(春秋)』, 『서경(書經)』 등도 제왕학의 교과서라고 평가받는 책들이다. 고려와 조선의 역대 왕들의 경연(經筵, 왕과 신하가 함께 하는 공부)에서 강의와 토론했던 책들이다. 책 속 대화에 등장하는 인물도 훌륭한 명신(名臣)으로 평가받는다. 당 태종의 성공도 이들의 공이 컸다.

위징은 '현무문의 변' 때 태자 이건성의 일파였고 심지어 당시 차남 이세민(당 태종)에 대한 선제공격을 주장한 인물이었다. 이후 당 태종이 포용하며 측근으로 삼았다. 평생 군주에게 간쟁(諫爭, 임금에게 옳지 않거나 잘못된 일을 고치도록 간절하게 말함)했던 인물로 유명하다. 그는 "신(臣)은 충신(忠臣) 아닌 양신(良臣, 좋은 신하) 되는 것이 소원입니다. 폭군에게 충성하다가 억울하게 죽는 것이 충신이고 현군을 만나 좋은 치세를 함께하는 것은 양신입니다"라고 소원을 말한 인물이기도 하다. 그는 좋은 군주인 당 태종에게도 충신으로서 불편한 말로 늘 간쟁했다. 고구려 원정 실패 후 철군하며 당 태종이 죽은 위징을 떠올리며 "그가 살았다면 무모한 고구려 원정은 막았을 텐데…" 하며 후회했다는 유명한 고사에도 나온다. 방현령과 두여회는 '방모두단(房謀杜斷)'이라는 고사성어로 유명하다.

'방현령이 일을 꾸미고 두여회가 일의 실행을 결단한다'라는 의미이다. 이들은 당 태종의 모사(謀士)로 유명했고 당나라 초기에 법 제도 개혁, 인재 선발 등의 많은 공적을 남겼다.

이제 『정관정요』를 쓴 오긍(吳兢)에 대해 알아보자. 그는 여성 황제인 무측천 시대에 처음 등용해 주로 사관(史官)으로 일했다. 『측천실록(則天實錄)』, 『예종실록(睿宗實錄)』, 『중종실록(中宗實錄)』 등의 편찬에 참여했다. 실록은 선대 제왕의 재위 때 일어난 사건 등을 후임 제왕이 편년체(編年體, 연대별)로 기록해 편찬한 역사책이다. 참고로 '실록'은 당 태종 때 처음 편찬하기 시작했다.

그런데 오긍이 실록 편찬에 참여한 시대를 보면 당 태종과 그 아들 고종이 죽은 후였다. 이 중에 가장 문제의 인물은 무측천 황제였다. 그녀는 고종의 황후였지만 정적과 자식들까지 죽여가며 당을 무너뜨리고 주(周)나라 황제에 올라 15년 동안 재위했다. 이것을 '무주혁명(武周革命)'이라고 한다. 예종과 중종은 모두 당 고종과 무측천의 아들이고 황위에 올랐다가 어머니 무측천에 의해 실각했다. 중종의 황후인 위(韋)씨는 자신도 시어머니(무측천)처럼 여성 황제를 꿈꾸며 전횡을 일삼았고 딸인 안락공주(安樂公主)와 모의해 남편까지 시해(독살)했다. 이처럼 정치적 혼란, 국정 문란, 황실 가족 간의 패륜범죄 등이 심각했던 시대였다. 이런 혼란을 수습하고 당나라를 다시 반석 위에 올려놓은 황제는 이들 다음 대의 황제인 현종(玄宗)이었다.

이런 시대를 경험했고 역사로도 남긴 오긍은 당연히 비판적인 태도를 견지했다. 무측천은 천명(天命)으로 황제가 된 것이 아니며 조작과 날조, 비열한 술수 등으로 권력을 차지한 찬탈자에 불과하다고 적었다. 그녀의 치세도 성 추문과 부패로 점철되었고 그녀의 아들(중동, 예종)도 단지 '혈통' 때문에 황제가 된 어리석은 암군에 불과했다고 적었다.

그래서 『정관정요』를 통해 당 초기 '정관의 치'라는 황금 시대를 이끌었던 훌륭한 군주와 그의 신하 사이의 대화를 보여주려 했다. 그리고 '(후세의 너희들) 정치, 똑바로 해라! 군주의 정치는 교활한 술수도 아니며, 훌륭한 혈통이 있다고 보장되는 것도 아니다!'라고 경고한 것이다. 오긍은 처음에 중종에게 기대해 초고본을 바치기도 했지만 완성본은 이 난세를 수습한 현종에게 바쳤다.

『정관정요』는 전 10권, 40편의 글로 구성되어 있다. 군주의 정치 요건과 근본 원리, 관리 임용과 간쟁의 중요성, 봉건제, 황실의 태자와 여러 왕에게 주는 경고, 유교의 정치윤리, 문학과 역사, 농업과 형벌, 부역과 세금, 해외 정벌과 국경 안정, 군주의 지방 순행(巡幸)과 사냥을 신중하게 할 것 등을 담고 있다.

실용적인 과학·기술 『구장산술(九章算術)』, 『제민요술(齊民要術)』, 『다경(茶經)』

흔히들 과거의 동아시아는 정신문화는 존중했지만 과학·기술을 천시해 유럽에 비해 문명이 낙후되었다고 말한다. 일부는 맞을 수도 있지만 대체로 편견이다. 이런 편견을 최초로 깨트린 유럽 학자가 쓴 책이 있다. 1954년 처음 출판된 조지프 니덤(Joseph Needham)의 『중국의 과학과 문명』이다. 책은 동아시아가 더 앞선 과학기술을 보유했다는 증거를 담고 있다.

고대 동아시아의 과학·기술을 이끌었던 책들은 오늘날처럼 순수과학을 지향하는 심오한 이론서가 아닌 바로 실전에서 누구나 사용할 수 있는 내용을 담았다. 또한 지금의 과학처럼 발전 또는 경쟁을 목적으로 존재한 것이 아니라 인간 생활에 필요한 도구 또는 어려움을 타개하는 수단이었다.

먼저 모든 과학·기술의 기초인 수학이다. 과거에는 '산학(算學)'이라 했다. 『구장산술』은 고대의 수학책이다. 한(漢)나라 때 처음 만든 것으로 추정되고 이후 수많은 수학자가 이 책의 내용을 수정·보완했다. 한국은 삼국 시대에 도입되었다. 이 시대부터 수학 즉 산학 전문 관리를 채용했다. 조선은 산학 전문 교육기관을 설치해 우수한 수학자를 배출했다. 임진왜란 때 이순신 등이 이끈 조선의 수군이 바다에서 뛰어난 함포 사격 실력을 보인 것은 바로 수학의 힘이었다.

『구장산술』의 특징도 이론을 설명하는 것보다 바로 문제 풀이로 들어간다는 점이다. 내용은 총 9개 분야 총 246의 문제이다. 이 9개 분야의 구분은 전통적으로 고대 주공(周公)이 학교 교육 과목으로 정한 육예(六藝) 중 '수(數)'를 따랐다. 구체적으로 보면 다음과 같다.

- 방전(方田) : 의미는 네모난 밭이다. 다양한 도형의 넓이를 구하는 38문제
- 속미(粟米) : 조와 쌀이란 의미이다. 곡물의 교환(또는 환율)에 관한 46문제
- 쇠분(衰分) : 비례배분이란 의미이고, 비율에 관한 20문제
- 소광(小廣) : 여러 형태의 토지의 넓이로부터 분수, 제곱근과 세제곱근, 원과 구의 넓이와 부피를 구하는 24문제
- 상공(商工) : 토목공사에 관계된 입체의 부피를 구하는 법이나 인부의 수를 계산하는 28문제
- 균수(均輸) : 균등한 조세를 위해 복잡한 비율에 대한 28문제
- 영부족(盈不足) : 일차 방정식 20문제
- 방정(方程) : 일차 연립 방정식 18문제
- 구고(句股) : 직각삼각형, 피타고라스의 정리에 관한 24문제

다음은 먹고사는 데 가장 중요한 농업기술이다. 농업 국가를 지향하는 동아

시아에서는 많은 농업 장려정책과 함께 농업기술에 관한 책을 출간했다. 고대에 가장 유명한 책은 『제민요술』이다.

저자는 남북조의 북위 때 가사협(賈思勰)이다. 『제민요술』은 전체 92편, 110,000자, 총 10권에 이르는 방대한 규모였다. 각종 농작물, 채소, 과일, 대나무 재배, 가축 사육, 어류 사육, 농산물 가공, 양조업 등의 분야를 다루고 있다. 당시 황하 지역의 밭농사 중심의 경작 상황을 반영한 책이며 벼농사 보급이 확산하기 전까지 대표적인 농업서였다. 이 책으로 당시 음식 조리법과 문화도 알 수 있다.

중국의 유명한 농업 기술서로는 『제민요술』 이전에는 한나라 때의 『범승지서(汜勝之書)』가 있었다. 이후에는 당나라 때 『사시찬요』(四時纂要), 송나라 때 『농서(農書)』, 원(元)나라 때 『농상집요(農桑輯要)』, 원·명 시대의 『왕정농서(王楨農書)』, 명말의 『농정전서(農政全書)』, 청나라 때 『수시통고(授時通考)』 등이 있다.

한악(韓鄂)이 쓴 『사시찬요』는 벼농사를 소개한 책으로 유명하다. 『농서』는 송나라 때 진부(陳旉)가 썼고 비약적으로 성장한 양자강 남쪽 강남(江南) 지역의 벼농사를 소개해 중요한 자료로 평가받는다. 특히 송나라 초기에는 베트남의 조생종 쌀이 도입되어 양자강(장강) 이남 지역에서 1년 2모작, 2년 3모작이 가능해지면서 쌀 생산이 비약적으로 성장했기 때문이다. 마지막으로 『농정전서』는 서양 선교사 마테오 리치(Matteo Ricci)에게 세례받은 가톨릭 신자인 서광계(徐光啓)가 중국 농업기술을 집대성한 책이다. 이 책들은 조선에도 수입되어 활용되었다. 국내외를 통틀어 현존하는 『사시찬요』 중 조선 최초 금속활자인 계미자(癸未字)로 찍은 가장 오래된 책이 한국에서 발견되었다.

이번에는 차(茶) 이야기다. 차에 대한 전설은 앞에 『신농씨(神農氏)』 내용에서 설명한 바 있다. 역사 기록에서 최초라고 인정받는 차는 한나라 때 감로사(甘露寺)의 승려 보혜선사(普慧禪師) 오리진(吳理眞)이 일곱 그루의 차나무를 사천성 몽산(蒙山)에서 재배하고 수확한 차이다. 이 차가 '몽정차(蒙頂茶)'이다. 이 몽정차는 당나라 때부터 황실에 공납(貢納)되었다. 한국은 대략 삼국 시대부터 차를 재배하고 마셨다고 추정한다.

정확히 알 수 없지만 차의 기원은 중국이라는 주장이 설득력이 높다. 일부는 차의 기원은 인도라고 주장하며 불교의 차 공양(供養)을 근거로 들지만 설득력은 낮다. 차를 마시는 것은 중국의 오래된 문화이고 중국과 동아시아 불교에서만 차를 공양했다. 차의 맛과 향을 고스란히 즐기기 위해서는 다완(茶碗, 도자기로 만든 찻잔)이 꼭 필요하다. 이 도자기를 전근대 시대에 만들 수 있는 나라는 세 나라밖에 없었다. 중국은 약 이천 년, 한국과 베트남은 천 년 전부터 만들었다. 일본에 도자기 기술이 퍼져나간 계기는 임진왜란 때 조선의 도공(陶工)을 대규모로 납치했기 때문이다. 유럽은 19세 초 오랜 연구와 시행착오 끝에 찾은 것이다. 이 말은 뒤집어 말하면 오백 년 또는 천 년 전에도 차를 즐겨 마실 수 있는 조건을 완벽하게 갖춘 나라는 중국, 베트남, 한국뿐이었다. 예외가 있다면 일부 나라에서 지배층들이 고가로 수입해 즐기는 정도였다.

차를 마시는 것이 상층 지배계급만이 아니라 누구나 즐기는 보편적인 문화가 된 것은 당나라 때부터이다. 도시의 거리에는 찻집이 즐비해 남녀노소, 신분에 구애받지 않고 누구나 차를 즐기는 시대였다. 이때 나온 책이 육우(陸羽)의 『다경(茶經)』이다. 전체 3권, 10편의 내용은 「상권」은 차의 기원, 차를 만드는 법과 도구, 「중권」은 다기(茶器), 「하권」은 차를 끓이는 법, 마시는 법 그리고 차 산지와 관련 문헌 자료 등을 담고 있다. 차의 기술뿐 아니라 정신, 문화, 미적인 요소까지 다루고 있다. 찻잔(다완)은 당시 월주요(越州窯, 절강성 소흥紹興 부근 가마)를 최고로 쳤다. 『다경』의 내용을 보면 "차의 색깔은 상(緗, 담황색)이고, 형(馨, 향기)은 아름답다. 입에 넣으면 쓰고 목으로 넘기면 달콤하다", "차를 끓이는 물은 산의 물(山水)을 최고로 치고, 다음은 강의 물(江水), 마지막이 우물물이다.

산수 중에는 유천석지(乳泉石池, 석회암 동굴에서 솟는 물)에서 천천히 흐르는 물을 최상급이다"라고 말한다. 그리고 차의 맛에 중요한 역할을 하는 물 끓이는 법에 대해서도 상세히 다룬다.

 책의 저자인 육우는 파란만장한 인생을 살았다. 세 살 때 버려져 절에서 자랐지만 승려가 되지 않고 연극 집단에 들어가 우두머리가 되었다. 안사의 난을 피해 절강성 북부 호주(湖州)의 경승지 초계(苕溪)에서 살았다. 초계는 좋은 차와 다기가 생산되는 곳이었다. 이곳에서 문인, 학자, 승려 등과 교류했고『다경』을 집필했다.

 참고로 당시 차는 지금의 차와 모양이 다르다. 병차(餠茶)라고 하는데 찻잎을 쪄서 맷돌로 갈아 '떡'처럼 덩어리로 건조해 보관했다. 먹을 때는 굽거나 갈아 만든 분말을 뜨거운 물에 타거나 끓여 마셨다. 지금은 찻잎을 다기에 넣고 끓인 물을 부어서 우려먹는 전차(煎茶)가 보편적이다. 일본은 말차(抹茶, 가루 차)를 많이 먹는다. 이 말차는 투차(鬪茶, 차 겨루기)가 송나라 때 궁정과 귀족, 승려 사회에서 유행했던 것인데 이를 일본이 수입해 무가(武家) 정권 시대인 가마쿠라 막부(鎌倉幕府) 때부터 유행했다. 티베트나 몽골은 전차(磚茶)를 먹는다. 이 전차는 찻잎을 '벽돌'처럼 만들어 보관했다가 소금을 넣어 다즙(茶汁)을 만든 뒤 우유에 섞어 먹는다.

시 두 구절을 삼년 만에 얻어 읊어 보니 두 줄기 눈물이 흐르네 찬란한 당시(唐詩)의 세계

'당시(唐詩)'란 당나라 때 유행하던 한시(漢詩)이다.* 이전에 유행하던 음악과 같이 즐기는 '시가(詩歌)'와 다르다. '당시'는 완성도가 높아 충분히 시 자체로도 감상할 수 있었다. 그래서 과거의 시는 고체시(古體詩)라고 했지만 '당시'는 근체시(近體詩)라고 했다. 근체시의 특징은 고도의 정형성을 추구했다는 점이다. 그리고 글자로 시를 짓는 과정은 의미뿐만 아니라 중국어 발음의 음악성까지 고려하는 작업이었고 작가만의 서정성도 담겨야 했다.

이처럼 엄격한 형식과 틀을 속에서 한 글자 한 글자 정성스럽게 고르고 다시 고치는 어려운 과정을 거쳐야 비로소 당시 한 수가 나올 수 있었다. 가도(賈島)의 시 〈자술(自述)〉은 이 어려움을 표현한 것이다.

시 두 구절 3년 만에 얻어, 한 번 읊으니 두 줄기 눈물 흐르네.
친구가 몰라주면, 가을 고향의 산으로 돌아가리.

兩句三年得(양구삼년득), 一吟雙淚流(일음쌍루류).
知音如不賞(지음여불상), 歸臥故山秋(귀와고산추).

초고를 마친 후 다시 고치고 다듬는 막바지 작업의 의미로 쓰는 '퇴고(推敲)'라는 말도 가도가 쓴 시인 〈승고월하문(僧敲月下門)〉에서 유래한 말이다.

또 다른 당나라 각계 계층의 많은 사람이 시를 썼다. 당나라 290년간 약 2,200명이 넘는 사람들이 무려 48,900수의 시를 남겼다. 그 이유는 과거제를 시행하면서 능력에 따른 신분 상승 기회가 대폭 확대되었기 때문이다. 과거 시험 문제가 시를 짓고 시를 많이 암송하고 이해해야만 답을 쓸 수 있었다. 그래서 과거를 준비하는 이들은 반드시 시를 알아야 했다. 이후 송나라 때부터는 시험과목에서 시가 빠지고 '책(策)'이라는 논설문으로 대체되었다. 문학적 재능보다는 정책적 능력을 중시하는 시대로 바뀐 것이다. 이후 시에 대한 수요는 당나라 때보다는 줄어들었다.

또 다른 이유는 사회생활에서 교제의 수단으로 시가 사용되었다. 거의 모든 애경사, 만남, 이별했을 때도 시를 써서 보냈다. 심지어 과거 시험에 떨어져 등용하지 못한 사람도 권력자에게 자신의 문학적 능력과 포부와 아부성 글이 담긴 시를 보냈다. 그들에게 추천서를 받기 위해서였다. 우리가 아는 많은 '당시'의 대가도 비슷했다. 이를 구체적으로 알 수 있는 2019년 작 〈장안12시진〉이라는 드라마의 한 장면을 소개한다. 퇴근한 재상이 마주한 자신의 책상 위에 수북이 쌓인 편지를 보고 짜증스럽게 훅 밀어 버린다. 모두가 재상의 추천서를 받기 위해 보낸 시들이다. 그렇게 그에게 편지에 아부성 시를 보낸 사람 중 하나가 그 유명한 이백(李白)이다. 이처럼 '당시'는 사회생활에 필요한 사교와 명리(名利)를 추구하는 수단으로 꼭 필요했다. 〈장안12시진〉은 시대의 사회 풍속, 문화, 정치, 경제를 이해하는 데 큰 도움이 될 만한 작품이다. 주제음악도 이백의 악부시 〈장상사(長相思, 긴 기다림)〉이다.

당나라는 유명한 시인들의 작품을 필사해 돌려보던 시대를 지나 목판으로 인쇄해 시장에서 대량으로 팔리던 시대였다. 이렇게 '당시'는 한시의 대명사로 발전했고 동아시아 문화의 정수로 이해되고 발전했다. 당이 멸망한 후에도 계속 새로운 작가가 등장해 새로운 시를 썼다. 작가별로 시선집(詩選集)을 만들기도 하고 우수한 작품 300수를 모아 시선집을 만들었다. 이 중 유명한 책이 명나라 말 이반룡(李攀龍)의 『당시선(唐詩選)』이다. 조선에서는 두보(杜甫)를 더 선호했다. 그래서 두보의 시를 한글로 번역한 『두시언해(杜詩諺解)』가 여러 번 발행되었다.

당나라 역사는 네 시기로 나눈다. 개국 시기부터 현종(玄宗) 개원(開元) 초기까지의 국운이 상승하던 약 100년간을 '초당(初唐)', 가장 화려하고 번영했던 절정기의 현종부터 숙종(肅宗)까지 48년을 '성당(盛唐)', 안사의 난 이후 국운이 하강하는 대종(代宗)부터 문종(文宗) 초반까지 50년을 '중당(中唐)', 문종부터 마지막 70년간을 '만당(晚唐)'이라고 한다. 이는 당나라 시대 역사를 구분하는 일반적인 방식인데 문학사 특히 당시도 이렇게 나눈다. 시대별 대표 시인을 보면 다음과 같다.

초당 시기는 초당 4걸(初唐四傑)이 유명하다. 왕발(王勃), 양형(楊炯), 노조린(盧照鄰), 낙빈왕(駱賓王)이다. 왕발은 〈등왕각서(滕王閣序)〉라는 사륙변려문(四六駢儷文)으로 쓰인 작품으로 유명하다. 등왕각은 강서성 양자 강변의 중국 3대 누각이다. 한위(漢魏)의 풍골(風骨)을 중히 여겨 강건하고 중후한 시를 썼던 진자앙(陳子昻)도 이 시기에 활동했다. 두심언(杜審言), 하지장(賀知章), 장구령(張九齡) 등도 유명하다.

성당 시기는 당나라 3대 시인인 시선(詩仙) 이백, 시성(詩聖) 두보, 시불(詩佛) 왕유(王維)가 활동했다. 또한 〈춘효(春曉, 봄날의 새벽)〉로 유명한 맹호연(孟浩然), 변경의 고독함과 이별, 전쟁을 노래한 〈변새시(邊塞詩)〉를 쓴 고적(高適)도 유명하다. 고선지(高仙芝) 장군의 서기였고 고적과 비슷하지만 다른 〈새외시(塞外詩, 원정으로 간 이국의 정서를 드러낸 시)〉를 잘 썼던 잠삼(岑參), 〈황학루(黃鶴樓)〉 한 수로 이백이 붓을 던지게 했다는 최호(崔顥)도 있다. 지금도 입학식, 회사 승진 등의 축하 술자리에서 인용되는 〈등관작루(登鸛雀樓)〉의 작가 왕지환(王之渙), 또 다른 변새시의 대가 왕창령(王昌齡) 등등. 이 시대는 시 문학사에서 절정기였기에 유명한 시인과 시가 많이 생산되었다.

중당 시기는 기험(奇險)하고 호방(豪放)한 기운의 장대한 시를 썼던 한유(韓愈), 자신의 이름(易)과 호(樂天)처럼 평이하고 쉬운 언어로 시를 즐겨 써서 무려

3,000여 수를 남긴 백거이(白居易)가 활동했다. 당 현종과 양귀비의 사랑을 노래한 〈장한가(長恨歌)〉는 백거이의 대표적인 장편 서사시다. 백거이는 두보처럼 시대의 모순을 비판하는 시도 많이 남겼다. 한유는 시보다 문장이 더 유명했다. 원진(元稹)과 유우석(劉禹錫)도 이 시기에 활동했다.

만당 시기는 일반적으로 시가 감상적이고 퇴폐적이었다. 또는 '애절하다'라고 평가받는 시기이다. 이상은(李商隱), 두목(杜牧), 온정균(溫庭筠) 등이 활동했다. 사천성의 여성 설도(薛濤)와 어현기(魚玄機) 등도 이 시기 유명한 시인이다. 설도는 한국 가곡 〈동심초〉의 원작자이기도 하다. 설도의 작품 〈춘망사(春望詞)〉가 원작이다. 또 시인 원진과 설도의 이별 이야기가 〈춘망사〉의 배경이라는 주장도 있다.

이 근체시를 완벽하게 구사한 시인으로 이백과 두보를 꼽는다. 이백은 이름은 백(白)이고, 자는 태백(太白)이다. 그의 어머니가 임신 중 태백성(금성)을 본 태몽 때문에 지어진 이름이다. 사천성 면주(綿州)가 고향이다. 조상은 중앙아시아 출신의 외국인이라는 주장도 있다.

두보는 이름은 보(甫)이고, 자는 자미(子美)이다. 고향은 하남성 공(鞏)현이다. 그를 두공부(杜工部)라고 하는 것은 검교공부원외랑(檢校工部員外郞)이라는 공부의 임시직으로 잠시 있었기 때문이다. 할아버지도 유명한 시인 두심언(杜審言)이다.

이 둘은 1,300년 전의 초가을 어느 날 낙양(洛陽)에서 만나 함께 여행을 떠났다. 이백은 마흔넷, 두보는 서른셋이었다. 이미 완숙한 선배 시인과 이제 막 시인으로 등단한 청년 시인의 만남이었다. 그리고 이백의 천재성이 두보에게 이어지면서 시문학사에서 가장 빛나는 순간이었다. 문학사에서는 이 둘을 '이두(李杜)'라고 부르며 존경한다. 이 둘의 다른 시 세계를 평론하는 경우가 많다. 가령, 이백은 호방하고 낭만적이며 자유로운 상상과 뛰어난 비유를 즐겨 쓴다고 평가한다. 동시대의 시인 하지장은 그를 하늘나라에서 지상으로 쫓겨온 신선에 비유해 '적선(謫仙)'이라고 했다. 반면 두보는 현실의 세태와 상황 묘사가 매우 사실적이었고 백성의 고통에 함께 아파하는 마음을 잘 드러냈다는 평가가 많다. 그래서 '시사(詩史, 시로 쓴 역사)'라는 표현도 쓰고 성인의 마음으로 시를 쓴다고 평가하기도 한다. 그렇지만 이들은 11년의 나이 차가 무색할 정도로 다정한 관계였다. 서로 다른 시 세계를 지녔지만 공통된 마음으로 이어져 있었다. 그것은 바로 세상에 포부를 마음껏 펼쳐 보일 기회가 없어 답답한 회재불우(懷才不遇)의 마음이었을 것이다.

  먼저 이백을 보자. 이백은 젊어서 큰 뜻을 품고 고향인 사천성을 떠났다. 고향 산천을 노래한 〈아미산의 달 노래(峨眉山月歌)〉가 남아 있다. 주로 화려한 중국의 강남(江南) 지역에서 지내며 출세하기 위해 청탁 비용으로 '천금(千金)'을 썼다고 한다. 이때 전직 재상의 손녀와 첫 번째 결혼도 했다. 그는 네 번 결혼했다. 흥미로운 점은 그는 늘 긴 칼을 허리에 차고 다녔다고 한다. 그가 중앙아시아 출신의 외국인이었기 때문에 과거 시험을 볼 수 없어 청탁했다는 추측도 있지만 당나라는 빈공과(賓貢科)라는 외국인 전용 과거 시험이 있던 개방적인 나라였기에 이 주장은 설득력이 없다.
  비록 그는 관직에 오르는 것은 실패했지만 강남에서 천재 시인으로 유명해지기 시작했다. 증왕륜(贈汪倫, 왕륜에게 주다)〉은 이때 쓴 유명한 시이다. 유명한 구절을 소개한다.

    도화담의 물은 깊어 천 척이라 하지만 왕륜이 나를 떠나보내는 정에는 미치지 못하리라. (桃花潭水深千尺, 不及汪倫送我情.)

  중국의 명산 여산(廬山) 유람 중에 지은 〈망여산폭포(望廬山瀑布, 여산의 폭포를 바라본다)가 유명하다. 특히 이 구절이 절창(뛰어나게 잘 지은 시)이다.

물줄기 쏟아 내려 삼천 자 길이이니 하늘에서 은하수 쏟아지는 것 같구나.
(飛流直下三千尺, 疑是銀河落九天.)

이후 수도 장안으로 옮겼다. 장안 남쪽에 있는 고승과 도사로 유명한 종남산(終南山)에 머물렀다. 이백이 도교의 인물과 교류했던 이유는 당시 당의 황실이 도교를 숭배했기 때문에 청탁을 위해 유력자를 만나기 위한 목적이었을 것이다.

종남산에 머물 때 지은 것으로 보이는 시가 〈행로난(行路難, 인생살이 어려워라)〉이다. 이 구절을 읽으면 답답한 가슴이 뚫리는 시원함을 느낄 수 있다.

거센 바람이 파도를 깨뜨리는 그런 날이 오면, 구름 같은 돛을 달고 푸른 바다를 헤치고 한 번에 건너가리라. (長風破浪會有時, 直掛雲帆濟滄海.)

다음은 자신에게 위로의 말을 건네는 것으로 유명한 구절이다. 이 시절 청탁을 위한 술값으로 돈을 다 날리고 빈털터리가 된 이백의 모습이 눈에 선하다.

하늘은 내게 준 재능을 반드시 쓰게 할 것이니, (이까짓) 천금을 다 써버려도 다시 생길 것이다. (天生我材必有用, 千金散盡還復來.)

어려운 인생살이가 연상되는 〈촉도난(蜀道難, 촉으로 가는 길)〉도 많이 기억하는 시이다. 실제로 촉으로 가는 길은 험난하기로 소문난 곳이다. 그래서 절벽 허리에 기둥을 박아 나무 널로 만든 좁은 잔도(棧道)가 생겼다.

좌절과 인내의 시간을 보내고 있던 이백에게 우연히 등용할 기회가 찾아왔다. 현종의 여동생 옥진공주(玉眞公主)가 그에게 나타난 것이다. 공주는 열렬한 도교 신자였고 이백의 시도 좋아했다. 아마도 이백의 시를 좋아한 팬의 마음으로 오빠인 황제에게 추천했을 것이다. 그래서 한림학사(翰林學士)로 임명되었다. 하는 일은 백성을 구제하고 세상을 경영하는 거창한 일이 아니고 궁중 연회에서 황제와 황제의 애첩 양귀비 등의 사람에게 비위를 맞추는 시를 쓰는 일이었다. 이때 당의 궁중 분위기는 퇴폐적이고 향락적이었다. 현종은 재위 기간이 무려 44년이었고 안사의 난 이후 태상황으로 물러나 있던 기간도 약 6년이었다. 아무리 총명한 황제라도 지치고 늙기 마련이다. 늙은 황제는 음악과 춤 그리고 젊은 양귀비에 빠져 말년을 보내고 있었다. 늙은 황제는 양귀비를 품고 그의 좌우에 음악가 이구년(李九年)과 시인 이백을 두고 노래와 음악 그리고 시에 취해 살았다. 이 시절 이백의 시가 〈청평조(淸平調)〉 3수이다. 향락적인 당시 궁중 분위기에 딱 맞는 시다.

그러던 중에 당을 멸망 직전까지 몰고 간 안사의 난이 일어났다. 안사의 난 이후 두보는 강남에서 노년의 이구년을 만났다. 이구년은 양귀비와 권력자였던 환관 고력사(高力士)에게 미움을 사 쫓겨난 후 궁을 떠나 떠돌다가 낙양에서 두보를 만난 것이다. 이 내용을 담은 시가 〈강남봉이구년(江南逢李龜年)〉이다. 강남의 화사한 봄날 풍경과 황혼기에 거리의 악사로 전락한 이구년의 대비가 슬프다.

> 바야흐로 강남의 풍경은 화려한데, 꽃 지는 시절의 그대를 다시 만나게 되었군요.
> (正是江南好風景 정시강남호풍경, 落花時節又逢君 낙화시절우봉군.)

두보는 붓을 걸어 놓는 필가(筆架)의 모습처럼 생긴 필가산 아래에서 태어났다. 고모가 그를 키웠는데 역병으로 고모의 친아들은 죽고 두보만 살아남았다. 이 때문에 그는 마음의 빚이 늘 있었다. 그는 어려서부터 시를 잘 쓰고 서예에도 두각을 보이며 천재 소리를 듣고 자랐다. 고향을 떠나 세상을 여행하다가 다시 낙양으로 돌아와 과거에 응시했지만 낙방했다. 이후에도 여러 번 응시했지만 모두 낙방했다. 천재 소리를 들었던 그도 과거 시험의 장벽은 너무도 높았다. 그의 시어처럼 오래도록 '통음(痛飮, 고통스럽게 술을 마시다)'을 했으리라. 이때 산동성 태산(泰山)에 올라 다시 결심하면서 쓴 시가 유명하다. 바로 〈망악(望岳, 태산을 바라보며)〉란 시이다. 마지막 구절이 절창이다.

> 내 언젠가 저 정상에 올라 뭇 산들이 얼마나 작은지 한번 내려다 보리라.
> (會當凌絶頂, 一覽衆山小.)

이때 두보는 결혼한 상태였다. 부부는 평생토록 금실이 좋았다. 고난의 삶을 산 두보에게 아내는 위안과 행복을 준 존재였다. 그리고 이백을 만났다. 그와 함께 하남성 개봉(開封), 황하, 송주(宋州)를 거쳐 산동성까지 여행했다. 도중에 시인 고적이 합류했다가 떠나기도 했다. 이때의 친밀감이 잘 드러나는 두보의 시가 〈여이십이백동심범십은거(與李十二白同尋范十隱居)〉이다. 이 제목을 풀이하면 '이백과 함께 은거하고 있는 범씨를 찾아가다'라는 뜻이다. 여기서 '이십이백'은 이백을 가리키는 것으로 자신의 형제 중 항렬이 12번째라는 의미이다. 시의 재미있는 구절을 소개한다. 둘의 친밀감이 잘 드러난다.

> 취해 자면 가을날 함께 이불을 덮고, (醉眠秋共被)
> 손을 맞잡고 날마다 동행했었다. (攜手日同行)

산동성 제남(齊南)에서 둘은 일 년 만에 헤어져 각자의 길을 갔다. 비록 그들은 헤어졌지만 늘 서로 그리워했고 그 마음을 담은 시를 쓰기도 했다. 헤어진 후 이백은 다시 방랑을 시작했다. 하북 섬서와 그 일대를 돌아다녔다. 이때 남긴 시 몇 구절을 소개한다. 〈월하독작(月下獨酌, 달 아래 혼자 술을 마신다)〉이라는 연작시다. 그 중 첫 번째이다.

꽃들 사이에 술 한 병 놓고, 친구도 없이 홀로 마신다.
잔을 들어 밝은 달을 맞이하니, 그림자 비쳐 셋이 되었네.
달은 본래 술 마실 줄 모르고, 그림자는 그저 흉내만 낼 뿐.
잠시 달과 그림자를 벗 삼아, 봄날을 마음껏 즐긴다.
노래를 부르면 달은 서성이고, 춤을 추면 그림자 어지럽구나.
술 깨었을 때는 함께 즐거움을 누리지만, 취한 후에는 각자 흩어지니.
정에 얽매이지 않는 사귐 영원히 맺어, 저 먼 은하수에서 다시 만나기를 기약하네.

花間一壺酒(화간일호주), 獨酌無相親(독작무상친).
擧杯邀明月(거배요명월), 對影成三人(대영성삼인).
月旣不解飮(월기불해음), 影徒隨我身(영도수아신).
暫伴月將影(잠반월장영), 行樂須及春(행락수급춘).
我歌月徘徊(아가월배회), 我舞影零亂(아무영영란).
醒時同交歡(성시동교환), 醉後各分散(취후각분산).
永結無情遊(영결무정유), 相期邈雲漢(상기막운한).

혼자 외롭게 술을 마시며 이런 흥을 만들고 즐거워하는 사람은 아마 드물 것이다. 혼자 마시는 술은 여럿이 마시는 왁자지껄한 술자리와는 전혀 다르다. 혼자라도 달과 꽃 그리고 술이 있으면 우울하거나 슬프지 않다. 혼자서도 충분히 만족하고 즐겁게 살아갈 수 있다. 도연명의 시 〈음주(飮酒)〉에 나오는 "마음이 멀어지면 사는 곳도 저절로 외딴곳이 된다(心遠地自偏)." 또는 "무언가 말하고자 하지만 할 말을 잃다(欲辨已忘言)"라는 구절도 연상된다. 마지막 두 구절은 우연히 왔다가 홀연히 떠나는 우리 인생을 노래하는 것 같아 마음이 저리다. 비슷한 느낌의 시가 〈독좌경정산(獨坐敬亭山, 경정산에 홀로 앉아)〉이다.

새들이 높이 날아 모두 떠나고, 외로운 구름 홀로 한가롭게 떠나가네.
서로 바라보아도 싫지 않은 건, 오직 경정산 너뿐이로다.

衆鳥高飛盡(중조고비진), 孤雲獨去閒(고운독거한),
相看兩不厭(상간양불염), 只有敬亭山(지유경정산).

이때 당나라에 큰 반란이 일어났다. 바로 안사의 난이다. 이 반란은 잔혹해서 황제와 소수의 권력자뿐 아니라 모든 사람의 인생에 큰 영향을 미친다. 반란군의 위세가 얼마나 드높았는지 당의 양대 수도인 장안과 낙양을 차지했다. 황제와 황실은 급히 피난을 떠날 수밖에 없었다. 혼란 중에 귀한 황태손과 훗날 대종(代宗)인 광평왕(廣平王)의 부인 심씨(沈氏)가 실종되었다. 그로부터 그녀의 아들 덕종(德宗) 때까지 약 30년 동안 황실 전체가 그녀를 찾았던 기막힌 사건이었다. 황실도 이런 처지였기에 백성은 더 힘들었다.

태자 이형(李亨, 廣平王 아버지)이 감숙(甘肅)으로 피난을 가 스스로 황제에 올랐다. 그가 숙종(肅宗)이다. 당시 황제인 현종은 안녹산이 막강한 변경의 군사력을 장악할 수 있는 절도사(節度使)에 임명한 책임이 있었다. 반란이 의심되는 상황에서도 안녹산에게 신뢰를 표현하는 등 정치적으로 무능했다. 무능함의 정점을 찍은 것이 양귀비와의 사랑이다. 양귀비는 황실의 며느리였다. 늙은 황제는 그녀를 귀비로 삼고 총애했다. 그리고 양귀비의 오빠 양국충(楊國忠)을 재상의 자리 앉혀 국정을 좌지우지하게 하였다. 양국충에 대한 다른 평가도 있지만 대체로 무능하고 탐욕스러운 인물이었다는 평가가 많다. 안녹산은 '양국충 타도!'를 반란의 명분으로 내세웠다. 결국 현종의 피난 길에 호위 부대가 반란을 일으켰고 양귀비와 양국충은 마외역(馬嵬驛)에서 죽었다. 이 사건 후에 현종은 사천, 태자는 감숙으로 각자 피난을 갔다. 이 상황에서 태자가 스스로 황제가 되었으니 현종은 입이 열 개라도 할 말이 없었다. 늙은 아비는 할 말이 없었지만 동생은 불만이 많았다. 현종의 6남인 영왕(永王) 이린(李璘)은 장강 유역 방위 책임자였다. 군사력이 있는 황자가 형의 황제 즉위에 불만이 많으니 반란을 일으키는 것은 당연한 일이었다.

이백에게도 이 난의 여파가 미친다. 가족과 함께 안전한 남쪽 지방 강서성 여산(廬山)으로 피난을 갔다. 이때 이백은 일생일대의 실수를 한다.

반란을 일으킨 영왕이 이백을 불러 대외 발표문을 쓰도록 일을 준 것이다. 영왕은 당대 가장 유명한 시인이 꼭 필요했다. 이백도 늘 세상을 경영하고 백성을 구제하고 싶다는 열망이 있었기 때문에 영왕의 초청에 응했다. 〈영왕동순가(永王東巡歌)〉는 이백이 이때 발표한 글이다. 오직 영왕만이 안사의 난을 진압할 능력이 있으니 모두 동참하라는 내용이었다.**

하지만 영왕의 반란은 두 달 만에 진압되었다. 그리고 이백은 심양(潯陽, 장강-양자강 하류)에서 잡혀 반년 동안 옥살이를 했다. 원래는 반란죄이기 때문에 사형이 선고되었지만 유명한 시인을 죽일 수 없다며 많은 사람이 그의 사면을 요청했다. 이에 새 황제 숙종은 귀주성 서북부 야랑(夜郎)으로 유배를 보내는 것으로 감형했다. 이때가 이백의 나이 58세였다. 유배 가는 길은 험했다. 장강을 거슬러 올라갔기 때문에 속도도 더뎠다. 이듬해 초 지금의 중경(重慶) 근처 '백제성(白帝城, 삼국지의 유비가 죽은 곳으로도 유명)에서 숙종이 태자 책봉을 앞두고 대사면령을 내렸다는 소식을 받는다. 기쁜 마음으로 배를 돌려 돌아갔다. 이때의 행복한 심경을 노래한 시가 〈조발백제성(早發白帝城, 아침에 백제성을 떠나며)〉이다.

> 아침 일찍 오색구름 감도는 백제성에 이별하고, (朝辭白帝彩雲間 조사백제채운간.)
> 천리 길 강릉을 하루 만에 돌아왔네. (千里江陵一日還 천리강릉일일환.)
> 강기슭 원숭이들 울음소리 그치질 않는데, (兩岸猿聲啼不住 양안원성제부주.)
> 가벼운 배는 어느덧 첩첩산중을 지나왔구나. (輕舟已過萬重山 경주이과만중산.)

결구의 '만첩산중'과 '경주이과'라는 시어를 대비해 보면 지금 이백은 막 위험에서 벗어나 배를 타고 경쾌하고 빠른 리듬의 속도로 장강을 떠내려가는 중이라는 것을 느끼게 한다. 그런데 배가 강릉(江陵, 장강의 중류)을 지나자 갑자기 군대에 입대하겠다며 배에서 내려 모병관을 찾아갔다. 아직 안녹산의 난은 끝나지 않은 때였고 너무도 즉흥적이었다. 60세의 노인을 군대에서 받을 리 만무했다.

이백의 친구 임화(任華)는 그에 대해 '평생 오만했으며 품은 뜻은 가늠하기 어려웠다. 수십 년을 객으로 타향을 돌았으나 냉소가 적지 않았다'라고 평했다. 심양으로 돌아온 이백은 다시 금릉(金陵, 지금 남경)에서 머물다가 친척인 안휘성 당도(當塗) 현령 이양빙(李陽氷)을 찾아갔다. 이후 62세의 나이로 생을 마감했다. 술에 취해 채석기(采石磯)의 강물에 빠진 달을 잡으려다 뛰어들어 죽었다는 이야기가 있다. 만약 사실이라면 평생 그가 사랑한 것 속으로 사라진 것이다.

이백이 죽은 후 그의 시를 찾아 10권의 시집 『초당집(草堂集)』으로 엮은 사람은 이양빙이었다. 그 덕분에 많은 이백의 시가 지금까지 전해진 것이다. 50년 후 이백의 묘를 잘 단장해 오늘에 이르게 한 사람은 범전정(范傳正)이다.

이백과 헤어진 두보는 어떻게 되었을까? 장안으로 가 10년을 살았다. 선배 이백 또는 다른 시인들처럼 유력자를 찾아가 헌시를 바치고 추천장을 얻으려 애쓰며 살았다. 과거 시험도 보았지만 불합격했다. 이번 낙방은 실력의 문제가 아니었다. 당시 과거 시험의 책임자였던 재상 이림보(李林甫)는 "재야에 더는 인재가 남아 있지 않다"라며 합격자를 뽑지 않았다. 이임보는 간신이며 황제의 총애를 받은 인물이었다. 그가 새로운 인재를 뽑지 않은 이유는 자신과 자신의 세력에게 위협이 되는 새로운 인물을 경계했기 때문이다.

이때부터 두보다운 시가 나오기 시작한다. 당시 토번(吐蕃, 티베트)에 대한 무리한 침략 전쟁으로 백성은 고통받고 무고한 병사들은 죽음을 맞이했다. 이를 슬퍼해 쓴 시가 〈병거행(兵車行)〉이다. 멈추지 않는 황제의 영토 욕심으로 징집되어 가는 군사들, 그들을 눈물로 배웅하는 가족의 모습, 장정이 사라진 수백 개의 마을에서 중도동에 시달리는 여인들의 모습을 시로 썼다. 전쟁터로 끌려가 죽을 운명에 처하는 아들을 말리고 분노의 목소리를 낸다.

> 그대는 청해호 주변에 흩어져 있는 백골들을 보지 못했는가. (君不見靑海頭,)
> 먼저 원통하게 죽은 귀신이 새로 온 귀신을 부르는 소리처럼, (新鬼煩冤舊鬼哭,)
> 날 흐리고 비 내리는 날 처마에 '추-', '추-'하는 낙수 소리가 들린다. (天陰雨濕聲啾啾.)

결구가 너무 슬프고 애잔하다. 이 시를 통해 말하고 싶었던 것은 전쟁 반대였다. 반전(反戰)을 주제로 한 시와 예술 작품은 지금까지 많았지만 두보의 시만큼 뛰어난 작품은 없을 것이다.

생활고에 시달리던 두보는 아내와 아이를 친척 집으로 보냈다. 그때 갑자기 지방 현위(縣尉, 치안 책임자)로 임명되지만 거절했다. 치안 책임자라면 백성을 가혹하게 대할 수밖에 없는 자리이기 때문에 부담스러웠을 것이다. 다시 병조참군(兵曹參軍, 군용창고 관리책임자)으로 임명되었다. 박봉이지만 가족과 재회할 수 있다고 생각에 가벼운 발걸음으로 아내와 아이가 있는 친척 집으로 달려갔다. 하지만 예상치 못한 비극이 기다리고 있었다.

어린 아들은 굶어 죽었고 아내는 슬피 울고 있었다. 이 슬픈 마음을 담은 시 한 수가 있다. 〈자경부봉선현영회오백자(自京赴奉先縣詠懷五百字, 서울 떠나 봉선현에 와서 읊은 감회)〉이다. 자식이 굶어 죽었다는 것을 시로 남긴 시인이 두보 말고 또 있을까. 그의 시는 개인의 슬픔으로만 머물지 않았다. 자기 역할을 다하지 않고 환락에 빠진 백성을 꾸짖고 아들을 잃은 자신보다 농토를 잃은 농민과 전쟁터로 끌려간 병사가 더 슬픈 처지라며 그들의 고통을 잊지 않았다.

드디어 안사의 난이 터졌다. 가족과는 헤어지고 자신은 반란군에 점령된 장안에 고립되어 있었다. 이때 그의 대표작인 〈춘망(春望)〉이 나왔다.

> 나라는 망했어도 산하는 여전하고, (國破山河在 국파산하재,)
> 성안은 봄이 찾아와도 초목만 무성하네. (城春草木深 성춘초목심.)
> 시절을 슬퍼하니 꽃도 눈물을 흘리고, (感時花濺淚 감시화천루,)
> 이별이 한스러워 새도 그 마음을 놀라네. (恨別鳥驚心 한별조경심.)
> 봉화불이 석 달이나 계속 오르니, (烽火連三月 봉화연삼월,)
> 집에서 온 편지가 만금보다 소중하구나. (家書抵萬金 가서저만금.)
> 흰 머리를 긁을수록 더욱 짧아져서, (白頭搔更短 백두소갱단,)
> 아무리 애써도 비를 꼽지 못하겠네. (渾欲不勝簪 혼욕불승잠.)

반란군은 승승장구했지만 지도자인 안녹산은 병이 났다. 그러자 아들 안경서(安慶緒)가 아버지를 죽이고 스스로 황제의 자리에 올랐다. 이때 곽자의(郭子儀)의 관군이 반란군을 격퇴했다. 두보는 장안성을 탈출해 새 황제 숙종이 있는 봉상(鳳翔)으로 찾아가 알현했다. 힘들게 온 두보의 모습에 감동한 숙종은 '왕과 재상의 잘못을 비판할 수 있는 간관(諫官)'인 좌습유(左拾遺)에 임명했다. 그리고 마침 당시 승상인 방관(房琯)의 비위 사건을 조사하라고 명령했다. 하지만 두보가 오히려 방관을 비호해 숙종의 화를 초래했다.

때마침 수도 장안이 수복되고 황제와 조정이 귀환했다. 그러나 두보는 화주(華州)로 좌천된다. 이후 헤어진 가족을 만나러 낙양으로 갔다. 하지만 안경서를 죽인 안녹산의 부장 사사명(史思明)이 반란군을 수습해 다시 낙양을 점령한다. 이렇게 반란은 계속 진행되었다.

두보는 결국 되돌아오다가 낙양과 화주 사이에서 기가 막힌 광경을 보게된다. 관군이 후퇴하면서 민가를 약탈하고, 병력을 보충한다는 이유로 어린아이와 예순 넘는 노인들까지 끌고 가는 것이었다. 이런 백성들의 참상을 보고 쓴 장편 시 6수가 그 유명한 〈삼리(三吏)〉와 〈삼별(三別)〉이다.

〈삼리〉는 신안리(新安吏), 동관리(潼關吏), 석호리(石壕吏)에서 백성들을 약탈하고 끌고 가는 관리를 말하는 것이다. 이 중 석호리의 사연은 세 아들이 군대로 끌려가 전쟁터에서 죽었다. 그러자 다시 징병 명령이 나오자 할아버지는 피신했지만 미처 피하지 못한 할머니가 대신 군대로 끌려갔다. 이를 보며 남은 어린 손자며느리, 할아버지가 숨어서 운다는 이야기이다.

〈삼별〉은 신혼별(新婚別), 무가별(無家別), 수로별(垂老別)이다. '신혼별'은 저녁에 결혼하고 다음 날 새벽에 군대로 끌려가는 남편을 눈물로 배웅하는 아내의 사연이다. '무가별'은 이별할 가족조차 없는 처지에 놓인 사람의 사연, '수로별'은 중년의 사내와 늙은 아내가 길에서 이별하는 사연이다. 시가 길어서 다 소개할 수 없지만 시 전체가 사실적인 시어로 생동감 있게 썼다. 읽는 내내 두보의 마음으로 백성을 보는 느낌이다.

흉년과 전쟁으로 화주에서의 생활도 곤궁했다. 상관인 화주자사도 그를 못

마땅하게 여겼고, 조정에 실망한 두보는 가족들과 진주(秦州, 오늘날의 감숙성 천수)로 갔다. 하지만 진주도 듣던 것과 달리 어려웠다. 근처 동곡(同曲)으로 옮겼지만 형편은 더 어려웠다. 이런 상황에서도 진주에서 80수의 시를 썼고, 동곡에서도 여러 편의 기행시를 남겼다.

다시 사천성 성도(成都)로 일 년을 걸어서 이주했다. 성도 서쪽의 완화계반(浣花溪畔)에 터를 잡았다. 이곳이 지금도 관광지로 유명한 두보초당(杜甫草堂)이다. 이때 관직에 있던 사촌 동생 왕십오(王十五)와 그의 시를 좋아했던 성도 부윤(府尹) 겸 검남절도사(劍南節度使) 엄무(嚴武)가 그를 후원했다. 그리고 근처 팽주(彭州) 자사였던 시인 고적(高適)도 자주 방문했다. 그 덕분에 성도 시절 좋은 시를 많이 썼다. 이중 유명한 시가 〈춘야희우(春夜喜雨, 봄날 밤에 내리는 기쁜 비)〉이다.

좋은 비는 때를 알아, 봄이 오니 때맞추어 내리네.
바람을 따라 가만히 밤에 들어와, 세상 만물을 가늘게 소리 없이 적시네.
들길은 구름 끼어 어둡고, 강의 배는 등불로 홀로 밝구나.
새벽에 붉게 젖은 곳을 보니, 꽃들 속에 금관성(성도)이 있구나.

好雨知時節(호우지시절), 當春乃發生(당춘내발생).
隨風潛入夜(수풍잠입야), 潤物細無聲(윤물세무성).
野徑雲俱黑(야경운구흑), 江船火獨明(강선화독명).
曉看紅濕處(효간홍습처), 花重錦官城(화중금관성).

그냥 비가 아니다. 때에 맞는 비가 덕(德)이다. 이 덕은 소리 없이 천하 만물을 조용히 적시는 봄비가 지닌 성질이다. 덕이라는 철학적인 말을 이 시만큼 잘 설명할 수 없을 것이다.

두보는 제갈량(諸葛亮)을 흠모했다. 그가 제갈량의 사당 무후사(武侯祠)에 참배 갔다가 쓴 시가 〈촉상(蜀相)〉이다. 제갈량에게는 있었지만 두보에게 없었던 것은 무엇이었을까? 아마도 유비(劉備)일 것이다. 난세에 피난을 다니는 자신의 처지를 충신이며 영웅이었던 제갈량과 비교하며 만감이 교차했을 것이다

이 시절 시 중에 다른 하나를 더 소개한다. 〈강촌(江村, 강마을)〉이다. 첫 구절과 두 번째 구절을 보면 편안하게 쉬고 싶다는 생각이 저절로 든다.

푸른 강 한 굽이 돌아 마을 감싸며 흐르고, 긴 여름 강 마을 일마다 평안하구나.
(淸江一曲抱村流 청강일곡포촌류, 長夏江村事事幽 장하강촌사사유.)

한편, 수도 장안에서는 황후와 내시 세력이 내전 수준의 싸움을 하고 있었다. 임기를 마친 엄무가 성도를 떠나자 부하들이 절도사 자리를 차지하고자 성도를 피로 물들이는 사건이 일어났다. 이때쯤 두보는 성도를 떠났다. 다시 유랑 생활이 시작한 것이다. 이즈음에 그를 후원해주었던 엄무와 고적도 죽었다.

마침내 7년 만에 안녹산의 반란이 진압되자 귀향을 꿈꾼다. 장강을 따라 내려가다가 기주(夔州, 오늘날 중경 근처)와 삼협(三峽)을 지나 형주(荊州, 오늘날 무한 서쪽)로 가서 북상해 고향으로 가려고 했다. 이때 두보의 나이는 쉰여섯이었다.

기주에서는 〈부신행(負薪行, 땔감 메는 노래)〉이라는 시를 남겼다. 기주의 여성들이 꿋꿋하게 일하며 가족의 생계를 책임진다는 내용이다. 마지막 구는 '누가 이 지역 여성이 못생겼다고 하느냐! 이 동네가 왕소군(王昭君, 중국 4대 미녀)의 동네야!'라고 재미있게 마무리한다. 하지만 〈등고(登高, 언덕에 오르다)〉는 너무 슬프다.

바람 세차고 하늘은 높은데 원숭이 울음소리 애달프고,
맑은 물가 새하얀 모래톱에 새들이 날아서 돌아오네.

강변에 아득히 늘어선 나무의 낙엽은 가을바람에 쓸쓸히 떨어지고,
끝없이 흐르는 장강은 도도하게 흘러간다.
만 리 밖 슬픈 가을에 나그네 신세,
한평생 병 많은 몸 홀로 높은 누대에 오르네.
가난과 괴로움으로 귀밑머리 희어지고,
늙고 쇠약해져 이제는 탁주마저 끊는다.

風急天高猿嘯哀(풍급천고원소애), 渚淸沙白鳥飛回(저청사백조비회).
無邊落木蕭蕭下(무변락목소소하), 不盡長江滾滾來(부진장강곤곤래).
萬里悲秋常作客(만리비추상작객), 百年多病獨登臺(백년다병독등대).
艱難苦恨繁霜鬢(간난고한번상빈), 潦倒新停濁酒杯(요도신정탁주배).

노년의 시인이 가을 산에 올라 바라보는 풍경이다. 끝없이 흐르는 강물과 강변에 낙엽이 진 고목이 늘어선 대비는 이제 늙고 병들어 좋아하던 탁주마저 끊을 수밖에 없는 자신을 돌아보게 된다. 당시에 두보는 당뇨병과 폐병을 앓고 있었고 왼쪽 귀의 청력도 완전히 상실했다. 비슷한 나이와 처지였던 이백이 지은 〈조발백제성(早發白帝城, 아침에 백제성을 떠나며)〉과 많이 비교된다. 이 둘은 절친이었지만 전혀 다른 시 세계를 가지고 있었다. 호남성과 호북성 사이의 거대한 호수 동정호(洞庭湖)에서 지은 〈등악양루(登岳陽樓, 악양루에 올라)〉라는 시도 유명하다. 거대한 풍광의 호수와 북쪽 고향을 그리워하는 자신을 대비하는 내용이다.

두보가 가는 곳마다 전쟁의 피바람이 불었다. 담주(潭州, 현재 호남성 장사長沙)의 지역 책임자인 자사(刺史)와 지사(知事)가 전쟁을 벌인 것이다. 어쩔수 없이 가족들과 함께 쪽배에 의지해 먹을 것을 구하고자 뢰양현(耒陽縣)의 현령을 찾아갔

다. 배를 타고 가는 도중에 강 위에서 두보가 죽었다. 나이 쉰아홉이었다. 죽은 이유는 아사(餓死, 굶어 죽음)였다. 두보가 곧 도착한다는 보고를 받고 현령이 음식을 보냈는데 이 음식을 먹고 탈이 났다. 오랜 시간 배 위에서 떠돌던 상황이었고 몸은 온갖 병으로 탈진한 상태였다. 이미 닷새를 굶주린 두보는 보내온 술과 고기를 허겁지겁 먹고 밤새 앓다가 고통 속에서 죽었을 것이다. 성인의 마음으로 시를 쓴다는 시성(詩聖)이며 천고에 없을 위대한 시인이 굶주림에 고통받다가 죽은 것이다. 이렇게 두보가 죽은 후 그의 시를 대부분 보존하고 유해를 고향으로 가서 안장한 사람은 그의 후손이다. 둘째 아들 종무(宗武)와 그의 아들 사업(嗣業) 덕분에 우리는 지금도 두보의 시를 읽을 수 있는 것이다.

이제 비슷한 시기 활동한 왕유(王維)에 대해서도 잠시 알아보자. 별명이 시불(詩佛)이다. 시선 이백, 시성 두보와 함께 당나라 3대 시인이라 평가받는다.

수묵 산수화에 뛰어나 훗날 명(明)나라 때 동기창(董其昌)이란 서화가는 그를 '남종문인화(南宗文人畵)'의 시조라고 평가했다. 남종문인화란 단순하게 말해서 검은 먹 하나로 산수(山水)와 사군자를 그리는 것이다. 주로 문인들이 화가로 활동했다. 송(宋)나라의 소식(蘇軾)은 왕유의 그림에 대해 "시속에 그림이 있고 그림 속에 시가 있다(詩中畵. 畵中詩)"라는 말을 남겼다.

왕유는 이름은 유(維), 자(字)는 마힐(摩詰)이다. 불경인 유마경(維摩経)과 거기에 나오는 거사(居士) 유마힐(維摩詰)에서 따온 것이다. 독실한 불교도였다. 산서성 분주(汾州) 출신으로 상서우승(尙書右丞)의 벼슬을 역임해 왕우승(王右丞)이라고도 불린다. 그의 문집이 『왕우승집(王右丞集)』이다.

그도 현종 때 벼슬살이를 했다. 그리고 안사의 난 때 잡혀 안녹산 밑에서 벼슬도 한다. 이 때문에 좌천된다. 그리고 두보와 교류도 하기도 했다. 그도 많은 시를 남겼는데 자연을 노래한 것이 많다. 장안 근처 종남산(終南山) 기슭 망천(輞

川)에 별장을 짓고 거기서 많은 시간을 보내며 시를 창작했다. 그의 시 몇 수를 보자. 먼저 〈죽리관(竹裏館)〉이다.

> 그윽한 대나무 숲속에 홀로 앉아, (獨坐幽篁裏 독좌유황리,)
> 거문고를 타며 길게 휘파람 불어 본다. (彈琴復長嘯 탄금부장소.)
> 깊은 숲속이라 아는 이 없고, (深林人不知 심림인부지,)
> 밝은 달만 내려와 비추어주네. (明月來相照 명월래상조.)

다음은 한국과 중국에서 유명한 드라마 〈보보경심(步步惊心)〉으로 유명해진 시 〈종남별업(終南別業)〉이다.

> 중년에 자못 도를 좋아하다가, (中歲頗好道 중세파호도,)
> 만년에 들어 종남산 기슭에 집을 지었네. (晚家南山陲 만가남산수.)
> 흥이 나면 늘 홀로 나서니, (興來每獨往 흥래매독왕,)
> 아름다운 경치는 나 홀로 알 뿐이네. (勝事空自知 승사공자지.)
> 가다가 물이 끝나는 곳에 이르러, (行到水窮處 행도수궁처,)
> 앉아서 피어오르는 구름을 바라보네. (坐看雲起時 좌간운기시.)
> 우연히 나무하는 노인을 만나, (偶然值林叟 우연치임수,)
> 웃으며 얘기하느라 돌아가지 않네. (談笑無還期 담소무환기.)

이 드라마에서 아이유와 류시시(刘诗诗)가 남자 주인공을 그리워하며 하염없이 붓으로 쓴 글귀가 있다. 바로 '가다가 물이 끝나는 곳에 이르러 앉아서 피어오르는 구름을 바라보네.'이다.

또한 이별시의 대표작 〈송원이사안서(送元二使安西)〉를 보자. 제목의 의미는 '안서도호부(安西都護府)로 떠나는 친구 원이(元二)를 보내며'이다.

안서도호부는 서역 실크로드를 지배하기 위한 군사 기구인데 위치는 정세에 따라 여러 번 이동했다. 당시는 아마도 돈황에 있었을 것이다. 안사의 난 이후 쇠락한 당을 공격한 토번(吐蕃, 당시 티베트 왕국)에 빼앗긴다. 여기서 위성은 섬서성의 함양(咸陽)에 있던 역관인 위성관(渭城館)을 말하며 이곳은 수도 장안에서 서쪽 실크로드로 떠나는 사람을 마지막으로 배웅하는 장소로 유명한 곳이었다. 그래서 다른 작가의 송별시에도 많이 등장한다. 양관은 돈황 근처의 관문이며 옥문관(玉門關)과 함께 유명하다. 원이는 누군지는 정확히 알 수는 없지만 원씨네 둘째 아들이란 의미이다. 이 시는 〈위성곡(渭城)〉 또는 〈위성별곡(渭城別曲)〉이라고도 한다.

위성의 아침 비 먼지를 적시니, (渭城朝雨浥輕塵 위성조우읍경진,)

객사에 푸른 버들잎 새롭구나. (客舍靑靑柳色新 객사청청류색신.)

그대에게 또 한잔 술을 권하니, (勸君更盡一杯酒 군갱진일배주,)

양관 서쪽으로 떠나면 친한 벗이 없으리. (西出陽關無故人 서출양관무고인.)

※ 당시의 구조

당시(근체시)의 엄격한 형식은 다음과 같다. 일단 시의 전체 구성을 보면 한 구절이 5자, 7자로 되어있다. 이런 구절이 4줄(4구)이 되면 시 한 수가 된다. 즉 기, 승, 전, 결로 구성된 것이다. 이런 4줄을 합쳐서 절구(絶句)라고 한다. 한 구절이 5자이면 '오언절구(五言絶句)', 7자이면 '칠언절구(七言絶句)'이다. 오언절구가 연달아 이어지면 '오언 율시(律詩)'가 되고, 칠언절구가 연이어 있으면 '칠언 율시(律詩)'가 된다.

이번에는 좀 더 어려운 압운(押韻)과 평측(平仄)에 대해 알아보자. 여기에는 중국어의 특성인 사성(四聲)을 이해해야 한다. 사성은 소리의 장(長), 단(短), 고(高), 저(低)를 말한다. 이것 때문에 중국어(특히 고대와 중세)는 음악성을 가지고 있어 한시를 읽으면 음악처럼 들린다. 한시를 좀 더 과장해 읽는(거의 노래하는) 음송(吟誦)을 즐기는 문화도 있다.

'압운'은 같은 운자(韻字)를 일정한 곳에 규칙적으로 반복해 배열해 '운율'을 만드는 것이다. 같은 모음과 자음을 반복해 '운'을 만들고 소리의 장단과 고저로 '율'을 만들어 시의 한 구절, 한 구절에 음악성을 넣는 것이다. 운자의 위치에 따라 두운(頭韻), 요운(腰韻), 각운(脚韻)이라고 한다. 이런 구조는 한시와 영시(英詩)에 있다.

다음은 '평측'이다. 처음과 끝이 똑같이 평평한 소리를 평성(平聲) 또는 평(平)이라 하고, 기우는 소리를 측성(仄聲) 또는 측(仄)이라 한다. 측에는 올라가는 소리 상(上), 높은 소리는 거(去), 막히는 소리는 입(入)이다. 이것에 해당하는 한자를 찾아서 정해진 평측의 배열법에 맞게 구사해야 한다. 가령, 오언절구는 '측측평평측', '평평측측평'과 같이 쓰는 구조가 정해져 있다.

한국어는 소리의 장·단만 있다. 이 때문에 우리 선조들이 한시를 짓는 것은 매우 어려운 일이었다. 다른 언어인 중국어의 원리인 음모(音母)와 운모(韻母), 그것을 합친 성운(聲韻)에 숙달하기 어려웠기 때문이다. 그래서 한시를 짓기 위해서는 운자와 평측에 해당하는 한자를 통째로 외워야 했다. 아니면 운자와 평측이 표시된 중국어 사전을 만들어 사용해야 했다. 이런 사전 중에 유명한 것은 세종 때 만든 『동국정운(東國正韻)』이다. 중국어를 최초로 한국어 발음으로 옮긴 사전이었다. 하지만 한시의 구성을 완전히 이해해야 감상할 수 있는 것은 아니다. 좋은 글과 시는 구조를 몰라도 충분히 감상할 수 있다. 그것이 시이다.

※ 시인과 반란

과거에도 이백과 비슷한 행적을 살다가 간 시인이 있었다. 당나라 무측천 때의 낙빈왕(駱賓王)이다. 개국공신 이적(李勣)의 손자 서경업(徐敬業, 또는 이경업)이 무측천에게 반란을 일으켰을 때 가담했다. 낙빈왕은 〈토무조격(討武曌檄)〉이라는 격문을 천하에 발표했다. 하지만 반란은 실패 했고 그의 행방은 묘연하다. 그들이 가담한 반란의 우두머리들 면모를 보면 그들의 사람 보는 안목은 시적 재능만 못했다.

시는 곤궁할수록 더욱 공교해진다 '당송팔대가(唐宋八大家)'

'당송팔대가'란 당과 송나라 시대에 문장(산문)으로 뛰어나 '대가'라고 평가받는 사람들을 말한다. 당나라의 한유(韓愈), 유종원(柳宗元), 송나라의 구양수(歐陽修), 소순(蘇洵), 소식(蘇軾), 소철(蘇轍), 증공(曾鞏), 왕안석(王安石) 등이 그들이다.

한유와 유종원은 '한유(韓柳)'라고 불릴 정도로 정치, 사상, 문학 등에서 평생 동지였다. 이 두 사람의 관계에서 유래한 한자 성어가 '간담상조(肝膽相照)'라는 말이다. 서로의 간과 쓸개를 꺼내 보일 수 있을 정도로 가깝고 친한 사이라는 의미이다. 그렇다면 무엇이 같았을까?

첫째, 열렬한 '고문(古文) 운동'의 선구자였다. 고대 문명을 완성했던 한나라가 망한 후 중국은 혼란스러웠다. 당시 회수(淮水) 이남 지역에는 여섯 개의 한족 왕조가 있었다. 3국 시대의 오(吳), 잠시 통일했다가 남쪽으로 피난 온 동진(東晉), 이후 남조(南朝)의 송(宋), 제(齊), 양(梁), 진(陳)을 합쳐서 '육조 시대'라고 한다. 이 육조 시대 이래로 발달한 문체가 '사륙변려체'이다.

한유와 유종원은 화려하지만 별 내용과 진정성이 없는 사륙변려체를 폐기하고 '진한(秦漢) 시대의 고문으로 돌아가자'라고 주장했다. 즉, 뜻을 명확히 전달하는 간결한 산문을 써야 한다는 것이다.

둘째, 불교와 도교를 배척하고 유교의 '도통(道統)'을 바로 세우자는 운동을 했다. 한유는 불교를 배척하는 〈논불골표(論佛骨表)〉라는 과격한 글을 발표한 인물로 유명하다. 지금도 서안(西安) 인근의 법문사(法門寺)는 당나라 때의 화려한 불교미술 작품이 많은 곳으로 유명하다. 그리고 또 하나의 보물은 불골(佛骨, 부처의 손가락뼈)이었다. 이 불골은 30년에 한 번씩 공개하는 행사를 열었다. 당시에도 당 헌종(憲宗)은 독실한 불교 신자였기 때문에 직접 행사에 참석했다. 황제의 친견에 장안의 황궁에서 법문사까지 온 거리가 야단법석(野壇法席)이었다. 한유가 이 광경을 보고 〈논불골표〉를 썼다. 이 글을 본 황제가 한유를 유배 보냈을 정도로 화났다고 한다.

"불교는 오랑캐의 도이다. 요순 시대에 불교가 없었어도 천하가 태평하였고 왕들은 장수했다. … 이 행사를 맞아 백성들이 불교에 현혹돼 정수리에 향을 태우고, 손바닥에 기름을 부어 태우며 재산을 아낌없이 바치고, 생업도 내팽개치기에 이르렀다. … 불골을 물이나 불 속에 집어 던져 근본을 영원히 단절하고 후환을 없애야 한다."

또한 불교와 도교를 배척하고 유교의 도통을 바로 세우자는 주장을 담은 글로 유명한 한유의 〈원도(原道, 도의 원류)〉이다. 핵심의 논리는 유교의 도통을 명확히 밝히고 다른 주장, 사상, 철학은 배격하자는 것이었다. 핵심 문장 하나를 보자.

"이 도(道)라는 것은 무슨 도인가? 이것이 내가 말하는 도이고, 노자(老子)와 부처(佛陀)의 도는 아니다. 요(堯)임금은 그것을 순(舜)임금에게 전했고, 순임금은 그것을 우왕에게 전했으며, 우(禹)왕은 그것을 탕(湯)왕에게 전했고, 탕왕은 그것을 문왕(文王), 무왕(武王), 주공(周公)에게 전했으며, 문왕, 무왕, 주공은 공자(孔子)에게 전했고, 공자는 맹자(孟子)에게 전했는데, 맹자가 죽자 그 전승을 얻지 못하였다."

이렇게 전승되지 못한 유교의 도를 계승하자는 것이었다. 이 〈원도〉의 내용은 고문 운동과 연결된다. 고문 운동은 유교의 사상과 철학에 바탕을 둔 문장을 말한다. 즉 글은 도를 실어 나르는 도구라는 '문이재도(文以載道)'의 논리와 연결될 수밖에 없다는 내용이다. 〈원도〉에서 한유가 밝힌 유교의 도통 논리 때문에 후대의 송나라에서 이전보다 더 높은 평가를 받았다.

셋째, 한유와 유종원은 당나라 개혁에 목숨을 건 정치적 동지였다. 당 순종(順宗) 때 '영정혁신(永貞革新)'이라는 개혁 운동이 일어났다. 개혁의 대상은 절도사(節度使)와 환관이었다. 안사의 난 이후 당나라의 지방에서는 절도사가 반독립 상태로 할거했다. 이들 중 상당수는 원래부터 군사적 역량이 출중한 외국인이었고, 안녹산의 난 이후 자신들이 죽으면 절도사 직을 아들이나 동생에게 세습하는 것을 인정하라고 중앙 조정을 압박했다. 이 중에 가장 유명한 자는 산동성 일대를 장악한 평로치청절도관찰사(平盧淄靑節度觀察使)인 이정기(李正己)였다. 그는 당나라 동남부 지역의 조운, 발해, 신라 등의 해외 무역까지 통제했다. 이렇게 4대에 걸쳐 60여 년 동안 지역을 장악해 권력을 세습했다. 끝내 손자 이사도(李師道)가 제(齊)나라를 세우고 반란을 일으켰다. 이후 당은 이 반란을 약 15년 만에 겨우 진압했다. 이 반란을 진압해 시대의 영웅으로 떠오른 사람이 신라 출신의 장보고(張保皐)였다.

또한 부패와 당쟁 등에 깊숙이 연관된 환관의 전횡이 당이 직면한 또 하나의 문제였다. 일단 환관의 수가 너무 많았다. 이미 중종 때 약 3,000명, 7품 이상 관직을 얻은 자가 1,000명이었다. 이때부터 환관이 지방의 군대를 감독하고 궁중과 중앙의 정치세력을 사찰했다. 현종 때는 환관 고력사에게 왕이 해야 할 정무적인 일까지 처리할 수 있는 권한을 넘겨주었다.

안사의 난 이후 환관의 권력은 제도화 단계로 들어섰다. 심지어 환관의 전횡은 정치 문란과 부패를 넘어 백성을 직접 약탈하는 모습을 보였다. 궁중에 물건을 납품하는 제도인 '궁시(宮市)'는 헐값으로 백성의 물건을 강탈하는 형태로 운영되었다. 궁시의 운영 책임자가 환관이었다. 그 점잖은 백거이(白居易)도 이 궁시 제도를 통렬히 비판하는 〈매탄옹(賣炭翁, 숯을 구워 파는 늙은이)〉이란 시를 남겼다.

날 듯 말 타고 오는 두 사람은 누군가? (翩翩兩騎來是誰 편편양기래시수?)

황색 옷 사자와 흰옷 입은 아이 시종. (黃衣使者白衫兒 황의사자백삼아.)

문서를 손에 쥐고 칙령이라 소리치며, (手把文書口稱勅 수파문서구칭칙.)

수레를 돌리라 호통을 치고 소를 끌고 북으로 간다. (廻車叱牛牽向北 회차질우견향북.)

수레 가득 실은 숯은 무게만도 천 근인데, (一車炭重千餘斤 일차탄중 천여근.)

궁의 사자가 몰고 가니 슬프다고 말도 못 하네. (宮使驅將惜不得 궁사구장석부득.)

이외에 '오방소아(五坊小兒)'라는 제도도 문제였다. 궁중의 잡일, 황제의 취미, 생활 등을 담당하는 곳이었다. 특히 이곳의 환관은 백성에 대한 약탈과 횡포가 심각했다. 또한 궁녀와 교방(敎坊, 기생 학교와 조합)에 속한 여인들의 수가 너무 많았다. 궁녀만도 2~3천 명에 이르렀다. 이들은 황궁에 한 번 들어오면 황제의 은총을 받든 아니든, 승급하든 못하든 죽을 때까지 갇혀 비인격적인 대우와 노동 심지어 굶주림에 시달려야 했다. 당시 백거이는 〈상양백발인(上陽白髮人, 상양궁에 사는 머리 흰 궁녀들)〉이란 시로 비인간적인 실태를 고발했다.

덕종(德宗)의 태자 이송(李誦 곧 순종으로 즉위)과 측근 왕숙문(王叔文), 왕비(王伾)가 주축이 되었다. 이에 유종원 등의 유능한 인재들이 뜻을 규합해 부패한 중앙 정치를 개혁하고자 '영정혁신'을 일으켰다. 그렇게 '궁시', '오방소아'와 같은 제도로 백성을 약탈하고 학대한 기관을 정리했다. 그리고 부패한 관리를 숙청하고 불쌍한 궁녀를 해방시켰다. 하지만 딱 거기까지였다. 환관 세력은 부패한 권신과 합세해 곧장 반격했다. 병약한 순종을 퇴위시키고 태자인 헌종(憲宗)을 왕으로 세웠다. 왕숙문은 죽이고 왕비 등 개혁 세력을 지방으로 내쳤다.

환관 세력에게 패배한 원인은 가장 강력한 지지자인 순종이 언제 죽어도 이상하지 않을 만큼 병약했기 때문이었다. 이 때문에 혁신 세력은 너무 조급함에 더 많은 개혁 세력을 모으지 못했다. 불안한 개혁은 개혁 세력의 내부 갈등을 만들었다. 이때 반개혁 세력이 반격한 것이다. 결국 영정혁신은 일 년도 못 가서 끝났다. 개혁 실패 후 환관 세력은 황위를 좌우지할 정도로 더욱 강력해졌다. 조정은 당쟁이 더 격화되었고 절도사는 자기 세력을 더 키워나갔다.

문종(文宗) 때 다시 환관 세력을 제거하려 했다. 궁의 하늘에서 '감로(甘露)'가 내리는 신비한 일이 일어났다고 속여 환관을 한 곳에 모아 한꺼번 죽이려했다. 그러나 계획이 누설되어 이미 금군(禁軍, 궁중 호위 부대)을 장악한 환관에게 오히려 재상과 수많은 관료가 도륙당했다. 이를 '감로의 변'이라고 한다. 이 사건으로 큰 충격에 빠져 문종은 젊은 나이에 요절했다. 환관은 자기들의 입맛대로 새 황제를 선발할 수 있었고 군권도 장악했다. 이런 전횡을 끝낸 것은 '황소(黃巢)의 난'이었다. 절도사 주전충(朱全忠)이 수도를 점령하고 환관을 몰살시켰다. 물론 당나라도 환관과 함께 망했다.

한유는 자(字)인 퇴지(退之)로도 많이 불린다. 문집으로 『한창려집(韓昌黎集)』 40권과 『외집(外集)』 10권을 남겼다. 원인(原人), 원도(原道), 원성(原性), 원귀(原鬼), 원훼(原毁)까지 〈5원(五原)〉이라는 도교와 불교를 배척하는 논설문을 남겼다.

참고로 유교가 불교를 철학적, 정치사상적으로 압도한 때는 송나라 성리학 이후였다. 흥미로운 점은 불교와 국교인 도교는 강력한 투쟁을 하면서도 서로에게 배우고 자극을 주었다. 또한 유교가 성리학(신유학 新儒學)으로 성장한 이유는 강력한 불교와의 투쟁을 통해서였다. 불교의 선진적인 사유 체계는 성리학 성립에 큰 역할을 했다.

조카 노성(老成)이 죽었을 때 지은 〈제십이랑문(祭十二郞文)〉은 애도와 그리움이 자연스러운 문장으로 녹아들어 한유의 애절한 마음을 잘 드러냈다고 평가받는다. 그가 남긴 좋은 말과 글에 대한 관점을 잠시 보자. 그는 평정(또는 균형)이 무너지면 소리 내며 운다는 의미의 '불평즉명(不平則鳴)'이라는 문학관을 가지고 있었다. 물이 튀어 오르는 것은 무언가가 물을 격동시켰기 때문인 것처럼 사물은 평정이 무너질 때는 소리가 난다고 했다. 외부의 무엇이 나를 격동시키고 그것이 내면의 마음을 울리면 글과 문장이 되어 나온다고 했다. 이런 불평즉명의 관점은 한유만의 것이 아니었다. 마음속 울분이 발산되어 쓴 『사기』나 이후 구양수가 주장한 '시는 곤궁할수록 공교해진다'라는 의미의 "시궁이후공(詩窮而後工)"도 같은 맥락이었다.

이제 유종원에 대해 알아보자. 그는 자가 자후(子厚)라서 이름만큼 많이 쓰인다. 마지막 벼슬이 유주(柳州, 귀주성 남쪽 광서장족자치주의 도시)의 책사였기 때문에 유유주(柳柳州)라고도 한다. 영정혁신 운동 실패 후에 지방으로 좌천되었다. 이후 떠돌다가 호남성 영주(永州) 지방에서 좋은 글을 많이 남겼다. 이때 쓴 유명한 시가 있다. 바로 〈강설(江雪)〉이다.

> 많은 산에 나는 새는 보이지 않고, 길에 사람의 발길은 끊겼다.
> 외로운 배 위 도롱이 입고 삿갓 쓴 늙은이 홀로 낚시하고 찬 강에는 눈만 내리고 있다.

> 千山鳥飛絶(천산조비절), 萬徑人踪滅(만경인종멸),
> 孤舟簑笠翁(고주사립옹), 獨釣寒江雪(독조한강설).

속세를 벗어난 설경 속에서 세상에서 고립된 듯 늙은이 혼자 낚시를 한다는 내용이다. 개혁 실패 후 쫓겨난 자신의 모습을 이야기 한 것이다. '낚시질하는 늙은이' 하면 떠오르는 인물이 있다. 그 유명한 강태공(姜太公)이다. 칠십 평생 기다려 천하에 웅지를 펼쳤던 전설과도 같은 인물이다. 어쩌면 그도 다시 중앙으로 복귀해 개혁의 칼을 다시 들 때가 올 것이라고 되뇌었을 것이다.

유종원의 작품 세계는 왕유(王維), 맹호연(孟浩然) 등과 함께 도연명 이후 자연의 아름다움을 노래한 산수시(山水詩)의 전통을 잘 계승했다고 평가받는다. 산수를 노래한 그의 대표작은 『영주팔기(永州八記)』라는 산문이다. 영주의 자연 풍경에 대한 글이지만 자신의 마음으로 자연을 관조하고 감정을 표현했다. 영주팔기 중에 가장 아름답다고 평가받은 〈소석담기(小石潭記)〉 중 한 문장을 소개한다.

> 아름다움은 저절로 아름다운 것이 아니라 사람으로 인해 드러난다.
> (美不自美, 因人而彰)

당연한 말일 수도 있다. 영주는 원래도 영주였지만 특히 유종원에게는 '아름다운' 영주가 있는 것이다. 마치 '내가 그의 이름을 불러주었을 때 그는 나에게로 와서 꽃이 되었다'라는 문장으로 유명한 김춘수의 〈꽃〉이란 시를 한 문장으로 정리한 느낌이다. 수려한 산도 사람이 없다면 그냥 흙무더기, 돌덩이, 그저 나무와 풀일 것이다.

그리고 『종수곽탁타전(種樹郭橐駝傳)』이란 재미있는 전기도 남겼다. 나무 심는 일을 하는 곱사등이 곽탁타가 나무를 심는 요령과 정치의 이치를 비유해 설명한다. 읽다 보면 도교적인 의미도 있다. 한유와 평생 동지였지만 이런 점은 달랐다. 그리고 땅꾼 이야기 〈포사자설(捕蛇者説)〉과 욕심 많고 어리석은 관리를 벌레로 풍자한 〈부판전(蝜蝂傳)〉도 있다.

구양수는 한유와 유종원의 훌륭한 계승자이고 송나라 문인에게 존경받는 선배였다. '구양'이 성씨이고 '수'가 이름이다. 두 자를 쓰는 성씨다. 유년 시절 가난했고 홀어머니 밑에서 자랐다. 어린 아들에게 모래 위에 갈대로 글자를 써서 교육했다는 '화사교자(畫沙敎子)'라는 일화가 있다. 관직에 오른 후 강한 간언을 자주 해 귀양과 복귀하기를 반복했다. 정적들에게 처조카 딸, 며느리와 사통했다는 조작된 성추문으로 공격당하기도 했다. 이는 문인 사대부의 사회에서 반대파를 제거하려는 전형적인 정치 공세였다.

송나라는 다른 왕조와 달리 꽤 높은 '언론의 자유'가 있었다. 태조 조광윤(趙匡胤)은 후대 황제들에게 큰 비석에 석각(石刻)으로 유훈(遺訓)을 남겼다. 핵심 내용은 전 왕조의 주인 시(施)씨를 죽이지 말고 보호하고 우대하라는 것과 사대부(士大夫)의 주장에 화가 난다고 죽이지 말라는 것이다. 시씨가 송의 마지막 순간까지 함께 했을 정도로 충성심을 보인 이유가 여기에 있다. 다른 하나는 송나라에서는 정치적인 이유로 좌천되거나 유배당한 사대부는 있어도 죽임을 당한 사대부는 없었다. 이 '석각유훈'은 대대로 황제가 새로 즉위하면 반드시 혼자만 보고 공개하지 않았다. 그러다가 북송이 멸망할 때 금나라가 수도인 변경(汴京)과 황궁을 점령한 후 발견되었다.

태조 조광윤의 고사는 유명한 것이 세 가지다.

첫째, '황포가신(黃袍加身)'이다. '황포를 몸에 걸쳤다'는 말이다. 후주(後周)의 세종(世宗)이 통일 전쟁을 앞두고 갑자기 죽고 어린 공제(恭帝)가 즉위한다. 이때 수도 근교의 진교역(陳橋驛)에 주둔했던 군대 총사령관이 조광윤이었다. 그는 원래 찬탈의 뜻이 없었다. 하지만 부하들이 출정식에 그를 취하도록 술을 마시게 해 잠들었다. 그리고 억지로 황포(황제의 용포)를 입혀 황제로 추대했다. 이를 '진교 병변(陳橋兵變)'이라고도 한다.

둘째, '배주석병권(杯酒釋兵權)'이다. '술 한잔으로 병권을 풀었다(내놓았다)'라는 말이다. 태조 조광윤은 한의 유방(劉邦)이나 명의 주원장(朱元璋)과 달리 개국공신을 전혀 죽이지 않았다. 하지만 늘 불안했다. 어느 날 개국공신을 불러 술을 함께 마셨다. 그들 대부분은 군대를 거느린 무장이었다. 조광윤은 그들에게 호소했다. "나는 자네들을 믿지만 자네 부하들이 자네들에게 억지로 황제의 용포를 입히면 어떻게 할 것인가?" 다음 날 술자리의 무장들은 모두 스스로 자청해 자신들의 병권을 태조에게 반납했다는 이야기다.

셋째, '촉영부성(燭影斧聲)'이다. 태조 조광윤은 동생 조광의(趙匡義)와 밤에 독대하다가 갑자기 죽었다. 밖에서 알 수 있는 것은 오로지 '도끼 휘두르는 소리와 촛불 그림자'밖에 없었다. 이후 동생이 태종으로 즉위했다. 태조의 어머니가 생전에 아들인 황제에게 황위를 어린 아들보다 건장한 동생에게 주라는 말을 했다고는 한다. 하지만 태조의 아들은 둘이나 있었고 건장했다. 이런 태자들을 배제하고 자신이 황위에 오른 조광조는 태조의 의문사 사건의 배후라고 의심받았다.

다시 구양수로 돌아가자. 그의 중요한 업적은 오랫동안 관습적으로 사용한 태학체(太學體)라는 과거 시험의 '문체'를 개혁한 것이다. 정치 현안을 다룬 내용을 소박하고 수수한 형식으로 쓴 문장을 일등으로 채점했다. 이렇게 과거 시험 문제를 개혁해 선발했던 인재가 소식, 소철, 증공, 정호(程顥, 성리학자), 장재(張載, 성리학자) 등이다.

당시 과거제는 시험 감독관과 합격자라는 관계를 '좌주(座主)와 문생(門生)'이라는 독특한 사회 윤리를 만들었다. 한 번 맺어진 관계(의리)가 평생 가는 '스승과 제자' 사이가 되는 것이었다. 이는 정치파벌을 만들었다. 당시 고려도 이런 현상은 마찬가지였다. 결국 조선 개국과 함께 완전히 폐지되었다.

구양수는 '붕당(朋黨) 정치'의 정당성을 주장했다. 이 주장을 담은 글이 『붕당론』이다. 핵심 내용은 '군자는 군자와 더불어 모이고, 소인배는 소인배와 더불어 모이는 것은 자연의 이치'라는 것이다. '군자당'이란 구양수 본인과 부필(富

弼), 범중엄(范仲淹), 한기(韓琦) 등 인종(仁宗)과 영종(英宗) 때의 신진 사대부를 말한다. 이들은 송나라의 부국강병을 위해 관료의 부패를 척결하자는 '경력신정'을 주창한 개혁 세력이었다. 반대파는 재상 여이간(呂夷簡), 하송(夏竦) 등의 세력이었다. 경력신정은 방대한 관료 축소, 부모 형제의 배경으로 관직을 얻는 음서(蔭敍) 제한, 과거 시험에서 문학적 재능을 보는 시부(詩賦) 과목 대신 당장 필요한 치국에 방법을 묻는 논(論)과 책(策)으로 바꾸는 것, 백성의 노동력 동원하는 요역(徭役) 축소, 관리들에게 주는 직전(職田)의 공정한 분배 등을 추진했다. 그러나 반대 세력의 방해와 인종의 변심으로 실패했다. 이후 개혁 세력은 지방으로 좌천되었다. 구양수와 그들 문인 사대부는 강력한 송나라 개혁을 요구하고 추진했지만 후배 왕안석의 '신법(新法)'은 반대했다.*

　구양수의 글 중에 가장 인기가 많고 그림으로도 그려진 작품은 짧은 수필인 〈추성부(秋聲賦)〉와 〈취옹정기(醉翁亭記)〉이다. 김홍도가 그린 〈추성부도〉는 보물이다. 〈추성부〉는 가을바람에 자신의 인생을 되돌아보는 내용이다.

　　동자(童子)는 "별과 달이 밝고 깨끗하며 하늘에는 밝은 은하수가 있는데, 사방에 사람 소리는 없으니 그 소리는 나무 사이에서 납니다"라고 하였다.
　　나는 말하기를 "아아! 슬프다. 이것은 가을의 소리구나. 어찌하여 왔는가? 대개 가을의 형상은 그 색깔은 참담해 안개는 흩어지고 구름은 걷힌다. 가을의 모습은 청명해 하늘이 높고 태양이 빛나고, 가을의 기운은 싸늘해 사람의 피부와 뼛속을 찌르며, 가을의 뜻은 쓸쓸해 산천이 적막해진다. 그래서 그 소리는 처량하고 간절하며 울부짖는듯 세차게 일어난다. 많은 풀들이 푸르러 무성함을 다투고, 아름다운 나무가 울창해 즐길 만하더니, 가을이 풀들을 스치자 색이 변하고, 나무는 가을을 만나면 잎이 떨어진다. 풀이 시들고 나뭇잎이 떨어지는 까닭은 바로 가을의 기운이 남긴 매서움 때문이다."

〈취옹정기〉는 저주(滁州, 안휘성 지방)의 아름다운 산천 묘사와 취옹정이란 정자에서 백성들과 함께 유유자적하는 이상적인 삶을 그렸다. 구양수는 좌천된 후 지어진 〈취옹정〉은 지역민에게도 개방되어 함께 즐겼던 모양이다. 특히 마지막 부분의 문장이 좋다. 『맹자』의 '백성들과 함께하는 것(與民同之)'이라는 말이 연상된다.

'사람들은 태수를 따라 노니는 즐거움은 알지만 태수가 그들의 즐거움을 자신의 즐거움으로 여기는 것은 알지 못한다.'

구양수는 역사서인 『신당서(新唐書)』와 『오대사기(五代史記)』를 편찬했고 문집인 『구양문충공집(歐陽文忠公集)』 150권, 시론(詩論)에 관한 『육일시화(六一詩話)』 등을 집필했다.

당송팔대가 중에 또 한 명 소개할만한 인물이 왕안석이다. 왕안석은 신법을 추진한 정치가로 유명하다. 그의 신법 추진과 실패는 역사에서 많이 다뤄진다. 그는 이 시대의 문인 사대부들처럼 문장이란 본래 사회와 정치를 위해 쓰는 것이라는 견해를 가지고 있었다. 정치적 주장이 담긴 산문, 여행기, 시, 경전 해석 등 많은 작품을 남겼다. 문집으로 『왕임천문집(王臨川文集)』, 『임천집습유(臨川集拾遺)』가 있다.

왕안석은 자인 개보(介甫)로도 불린다. 그는 대단한 천재였다. 하지만 진짜 문제는 그의 인성이었다. 기본적으로 타인의 감정을 이해하려 하거나 타인과 협력해서 무엇인가를 해야 한다는 생각은 하지 않는 성격이었다. 옷을 갈아입거나 몸을 청결하게 하는 것에 무신경해 인상도 '비호감'이었다. 이를 누군가가 지적하면 '군자는 내면이 아름다운 법'이라며 냉소했다. 훗날 그가 추진하는 정책에 대해 주변에서 이의를 제기하면 "네가 무식해서 그런 소리를 한다"라고 화를 냈다. 이런 태도는 처음에 그의 천재성과 식견을 보고 추천했던 구양수나 부필, 친했던 사마광(司馬光), 온건파였던 소식(蘇軾) 등의 동료와 선배가 반대파가 되었던 중요한 이유 중 하나였을 것이다. 또한 술, 기생, 첩도 싫어했다. 한마디로 송나라 문인 사대부 사회에서 왕따였다.

과거에 급제해 지방직으로 전전하다가 중앙관리가 된 후 일만 자로 이뤄진 『만언서(萬言書)』를 황제에게 바치며 주목받았다. 송나라가 처한 현재 상황을 분석하고 변법 시행의 필요성을 주장하는 내용이었다. 하지만 이에 늙은 인종(仁宗)은 답하지 않고 죽었다. 다음 황제인 영종(英宗)도 병약해 개혁 의지가 없었다. 왕안석도 어머니상으로 고향에 내려갔다. 고향에서 은인자중하며 쓴 시가 〈고송(古松)〉이다. 마지막 결구가 의미심장하다.

"종묘에 좋은 목재가 없다면 마땅히 쓰임을 얻어야 하나 솜씨 좋은 장인이 없다면 그냥 두고 베지 마시오."(廊墓乏材應見取, 世無良匠勿相侵.)

드디어 왕안석이 일어날 때 왔다. 젊은 황제 신종(神宗)이 즉위한 것이다. 무엇보다 신종은 개혁에 대해 열망이 가득했다. 처음부터 왕안석을 마음에 두었기 때문에 조정 중신들에게 그가 어떤 사람인지 특히 재상감인지를 물었다. 주변의 반응은 상반되었다. 적극적으로 추천했던 사람도 있고 반대한 사람도 있었다. 한기는 한림학사(翰林學士, 황제에게 자문하는 학자)는 적당하지만 재상감은 아니라고 했다. 그런데 신종은 적극적이었다. 왕안석을 수도로 불러 개혁을 추진할 책임자로 앉혔다. 그렇게 시작된 것이 왕안석의 '신법'이다. 핵심은 재정 개혁이었다. 그의 신법 내용을 보자.

전체적으로 균수법(均輸法), 청묘법(青苗法), 모역법(募役法), 보갑법(保甲法), 방전균

세법(方田均稅法), 시역법(市易法), 보마법(保馬法) 등으로 구성되어 있다. '청묘법'은 매년 봄에 농민이 지주에게 돈을 빌려 농사를 짓고 가을 추수 후에 갚는 상황을 바꾸는 것이 목적이었다. '고리대(高利貸)' 문제를 해결하기 위해서였다. 지주 대신 국가가 농민에게 대출해 주는 것이다. '균수법'은 앞서 『염철론』에서 설명했듯이 국가가 매입, 유통, 판매에 개입해 중간 상인의 폭리를 막는 것이다. '시역법'은 상인들이 국가에 현금 또는 자산을 저당 잡히고 상품을 구매하도록 한 것이다. '모역법'은 농민에게 노역대신 면역전(부역을 면재받기 위해 관아에 바치는 돈) 내게하고 그 돈으로 정부가 실업자를 싼 임금으로 고용하는 것이다. '보갑법'은 민병제도이고, '보마법'은 부족한 군마 확보를 민간에게 책임지도록 한 것이다.

이 법들을 둘러싸고 당시 송나라 정계는 강력히 추진하는 '신법당(新法黨)'과 반대하는 '구법당(舊法黨)'으로 나뉘어 심각한 정치투쟁에 돌입한다. 신법당은 왕안석과 그를 거의 무조건 신뢰하는 젊은 황제 신종이 있었다. 이 외에 같은 당송팔대가인 증공(曾鞏)의 동생 증포(曾布) 등을 포함해 소수였다. 구법당은 대부분 문인 사대부였다. 구법당은 내부적으로 무조건 반대와 철폐를 주장하는 '사마광'과 일부 법의 일부를 수용하고 나머지는 반대하거나 추진 속도를 조절하자는 '소식'으로 나뉘었다.

천년이 지난 지금 왕안석의 정책에 대해 '옳고 그름'을 말할 수 없다. 다만 그 시대 대다수 문인 사대부(지식인)와 개혁의 대상인 백성은 신법을 반대했다. 문인 사대부는 원래 송나라의 강력한 개혁을 주장해 온 세력이었지만 왕안석의 신법은 반대했다. 사마광은 근본적으로 방향 자체가 틀렸다고 보았다. 사마광은 재정지출을 줄이지 않고 신법을 추진한 것은 백성에 대한 '새로운 약탈'이라고 강력히 비판했다. 분명히 타당한 면이 있다. 사마광과 대부분의 문인 사대부들은 재정 개혁의 요체는 지출 축소와 세원 확대라고 했던 것을 보면 알 수 있다. 즉 신법은 '개혁이 아닌 개악'이라는 것이다. 역사에서도 비슷한 사례는 많다. 소식은 성급한 개혁으로 사회 혼란을 초래한다고 보았다.

그런데 사마광 등 문인 사대부만 반대한 것이 아니었다. 백성도 신법에 대해 크게 반발했다. 특히 청묘법이 문제였다. 지방관이 농민에게 대출을 하는 업무를 맡게 되면 실적을 높이기 위해 대출을 남발하게 된다. 그중 누군가(탐관오리)는 과거 지주처럼 고리대로 한 몫을 단단히 잡기 위해 가을에 대출을 상환할 때 농민을 착취할 것이다. 과거 조선의 환곡 제도가 비슷한 이유에서 도입된 제도인데 조선 후기(말기)로 가면 농민에 대한 착취 수단으로 발전했다. 당연히 엄청난 비판과 반대 목소리가 쇄도했다.

왕안석의 신법은 오늘날 우리가 언뜻 보면 대단한 개혁처럼 보이지만 결코 아니었다. 당시는 물론 지난 천년 간 냉혹한 비판을 받았다. 신법을 추진하는 세력도 도저히 개혁 세력이라고 보기 어렵다. 신종이 죽은 후 구법당이 다시 정권을 잠시 잡은 적도 있지만 송나라 후반기에는 신법당 인물들이 대체로 권력을 다시 쥐었다. 이들은 바로 『수호지(水滸志)』 속 탐관오리(악당)들이었다. 채경(蔡京), 동관(童貫) 등은 당시 백성들이 증오했던 '6적(六賊)'이었다. 이는 지어낸 이야기 아니다. 실제 송나라는 금(金)나라가 아니라 송강(宋江)의 반란, 방랍(方臘)의 반란 등의 농민 반란으로 망했다.

물론 이 모든 것이 왕안석의 신법 때문인지는 불명확하다. 지금도 송나라의 수명을 단축한 책임이 그에게 있는지에 대해서는 학계에서 논란이 많다.

이런 비난 속에서 왕안석은 신법을 시행했다. 그리고 반대파들은 모두 쫓아내거나 유배를 보냈다. 그들은 자신의 동료였고 친구였고 이끌어주던 선배였다. 이제 그는 자만을 넘어 독단(독선)의 경지에 이른 것이다. 이때 사마광은 약 20년 가까이 집에서 조용히 『자치통감(資治通鑑)』을 집필하며 보냈다. 소식도 지방직으로 좌천되거나 유배지를 전전했다. 하지만 왕안석에 대한 비난의 목소리는 점점 더 커져만 갔다. 왕안석의 처지도 슬슬 외로워졌다. 믿었던 아들은 죽었고 신종도 점점 그와 신법을 부담스러워했다. 그는 은퇴하고 자신의 근거지인 강녕부(江寧府, 오늘날 남경)로 돌아갔다. 젊은 신종도 갑자기 죽었다. 그리고 과거의 정적들은 사면 복권되어 속속 복귀했다. 구법당의 당수 사마광은 재상이 되었고 신법은 대부분 폐기되었다.

그렇게 왕안석은 쓸쓸한 노후를 보냈다. 죽기 전 자신이 그토록 혹독하게 비판하고 정계에서 냉혹하게 쫓아냈던 옛 동료와 친구들에게 사과의 편지를 보냈다. 그나마 위안은 유배지에서 돌아오던 소식이 그를 방문했다. 여기서 소식은 '온건파'다운 말을 했다. "사마광이 신법을 전부 폐기하는 것은 잘못이다." 이 말을 들은 왕안석은 눈물을 흘렸다고 한다. 자신이 저 먼 남쪽 땅끝 바다에 있는 절해고도의 섬인 해남도(海南島)까지 유배를 보냈던 사람이 위로의 말을 해주었기 때문이다. 죽기 전 마지막으로 〈신화(新花, 새로 핀 꽃을 보며)〉라는 참으로 쓸쓸한 시를 남겼다.

> 늙으면 즐거움이 적은 데,
> 하물며 병까지 들어서 누워 있다.
> 새로 핀 꽃에 물을 주며
> 흐르는 향기로 위안 삼는다.
> 그 향기도 잠시일 뿐,
> 나 또한 어찌 오래갈 수 있으리오.
> 새로 핀 꽃과 오래전의 나,
> 둘 다 잊히는 것은 어쩔 도리 없구나!

老年少炘豫(노년소흔예), 況復病在牀(황부병재상).

汲水置新花(급수치신화), 取慰此流芳(취위차류방).

流芳祗須臾(유방지수유), 我亦豈久長(아역기구장).

新花與故吾(신화여고오), 已矣兩可忘(이의양가망)!

※ 송나라 재정위기의 원인

흔히들 '송나라는 문신을 우대하는 정책으로 나라 전체가 문약(文弱)했고 국방에는 소홀해 국력이 약했다'고 말한다. 일부는 사실이지만 진실은 아니다.

사실 이전 당나라와 달리 송나라는 문신을 우대하고 무신을 제약했다. 당 후반부터 오대십국(五代十國)의 '천하 대란'은 지방의 이민족 출신 절도사가 막강한 군사력을 바탕으로 반란을 일으켰다. 이것은 엄연한 역사적 사실이다. 이 때문에 천하를 평정한 송나라가 무신을 제약하는 정책을 펼 수밖에 없었다. 다시는 과거의 오류를 되풀이하지 않겠다는 처절한 반성 때문이었다.

세계를 제패한 당나라의 막강한 군사력에는 숨은 비법이 있다. 그것은 이민족 특히 달리는 말 위에서 활을 쏘는 북방 유목민족을 자신들의 체제 내로 끌어들여 취약한 변방 수비와 주변국 정벌을 맡긴 것이다. 하지만 중기 이후 이것이 체제 모순으로 발전해 당의 멸망한 원인이 되었다. 송나라는 당연히 같은 정책을 시행하지 않았다.

당과 송은 전혀 다른 국제정세 속에 있었다. 당나라 초기에 북방의 막강한 돌궐제국이 분열되어 끊임없이 싸우고 있었다. 이때를 틈타 당이 패권을 잡은 것이다. 반면 송은 출발 때부터 북방의 거란(요 遼)와 이후 서방의 탕구트(서하 西夏)라는 2개의 강대국을 상대로 내내 대치했다. 이 때문에 주 전선인 2곳에 100만 대군을 유지하려면 막대한 군비가 필요했다. 이처럼 송이 막대한 군비를 쓰고도 군사력이 약했던 것은 북방의 이 두 강대국이 너무 막강했다고 이해하는 것이 합리적이다. 송과 후대의 명나라는 강력한 북원(北元)을 대적해야 하는 비슷한 국제정세 상황이었다. 당은 이전 한나라의 대외 상황과 비슷했다. 이 대표적인 4개 통일제국의 역사를 볼 때 이런 건국 초기와 중기의 국제정세를 함께 이해할 필요가 있다. 송나라는 과도한 군비로 재정이 심각하게 부족했고 점점 더 악화하고 있었다. 반드시 개혁해야할 심각한 국가적 위기였다. 근본적으로 재정 악화를 부채질한 세 가지 요인이 있었다.

첫째. 너무 많은 '용병(冗兵, 군대)'의 문제였다. 인종 때 서하와 전쟁에 동원된 군대가 무려 125만 9,000명에 달했다. 황궁 시위(侍衛)도 건국 초기와 비교해 4배가 증가했다. 더 큰 문제는 군대가 많아지면서 그 질은 저하되었다. 패전을 '밥 먹듯' 했고 겨우 전선을 유지하는 형편이었다. 이때마다 보강하기 위해 상비군인 수를 늘렸고 유지 비용도 계속 늘어났다.

둘째, 남아도는 '용관(冗官, 관료)'의 문제였다. 이 시기 지방관의 수가 건국 초기와 비교해 4배가 증가했지만 계속 늘어났다. 마찬가지로 관료의 자질도 저하되었다.

셋째, 황실의 '용비(冗費, 낭비와 사치)'의 문제였다. 이런저런 국가의 제사(특히 도교 관련)가 불필요하게 많았다.

이런 삼용(三冗) 폐단을 개혁하려면 방법은 두 가지밖에 없었다. 하나는 전체 재정지출을 줄이는 것이다. 황실의 낭비와 불필요한 관직을 줄이고 방만한 군대도 축소해 양질의 군대로 재구성해야 한다. 이를 위해 평화유지 명목으로 거란과 서하에게 해마다 바치는 '세폐(歲幣)'를 통해 군사적 압박을 줄이고 다른 한편으로는 선진문화의 힘을 길러 그들을 압도했다. 이 덕분에 거란과 서하로 들어간 송의 금품은 거란과 서하가 송의 선진적인 물품 구입에 쓰며 다시 송나라로 되돌아왔다. 당시 송나라의 노력은 아주 합리적 외교의 방안이자 개혁이었다. 이것을 "돈을 주고 평화를 샀다"라고 비아냥거리는 주장은 어리석다.

이 방법이 아니었다면 '새로운 세원을 확보'해 군비를 충당해야 했다. 하지만 한정적인 생산력을 가진 농경 국가에서 새로운 세원이란 결국 백성의 고혈을 짜내는 방법밖에 없었다. 바로 이 지점을 알아야 송나라 문인 사대부의 정치투쟁, 사상투쟁, 문학 활동 등에 깊이 관련된 '경력신정'과 '왕안석의 신법'을 제대로 이해할 수 있다.

『장자』를 한 권 읽는 것보다 이 『적벽부(赤壁賦)』 두 편을 읽는 것이 더 낫다

 소식(蘇軾)은 '팔방미인'이었다. 단순한 시인 또는 문인으로 평가하기에는 부족하다. 문인화를 그린 화가이며 서예가였고 요리, 토목 기술, 의술 분야 등에서도 공적이 많다. 유명한 중국요리 동파육(東坡肉)도 그가 개발한 요리이다. 또한 후대에 문인 사대부의 모범으로 '천년의 존경'을 받았다. 고려와 조선에서도 비슷했다. 역사가로 유명한 김부식, 문장가 이규보, 홍길동전의 저자로 알려진 허균 등이 그를 찬미했다.

 소식은 호가 동파(東坡)여서 소동파라고 불렸다. 그는 사천성 미산(眉山) 출신인데 고향에는 그와 아버지 소순(蘇洵), 동생 소철(蘇轍)을 함께 모신 사당인 삼소사(三蘇祠)에 있다. 이 삼소사는 명나라 때 건축된 후 여러 차례 증·개축했다. 이 소씨 삼부자는 모두 대단한 문인이라서 모두 '당송팔대가(唐宋八大家)'에 포함되어 있다.

 소식은 동생과 함께 과거에 동시 합격했다. 이때 인종은 그들을 미래의 재상이라고 높이 평가했다. 하지만 어머니상(喪)으로 3년 동안 상례하고 얼마 후 아버지와 아내도 세상을 떠나 연이은 상례를 해야 했다. 이후 섬서성 봉상(鳳翔)의 첨판(僉判)이란 하위직으로 관직 생활을 시작으로 순탄하게 중앙 관직에 올랐다. 그가 수도로 올라가 본 중앙 정계는 갈등과 대립으로 시끄러웠다. 앞서 거론한 왕안석의 신법 때문이었다. 그도 정치투쟁 속으로 빨려들어 갔다. 그도 신법에 반대했고 동생 소철도 신법 추진부서로 발령 났지만 의견 차이로 곧 사직서를 냈다.

 이때 좌천되어 간 곳이 항주(杭州) 지주(知州)의 부관인 통판(通判)이었다. 그런데 왕안석이 그의 상관으로 자기 사람을 내려보내 그를 옴짝달싹하지 못하게 만들었다. 통판은 원래 한직이었는데 할 일이 더 없어진 것이다. 그러나 이 덕분에 시인의 본능이 살아났다. 아름다운 서호(西湖)가 있는 항주에서 좋은 시를 많이 남겼다. 변덕스러운 여름날의 풍경을 그린 시가 〈망호루취서(望湖樓醉書)〉이다. 먹물처럼 번지는 검은 구름과 배 위에 진주처럼 튀면서 흩어지는 빗방울, 다시 푸른 하늘로 변해버린 깨끗한 호수를 뛰어난 비유와 표현으로 묘사한 아름다운 시이다. 또 다른 시 〈음호상초청후우(飮湖上初晴後雨, 호수 위에서 술 마시는데 맑다가 비 오네)〉도 유명하다.

출렁거리는 물빛은 날이 맑아 좋고,

산이 뽀얗고 자욱하니 비 내려도 또한 기이하다.

서호를 서시와 비교하면,

엷은 화장, 짙은 화장 모두 다 아름답다.

水光瀲灩晴方好(수광렴염청방호), 山色空濛雨亦奇(산색공몽우역기).

欲把西湖比西子(욕파서호비서자), (淡粧濃抹總相宜(담장농말총상의).

서자(西子)는 춘추 시대 월(越)나라 미녀 서시(西施)를 말한다. 참고로 전통적으로 4대 미인으로 서시, 한나라 왕소군(王昭君), 당나라 양귀비, 그리고 소설『삼국지』의 초선(貂蟬) 또는 초패왕(楚霸王) 항우(項羽)의 부인 우희(虞姬)를 꼽는다. 이에 더해 자주 사용하는 관련 한자 숙어도 몇 개를 알아보자. '침어(浸魚)'는 서시의 미모 때문에 물고기가 부끄러워 숨는다는 의미이다. '낙안(落雁)'은 하늘을 날던 기러기가 미녀 왕소군을 보다가 땅에 떨어졌다는 의미이다. '폐월(閉月)'은 초선을 보고 달이 부끄러워 구름 뒤로 숨는다는 것이다. '수화(羞花)'는 꽃이 양귀비의 미모를 보고 부끄러워 고개를 숙인다는 것이다. 재미있는 표현이다.

이후 소식은 밀주(密州, 산동성 제성諸城)의 지주(知州)로 승진해 갔다. 가난하고 피폐한 지역이라 지방관으로서 열심히 근무했다. 동생이 인근 지역의 지방관으로 와서 그나마 서로를 의지했다. 이때 뛰어난 사(詞) 작품을 남겼는데 호방한 〈강성자(江城子)-밀주출렵(密州出獵)〉과 중국인에게 지금도 사랑받는 〈수조가두(水調歌頭)-병진년 중추절(추석) 밤에 새벽까지 술을 마시고 크게 취하여 아우 소철을 생각하며 이 사를 짓다(丙辰中秋, 歡飮達旦, 大醉, 作此篇, 兼懷子由)〉이다. 〈수조가두〉는 '명월기시유(明月幾時有)'라고도 부른다. 일부만 소개하면 다음과 같다. 중국인들은 지금도 추석에 이 노래를 부른다.

　　밝은 달은 언제부터 있었느냐고, 술잔을 들고 푸른 하늘에 물어본다.
　　천장의 궁궐 오늘 이 밤은 어느 해인지 모르겠네.
　　　　　　　　　　…
　　사람은 슬프다가도 기쁘고, 헤어졌다가도 만나는 것,
　　달도 흐렸다가도 맑고, 찼다가도 기우는 것이다.
　　이런 일이야 옛날부터 어려우니, 다만 바라는 건 우리 오래 살아서,
　　천 리 밖에서나마 저 아름다운 달 함께 볼 수 있기를.

　　明月幾時有(명월기시유), 把酒問靑天(파주문청천).
　　不知天上宮闕(부지천상궁궐), 今夕是何年(금석시하년).
　　　　　　　　　　…
　　人有悲歡離合(인유비환이합), 月有陰晴圓缺(월유음청원결).
　　此事古難全(차사고난전), 但願人長久(단원인장구), 千里共嬋娟(천리공선연).

　그는 지방관으로 근무하며 치적을 쌓았고 아름다운 시를 많이 썼다. 이때 엄청난 필화(筆禍)사건이 터졌다. 이 사건을 '오대시안(烏臺詩案)'이라고 한다. 오대는

관리 감찰을 하는 어사대(御史臺)의 별칭으로 조선의 사헌부와 같은 곳이다. 어사대에 있는 잣나무 위에 수천 마리 까마귀가 살아서 생긴 이름으로 까마귀 오(烏)자를 쓰는 오대이다. 소동파는 임지에서 갑자기 이 오대로 끌려가 혹독한 심문을 받았다. 이 필화사건에 대해 알아보자.

발단은 〈왕복수재소거쌍회(王復秀才所居雙檜)〉라는 시를 트집 잡았다. 이 소동파의 시는 왕복의 집 마당에 있는 큰 느티나무가 신령스러움을 지녔다고 말하며 그의 과거 시험 합격을 격려하는 내용이었다. 그런데 셋째, 넷째 구의 뜻이 수상하다는 것이다. 내용은 다음과 같다. "根到九泉無曲處(근도구천무곡처), 世間惟有蟄龍知(세간유유칩룡지)." 이 뜻을 풀이하면 "뿌리가 저 땅 깊은 아래에 닿아도 구부러짐 없으니 세상에 오직 땅속에 숨은 용만이 그 마음을 알리라"는 의미였다. 이 구절에서 '지하의 숨은 용'에게 친구를 청하는 것은 '현재 용'인 송나라 신종에게 충성하지 않겠다는 반역의 뜻을 담았다고 해석했다.

이런 이유로 심괄(沈括)이 밀고했고 나중에는 재상인 왕규(王珪)까지 역심을 품었다고 주장하고 나섰다. 심괄은 『몽계필담(夢溪筆談)』의 저자이며 뛰어난 과학자였다. 하지만 누가 보아도 지나친 억지였다. 시인의 표현까지 문제 삼는 것은 지나치다며 반대파까지 문제를 제기했다. 처음에는 관망하던 왕안석도 "태평성대에 선비를 이런 일로 죽이면 안 된다"라고 말하며 나섰고 이 덕분에 수사는 종결되었다. 소동파는 투옥된 지 130일 만에 풀려나 호북성 황주(黃州)로 유배를 떠났다.

유배지에서 그는 불후의 명작인 〈적벽부(赤壁賦)〉 전·후편을 썼다. 어느 가을 유배지에 반가운 옛 친구가 찾아왔다. 배를 타고 장강의 적벽으로 놀러 가 밤새 술 마시고 놀았다는 것이 전체 줄거리이다. 시 속에는 인생을 달관한 장자와 제행무상(諸行無常)의 불교가 녹아 있다. 시를 감상하며 읽어 내려가면 감정이 절정을 향해 가는 듯한 대목이 있어서 소개한다.

조각 배 가는 대로 몸을 맡기고,

한없이 아득한 강으로 나간다.

하도 넓어 허공에 기대어 바람을 부리는 듯하고,

그 머무를 바를 모르네.

나부끼는 것이 세상을 벗어나 홀로 서서,

날개가 돋고 하늘로 올라가는 신선과 같구나.

縱一葦之所如(종일위지소여), 凌萬頃之茫然(능만경지망연).
浩浩乎如馮虛御風(호호호여빙허어풍), 而不知其所止(이불지기소지).
飄飄乎如遺世獨立(표표호여유세독립), 羽化而登仙(우화이등선).

이 작품은 이후 많은 이들이 너무도 좋아해 노래로 불렀고 그림으로도 남겨졌다. 한국에는 〈서도소리〉(황해도, 평안도의 전통 노래)로도 유명하다. 또한 대단한 서예가이기도 한 소동파가 직접 쓴 적벽부 작품도 유명하다.

황주 유배 시절의 작품인 〈염노교-적벽회고(念奴嬌-赤壁懷古, 念奴娇-赤壁怀古)〉도 기억할만한 사(詞) 작품이다. 『삼국지』속 영웅들을 회고하는 내용이다. 특히 적벽대전(赤壁大戰)을 승리로 이끌었던 주유(周瑜)에 대해 찬양한다. 첫 문장을 소개한다.

장강(長江)은 동쪽으로 흐르면서, 그 거친 물결로 천고의 영웅들을 모조리 쓸어가 버렸네. (大江東去 강동거, 浪淘盡낭도진 千古風流人物 천고풍류인물.)

그러던 어느 날 사면·복권되었다. 돌아오는 길에 명승지 여산(廬山)의 서림사(西林寺)에 들렀다. 그리고 서림사 벽에 시 한 수를 적어 놓았다. 옛날에는 유명한 인사가 큰 건물의 벽에 글씨를 써놓는 것이 일종의 문화였다. 서림사 벽에 쓴다는 의미의 〈제서림벽(題西林壁)〉을 소개한다.

> 가로로 보면 고개, 세로로 보면 봉우리,
> 멀리, 가까이, 높은 곳에서, 낮은 곳에서 보는 곳에 따라 모습이 다 다르구나.
> 여산의 참모습을 알 수 없는 것은 내 몸이 이 산속에 있기 때문이리라.

横看成嶺側成峰(횡간성령측성봉), 遠近高低各不同(원근고저각부동).
不識廬山眞面目(불식여산진면목), 只緣身在此山中(지연신재차산중).

드라마로도 만들어진 만화 〈송곳〉(원작 최규석)에서 노동상담소 소장 구고신이 "서는 곳이 바뀌면 풍경도 달라진다"라고 말한다. 사람은 어떤 처지에 있는가에 따라 세상을 인식하는 것이 다 다르다는 뜻이다. 소동파가 '정치적 해금(解禁)'을 맞이하고 쓴 시가 〈제서림벽〉이라서 그 의미가 각별하다.

당나라 때와 달리 송나라 때의 한시는 이처럼 철학적이고 사변적인 내용이 많다. 아마도 작가들이 고명한 성리학자이기 때문일 것이다. 소동파의 〈화자유(和子由)〉라는 시도 이런 철학적인 내용이다. 제목의 의미는 동생(子由)이 보낸 시에 대한 화답시이다. 중요한 것은 '설니홍조(雪泥鴻爪)'라는 시어이다. '날아가던 기러기가 잠시 눈밭에 앉았다가 다시 날아갔다. 눈은 녹고 발자국도 사라진다. 우리가 살다가 간 이후의 흔적도 언젠가는 덧없이 사라질 것이다'라는 의미이다.

우주의 시간을 계산한 성리학자로 이름이 높은 소옹(邵雍)이 쓴 〈청야음(淸夜吟, 맑은 밤에 읊다)〉도 아주 철학적인 시이다. 특히 1, 2구의 "月到天心處, 風來水面時(월도천심처, 풍래수면시)"라는 부분이 유명하다. 일반적으로 '하늘에는 달이 떠 있고 물 위로 바람이 분다'로 맑은 밤의 자연 풍경을 해석한다. 하지만 '달은 하늘의 마음이 있는 곳에 머물고, 바람 불어 물 위에 있을 때(시간도 운동도 없는 2차원의 관념적 우주의 공간)'라고 해석할 수도 있다.

신법을 강력히 추진하던 황제가 갑자기 죽고 어린 철종(哲宗)이 즉위해 태후가 섭정했다. 늙은 사마광이 재상에 임명되고 소동파가 예부낭중(禮部郞中)과 기거사인(起居舍人, 황제 언행 기록)에 임명되었다. 다시 반년 후 한림학사지제고(翰林學士知制誥, 황제 칙서 작성)로 승진했다. 이번에는 쫓겨났던 구법당의 세상이 된 것이다. 사마광은 고집스럽게 왕안석의 신법을 모두 폐기했다. 이런 사마광의 완고함에 질려버린 소동파도 그를 '사마우(司馬牛, 소)'라고 했다. 사마광은 결국 과로로 죽었다.

이 시기 소동파가 출제한 과거 시험 문제 때문에 당쟁이 촉발되기도 했다. 제목이 '인종의 덕을 스승으로 삼고 신종의 추진력을 본받자'라는 내용 때문이었다. 인종은 범중엄 등의 개혁을 지지하다가 변심했고 신종은 끝까지 왕안석의 개혁을 신뢰했기 때문이다. 이후 2년여 동안 중앙을 떠나 항주 태수 등 여러 지방관으로 치적을 쌓고 다시 중앙의 조정으로 돌아왔다. 지금도 항주에서 아름다운 경치를 자랑하는 서호의 소제(蘇堤)는 그가 이 시절 쌓은 제방이다.

소동파는 고려에 대한 불신과 증오를 드러내는 상소문을 몇 차례 썼다. 그 이유는 대각국사 의천 등 불교 승려가 들락거리며 불교를 매개로 송 황실과 교류하는 것이 불만이었다. 완고한 성리학자로서의 태도가 보인다. 고려는 송의 신하국이라 자처하지만 송의 연호와 역법도 쓰지 않고, 거란을 신하국이라 하는 등의 이중적인 태도를 보인다는 것이다. 심지어 고려가 송의 정보를 거란으로 넘긴다고 의심했다. 이처럼 이웃 국가에 강경하고 배타적인 태도를 보이는 것은 소동파뿐만 아니라 당시 송나라 지식인의 일반적인 특징이었다. 소동파는 고려와 계속 통교하는 것은 송에 큰 경제적인 손해라고 주장했다.* 이는 지방관으로서 할 만한 문제 제기였다.

조정으로 돌아온 소동파에게 새로운 일이 기다리고 있었다. 어린 황제의 교육을 담당하는 시독(侍讀, 스승)이 되었다. 문제는 어린 황제가 성장하면서 늙은 할머니(황태후)의 정치에 대한 반발심도 함께 커져 갔다. 얼마 후 황태후가 죽자 철종은 친정을 시작하면서 왕안석의 신법 시대로 복귀한다고 천명했다. 그런데 신법을 다시 추진하는 것만으로 끝날 문제가 아니었다. 철종은 숙청의 시퍼런 칼을 다시 구법당 인사에게 휘둘렀다. 그리고 다시 신법당 인사가 중앙으로 속속 복귀했다. 이런 상황에 그도 사직서를 내고 귀향하려 했지만 구법당의 대표에게 준 새 조정의 회답은 유배였다. 집요하게 그를 공격했던 인사 중에 대표적인 인물은 신임 재상 장돈(章惇)이었다. 한때 그와 가까운 친구였던 사람이기도 하다. 이로써 그의 기나긴 유배가 시작된 것이다. 그의 동생 소철도 마찬가지였다. 가족들과 헤어지고 막내아들 소과(蘇過)와 가기(家妓, 고위 관리의 집에 기거하며 공연 등을 했던 기생)인 조운(朝雲)과 함께 떠났다. 이들이 중국 남부 대유령(大庾嶺) 산맥을 넘어 도착한 곳은 땅끝 광동성 혜주(惠州)였다. 그러나 소동파는 좌절하지 않고 밝고 유쾌한 시를 혜주에서 남겼다. 남방의 열대 과일인 여지를 맛있게 먹고 남긴 〈여지를 먹으며(食荔支二首)〉라는 시이다. 두 번째 시 3구와 4구가 재미있다.

매일 삼백 개의 여지를 먹을 수 있으니,
오래도록 영남 사람이 되는 것을 사양하지 않겠네.

日啖荔支三百顆(일담여지삼백과), 不辭長作嶺南人(불사장작영남인).

영남(嶺南)은 대유령 산맥의 고개 남쪽이라는 중국의 지명이기도 하다. 이곳과 관련한 작품으로 당의 양귀비가 이 여지(열대 과일)를 기다리다 들리는 말발굽 소리에 혼자 웃는다는 두목(杜牧)이 쓴 〈화청궁을 지나가다(過華淸宮絕句)〉라는 시도 유명하다.

험한 유배길에 동무가 되어 준 조운이 이 혜주에서 죽었고 그녀의 묘가 지금까지 보존되어 있다. 혜주에는 소동파 관련 유적이 많다. 항주와 영주처럼 혜주에도 서호(西湖)가 있다. 이 세 개의 서호와 그 주변을 보면 언제나 소동파의 고사가 있다. 또 나부산(羅浮山)이라는 명산은 갈홍 등의 도사들이 수련했던 곳으로도 유명하다. 당연히 시인 소동파는 시로 이 명산과 명소를 노래했다. 이런 혜주의 아름다운 경치도 소동파의 시 때문에 더욱 아름다운 이름을 얻었다.

다시 3년 뒤에는 이 땅끝도 벗어나 바다 건너 담주(儋州, 오늘날 해남도海南島)로 다시 유배를 떠났다. 그곳은 당시 소수민족만이 사는 오지였다. 혜주에서 담주로 유배지를 변경한 이유는 장돈 등이 혜주에서 쓴 소동파 시가 너무 밝다고 트집을 잡으며 공격했기 때문이다. 담주의 환경은 아주 열악했다. 거처할 곳은 비바람조차도 피하기 어려웠다. 육지에서 조달되는 식량은 바다의 날씨 때문에 제때 도착하지 않아 굶는 날이 많았다. 더욱이 아파도 약을 구할 수 없었다. 하지만 소동파답게 도교의 양생술로 건강을 유지하며 꿋꿋하게 살았다. 이때 쓴 〈정풍파(定風波)〉라는 시를 소개한다.

숲을 뚫고 나뭇잎 때리는 비바람 소리는 듣지 말지니,
시 읊조리며 천천히 걷는 것도 괜찮지 않은가.
대지팡이와 짚신이 말 탄 것보다 가벼운데, 무엇을 두려워하랴?
도롱이 쓰고 이 안개비를 맞으며 한평생을 살 수 있다네.
차가운 봄바람에 술기운 가시고 한기마저 든다.

산머리를 비스듬히 비치는 석양은 나를 맞이하네.

고개 돌려 방금 비바람 치던 곳을 바라보니.

돌아갔구나. 비바람만 있는 것도 아니고 맑은 날만 있는 것도 아니구나.

莫聽穿林打葉聲(막청천림타엽성), 何妨吟嘯且徐行(하방음소차서행).

竹杖芒靴輕勝馬(죽장망혜경승마), 誰怕(수파)?

一蓑烟雨任平生(일사연우임평생).

料峭春寒載酒醒(요초춘한재주성), 微冷(미랭), 山頭斜照卻相迎(산두사조각상영).

回首向來蕭瑟處(회수향래소슬처), 歸去(귀거), 也無風雨也無晴(야무풍우야무청).

사호(沙湖)라는 곳으로 가는 도중에 비를 만나 쓴 사(詞)이다. 제목 '정풍파'는 당시 유명한 곡조의 이름일 뿐 큰 의미는 없다. 삶과 죽음, 슬픔과 기쁨이 반복하는 인생사를 모두 달관한 자가 쓴 경구 같기도 하고 여유 있는 만년의 읊조림 같아서 좋다.

그는 열악한 환경인 담주에서 학당을 열었다. 학생은 현지의 소수민족인 여족(黎族)이었다. 이때 처음 담주 출신의 과거 합격자인 진사(進士)를 배출했다. 육지 출신이었던 강당좌(姜唐佐)가 그 주인공이다. 소동파는 미완성의 시 2구를 지어 강당좌을 격려했다. 다만 나머지는 합격하면 써주겠다고 했지만 그 전에 스승인 소동파가 세상을 떠났다. 그래서 스승의 동생 소철이 대신 나머지 두 수를 완성해 합격을 축하해주었다고 한다.

유배지 담주에서 학당을 열고 교육자의 길을 걷던 소동파에게 중앙에서 갑자기 새로운 소식이 전달되었다. 유배가 해제된 것이다. 중앙 정국에 큰 변화가 생긴 것이다. 서른도 안 된 젊은 철종이 죽고 휘종(徽宗)이 새로 등극했다. 새 황제의 은사령이었다. 그리고 소동파를 유배 보냈던 최대 정적이었던 장돈

이 실각하고 뇌주(雷州)로 유배까지 떠났다. 신법당 내에서도 불화가 있었다. 그 이유는 철종의 장례 때 운구 도중 실수를 했기 때문이다. 그런데 뇌주는 지금의 광동성 뇌주반도의 도시인데 바로 소동파의 최종 유배지인 해남도의 맞은편 반도였다. 상대를 궁지로 내몬 자가 같은 처지에 내몰린 것이다.

소동파는 아득한 유배 생활을 마치고 칠순을 바라보는 노년의 나이에 귀로에 올랐다. 뱃길로 돌아가려고 했지만 늙고 지친 그는 병이 들었다. 이 때문에 강소성 금산사(金山寺)에 들렀다. 당시 금산사에는 과거 문인화가 이공린(李公麟)이 소동파를 그린 초상화가 걸려 있었다. 이 그림이 혜주 유배 시절에 갓 쓰고 나막신을 신은 소동파의 모습을 그린 〈동파입극도(東坡笠屐圖)〉이다. 다시 자신의 초상화 앞에 선 그는 만감이 교차했을 것이다. 그 심정을 시로 초상화에 적어 놓았다. 〈자제금산화상(自題金山畫像, 금산사의 초상화를 보고)〉이다.

마음은 이미 다 타버려 식은 재와 같고, 육신은 매이지 않은 배처럼 자유롭네.
묻노니, 너는 무엇을 이루고 남겼더냐? 황주. 혜주. 담주(뿐이네).

心似既灰之木(심사기회지목), 身如不繫之舟(신여불계지주).
問汝平生功業(문여평생공업), 黃州惠州儋州(황주혜주담주).

일생토록 남긴 것이 유배지를 떠돈 것뿐이라는 말이 참으로 허허롭다. 그렇다고 슬프거나 분노하는 것도 아니다. 늙고 병든 소동파를 태운 배는 경항대운하(京杭大運河, 수도와 항주를 잇는 운하)를 따라 이동했다. 새로 마련한 상주(常州, 강소성 도시)의 안식처에 드디어 도착했다. 이제 임종을 앞두고 있었다.

참고로 9년을 제주에서 유배당한 김정희를 흠모해서 허련이 그린 그림인 〈완당선생해천일립상(阮堂先生海天一笠像)〉이 한국에서 유명하다.『나의 문화유산 답사기』의 작가 유홍준이 극찬해 유명해진 그림이다. 그런데 이 그림의 원조는 이공린이 유배 시절 소동파의 모습을 그린 초상화이다.

아마도 더 살았다면 치욕스러운 일들을 겪었을지 모른다. 황제이길 포기한 휘종은 향락적인 예술가로 살았고 부패한 신법당 세력은 백성을 수탈했다. 이 시기 구법당 인사의 후손은 관직 임용이 금지되었고 혼인과 저작물 소지도 규제되었다. 심지어 구법당 인사 309명의 명단을 유명한 서예가이기도 한 신법당의 채경에게 쓰게하고 돌에 새겨 넣어 황궁과 전국 각지에 세웠다. 구법당이 해금된 것은 북송이 망한 이후이다. 휘종은 북송 멸망 후 금(金)나라에 아들과 함께 끌려가 북만주의 오국성(五國城, 하얼빈시)에 유배되어 죽었다. 죽기 전 금으로부터 받은 작위가 아버지 휘종은 혼덕공(昏德公), 아들 흠종(欽宗)은 중혼후(重昏候)였다. 이들은 '어리석고 한심한 군주'였다는 금나라의 평가가 가장 정확하다. 소동파는 죽기 전 성리학자(유학자)다운 유언을 남겼다.

"나는 평생 나쁜 짓을 하지 않았으니 지옥에 떨어지지 않을 것이다. 통곡하는 것은 형체가 변화하는 것을 보고 슬퍼하는 것이니, 제발 통곡하지 말라!"

인간의 탄생과 죽음이란 물질 상태의 변화에 불과한 것이다. 마치 물이 얼음이 되거나 수증기가 되어 사라지거나 하는 것처럼 슬프고 좋아할 일이 아니라는 것이다. 영혼이라는 것도 언젠가는 산 자들이 아무도 기억하지 않는다면 소멸이 되는 것이다. 영혼 불멸을 주장하는 이방의 종교와는 다른 태도이다.

※ 사대와 조공

대체로 외국 사신이 입국하면 그 비용은 사신이 입국한 나라 특히 사신이 지나고 체류하는 지방과 중앙에서 나누어 부담하는 것이 관례였다. 그래서 조선과 일본의 에도 막부의 지방관은 대개 소동파와 같은 불만을 제기했다. 이에 더해 사대조공(事大朝貢) 외교에서는 일반적으로 상국(上國, 황제국)이 더 큰 비용을 감당해야 했다. 반면 사대조공을 바치는 제후국에는 무역에서 더 많은 이익을 얻을 수 있는 특혜를 주었다. 이 때문에 사신단의 규모와 파견 횟수를 더 늘리려는 제후국들의 외교적 노력이 치열했다. 사신단을 통해 여러 동아시아 국가들은 '공무역'을 했고 그 이익도 컸기 때문에 명나라 후반기에는 조선의 사신이 너무 많이 온다고 불만을 제기했다. 또 일본 도요토미 히데요시가 조선 침략한 원인 중 하나가 일본에게 적용되었던 엄격히 제한한 사신단 규모에 대한 불만 때문이었다는 유력한 학설도 있다. '사대'라는 말과 개념은 『맹자』에서 유래했다.

> 제선왕(齊宣王)이 맹자에게 "이웃 나라를 사귀는 데 도(道)가 있는가?"라고 물었다.
> 맹자는 "오직 어진 자는 큰 것으로써 작은 것을 섬길 수 있고(以大事小),
> 오직 지혜로운 자는 작은 것으로써 큰 것을 섬길 수 있다(以小事大)"라고 대답했다.
> 이어서, "큰 것으로써 작은 것을 섬기는 자는 천하를 보전하고(保天下),
> 작은 것으로써 큰 것을 섬기는 자는 자기 나라를 보전한다(保其國)"라고 말했다.

이 개념이 과거 동아시아 세계질서를 만든 것이다. 이 개념을 이해하지 못하면 큰 나라든, 작은 나라든 다 망한다. 당시 소동파의 상소문은 그냥 소수파 주장이었다. 송의 주류는 고려와 화친을 유지하고 더 나아가 고려와 군사동맹을 맺어 북방의 거란을 견제하려는 입장이 확고했다. 그러나 고려는 한 번도 송의 의도대로 하지는 않았다. 오히려 소동파가 비판한 이중적인 태도로 북송이 망할 때까지 일관했다.

강대국이라도 자국의 무력만 믿고 일방적으로 약소국을 침략하고 약탈한다면 아무도 고개를 숙이지 않을 것이다 아무에게나 '사대'를 할 수는 없다. 누구라도 죽기를 각오하고 끝까지 저항할 것이다. 아무래도 이런 이치를 소동파는 몰랐던 것 같다.

노래로 부르기 위해 쓰는 시 '사(詞)'

'사'*는 단순하게 말하면 노래 가사이다. 그래서 원래 이름은 '곡자사(曲子詞)'이고, '사'는 약자이다. 당시(唐詩)처럼 시 자체를 즐기고 감상하는 것보다 원래 있던 곡조에 맞추어 가사를 쓴 것이다.

사는 당나라 때부터 민간이나 궁중의 기녀들 사이에서 이미 불리고 있었다. 차츰 백거이와 같은 시인도 창작에 참여하다가 본격적인 사 작가로 인정받는 시인은 만당(晚唐) 시기의 온정균(溫庭筠)이다. 위장(韋莊)은 온정균과 더불어 '화간파(花間派)'의 대표작가이다. 후촉(後蜀)의 조숭조(趙崇祚)가 당 말부터 오대십국 시대 사 작가들의 작품을 모아 만든 『화간집(花間集)』에서 유래했다. 온정균을 제외하면 대개 사천성(촉 지방)의 사 작가이다. 오대십국 시대 '남당파(南唐派)'라는 사 작가 그룹도 활동했다. 남당파는 남당의 2대, 3대 군주였던 이경(李璟)과 이욱(李煜), 재상 풍연사(馮延巳)가 대표적인 작가이다.

참고로 오대십국(五代十國)이란 당 멸망부터 송이 통일하는 907년부터 979년까지 약 70년 동안 여러 나라가 등장하고 소멸했던 혼란기이다. 오대란 황하 유역의 중원을 차지한 5개 왕조를 말한다. 후량(後梁)·후당(後唐)·후진(後晉)·후한(後漢)·후주(後周)인데 모두 후(後)자가 국가 이름 앞에 붙은 것은 이전의 다른 왕조와 구분하기 위한 것이다. 10국은 지방의 작은 국가들이다. 오(吳), 남당(南唐 강서성, 안휘성, 복건성), 오월(吳越 절강성), 민(閩 복건성, 뒤에 남당에 병합), 형남(荊南 호북성) 또는 남평(南平), 초(楚 호남성)·남한(南漢 광동성, 광서성), 전촉(前蜀 사천성), 후촉(後蜀 사천성), 북한(北漢 산서성)이다. 이 5대 10국을 세운 이들은 대부분 당 말의 지방 절도사 출신이었고 이들의 성씨는 대체로 과거 왕조의 시조와 같다.

이렇게 건국된 송에서 유행한 것이 '사'이다. 그래서 '송사(宋詞)'라고도 한다. 유명한 작가 를 꼽아 보면 다음과 같다.

초기 유명한 작가는 안수(晏殊)다. 그는 인종 때 재상을 역임했던 인물이다. 그래서 범중엄, 구양수, 부필, 사위였던 한기 등을 등용했다. 사대부들의 삶과 풍류를 대변한 인물이다. 작품은 청아한 소령(小令, 단편)이 많고 남당파의 영향을 받았다.

유영(柳永)은 도시와 거리의 풍광과 애환, 나그네의 슬픔 등을 통속적인 언어로 사를 지었다. 그래서 그의 작품은 도시민의 취향에 맞았다. 거리의 시인답게 그는 거리에서 외롭게 죽었다. 이런 유영의 시신을 거두고 장례를 치른 사람들이 있었다. 그들은 거리의 여인들인 기녀였다. 그 후로도 그녀들은 해마다 유영의 기일에 모여 그의 사를 부르며 애도했다. 이 모임을 조유회(弔柳會)라고 했는데 유영이 죽은 후 거의 백 년 동안 유지되었다. 그 이유는 사회적으로 심한 차별을 받던 기녀들이 자신들을 이해하고 교류했던 유일한 사람이 유영이라고 생각했기 때문이다.

이 외에 앞서 거론한 구양수, 소동파 등의 사 작품도 유명하다. 이 시대 문인 사대부치고 사를 짓지 않은 사람은 거의 없었다. 그만큼 사는 송나라의 대표적인 문학이다. 북송 말기가 되면 걸출한 여성 작가가 나타난다. 문학사에서 매우 중요한 작가인 이청조(李淸照)이다. 호방파 이전의 여성적인 감수성이 잘 드러나는 이청조와 같은 사 작가를 '완약파(婉約派)'라고 했다.

북송이 망하고 남송이 들어서자 '호방파(豪放派)'라는 사조 작가들이 전성기를 맞았다. 호방파적인 사는 소동파 등에서도 나타나지만 북송이 망하고 잃어버린 옛 영토를 찾고자 하는 분노와 애국심을 강하게 드러내는 것이 가장 큰 특징이었다. 유명한 작가로는 장군으로 유명한 악비(岳飛)와 신기질(辛棄疾), 그리고 50년간 일만 수를 써서 남긴 육유(陸游)가 있다. 송이 멸망한 후 사는 퇴조했다가 청나라 때 다시 유행했다. 이때 등장한 사 작가 중에 널리 알려진 사람이 '납란성덕(納蘭性德)'이다. 두 자의 성씨에서 알 수 있듯이 그는 만주족(滿洲

族) 정황기(正黃旗)의 귀족으로 태어났고 강희제의 측근으로 건청문시위(乾淸門侍衛)를 지냈다. 중국 드라마에서 강희제 때 권신으로 등장했다가 끝내 제거되는 단골 출연자인 납란명주(納蘭明珠)가 그의 아버지다. 그는 31세에 요절했지만 『음수사(飮水詞)』 한 권을 남겼다.

다음은 몇 사람 유명한 작가의 사를 보자. 먼저 남당의 3대 군주인 '이욱'이다. 촉한의 유선(劉禪)처럼 '후주(後主)'라고도 한다. 실제로 두 사람의 인생도 비슷한데 마지막은 이욱이 조금 더 불쌍하다. 북방의 송이 일어나 통일을 위해 남쪽 지역 특히 남당 지역으로 세력을 뻗어왔다. 이에 송나라에 조공을 바치며 생존을 도모했다. 사실 이욱은 별다른 대책도 능력도 없었다. 오직 그가 할 수 있었던 것은 문예 창작과 서예, 미술 수집과 감상뿐이었다. 아니면 문인들과 흥겨운 궁중 연회만 즐겼다. 왕만 그런 것이 아니라 신하와 지식인까지 전반적인 사회문화였다. 아버지 때부터 사 작가로 유명한데 이때의 작품은 화려하고 아름답다.

이후 송 태조 조광윤이 직접 쳐들어오자 바로 항복했다. 그리고 포로가 되어 송의 수도 변경(汴京)으로 끌려갔다. 이때부터 사의 작품 경향이 바뀌었다. 슬프고 우울해졌다. 아무리 송 태조가 잘 대접해 준다고 해도 그는 포로에 불과했다. 그는 조국의 멸망에 가장 큰 책임이 있는 망국의 군주일 뿐이었다. 이 시기 작품 중 유명한 〈우미인(虞美人)〉을 소개한다.

봄꽃, 가을 달은 언제나 끝날까? 지난 일들은 여전히 생생하네.
작은 누각에는 어젯밤에도 동풍이 불고,
밝은 달로 고개를 감히 고국을 바라보지 못하네.
아름다운 난간, 옥과 같은 섬돌은 그대로겠지만, 내 청춘만 가버렸구나.

묻노니 그대 마음속 수심이 얼마더냐. 동쪽으로 흘러가는 봄 강물과 같아라.

春花秋月何時了(춘화추월하시료), 往事知多少(왕사지다소).
小樓昨夜又東風(소루작야우동풍), 故國不堪回首月明中(고국부감회수월명중).
雕欄玉砌應猶在(조란옥체응유재), 只是朱顔改(지시주안개).
問君都有幾多愁(문군능유기다수), 恰似一江春水向東流(흡사일강춘수향동류).

이 노래 전반에 망국 군주의 깊은 회한과 그리움이 흐른다. 꼭 이 노래 가사 때문은 아니겠지만 얼마 후 이욱은 2대 황제인 태종 조광의(趙匡義)에 의해 독살당했다. 일설에는 이욱의 두 번째 부인(원래 처제였던)이 미인이라서 송 태종이 겁탈했고 이에 이욱이 분노하자 태종이 죽였다고 한다. 다른 설은 〈우미인〉의 내용에서 '고국'을 운운하고 동쪽으로 봄의 강물이 흐른다는 부분이 반란의 의도라고 의심해 죽였다는 이야기도 있다.

그렇게 〈우미인〉는 이욱의 마지막 절명시가 되었다. 이 시는 중국인들이 아주 좋아하고 지금까지 연주하는 송사이다. 현재는 대만 출신 인기가수 덩리쥔(鄧麗君)이 제목만 '기다수(幾多愁)'로 바꾸어 부른 노래가 널리 알려져 있다.

이번에 소개할 시인은 북송 말의 이청조이다. 호는 이안거사(易安居士) 또는 수옥(漱玉)이며 산동성 제주(齊州) 출신이다. 박학다식하고 기억력이 뛰어났고 경서와 역사에 정통했다. 남편은 금석문(金石文, 고대 금속 유물과 비석에 남긴 문자 기록) 학자인 조명성(趙明誠)이다. 친정아버지가 파란만장한 인생을 살다간 소동파의 문하였기 때문에 불편한 가족관계가 형성되기도 했다. 당시 그녀의 시가는 신법당에 속에 있었다. 신법당의 시아버지가 정치적인 이유와 개인적 야심으로 구법당의 친정아버지를 탄핵했다. 그래도 남편과의 사랑은 변함이 없었다. 이 시절 시는 온통 남편과의 사랑이 주제였다. 아니면 임지로 떠난 남편에 대한 그리움이었다. 그녀의 유명한 사인 〈여몽령(如夢令)〉이다.

어젯밤 비 내리고 바람이 거셌고, 깊은 잠에도 남은 술기운을 걷어내지 못했다.
발(簾) 걷는 시녀에게 물었더니, 오히려 해당화는 전날과 그대로라고 하네.
모르니? 모르겠니?
푸른 잎만 무성해지고 붉었던 꽃은 모두 시들었을 것이네.

昨夜雨疏風驟(작야우소풍취), 濃睡不消殘酒(농수불소잔주).
試問捲簾人(시문권렴인), 却道海棠依舊(각도해당의구).
知否, 知否(지부, 지부), 應是綠肥紅瘦(응시녹비홍수).

봄비와 바람과 해당화의 변화를 아주 예민하게 표현했고, 붉은 청춘의 자신을 해당화와 비교한 듯한 묘사가 좋다.

그러나 도저히 피할 수 없는 역사의 거대한 파도가 이청조를 덮쳤다. 꿈만 같았던 날들이 산산이 부서졌다. 그녀뿐 아니라 이 시대 평범한 민중들도 갑자기 닥친 역사의 격랑에 휩쓸렸다. 금나라가 쳐들어 와 수도 변경을 점령하고 송의 한심한 황제였던 휘종과 흠종, 황실 여인, 고관대작 등을 포로로 끌고 가버렸다. '정강의 변(靖康之變)'이 일어난 것이다. 결국 북송 왕조는 망했다. 흠종의 동생이 장강(양자강) 남쪽 항주(당시 임안臨安)로 탈출해 겨우 황제(고종(高宗))에 올랐다. 바로 '남송(南宋)'이었다.

남편 조명성은 새 임지로 떠나다 갑자기 병으로 죽었고 이청조는 홀로 남아 피난민이 되었다. 험난한 피난 길에서 남편이 수집했던 골동품과 고서를 지키려고 무척 애썼지만 대부분 분실했다. 남송의 병사에게 약탈당했고 사나운 도

둑을 만나기도 했다. 그런데 그녀의 이런 비참한 상황을 세상은 이해하지 못했다. 오히려 세상은 온갖 흉흉한 소문으로 그녀를 비난했다. 사실 이런 일은 그녀에게 처음이 아니었다. 이전에도 풍기문란으로 관에 고소당했던 일도 있었다. 이때부터 이청조의 시풍은 많이 변했다. 제대로 싸우지 않고 남쪽으로 도망친 황제와 조정의 무능함에 대한 민중의 분노를 담게 되었다. 짧은 오언절구 시인 〈하일절구(夏日絶句)〉를 보자.

살아서 세상의 호걸(처럼 싸우고), 죽어 귀신의 영웅이 되어야지.
이제 항우를 그리워하는 것은 강동으로 도망치지 않으려던 그의 의지 때문이다.

生當作人傑(생당작인걸), 死亦爲鬼雄(사역위귀웅).
至今思項羽(지금사항우), 不肯過江東(불긍과강동).

이청조는 어느 여름날 피난길에서 아마 오강(烏江)을 지났던 것 같다. 오강이 어떤 곳인가. 『초한지(楚漢志)』의 영웅 항우(項羽)는 한나라 유방의 대군에게 마지막으로 오강까지 밀렸다. 본거지인 강동(江東, 양자강 동쪽)으로 피하라는 주변의 권유를 거절하고 부하들만 탈출시켰다. 그리고 항우 혼자서 한나라 대군에 맞서 최후까지 싸우다 죽은 곳이다. 하지만 송나라 황제와 대신들은 백성들을 전쟁터에 버려두고 자신들만 도망치거나 적에게 무기력하게 항복했다. 그녀는 이 강가에서 분노의 시를 남겼다.

이청조는 남편과 사별하고 이어진 피난 생활로 재산을 모두 잃어 거의 빈털터리가 되었다. 그럴수록 지난날을 회상하며 더욱 외로운 날들을 보내고 있었다.

그러던 어느 날 그녀에게 사랑이 찾아왔다. 죽은 남편의 친구였던 장여주(張汝舟)가 열렬히 구혼했고 결국 그와 재혼했다. 하지만 잘못된 선택이었다. 그나마 죽은 남편의 유산까지 새 남편에게 모두 빼앗겼다. 이 과정에서 폭력도 있었다. 장여주는 이 재물로 관직을 샀다. 장여주의 배신에 분노한 그녀는 그의 공금횡령 사실을 고발했고 유배형이란 처벌을 받게 했다. 그런데 당시 법은 어처구니없게 남편을 고발한 부인에게 2년 형을 구형했다. 이런 사실을 알았지만 장여주를 고발하고 자신도 수감되었다. 이후 한림학사 기숭례(綦崇禮) 등의 구명 활동으로 9일 만에 풀려났다. 이 시절 그녀가 처참한 심정을 표현한 작품이 〈성성만(聲聲慢)〉이다. 성성만이란 사 작품의 제목은 그냥 곡조일 뿐이다.

정신없이 무언가 찾고 찾아보아도, 싸늘하고 싸늘한 가을날, 처참하고 적막하다.
더웠다가 추워진 날씨에, 몸을 쉬기가 어렵네.
두세 잔 술로 세찬 밤바람을 어찌 이겨낼 수 있으리오?
기러기 날아갈 적에 정말 가슴이 아픈 건, 지난날 알았던 기러기라서 그런가 보네!
온 세상에 국화꽃 시들어 쌓였네, 시들어 이제 누가 꺾는단 말인가?
창가에 홀로 앉아 어둠이 내리는 것을 어찌 견딜 것이냐?
이슬비 오동잎 위에 떨어지더니, 황혼이 되자 후두둑 후두둑 내린다.
이런 모습앞에서 내 마음을 어찌 근심(愁)이란 한 글자로 다 표현할 수 있을까!

尋尋覓覓, 冷冷淸淸, 淒淒慘慘戚戚. (심심멱멱, 냉냉청청, 처처참참척척)

乍暖還寒時候, 最難將息. (작난환한시후, 최난장식.)

三杯兩盞淡酒, 怎敵他晩來風急! (삼배양잔담주, 즘적타만래풍급!)

雁過也, 正傷心, 卻是舊時相識! (안과야, 정상심, 각시구시상식!)

滿地黃花堆積, 憔悴損, 如今有誰堪摘? (만지황화퇴적, 초췌손, 여금유수감적?)

守着窗兒, 獨自怎生得黑! (수착창아, 독자즘생득흑!)

梧桐更兼細雨, 到黃昏點點滴滴. (오동갱겸세우, 도황혼점점적적.)

這次第, 怎一個愁字了得! (저차제, 즘일개수자료득!)

늘 의지하고 함께 했던 나라와 남편은 사라지고 이제 혼자 나락으로 떨어진 처연한 이청조가 떠오른다. 아주 슬픈 시이다. 첫머리에 같은 글자를 중복해 쓴 첩자(疊字) 14자는 아름다운 음악적 효과를 넘어서 작가의 슬픈 감정과 매우 잘 어울리는 시어들이다. 대체로 이 작품은 이청조 최고의 수작이라고 평가한다.

이청조는 이욱과 주방언(周邦彦)의 뒤를 잇는 완약파(婉約派, 혼화하고 아름다움을 지향하는 송사의 유파)라는 평가도 있다. 현재는 송사 최고의 작가 또는 문학사에서 최고로 위대한 여성 작가라고 평가한다. 〈성성만(聲聲慢)〉, 〈일전매(一剪梅)〉 등 약 50여 편의 주옥 같은 사를 남겼고 저서로 『이안거사문집(易安居士文集)』, 『이안사(易安詞)』 등이 있다. 그리고 남편 조명성과 함께 편찬한 『금석록(金石錄)』이 남아 있다. 후대에 정리된 『수옥집(漱玉集)』 등도 있다.

이번에는 호방파(강건한 기상이 담긴 사를 쓰는 송사의 유파)의 사를 보자. 이들은 금나라에 당한 치욕을 갚고 그들을 몰아내고 수도 변경(汴京)과 황하 유역을 회복하려는 강한 의지를 가진 사람들이었다. 이런 의지와 분노가 사에 고스란히 실려있다.

먼저 악비(岳飛)를 보자. 그는 가난한 농민이었는데 꾸준히 무술 수련과 병법을 연구했다. 정강의 변 때 의병에 입대해 수도 변경을 지켰다. 이후 호북성의 무한(武漢)과 양양(襄陽) 일대에서 군벌로 성장했고 남침하는 금의 군대를 격퇴했다. 비슷한 시기 악비처럼 중앙정부군이 아닌 민간의 의병에서 거대한 군벌로 성장한 사람들이 많았다. 한세충(韓世忠), 장준(張俊) 등이 대표적이다. 이들은 회수(淮水) 일대에서 남하하는 금나라의 군대를 막았다. 반면 남송의 정부군은 활동이 미미했다. 이들 모두는 금을 몰아내고 고토를 회복하자는 '북벌론(北伐論)'을 강하게 주장한 공통점이 있다. 악비는 이미 당대에 명성이 자자했고 서예가로도 유명했다. 그가 쓴 〈제갈량(諸葛亮)의 전·후 출사표(出師表)〉가 사천성 성도 무후사(武侯祠)의 석각으로 남아 있다. 그가 남긴 유명한 사는 〈만강홍(滿江紅)〉이다.

분노로 머리칼이 치솟아 冠(관, 투구)을 뚫고 나가고, 난간에 기대서니 쓸쓸히 내리던 비도 그치네.
눈을 들어 하늘을 바라보며 크게 소리 지르니, 사나이의 격렬한 감정이 끓어오른다.
삼십 년의 공명이 먼지에 불과하고, 팔천 리 원정길은 그저 구름과 달만이 보일 뿐이다.
더는 기다릴 수 없다. 젊었던 머리칼은 어느새 희었으니 슬픈 마음만 애절할 뿐.
정강의 치욕을 아직 씻지 못했으니, 이 한을 신하된 자가 어찌 잊겠는가.
전차를 몰고 달려가서 하란산을 돌파해 깨부수리라.
배가 고프면 오랑캐의 살로 배를 채우고, 목이 마르면 흉노의 피를 마시리라.
옛 산하를 모두 되찾은 후에 천자를 만나 뵈러 가리라.

怒髮衝冠(노발충관), 憑闌處 瀟瀟雨歇(빙난처 소소우헐).
擡望眼 仰天長嘯(대망안 앙천장소), 壯懷激烈(장회격렬).
三十功名塵與土(삼십공명진여토), 八千里路雲和月(팔천리로운화월).
莫等閒 白了少年頭(막등한 백료소년두), 空悲切(공비절).
靖康恥(정강치), 猶未雪(유미설).
臣子恨(신자한), 何時滅(하시멸).
駕長車踏破(가장거답파), 賀蘭山缺(하란산결).

壯志飢餐胡虜肉(장지기찬호로육), 笑談渴飮匈奴血(소담갈음흉노혈).

待從頭 收拾舊山河(대종두 수습구산하), 朝天闕(조천궐).

이처럼 강렬한 분노로 복수를 맹세하는 시가를 지금까지 보지 못했다. '온 강이 붉다'라는 제목과 '적들의 피와 살로 굶주린 배를 채우겠다'라는 내용도 피 냄새가 진동한다. 이 사의 작가가 악비가 맞는지 논쟁이 있다. 분명한 것은 그는 억울한 죽음으로 중국의 강렬한 민족주의(한족 중심주의)를 추동하는 인물이 되었다. 이런 악비를 대표하는 사가 〈만강홍〉이다.

악비의 억울한 죽음은 이렇게 시작되었다. 남송의 고종은 금과 평화조약을 맺고 불안정한 남송을 안착시키고 싶었다. 금도 비슷한 내부 사정이 있었기 때문에 남하를 지속하기 어려웠다. 이때 활약한 인물이 진회(秦檜)였다. 그는 북송이 멸망할 때 포로로 금에 끌려갔었다가 무사히 귀환한 인물이다. 평화조약 교섭은 금 황제 희종(熙宗)의 신하 소의(蕭毅)와 남송 고종의 신하 진회가 담당했다. 그런데 교섭 과정에서 걸림돌이 등장했다.

그 걸림돌은 악비 등 북벌을 주장하는 군벌이었다. 이들을 제거해야 조약을 성공적으로 맺을 수 있었다. 이때 그 유명한 "막수유(莫須有)"라는 말이 등장했다. '어쩌면 무언가 있을 수 있다'라는 의미이다. 악비는 모함으로 투옥되었지만 어떤 증거도 없었다. 그럼에도 진회는 "막수유"라고 말하며 그를 죽였다.

이후 금과 송의 평화조약이 체결되었는데 이것이 '소흥화의(紹興和議)'이다. 동쪽은 회수, 서쪽은 대산관(大散關, 섬서 보계현)을 경계로 정하고 송 황제는 금의 책봉을 받고 신하라고 칭하도록 했다. 매년 송이 은(銀) 25만 냥과 비단 25만 필을 금에 조공(朝貢)했다. 금은 고종의 아버지 휘종의 시신을 반환했고 어머니 위(韋) 태후를 송환했다. 그런데 형인 흠종은 송환 대상이 아니었다. 그가 돌아오면 고종 자신의 지위가 흔들리기 때문이었다. 이렇게 송과 금은 전쟁을 중지하고 평화 속에서 각자 번영했다.

억울하게 죽은 악비는 고종 다음 황제인 효종(孝宗) 때 복권되었다. 사후 약 20년 만이었다. 시호로 충무(忠武)가 내려졌고 이후 악왕(鄂王)으로 추존되었다. 무덤도 수도였던 임안(臨安. 현재 항주)의 거대 호수인 서호 주변에 조성되었다. 사당인 악왕묘도 만들어 지금까지 전한다. 갑옷과 칼로 무장한 악비의 늠름한 좌상 위로 국토 수복의 의지가 담긴 '환아하산(還我河山, 나의 강산을 돌려달라!)'라는 그의 유언이 현판에 큰 글씨로 새겨있다. 남쪽 편에 있는 악비의 무덤에는 무고한 그를 죽인 진회 부부가 무릎을 꿇고 있는 철로 만든 동상이 있다. 참배객에게 욕하고 침이라도 뱉으라고 만든 것이다. 가서 직접 보면 오히려 고종 대신 죽어서도 천년을 모욕당하는 진회가 진짜 억울한 충신이라는 생각이 든다. 확실한 것은 고종의 뜻이 없었다면 진회 혼자서 적국과 평화협정을 맺거나 충성스러운 무장을 죽일 수는 없기 때문이다.

악비는 현대 중국의 진용(金庸)이 쓴 인기 무협소설의 중요한 소재이기도 하다. 가령 『사조영웅전(射鵰英雄傳)』은 바로 이 시대를 배경으로 삼고 있다. 주인공이 악비가 남긴 『무목유서(武穆遺書)』를 찾아 금나라를 격파하겠다고 다짐한다. 무목은 효종이 악비를 복권하면서 처음 내린 시호이다. 진용의 이 작품도 다분히 민족주의적이다. 끝으로 악비에 대한 평가이다. 악비 이전에도 중국의 무신(武神)으로 숭배받던 무장은 많았다. 치우(蚩尤), 백기(白起), 관우(關羽) 등이다. 그러나 지난 1천 년 동안 중국의 강력한 민족주의(애국주의)를 대표적으로 상징하는 무장은 아마도 악비일 것이다. 지금도 그에 대한 숭배 열기는 계속되고 있다.**

신기질도 비슷한 인물이다. 산동성 출신으로서 산동 지역 최대 의병 세력이었던 경경(耿京)의 휘하에서 활약했다. 경경의 의병군은 남송 정권과는 무관하게 독립적으로 산동 지역에서 금과 싸웠다. 그 군대 안에는 여러 세력이 함께 공존했다. 남송 정권은 이런 의병 집단을 경계도 하고 투항도 권유했다. 국가 권력 통제에서 벗어나 있는 무장세력은 아무리 숭고한 이념을 내세워도 위험하기 때문이다. 이때의 유명한 일화를 하나 소개한다.

어느 날 승려 출신 의단(義端)이 조직을 배반하고 총대장 경경의 인장을 훔쳐 금에 투항하는 사건이 발생했다. 문제는 의단을 의병 조직에 추천한 사람이 신기질이라는 점이다. 경경은 화가 나서 신기질에게 연대 책임을 물었다. 신기질은 3일의 말미를 달라고 청하고 자신의 부대를 이끌고 의단을 쫓았다. 곧 의단을 따라잡아 금의 군대 진영 안에 있던 그를 찾아내 단칼에 목을 베었다. 이 모습을 본 사람들은 신기질을 아무 감정이 없는 '목석간장(木石肝腸)'이라 했다.

당시 남송은 산동 지역 의병들을 회유해 송나라 군대로 편입시키려 했다. 내부 논의 끝에 남송에 의병군을 귀속하고 지휘통제를 받기로 했다. 이후 신기질은 남송 조정을 찾아가 의병의 결정 사항을 전달하려 의병 진영을 떠나 남쪽으로 갔다. 신기질은 그곳에서 대대적인 환영을 받았고 벼슬에도 올랐다. 이때 큰 사건이 발생했다. 의병 조직의 결정에 장안국(張安國) 등이 반발했다. 그리고 경경의 목을 벤 후 그의 머리를 들고 금에 투항했다. 금의 제주(濟州, 산동성 지방)에 지주(知州)로 부임하기까지 했다.

이 소식을 들은 신기질은 또다시 그대로 북상해 장안국을 추적했다. 부임지에서 술에 취해있던 그를 잡아 남송으로 압송했다. 장안국은 허리를 끊는 요참형(腰斬刑)으로 죽었고 비참하게 죽은 경경은 영웅으로 추대해 위령제를 지냈다.

대단한 영웅담이다. 적진을 남북으로 가르며 종횡으로 휩쓸며 원수를 죽였다는 이 신기질의 전공은 소설『삼국지연의』속 영웅 조자룡(趙子龍)의 현실판 이야기이다. 이 시절을 회고하며 그가 남긴 시가 〈자고천(鷓鴣天)〉이다. 아래는 그 일부이다.

젊은 시절 (의병의) 깃발을 들고 만 명의 부대를 호령하였고,

비단 갑옷의 기병을 이끌고 처음 강을 건넜네(남송에 복속).

금(연)의 병사들은 한밤중 말고삐 정리에 바쁜데,

한(의병)의 화살은 강력하게 새벽을 가르며 날아갔다.

壯歲旌旗擁萬夫(장세정기옹만부), 錦襜突騎渡江初(금첨돌기도강초).

燕兵夜娖銀胡鞁(연병야착은호피), 漢箭朝飛金僕姑(한전조비금복고).

이처럼 신기질은 영웅의 기상과 출중한 무예를 갖춘 사람이었다. 『미근십론(美芹十論)』이란 군사 전략서를 보아 장군으로서의 자질도 갖춘 사람이었다. 이후 여러 지방직 특히 지방군을 재편해 직접 통솔을 하기도 했다. 나중에는 승진해 중앙 관직에도 있었다. 하지만 중앙의 주류 세력에게는 의병 출신이라는 것도 경계 대상이었고 자기들과 정치적 견해도 크게 다르다고 생각했다. 결국 관직 생활 20여 년 만에 간관의 탄핵으로 파면되었다. 이후 강서성 신주(信州)에 20여 년을 은거하며 창작활동을 했다. 신기질의 최고 작품이라 평가받는 〈영우락.경구북고정회고(永遇樂.京口北固亭懷古)〉를 마지막으로 보자.

천고의 강산은 그대로인데, (千古江山 천고강산,)

영웅은 찾아볼 길 없네. (英雄無覓 영웅무멱,)

손권이 천하를 도모했던 곳, (孫仲謀處 손중모처,)

춤추고 노래하던 누대도, (舞榭歌臺 무사가대,)

늘 풍류로 넘쳤던 화려한 모습도, (風流總被 풍류총피,)

비바람에 사라졌구나. (雨打風吹去 우타풍취거,)

석양이 비낀 초목, (斜陽草樹 사양초수,)

여염집들이 늘어선 거리는, (尋常巷陌 상항백,)

남조 송 무제(유유 劉裕)가 살았던 곳이라. (人道寄奴曾住 인도기노증주,)

그때를 생각하면, (想當年 상당년,)

금빛 창에 갑옷 입고 말 타고, (金戈鐵馬 금과철마,)

그 기세가 호랑이와 같아 만 리를 집어삼킬 듯했지. (氣吞萬里如虎 기탐만리여호,)

송 무제 원가년에 너무도 성급하여, (元嘉草草 원가초초,)

낭거서(狼居胥)에 축대를 쌓고 제사를 지내더니, (封狼居胥 봉랑거서,)

북벌은 대패하고 황망히 북쪽을 바라보며 후회하네, (贏得倉皇北顧, 영득창황북고,)

내 강남에 온 지 올해로 사십삼 년, (四十三年 사십삼년,)

바라보면 아직도 기억이 생생하고, (望中猶記 망중유기,)

등불 밝혀 양주 길에서 전쟁하던 기억을 하는데, (烽火揚州路 봉화양주로,)

어찌 고개 돌려 다시 볼 수 있으랴. (可堪回首 가감회수,)

북위(北魏) 태무제(太武帝) 승리 기념 사당 불리사 아래에서 (不狸祠下 불리사하,)

백성의 제사 북소리에 까마귀가 몰려와 제삿밥을 먹고, (一片神鴉社鼓 일편신아사고,)

누가 물어보기나 하려나 (憑誰問 빙수문,)

노익장 자랑하던 염파 장군은 늙었어도 (廉頗老矣 염파노의)

여전히 밥 잘 먹고 있는지를 (尚能飯否 상능반부,)

　이 사는 당시 재상 한탁주(韓侂冑)가 요란하게 북벌을 준비하던 때에 썼다. 한탁주는 반대파였던 주희(朱熹) 등 59명을 금고(禁錮)형으로 처벌해 간신이라는 역사의 오명을 얻은 자이다. 이때 주자의 학문(주자학)도 거짓 학문이라고 탄압했다. 이 사건을 '경원의 당금(慶元之黨禁)'이라 한다. 이렇게 반대파를 억압하고 14여 년 동안 권력을 독차지했다. 그러던 어느 날 금이 위기라는 정보를 얻고 서둘러 북벌에 나섰다. 북벌은 실패했고 승리한 금은 그의 머리를 평화조약의 요구 조건으로 걸었다. 후임 재상 사미원(史彌遠)이 그를 죽여 머리를 금에 바치고 평화조약을 체결했다. 사미원도 26년간 권력을 유지했다. 이 상황에서 북벌이 준비된 것이다. 그래서 신기질은 이 사에서 북벌에 실패한 남조 송 무제의 고사를 인용한 것이다. 그리고 마지막 부분에 전국 시대 조나라 명장 염파가 노익장을 자랑한 고사를 인용한 이유는 이해는 하지만 조금 애처롭다. 조나라 왕은 염파가 왕년에는 대단한 명장이었지만 나이가 여든인 그의 모습을 확인하기 위해 사신을 보냈다. 사신은 염파를 만나고 와서 '한 끼에 한 말의 밥과 열 근의 고기를 먹고, 화장실에서도 변도 잘 보고, 여전히 말도 잘 타고 활도 잘 쏜다'라고 보고했다고 한다. 아마도 늙은 염파가 다시 대군을 지휘하고 싶은 마음에 엄청난 식사량과 한바탕 개인기를 보였을 것이다. 이것이 '노익장(老益壯)'의 유래이다. 노년의 신기질도 마찬가지의 심정이었을 것이다. 비록 늙었지만 청년 시절처럼 다시 군대를 이끌고 북벌에 나서고 싶었을 것이다.

마지막으로 육유에 대해 알아보자. 앞서 거론했듯이 무려 1만 수의 시를 남긴 시인이다. 또 〈검남시고(劍南詩稿)〉를 남겼다. 중요한 것은 앞서 거론한 신기질과 악비와 같은 입장을 가졌다. 그도 격정적으로 금나라와 싸워 잃어버린 고토를 회복하자는 주전론자(主戰論者)로 유명하다. 관련한 유명한 작품을 보자. 〈관산의 달(關山月)〉이다.

오랑캐(금)와 화친 조서가 내려온 지 15년,
장군은 전쟁도 없이 헛되이 변방에 있네.
귀족들은 큰집에서 노래하고 춤추는 동안,
말들은 살쪄 죽고 활시위는 끊어졌네.

수루의 조두 소리 날 밝기를 재촉하는데,

서른 살에 나선 군대는 이제 백발이로다.

피리 소리에 담긴 장사의 뜻 아는 이 없고,

달빛만 무심하게 모래밭에 누워 있는 죽은 자의 뼈를 비추고 있네.

중원 땅의 전쟁 소리 옛날에도 들었지만,

반역한 오랑캐들 대대로 살았던 적 없었다.

유민들은 죽음을 불사하고 중원 회복을 바라며,

오늘 밤 어디에서 눈물 흘리고 있을까.

和戎詔下十五年(화융조하십오년), 將軍不戰空臨邊(장군부전공임변).
朱門沈沈按歌舞(주문침침안가무), 廐馬肥死弓斷弦(구마비사궁단현).
戍樓刁頭催落月(수루조두최낙월), 三十從軍今白髮(삼십종군금백발).
笛裏誰知壯士心(적리수지장사심), 沙頭空照征人骨(사두공조정인골).
中原干戈古亦聞(중원간과고역문), 豈有逆胡傳子孫(기유역호전자손).
遺民忍死望恢復(유인인사망회복), 幾處今宵垂淚痕(기처금소수루흔)

〈관산월〉은 원래 한나라 악부(樂府)의 노래였다. 이후 많은 시가 같은 제목으로 창작되었는데 서쪽 변경 지역 유목민족과 전쟁이 소재로 많이 등장한다. 육유는 이렇듯 칠언고시(七言古詩)로써 〈관산월〉의 의미를 되새겼다. 그의 시는 두보의 시처럼 현실을 반영했기 때문에 시사(詩史)라고 평가한다.

오늘날까지 육유를 더욱 유명하게 만든 시 〈차두봉(釵頭鳳)〉을 보자. 이 시에는 당완(唐琬)과 이루지 못한 사랑의 아픔이 담겨있다. 절강성 소흥(紹興)은 월(越) 왕 구천(句踐)의 고도이다. 여기에는 심원(沈園)이란 아름다운 정원이 있다. 중국 강남(江南)의 문화에서 최고로 꼽는 것이 아름답게 가꾼 명문대가의 거대한 정원을 감상하는 것이다. 심원도 심씨 가문의 정원이었다. 여기에 무려 천 년 동안 육유와 당완의 사랑이 시로 새겨져 있다. 둘은 원래 친척이었는데 육유 어머니의 반대에도 결혼했지만 얼마 후 어머니의 강요로 이혼했고 이후 각자 재혼했다. 그렇게 10년이 지난 어느 봄날 심원에서 그들은 우연히 만나게 된다. 각자의 배우자들을 동반한 채로. 그날은 그냥 헤어졌지만 육우가 그녀에 대한 그리운 마음을 시로 심원의 벽에 남겼다. 이 시가 〈차두봉〉이다.

고운 손 살포시 들어 술잔을 권할 적에,
성안에 봄빛이 가득하고, 버들가지 담장에 드리웠었지.
몹쓸 봄바람은 우리의 사랑 날려 버렸지. 마음 가득 쓸쓸함 숨겨 온 지 몇 해였나?
틀렸어, 틀렸어, 틀려 버렸지.

봄빛은 전과 같은데 사람만 부질없이 야위어가고, 손수건은 눈물에 흠뻑 젖었네.
복숭아꽃 지는 쓸쓸한 연못가 누각에서 태산 같은 굳은 약속 편지로 전할 수 없네.
생각 말자, 생각 말자, 생각을 말자.

紅酥手, 黃縢酒. 滿城春色宮牆柳. (홍소수, 황등주. 만성춘색궁장류.)
東風惡, 歡情薄. 一懷愁緒, 幾年離索. (동풍악, 환정박. 일회수서, 기년리삭.)
錯!錯!錯! (착! 착! 착!)
春如舊, 人空瘦. 淚痕紅浥鮫綃透. (춘여구, 인공수. 루흔홍엽교초투.)
桃花落, 閒池閣. 山盟雖在, 錦書難托. (도화락, 한지각. 산맹수재, 금서난탁.)
莫!莫!莫! (막! 막! 막!)

나중에 이 시를 본 당완이 답시를 남겼다.

세상도 야박하고 인정도 사나워서 황혼에 뿌린 빗방울이 꽃잎을 떨어뜨렸지.
새벽바람에 말랐어도 눈물 흔적 남아있고,
내 마음 글로 적어 보내고 싶어도 난간에 기대 혼잣말만 할 뿐이네.
어려워, 어려워, (너무너무) 어려워.

우리는 헤어져 그 옛날은 멀어졌으나, 그리워하는 이 마음 그네 줄처럼 오락가락.
수졸(戍卒)들의 호각소리에 밤은 깊어 가는데, 내 마음 알려 질까봐 눈물을 삼키네.
속였어, 속였어, (내 마음까지) 속였어.

世情薄, 人情惡. 雨送黃昏花易落. (세정박, 인정악. 우송황혼화이락.)
曉風乾, 淚痕殘. 欲箋心事, 獨語斜闌. (효풍건, 루흔잔. 욕잔심사, 독어사란.)
難!難!難! (탄! 탄! 탄!)
人成各, 今非昨. 病魂曾似秋千索. (이성각, 금비작. 병혼장사추천삭.)
角聲寒, 夜闌珊. 怕人尋問, 咽淚妝歡. (각성한, 야란산. 파인순문, 인루장환.)
瞞!瞞!瞞! (만! 만! 만!)

이 화답의 시를 남긴 당완은 얼마 뒤 슬픔 속에서 죽었다. 다시 40년이 지난 어느 봄날 75세의 육우는 다시 심원을 찾아 정원 이름과 같은 제목의 시를 남긴다.

꿈은 깨지고 향기마저 사라진 사십 년, 심원의 버들도 늙어 버들 솜도 날리지 않네.
이 몸은 회계산의 흙이 되어 그녀의 남은 자취 위로하겠네!

夢斷香銷四十年, 沈園柳老不飛棉. (몽단향쇄사십년, 심원유로불비금.)
此身行作稽上土, 猶弔遺蹤一泫然. (차신행작계상토, 유조유종일현연.)

첫 구부터 당완 없는 지난 40년은 아무것도 아니었다는 육우의 말이 가슴을 저민다. 마지막 결구도 남은 생도 그녀를 향한 그리움이라고 한다. 지금도 밤의 심원에서 하는 월극(越劇)을 공연한다. 오직 여성만이 무대에서 지역의 언어(越語, 粤语)로 공연한다. 소재는 당연히 이 차두봉과 육유, 당완의 사랑이다. 천 년 동안 사람들은 이들의 사랑과 시를 노래하고 있다. 진정한 불멸의 고전문학이다.

* 사의 구조

사는 원래 있던 곡조에 맞추어 가사를 쓰는 것이다. 그런데 민요와 민요 가사와는 또 다르다. 나름의 엄밀한 규칙이 있다. 『송사, 노래하는 시』(유병례 저)에서 다음과 같이 정리했다.

첫째, '사'마다 원래 있던 곡조의 이름이 있어서 작가가 창작한 제목 앞에 붙인다. 그러면 그 곡조를 연주하고 곡조에 따라 사를 노래하는 것이다. 흔히 보이는 그 곡조 이름은 보살만(菩薩蠻), 수조가두(水調歌頭), 접련화(蝶戀花) 등이 있다. 이를 '사패(詞牌)'라고 부른다. 대체로 과거 악부체(樂府體) 시가의 제목 교방(敎坊)이라는 기녀 담당 기관에서 교육용으로 사용된 악곡의 명칭, 역사적 인물의 이름 또는 고사 등이 사용된다.

둘째, 하나의 사는 여러 단락인 '편(片)'으로 구성되어 있다. 마치 노래의 1절, 2절과 같은 느낌을 준다.

셋째, 사의 압운(押韻)의 위치는 당시와 달리 곡조의 리듬과 박자에 따라 다르다.

넷째, 구절의 사용하는 글자 수는 5자 또는 7자의 당시처럼 일정하지 않고, 곡조의 리듬과 박자에 따라 다르다. 얼핏 보고 사만 읽으면 오늘날의 자유시와 같은 느낌을 준다.

다섯째, 글자의 성조 변화가 많고 자유로운 면이 있다.

** 악비와 현대 중국의 모순

악비는 현대 중국공산당 정권에서 '통일적 다민족국가론(한족 민족주의)'를 내세울 때 대표적으로 내세우는 인물이다. 이 때문에 악비가 여진족(女眞族)의 금나라와 싸운 것에 대해 모순을 지적하기도 한다. 통일적 다민족국가론이란 현재 중국 내의 민족은 모두 중국인, 여러 민족의 역사도 중국 역사라는 논리이다. 이 논리대로라면 악비는 이민족 침략에 맞서 싸운 것이 아니라 같은 중국인과 내전을 벌인 것에 불과하다. 결코 만고의 충신이 아니다. 오히려 민족 간의 화해와 단결을 막은 훼방꾼일 뿐이다.

한문을 잘 아는 선비도 10년을 꼬박 읽어야 한다 『자치통감(資治通鑑)』

『자치통감』은 전국 시대의 주(周)나라 위열왕(威烈王)부터 5대 10국의 후주(後周) 세종(世宗) 때까지 1,362년의 역사를 294권으로 정리한 역사책이다. 즉 전국 시대부터 송나라 건국 이전 시대의 역사이다. 주나라 위열왕은 춘추 시대 강국이었던 진(晉)나라에서 경(卿)의 지위에 있었던 대귀족(한(韓)씨, 위(魏)씨, 조(趙)씨)들이 주나라를 나누어 가질 수 있도록 승인했다. 주 왕실은 이미 몰락한 수준이었기 때문에 이런 귀족의 '하극상(下剋上)'을 무기력하게 승인했다. 하지만 한, 위, 조라는 신생국 탄생을 역사에서는 전국 시대의 개막으로 본다.

후주의 세종은 혼란기에 훌륭한 군주로 평가받고 있었지만 천하통일을 앞두고 애석하게 죽었다. 당시 후주군의 총사령관이 조광윤(趙匡胤)이었고 세종의 급사한 후에 송을 건국했다.

『자치통감』의 특징은 '편년체(編年體)'로 1,362년의 역사를 서술했다. 매년, 매월, 시간순으로 역사를 서술하는 방식이다. 편년체로 쓰인 역사책은 공자의 『춘추(春秋)』가 대표적이다. 그러나 같은 편년체이지만 『좌씨전(左氏傳, 또는 춘추좌씨전, 좌전)』을 따랐다고 평가한다. 책의 이름은 '제왕이 나라를 통치(治)하며 도움(資)을 받는 역사' 그리고 '과거의 역사를 통(通)해서 오늘을 반성하는 거울(鑑)과 같은 책'이라는 의미이다. 원래는 '통지(通志)'였는데 완성본을 본 송의 신종(神宗)이 『자치통감』으로 새로 지었다. 약칭으로 '통감(通鑑)'이라고도 한다.

책의 구성을 보자. 역대 정통성을 인정받은 왕조별로 나누었다. 주기(周紀) 5권, 진기(秦紀) 3권, 한기(漢紀) 60권, 위기(魏紀) 10권, 진기(晉紀) 40권, 송기(宋紀) 16권, 제기(齊紀) 10권, 양기(梁紀) 22권, 진기(陳紀) 10권, 수기(隋紀) 8권, 당기(唐紀) 81권, 후량기(後梁紀) 6권, 후당기(後唐紀) 8권, 후진기(後晉紀) 6권, 후한기(後漢紀) 4권, 후주기(後周紀) 5권 등 모두 16기(紀) 294권으로 구성되었다. 여기에 저자의 서문, 신종의 서문, 편찬에 참여한 인물의 이름, 관련 표문(表文) 등이 부록으로 구성되어 있다.

이렇게 방대한 역사책을 편찬한 사람은 사마광(司馬光)이다. 시호는 온국공(溫國公)이고 그의 성과 함께 '사마온공'으로도 불렸다. 산서성 출신이며 '구법당'의 영수였다. 신종과 왕안석이 신법을 강력하게 추진하자 이에 반대해 수도 개봉을 떠나 낙양에서 칩거했다. 이때 소동파 등 다른 구법당도 유배길에 올랐거나 대부분 정계에서 퇴출당했다. 이런 당시 조정의 문제에 대해서는 입을 닫고 칩거하며 오로지 『자치통감』 편찬에 전념했다. 이전부터 쓰기 시작한 기간을 모두 합쳐 약 20년 동안 편찬작업에 몰두했다. 상황이 앞에 소개했던 주 문왕이 유리에 구금되어 『주역』을 지을 때와 비슷하다. 그래서 사마광의 『자치통감』은 정치적 좌절이 '불후의 명작'을 탄생시킨 또 하나의 사례이다.

먼저 사료를 모아 연월의 차례(시간순)로 '총목(總目)'을 만든 후 총목별로 '장편(長篇, 초고)'을 작성했다. 이것을 사마광 등이 편집했다. 이후 다시 검토해 수록하는 과정을 반복해 완성본을 만들었다. 혼자 할 수 있는 일이 아니었다. 여기에는 다양한 학자들이 참여했다.

그가 밝힌 편찬 의도는 다음 세 가지이다. 첫째는 과거에도 방대한 역사책은 많았지만 단편적이었기 때문에 전체적인 역사 흐름을 보려는(通覽) 의도였다. 둘째는 군주의 통치에 도움을 주려고 했다. 그래서 『자치통감』은 '제왕학의 교과서'라고 한다. 마지막 글자인 '감(鑑)'의 의미가 바로 과거의 역사로 오늘(자신,

왕)을 비춰보라는 의미이다. 셋째는 역사를 배우기 싫어하는 사대부들에게 통사(通史)를 통해 쉽게 읽도록 하려고 만들었다.

흥미로운 것은 삼국 시대 위를 정통왕조로 삼아 당시 역사를 서술했다는 점이다. 이와 관련해 삼국이 천하를 통일하지 못했기 때문에 '정통과 윤통(閏統, 어긋난 계통)'을 따지기 어렵다. 다만 실제 이루었던 공업(功業, 공적이 명확한 사업)을 기준으로 위를 정통으로 삼은 것이다. 이 때문에 훗날 남송의 주자(朱子)에게 비판받았다.

기존의 정사(正史)뿐만 아니라 다양한 사료를 모아 철저히 검증한 후 『자치통감』에 담았다. 그리고 괴이(怪異)한 기록은 대부분 배제하고 오로지 정치적 비판이 담긴 '감계(鑑戒, 지난 잘못을 거울삼아 다시는 잘못을 되풀이하지 않게 하는 경계)'만을 다루었다. 전체적으로 문장은 사마광의 성격을 닮아 부드럽고 절도와 질서가 있다고 평가한다. 그가 강조한 것은 '중화(中和)'이다. 중화는 '치우치지 않고 올바른 상태'를 말한다.

그런데 혹시 사마천의 『사기』처럼 그의 『자치통감』도 '발분지서(發憤之書)'가 아닐까 하는 의문이 들지만 확실하지 않다. 다만 '신광왈(臣光曰)'로 시작되는 역사 평론 부분 중 일부에서 왕안석의 신법과 당시 정국을 은밀하게 비판했다.

주목할 점은 역사책의 평론이 지닌 가치이다. 과거의 역사를 통해 현실을 깨닫고 현실을 바꾸려는 현재의 노력이 담겨있는지가 중요하다. 이것이 역사 평론이다. 역사 평론에서 『좌씨전』은 보다 자유로운 입장에서 '군자왈(君子曰)'이라 했고, 사마광은 '신(臣)'이라고 했다. 이는 제왕에게 바치는 책이기 때문이었다.

신종도 비록 사마광을 정계에서 내몰기는 했어도 외면하지 않고 적극적으로 지원했다. 무엇보다 관직은 그대로 유지하게 했다. 그냥 출근만 하지 않는 것이다. 그리고 편찬과 관련해 황실 도서관의 방대한 자료를 열람할 수 있게 했으며 막대한 재정을 지원했다. 아마도 사마광의 명망도 고려했을 것이다. 비록

집권 여당(與黨)이지만 왕안석의 신법당에 대한 어느 정도의 견제도 황제로서 필요했을 것이다. 원래 군주는 편애하지 않아야 하기 때문이다.

사마광이 『자치통감』을 완성해 바치자 신종은 서문을 써주었다. 훗날 신법당이 재집권해서 구법당을 탄압하고 그들의 책을 금서로 정했지만 『자치통감』은 금서에서 제외한 이유이다. 구법당을 '간당(姦黨, 간사한 무리)'으로 규정하고 309명의 명단을 원우당적비(元祐黨籍碑)라는 돌에 새겨 전국에 세울 때도 사마광 이름이 맨 처음에 있었다. 이런 상황에서도 사마광의 『자치통감』은 살아남았다.

『자치통감』은 사람들에게 최고의 역사책이라고 인정받았다. 저자의 편찬 의도대로 역대 왕조에서 태자를 교육할 때 '제왕학의 교과서'로 사용했고 사대부들은 열광하며 탐독했다. 이 책을 읽지 않으면 과거 시험에 응시할 수가 없었기 때문에 과거를 준비하는 이들의 필독서였고 송의 발달한 인쇄술 덕분에 책이 전국으로 빠르게 보급되어 많은 사람들이 읽을 수 있었다. 이후 원에서는 몽골어로 번역되어 황실에서 교육했고 각 지역으로 배포했다. 이민족 왕조이지만 『자치통감』의 가치는 그들에게도 중요했다. 청나라 때에는 『자치통감』이 지닌 '한족주의'가 불편했던지 관심이 낮아진 적도 있지만 근현대까지 높은 가치를 인정받으며 많은 정치가와 지식인이 탐독했다.

그중 마오쩌둥은 무려 17번이나 완독했다. 대장정(大長征)이란 고난의 행군 중에도 손에서 떼지 않았다. 대장정은 강서성 정강산(井岡山)에 있던 공산당의 홍군(紅軍) 근거지가 장제스(蔣介石)의 국민당 군대에 궤멸하고, 살아남은 공산당과 홍군이 18개의 산맥을 넘고 17개의 강을 건너 1만 2,500km를 도보로 후퇴해 섬서성 연안(延安)까지 이동한 사건이다. 마오쩌둥은 그렇게 어려운 상황에서도 중국혁명을 끝내 승리했다. 어쩌면 이는 '제왕학의 교과서'인 『자치통감』을 열심히 탐독한 결과가 아닐까 상상해 본다.

그런데 『자치통감』에는 결정적인 단점이 있었다. 너무도 방대하다는 점이다.

한문에 능숙한 선비도 10년을 꼬박 읽어야 한다는 말이 있을 정도였다. 그래서 거의 출간과 동시에 요약본이 필요하다는 의견이 많았다. 사마광이 죽고 휘종(徽宗) 때 강지(江贄)가 『자치통감』을 요약 편집한 『통감절요(通鑑節要)』를 출간했다. 이 책은 요약본 중에 가장 널리 읽힌 책이다. 요약본이지만 50권 15책의 분량이었다. 『통감절요』를 '소미가숙 통감절요(小微家熟通鑑節要)'라고도 한다. '소미'는 '강지'의 호이고 가숙은 '가정집의 자녀 교육용'이라는 의미이다.

　남송의 주자가 요약하고 편집한 59권의 『자치통감강목(資治通鑑綱目)』도 유명하다. 일명 '강목'이라고도 했다. 이 책은 주자가 '춘추필법의 포폄(褒貶, 선악을 판단)해 정리한 점을 높게 평가한다. 큰 주제인 '강(綱)'과 그 주제를 상세히 서술한 '목(目)'으로 정리했다. 이렇게 주제별로 역사를 기록하는 방식을 '강목체'라고 하는데 『자치통감강목』에서 유래한 것이다. 조선에서도 주자의 이 강목을 높게 평가했다. 반면 명·청 시대에는 양명학과 고증학이 발달하면서 주자의 '강목'이 『자치통감』을 훼손했다는 비판도 일었다.

　'기사본말체'라는 역사서술 방식도 『자치통감』과 관련이 있다. 기사본말체란 사건 중심으로 역사를 기록하는 것이다. 남송 때 원추(袁樞)의 『통감기사본말(通鑑紀事本末)』에서 유래했다. 남송 말에서 원 초까지 살았던 호삼성(胡三省)이 『자치통감』에 '음주(音註)'를 달았다. 『자치통감』이 편찬되고 약 200년이 지나 언어가 바뀌어 새롭게 주석 풀이가 필요했기 때문이다. 호삼성은 남송이 멸망한 후 남송의 '유민(遺民)'을 자처한 사람이다.

　『자치통감』은 초판이 인쇄된 지 50년도 안 되어 고려에 수입되었다. 이후 고려와 조선에서 중요한 역사서로 자리 잡았다. 그 이유는 중국과 같다. 왕실과 사대부의 교육에 사용되었고 '경연(經筵)'에 채택되어 왕과 신하가 함께 읽고 연구했다. 조선의 세종은 『자치통감』의 열렬한 독자였고 학자들과 함께 '훈의(訓義, 이해를 돕는 주석)'를 달았다. 이 『자치통감훈의』를 책 5~600질을 인쇄하는 데 필요한 30만 권 분량의 종이를 준비해 책을 인쇄하고 전국에 배포했다.

끝으로 한글 번역본을 소개한다. 이렇게 대단한 역사서가 오래도록 한글로 번역되지 않아 널리 읽히지 못하다가 은퇴한 중앙대 권중달 교수가 무려 14년 동안 번역해 2009년 완역본을 출간했다.

수양과 학문을 하는 이유 『대학장구(大學章句)』

『대학장구』는 남송(南宋) 시대 주자(朱子)가 유교 경전 『대학』에 있는 강목(綱目, 조목)을 자신의 성리학의 관점으로 그 가치와 의미를 설명한 책이다. 주자는 '집대성자(集大成者, 성리학의 완성자)'라고 한다. 주자와 그의 책을 본격적으로 소개하기 전에 이전의 성리학과 유명한 학자를 알아보자. 성리학은 송나라 때의 유학(儒學)이라는 의미로 '송학(宋學)'이라고도 했다. 또는 새로운 유학이라는 의미로 신유학(新儒學)이라고도 한다. 그 시작은 앞서 거론한 당나라의 한유(韓愈)부터였다.

먼저 성리학의 탄생 배경부터 보자. 성리학은 당시의 주류 사상과 철학인 불교와 도교를 격렬하게 비판하며 등장했지만 실제로는 불교와 도교에 많은 영향을 받았다. 성리학의 핵심은 인간 내면의 '본성(性, 마음)'을 규명하는 것이다. 이 본성에는 원리적인 의미의 '이(理)'가 있고 외면적으로 그것이 나오며 운동하는 것 또는 '이'를 담는 그릇과 같은 '기(氣)'가 있다는 것이다. 그리고 이와 기는 섞이(雜)지도, 나누어(離)지지도 않는다고 한다. 그런데 이런 개념은 불교의 '체(體)'와 '용(用)'에서 온 것이다. 체는 근본적인 것이고 용은 파생적인 것이다. 또한 체와 용은 붙지도 떨어지지도 않는 관계(不離不卽)라고 설명한다. 한유와 이후의 성리학자들이 말한 '도통(道統)'이란 것도 불교의 선종에서 쓰는 '이심전심(以心傳心)', '전등(傳燈)'이란 말과 비슷하다.

도교도 마찬가지다. 대표적으로 음양(陰陽), 오행(五行), 태극(太極) 등이 그렇다. 도교의 신선 수련법인 양생술(養生術)과 유생이 실천한 수련(修養)법은 유사하다. 조선의 이황이 했다는 '활인심방(活人心方)'이 그렇다. 하지만 비난할 일은 아니다. 모든 사상가와 철학가는 서로 싸우면서 배우고 성장했기 때문이다.

또 다른 측면은 송나라는 '문인 사대부'의 나라였다. 더는 신분과 혈통으로 모든 것이 결정되는 귀족의 시대가 아니었다. 이 사대부에게 가장 중요한 정치 윤리는 '수기치인(修己治人)'이다. 바로 이것이 이전 시대의 유학자와 다른 점이었다. 이전에는 유학을 공부한 지식인은 반드시 조정에 출사(出仕)해 이상을 펼치는 것을 가장 중요한 덕목으로 여겼다. 『맹자』에 이런 글이 있다. "孔子三月無君, 則皇皇如也(공자삼월무군, 칙황황여야)." 이 글은 '공자께서는 석 달동안 군주를 모시고 정사를 보지 못하면 초조하고 허둥지둥했다'라는 뜻이다. 공자도 출사하지 못하면 힘들어했다. 대부분 유학자는 공자처럼 생각했다.

하지만 송나라 때부터는 달라졌다. 먼저 학문과 수양으로 자신을 닦아야 정치에 나서 천하를 이롭게 할 수 있다고 생각했다. 고관대작이라도 학문과 수양을 갖추지 못했다면 마땅히 비판받고 쫓겨나거나 은퇴해야 했다. 그리고 관직에 올라도 자신의 학문을 펼 수가 없다면(군주나 조정이 잘못되었다면) 바로 은퇴하는 게 더 명예롭다고 생각했다. 이처럼 관직에 진출하는 것보다 학문의 개인적 성취, 인격 수양(도야 陶冶) 등에 목표를 두었다. 오히려 '학문과 수양을 통해 인간 본성을 탐구'하는 것이 더 중요한 시대가 된 것이다.

이런 생각의 변화로 생겨난 것이 '서원(書院)'이었다. 공식적으로는 성현에 대한 제사와 교육을 하는 사립학교이다. 이 서원을 중심으로 지역사회의 영향력이 큰 성리학자(조정과 불화로 물러난 이들도 있었음)가 유생을 상대로 강론(講論)했다.

서원을 통해 재야(在野)의 사림(士林)을 결집했고 중앙의 조정도 무시하지 못하는 강력한 여론을 만드는 핵심 세력의 근거지가 되었다. 이후 역사에서 서원은 많은 정치적 사건에 중심이 되었다.

송나라에서는 학문과 수양으로 존경받는 유학자가 대거 출현했다. 그들의 학문은 윤리와 실천에 중심을 둔 '도덕철학'이기에 '도학자(道學者)'라고 했다. 또는 인간의 본성을 연구한다고 '성리학자(性理學者)'라고 했다. 여기서 당대에 유명한 성리학자 몇 명을 소개하고자 한다.

먼저 '주돈이(周敦頤)'다. 호는 염계(濂溪)이고 호남성 출신으로 지방의 하위 관직을 전전했다. 그가 유명한 이유는 『태극도설(太極圖說)』 때문이다. 주요 내용은 『주역』에 나오는 태극에서 천하 만물이 나왔다는 것이다. 그중에 인간은 영적인 존재이고, 사물을 인식하고 도덕을 가져야 진정한 인간이며, 이후 부단한 수양을 통해 성인에 이르러야 한다는 것을 그림으로 그려 명쾌하게 설명한다. 욕망의 부정하고 정(靜)을, 사대부에게는 내면적인 도덕성을 강조했다. 더러운 진흙에 핀 연꽃의 아름다움을 쓴 〈애련설(愛蓮說)〉이란 짧은 글을 남겼다. 이 글에서는 불교의 상징인 연꽃에서 유교의 군자를 상징하는 고매한 꽃이 된 것이 흥미롭다.

다음은 정명도(程明道), 정이천(程伊川) 형제다. '정자(程子)'라는 존칭을 받았다. 하남성 낙양 출신으로 주돈이의 제자이다. 조정에 진출했고 처음에는 왕안석의 신법을 지지하다가 나중에 구법당이 되었다. 이들의 사상에서 '생생(生生)'이란 말이 유명하다. 태어나고, 태어나게 하고, 끝없이 태어나고… 해석이 어렵지만 『주역』의 「계사전(繫辭傳)」에 이런 말이 있다. "천지의 큰 덕은 '생'이다(天地之大德曰生)." 여기서 성(性)·성선(性善)의 이론을 생성한다. 또 천지만물을 인(仁)이라 정의했다. 이들은 중요한 이유는 성리학의 이기론(理氣論)을 전면적으로 개화시

컸다. 인간의 본성은 리(理)라는 '성즉리(性卽理)'를 주장했다. '리'라는 것은 몇 마디 짧은 말로 정리하기는 어렵지만 하늘의 불변 이치 또는 인간이 항상 추구할 윤리와 같은 의미이다. 이 주장은 성리학의 주류로 발전했다.

그러나 장재(張載)는 생각이 달랐다. 그는 호가 횡거(橫渠)이고 섬서성 출신이다. 당시 섬서성은 서하(西夏)의 침략이 잦은 변경이었다. 때마침 변경의 안정을 위해 파견되었던 범중엄(范仲淹)이 그에게 『중용(中庸)』을 주며 유자(儒者)의 길을 가라고 충고했다. 과거에 합격해 조정에 들어갔지만 왕안석의 신법에 반대했다. 그리고 퇴직해 고향으로 돌아와 학문과 수양에 힘썼다. 그의 철학을 '주기론(主氣論)'이라고 한다. 우주와 생명의 원리를 '기'로 보았다. 명나라 말 청나라 초의 왕부지(王夫之)와 함께 대표적인 기철학자 또는 유물론자로 불린다.

소강절(邵康節)도 당시 유명한 학자이다. 강절은 호이고 이름은 옹(雍)이다. 오래도록 낙양에 살며 많은 성리학자와 교류했다. 특이한 것은 도교의 '도서선천상수(圖書先天象數)'라는 학문을 배웠다는 점이다. 그가 유명한 것은 '원회운세(元會運世)'라는 관념적인 우주의 시간을 계산한 것 때문이다. 〈관역음(觀易吟)〉과 같은 철학적인 시도 남겼다.

이렇듯 다채롭게 발달한 북송의 성리학이 주자에 의해 집대성된다. 주자의 이름은 희(熹)이다. '자(子)'는 원래 스승이란 의미의 존칭인데 거의 공자(孔子)를 의미하는 극존칭인 부자(夫子) 또는 너무 존경한 스승을 자부자(子朱子)라고도 했다. 호는 회암(晦庵)이다. 복건성 우계(尤溪)에서 출생했다. 일찍 과거에 합격해서 조정에도 등용되었지만 한탁주의 탄압으로 물러나야 했다. 그는 일생토록 정치적으로 불운을 겪었다. 그럼에도 그는 조정에서 물러난 후 위대한 학자이자 사상가가 되었다. 주요 저서는 유교 경전인 『논어(論語)』, 『맹자(孟子)』, 『대학(大學)』, 『중용(中庸)』의 문장과 구절에 주석을 단 『사서장구집주(四書章句集注)』, 주역

해설서인 『주역본의(周易本義)』, 사대부 가정의 유교식 예법을 정리한 『고금가제례(古今家祭禮)』, 성리학의 학문 지침서인 『근사록(近思錄)』, 교화(敎化)를 위해 송나라 명신들의 언행을 정리한 『팔조명신언행록(八朝名臣言行錄)』, 『자치통감강목(資治通鑑綱目)』 등이 있다. 그의 글은 포괄적으로 담은 『주문공문집(朱文公文集)』과 주자와 제자들이 토론한 말을 정리한 『주자어류(朱子語類)』도 있다. 이 외에 아동용 유교 교육 서적인 『소학(小學)』이 있는데 주자의 지시로 제자 유자징(劉子澄)이 쓴 것이다. 주자의 업적은 이전의 유학과 성리학을 정리해 완성했다는 것이다. 그렇게 그는 '주자'가 되었고 주자 이후의 성리학은 '주자학(朱子學)'이라고 한다. 수많은 제자를 길렀고 그의 학문과 사상은 남송의 주류가 되었다. 이후 원, 명, 청 그리고 현대까지 약 천년 동안 위대한 사상가로 평가받는다.

원나라 때부터 과거 시험 문제를 주자가 정리한 『사서집주』에서만 출제하면서 절대적인 영향력을 가졌다. 국가가 유일하게 공인한 '관학(官學)'이 된 것이다. 모든 과거 응시자는 반드시 주자학을 공부해야 했다. 그러나 합격한 후에는 더는 공부하지 않았다. 이러한 사회 풍토는 다른 사상과 철학, 학문을 퇴보시켰고 주자학도 타락시켰다. 주자학은 오직 과거 시험 준비용일 뿐 더는 학문도 사상도 아니었다. 이 때문에 근대 이후 한국과 중국, 동아시아에서 주자학은 모든 것을 퇴보시킨 사상으로 지목했고 지금까지도 비판의 대상이다. 그래서 주자는 위대한 사상가이지만 사회 발전을 퇴보시킨 책임도 있다는 평가가 공존한다. 어쩌면 동아시아에서 가장 논쟁적인 인물이다.

방대한 주자학을 분류하면 모두 다섯 가지 분야로 나눌 수 있다. 첫째는 하늘이 준 인간의 성품을 '이기론(理氣論)'으로 완성 정리했다. 둘째는 윤리학적인 '성즉리(性卽理)'의 입장을 확고히 했다. 셋째는 수양의 방법론이라고 할 수 있는 '거경(居敬, 경건한 태도)', '궁리(窮理, 끝까지 이치 탐구)'이다. 넷째는 경전에 대한 해석을 완성했다. 『사서집주』나 『시집전(詩集傳, 시경 해석)』이 그런 책이다. 다섯째는 역사 서술에서 윤리적 해석을 중요하게 생각했다.

이제『사서집주』중『대학장구』를 살펴보자.『논어』,『맹자』,『대학』,『중용』이란 네 개의 유교 경전을 보면 원문은 짧다. 그런데 수많은 유학자자가 이 경전의 한 문장, 한 단어마다 자신의 견해를 달았다. 주자가 선배 성리학자의 견해를 골라 모으고(集) 자신이 견해(注)를 밝힌 책이『사서집주』이다.

『대학장구』 또는『대학집주(大學集注)』는『대학』이라는 경전에 대한 여러 선배 학자와 자신의 견해를 밝힌 것이다.『대학』은 원래『예기(禮記)』라는 경전의 한 편에 불과했다. 그런데 송나라의 유학자들이 대학의 가치를 높이 평가해 독립된 경전으로 만든 것이다. 전체 구성은 경(經) 1장(章), 전(傳) 10장으로 정리했고 주자와 다른 학자의 주석을 달았다.

『대학』에서 핵심은 딱 두 문장이다. 하나는 "大學之道, 在明明德, 在親民, 在止於至善(대학지도, 재명명덕, 재친(또는 신)민, 재지어지선)"이다. 다른 하나는 "古之欲明明德於天下者, 先治其國. 欲治其國者, 先齊其家. 欲齊其家者, 先修其身. 欲修其身者, 先正其心. 欲正其心者, 先誠其意. 欲誠其意者, 先致其知. 致知在格物(고지욕명명덕어천하자, 선치기국, 욕치기국자, 선제기가, 욕제기가자, 선수기신, 욕수기신자, 선정기심, 욕정기심자, 선성기의, 욕성기의자, 선치기지, 치지재격물)."이다. 앞의 문장을 '삼강령(三綱領)'이라 하고, 뒤의 문장을 '팔조목(八條目)'이라고 한다.

간단히 정리하면, '삼강령'의 뜻은 이렇다. '대학의 도는 밝은 덕을 더욱 밝게 하는 것이고, 백성과 친하고(또는 백성을 새롭게 하고), 지극한 선에 이르는 것이다.' 즉 '대학지도 = 명명덕 + 친(신)민 + 지어지선'이란 도식이 가능하다.

'팔조목'은 '옛날에 천하에 밝은 덕을 밝히려는 자는 먼저 그 나라를 다스려야 한다. 그 나라를 다스리려는 자는 먼저 집안을 가지런히 한다. 그 집안을 가지런히 하려는 자는 먼저 그 몸을 닦는다. 그 몸을 닦으려는 자는 먼저 그 마음을 바르게 해야 한다. 그 마음을 바르게 하려는 자는 먼저 그 뜻이 정성스러워야 한다. 그 뜻을 정성스럽게 하려는 자는 먼저 앎에 이르러야 한다. 앎에 이르는 것은 사물의 이치를 터득하는 것에 있다'라는 뜻이다. 이것을 도식으로 풀면 다음과 같다. 격물치지 〉 성의 〉 정심 〉 수신 〉 제가 〉 치국 〉 평천하. 앞의 선행 조건을 완수해야 다음의 것이 가능하고 다시 그것이 선행 조건이 된다는 것이다.

삼강령은 『대학』이란 학문을 공부하기 위한 것이고, 뒤의 팔조목은 사대부들이 학문과 수양을 우선에 두었다. 그러나 고전 특히 경전 공부는 그런 것이 아니다. 진짜 경전을 해석하려면 과거의 모든 논쟁을 다 이해하고 자기만의 견해를 만들어야 한다. 가령, 『대학(大學)』은 고대의 귀족 교육기관인지, 단순히 큰 배움이란 의미인지, '밝은 덕(明德)'은 무엇인지, '親民'은 '친'으로 읽고 '백성과 친한 것'으로 해석할지, 아니면 '신'으로 읽고 '백성을 새롭게 해야 한다'로 해석할지, 지선(至善)은 도대체 어떤 상태인지 등등을 표명해야 한다. 모든 것이 다 논쟁거리이다.

영화 〈자산어보〉에서 주인공 창대가 '명덕'을 풀지 못해 끙끙거리며 고민하다 정약전을 찾아가 묻는 장면이 나온다. 그때 정약전은 누구의 어느 책에서는 명덕을 어떻게 썼고 또 다른 사람의 책에서는 이런 저런 의미로 사용했다고 답한다. 결국 창대는 정약전이 거론한 그 모든 책을 읽고 자기 입장을 세워야 한다. 그래야만 주자와 수많은 유학자의 치열한 논쟁으로 완성되어 가는 경전 연구의 묘미를 알 수 있다. 이것이 『대학』을 공부하는 것이고 학문을 하는 것이다. 단순히 『대학』이 아닌 『대학장구』를 소개하는 뜻은 여기에 있다.

한편, 후대의 양명학과 고증학에서는 주자가 심혈을 들여 완성한 『사서집주』를 주자가 자기 의도대로 조작했다고 의심했다. 『사서집주』 중 특히 『대학장구』가 조작이 더 심하다고 의심받았다. 조선의 정약용도 같은 의심을 했다. 이

『대학장구』라는 책은 이후 천 년간 계속 논쟁의 중심에 있었다. 동아시아 지식인들이 시대와 장소를 뛰어넘어 토론했다. 바로 이런 책이 고전이다.

3장

흐트러진 것은 다시 바로잡아야 한다
'경장(更張)'

억울하게 죽은 여인의 원한 이야기 『두아원(竇娥冤)』, 죽음을 초월한 사랑 이야기 『모란정(牡丹亭)』

 원(元)나라 때는 원곡(元曲)이란 서민문화가 발달했다. 무대 위에서 여러 배우가 노래(曲), 대사(白), 동작(科) 등을 하는 공연 예술이었다. 비파(琵琶), 쟁(箏), 피리, 북, 박판(拍板. 박자를 맞추는 나무 막대들) 등을 사용한 음악 연주도 있었다. 지금도 북경 등에 여행하면 오래된 찻집 같은 공연장에서 볼 수 있는 경극(京劇)의 원형이다.

 이 원곡이 발생 배경으로 이전 설창(說唱)을 많이 지목한다. 말하고 노래한다는 의미인데 한국의 판소리처럼 한 명이 대사와 노래를 하는 것이다. 또 하나는 잡극(雜劇)이라는 것도 많이 거론한다. 오늘날의 코미디 단막극처럼 간단한 고사를 소재로 사람들을 웃기는 데 중점을 둔 단막극 공연이다. 이런 형식의 공연들이 발달해 원곡이 되었다는 것이다. 배역도 점점 더 전문화했다. 남자 주인공 역은 정말(正末), 여자 주인공 역은 정단(正旦), 정말이 노래하는 극본을 말본(末本), 정단이 노래하는 극본을 단본(旦本)이라고 한다. 거기에 다양한 조연 배우들까지 '각색항당(脚色行當. 역할에 따라 배역이 나뉘는 것)'으로 세분화 되었다. 반주 음악도 더 세분화한다. 배우들도 오랜 시간을 수련해 높은 숙련도를 가져야 한다. 이 모든 요소를 다 갖춘 전문적인 '극단(劇團)'도 존재했다. 장국영(張國榮. 장궈룽)이 출현했던 영화 〈패왕별희〉(1993년 작)를 보면 배우들의 수련 방법과 사랑과 갈등을 잘 보여준다. 최근 중국 드라마 〈빈변불시해당홍(鬢边不是海棠红)〉은 공연 뒤의 구조를 이해할 수 있는 도움을 준다.

 무엇보다도 시대가 변한 것이 더 중요하다. 이미 송나라 때부터 서민문화가 크게 발달해서 문화의 주류로 발전하고 있었다. 송나라는 야간 통행금지가 없었고 상업의 자유를 구가하며 도시가 크게 발전했다. 이 시대 도시의 번성을 보여주는 그림이 〈청명상하도(淸明上河圖)〉이다. 약 천 년 전 북송 말 수도 변경의 운하와 주변 거리를 화가 장택단(張擇端)이 길이 528.7cm 높이 24.8cm에 이르는 거대한 그림에 담은 것이다. 그림을 보면 당시 번성했던 도시의 모습에 깜짝 놀라게 된다. 이때부터 대중 예술가라면 당연히 도시민의 기호에 민감해야 하고 그들이 요구하는 작품을 생산해야 했다. 이 때문에 작지만 중요한 변화로 남송 시대의 송사에 구어체(口語體)가 등장했다. 원곡의 단계에서 도시민이 일상에서 쓰는 구어가 사용되었다. 원나라 수도 대도(大都, 오늘날 북경)의 시민은 지식인만이 즐기는 어려운 고문(古文)이 아니라 자신이 쓰는 말을 사용하는 배우의 공연을 보고 즐기게 된 것이다.

또 다른 변화는 원곡에 참여한 지식인이 늘었다는 것이다. 원의 민족 차별정책은 전통적인 인재 등용문인 과거제를 무용지물로 만들었다. 한족 지식인의 대다수는 관직에 오를 수 없었기 때문에 굳이 어려운 경전과 고문을 배울 필요가 없어졌다. 그래서 이들 중에 원곡의 대본을 쓰는 작가가 나오기 시작했다. 지금까지 이름을 남긴 작가는 약 200여 명이고 작품은 약 700여 종이다. 소설도 발달했다. 소설의 작가도 원곡과 마찬가지로 지식인층에서 나오기 시작했다. 소설이 더욱 발달하는 명·청 시대에 가면 이런 상황이 더욱 두드러졌다.

이 시기 가장 유명한 작가는 관한경(關漢卿)이다. 명작인 『두아원(竇娥冤)』을 포함해 63종의 작품이 있었는데 안타깝게도 현존하는 작품은 18종뿐이다. 내용은 주로 형사사건과 재판을 다룬 '공안극(公安劇)', 사랑과 결혼 이야기, 역사 이야기 등이었다. 학대당하는 사회적 약자(여성 등)를 주인공으로 내세운 작품이 많다.

관한경은 극작가이면서 연출과 기획까지 하는 극단 책임자를 맡기도 하고 배우로 직접 무대에 서기도 했다. 동료 배우 중에 주렴수(朱簾秀)와 가까웠다. 자신의 이야기를 담은 것으로 추정되는 작품이 『불복로(不伏老)』이다. 이 작품에서 자신을 잡기에 능한 한량, 화류계의 멋쟁이, 유흥가의 노련한 닭 등으로 표현했다. 또한 "나는 쪄도 문드러지지 않고, 삶아도 익지 않고, 볶아도 터지지 않고, 두드려도 납작해지지 않는 통통 튀는 구리 완두" 즉 '동완두(銅豌豆)'로도 자신을 묘사했다. 자신을 알아주지 않고 아무리 무시해도 절대로 굴하지 않겠다는 짓밟힌 자의 오기를 표현했다.

그의 대표작은 『두아원』이다. 정식 이름은 '정명(正名)'이고 그 뜻은 '하늘이 감동하고 땅을 울린 두아의 원통함(感天動地竇娥冤)'이다. '동해효부(東海孝婦)'라는 전설에서 모티브를 얻었다고 한다. 이 이야기를 요약하면 다음과 같다.

두아는 어려서 어머니를 여의고 아버지 두천장(竇天章)에 의해 빚 대신 민며느리로 팔려 갔다. 결혼한 지 얼마 되지 않아 과부가 되었다. 이때 그녀의 돈을 노리고 접근한 장려아(張驢兒)는 두아에게 혼인하자고 떼를 썼다. 장려아는 계략이 뜻대로 되지 않자 두아에게 살인 누명을 씌었다. 여기에 초주(楚州, 강소성 회안)의 지주(知州)가 탐관오리로 등장한다. 이미 장려아에게 매수당한 지주은 두아를 모질게 고문했지만 그녀는 거짓을 말하지 않았다. 그러나 연로한 시어머니까지 고문에 시달리는 것을 차마 볼 수 없어 허위로 자백했다. 형장으로 끌려 나온 두아는 처형당하기 전에 하늘을 향해 울부짖는다.

"하늘이 이 원통한 죽음을 안다면 내 피가 저 높이 걸려 있는 흰 비단 위로 튈 것이며, 유월에도 눈이 내리고 3년 동안 큰 가뭄이 들 것이다." 이렇게 두아는 죽었다. 그런데 그녀가 말한 일들이 그대로 일어났다. 이후 조정의 대신이 된 그녀의 친정아버지는 이 사건을 재조사해 두아의 원한을 풀어주었다. 그리고 두아를 죽음에 이르게 한 장려아와 지주를 처형했다.

이처럼 『두아원』은 악랄한 법과 탐관오리 때문에 갖은 고초를 당했던 사회적 약자와 민중들의 신원(伸寃, 원통한 일을 품)과 복수의 염원을 담은 내용이었다. 이 『두아원』은 『조씨고아(趙氏孤兒)』, 『장생전(長生殿)』, 『도화선(桃花扇)』과 함께 '중국 4대 비극'으로 평가받는 작품이다.

관한경의 『노재랑(魯齋郞)』도 유명한 작품이다. 정식 명칭은 '포대제가 지혜로 노재랑을 참수하다(包待制智斬魯齋郞)'이다. 여기서 포대제는 그 유명한 포청천(包青天)이고 대재는 관직명이다. 남의 아내마저 마음대로 빼앗는 세도가(노재랑)를 지혜롭게 처벌하는 포청천의 이야기이다. 우리가 드라마로 아는 포청천의 이야기는 이미 원나라 때부터 극본이 존재했고 원곡으로 공연되었다.

이 외에 본처의 모함으로 남편을 죽였다는 누명을 쓰고 아들까지 빼앗기게 된 기녀 출신의 후처가 포청천의 지혜로 누명을 벗는 『회란기(灰闌記)』, 기지를 발휘해 못된 호색한을 혼내주고 동료를 구해 진정한 짝을 찾아주는 기녀 이야기 『구풍진(救風塵)』, 남편을 구하기 위해 변장한 채 호랑이 굴 속으로 들어가 자신과 남편을 갈라놓으려던 탐관오리를 멋지게 속여 넘기고 위기에서 탈출하는 이야기 『망강정(望江亭)』 등 여성의 이야기를 소재로 다룬 작품이 많다. 또한 관우(關羽)와 장비(張飛)의 얘기를 다룬 『단도회(單刀會)』도 유명하고, 남녀의 사랑을 다룬 『배월정(拜月亭)』, 『금선지(金綫池)』 등도 남겼다.

이번에 소개할 작품은 『모란정(牡丹亭)』이다. '환혼기(還魂記)', '모란정환혼기(牡丹亭還魂記)'라고도 한다. 작가는 명나라 후(말)기의 탕현조(湯顯祖)이다. 탕현조는 한국에서는 거의 알려지지 않았지만 국제적으로는 중국을 대표하는 극작가이다. 그래서 '중국의 셰익스피어'라고도 불린다. 그는 명나라 만력제(萬曆帝) 때 정식으로 과거에 합격해 남경(南京)에서 태상박사(太常博士), 예부주사(禮部主事), 제사주사(祭司主事)를 역임했다. 명나라 때는 북경뿐 아니라 처음 수도였던 남경에서도 '작은 조정'처럼 중앙관청과 관원이 존재했다. 이 시절부터 다른 유학자나 관료와는 다른 모습을 보였다. 양명학 좌파 또는 반유교 이단아인 이지(李贄)를 동조했다. 불교에 귀의해 선사(禪師)에게 수계(受戒)를 받았다.

그런데 마침 재난을 구제하러 파견된 관리가 뇌물을 챙기는 것을 보고 분노해 그들을 탄핵하는 상소를 올렸다. 더 나아가 당시 권신이었던 장거정(張居正)과 신시행(申時行)이라는 두 재상도 비판했다. 이 일로 조정은 발칵 뒤집혔고 먼 지방의 말단직으로 좌천되었다. 그 후 현령도 했지만 사직하고 고향인 강서성 임천(臨川)으로 돌아갔다. 이때부터 본격적으로 희곡을 창작했다. 4전기(傳奇)라는 대표작인 『자차기(紫釵記)』, 『환혼기(還魂記)』, 『남가기(南柯記)』, 『한단기(邯鄲記)』를 남겼다. 이것을 그의 고향(작품 탄생지) 임천을 붙여 임천사몽(臨川四夢) 또는 그의 호를 붙여 왕명당사몽(王茗堂四夢)이라 한다. 이 4전기 중 최고 작품으로 평가받는 작품이 『모란정』이다. 그도 "임천사몽 중 마음에 드는 것은 오직 모란뿐이다"라는 진심을 고백했다. 전체적인 줄거리는 이렇다.

남송 때 남안태수(南安太守)의 딸 두여랑(杜麗娘)은 관아 후원에서 화려한 봄날의 경치를 감상하다 깜빡 잠이 든다. 그 꿈속에서 이름 모를 서생과 만나 깊은 정을 나누었다. 이윽고 꿈에서 깬 그녀는 꿈속 서생의 모습을 닮은 큰 매화나무를 발견하고 통곡한다. 다시는 만나지 못할 것이기 때문이다. 이후 상사병을 앓다가 죽었다. 그녀의 유언에 따라 매화나무 밑에 묻혔다.

그 후 광동(廣東)의 서생 유몽매(柳夢梅)는 수도 임안(臨安)으로 과거를 보러 가는 길에 병이 들어 남안의 관아에 묵었다. 그의 꿈에 나타난 두여랑을 보고 사랑을 하게 되었다. 그녀의 부탁을 받고 후원에 있는 그녀의 무덤을 파서 관뚜껑을 열었다. 그녀가 기사회생한 것이다. 두 사람은 이미 사랑하는 연인이었고 결혼하려 했지만 두여랑 부모는 결혼을 반대했다. 그러자 두 사람은 집을 떠나 수도로 향했다. 이런 곡절 끝에 남사는 과거에 합격했고 황제가 중재해 꿈속의 사랑이 현실로 영원히 이어진다.

『모란정』의 핵심 주제는 피 끓는 청춘 남녀의 사랑조차 막는 유교의 예교(禮教)가 만든 속박을 반대한 파격적인 내용으로 사회에 큰 반향을 일으켰다. 이 『모란정』을 읽고 자살하는 여인도 나왔다. 유럽의 '베르테르 효과'와 같은 사건이었다. 탕현조의 『모란정』은 뚜렷한 시대 의식과 관객의 심금을 울리는 예술성도 갖춘 불후의 명작이다.

천년의 시간을 넘어 영웅들의 이야기로 재탄생한 『삼국지연의(三國志演義)』, 반란을 이야기로 마오쩌둥을 사로잡은 『수호지(水滸誌)』

글을 시작하기 전 어떻게 소설이란 문학 장르가 탄생했는지 짧게 살펴보자. 소설이란 말은 '자질구레한 말'이란 의미로 처음 『장자』에 등장한다. 또는 신화나 전설 같은 이야기, 산문 속의 우언(寓言)들로 나타났다. 위진 남북조 시대에 좀 더 발전한 '지괴(地怪)소설'이 등장한다. 천신이나 귀신 이야기이다. 어떤 한 인물의 언행과 생활을 기록한 '지인(志人)소설'도 등장한다. 유명한 작품이 유의경(劉義慶)이 쓴 『세설신어(世說新語)』이다. 당나라 때부터는 문어체로 쓴 소설이 대량 등장한다. 남녀 애정, 호걸과 협객의 이야기, 역사, 신선 등 주제도 다양하다.

송나라 때부터 '화본소설(話本小說)'이 본격 등장해 이후 소설에 큰 영향을 미친다. '화본'이란 거리의 설창(說唱)을 위한 대본과 같은 것이다. 앞서 거론한 희곡의 기원과 같다. 이후 원나라 말 명나라 초에 본격적인 소설인 '장회(章回)소설'이 등장한다. '장회'란 말 그대로 장과 회로 나누어 장편으로 서술했다는 것이다. 대표적인 장회소설은 이번 장에서 소개할 『삼국지연의』, 『수호전』, 『사대기서(四大奇書)』이다. 풍몽룡(馮夢龍)의 작품들도 유명하다. 이후 청나라 때 오경재(吳敬梓)의 『유림외사(儒林外史)』와 조설근(曺雪斤)의 『홍루몽(紅樓夢)』이란 걸작으로 이어진다.

『삼국지(연의)』 소개에 앞서 반드시 짚고 넘어갈 것이 있다. 『삼국지(三國志)』는 정사(正史, 정식 역사책)이고 『삼국지연의(三國志演義)』는 명나라에서 유행했던 '통속소설(通俗小說, 대중적 흥미 위주의 이야기)'이다. 집필 시기도 천년이나 차이가 난다. 먼저 이 점을 강조하는 것은 역사를 통속소설이나 드라마 사극으로 이해하는 경향 때문이다. 그래서 고증 문제 때문에 인기 사극이 대중을 오도한다는 비판의 목소리가 크다. 경청할만한 비판이다. 아마도 역사에 대한 오해를 불러일으킨 대표적인 책이 『삼국지』일 것이다. 먼저 진짜 역사책인 『삼국지』부터 알아보자.

『삼국지』는 삼국을 통일한 진(晉, 서진)의 역사학자 진수(陳壽)가 편찬한 역사책이다. 진수는 망한 촉(蜀)에서 태어났다. 그의 부친은 북벌을 했던 제갈량에게 처벌받았다는 기록은 있지만 그 기이 확실치 않다는 주장도 있다. 확실한 사실은 그의 스승이 초주(譙周)라는 역사학자였고 그에게 『서경』, 『춘추』, 『사기』, 『한서(漢書)』 등을 배웠다. 스승 초주는 평가가 그리 좋지 않은 인물이었다. 그 이유는 처음 유비(劉備)가 촉의 황제에 오를 때는 지지했지만 나중에 후주 유선(劉禪)에게는 항복하라고 권했기 때문이다. 항복을 권했기 때문에 불충한 인물이라고 평가한 것이다. 하지만 초주가 항복을 권한 이유는 '천하의 영웅이었던 유비도 통일하지 못했다. 하물며 그보다 못한 아들이 막강한 위(魏)와 싸워 이기기 쉽지 않은 거란 생각에서였다.

그의 제자 진수도 평판이 좋지 않았다. 부친상을 당했을 때 병이 나서 약을 먹은 것이 비난의 이유였다. 부친상을 슬퍼하지 않고 제 몸을 걱정한 것이 '불효'라는 논리였다. 어처구니가 없는 일이지만 유교 국가에서는 가능한 논리였다.

이렇게 불충한 스승에게 배운 불효한 제자는 어디에도 등용할 수 없었다. 촉이 망하고 진으로 갔지만 마찬가지였다. 그래도 그의 재능을 알아보는 선배 대학자가 있었다. 백과사전인『박물지(博物志)』를 남긴 장화(張華)이다. 장화의 추천으로 벼슬길에 올랐다. 하지만 그에 대한 비난은 여전했다. 이런 비난 속에서 여러 편의 역사와 관련한 글을 집필하면서 수도 낙양(洛陽)에 정착했다. 이때『삼국지』를 편찬한 것이다. 그는 죽어서까지 비난받았다. 그의 어머니가 죽으며 유언으로 낙양에 묻어 달라고 했고 그 뜻에 따라 낙양에 안장했다. 그러자 사람들은 당시 유교의 예교에 따라 고향 촉에 망자의 묘를 쓰지 않았다고 또 비난했다.

『삼국지』는 총 65권으로 이루어져 있으며「위서(魏書)」30권,「촉서(蜀書)」15권,「오서(吳書)」20권으로 구성되어 있다. 지(志)나 서(書)와 같은 제도사나 공통적인 주제나 내용을 정리한 열전(列傳)은 없다. 정사『삼국지』의 중요한 특징은 두 가지이다.

첫째, 위나라(진나라)를 정통왕조로 인정했다. 나머지 촉과 오는 제후도 아닌 그냥 평범한 사람들의 이야기 또는 정통왕조에 대한 반란을 일으킨 지방 정권 정도로 표현했다. 위나라의 황제들은 정통 황제의 내용을 쓴 '본기(本紀)'에 넣었다. 하지만 촉과 오의 황제들은 모두 제후의 세가(世家)도 아닌 '열전(列傳)'에 넣었다. 본기와 열전은 기전체(紀傳體)로 쓰였다. 이는 역사서술에서 가장 중요한 편찬 방식이었다. 호칭도 '조조는 '황제', '유비'는 '선주(先主)', '유선은 후주'였다. 또한 분량도 큰 차이가 있다. 왜 그랬을까? 아마도 그 이유는 그나마 이전의 정통왕조처럼 난세를 끝내고 통일한 왕조가 위를 계승한 진이기 때문이었을 것이다.

둘째, 너무도 문장이 간결하고 내용이 적었다. 왜 이렇게 쓸 수밖에 없었을까? 난세였기 때문에 참고할만한 사료가 적었다. 촉의 경우 사람들 상상과 달리 체제가 잡힌 국가라기보다는 '주먹구구'로 운영된 군벌 수준이었다. 정식 사관(史官)조차 없어 자체적인 역사 기록도 없었다. 그 자신이 촉 출신이니 이런저런 평가를 하기가 껄끄러웠을 수도 있고 촉에 대한 좋지 않은 기억들이 영향을 줬을 수도 있다.

정사 『삼국지』의 두 가지 특징이 후세의 긴 논쟁의 출발점이 되었다. 그리고 그 길고 긴 논쟁의 끝이 소설 『삼국지』의 탄생으로 이어졌다.

먼저 '정통론'이다. 가장 처음 정사 『삼국지』 속 '위나라 정통론'에 반기를 든 학자는 약 100년 뒤 동진의 습착치(習鑿齒)라는 인물이었다. 동진은 통일제국 진의 내부 반란과 북방 민족의 침입으로 붕괴한 후 황족인 사마예(司馬睿)가 지역 호족의 조력으로 회수 남쪽에 세운 나라였다. 옛 오나라의 수도 건강(建康, 현재 남경)이다. 앞서 거론한 전진의 왕 부견이 반드시 모시고 싶었던 두 명의 명사 중 한 명이었다. 다른 한 명은 구마라습을 추천한 고승 도안(道安)이었다. 이런 그가 자신의 책 『한진춘추(漢晉春秋)』에서 '위는 정통왕조 한으로부터 선양받은 것이 아니라 찬탈한 것이며, 촉이 한을 계승했고 촉이 망한 것은 곧 한이 망한 것'이라고 주장했다. 그런데 습착치도 촉의 출신이었다.

'촉한 정통론'을 완성한 사람은 주자였다. 습착치 이후에도 '조위(曹魏)'라고 폄하하고 '촉한'이라고 숭배하는 말이 보편적으로 쓰이면서 촉이 정통이라는 주장은 계속되었다. 이 주장이 '위 정통론'을 압도한 것은 송나라 때였다. 송의 지식인들은 주변의 막강한 외세 때문에 늘 배타적이고 민족주의 경향을 지녔다. 이들은 무엇보다 '대의명분'에 강한 집착을 가진 성리학을 탄생시키고 발전시켰다. 이런 성리학을 집대성한 위인이 주자였다. 주자는 『자치통감강목(資治通鑑綱目)』에서 '촉한 정통론'을 완성했다. 이후 천년 간 여기에 시비를 거는 자는 거의 없었다. 난세에 '혈통 하나'만으로 정통을 운운하며 명분을 세울 수 없다. 하지만 이러한 정통론을 기반으로 동아시아의 학문과 사상, 정치가 발전해 왔다. 오늘날 함부로 말할 수는 있는 것은 결코 아니다. 이런 사상조차 없었다면 세상은 혼탁하고 초라했을 것이다.

다른 하나는 내용이 너무도 간략하는 것이다. 그래서 후대에 이 부분을 보충할 책이 필요했다. 그중에 가장 유명한 것이 배송지(裴松之)가 쓴 주석서인 『삼국지주(三國志注)』 또는 『배송지주(裴松之注)』였다. 책은 남북조 시대 남조 송(宋)의 문제(文帝)가 정사 『삼국지』가 간략하다며 내용을 보충할 주석서를 쓰도록 지시했다. 당시 있었던 수많은 사료와 '전승'이 총망라되었다. 그래서 주석서인 『삼국지주』의 분량이 정사인 『삼국지』보다 많았다. 심지어 정사보다 세 배 더 많았다.

여기에 통속적인 재미가 더해진 것이 소설 『삼국지연의』이다. 그 전 단계의 책 『삼국지평화(三國志平話)』가 있었다. 송나라 때부터는 도시문화가 비약적으로 발달했고 원곡의 초기형태인 설창(說唱)이 이 시대에 등장했다. 이때 설화(說話)도 등장했다. 설화는 노래가 아닌 대중들이 좋아하는 이야기이다. 이야기꾼이 재미있는 이야기로 대중들을 끌어모을 때 가장 선호했던 소재는 삼국 시대 영웅들의 무용담이었다. 이왕이면 유명한 사건을 극적으로 과장하거나 축소했고 인물들의 개성과 선악의 특징을 확실하게 구분해 부각했다. 원나라 때는 이런 설화를 전문적인 작가가 '화본(話本)' 또는 '평화(平話)'로 정리했다. 이런 전문 작가의 이야기는 더 많은 청중을 불러 모았다. 그중 유명한 책이 『삼국지평화』였다. 복건성의 출판업자인 우(虞)씨가 발간했다고 한다.

드디어 몽골의 지배를 끝내고 한족 국가인 명나라가 천하에 우뚝 섰다. 이런 시대에 『삼국지』가 소설로 탄생한 것이다. 당시 선호하는 명분론과 영웅담이 모두 담겨있었다. 최초로 『삼국지연의』라는 역사소설(통속소설)을 쓴 작가는 나관중(羅貫中)이다. 그는 원나라 말에서 명나라 초의 사람이고 명성에 비해 기록이 불명확하다. 산서성 출신이고 공부나 장사에는 재능은 없었으나 재미있는 글을 쓰는 재주는 있었다고 추론할 뿐이다. 이런 이유로 가문에서 쫓겨나 족보에서 지워졌다는 이야기가 있다. 뒤에 나올 『수호지(水滸誌)』의 저자이기도 하다는 점과 연관이 있다.

『삼국지연의』를 읽지 않은 사람은 거의 없다. 흥미로운 특징 몇 가지만 짚어 보자. 소설은 인상적이고 멋진 문장으로 시작한다. "천하는 오랫동안 분리되어 있으면 반드시 합쳐지게 되고, 오랫동안 합쳐져 있으면 반드시 나누어지게 된다(天下大勢 分久必合 合久必分)." 이것은 앞서도 말한 약 500년 주기로 '일치일란(一治一亂)'이 반복된다는 전통 역사관이다.

또 한 가지 기억해야 할 것은 인의군자(仁義君子) '유비'와 천하의 간웅(奸雄) '조조'를 선명하게 대비한다. 조조의 대군 특히 빠른 기병에 쫓기던 유비는 자신을 따르는 백성을 끝까지 버리지 않았다. 누구나 이 기록에서 유비는 훌륭한 리더십을 갖춘 군주라고 평가할 것이다. 소설은 여기서 한 걸음 더 나간다. 그런 유비와 조조를 서로 완전히 상반된 선과 악의 캐릭터로 만들어 버렸다.

동탁(董卓)에게 쫓기던 조조가 자신의 의심 때문에 여백사(呂伯奢)와 그 일가를 죽였다. 그때 진궁(陳宮)이 항의하자 조조는 뻔뻔하게 한마디 한다. "차라리 내가 천하의 사람들을 버릴지언정 사람들이 나를 버리게 하지는 않겠다!" 누구라도 진궁처럼 그런 조조와 상종하지 않을 것이다. 그러나 진수의 정사 『삼국지』에는 이 사건이 없다. 후대에 입에서 입으로 전해진 내용을 기록한 것은 있지만 명확하지 않다. 하물며 그런 말을 하지도 않았다. 진궁이 조조를 떠난 것은 '서주대학살' 때문이라는 학설이 더 유력하다. 소설의 극적인 재미를 위해 조조를 악인으로 만든 것이다.

또 한 가지 특징은 '정해진 천명(天命)처럼 허무하고 쓸쓸한 것도 없다'라는 허무주의가 담겨있다. 『삼국지연의』의 천재 군사(軍師) 제갈량이 위나라 사마의(司馬懿)와 그의 군대를 호로곡(葫蘆谷)이란 깊은 계곡에 가두고 화공(火攻)으로 태워 죽이려는 지략을 세운다. 귀신도 울고 갈 제갈량의 지략에 속아 사마의가 계곡에 갇히자 불을 놓으려는 순간 비가 내려 실패한다. 이때 제갈량이 하늘을 보며 "일을 꾸미는 것은 사람이나 일을 이루는 것은 하늘이다(謀事在人成事在天)"라고 탄식했다.

 소설『삼국지』가 허무한 것은 주인공인 천하 영웅 조조와 유비, 천재 제갈량은 천하통일에 실패했기 때문이다. 그들보다 모자랐지만 그들이 죽을 때까지 인내하며 분투했던 사마의와 그의 후손들이 최후의 승리자가 되었다. 분명히 허무한 역사이고 영웅담이다. 하지만 허무주의가 만든 그 아련함이 독자들에게 깊은 여운을 남겼다. 앞서 거론한 영웅 중 한 명이 통일했다면 오히려 재미가 없었을 것이다. 독자는 불가능한 일이지만 끝까지 노력하는 것(不可而爲)이 더 숭고한 가치를 지닌다고 느꼈을 것이다.

 현재의 나관중이 쓴『삼국지연의』는 남아 있지 않다. 다른 작가의 판본들이 전해진다. 현존하는 가장 오래된 판본은 명나라 중기 가정제(嘉靖帝) 때의 것이다. 지금 우리가 읽는 삼국지는 청나라 초 강희제(康熙帝) 때 모종강(毛宗崗)이 정리한 120회 분량의『삼국연의(三國演義)』이다. 즉 '모본(毛本)'이다.

 한국에는 임진왜란 이전에 수입되었다. 16세기 중반 조선 명종 때 왕실과 조정에서 활자로 인쇄한 책이 발견되었다는 언론보도가 있었다. 이후 관우 신앙과 더불어 많은 사람이 열광했다.『조선왕조실록』등의 기록에 의하면 왕들과 유명한 위인 그리고 지식인이『삼국지연의』의 열렬한 독자였음을 알 수 있다.

 다음은 또 하나의 명작이『수호전』이다. 이 책은 '지(志)'가 아니고 '전(傳)'이 정확한 명칭이다. 왕조를 창업한 군주나 왕후장상이 아닌 민중 영웅들의 이야기라는 것이다. 송강(宋江)을 필두로 108명의 영웅호걸이 부패한 송나라에서 반란을 일으킨 이야기이다. 나중에는 조정에 투항해 또 다른 민중 반란인 '방랍

(方臘)의 난'을 진압하거나 탐관오리의 간계로 대부분은 허무하게 죽으며 소설은 마무리된다.

작가는 원나라말 명나라 초의 시내암(施耐庵)과 나관중의 합작품이다. 시내암은 강소성 출신이고 원말 군웅 중 하나인 장사성(張士誠)의 반란에 가담했다고도 한다. 작가에게 이런 실제 경험은 중요하다. 『수호전』의 주요 내용은 '송강의 반란'이다. 북송 말 송강을 비롯한 36명이 산동 지역에서 반란을 일으켜 관군을 격파했으나 나중에 항복했다는 역사 기록이 분명하게 남아 있다. 이 이야기는 민중들에 의해 전승해 발전했다. 남송 시대에 들어서면서 유명한 설화(說話)로 발전했고 무대에서 연극으로 공연했다. 내용도 더 풍부해졌는데 36명의 두령이 각자 뚜렷한 캐릭터를 가진 108명의 영웅으로 늘어났다.

『수호전』의 시작은 복마전(伏魔殿)에서 봉인되었던 잔인무도한 108 마성(魔星)이 풀려나는 것이다. 이 108 마성이 나타나 송 휘종 때 천하의 악당이며 부패한 권신인 채경(蔡京), 동관(童貫), 고구(高俅), 양전(楊戩) 등을 쳐부순다. 전체를 관통하는 일관된 줄거리는 '이 지옥(세상)에는 처음부터 우리를 구원해줄 부처 따위는 없다. 악당을 쳐부술 새로운 악당만 기다려야 한다. 끝없는 타도와 파괴만이 해방이다'라는 내용이다. 그렇게 마성은 통쾌한 '민중 영웅'으로 다시 태어난다. 그 민중 영웅은 다시 '비극적 충신' 또는 '은둔자'가 되어 사라졌다.

그러나 송강을 필두로 투항했던 영웅들은 황제(실제는 측근의 권신이라고 하지만)가 내린 독주를 마시는 등의 방법으로 대부분 비참하게 죽었다. 심지어 과거 자신들의 반란 진지였던 양산박(梁山泊)에서 죽기 싫다며 다시 반란을 일으키자는 동생 이규(李逵)까지 꼬드겨 같이 죽었다. 투항하지 않았던 영웅들은 불교에 귀의했고 항주 전당강(錢塘江)의 거친 조수(潮水) 소리를 들으며 육화탑(六和塔)에서 쓸쓸히 죽었다. 너무도 허무한 결말이다.

108 마성들의 별호가 흥미롭다. 몇몇 두령의 별호를 보자. 덕(德)이 강조되는

첫째 두령 송강은 제때 내리는 비 '급시우(及時雨)', 똑똑한 군사 오용(吳用)은 밤하늘 별처럼 많은 지혜 '지다성(智多星)', 표범 머리 '표자두 임충(豹子頭 林忠)', 검은 회오리바람 '흑선풍 이규(黑旋風 李逵)', 조금은 이색적인 것이 꽃 문신을 한 승려 '화화상 노지심(花和尚 魯知深)'과 그런 노지심을 조용히 따른다는 '행자 무송(行者 武松)'이다. 여성 영웅들도 있다. 암호랑이라는 의미의 '모대충 고대수(母大蟲 顧大嫂)', 푸른 뱀이라는 의미의 '일장청 호삼랑(一丈靑 扈三浪)' 등이 있다. 이들은 강한 개성만큼이나 에피소드가 풍부해 다른 소설의 주인공으로도 손색이 없을 정도다. 실제로 오늘날 『수호전』의 주요한 영웅마다 영화를 제작하고 있다. 새로 만들수록 풍부해지는 소설이다.

마지막으로 중요한 것은 '반란과 혁명의 원초적 이야기'라는 점이다. 그들이 내건 깃발의 주장은 '체천행도(替天行道)'였다. '하늘을 바꿔서(대신해서) 다시 올바른 도(道)를 실행하겠다'라는 것이다. 이는 천자와 조정을 부정하는 주장으로 불온한 책이라는 비판이 끊이지 않았다. "젊어서는 『수호전』을 읽지 말고, 나이 들어서는 『삼국(지)연의』를 읽지 말라"라는 말이 있다. 어려서 세상에 대한 반항을 배우지 말고, 철들어서 세상을 속이는 교활함을 배우지 말라는 의미이다. 이처럼 『수호전』은 위험한 책이었다. 주류사회에서는 배척도 했다. 청나라 초의 김성탄(金聖嘆)이란 문예 비평가는 "도적을 미화하는 내용은 사회에 좋지 않다"라는 이유로 마구 편집해 도려내 버리기도 했다. 그러나 『수호전』의 진수는 고스란히 남았고 반란과 혁명을 꿈꾸는 민중들은 기억하고 이야기하고 있었다.

전근대 시대 지식인 중에 공개적으로 『수호전』을 극찬한 사람이 있었다. 명나라 말 감옥에서 죽은 혁명적 이난 사상가 이지(李贄)였다. 그는 『수호전』을 좋아해서 주석서를 남겼다. 『수호전』 인기 캐릭터는 이규인데 무차별적으로 살상하는 살인귀다. 그런 이규가 살인하는 대목마다 이지는 경탄하며 논평했다. 마치 현실의 고통에서 벗어나 해탈하는 듯한 쾌감을 느꼈다고 보인다.

현대의 『수호지』 찬양자 중에 유명한 사람은 마오쩌둥(毛澤東)이다. 그냥 공산주의 혁명가이니 당연하다고 생각할 수도 있을 것이다. 그러나 그는 자신의 혁명정권을 부정하고 '또 다른 반란'을 일으켰던 것이 다른 공산주의 혁명가와 다르다. 그것이 문화대혁명(文化大革命)이다. 이 문화대혁명의 슬로건은 '혁명무죄, 조반유리(革命無罪 造反有理)'이다. 혁명은 무죄이고 반란을 일으키는 것에는 (합리적인) 이유가 있다는 의미이다. 물론 문화대혁명은 천하의 재앙이고 현재 중국공산당도 마오쩌둥의 가장 큰 오류라고 평가하고 있다. 하지만 혁명과 반란을 숭배했던 그의 정신세계에 가장 크게 자리 잡은 고전은 『수호전』이었다. 그는 『수호전』을 좋아해서 평론을 쓰고 인용도 많이 했다. 그는 송강을 투항주의자 또는 수정주의자로 규정했다. 사실 이런 평가는 문화대혁명의 주요한 목표가 중국공산당 내의 정적을 공격하는 것이다. 양산박 세력 내에도 맨 처음 숙청해야 할 자를 송강으로 규정했을 것이다.

『삼국지연의』와 『수호전』은 오승은(吳承恩)의 『서유기(西遊記)』와 작자 미상의 『금병매(金甁梅)』 또는 조설근(曹雪芹)의 『홍루몽』(紅樓夢)을 묶어 4대기서(四大奇書)라고 높이 평가한다.

이런 불멸의 고전 『삼국지연의』와 『수호전』을 싸잡아 비판한 사람이 있다. 『쌍전(雙典)』을 쓴 류짜이푸(劉在復)이다. '1988년 천안문(天安門) 사태' 세대의 대표적인 문학 평론가이다. 그는 『수호전』에 담긴 타인의 재산 강탈, 폭력(살인) 숭배, 여성 멸시 등의 내용을 비판했다. 다음 비판은 『삼국지』였다. "삼국지는 오로지 낯짝 두껍고 마음이 시커먼(厚黑) 사내놈들이 권모술수의 경연을 펼친 것"이라고 비판했다. 중국 고전소설을 읽으려면 차라리 『서유기』를 읽으라고 했다.

하지만 과도한 주장이다. 『수호전』에서 죽이고 빼앗은 것은 탐관오리의 생명과 재산이다. 탐관오리로 인해 무법천지가 된 마당에 법으로 처벌하자는 것은 억지이다. 약탈당하고 죽어가는 민중들에게 그냥 조용히 죽으라는 소리로밖에 들리지 않는다. 『삼국지』의 모든 영웅을 권모술수라고 평한 것은 맞지 않다. 실제 역사 속 영웅을 탐욕스러운 군벌에게서 벗어나고 싶은 민중들의 요구로 재창조했기 때문이다. 다만 여성 문제에 대한 비판은 맞는 말이다. 동서고금의 전통 시대 여성 특히 명·청 시대 여성의 지위는 끔찍했다. 하지만 『삼국지연의』와 『수호전』만의 문제는 아니었다. 이후에는 여성의 해방이 필요하다고 각성한 주인공이 등장하는 소설도 나온다. 또 하나 『서유기』도 원전에는 그림(Grimm) 형제의 원래 동화처럼 잔인한 장면도 묘사되어 있다. 그냥 단순한 어린이 동화가 아니다.

먼 여행 떠났던 아들을 기다려 주신 어머니에게 드린다 『서하객유기(徐霞客遊記)』

『서하객유기』는 명나라 말 여행가인 서하객이 남긴 여행기이다. 과거 전근대 시대의 여행은 공적인 임무로 출장 가는 국가 공무원이 아니면 대규모 상단이 장거리 교역을 하기 위한 것이 대부분이었다. 개인이 자유롭게 여행가는 문화는 근대 자본주의가 만든 산물이다. 즉 여행은 사회·경제적 조건이 완숙되어야 가능하다. 일단 개인이 자유 여행을 떠나려면 경제적 여유가 있어야 한다. 다음은 사회적으로 화폐경제의 정착이 필요하다. 여객 운송 수단과 식당, 숙박시설도 완비되어야 한다. 여기에 개인의 여행을 보장하는 각종 법·제도도 필요하고 치안 상태도 좋아야 한다. 서하객이 중국의 여러 곳을 여행할 수 있었던 것은 당시 명나라는 이미 이러한 여행의 조건을 갖추고 있었다.

사회·경제적으로 명나라 중기는 중요한 시기이다. 오래전부터 안드레 군더 프랑크(Andre Gunder Frank) 등의 서양학자들은 자본주의 산업혁명이 18세기 말 영국에서 일어났다는 통설을 반대해왔다. 유럽은 1492년 콜럼버스가 아메리카 대륙을 발견 또는 침략해 식민지 확장으로 자본을 축적했다. 이를 기반으로 수백 년 후 산업혁명이 일어났다는 것이 일반적인 상식이다. 그런데 그렇지 않다는 것이 프랑크 등의 주장이다. 이들은 콜럼버스 이전 중국, 인도, 서아시아는 이미 자본주의적 생산양식을 가지고 자신들이 주도하는 '세계 경제'를 구축해왔다고 주장했다. 다만 중국이 자본주의적인 생산을 시작한 시기를 두고 의견이 갈린다. 첫 번째 시기로 지목되는 때는 10세기경의 송나라이고, 두 번째 시기는 바로 명나라 중기 16세기이다.

현재 한국과 중국에서도 비슷한 이론이 있는데 '자본주의 맹아론'이다. 산업혁명과 완전한 자본주의로의 이행은 아니지만 근대 자본주의적 생산양식이

완만하게 성장하고 있었다는 것이다. 이런 독자적 발전이 해체되고 서양의 자본주가 이식된 것은 서양 또는 일본의 제국주의 침략 때문이라는 것이다.

이렇게 지목된 시기가 서하객이 태어나기 약 60~70년 전인 명나라 중기였다. 가정제(嘉靖帝) 시대이다. 이 시기 황제도, 정치도 한심했지만 사회·경제는 비약적으로 성장했다. 당시 중국 인구가 1억 명을 넘었고 은화가 본격적으로 유통되는 화폐경제가 운용되었다. 도시는 팽창했고 온갖 종류의 대중문화가 발달해 도시민이 욕망을 충족할 수 있었다. 산서성과 하북성은 철광업, 강서성 경덕진(景德鎭)은 도자기 산업이 발달했다. 강남(江南) 지역의 대도시는 대규모 비단 공장들이 있었고, 노동자들이 지금의 노동조합과 같은 조직을 만들어 파업하기도 했다.* 양자강 남쪽 강남(江南)에서 생산된 생사(生絲)는 청화백자(靑畫白磁), 차와 함께 많은 양이 수출되었다. 이 때문에 많은 양의 스페인 은화가 명으로 유입되어 만리장성을 축조하는 등의 국방비에 사용되었다.

이런 사회·경제적 여건으로 명나라 후기에는 누구나 자유롭게 여행할 수 있었다. 일단 여관과 같은 숙박업이 발달했다. 역설적으로 국가가 운영하는 기존의 역관(驛館)은 공무원도 꺼릴 정도로 쇠락했고 민간의 상업 자본이 숙박업에 경쟁적으로 치고 들어왔다. 거대한 중국은 원래부터 대운하를 비롯해 내륙 하천을 이용한 수운이 활발한 나라였다. 그래서 민간업자의 수송용 배편은 즐비했다. 육상에도 가마, 마차, 말 등을 제공하는 운송업자도 있었다. 심지어 국가 기관의 역졸이 아닌 개인의 편지와 돈도 전달할 수단도 있었다. 곧이어 명이 망하고 청이 들어선 후에는 전문적인 민간 우편서비스 업체인 '표호(票號)'로 발전했다.

'여행 가이드북'도 있었다. 명나라 중·후기 휘주(徽州) 상인 황변(黃汴)이 발간한 『일통노정도기(一統路程圖記)』가 유명하다. 주요 지역의 도로와 하천, 거리뿐 아니라 당시 통용되었던 운송비용까지 정리했다. 뱃사공, 짐꾼, 하역과 운송 노동자 등 다양한 직종이 존재했고 여행자가 이들과 가격 흥정을 벌였다는 내용이 서하객의 기록에 남아있다. 또 한 가지 흥미로운 것은 서하객이 관청에서 군마(軍馬)를 빌려 여행했던 기록이다. 그것은 그가 신사(紳士)라는 신분이었기 때문이었다. 신사는 명·청 시대에 조선 시대 지역(향촌)사회의 양반과 같은 지위였다. 여성들도 여행을 다닌 것을 보면 다양한 계급과 계층의 사람들이 조금이라도 여유가 있다면 여행을 꿈꾸던 시대였다.

　서하객은 호가 하객(霞客)이고 이름이 굉조(宏祖)이다. 고향은 강소성 강음(江陰)이다. 어려서부터 많은 독서를 통해 여행에 대한 꿈을 가졌다. 과거 시험에 합격해 관직을 얻는 것이 당연한 시대에 이런 꿈을 꿀 수 있었던 이유는 아버지의 영향 때문이었다. 그의 집안은 지역사회에서 부유한 유지였고 조상 중에도 고위직을 지낸 사람도 있었다. 하지만 아버지는 사회적 성공과 담을 쌓고 평생을 산 사람이었다. 앞서도 거론한 것처럼 성리학의 송나라 때부터 지식인 사회에서 관직 진출보다는 개인적인 학문 연구와 수양을 더 중요시하는 풍조가 있었다. 서하객이 열아홉 살이 되던 해에 아버지가 세상을 떠났고 여행을 떠나려 마음먹었다. 그러나 홀로 남은 늙은 어머니의 눈치를 보며 3년 상을 마쳤다. 아들이 지닌 꿈을 알아본 어머니가 "사나이가 태어나 천하에 뜻을 두는 것은 당연하다. 어찌 나 때문에 새장 속 새처럼 마구간에 갇힌 말이 되어 집에 있겠느냐. 다만 네가 가는 곳과 귀가 예상 일시는 알려다오"라며 주저하는 아들을 격려했다. 이 말에 힘을 얻은 그는 여행가로서 첫 발걸음을 떼었다.
　늙은 어머니는 여행을 떠난 아들을 언제나 기다렸다. 그도 집으로 돌아올 때마다 여행에서 보고 들은 이야기와 아름다운 풍경을 어머니께 들려주었다. 어머니가 점점 연로해지시는 것을 알고 함께 여행을 떠났다. 팔순의 어머니와 형제들이 함께 집에서 가까운 형계(荊溪)와 구곡(勾曲)을 여행했다. 그렇게 어머니를 마지막으로 떠나보냈다.

　장장 30여 년 동안 서하객은 강소성, 안휘성, 절강성, 산동성, 하북성, 하남성, 산서성, 섬서성, 섬서성, 강서성, 호북성, 호남성, 광동성, 광서장족자치구, 귀주성, 운남성 등 16개 성을 여행했다. 총 19여 차례 짧게는 보름, 길게는 약 3년 동안 여행했다. 그는 오늘날 중국의 절반을 도보로 여행했다. 그가 여행한 지역은 대부분 오지였다. 이 때문에 죽을 고비도 여러 번 있었다. 깊은 계곡에서 실족하기도 했다. 가장 위험했던 순간은 운남성 등월(騰越)에서 책아봉(策餓峰)에 오를 때였다고 말했다.

　기록을 보면, 산꼭대기 바위 동굴을 확인하고자 하인의 도움도 없이 노년의 그가 맨손으로 기어 올라가 보고 내려온 것이다. 어떤 여행에서는 너무도 힘들어 동행한 승려는 죽고 하인은 도망가기도 했다. 이처럼 오지 여행은 식량 부족, 도적의 강탈, 족질(足疾) 등으로 고생한다. 그러나 그가 명승 고적지보다 오지를 간 이유가 있었다. 그는 여행가이기도 하지만 지리학자이기도 했기 때문이다. 그래서 각 지역의 산맥, 하천, 동식물, 당시 소수민족 상태와 풍속, 소수민족 세습관리인 토사(土司)들의 전쟁 등을 상세히 관찰하고 기록했다. 마지막 여행에서 운남성 여강성(麗江府)의 토사(土司)인 목증(木增)의 도움으로 겨우 귀향했다. 명나라 말기 사회상을 알려 주는 역사적 가치와 문학(특히 유기문학)적 가치도 높다. 명말 청초의 시인이며 지식인이었던 전겸익(錢謙益)은 이렇게 평가했다고 한다.

　　"세상의 참된 글이요, 위대한 글이요, 기이한 글이다(世間眞文字, 大文字, 奇文字)."

　이 기록은 나중에 60여 만사 10권의 『서하객유기』로 탄생했다. 그가 죽은 후에도 여러 차례 책으로 출판되었다. 이 책이 출판된 날이 5월 19일이다. 중국은 이날을 '관광의 날(旅遊日)'로 정해 그를 기념한다.

『서하객유기』에 대한 오늘날의 평가는 여행기의 가치보다 '지리학 연구보고서'로써 더 큰 가치를 지닌다고 평가한다. 강서성과 호남성의 암석, 용암 동굴의 석순, 종유석과 분포 상황 등 중국 남서 지역 석회암 지형을 상세히 관찰하고 기록했다. 〈강원고(江源考)〉와 〈반강고(盤江考)〉라는 강의 수원지를 탐사한 연구 논문도 남겼다. 죽을 때도 병상에서 '기이한 돌'을 곁에 두고 보았다고 한다. 아마도 임종을 지킨 사람들이 서하객이 수집한 암석 표본의 의미를 잘 몰라서 '기이한 돌'이라고 했을 것이다.

※ 명나라의 자본주의 발달과 노동운동

명나라 중·후반기 이후는 사회·경제적으로 그 이전과 분명히 다른 사회였던 것을 알게 해주는 사건이 있다. 역대 왕조에서 일어난 민중의 반란은 거의 다 '농민'이 일으킨 것이다. 아니면 소수 종교세력이나 민족이 일으킨 반란이었다. 그러나 이 시대부터 도시의 민중, 노동자가 반란의 주체로 등장한다.

이때부터 청나라 때까지 소주(蘇州), 항주(杭州), 양주(揚州) 등 강남의 대도시들은 크게 번영했다. 핵심은 비단 직조 산업이었다. 소주의 경우는 비단 직조기 여러 대를 운영하는 공장이 일만여 곳이었다. 그중에는 수십 대를 운영하는 곳도 있었다. 당시 중국산 비단, 도자기, 차 등은 국제시장에서 수요가 높았다. 앙드레 군터 프랭크(Andre Gunde Frank 1929–2005)의 『리오리엔트』라는 책을 보면 16세기 중반부터 18세기 말까지 전 세계 백은(白銀) 생산량은 13만 7천 톤이었다. 이 가운데 6만 톤(44%)이 중국으로 유입되었다. 백은이 바로 상품의 결제 수단이었고 새로운 사업 투자금이었다. 이런 상황에서 수많은 비단 직조공장이 생긴 것이다. 공장에는 다양한 직종으로 고용된 노동자가 당연히 많았다. 중심지인 소주의 경우 만력제 시대에 이미 수천 명에 이르렀다. 바로 이 노동자들이 새로운 방식의 도시 반란(노동운동)을 시작한 것이다.

노동운동의 시작은 단일직종의 임금 인상을 요구하는 '파업'이었다. 하지만 노동운동이 성장하면서 도시민과 함께 쌀값 인상에 항의하는 '경제 투쟁'으로 전개되었다. 이후 세금에 항의하는 '정치 투쟁'으로 발전했다. 당시 소주라는 대도시가 크게 성장하자 만력제는 환관을 파견해 6개의 성문을 막고 '통행세'를 징수했다. 소주의 노동자와 도시 민중 투쟁은 황제와 그의 하수인 환관의 부당한 징세에 반대하는 중요한 정치적 사건으로 역사는 기록하고 있다.

칼싸움에 고수 왜구를 조직의 힘으로 격파하라 『기효신서(紀效新書)』

앞서 설명했듯이 명나라는 경제가 비약적으로 성장했다. 그러나 이 시대는 '내우외환(內憂外患)'이 많은 시기였다. 먼저 내우를 보자. 명의 내부에는 다양한 문제가 있었지만 가장 큰 문제는 황제였다. 명나라는 좋은 황제는 수명이 짧고 암군(暗君)들은 대체로 수명이 길었다. 가정제도 15세에 황위에 올라 60세까지 살았으니 재위 기간이 무려 45년이었다.

처음에는 전임 황제인 정덕제(正德帝)와 그의 측근이었던 환관 유근(劉瑾)이 남긴 '적폐'를 청산하려는 등 조야의 기대를 모으기도 했다. 하지만 '대례의 의(大禮之議)'라는 사건을 겪으면서 이상해졌다. 대례의 의라는 것은 가정제가 방계 출신이었던 자신의 정통성을 바로 세우기 위해 왕이었던 아버지를 황제로 올리려고 했던 정치적인 사건이었다. 약 100년 뒤 조선에서 일어난 '예송논쟁(禮訟論爭)'의 중국 버전이다. 이런 예법 문제는 순수하고 무결한 '정통성'에 집착하는 유교 국가에서 자주 일어나는 정치적 사건이다. 문제는 이런 정치적 사건에서 거의 반대파는 숙청당했고 황제가 승리했다. 결국 가정제도 이겼다.

이때부터 환관들에게 둘러싸여 도교에 흠뻑 빠진다. 스스로 신선이라고 생각하며 몸을 서서히 병들고 죽게 만드는 단약(丹藥)에 취해 살았다. 심지어 10대 초중반의 어린 소녀들을 궁녀로 대거 뽑아 그들이 월경할 때 피를 강제로 채취하기도 했다. 이를 아침 이슬 등과 섞어 '불사의 약'을 만들기도 했다. 이런 엽기적인 황제에게 분노한 궁녀들이 응징에 나섰다. 잠자던 황제를 궁녀들이 목 졸라 죽이려 하는 사건이 일어났다. 이것이 '임인궁변(壬寅宮變)'이다. 그러나 아쉽게도 실패했다. 어린 궁녀 16명은 거리에서 능지형(凌遲刑, 뼈와 살을 발라내는 형벌)에 처해 잔인하게 죽었다. 이뿐 아니었다. 임신한 황후를 발로 걷어차 복중 태아와 함께 죽였다. 어떤 황후는 자신이 만든 단약을 먹지 않는다고 폐위해 냉궁(冷宮)에 가두어 죽였다.

이런 미친 짓에 푹 빠진 황제는 정치를 제대로 하지 않았다. 조정에서 신하들과 정무를 논한 적이 거의 없었다. 신선이 되려는 환상에 빠져있었다. 그렇다면 이런 상황에서 누가 황제의 역할을 대신했을까? 그들은 엄숭(嚴嵩)과 그의 아들 엄세번(嚴世蕃)이었다. 엄숭은 간신·권신으로 유명했다. 원래는 청렴한 선비로 평판이 좋았다. 하지만 도교에 빠진 황제에게 바친 도교 제사 제문인 '청사(靑詞)'가 황제의 눈에 들어 60세에 벼락출세했다. 그는 재상에 올랐고 이 권력을 이용해 청탁을 들어주고 모은 뇌물로 거대한 세력을 형성하고 국정을 농단했다. 그는 국가의 정책 결정부터 인사, 재정, 국방, 지방행정 등 거의 모든 국정을 처리했다. 이것이 '내우'이다. 명나라 역사에서 이런 엽기적인 황제와 부패 세력은 가정제가 처음도 아니고 마지막도 아니었다. 이후 가정제와 가장 비슷한 암군으로 만력제(萬曆帝), 천계제(天啓帝)가 또 출현한다.

이제 외환의 문제를 보자. 이전 시대까지는 주로 북방 몽골족과의 갈등과 전쟁이 많았다. 이때까지 북방 초원지대에서는 원(元), 그 후신인 북원(北元)이 남긴 여파가 있었다. 그런데 이때부터 동남쪽 해안에 왜구(倭寇)가 다시 쳐들어왔고 전쟁의 양상도 바뀌기 시작했다.*

먼저 왜구 문제의 복잡한 배경부터 보자. 당시 왜구는 일본뿐만 아니라 한·중·일의 국제적인 해상집단이었다. 이들의 공격에 대처하기 위해 조정의 전국(지방) 장악력이 필요했다. 그래서 강력한 제국만이 해상 무역을 안전하게 보호할 수 있었다.

일반적으로 동아시아의 바다가 평안했던 시기는 한나라, 당나라, 송나라 때였다. 하지만 왕조 말기에는 지방 통제력이 약해졌다. 이때마다 해상(상인) 세력의 활동이 두드러졌고 무력을 사용하는 해적들도 준동했다. 신라와 당나라도 말기에도 '신라구(新羅寇)'라는 해적이 한반도 서남해에 나타나 백성들을 잡아 노예로 파는 일이 생겼고 일본 규슈 등을 침략했다.

이후 각 나라는 새로운 국가와 지배 세력이 나타나 바다의 질서를 잡았다. 한국의 고려 중기, 일본은 헤이안(平安) 시대부터 가마쿠라(鎌倉) 막부 때까지 나름 중앙 정부가 해상 무역을 통제할 수 있었다. 하지만 남송이 멸망하고 몽골 제국인 원(元)이 등장하면서 동아시아의 바다는 복잡해졌다. 고려 중기 원의 침략, 가마쿠라 막부의 붕괴, 남북조(南北朝, 국가가 남북으로 분열)의 혼란기 등으로 더는 바다의 질서를 바로잡을 수 없었다. 이때 항구도시에 기반을 두고 있던 해상 세력이 무역을 빙자해 약탈을 시작했다. 본격적으로 해적질에 나선 것이다. 이들을 모두 통칭해 '왜구(倭寇)'라고 했다. 고려 말부터 조선 초에 쳐들어온 왜구의 거점은 일본의 변방 쓰시마(對馬島)와 규슈(九州) 북쪽의 고토열도(五島列島)였지만 구성원의 상당수는 한반도 남부 출신이었다는 기록이 있다. 중국에도, '열 명 중에 한두 명만 왜인이고 나머지는 중국인'이라는 기록이 있다.

고려도 내륙으로 쳐들어온 왜구를 이성계 등이 격파했지만 해군의 힘으로 완전히 격멸하기는 어려웠다. 해군은 육군보다 훨씬 더 많은 시간과 군비가 필요했기 때문에 망해가는 왕조가 감당하기 어려웠다.

새롭게 조선, 명, 무로마치(室町) 막부가 들어서면서 왜구의 난동을 수습하고 진압할 수 있었다. 조선과 명은 강력한 해군을 건설했고 '해금(海禁)'이라는 정책으로 바다를 통제했다. 특히 조선은 쓰시마로 대규모 원정군을 파견해 왜구 본거지를 격파했다. 드디어 바다에 평화가 찾아왔고 안정적인 무역도 가능해졌다. 그러나 해금이라는 정책에는 문제가 숨어 있었다.

해금은 기본적으로 명나라의 백성에게는 절대로 바다로 나가지 말라는 것이다. 이를 어기고 바다로 나가면 불법으로 간주해 죽였다. 거주지도 바닷가에서 내륙으로 옮기도록 했다. 일본에는 아주 좁은 문만 열어 놓았다. 극도로 제한된 조공무역의 틀 안에서 미리 약정된 사신선을 통한 교역만 허용했다. 조선은 좀 더 개방적이었다. 그래서 내륙의 항구에 '왜관(倭館)'이라는 집단 거주지를 내어주고 그곳에서만 교역하도록 했다.

중국과 일본의 해양 세력(왜구)은 해금 정책과 제한된 조공무역 체제에 불만이 많았다. 이들은 불법적인 사무역과 더 나아가 명나라 중기 동남부 해안지역의 도시까지 공격해 약탈과 살생을 벌였다. 비슷한 시기 조선에도 다시 왜구들이 침략하는 '을묘왜변(乙卯倭變)' 등이 일어났다. 이 왜구 중 가장 큰 세력의 우두머리는 왕직(王直 또는 汪直)이란 자였다. 강소성 휘주(徽州) 출신으로 일본, 필리핀, 베트남, 태국, 말라카 등과 밀무역하면서 막대한 부를 축적했다. 거점은 앞서 말한 일본의 고토열도였고 '정해왕(淨海王)'이라고 자칭했다.* 이 왕직 세력이 동남부 해안 도시를 공격하고 약탈을 한 것이다. 심지어 내륙의 대도시인 남경이나 항주(杭州)까지 위협했다. 또한 이들은 조선에서 을묘왜변을 일으킨 세력이라는 주장도 있다. 이처럼 승승장구하던 왕직은 세력의 거점을 절강성 영파(寧波)라는 번성한 항구로 옮기기도 했다.

명나라 조정에서도 사태가 너무 커지자 주환(朱紈)을 절강순무(浙江巡撫)로 파견해 왜구를 소탕하도록 했다. 하지만 그는 기존의 해금 정책을 강화했을 뿐 군사적으로는 무능했다. 왕직의 사주를 받은 관료의 모략으로 파직되었다. 이제 바다의 해적이 정부의 고위 관료까지 파면시키는 상황까지 이르렀다. 강화된 해금 정책은 해안가 주민이 왜구에 가담하는 결과를 초래했다. 이에 조정은 호종헌(胡宗憲)을 우첨도어사(右僉都御史)로 파견해 왜구를 진압하도록 했다. 그는 간계로 왕직을 항주로 유인해 처형했다.

마침내 호종헌, 척계광(戚繼光), 유대유(俞大猷)와 같은 무장의 활약으로 왜구를 진압했다. 이후 명나라는 해금 정책을 완화해서 동남아 국가들과 포르투갈 등은 무역을 허가했다. 그러나 일본과의 무역은 계속해서 금지했다. 왜구였던 왕직 대해서는 폐쇄적인 당시 동아시아에서 해외로 진출한 선구자 또는 국제화 시대의 모델이라는 식의 평가도 존재하지만 이는 이해할 수 없는 주장이다.

이제 척계광이 어떻게 강력한 왜구 세력을 진압할 수 있었는지 알아보자. 당시 명나라 군대의 전투력은 형편없었다. 왜구는 대체로 불과 50~70명 정도의 규모였는데도 항주와 남경 사이에서 거침없이 약탈하고 사람까지 죽였다. 이때 남경에 주둔한 명나라 군대는 12만 명이었으나 왜구에게 4천 명 이상 목숨을 잃고 패했다는 기록이 있다. 이런 결과를 가져온 이유는 막강한 왜구의 개인 전투력 때문이었다. 기록에 의하면, '왜구의 두목이 부채를 들어서 펴는 신호를 보내자 그의 부하 하나가 튀어나와 길이 5척(尺)의 긴 일본도를 번쩍하고 한번 휘둘렀는데 '상하 사방 모두 희게 변하면서 사람이 보이지 않았다'라고 했다. 즉 왜구 1명이 사방 1장(丈) 8척(尺), 주위 2m 이내에 있던 명나라 군인을 단칼에 모두 죽였다는 것이다.

이처럼 명나라 군대가 형편없는 군대로 전락한 이유를 보자. 여기에도 제도적인 문제가 있었다. 당시 관련 법규를 보면 명나라는 '군호(軍戶)'가 약 200만이었다. 군호는 세습 군인의 호적이란 뜻이다. 군호에 가입되면 국가로부터 토지를 받고 그 대신에 식구 중 한 명을 군대에 보내야 했다. 단순한 계산으로도 약 200만 대군을 모을 수 있었다. 개국 초기의 세습 군인은 자질이 우수했고 자녀도 훌륭한 군인으로 키웠다. 하지만 후세의 군호는 농사짓기 위해 토지를 얻는 수단으로 전락했다. 군인으로서의 책임감과 자질을 기대하기 어렵게 된 것이다. 그리고 전국의 군호를 군령으로 통솔하기 위해 곳곳에 위소(衛所)를 두었다. 하지만 이 위소도 부패와 무능이 심각한 상태였다. 위소의 장교들은 자신들의 군적(軍籍, 군인 명부)에 병약해 싸울 능력이 없거나 죽은 자들까지도 등

재해 국고를 탕진했다. 훈련도 하지 않았다. 그나마 자질이 있는 군인은 대부분 수도 북경 방비나 만리장성에서 북방의 몽골을 막는 데도 버거운 상태였다. 결국 지방 특히 동남부 왜구의 침략을 받는 지방 군대는 형편없는 오합지졸만 남게 된 것이었다.

호종헌도 이런 군대로 왜구 진압에 나섰다가 죽을 뻔한 적이 있었다. 전투가 어렵다고 판단해 후퇴 명령을 내리자 군인들이 대오를 이탈해 사분오열로 도망치다가 최고 지휘관인 호종헌까지 밀어버려 물에 빠져 죽을 뻔했다. 당시 명의 지방군의 형편없는 수준을 폭로한 것이 왜구였다. 이 상황을 타개하기 위해서는 군제를 개편하고 전투력을 높일 수 있는 새로운 방안이 필요했다. 이것을 해낸 장군이 척계광(戚繼光)이다.

척계광은 군인 집안에서 태어났다. 산동성 등주위(登州衛) 소속이었고 아버지 척경통(戚景通)도 무장이었다. 무과시험 합격해 등주위의 지휘첨사(指揮僉事)가 되었다. 그 후 왜구를 진압하는 임무를 부여받았다.

처음 착수한 일은 새로운 군대를 만드는 것이었다. 새롭게 모병(募兵)해 부대를 편성했다. 군호에 편제된 세습 즉 병역 의무를 진 정규군은 믿을 수 없었기 때문이다. 그런데 중요한 것은 무작위로 군사를 뽑지 않았다. 다양한 부류의 사람을 무작위로 뽑으면 일사불란한 지휘와 통제가 어렵게 된다. 이런 문제를 해결하기 위해 순종적이며 단결을 잘하는 농민 또는 한 지역 또는 단일한 업종 출신으로 한정해 뽑았다. 그래서 절강성 금화(金華)와 의오(義烏)에서 농부와 광부 4,000명을 뽑았고 이후에 10,000명까지 증원한다.

새롭게 편제된 이들을 대상으로 새로운 전술 교리를 만들고 훈련 시켜 강한 군대로 키워야 했다. 그래서 탄생한 전술이 그 유명한 '원앙진(鴛鴦陣)'이다.

원앙진은 12인 1조로 부대 전체를 나누었다. 12인 중 4인은 왜구의 일본도보다 긴 '장창(長槍)'을 들게 했다. 여기에 근접전에서 장창 병력을 보호하기 위해

방패를 든 '요도수(腰刀手)'라는 칼을 든 2명을 두었다. 그리고 다른 2명은 대나무 곁가지 끝에 독이 발라져 있는 철조 각을 단 긴 대나무창 '낭선(狼筅)'을 들게 했다. 이들의 역할은 적을 혼란에 빠뜨리고 접근을 차단하는 것이었다. 마지막으로 공격과 방어를 동시하는 '당파(钂鈀, 좌우에 가지가 있는 창)'를 든 2명이 있었다. 때로는 당파 대신 개인용 총통(銃筒)을 들기도 했다. 여기에 대장 1명과 화병(火兵, 취사병) 1명을 두어 1개 조로 편성했다. 이 구성은 개인 전투력이 막강한 왜구를 상대로 조직력을 높이려 방안이었고 왜구 1인을 상대하려면 명나라 군인 12명이 필요하다고 판단했다. 원앙진은 공격과 방어를 동시에 할 수 있는 형태이기 때문에 개인 전투력이 강한 왜구에 적합한 전술이었다.

마지막으로 강인한 정신력을 요구했다. 군인은 전투에서 목숨을 걸어야 하는 것은 당연하다. 하지만 당시 명나라 군인은 그렇지 않았다. 왜구의 소라고둥 소리가 들리면 군인, 민간인 할 것 없이 도망쳤다. 척계광은 왜구가 명군을 겁주기 위해 투구에 색실과 짐승 뿔 모양의 쇳조각을 붙여 귀신 형상을 했다고 판단했다. 이를 극복하기 위해 택한 것이 '속오법(束伍法)'이었다. 일종의 '연좌제'였다. 전투 중 후퇴하거나 지휘하는 대장이 죽으면 남은 부대원을 모두 참수했다. 한번은 왜구가 점령한 석교(石橋)라는 곳을 공격했다. 처음 돌격했던 부대 36명 전원이 죽었다. 다음에 투입된 부대는 절반이 죽자 남은 부대원은 후퇴했다. 그 후퇴한 부대의 부대장에게 연좌의 책임을 물어 즉석에서 처형했다. 남은 부대원은 아무도 후퇴하지 못하고 죽기 살기로 돌격해 마침내 승리했다.

심지어 부대를 떠나 소변보러 간 군인의 귀를 자르거나 규율을 위반한 처남도 가차 없이 죽였다. 엄격한 군율만 있는 비인간적인 방법이지만 이것이 승리의 핵심 요인이 된 것이다. 이와 관련한 흥미로운 이야기가 있다. 한참 세월이 지난 후 계요총병(薊遼總兵)으로 부임할 때 척계광은 척가군 약 3천 명도 함께 데려갔다. 몇 시간 동안 비가 엄청나게 내리는 상황에서 척계광은 새로 부임한 사령관으로서 군사들에게 훈화를 했다. 이때 오직 척가군만이 흔들림 없는 자세로 들었다고 한다. 이런 부대는 언제나 이길 수밖에 없었다. 동남해 지역의 왜구를 '속전속결'로 격퇴했다. 마지막 전투였던 선유(仙遊)에서만 한 달 이상 걸렸고 끝내 왜구의 본거지를 소탕했다. 척계광의 군대는 이 전쟁에서 단 한 번도 패하지 않았다. 이 부대를 사람들은 '척가군(戚家軍)'이라고 했다. 척가군이란 이름으로 보면 사병 집단처럼 보였지만 운영 비용은 국가가 부담했다. 이후 척계광은 복건총병(福建總兵)으로 부임해 남동지역의 왜구도 모두 진압했다. 그리고 해금령마저 완화되어 왜구 문제는 완전히 사라졌고 명나라의 바다는 평화를 되찾았다.

그러자 조정은 척계광에게 수도 북경 주변 만리장성 방어 책임자에 임명했다. 몽골의 알탄 칸(Altan Khan)이 북방의 패자로 새롭게 등장했기 때문이다. 여기서 한차례 원앙진의 전술을 바꾼다. 초원지대의 기마부대와 맞서야 했기 때문이다. 그리고 만리장성도 보강했다. 척계광은 북방의 방어 임무도 성공적으로 해냈다. 여기까지 척계광은 명장으로서 아주 영예롭게 살았다. 그 이유는 본인의 능력도 출중했지만 그를 돕는 후원자가 많았다. 초기 대표적인 인물로는 나중에 병조판서가 된 담륜(譚綸)이라는 문관이었다. 담륜은 문관이었지만 실제 전투에서 공을 세우기도 했다. 담륜 이후에는 장거정(張居正)을 만났다. 장거정은 만력제의 스승이었고 만력제 즉위 초 10여 년을 재상으로 국정을 이끈 인물이다. 이런 거물이 척계광의 후원자였다. 조선의 명장 이순신에게 류성룡과 같은 후원자가 있었던 것처럼 유교 국가에서는 명장일수록 고위직 문관인 후원자가 필요했다. 후원자가 없었던 이들은 대부분 끝이 좋지 않았다. 가령, 척계광 함께 싸운 유대유는 원앙진 못지않은 전략을 수립했고 화포로 무장한 강력한 해군을 양성해 왜구를 격퇴했다. 훗날 조선의 이순신 장군이 수립했던 전략과 비슷하다. 수많은 승리에도 늘 조정의 탄핵이 있었고 이에 지쳐 스스로 은퇴했다. 이렇게 늘 든든한 후원자가 있어 승승장구하던 척계광에게 예상치 못한 일이 생긴다. 그의 후원자였던 장거정이 죽었다. 그러자 황제를 포함해 수많은 대신과 학자들이 죽은 장거정의 비리를 들추어내고 공격했다. 척계광은 장거정과 같은 파벌로 분류되어 파면되었고 고향인 등주에서 병으로 생을 마감했다.

척계광은 생전에 『기효신서(紀效新書)』, 『연병실기(練兵實紀)』, 『지지당집(止止堂集)』 등의 병법서를 남겼다. 이 중 가장 유명한 병법이 『기효신서』이다. 절강 지방의 군대에서 나온 병법이라는 의미로 '절강병법(浙江兵法)'이라고도 한다. 18권 7책의 전체 내용은 광범위하다. 모병 단계부터 월급, 장교와 병사의 직책과 직무, 부대 편제, 무기 규격의 통일, 통신 방법, 연좌제로 만든 군율 등 휴대 식량 같은 소소한 것부터 각종 무기의 구체적 사용법과 전술 운용까지 다양한 내용을 담았다. 『손자병법』처럼 대군을 지휘하는 거창하고 추상적인 내용의 병법이 아니었다. 신병을 뽑아 새로운 방식으로 싸울 수 있는 병법 교재가 필요했기 때문에 탄생한 책이다.

이 책은 한국과 일본에도 전해졌는데 큰 효과를 본 곳은 조선이었다. 임진왜란에서 막강한 전투력 가진 왜군을 상대해야 하는 취약한 조선군이 이 『기효신서』가 제시한 방향으로 군을 재편했다. 살수(殺手, 창검 보병), 사수(射手, 궁수), 포수(砲手, 화승총)라는 3수병(三手兵)을 갖추었다. 또한 척가군처럼 강력한 연좌 책임을 묻는 속오법(束伍法) 체계로 편제했다. 그 첫 부대가 훈련도감(訓鍊都監)이었다. 인조 이후 5군영(五軍營)이라는 중앙군이 이 방식으로 부대를 편제하고 훈련했다. 참고로 임진왜란 때 파병 나온 명나라 장수 낙상지(駱尙志)가 처음 『기효신서』의 방식으로 군세를 개편하자고 제안했고 류성룡 등 조선군 수뇌부가 바로 수용해 추진했다.

※ 왕직과 화약원료 밀무역

왕직의 교역 상품에서 가장 큰 문제는 화약 원료인 중국산 초석(硝石, 질산칼륨)을 일본 등에 파는 불법적인 '밀무역(密貿易)'을 하는 것이었다. 일본의 조총을 규슈의 남단에 있는 다네가시마(種子島) 섬에 전파한 것도 왕직이 소유한 배였다. 이때는 전략물자(화약 재료 등)는 오로지 자국만 독점하기 위해 국가가 수출을 엄금하고 통제했다. 그런데 왕직이 여기에 손을 대서 막대한 부를 축적했다.

참고로 19세기 중후기 공업용 화약이 나오기 전까지 세계에서 화약 무기를 실전과 훈련에서 충분히 사용할 수 있는 나라는 세계 초석 광산을 장악한 영국뿐이었다. 그런데 조선은 원시적인 방법으로 어렵게 화약 원료를 만들어 임진왜란 등의 실전에서 화약 무기를 사용한 것이다. 정말 오랜 시간 각고의 준비와 노력이 있었다.

백성을 위한 과학책 『무원록(無冤錄)』, 『천공개물(天工開物)』, 『도야도설(陶冶圖說)』

원(元)의 왕여(王輿)가 '백성들의 억울함을 없도록 하겠다'라는 의지로 쓴 책이 『무원록』이다. 형사사건을 담당하는 관리가 '검험(檢驗)'할 때 참고하는 수사 지침서 또는 절차와 내용을 쓴 보고서다. '검험'은 오늘날 형사사건에서 피해자의 시신을 '검시(檢屍)'하는 것과 같은 의미이다. 시신의 상태를 자세히 보고 사인(死因)을 밝히는 것은 중요하다. 또한 체계적인 검시를 위해서 해부학, 생리학, 병리학, 외과 수술 경험, 응급처치 기술, 독극물 등에 대한 지식을 갖춘 법의학이 발달해야 한다.

『무원록』은 이전 왕조인 송나라의 법의학 서적 『세원집록(洗冤集錄)』, 『평원록(平冤錄)』, 『결안정식(結案定式)』 등을 종합해 정리한 책이다. 중국은 검시 기록이 이미 춘추전국 시대부터 존재했다. 또한 출토된 진(秦)의 죽간에서 당시 발생한 구체적인 사건과 검시의 설차까지도 이해할 수 있는 내용을 발견했다. 당나라 때는 법률로 검시를 규정했고 송나라 때는 더욱 체계적으로 진행되었다. 드라마 〈판관 포천청〉의 재판과 검시 내용은 창작이 아니다. 실제 살인 사건이 발생하면 이를 관할하는 각급 지방관청인 주현(州縣)에서 담당 관리를 파견해 두 번 이상 검시하도록 했다. 현에서는 현위(縣尉)가, 주에서는 사리참군(司理參軍)이 파견되었다. 이들이 담당 관청에 제출하는 검시 보고서는 두 가지이다. 사건 담당 지역 제점형옥사(提點刑獄司)가 발행한 〈검험격목(檢驗格目)〉에는 기본적인 내용을 적고 구체적인 내용은 〈험장(驗狀)〉에 적었다. 검시에는 전문가인 의공(醫工), 항인(行人), 작인(作人) 등을 대동하도록 규정되어 있었다.

『세원집록』은 남송의 호남제점형옥(湖南提點刑獄)이었던 송자(宋慈)가 검시 관련 지식을 정리해 지방관들이 참고하도록 쓴 책이다. 내용은 관련 법률 규정, 검시에 필요한 지식(시체 처리, 검시 방법, 사인 판별 기준 등), 구급 의학 처방법 등이다.

『무원록』은 고려 후기에 수입되어 실제 사건 현장에서 쓰였다. 고려 때도 신중한 재판을 위해 삼심제(三審制)와 검시를 철저하게 했다. 조선 세종 때 최지운 등이 당시 조선의 현실에 맞는 새로운 내용을 추가해 『신주무원록(新註無冤錄)』을 발간했다. 그 예로 많이 드는 것이 새로운 독극물 '비상(砒霜, 비소화합물)'이다. 『무원록』 때는 비상의 출현하기 전이었다. 책의 내용이 좋아 중국으로 역수입되거나 일본에도 유포되었다. 영·정조 때의 『증수무원록(增修無冤錄)』은 내용을 보충하고 주석을 달아 출간했다. 그리고 한글본도 출간했다. 여기서 약간 아쉬운 점이 있다. 이렇게 가치가 큰 『무원록』은 지금까지 한글로 번역되지 않았다. 조선의 『신주무원록』과 『증수무원록』은 한글로 번역되었다.

『천공개물』은 명나라 말기 송응성(宋應星)이 지은 '백과전서'이며 당시의 과학 기술을 총망라한 책이다. 제목은 '하늘의 기술로 만물을 개발한다'라는 의미이고 『서성』과 『수역』에서 취한 말이다. 책은 총 3편 18권, 121점의 그림으로 구성되어 있다. 「상편」은 곡물, 면, 마 재배, 양잠, 제사(製絲), 염료, 식료품 가

공, 제염, 제당 등이,「중편」은 벽돌, 기와, 도자기, 강철 도구의 제작, 배와 수레 제작, 석회, 석탄, 유황, 기름, 양초, 제지(製紙) 등이,「하편」은 금, 은, 동, 주석, 철 등 다섯 가지 금속의 채굴과 제련, 병기, 화학, 주묵(朱墨), 안료, 약용 누룩의 제조, 주옥(珠玉) 가공 등이 실려있다. 여기에 130가지의 생산 기술이 포함되어 있다.

『천공개물』이전에도 과학·기술 책과 연구 성과들이 있었다. 고대의 과학기술서인『고공기(考工記)』, 고대농업 분야 최고의 책인『제민요술(齊民要術)』, 관자(管子)의『지원(地員)편』,『여씨춘추』와 같은 백과전서가 있었다. 송나라의 심괄(沈括)이 쓴『몽계필담(夢溪筆談)』도 있다. 물론 다른 시기에도 여러 연구 성과가 있었을 것이다.『천공개물』은 서양의 과학·기술이 본격적으로 도입되기 전의 과학기술 의 연구 성과를 계승하고 집대성한 책이다.『천공개물』은 명나라 말기의 높은 자연과학 탐구 분위기를 대표하는 책 중 하나이다. 이 외에도 이시진(李時珍)의『본초강목(本草綱目)』, 서광계(徐光啓)의『농정전서(農政全書)』등이 유명하다.『본초강목』은 1,892종의 약재 연구를 정리한 '본초학(本草學, 중국의 약초학)' 분야 최고의 책이라고 평가한다. 서양에서도 '약리학 백과사전'이라는 칭송받는다.『농정전서』는 농업 분야 최고의 책이다. 흥미로운 점은 일부 내용이 서양 농법을 담고 있는데 이시진이 중국인 최초의 가톨릭 신자였기 때문에 가능했다.

끝으로『천공개물』은 청나라에서 중요한 책으로 여겼다. 당시 청나라는 고전의 실증적인 연구를 중요하게 생각하는 '고증학'이 유행했다. 조선에서도 실학파 특히 '북학파(北學派)' 학자들이 이『천공개물』과 서광계의『농정전서』를 높게 평가했다. 그리고 서양에서도 19세기에 번역되어 출간되었다.『천공개물』은 중국뿐만 아니라 세계 여러 나라에서 중요한 과학·기술서로 인정받았다.

도자기는 분명한 과학·기술의 성과이고 그 자체로 아름다운 예술품이다. 토기와 다른 점을 알아보자. 흙을 반죽해서 불로 굽는다는 것은 공통점이지만 도자기는 질적으로 다른 물건이었다. 특별한 흙인 '고령토(高嶺土)'로 빚는 것이었다. 고령토는 장석이 풍화 작용으로 만들어진 흰색 또는 회색의 진흙이다. 고령토는 세계 곳곳에서 생산되었지만 그 어원은 강소성의 고령촌과 고령산이었다. 그리고 중요한 것은 온도였다. 섭씨 1,300도까지 온도를 올리기 위해 '가마(窯, 요)'를 만들어야 했다. 이처럼 흙과 온도라는 두 가지 조건을 충족시켜야 제대로 된 도자기를 만들 수 있었다. 이 조건이 충족되지 않으면 토기 또는 도기(陶器, 질그릇)가 되는 것이다. 도자기 생산 기술의 핵심은 물이 통과하는 여부와 흙에서 유리 성분으로 바뀔 수 있는 화학 기술이었다. 여기에 풀과 나무를 태운 재를 물에 풀어서 만든 유약을 고령토로 빚은 그릇의 표면에 바른다. 이후 가마에서 불의 세기와 시간, 산소의 양을 조절해야 한다. 이런 조건으로 가마에서 두 번 구워내는 것이다. 중국에서 이런 기술이 발명된 시기는 약 3,000년 전부터 시작되어 점차 발전했다. 드디어 1,000년이 지난 한나라 때에 조악한 수준의 도자기를 생산하기 시작했다. 이후 발전을 거듭해 당나라 때부터 해외로 수출하기 시작했다. 더 질 좋은 '청자(青瓷)'는 송(宋)나라 때 가능했다. 중국 도자기의 수요는 국내외를 막론하고 컸다. 송나라 후반부터 원과 명나라 때는 아름다운 '백자(白瓷)'의 수요가 많았다. 당·송 시대 소수 귀족계급에서 서민 속으로 도자기가 확산했다. 이처럼 서민의 생활문화로 정착된 것에는 불교(선종)의 다도, 유교(성리학)의 제례 문화의 확산과 관련이 깊다.

　원나라 때부터는 페르시아 등에서 '회회청(回回青)'이라 부르는 청색 코발트 안료를 수입해 화려한 '청화백자(青畫白磁)'를 제작하기 시작했다. 이때의 청화백자는 내수용도, 주변 동아시아 나라의 수출하기 위한 것도 아니었다. 대부분은 서아시아(이슬람 문화권)로 수출하기 위한 것이었다. 문양, 그릇의 크기, 색감, 용도도 이슬람 문화권에서 미리 요청한 주문 사항을 반영해 만든 것이었다. 순수하고 깨끗한 것을 좋아하는 선종 불교나 유교 문화에서는 처음부터 화려한 청화를 좋아하지 않았다. 오묘한 빛깔이 나는 청자나 백자를 더 선호했다. 하지만 명나라 시대부터는 화려한 문양의 청화백자를 더 선호했다. 이슬람 문양이 아닌 전통적인 회화와 문양을 그려 제작했다. 이런 명나라의 청화백자도 귀중한 상품으로 국제시장에서 인정받으며 대량으로 수출되었다.

앞서 말한 것처럼 1,000년 전 고려와 베트남에서도 자체적인 도자기를 생산하기 시작했다. 특히 고려청자의 비색(翡色)과 상감(象嵌, 표면을 파서 다른 흙을 넣은 기법) 문양은 해외에서도 호평받았다. 중국, 한국, 베트남의 도자기 독점 생산 체제를 깨버린 나라는 17세기 일본이었다.

임진왜란 때 조선의 숙련된 도공(陶工)을 대거 납치했다. 납치된 도공이 일본에서 도자기 생산하기 시작했다. 조선은 도공을 일본에 빼앗기고 명의 멸망으로 코발트 수입이 중단되면서 한동안 질 좋은 청화백자를 생산할 수 없었다. 임진왜란 직후 광해군 때는 종묘(宗廟)의 제사에 사용할 제기 제작도 어려웠다고 한다. 비슷한 시기 중국도 명나라가 멸망하는 상황이었기 때문에 조선과 사정이 비슷했다. 덕분에 일본산 도자기는 해외로 수출할 수 있는 기회를 잡았다. 도자기 선진국인 중국이 국제시장에 제대로 된 상품을 내놓지 못하자 일본 도자기가 국제 무역에서 두각을 드러냈다.

이때부터 이슬람권 국가들을 제치고 국제 도자기 시장의 큰손으로 등장한 곳이 유럽의 절대왕정 국가였다. 식민지 약탈로 쌓아 올린 거대한 부를 중국산 도자기와 차 수입에 사용했다. 그런 유럽 국가들이 도자기 기법을 알아내 자체적으로 생산하기 시작한 시기는 19세기였다.

조선은 18세기 후반 정조 때부터 코발트 수입을 재개하고 다시 도자기를 생산하기 시작해 제2의 전성기를 맞이 한때는 19세기 전반이었다. 중국 도자기도 또 한 번 크게 도약했다. 명 후기부터 청나라 시대에 더욱 화려한 채색자기

(彩色瓷器)를 만드는 기술을 발명했다. 이 기술로 만든 자기가 '오채자기(五彩瓷器)' 와 '분채자기(粉彩瓷器)'이다. 오채자기는 이미 1,200도 이상의 고온으로 만든 자기의 표면에 800도에 녹인 '저온유(低溫釉)'로 붉은색, 녹색, 황색의 화려하고 정교한 그림을 그려 넣는 것을 말한다. 이미 원나라 말에 개발된 기술이었지만 본격적으로 생산해 수출한 시기는 명나라 후기였다. 특히 분채자기는 농담(濃淡)이나 명암 등의 미묘한 색의 차이까지도 표현할 수 있는 혁신적인 기술이었다. 법랑채(琺瑯彩)라고도 하며 청나라 초기 강희제(康熙帝) 후반기부터 본격적으로 생산했다.

도자기 산업은 역대 왕조에서 중요한 '산업'이었다. 흙 반죽에서부터 그림을 그리고, 가마에 넣고 불로 구워서, 완성된 작품 판매까지 전 과정을 분업화했다. 즉 표준화한 공정으로 생산했다. 이런 표준화된 공정은 공장에서 대량으로 생산하는 것을 의미한다. 도자기 공장은 거대한 산업단지처럼 여러 곳에 있었다. 도자기 공장에는 많은 화가, 기술자, 노동자가 함께 고용되어 일했다. 이런 시스템이 아니면 황실과 관청, 국내 수요와 수출량을 감당할 수 없었을 것이다.

국가가 주도하는 관요(官窯)는 도자기 산업의 중심 거점이었다. 절강성의 월주요(越州窯), 섬서성의 요주요(耀州窯)나 강서성의 경덕진(景德鎭窯) 등은 그 역사가 아주 오래된 도자기 생산단지였다. 한국 도자기 역사에서도 중요한 월주요는 후한(後漢) 때부터 청자를 생산했다. 지금도 국제적으로 유명한 '경덕진요'는 한나라 때부터 있었다고 알려졌지만 확실한 것은 당나라 때부터 청자와 백자의 주요 생산지였다. 요주요도 마찬가지였다. 이런 도자기 산업단지가 수출 전성기였던 명·청 시대에는 전국적으로 수백 개가 있었다.

표준화된 공정으로 누구나 도자기를 만들 수 있으려면 전체 공정을 체계적으로 정리한 책이 필요했다. 특히 감독하는 관리라면 꼭 필요했을 것이다. 원나라 시대 장기(蔣祈)가 쓴 『도기(陶記)』는 경덕진 도자기의 제작기술, 도공의 분업, 상품 종류, 장소별 외부 주문, 조세와 부역, 판매 기록 등을 기록했다. 1,090자의 짧은 기록이지만 경덕진의 도자기 산업을 기록한 책이었다. 그리고 앞서 소개한 『천공개물』 중 「도선(陶埏)편」은 도자기 공정을 소개했다.

18세기 프랑스 선교사 피에르가 두 통의 편지를 유럽에 보내 청나라 경덕진의 도자기 생산 공정을 알렸다. 도자기 제작 비법이 무척 궁금했을 것이다. 이로부터 100년 뒤 유럽은 도자기 기술을 터득해 도자기를 생산했다.

마지막으로 청나라 건륭제(乾隆帝) 때 경덕진의 좌리도무(佐理陶務)를 지냈던 당영(唐英)이 쓴 『도야도설(陶冶圖說)』이 중요하다. 당영은 만주 귀족 출신의 학자로 20여 년 동안 도자기 관련 업무를 했다. 호도 도성거사(陶成居士)이다. 『도야도설』은 도자기 제작 순서대로 20폭의 그림과 함께 공정을 설명한 책이다. 이 외에 도자기 관련 책인 『도성기사(陶成紀事)』, 『도인심어(陶人心語)』 등을 썼다.

생각하지 않고도 알고, 배우지 않고도 할 수 있는 것은
내 마음속 양지(良知) 때문이다 『전습록(傳習錄)』

『전습록』은 명나라 중기 유학자 왕양명(王陽明)의 어록 그리고 제자와 당시 교류했던 사람들에게 보낸 편지를 모은 책이다. 상·중·하 3권으로 구성되어 있다. 주자학과 다른 왕양명의 양명학을 이해하려면 반드시 읽어야 하는 책이다.

그보다 왕양명에게 큰 영향을 준 육상산(陸象山)에 대해 먼저 알아야 한다. 육상산은 주자와 동시대 인물로 주자의 최대 '논적(論敵)'으로 유명한 철학가였다. 이름은 구연(九淵)이고 강서성 출신이다. 그리고 철학자였지만 왕양명처럼 무예에 능한 인물이었다. 그가 파고든 철학적 물음은 무궁하고 광대무변한 '우주'와 그것을 마주하는 나의 '마음'이었다. 마음(心)을 중시하는 그의 학문을 '심학(心學)'이라고 했다. "우주가 바로 내 마음이고 내 마음이 곧 우주이다(宇宙便是吾心 吾心卽是宇宙)", "육경은 내 마음의 주석도 되고 또 내 마음이 육경의 주석도 된다(六經注我 我注六經)." 등의 말을 남겼다. 핵심의 논리는 '마음이 곧 이치다'라는 '심즉리(心卽理)'이다.

불교(선종)도 아닌 유교에서 육상산의 말처럼 '마음'을 중시하는 것이 엉뚱하게 보일 수도 있다. 하지만 근거가 있다. 그 근거는 『맹자』의 '사단(四端)', '양능(良能)과 양지(良知)'에서 기인한다. 사단은 유교 윤리의 기본인 인(仁)·의(義)·예(禮)·지(智)의 출발이 되는 마음이고 이런 윤리는 '배우지 않아도 할 수 있는 것은 타고난 것'이고 '생각하지 않아도 아는 것은 타고나는난 것'이라고 했다. 이것이 양능(良能)과 양지(良知)이다.

그러나 주자의 생각은 달랐다. 마음은 '성(性)'과 '정(情)'이 혼재된 것이기에 사단의 근본인 성과 본능적인 정은 반드시 구분해야 할 것으로 보았다. 바로 '성즉리(性卽理)'의 입장이다. 이런 주자의 학문을 육상산의 '심학'과 비교해 '이학(理

學)이라 한다. 이 외에 태극(太極), 욕망, 천리(天理), 도(道) 등의 여러 주제에 대해서도 서로 크게 달랐다.

이렇게 서로 다른 생각을 가진 주자와 육상산이 직접 마주보고 토론하는 자리가 있었다. 이 둘의 친구인 여조겸(呂祖謙)이 주선으로 강서성의 아호사(鵝湖寺)에서 만나 여러 날 치열한 토론을 벌였다. 끝내 의견일치를 보지 못했지만 철학사에서 이 '아호의 회합(鵝湖之會)'은 매우 중요한 사건으로 평가한다. 이 토론을 한 당사자는 서로를 존중했지만 제자들은 상대를 비난했다. 주자는 '지리(支離)'하고, 육상산은 '광선(狂禪)'하다며 서로를 비난했다.

이제부터 왕양명 이야기를 본격적으로 하고자 한다. 왕양명은 고착되고 퇴행적인 주자학 일변도의 풍토에서 유교를 새롭게 이해하고 새로운 철학으로 발전시킨 사상가다. 그의 사상과 학문을 '양명학(陽明學)'이라고 한다. 그는 학문뿐 아니라 뛰어난 무공을 세운 장군이기도 하다. 아마도 명나라에서 거의 유일하게 대군을 이끌고 전쟁에 뛰어든 문인 사대부일 것이다. 하지만 사상가가 대부분 그렇듯이 그도 끊임없이 공격받고 훼손당했다.

양명은 호이고 이름은 수인(守仁)이다. 절강성 출신이다. 그는 출생부터가 독특했다. 다섯 살까지 말을 하지 못했다. 열두 살에는 가정교사가 책을 읽는 이유는 '과거에 합격하기' 위해서라고 가르치자 스승의 말을 정면으로 반박했다. 왕양명은 책을 읽는 이유는 '성인군자가 되기' 위해서라고 말했다고 한다. 스물한 살에는 7일 동안 오직 대나무만 바라보다가 병이 났다. 이유는 주자의 가르침을 따라서 대나무를 상대로 '격물(格物)하기 위해 궁리(窮理)'한 것이다. 그러나 깨우침을 얻기는커녕 병만 얻었고 주자학을 불신하게 되었다. 이 경험은 훗날 '외부의 사물을 아무리 열심히 궁리해도 거기에는 진리(이치)가 없다'라는 주장으로 이어졌다. 이 시절 왕양명은 불교와 도교에 빠지기도 했고 무예와 병학

(兵學, 군사학)에도 열중했다. 어쩌면 이 시절은 '질풍노도의 시기'였을지 모른다. 이와 비슷한 시기에 조선의 이율곡은 어머니 신사임당의 죽음과 아버지의 재혼으로 절에 들어가 불교를 탐구했다. 이런 풍부한 경험이 이들을 훌륭한 사상가를 키운 것이다.

왕양명은 28세에 과거에 합격해 관리가 되었다. 그리고 평생 그를 이해하고 충고해 준 선배 담약수(湛若水)를 만난다. 도교와 불교에 대한 미련을 버리고 본격적인 학문과 수양을 하게 된다. 이 시기는 정덕제(正德帝) 재위 때였고 환관 유근(劉瑾)이 전횡을 일삼던 시기였다. 당연히 많은 문인 사대부들은 유근을 비판했다. 이러한 유근에 대한 비판에 왕양명도 함께했다. 이 때문에 그는 심각한 심문을 당하고 귀주성 용장역(龍場驛)의 역승(驛丞)으로 좌천되었다. 어떤 자료는 유배라고 하지만 정확한 표현은 아니다. 하지만 좌천되어 간 귀주 용장 지역은 변방의 오지였다. 유배지와 별반 다를 게 없었다. 기후는 덥고 습하며 벌레나 뱀 같은 해충, 야수 등이 우글거렸다. 주민의 대부분은 말이 통하지 않아 소통할 수 없는 소수민족이었고 그나마 그곳에 있었던 한족은 유배 온 사람들뿐이었다. 명나라는 오지였던 이곳을 군사적 가치 때문에 소수민족의 땅을 점령하고 있었다. 용장까지 가는 길도 위험했다. 유근의 자객이 추적해 온 것이다. 그래서 해상으로 돌아오다가 표류하기도 했다. 이때 죽음의 위기를 느껴 절명시(絕命詩)를 남기기도 했다.

이렇게 우여곡절 끝에 도착한 용장에서 그는 큰 깨달음을 얻는다. 이른바 '용장오도(龍場悟道)'이다. 이 내용을 요약한다면 다음과 같다.

첫째, '심즉리'가 중요하다. 앞서 거론한 육상산의 학문을 계승 발전시킨 것이다. 인간은 선천적으로 타고난 본래의 마음이 있는데 이것이 양지(良知)라는 것이다. 이 양지가 도덕 윤리의 원천인 천리(天理, 하늘의 이치)라는 것이다. 그래서

"마음 밖에 이치는 없고, 마음 밖에 사물도 없다(心外無理, 心外無物)"라고 말을 한다. 여기서 한 걸음 더 나아가 마음과 사물의 관계를 이렇게 설명한다. "신체의 주재(主宰)가 바로 마음이고, 마음이 발동한 곳이 바로 의(意)이다. 의의 본체가 바로 양지(良知)이고, 의가 있는 곳이 바로 물(物)이다."

여기서 의(意)라는 말이 어렵지만 재미있는 예시가 있다. 누군가 "산속에서 저절로 폈다가 지는 저 꽃은 내 마음과 무슨 관계인가?"라고 물었다. 그는 답했다. "그대가 이 꽃을 보지 못했을 때 꽃과 그대의 마음은 적막한 곳에 있다. 하지만 그대가 이 꽃을 보았을 때 이 꽃의 색깔이 일시에 분명하게 드러난다."

둘째, '지행합일(知行合一)'이 유명하다. 아는 것과 행동하는 것은 동시에 저절로 함께 하는 것이라는 의미이다. 여기서 안다는 것은 지(知)가 아니라 앞서 거론한 의(意)말에 가깝다. 즉 '앎은 행위의 시작이며 행위는 앎의 완성이다. 성학(聖學)은 하나의 공부일 뿐이고 지행(知行)은 둘로 나눌 수 없다.' 그런데 주자라면 먼저 알아야 행동(또는 실천)할 수 있다고 말했을 것이다. 주자는 격물치지(格物致知)부터 수신(修身)을 먼저 해야 (사회적) 실천이 가능하다고 보았기 때문이다. 그래서 왕양명은 격물치지도 새롭게 이해하고 설명한다.

셋째, '치양지(致良知)'를 주장한다. 치양지는 앞서 거론한 격물치지(格物致知)와 양지(良知)를 합쳐 놓은 말이다. 즉 양지의 마음으로 모든 사물을 대하고 모든 일을 해야 한다는 의미로 해석할 수 있다. 또한 여기서 치는 양지를 방해하는 욕심과 욕망을 배제하고 발현하도록 하는 것이다.

넷째, 왕양명은 만년에 '사구교(四句教)'라는 화두를 제자들에게 남긴다. "마음의 본체는 선도 없고 악도 없는 것이다(無善無惡心之體). 선이 있고 악이 있는 것은 거기에 의(意)의 움직이기 때문이다(有善有惡意之動). 그 선과 악을 아는 것이 양지(良知)이다(知善知惡是良知). 악을 제거하고 선을 이루는 것이 격물(格物)이다(爲善去惡是格物)."

어느 날 저녁 절강성 소흥(紹興)의 천천교(天泉橋)라는 다리 위에서 제자인 전덕홍(錢德洪)과 왕여중(王汝中)이 반란을 진압하기 위해 먼 길을 떠나는 스승 왕양명에게 이 의미를 물었다. 그는 대답을 길게 했지만 정확한 의미는 해석하기 어려웠다. 그래서 그가 죽은 후 이 사구교의 해석을 둘러싸고 양명학은 좌·우파로 나뉘어 사상투쟁을 통해 발전한다.

다섯째, '사상마련(事上磨鍊)'이란 실천을 강조했다. 의미는 학문과 사상의 발전은 주자학의 궁리(窮理)나 불교의 좌선(坐禪, 앉아서 참선 수행)으로 되지 않는다는 것이다. 공리공담(空理空談, 아무 소용이 없는 헛된 말)이 아닌 사회적 실천을 하는 것이 진정한 수행이고 탐구라는 것이다.

마지막으로 그의 '만물일체설(萬物一體說)'을 소개한다. 원류는 성리학자 정명도(程明道)이다. 내용은 성인은 천지 만물과 한 몸이 되어 욕심 없는 양지를 실천했다는 주장이다.

용장 좌천 이후 왕양명의 행적을 살펴보자. 환관 유근은 자신을 총애했던 정덕제에게 반역을 도모했다. 그래서 비참하게 죽었다. 이후 왕양명은 주요 지방관으로 많은 활약을 했다. 이 시절은 군사적 재능이 크게 두드러졌는데 강서성과 복건성의 도적 집단을 토벌했다. 구강(九江) 일대를 장악한 영왕(寧王) 주신호(朱宸濠)의 반란을 토벌한 일은 유명하다. 이때가 그의 인생 절정기였다.

뛰어난 학문과 공적으로 그의 지위가 올라가고 칭송의 소리가 높아지자 시기와 모함도 거세졌다. 군사적 공적도 의심받았다. 심지어 반란을 일으킨 주신호와 내통했다고 모함받았다. 그리고 학문적 내용과 자유로운 교단 분위기는 엄숙한 주자학자들에게 의심받았다. 한마디로 '이단(異端)'이라는 것이다. 곧 모든 지위를 박탈당했다.

하지만 새로 등극한 가정제는 그를 재평가해 공훈을 인정했다. 그래서 신건백

(新建伯)에 봉해지고 남경 병부상서(南京兵部尙書)에 올랐다. 그렇지만 시기와 모함은 더욱 거세졌다. 그는 부친상을 핑계로 은퇴해 고향으로 내려갔다.

이후 광서성에서 잠맹(岑猛)이 반란을 일으켰다. 잠맹은 소수민족 수장으로서 토관(土官)이었다. 이 반란 진압의 책임자로 재야에 있던 왕양명이 추천되었다. 반대도 있었지만 결국은 반란이 진행 중이었던 임지로 가야만 했다. 그동안 잠맹은 이미 죽고 다른 자들이 계속 반란을 이어갔다. 왕양명은 먼저 사건의 원인을 파악했다. 반란의 근본 원인은 한족 지방관의 탐욕과 포악한 정치 때문이었다. 이러한 사실을 조정에 보고하고 반란군 지도자를 만나 설득해 반란을 수습했다. 이때 병이 깊어 귀향하던 도중 죽는다. 곁을 지키던 제자가 유언을 남겨달라고 하자 "이 마음이 환하게 밝은데 다시 무엇을 말하겠는가(此心光明, 亦復何言)"라는 말을 남겼다.

사후에도 그에 대한 모함과 비방은 계속되었다. 결국 황제도 돌아섰다. 그에게 부여했던 지위와 보상은 모두 철회했다. 학문과 사상도 이단으로 몰려 부정되었다. 이때 황관(黃綰)이 황제의 결정에 반대하며 올린 상소가 인상적이다. 거기서 왕양명을 "훌륭한 공적이 사람들의 시기를 불렀고 옛것을 배웠으면서도 정작 사람을 잘 알지 못했습니다. 세상이 그를 품지 못하는 것입니다"라고 평가했다. 그렇게 30년이 흘렀다. 문제는 가정제는 너무 오래 황제의 자리에 있었다. 이후 융경제(隆慶帝)가 등극해 왕양명을 복권했다.

양명학은 앞에서 언급한 것처럼 좌·우파로 나뉘었고 지역별로도 나뉘면서 발전했다. 뒤에 소개할 이지(李贄)는 '양명좌파'로 유명하고, 명말 청초의 사상가 황종희(黃宗羲)는 '양명우파'에게서 배웠다. 참고로 근대의 계몽사상가 엄복(嚴複)은 유럽 철학의 귀납법을 강조하며 왕양명이나 육상산의 '심학'을 정면으로 비판했다. 모든 것은 내 마음에 있다는 식이면 객관적인 사실과 경험은 연구할 필요가 없다는 것과 같기 때문이었다.

양명학은 조선에도 들어왔다. 이퇴계가 양명학을 비판했다는 기록, 선조와 류성룡이 양명학에 관해 대화한 기록 등을 보면 임진왜란 이전에 들어왔을 것이다. 대체로 비판 일색이었다. 그 이유는 기존의 주자학을 숭배했기 때문이었다. 다만 장유와 최명길이 긍정적인 시각에서 연구했다. 허균은 양명좌파인 이지의 영향을 받았다는 주장이 있다. 흥미로운 것은 서학과 양명학 연구가 조선 후기 실학자 사이에서 광범위하게 일어났다는 점이다. 이익, 정약전 등이 그렇다. 본격적으로 '한국의 양명학'을 만든 학자는 정제두이다. 그는 학파를 형성했는데 '강화학파(江華學派)'였다. 이후 이광사나 이긍익 등이 이 학파였다. 근현대에는 독립운동 지도자 박은식과 국문학자 정인보가 유명하다.

일본도 양명학이 전래 되었고 조선보다 더 발전했다. 과거제가 없어 주자학 일변도의 학풍은 없었기 때문이었다.

'해서(海瑞)', 황제를 탄핵하다

신하는 군주에게 '상소(上疏)'를 늘 올린다. 우리의 생각과 달리 대개 군주의 치적 또는 의도에 아첨하는 글이거나 자신의 학식을 자랑해 개인적 영달을 얻기 위한 경우가 더 많다. 그러나 역사에서 유명한 상소는 당면한 문제점을 날카롭게 지적하고 대안을 제시하는 것들이다. 가능하면 군주의 비위를 상하게 하거나 분노를 초래하지 않게 세심한 주의를 기울여야 한다. 이른바 '역린(逆鱗, 용의 턱 아래 비늘)'을 건드리면 안 된다.

하지만 거의 황제를 탄핵해야 한다는 정도의 강력한 비판을 담은 상소를 올린 사람이 있었다. 명나라 가정제 때의 '해서'라는 인물이다. 그가 올린 한 장의 상소는 엄청난 파급력으로 명나라 조야를 뒤흔들었고 청사(靑史)에 길이 남았다.

해서는 어떤 사람이었을까? 그는 뇌물과 청탁을 받지 않아 청렴했고 부당한 권력에 당당히 맞서는 강직한 관리였다. 엄정하게 사건을 처리하고 사회적 약자를 보호했다. 그래서 송의 포청천과 함께 '해청천(海靑天)'이라 불렸다.

해서는 중국의 맨 아래 남쪽 바다 건너 섬인 해남도(海南島) 출신이다. 회족(回族) 출신이라고도 한다. 출생 지역과 출신 혈통 자체부터가 비주류였다. 호도 강직하고 굳센 봉우리라는 뜻의 강봉(剛峰)이었다. 그는 과거시험 1차에는 합격했지만 2차 시험에는 통과하지 못해 '거인(擧人)' 신분이었다. 그래서 지방의 국립학교 선생과 지방 하위직을 전전했다. 이 때문에 그는 민중들의 고단한 삶을 체험할 수 있었다.

그는 관록을 쌓아 절강성 순안현(淳安縣)의 지현(知縣)이 되었다. 이때 왜구의 토벌을 책임지는 절강성 총독으로 위세가 높았던 호종헌(胡宗憲)부임했다. 그런데 해서가 호종헌의 아들을 체포해 처벌하려 했다. 호종헌의 아들은 순안현에서 아버지의 권세를 믿고 지나치게 위세를 떨다가 해서에게 딱 걸린 것이다. 또한 당대의 권력자인 엄숭(嚴嵩)의 세력이었던 도어사(都御史) 언무경(鄢懋卿)도 흠차대신(欽差大臣, 황제 전권대신)이 되어 동남 해안지역 소금 산업을 시찰하고 돌아갈 때 해서가 있던 순안현을 피해 돌아갔을 정도로 두려운 존재였다. 해서가 언무경에게 보낸 상신서(上申書)를 보았기 때문이다. 상신서에는 '다른 동네처럼 좋은 접대 받을 꿈도 꾸지 마라! 황제에게 받은 당신 임무나 잘해라!'라는 경고성 내용이 있었다.

해서는 자신의 사생활에도 언제나 엄격했다. 늘 박봉으로 살아 가난했다. 어느 날 어머니 생신에 그가 돼지고기 두 근을 샀다는 특별정보가 호종헌에게 보고된 적도 있었다. 늘 관청 뒷밭에서 기른 채소만 먹던 그가 갑자기 돼지고기 두 근을 샀으니 특별한 정보였다. 상급자의 경조사에는 선물 대신 축하 편지 한 장으로 대신했고 시찰 나온 관리는 규정대로만 접대했다. 이런 그가 정6품인 호부주사(戶部主事)로 승진했다. 이때 엄청난 상소 사건이 일어난 것이다.

상소 내용을 보자. 상소의 제목은 〈치안과 천하의 대사에 대해 직언을 드립니다(治安疏, 直言天下第一事疏)〉였다. 제목부터가 심상치 않다. 가정제에게 직언만 하겠다고 밝혔다. 그리고 바로 본론으로 들어갔다.

"황제는 민중의 고혈을 수탈하고 토목공사를 벌리고 쓸데없는 도교 행사만 한다. 또한 태자와 만나지 않고 신하에 대한 비방만 듣고 죽이거나 모욕했고 정원에서 놀기만 한다. 이런 기회로 탐관오리가 나타나 위세를 부리고 수재(水災)와 한재(旱災) 그리고 도적이 창궐한다. 황제는 이런 상황을 어떻게 생각하는가.

최근 엄숭(嚴崇) 부자는 파직되고 쫓겨났지만 상황은 바뀌지 않았다. 백성은 황제를 원망하고 황제는 국고를 탕진한다. 그리고 황세는 도교에 빠졌고 신하는 아부만 하고 직언하지 않는다. 천하는 황제의 것인데 황제가 천하를 돌보지 않는다.

황제는 문제가 많다. 도교 방중술에 빠졌고. 주변에는 소인배들만 있다. 황제의 상벌이 공정하지 않아 관리들은 아부만 하고 바르게 행동하지 않는다. 또 쓸데없이 관리가 많고 국가 재정은 사치로 낭비가 많다. 잘못한 관리를 모두 처벌하라. 군주의 도리가 바르지 않고 신하의 책임이 명확하지 않다. 죽음을 무릅쓰고 상소한다."

요약하다 보니 상소문의 통렬함, 절박성, 과감한 비판 등을 다 표현할 수 없어 아쉽다. 가령, 가정제의 연호를 황제로부터 약탈당해 빈곤한 백성의 집에 빗대어 '가정(家淨)'이라고 썼다. 이 의미는 '황제 바로 너 때문에 백성이 곤궁하다'라는 이야기이다. 이와 같이 과격한 표현과 혹독한 비판은 하지만 정책적 제안 같은 것은 별로 보이지 않는 추상적인 비판이었다. 하지만 중국 역사에서 이처럼 황제를 비판하는 상소는 거의 유일했다. 동시대의 조선은 해서의 상소문 수준을 뛰어넘는 상소가 더 많았다. 그 이유는 명·청 시대 황제의 권력은 강했지만 조선의 왕권은 약했기 때문이었다. 그래서 조선의 신하들은 왕(왕실)을 쉽게 비판했다.

이 상소를 본 가정제는 크게 분노해 당장 잡아들이라고 명령했다. 끌려 온 해서는 당당했다. 미리 가족과 작별의 인사도 하고 자신의 시신을 넣을 관(棺)도 준비했다. 황제는 탄식하며 해서를 죽이지는 않고 일단 구속했다. 죽음을 각오하고 상소를 올린 해서를 죽이면 그는 역사에서 영원히 충신으로 남겠지만 자신은 그런 충신을 죽인 폭군으로 남을 것을 고민했을 것이다. 폭군도 역사를 무서워하는 법이다. 당시 재상인 서계(徐階)도 해서를 죽이지 말라고 말렸다. 그렇게 그에 대한 처벌을 미룬 채 10개월 후에 가정제가 죽었다. 옥중의 해서는 어느 날 좋은 음식이 나오자 영문을 모르고 맛있게 먹었다. 그러자 옥리가 오늘 황제가 죽어 당신이 살게 되어 내준 음식이라고 말했다. 옥리의 말을 들은 해서는 갑자기 크게 울면서 먹던 음식을 다 토해 버렸다. 죽은 황제를 애도한 것이다. 이처럼 해서는 충성스러운 관료였다.

이후 새 황제 융경제(隆慶帝)가 즉위했고 해서도 풀려났다. 오히려 승진도 했다. 새 황제의 선정(善政)을 보여주기 위한 사례였을 것이다. 물론 한직이고 명예직이었다. 그렇게 구사일생으로 살아서 관직 생활을 다시 시작했다. 하지만 관료와 지속해서 불화가 있었고 이로 인해 탄핵과 관직 생활을 반복했다. 그러면서도 늘 부패한 관료를 탄핵하는 상소를 올렸다. 응천순무(應天巡撫)로 있을 때는 향촌 사회의 토지를 불법적으로 강탈한 신사(紳士, 지역 양반)에 대한 고발이 들어 왔다. 이 중에 전직 고위 관료가 한 명이 있었는데 하필 그자가 서계였다. 자신을 구명해준 서계가 은퇴해 고향에서 불법적으로 토지를 강탈한 죄를 지은 것이다. 해서답게 원칙대로 처리했다. 은혜는 은혜, 불법은 불법이었다. 그런데 강탈의 증거가 불충분하거나 피해 농민이 명확하지 않은 사건도 있었다. 이런 사건은 토지반환이나 법적 처벌이 어려웠다. 오히려 해서가 탄핵되어 쫓겨났다. 그렇게 잠시 귀향했다.

만력제(萬曆帝)가 등극한 후 재등용되었다. 남경의 어사(御史)로 관리를 탄핵하는 직책이었다. 이때도 명나라를 세운 태조 홍무제(洪武帝) 때의 악법 '박피실초(剝皮實草)'를 부활해야 한다고 주장했다. 박피실초라는 형벌은 죽인 탐관오리의 살가죽을 벗겨 그 가죽 안에 풀을 채워 박제해서 관청 입구나 집무실 자리 옆에 세워두게 하는 것이다. 후임자에게 부정과 탐욕을 경계하라는 의미였다. 홍무제는 왕으로 10년, 황제로 30년의 재위 기간에 약 10만 명의 관료와 그 가족을 죽였다. 당시 인구가 5,000만 명이 되지 않았기에 온 나라가 공포 분위기였다. 홍무제는 어려서 가난 때문에 부모 형제가 눈앞에서 숙은 비참한 광경을 보고 반란(홍건적의 난)을 일으킨 것이다. 그래서 일생토록 사대부 관료와 개국공신을 의심했고 파벌을 만들어 결탁한 자들을 탐관오리로 몰아서 죽였다. 하지만 박피실초는 장기적인 효과는 없었다. 이런 잔인한 법 집행에도 명나라는 관료사회의 부정부패와 파벌로 망한 대표적인 나라였다.

문제는 박피실초 형벌에 대한 관료들의 인식이었다. 이런 무서운 형벌을 부활하자고 주장하는 해서를 용서할 수 없었기에 그를 하급 어사가 나서 탄핵했다. 황제는 해서에게 핀잔을 주었지만 용서하고 유임시켰다. 이런 소란이 있고 난 후 해서는 세상을 떠났다. 죽은 후 그의 재산이 은자 몇 개밖에 없어서 조문객들의 도움으로 겨우 장례를 치렀다고 한다. 이렇게 청렴한 관리이자 탐관오리에 맞선 정의로운 관리이고 황제에게 목숨을 걸고 직언했던 해서는 전설이 되어 청사에 길이길이 빛났다.* 이런 그가 중국 현대사에서 다시 소환되며 '천하대란'이 일어났다. 그것이 '문화대혁명(文化大革命)'이다.

시작은 명나라 시대를 연구한 유명한 역사학자이자 작가인 우한(吳晗)이 쓴 『해서파관(海瑞罷官, 해서 관리에서 파면되다)』 때문이다. 이 글은 원래 마오쩌둥(이후 마오)이 '해서의 정신' 운운하며 요청해 쓴 것이다. 1959년 인민일보(人民日報)에 발표되었고 1961년에 극으로 만들어 무대에서도 공연되었다.

그런데 같은 1959년 중국공산당 제8기 중앙위원회 제8차 총회 〈루산회의(廬山會議)〉에서 '대약진운동(大躍進運動)'의 실패를 거론하며 펑더화이(彭德懷, 이후 펑)가 마오를 면전에서 강력하게 비판하는 사건이 일어났다. 대약진운동은 신속한 경제의 고도성장을 목표로 추진한 정책으로 마오가 주도했지만 크게 실패했다. 펑은 중국혁명에서 큰 공을 세운 군인이었고 한국전쟁에도 참전했다. 그 누구도 마오의 권위에 도전할 수 없었던 때에 펑이 공개적으로 비판한 것이다. 이 사건으로 펑은 쫓겨났고 훗날 비참하게 죽었다.

이 사건 후 장칭(江靑, 당시 마오의 부인) 등이 마오에게 우한의 해서파관을 비판하기 시작했다. 비판 요지는 '해서가 펑이고, 가정제가 마오'라고 했다는 것이었다. 즉 마오는 폭군이고 펑은 직언을 하는 용감한 관리라는 것이다. 마오는 처음에 장칭의 주장에 동의하지 않았지만 얼마 후 동의했다. 이 때문에 우한의 해서파관에 대한 공개 비판이 시작되었다. 이를 계기로 문화대혁명이 일어난 것이다. 문화대혁명은 1966년부터 1976년까지 10년간 급진 좌파의 사회·문화 파괴 운동이다. 공산당 원로와 지식인들이 대거 숙청당했다. 그리고 대약진운동 실패로 권력에서 밀려났던 마오가 전면에 다시 등장했고 장칭 등이 권력의 실세가 되었다. 마오는 '천하대치(天下大治)를 위해 천하대란(天下大亂)이 필요하다'라며 1976년 죽는 날까지도 문화대혁명을 옹호했다. 그러나 그가 죽자 문화대혁명도 끝났다. 이후 중국공산당은 마오의 최대실책이라며 이 사태를 수습하려 노력했다. 이때 장칭 등도 숙청당했다.

이렇게 해서가 사후 500년 만에 엉뚱하게 문예 창작물에 등장했고 천하 대란의 단초가 되었다. 이 또한 역사의 비극이라면 비극일 것이다.

❊ 부패의 구조적 문제

전근대 시대 왕조 국가에서 특히 낮은 생산력의 농업 중심 사회에서 몇 명의 관리가 있어야 적당할지 우리는 생각해야 한다. 고려와 조선은 녹봉을 받는 정식 관리가 대략 500명 정도였다. 중국은 규모가 크니 만 명 단위였다. 이것도 벅찬 숫자였다.

그렇다면 중국, 한국, 베트남 등은 왜 무리해서 관리를 선발했을까? 중국은 진시황, 한국은 삼국 시대, 베트남은 천 년 전 응오(吳) 왕조 때부터 중앙집권이 가능한 군주국가로 발전하려 했다. 관료제, 군현제, 율령에 의한 법치, 중앙 상비군 등이 강력한 군주제의 증거이다. 사회가 발전할수록 이런 추세는 점점 더 강화하였다.

그런데 관료 중에 정식으로 녹봉을 받는 관리는 얼마였을까? 예를 들면, 드라마〈포청천〉에서 정식으로 국가의 녹봉을 받는 사람은 개봉 부윤(開封府尹)인 포청천과 왕조(王朝), 마한(馬漢), 장룡(張龍), 조호(趙虎)라는 4명의 수사관뿐이었다. 뛰어난 무사 전조(展照)는 원외(員外)라는 임시직이었다. 뛰어난 책사 공손책(公孫策)도 포청천의 개인 문객이기 때문에 그에 대한 보수는 전적으로 포청천이 책임져야 했다. 이 외에도 관청에는 수많은 인력·아역(衙役) 등을 고용해야만 유지할 수 있었다. 더불어 부속된 공노비도 상당수였다. 이들도 모두의 업무추진비와 생계비 등을 포청천이 책임져야 했다.

만약 문관이 지방직으로 발령이 났다면 어떻게 했을까? 현지 주민 중에서 관리를 뽑아 쓰는데 보수는 약간의 이권을 주는 것으로 대신했다. 정해진 법규도 거의 없었다. 조선 시대 수많은 이방, 호방들은 중앙정부의 정식 공무원이 아니었다. 보수는 그들 스스로 알아서 만들어야 했다. 그래서 부패의 대명사가 된 것이다.

또 하나 생각해야 할 것은 정식 관리는 적은데 업무 분야는 넓었다. 가령, 오늘날 포청천은 검사처럼 형사사건 처리만 하지 않았다. 판사로서 판결도 해야 했다. 이뿐만이 아니다. 일반 행정 업무, 각종 대민 업무, 각종 보고서 작성, 세금 징수, 노동력 징발, 토목, 국방, 업무상 출장, 코로나19와 같은 전염병 대응 등의 온갖 업무를 했다. 관청이 많은 중앙보다 지방직은 더 했을 것이다. 심지어 나이 든 처녀와 총각도 맺어줘야 했다. 이 때문에 관청에는 임시직, 문객, 아역 등이 많아야 했다.

무관은 어떠했을까? 중앙 상비군의 장군, 장교, 병사라면 모두 국가가 보수를 책임졌다. 그러나 지방군의 사령관은 달랐다. 직책은 지역 사령관이었지만 국가는 그에게 임명장만 주면 대부분 끝이었다. 나머지는 사령관이 책임져야 했다. 이순신이란 해군 제독에게 삼도수군통제사(三道水軍統制使)라는 임명장을 준 상황을 가정하자. 그 임명장으로 삼도(전라도, 경상도, 충청도)의 청년을 직접 징발해서 군인으로 훈련을 시켜야 한다. 비용은 직접 해당 지역에서 세금을 징수해 충당하고 남는 나머지는 국가에 납부해야 한다. 부족하면 병사들을 동원해 둔전(屯田), 수렵, 어로 등을 해야 했다. 또한 이순신은 자신의 병영에서 무과를 실시해 초급 장교도 뽑았다. 대부분의 왕조에서 소수 정예 중앙군을 제외하고 다수 병력인 지방의 군대는 이렇게 운영되었다. 이런 상황때문에 선조는 명령을 어긴 이순신이 거대한 사병(私兵) 집단을 거느리고 '역심'을 품었다고 의심했다.

대체로 문관은 직위(권한)와 명예는 높았지만 보수는 형편이 없었다. 무관은 특히 장군과 고급 장교의 보수는 문관보다 높았지만 직위(권한)나 명예는 형편없게 대우했다. 그 이유는 반란의 위험 때문이었다. 같은 이유에서 재정 난맥에 빠지는 왕조 말기가 되기 전까지 중앙의 상비군 병사는 국가가 녹봉을 반드시 챙겨주었다. 이처럼 형편없는 보수에서도 문관은 군주를 대리해 국가의 업무를 수행해야 했고 지방의 무관은 많은 병사(지역민 동원)를 거느리고 국방을 책임져야 했다. 결국 뇌물은 기본이고 세금도 포탈해야 했다. 그래도 부족하면 없던 규정도 만들어 세금을 신설하거나 법규로 책정된 과세 액수 이상을 민중들에게 약탈해야 했다. 더구나 내년 치 세금을 미리 받고 상급자에게 상납하는 관료사회의 부패도 심각했다.

이런 상황의 관료제라도 정교한 톱니바퀴처럼 맞물려 작동되면 군주의 통치는 성공하고 나라는 안정과 번영을 구가한다. 반대로 관료시스템이 무너지기 시작하면 개혁을 시도한다. 그러나 개혁이 실패하면 나라는 망한다. 관료제 시스템이 어그러지는 이유는 관료 숫자가 불필요하게 많아지거나 관료 집단의 부패와 타락이 도를 넘어 농민을 과도하게 착취했기 때문이다.

군주는 이런 사실을 몰랐을까? 바보가 아닌 이상 대부분 알았다. 방대한 영토를 가진 농업 국가에서 통치 질서를 유지하려면 모른 척해야 한다. 물론 상황이 너무 심각해지면 때때로 정치적으로 부패한 관리를 대규모로 숙청하며 무마했다.

나는 나이 50에 혼자 짖는 개가 되었다 『분서(焚書)』

『분서』는 명나라 말 이지(李贄)의 책이다. 이지는 호인 자는 탁오(卓吾)로도 많이 쓰인다. 나이 50에 통렬한 자기반성과 새로운 각성을 표현한 말로도 유명하다.

> "나이 오십 이전까지 나는 정말 한 마리 개와 같았다.
> 앞의 개가 그림자를 보고 짖어대자 나도 따라 짖어댄 것이다.
> 왜 그렇게 짖어댔는지 그 까닭을 묻는다면,
> 그저 벙어리처럼 아무 말 없이 웃을 뿐이었다.
> 오호라! 나는 오늘에서야 우리 공자를 이해했고
> 더는 예전처럼 따라 짖지는 않게 되었다.
> 예전의 난쟁이가 노년에 이르러 마침내 어른으로 성장한 것이다."

이지는 양명학자이다. 양명좌파의 대표적인 인물이 왕심재(王心齋), 하심은(何心隱) 그리고 이지였다. 왕심재는 소금 산업 노동자였고, 하은심은 이지보다 먼저 사상범으로 처형당했다. 이들이 사회적으로 배제되고 죽기까지 한 이유 중의 핵심은 인욕(人慾, 사람의 욕망)을 적극적으로 긍정했기 때문이다. 주자와 왕양명은 욕망을 부정했다. 이유는 약간 다르지만 모두 '존천리, 거인욕(存天理, 去人慾, 하늘의 이치를 따르고 사람의 욕망을 버려라)'이라고 주장했다. 왕양명은 치양지(致良知)의 마음으로 일과 사람, 사물을 대해야 하는데 여기에 개인의 욕망이 끼어들면 치양지는 사라지고 악(惡)이 된다는 것이다. 마치 푸른 하늘에 빛 나는 태양을 잠시 먹구름이 가리는 것처럼 말이다. 그런데 양명좌파들은 욕망을 긍정한 것이다. 이 양명좌파를 '태주학파(泰州學派)'라고도 한다. 참고로 태주는 중국 강소성(江蘇省)의 유서 깊은 도시이며 양명좌파의 활동 근거지이기도 하다.

이지는 복건성 천주(泉州) 출신이다. 조상은 오래된 국제 무역항인 천주에서 활약한 원래 림(林)씨의 대상인이었고 이슬람교와 관련도 있었다. 뒤에 성을 이(李)씨로 바꾸었다. 이지가 태어날 무렵 집안은 몰락해 가난했다.

과거 1차 향시(鄕試) 합격으로 거인(擧人)이 되었고 가난 때문에 이후 시험에는 응시하지 못했다. 그래서 하위 관직을 전전해 생활은 궁핍했다. 기록을 보면 7일 동안 온 가족이 굶은 적도 있었다고 한다. 4남 3녀의 자녀를 두었지만 장녀 한 명만 남고 모두 일찍 죽었다. 마지막으로 운남성 요안부(姚安府)의 지부(知府)로 근무했다. 겨우 살만해졌지만 53세에 퇴직해 관직을 떠났다. 그리고 고독한 사상가의 길을 본격적으로 걸었다. 얼마 후 고향으로 돌아간 아내마저 죽었다. 한평생 헌신만 하고 고생했던 아내의 죽음이 미안했던지 6수의 시를 써서 애도했다. 그 후로도 오랫동안 그리워했다.

요안을 떠난 그는 호북성 황안(黃安)에 있던 경정향(耿定向)이란 문인 관료의 집에 기거하며 한동안 교류했다. 하지만 사상적 차이가 드러나자 떠났다. 그리고 마성(麻城) 교외 용호(龍湖) 산중의 지불원(芝佛院)이란 불당에서 살았다. 정부에 등록하지 않은 사설 종교시설이었는데 절의 주지가 이지의 친구였다. 이때부터 이지는 본격적으로 제자를 모아 교단을 만들고 크게 성장했다. 제자로 받은 사람 중에는 여성도 있었다. 대표적인 인물이 과부였던 매담연(梅澹然)이다. 매담연 등 여성 제자들과 불교에 관한 문제를 토론한 것을 기록한 〈관음문(觀音問)〉이란 글을 남겼다. 명·청 시대는 중국 역사에서 가장 극심하게 여성을 차별했던 시대였다. 당시는 여성을 남자보다 '하등'으로 취급했다. 여성으로 학문, 그것도 세상을 이끄는 이치인 '도(道)'를 배운다는 것은 불가능했다. 그래서 세상은 이지와 여성 제자의 사이를 부적절한 관계로 왜곡해 온갖 유언비어를 퍼트렸다. 그 후 이지는 머리를 깎고 승려가 되었다. 당시의 퇴임한 관료는 향관(鄕官)이라고 했고 지방관의 통제를 받았다. 승려가 된 것도 이와 관련이 있다. 그는 승려였지만 계율을 받지도 않았고 독경과 기도도 하지 않았다.

그 후 이지는 지금까지도 유명한 여러 책을 발표하기 시작했다. 『분서(焚書)』와 『장서(藏書)』가 대표적이다. 책의 제목이 도발적이다. 불 질러 버릴 책이고, 숨겨놓고 남에게 보이지 말아야 할 책이란 의미이다.

『분서』는 6권으로 구성되어 있다. 1권에 26개 편지, 2권에 41개의 편지가 있다. 모두 그와 교류하던 사람들과 주고받은 것이다. 3권은 역사 관련 논문, 책의 서문, 제문 등의 잡술(雜術)이다. 4권은 35편의 경전 해설과 불교 관련 내용도 있다. 5권은 48편으로 구성되었다. 역사적 인물과 사건에 대한 이지의 주장이 담겼다. 6권은 자작시들이다. 그가 죽은 후『속분서(續焚書)』도 출간된다.

이지의 중요한 주장은 '동심설(童心說)'로 당시 유행하던 소설『수호전(水滸傳)』과 희곡『서상기(西廂記)』에 대한 가치를 높게 평가한 것이다. 동심설은 인간의 참된 마음인 진심(眞心)은 아이들의 '마음(童心)'과 같은 것이다. 학문과 수양의 목적은 바로 이 동심을 잃지 않는 것이다. 그런데 유교의 경전과 같은 것을 문견(聞見, 듣고 보다)하며 오히려 동심을 잃게 된다고 주장했다.

즉 『논어』나『맹자』는 멍청한 제자들이 스승(성인)의 마음을 '알맹이' 없이 기억하는 것인데 후대 학자들은 그것이 도리어 성인의 직접 하신 말씀이라고 여겨 경전이 된 것이다. 그래서『경전』에는 성인의 마음(동심)이 없고, 오히려 정통 유학자들이 하찮게 여기는 『수호전』이나 『서상기』와 같은 대중문학이 동심이 있다. 그러므로 역사학에서 '발분지서(發憤之書)'로 높게 평가해야 할 책은 사마천의 『사기』가 아니라 『수호전』이라고 주장했다.

『장서』는 기존의 춘추대의를 내세운 『자치통감』, 『통감강목』 등의 역사를 부정하는 자유분방하고 독창적인 역사책이다. 「세기(世紀)」 9권과 「열전(列傳)」 59권으로 구성되어 있다. 이후 『속장서(續藏書)』도 출간된다.

당시 명나라는 망해가고 가고 있었지만 마지막까지 유교의 예교(禮敎)를 지키려 했다. 예과급사중(禮科給事中) 장문달(張問達)이 나서서 이지를 탄핵했다. '사설(邪說)로 대중을 현혹하는 것은 극악무도한 대죄'라는 이유였다. 만력제는 장문달의 '상주문'을 읽자마자 크게 분노했고 금의위(錦衣衛)라는 황제 직속 비밀경찰을 동원해 이지를 체포하도록 했다. 그리고 그의 책들도 모두 불태우라고 명령했다.

하지만 그를 바로 처형하지 않았다. 비록 명은 유교(성리학)를 숭배하는 나라였지만 불교와 도교도 문제되지 않았다. 황제가 불교 또는 도교 신자였으며 황실에도 신자가 많았기 때문이다. 또한 가톨릭 선교사 마테오 리치(Matteo Ricci)도 궁중에서 활동하고 있었다. 이 때문에 이지를 사상 문제로 죽이기 부담스러웠는지 처형을 미뤘다. 이때 옥중의 이지를 여러 번 면회 온 사람이 마테오 리치였다.

어느 날 이지는 옥리에게 머리를 깎아 달라고 부탁했다. 이지는 이발을 하던 옥리가 잠시 자리를 비운 사이에 그가 가져온 칼로 목을 그었다. 옥리가 바로 발견했지만 이미 피투성이가 되어 숨을 헐떡거리고 있었다. 그렇게 이틀을 고통 속에서 신음하다 죽었다. 죽기 전 이지와 옥리가 마지막으로 대화한다. "화상(和尙), 아프지 않은가?" "아프지 않다." "왜 스스로 목을 그었나?" "일흔 노인이 달리 무엇을 구하겠는가." 이 대화를 마지막으로 명나라의 '혁명적 사상가' 이지는 세상을 떠났다.

　이지는 워낙 파격적인 언행으로 유명했다. 대체로 엄숙한 유교 국가에서 혁명을 꿈꾸는 사상가로 평가한다. 비슷한 시기를 살았던 허균도 같은 평가를 받는다. 하지만 다른 평가도 있다. 가령, '혁명'이라고는 하지만 그의 후원자는 노동자나 민중과 같은 피지배계급이 아닌 지역사회의 유지들이었다. 그리고 어떤 혁명과도 연관이 전혀 없었다. 일탈한 유학자(사상가)라고는 할 수 있지만 유교 이외의 다른 사상이나 사회 발전을 주장한 것도 아니었다. 사상도 일관성이 없었다. 후대에 그의 사상을 반은 '유물론' 반은 '유심론'이라고 평가했다.

천하가 주인이고, 군주는 그 종이다. 천하에 평온한 땅이 없는 것은 모두 군주 때문이다 『명이대방록(明夷待訪錄)』

『명이대방록』은 중국의 루소라고 불리는 황종희(黃宗羲)가 군주(황제) 독재를 비판한 책이다. 명이(明夷)라는 것은 주역의 괘상(卦象)으로 밝은 것이 땅속으로 꺼진 상태를 말한다. 즉 지금의 상태는 칠흑 같은 밤이지만 반드시 새벽이 온다는 의미이다. 그리고 언젠가 올 명군(名君)의 출현을 기대한다(待訪)는 것이다. 이런 명군이 나타나 치세(治世)의 방법을 묻는 상황을 설정해서 자신의 정치사상에 대한 주장을 하는 내용이다. 그리고 명나라 멸망은 암군이 나타나 독재한 것 때문이라는 자각과 반성이 담겨있다.

황종희(黃宗羲)는 강남의 절강성 여요현(餘姚縣) 출신이다. 그의 아버지는 '동림당(東林黨)' 활동으로 감옥에 투옥되어 죽은 황존소(黃尊素)로 아주 유명한 인물이었다. 동림당은 당시 암군이었던 천계제(天啓帝) 시절 환관 위충현(魏忠賢)이 이끄는 환관 세력, 일명 '엄당(閹黨)'과 대립한 유학자 집단이다. 동림당은 고헌성(顧憲成)이 환관을 배척하고 정치개혁을 주장하면서 시작되었다. 고헌성이 사직하고 고향으로 돌아와 유서 깊은 '동림서원(東林書院)'을 거점으로 많은 유학자(대체로 성리학자)와 함께 '동림당'을 결성했다. 이후 동림당은 위충현에게 탄압받아 대거 숙청당했지만 마지막 황제 숭정제(崇禎帝)가 즉위해 위충현을 죽이고 모두 복권시켰다.

이때 황종희는 아버지를 죽음에 이르게 했던 자들을 직접 심문할 기회를 얻었다. 말이 심문이지 실제로는 가혹한 고문이었다. 이중 몇몇은 죽였다. 하지만 황제가 '충신의 아들'이라며 두둔해 아무런 문제가 생기지 않았다.

이후 양명학 우파의 학자 유종주(劉宗周)를 찾아가 제자가 되었다. 이 유종주를 추천한 사람은 생전의 아버지이다. 그의 아버지는 양명학과 결이 다른 정통 주자학자였다. 당시는 '관학'인 주자학이 주류였지만 황종희는 양명학을 선택했다. 다만 유종주는 이지와 같은 양명좌파가 아니라 양명우파였다. 그러면서도 황종희는 동림당의 정신을 계승한 문학적 결사인 '복사(復社)'에 가담해 본격적으로 사회 활동을 시작했다. 배움은 양명학, 실천은 주자학이라니 기이하다고 말할 수도 있다.

드디어 명이 이자성(李自成)의 농민 반란으로 망하고 청이 산해관(山海關)을 넘어 내륙으로 들어왔다. 남쪽에 명의 잔여 세력들이 남명(南明) 정권을 세웠다. 여기에 황종희도 가담했다. 청나라 군대가 절강성까지 도달하자 스승 유종주는 곡기를 끊어 스스로 자결했고, 제자 황종희는 고향에서 '세충영(世忠營)'을 결성해 싸웠다. 이때 『유서(留書)』라는 글을 썼는데 이 글은 『명이대방록』의 초고에 해당한다. 근본 논리는 동림당의 입장인 '천하는 공(公)'이라는 것이다.

그러나 남명 정권은 지독한 내부 알력과 부패로 제대로 기능하지 못했고 곧 붕괴했다. 남명이 내세운 황제는 베트남까지 도망갔다가 결국 청에 잡혀 죽었다. 황종희와 그의 가족들도 수배되어 10여 년 동안 도피 생활을 해야만 했다.

이후 '천고일제(千古一帝, 천년에 한 번 나오는 황제)'라는 청의 명군 강희제(康熙帝)가 등극하면서 천하는 안정을 되찾았고 황종희도 생활의 안정을 되찾았다. 이런 변화는 황종희도 청에 대한 인식을 바꾸는 계기가 되었다. '가짜 조정'이나 '오랑캐 두목'으로 적대시했던 그가 '우리 조정', '우리의 황제'라고 말하며 우호적으로 바뀌었다. 무엇보다 청의 연호를 자신의 글과 책에 표기하기 시작했다. 이 시기에 나온 대작이 바로 『명이대방록』이다. 수많은 사건과 고난 속에서 완숙한 지식인으로 거듭났다고 볼 수 있다. 하지만 누군가는 변절했다고 비난할 수는 있을 것이다.

책의 내용은 원군(原君), 원신(原臣), 원법(原法), 치상(置相), 학교(學校), 취사(取士), 건도(建都), 방진(方鎭), 전제(田制), 병제(兵制), 재계(財計), 서리(胥吏), 엄관(奄官)의 13

목(目) 21편(編)으로 되어있다. 13목의 각 분야 주제와 전제 군주의 악폐에 대해 신랄하게 비판하고 자신의 대안적 정치사상을 설명했다.

많이 인용되는 말은 '민주군객(民主君客, 백성이 주인이고 군주는 손님에 불과하다)'이다. 신하 특히 재상은 군주를 견제해야 한다고 밝혔다. 학교에 대해서는 지역사회 발전의 거점이라는 기능도 부여할 것, 관리 선발의 다양화와 근무 평가, 지방 행정을 하는 서리의 세습화 문제점 등을 지적하고 개혁하고자 했다. 특히 환관에 대해서 혹독한 비판을 가했다. 그리고 정전제(井田制) 부활과 병농일치(兵農一致), 문관의 군사 지식 습득 등이 필요하다고 주장했다. 이는 명나라 멸망에서 얻은 교훈을 반영한 것이었다.

여기서 '민주군객'은 황종희의 정치사상을 요약한 핵심 주제이다. 기존의 성리학(주자학)의 '민본주의(民本主義)'를 뛰어넘는 탁견(卓見)이며 동아시아 민주주의 사상의 기원으로 평가받을 만하다. 이후 수많은 개혁 사상가와 혁명에 큰 영향을 미쳤다.

그는 『명유학안(明儒學案)』, 『송원학안(宋元學案)』, 『역학상수론(易學象數論)』 등의 대작을 남겼다. 특히 『명유학안』은 유명한 명나라 유학자들의 생애 그리고 학문과 사상을 요약해 설명하고 비평한 책으로 최초의 학술·사상사라고 평가받는다. 마찬가지로 『송원학안』도 송나라와 원나라 유학자의 학술·사상사이다. 『역학상수론』은 『주역』의 괘에 나타난 형상과 변화에 대한 연구논문이다. 그의 제자들은 그의 학문 성과를 계승해 '절동학파(浙東學派)'라고 불렸다. 절동은 절강성의 절강(浙江) 동쪽이란 의미이다. 한편 황종희는 왕부지(王夫之), 고염무(顧炎武)와 함께 '명말청초의 3대 학자(三大遺老)'로 평가받는다. 또한 청의 고증학(考證學)에도 큰 영향을 미쳤다.

요괴와 사랑에 빠지다 『요재지이(聊齋志異)』

1989~1990년대 청춘을 보낸 남자들은 대부분 선명하게 기억하는 여배우가 있다. 왕조현(王祖賢, 중국 발음 왕쭈셴)이다. 그녀와 만우절 날 거짓말처럼 떠난 장국영(張國榮, 중국 발음 장궈룽)이 주연으로 출연한 〈천녀유혼(倩女幽魂, A Chinese Ghost Story)〉은 추억의 명작이다. 이 영화는 소재 자체가 생전 처음 보는 영화였기 때문에 오랜 세월 우리의 기억에 남았다. 이 영화의 원작은 『요재지이』란 책이다. 『요재지이』 속 〈섭소천(聶小倩) 이야기〉를 모티브로 만든 영화가 〈천녀유혼〉이다. 『요재지이』 이야기의 내용을 소재로 만든 〈화피(畫皮, Painted Skin)〉라는 영화도 유명하다.

『요재지이』는 포송령(蒲松齡)이 요괴와 신선, 귀신, 여우, 정령 등이 나오는 총 431편의 이야기를 모은 단편 소설집이다. 책 제목은 자신의 서재인 '요재'에서 쓴 기이한 이야기라는 의미이다. 책의 성격은 소설 주제 때문에 '지괴(地怪)소설'이라고도 하고 문장이 구어체가 아닌 문언체(文言體)이기 때문에 '문언소설'이라고 한다.

주제별로 보면 '재자가인(才子佳人, 재주 많은 남자와 아름다운 여자)'의 사랑 이야기, 인간과 인간 아닌 존재(동물, 요괴 등)의 우정, 어두운 세상에 대한 비판, 위선적인 성품과 행동에 대한 풍자 등이다. 이 단편 소설은 출판 당시에도 엄청난 호평을 받았고 지금도 여전히 많이 읽히는 책이다. 내용은 오늘날 영화와 드라마로 끊임없이 재창작되고 있다. 그리고 『요재지이』는 한국은 물론 일본, 영어권, 프랑스권 등으로 번역되어 세계가 읽는 고전이 되었다.

저자 포송령은 산동성 치박(淄博)의 가난한 집 자제로 태어나 집안의 기대를 모았다. 본인도 자신의 실력을 믿어 과거에 여러 번 응시했지만 늘 낙방했다. 마침내 나이 72세에 1차 시험에 합격해 공생(貢生, 향교의 교생)이 되었다. 그리고 삶의 대부분을 지역의 유지 세력가인 필제유(畢際有)의 가정교사로 살았다. 그가 내준 서재에 살며 그 집안 아이들을 가르치고 글도 쓰면서 살았다. 또 다른 소설 『성세인연전(醒世因緣傳)』 등도 남겼다.

이런 생활의 울분을 담아서 낸 책이 바로 『요재지이』이다. 그래서 포송령 스스로 『요재지이』에 대해 사마천의 『사기』처럼 '고분지서(孤憤之書)'라고 말했다.

'서화보(書畫譜)'로 그림을 읽고 배우다

한·중·일 세 나라 서화가들의 그림과 글씨는 대부분 비슷하다. '어떻게 가 본 적이 없는 중국의 소상강(瀟湘江)과 서호(西湖)를 그렸을까?' 그 해답은 미술 이론 서적과 미술 실습이 가능한 '서화보(書畫譜)'의 수입이었다. 미술 관련 서적 중 유명한 이론서인 『역대명화기(歷代名畫記)』와 서화보인 『개자원화보(芥子園畫譜)』이다.

『역대명화기』는 당나라 때 장언원(張彦遠)이 쓴 책이다. 그의 집안은 대단한 명문가였다. 조상이 사마씨(司馬氏)의 진(晉)에서 활약한 장화(張華)이고 당 현종(玄宗) 이래로 3대가 재상을 지낸 가문이었다. 그래서 집에는 최고의 '진품명품(眞品名品)'을 소장하고 있었다. 이 덕분에 장언원은 어려서부터 역대로 내려오는 명화와 진기한 서예 작품을 감상하며 '감식안(鑑識眼, 예술작품의 가치와 진위를 감정하는 안목)'을 키울 수 있었다. 이런 그가 '화사(畫史, 미술의 역사)'와 '화론(畫論, 미술의 이론)'에 대해 쓴 책이 『역대명화기』이다.

전체가 10권으로 구성되어 있다. 1~3권은 기초적인 미술 이론이다. 미술 수집의 역사, 서(書)와 화(畵)의 관계, 기운생동(氣韻生動, 대상의 생동감 묘사), 골법용필

(骨法用筆, 숙련된 붓 사용), 응물상형(應物象形, 정확한 묘사), 수류부채(隨類賦彩, 대상에 맞는 색채), 경영위치(經營位置, 구도), 전이모사(傳移模寫, 선배 화가 기술 습득도)의 여섯 가지 미술 창작과 감상법인 육법(六法), 산수수석(山水樹石)의 화풍 변천, 화가의 사제 관계, 고개지(顧凱之)·육탐미(陸探微)·장승요(張僧繇)·오도현(吳道玄)이란 4대가의 용필(用筆)의 특질, 모사(模寫)의 방법, 회화의 가격, 미술 감정과 수장에서 주의점, 낙관(落款), 표구(表具) 방법, 장안(長安)과 낙양(洛陽)의 불사도관(佛寺道觀)에 그려진 벽화에 관한 자료 등을 기술했다. 4권부터는 고대부터 당나라 때까지 371명의 역대 화가들의 전기를 실었다. 장언원은 이 외에도 역대 서예에 관한 문헌을 집성한 『법서요록(法書要錄)』도 편찬했다. 참고로 중국에서는 서예를 '서법(書法)'이라고 한다.

『개자원화보』는 청초(淸初) 남경의 화가 왕개(王槪), 그의 형인 왕시(王蓍), 아우인 왕얼(王臬) 삼형제가 명말(明末)의 유명 화가인 이유방(李流芳)의 미술 작품을 모은 『산수화보(山水畫譜)』를 증보 편집한 것이다. 제1집 5권은 왕개가, 제2집 8권과 제3집 4권은 3인이 공동으로 썼다. '개자원(芥子園)'은 이 『산수화보』를 소장하고 있던 이어(李漁, 희곡작가)의 별장 이름이다. 핵심 내용은 미술의 기본 개념과 묘사 방법으로 처음 미술을 공부하는 학생들에게 최적의 교재였다. 당시 화보 관련 서적 중에 이 『개자원화보』가 가장 많이 팔린 책이다. 이후 다른 사람들이 내용을 덧붙여 권수가 늘어났다.

　1집은 중국화의 기본적인 기법을 설명했다. 물감의 종류와 제조법, 먹, 종이, 비단 등 재질에 대한 해설, 낙관 등 기초적인 지식을 실었다. 수목, 잎처럼 작은 사물을 그리는 방법, 바위, 봉우리, 폭포 등 풍경 묘사 방법, 점경인물(點景人物, 풍경화 속의 인물), 점경조수(點景鳥獸, 풍경화 속 새와 짐승), 가옥, 성곽, 교량 등의 묘사 방법을 예시로 들어서 설명하고 있다. 왕시, 왕얼 형제는 '사군자(四君子)' 그림인

매난국죽(梅蘭菊竹), 꽃을 그리는 방법 등을 예를 들어 설명했다.

　이러한 '화론서'와 '서화보'는 시대적 요구였다. 당시 사회분위기는 물질문명의 성장으로 사회 주도층인 사대부의 고상한 취미로 서예와 그림을 배우려는 열망이 커졌다. 이 때문에『개자원화보』는 출간과 동시에 베스트셀러가 되었다. 이 열풍은 이웃 국가인 한국과 일본에서도 마찬가지였다. 이『개자원화보』의 1집이 조선에 수입된 때는 1708년 이전이다. 거의 동시대였다. 『개자원화보』를 보고 그림을 배우고 모방작을 남긴 조선의 대가는 정선, 심사정, 강희언, 강세황, 허유 등 10여 명이나 된다. 천재 화가인 김홍도의 호 '단원(檀園)'은 앞서 소개한 화가 이유방의 '별호'였다. 이처럼 수입된 서화보는『개자원화보』만이 아닐 것이다. 당시 조선에 수입된 청나라의 서화보는 당시 조선의 대가들을 키운 첫 스승이었다. 그래서 서화보의 가치는 '무가지보(無價之寶)'라고 말할 수 있다.

우리 기독교의 하느님이 곧 유교의 상제님이시다 『천주실의(天主實義)』

기독교가 최초로 동아시아에 전래된 시기는 당나라 때였다. 그 증거가 당나라의 수도 장안에 세운 '대진경교유행중국비(大秦景敎流行中國碑)'라는 비석이다. 여기서 '경교'라는 것은 초기 기독교가 동방에서 선교 활동을 한 네스토리우스파이다. 가톨릭은 원(元)나라 때 수도 대도(大都, 현 북경)에 성당이 두 채나 있었고 이 성당을 거점으로 포교 활동을 했다. 이 시기 교황이 고려의 충숙왕에게 보낸 편지가 발견되기도 했다. 그러나 원 말의 혼란기 때 철수 또는 소멸했다. 그리고 명나라 말에 가톨릭 선교사가 본격적으로 입국해 선교를 시작했다.

명나라 말기 가톨릭이 동아시아 선교에 적극적으로 뛰어든 이유는 당시 유럽의 정치정세와 관련이 깊다. 이 시대 가톨릭은 새롭게 등장한 개신교 세력에게 거센 도전을 받았다. 그래서 천년을 지배해온 자신들의 체제가 붕괴할 위기에 이르렀다. 영국, 북유럽과 동유럽 등의 여러 왕국이 개신교로 돌아섰고 개신교 국가인 네덜란드가 스페인과 싸워 독립했으며, 독일과 프랑스에서는 개신교와 치열한 내전이 발발했다. 이런 위기를 타개하기 위해 가톨릭은 대책을 마련해야 했다. 이때 스페인 출신 사제이며 군인이었던 이냐시오 데 로욜라(Ignatius de Loyola)가 엄격한 헌신과 복종을 요구하는 수도회인 '예수회'를 창립했다. 예수회는 위기에 맞서 가톨릭 수호를 위해 노력했다.

그 구체적인 계획 중 하나가 중남미와 아시아에 대한 적극적인 선교로 잃어버린 교세를 만회하는 것이었다. 선교사들은 이러한 임무를 받고 파견된 '훈련된 자들'이었다. 특히 동아시아 지역은 오래된 전통문화를 가진 대국들이 있었다. 그래서 스페인이나 포르투갈의 선교 방식처럼 현지인 문화를 무조건 거부하고 파괴할 수 없었다. 좀 더 신중한 접근을 위해 다양한 학문과 언어 등을 오랫동안 체계적인 교육과 훈련을 받은 엘리트를 선발해 파견해야 했다. 초기에 성공적으로 중국에 정착한 선교사가 마테오 리치(Matteo Ricci, 한자 이름 리마두 利瑪竇)이다.

마테오 리치는 이탈리아 출신으로 로마에서 법학을 공부했고 예수회 가입 후 예수회 학교에서 천문, 역법, 수학, 과학, 기계 제작 등을 배웠다. 그는 인도를 거쳐 마카오에 도착했다. 여기서 머물며 중국어를 익혔다. 이후 광동성 조경(肇慶)으로 들어가 다시 몇 년을 머물며 전통문화 특히 유교와 불교 경전을 공부했다. 이름도 한자로 쓰면서 현지화를 시도했다.

그래서 그는 불교 승려로 가장했다. 지역 관리는 그의 성당에 '선화사(仙花寺)'와 '서래정토(西來淨土)'라는 두 개의 현액을 하사했다. 선화사는 무속이나 도교 사원과 같고, 서래정토는 불교 아미타불을 연상하게 된다. 이 지방관은 마테오 리치와 그들 집단의 정체를 제대로 알지 못했다. 제단의 성모상을 보고 현지인들은 '천주성모낭낭(天主聖母娘娘)'이라고 불렀다. '낭낭'이라는 도교식 표현도 있지만 '천주'와 '성모'라고 지칭한 것으로 볼 때 현지인들이 지방관보다 그들의 정체를 조금 더 정확히 본 듯하다.

이후 사귄 구태소(瞿太素)라는 지식인이 불교 승려보다 유학자로 보이는 것이 포교에 더 유리하다고 충고한다. 사회적으로 승려보다 유생이 더 신분이 높았다. 종교의 포교는 일반 민중이 아닌 지배계급부터 시작하는 것이 유리하기 때문이다. 그렇게 본격적인 포교를 위한 준비를 하며 천천히 내륙 중심부로 이동했다. 처음 남경에 들어갔지만 곧 물러나야 했다. 당시는 임진왜란 중이어서 혹시라도 침략한 일본의 간첩으로 오해를 받을 수 있다는 우려 때문이었다. 일단 강서성 남창(南昌)에 머물렀다.

이때 처음 한문으로 쓴 것이 『교우론(交友論)』이다. 이때부터 고전을 풍부하게 이해하고 있다고 평가받았다. 이것이 그의 포교에 발판이 된다. 드디어 남경을 거쳐 북경에 도착해 2개월여를 머물렀다. 임진왜란이 끝나자 남경에서 본격적인 포교 활동을 시작했다. 이때 서광계(徐光啓) 등 고급 관료들과 본격적으로 교제했다. 하지만 로마에서는 너무 속도가 빠르다고 불만을 표했다고 한다. '지금은 씨 뿌릴 단계도 수확할 단계도 아니다. 상황을 살피고 준비하는 단계에 불과하다'라는 이유였다.

다시 북경으로 들어가 환관의 지시로 만력제(萬曆帝)에게 자명종(自鳴鐘) 시계 등의 '공헌토물표(貢獻土物表)'를 바치며 북경 체류와 포교 활동을 허락받았다. 당시 명나라 입장은 과거 마르코 폴로라는 선례도 있었고 유럽의 새로운 과학기술도 유용하기 때문에 거부할 이유는 없었다. 문제는 가톨릭 교리였다. 이제 마테오 리치는 적극적으로 가톨릭 교리를 설명할 필요가 있었다. 그래서 쓴 책이 『천주실의(天主實義)』였다.

『천추실의』는 전체 상하 권, 8편으로 되어있다. 이 8편을 174항목의 소주제로 나누어 서사(西士, 서양학자)와 중사(中士, 중국학자)가 토론해 천주교 교리를 설명하는 방식으로 구성되어 있다. 중사는 전통 사상인 유교, 도교, 불교에 정통한 인물로 서사는 가톨릭 교리뿐 아니라 유럽 신학의 철학(스콜라철학)에 정통한 인물로 설정되었다. 서사는 저자인 마테오 리치로 보아야 할 것이다.

중사가 전통 사상의 중요한 주제들에 대해서 제기를 하면 서사가 제기한 주제에 대해 천주교의 교리로 설명하며 대답한다. 제기된 8편의 주제를 보면 다음과 같다.

『천주실의』 상권

· 천주가 만물을 창조하고 그것을 주재하며 안양(安養, 마음을 편안히 하고 몸을 쉬게 함)을 논함

(首篇:論天主始制天地萬物而主宰安養之).

· 세상 사람들이 천주를 잘못 알고 있는 것에 대한 풀이

(第二篇:解釋世人錯認天主).

· 사람의 영혼은 불멸하여 동물과 크게 다름을 논함

(第三篇:論人魂不滅, 大異禽獸).

· 귀신과 사람의 혼에 관한 이론을 분석하고, 천하 만물은 한 몸(一體)이라고 말할 수 없음을 풀이함

(第四篇:辯釋鬼神及人魂異論, 而解天下萬物不可謂之一體.)

『천주실의』 하권

· 윤회의 여섯 방도와 살생을 금하는 오류를 논박하며 재계(齋戒, 몸과 마음을 깨끗히 함)를 올리며 소식(素食)하는 올바른 지향점을 제시.

(第六篇:釋解意不可滅, 幷論死後必有天堂地獄之賞罰以報世人所爲善惡)

· 의지는 소멸이 될 수 없음을 설명하고, 아울러 사후에 반드시 천당과 지옥의 상벌로써 세인들이 행한 선악에 응보가 있음을 논함.

(第六篇:釋解意不可滅, 幷論死後必有天堂地獄之賞罰以報世人所爲善惡)

· 인간의 본성의 본래적 선을 논하고 천주교인의 올바른 배움을 서술.

(第七篇:論人性本善, 而述天主門士正學)

· 서양 풍속이 숭상하는 바를 일괄하여 말하고, 서양의 성직자가 결혼하지 않는 까닭의 의미를 논하며, 아울러 천주께서 서양에 강생하신 이유를 해석함.

(第八篇:總擧大西俗尙, 而論其傳道之士所以不娶之意, 幷釋天主降生西土來由)

책을 읽다 보면 세 가지가 인상적이다. 우선 눈에 띄는 것은 저자가 유럽인임에도 불구하고 중국의 전통 사상에 매우 박식했다. 다른 하나는 저자가 불

교나 도교에 대해서는 부분적으로 우호적인 면도 있지만 대체로 부정적이었다. 유교에 대해서는 상당히 우호적이고 '태극설(太極說)'은 부정했다. 태극설은 태극이 만물의 근원이며 그 근원으로 음양(陰陽)과 오행(五行, 水木金土火)이 발생하고, 운동하며 천지만물이 생겼다는 주장이다. 대표적인 사상가는 성리학자 주돈이(周敦頤)다.

이런 까닭에 당시 중국인들은 이 『천주실의』를 우호적으로 수용했다. 정통 유학자 출신의 학자인 서광계와 이지조(李之藻)가 이 책을 읽고 천주교 신자가 되었다. 사회적 영향력이 큰 지식인들이 신자로 입교하기 시작한 것이다.

이후 청의 건륭제(乾隆帝)는 『천주실의』가 좋은 책이라고 판단해 『사고전서(四庫全書)』라는 총서(叢書)에 수록하도록 했다. 『사고전서』는 건륭제의 명령으로 편찬한 역사상 최대 규모의 총서이다.

『천주실의』가 출간 이듬해에 일본과 조선에도 전파되었다. 조선과 일본도 명나라와 같이 지식인들이 천주교에 입교했다. 『천주실의』는 조선에서 정치적으로 소외된 남인(南人)들이 '서학(西學)'이란 이름의 학문으로 이해했고 가톨릭 교리를 연구하기 시작했다. 이런 연구는 이후에 '자생적 천주교'가 성립하는 계기가 된다. 그러나 문제는 로마 교황청이었다. 마테오 리치와 예수회 선교사들의 포교 활동에 대해 보고받았다. 그런데 유교의 '조상에 대한 제례'는 기독교에서 금지하는 '우상 숭배'라고 규정하고 천주교도에게 조상에 대한 제사를 금지했다. 이런 교황청의 입장이 전해지자 청나라와 조선은 가톨릭에 대한 시각이 부정적으로 급변했다. 일본에서는 가톨릭 신자들이 대규모 반란을 일으켰다. 결국 천주교 신부들은 추방되었고 조상의 '신주'를 불태운 신자들은 무참히 탄압당했다.

누구의 잘못인지 평가하기 어려운 문제이다. 하지만 가톨릭과 기독교는 오래전 동아시아에 유입되었지만 여전히 먼 외래 종교라고 느껴진다. 우리 사회가 기독교인을 군이 배척하지 않는 것처럼 그들도 전통문화와 사회관습에 관용적인 태도를 가져야 한다.

마테오 리치는 『천주실의』 출판으로 중국과 동아시아에 두 가지를 기여했다. 하나는 고대 그리스의 유클리드가 정리한 기하학을 소개한 것이다. 서광계와 함께 『기하원본(幾何原本)』을 출간했다. 다른 하나는 세계지도인 〈곤여만국전도(坤輿萬國全圖)〉를 이지조와 함께 제작했다. 이런 것들은 모두 동아시아의 학문 발전과 세계에 대한 인식을 넓혀 주었다고 평가받는다. 당시 중국인은 그에게 선생님이라는 경칭인 '자(子)'를 붙여 '이자(利子)'라고 불렀다. 아마도 유럽인 중에 공자, 맹자처럼 존경받은 사람은 그가 처음이자 마지막일 것이다.

마테오 리치는 죽어서 북경에 묻혔다. 이후 북경에서 천주교 교회를 이끈 사람은 아담 샬(Johann Adam Schall von Bell)이다. 그도 청나라 사람들은 물론 조선의 소현세자와 깊게 교류하며 많은 영향을 미쳤다.

절대권력을 가진 황제와 반역을 꿈꾼 지식인의 맞짱 토론 『대의각미록(大義覺迷錄)』

강희제, 옹정제(雍正帝), 건륭제(3대)가 통치했던 약 135년 동안이 청나라의 최고 전성기였다. 그런데 옹정제 때 아주 이상한 반역 사건이 일어났다. 더 이상한 것은 옹정제가 그 반역자와 장시간 치열하게 논쟁한 내용을 정리해 한 권의 책으로 엮어 전국에 배포했다. 이 책이 『대의각미록』이다.

이 반역 사건의 내용을 알아보자. 호남성 산간벽지 시골 마을에서 훈장질하던 증정(曾靜)이란 늙은 서생이 있었다. 말이 서생이지 생원(生員, 중앙과 지방의 국립학교 학생) 자격 재심사에서 탈락해 생원 자격마저 박탈된 자였다. 이런 그가 늘 그막에 몽상 수준의 역모를 꿈꿨다. '만주족(滿洲族, 오랑캐)이 중원의 차지하고 천하에 군림하는 것은 부당하다. 오랑캐를 몰아내고 한족(漢族)의 천하를 되찾아야 한다!'라고 주장했다.

그래서 사천성과 섬서성의 총독인 천섬총독(川陝總督) 악종기(岳鍾琪)에게 청의 지배에 반대하는 반란을 일으키라고 편지를 보냈다. 그런데 왜 악종기였을까? 악종기는 남송의 애국주의 상징인 악비(岳飛)의 후손이기 때문이었다. 하지만 한족 명문가 출신인 악종기 입장에서는 그냥 넘길 일이 아니라고 생각했다. 반역을 부추겼기 때문이다. 증정의 편지와 그 편지를 전달한 증정의 제자를 그대로 북경에 있는 옹정제에게 보냈다. 황제는 문제의 편지와 사건을 보고받고 처음에는 대수롭지 않게 생각했다. 계속되는 추가 보고를 받은 후 단순히 시골 학자의 몽상 수준의 반역이 아닌 절강성 지역의 영향력이 큰 대학자와 연관되었다는 것을 알게 되었다.

바로 여유량(呂留良)이란 이름이 사건 보고서에서 튀어나온 것이다. 여유량은 명말청초(明末清初)의 사상가인데 '중화사상'이 투철한 명분론자이고 주자학자였다. 그는 반청(反清) 사상을 연구해 많은 책을 남겼다. 그리고 청이 강요한 머리 모양인 변발(辮髮)을 거부하고 승려가 되었다. 그는 생전에 황종희와 같은 대학자와 교류했고 절강성 지역의 정신적 지주와 같은 존재였다. 절강성은 경제적으로 풍요롭고 학술과 사상의 중심지로 전국적인 영향력을 가진 매우 큰 지역이었다. 이런 여유량의 책들이 증정의 집에서 나온 것이다. 따져보면 증정의 사상도 여유량에서 나온 것이었다.

증정과 관련자는 모두 체포되어 북경으로 압송되었다. 여유량은 부관참시(剖棺斬屍, 무덤과 시신 훼손)를 당했고 그의 책은 모두 불태우거나 금서(禁書)로 지정되었다. 투옥된 증정을 혹독한 고문을 하지 않고 황제가 직접 토론과 같은 심문을 진행했다. 이처럼 황제와 반역자가 토론한 것은 아주 이례적인 일이었다.

여기서 황제는 증정이 '어리석은 자이므로 벌을 주는 것보다 깨우쳐주어야 한다'라고 판단해 증정을 풀어주었다. 옹정제는 이 토론의 내용을 책으로 정리했다. 물론 옹정제가 직접 정리했기 때문에 그의 논리와 관점으로 전개된다. 이렇게 출간된 책이 『대의각미록』이다. 옹정제는 이 책을 전국에 배포해 청의 정당성을 홍보하고 중화사상의 어리석음을 증명하려 했다.

다음으로 황제가 된 건륭제는 이 사건을 다시 소환해 처리했다. 증정을 다시 잡아들여 처형했고 『대의각미록』을 모두 회수했다. 이처럼 선대 황제인 아버지의 결정을 뒤집은 이유는 증정의 죄는 반청 사상뿐만 아니라 아버지가 즉위하는 과정에 대해서도 '유언비어'를 유포했다고 판단했기 때문이다.

그 유언비어의 내용은 다음과 같다. 강희제 말년에 태자가 폐위되자 나머지 황자들이 태자 자리를 놓고 쟁탈전을 벌였다. 강희제는 죽기 전에 열네 번째 황자에게 황제 자리를 넘기겠다는 유언을 남겼다. 하지만 열네 번째 황자는 대장군이 되어 먼 변방에 있었고 죽어가던 강희제의 침상을 곁에 네 번째 황자인 옹정제와 그의 측근들이 지켰다. 강희제가 죽자 유서의 내용 중 '십사(十四)

황자'라는 글자를 '우사(于四) 황자'로 조작했다는 것이다. 어조사 우(于)는 '~에게'라고 해석된다. 이처럼 옹정제가 유서를 조작해 황제에 올랐다는 내용이다. 물론 이 이야기는 사실이 아니다. 문제의 그 유서가 지금도 남아있기 때문에 유서 '자체'를 조작'했다고 말하기 어렵다. 후세 학자들이 이미 날카로운 감식안으로 이미 검증했다. 하지만 이런 근거 없는 이야기가 널리 유포되었다. 건륭제는 아버지와 자신의 정통성 문제였기 때문에 민감하게 받아들일 수밖에 없었다. 이 유언비어의 유포자가 증정이었다.

『대의각미록』을 살펴보는 이유는 지금도 중국 내 소수민족과 주변 이웃 국가들이 크게 우려하는 '중화사상' 때문이다. 이 중화사상이 얼마나 터무니없는 주장인지 되새겨 보려는 것이다. 『대의각미록』은 전체 4권으로 구성되어 있다. 1권은 책의 서문에 해당하는 것으로 중화사상의 부조리와 한족 지식인들의 어리석음을 비판한다. 그리고 증정 사건에서 드러난 자신의 황위 계승을 둘러싼 허위 소문을 비판하고 청의 정통성을 밝힌다. 2권은 사건에 대한 심문과 증정의 저작물에 대한 심문에 대한 답변이다. 3권은 옹정제 즉위 관련 유언비어에 대한 추가 심문, 황제의 교화 과정, 증정에 대한 옹정제의 사면에 관한 내용이고, 「4권」은 여유량의 사상에 대한 비판과 증정의 반성으로 구성되어 있다. 여기서 옹정제는 다음의 네 가지를 강력하게 주장한다.

첫째, 유교의 덕(德)이라는 윤리적 가치를 내세워 중화사상을 비판했다.* 천명(天命)은 어떤 한 집안, 한 성씨가 독점할 수 없는 것이다. 덕으로써 행동하면 하늘이 그에게 천하를 다스릴 수 있게 천명이 내린다고 주장한다. 즉 유교의 윤리인 덕 또는 덕치(德治)가 천명의 조건이지 결코 종족이나 혈통 따위가 아니라는 것이다. 그 누구라도 덕치를 하면 천하의 주인이 되는 것이다.

둘째, 중화와 오랑캐를 구분하는 주자학적 역사관을 비판했다. "고대의 성인 군주인 순(舜)은 동이(東夷)이고, 주 문왕은 서이(西夷)였다"라는 『맹자』의 내용을 제시한다. 또한 『춘추』에 있는 '존왕양이(尊王攘夷, 주 왕실을 받들고 오랑캐를 물리치자)'에서 '이(夷)'는 오늘날 모두 중국(淸)에 통일된 지역이란 점을 지적한다. 그런 화이(華夷) 구분은 분열된 위진남북조 시대에 고만고만한 왕조들이 중국의 일부 지역을 차지하고 서로 정통성을 경쟁하던 상황에서 비롯된 개념에 불과하다고 비판한다. 따라서 화이론(華夷論)에 입각한 역사관은 천명을 받은 천자에게 귀의해 '대일통(大一統)'을 이룬 왕조(청)를 부정하는 것이며 동시에 유교적 문명을 부정하는 것이라고 비판했다.

셋째, 청은 반역으로 세운 나라가 아니라고 주장했다. 명은 원의 신하였던 자들이 반란을 일으켜 원을 몰아내고 세운 나라라는 것이다. 그러나 명을 멸망시킨 것은 청이 아니라 이자성의 반란이었고 그가 세운 대순(大順)을 진압하고 세운 나라가 청이라는 것이다. 더욱이 지난 100년 동안 유교의 도리로 청은 명나라 말기에 도탄에 빠진 백성을 구제하고 '화이일가(華夷一家)'를 이루어 천하를 태평하게 만들었다고 주장한다.

넷째, 청을 부정적으로 인식하는 지식인을 내세우는 것이 유교적 의미의 '도통(道統)을 지닌 왕조'인지 여부였다. 앞서 거론한 순과 문왕처럼 도통의 조건은 성인(聖人)이 나타나 성왕(聖王)이 되어 통치하는 고대에 이상적인 정치(즉 三代)를 계승하는 데 있다. 그런데 청의 왕조는 과거의 어떤 한인 왕조들보다 완벽하게 도통을 갖추었다고 강조한다.*

❋ 위험한 민족주의와 덕치

오늘날 우리가 아는 '중국(中國)'은 20세기 쑨원(孫文)이 재창조한 개념에 가깝다. 원래 중국은 중원 지역(주나라나 춘추 시대 황하 유역)의 여러 작은 도시국가 중 '중앙에 있는 나라들' 정도의 의미였다. 여기서 중국 문명이 시작되었다. 이 개념을 확대한 이들은 위진남북조 시대 황하 유역을 차지한 '이민족 왕조들'이다. 이들의 주장은 자신들이 전통적인 중원 지역(중국 지역)을 차지했기 때문에 자신들이 '중국'이고, 이와 반대로 남쪽의 '한족 왕조'는 중국의 정통왕조가 아니다라는 것이었다.

이후 세월이 흘러 중국이 '한족 국가'라는 개념이 생긴 시대는 남송 때였다. 이 개념을 만든 이들은 바로 주자학자였다. 앞서 거론한 여유량도 주자학자이다. 이들이 내세운 이념이 '중화주의'였다. 이 중화주의는 근대 혁명인 신해혁명을 통해 한족 중심의 민족주의 국가인 '중국'을 재창조했다. 즉 한족을 중심에 두고 다른 소수민족이 한족을 떠받치는 민족주의 국가를 말한다. 청나라의 거대한 영토를 포기하기 싫었기 때문에 소수민족을 집어넣은 것이다. 이런 논리가 가능했던 것은 손문과 국민당이 유럽에서 수입한 '민족주의'를 기존의 중화주의에 근대적 용어로 분칠했기 때문이다. 이후 중국공산당도 자신들의 언어로 그 위에 분칠만 했다. 이것이 바로 '통일적 다민족국가'이다. 이렇게 오늘날까지 주자학적 '중화주의'라는 망령이 여전히 이어오고 있다.

역사에서 썼던 진짜 '중국'이란 단어의 의미는 유교 문명으로 천하(지리적 경계가 아닌 관념의 세계)를 통일한 나라 정도의 의미이거나 유교 문화가 통용되는 같은 세계라는 의미에 가까운 말로 쓰였다. 그래서 과거 조선 시대 지식인들도 자신들을 중국인으로 자칭하거나 조선을 '중국의 일부(有明朝鮮國)' 또는 '작은 중국(小中華)'이라고 생각했다. 다 같은 맥락이다. 이런 식의 사고는 과거 중국과 조선에만 있었던 것은 아니다. 유사한 점은 과거 이슬람 문명권이나 유럽의 가톨릭 문명권에서도 쉽게 발견된다.

유럽은 19세기에 민족주의가 유행하면서 많은 나라가 민족국가로 탈바꿈했다. 아시아와 아프리카는 19~20세기 전반 동안 유럽의 식민지를 겪으면서 민족주의가 유럽에서 수입되었다. 그러면서 유럽처럼 강력한 민족국가를 수립하려고 했다. 20세기 중반 식민지에서 해방되자 제각각 민족국가를 세웠다. 동아시아도 이런 세계사의 거대한 흐름 속에 있었다.

그런데 다시 생각해보자. 19세기에서 20세기까지 민족주의·민족국가는 전 세계로 확산했다. 그 이후 일어난 일을 돌아보자. 민족국가 대 민족국가. 민족 대 민족의 상황은 그 이전 시대보다 더 치열한 대립과 경쟁을 축발했다. 심지어 우리와 다른 종족, 또는 다르다고 생각하는 사람들을 멸종시키려는 대량 학살 전쟁이 더욱 확산했다. 이 때문에 유럽은 전무후무한 두 차례의 세계대전을 일으켰다. 지금 21세기에도 여전히 민족주의·민족국가는 더욱 강고해지면서 세계를 불안하게 만들고 있다. 이럴 때 옹정제나 유교에서 말하는 오직 '덕(德)'을 실천하는 것이 국가의 명분과 통치의 정당성이 되어야 한다는 것을 우리는 다시 생각해 볼 필요가 있다.

구멍이 뚫린 하늘을 메우려다 남은 돌멩이 하나가
지상에 떨어져 누린 일장춘몽 『홍루몽(紅樓夢)』

『홍루몽』은 중국에서 높이 평가받는 청나라 중기의 고전소설이다. 특히 봉건시대 여성에 대한 묘사가 이전의 작품들과 다르다는 점, 봉건제도에 대한 통렬한 비판 등이 근대 중국인들이 열광하는 이유이다. 일단 책의 주인공이 여성이다. '여자는 물로 만든 골육이고 남자는 진흙으로 만든 골육이라 여자아이를 보면 마음이 상쾌해 지지만 남자를 보면 더러운 냄새가 진동한다'라는 표현이 인상적이다. 이 시절의 『홍루몽』의 열풍으로 '홍학(紅學)'이라는 말도 생겼다. 일단 전체 줄거리를 보자.

천지개벽할 때 여신 여와(女媧)가 하늘의 갈라진 틈을 보수하면서 바윗돌 6,501개를 사용했다. 그런데 돌멩이 한 개가 남아서 청경봉(靑埂峰) 기슭에 그냥 던져 버렸다. 그러자 그 돌은 너무도 한스러워했다. 그 앞을 지나던 도사와 승려가 그 돌을 옥으로 바꾸어 주었고 그 옥은 주인공 가보옥(賈寶玉)이 태어날 때 입에 들어 있었다. 가보옥이 곧 그 옥인 것이다. 이 옥은 가보옥과 함께 인간 세상의 희·노·애·락을 겪는다. 이 옥이 인간 세상에서 겪은 이야기가 청경봉의 큰 바위에 기록으로 남았다. 오랜 세월이 흐른 후 공공도인(空空道人)이 보고 베껴서 세상에 전했다. 이것이 '석두기(石頭記, 돌의 이야기)'이다. 이 석두기가 홍루몽의 원래 이름이다. 돌(옥)의 이야기를 따라가 보자.

수도인 석두성(石頭城)에 가(賈)씨라는 대귀족 집안이 있었다. 이 가씨 집안은 대단한 개국공신이기에 형제는 모두 공신 직위를 받았는데 녕국공(寧國公)과 영국공(榮國公)이라 한다. 녕영가(寧榮街)라는 거리 동쪽에 녕국공의 저택이, 서쪽에는 영국공 저택이 있다. 이 두 저택의 주인은 개국공신의 손자뻘이다. 이들

손자 세대의 이야기가 소설의 주된 흐름이다.

영국공 집안에서 태어난 가보옥이란 아름다운 사내아이와 그의 고모가 낳은 딸인 임대옥(林黛玉), 가보옥의 외가 쪽 여성인 설보채(薛寶釵)가 주인공이다. 핵심 주제는 이들의 비극적 사랑이다. 이 외에 주변 인물로 약 500여 명이 등장한다. 황제가 자신의 귀비(貴妃)였던 가원춘(賈元春, 가보옥의 누나)을 위해 이들에게 거대한 정원인 대관원(大觀園)을 하사한다. 세 주인공은 이 대관원에 각자 거처를 두고 시와 노래를 짓거나 책을 읽으며 행복한 시절을 보낸다. 대관원의 내용이 이 소설에서 꿈같이 황홀하고 가장 화려한 부분이다.

하지만 작가는 모든 것이 다 좋고 행복한 것처럼 묘사하지 않는다. 여주인공 임대옥은 망종(芒種)의 봄날 땅에 떨어져 죽은 꽃들의 무덤을 짓고 장사를 지내는 장면이 나온다. 그것이 〈장화사(葬花詞)〉라는 애절한 노래이다. 시작은 이렇다.

꽃잎들이 져서 하늘에 가득 날리니, (花謝花飛花滿天 화사화비화만천,)
붉은 꽃 지고 향기도 사라지면 누가 가여워할까? (紅消香斷有誰怜 홍소향단유수령?)

그러던 어느 날 가보옥이 자신의 상징이자 생명과 같은 옥을 잃어버린다. 이때부터 이야기는 비극으로 치닫는다. 황제의 귀비였던 누나도 그즈음에 죽는다. 집안 어른들은 가보옥을 속이고 설보채와 강제로 결혼시킨다. 하지만 원래 사랑하는 사이였고 서로 맺어지길 바란 인연은 가보옥과 임대옥이었다.

결국 임대옥은 죽고 가보옥은 방황하다 출가한다. 가씨 집안은 여러 문제가 속속 드러나면서 황제는 그들이 그동안 누렸던 귀족 지위를 박탈하고 재산도 몰수한다. 이렇게 가씨 집안은 완전히 몰락한다.

이『홍루몽』을 쓴 작가는 조설근(曹雪芹)이다. 그는 만주 귀족 출신이고 집안 대대로 강녕직조(江寧織造)라는 강남 지역 비단생산 국영공장의 책임자를 지냈다.

소설 속 영국공의 저택처럼 엄청 풍요로운 집안이었다. 하지만 옹정제 즉위 후 조부가 직위에서 해직되고 재산도 몰수되었다. 나중에는 죽도 못 먹을 만큼 가난에 시달렸다. 그래서 이 소설은 그의 자전적인 이야기라는 추론이 많다.

현재는 『홍루몽』의 전체 분량이 120회분이다. 조설근은 원래 80회분만 남기고 죽었다. 눈물이 말라서 죽었다고 한다. 나머지 40회는 고악(高鶚) 또는 고란서(高蘭墅)라는 사람이 썼다고 한다. 이 『홍루몽』은 해외에 널리 알려진 중국 대표 고전소설이다. 한국과 일본, 영어권 등으로 번역되어 해외로 나갔고 한국은 조선 말 고종 때 전체가 완역되어 출판되었다.

이 시기 소설 중에 높은 평가를 받는 『유림외사(儒林外史)』도 기억해야 한다. 55회분의 풍자소설로 오경재(吳敬梓)가 썼다. 그는 과거 초시에 합격한 전도유망한 유생이었다. 그러나 아버지가 갑자기 죽은 후 집안에 심각한 분쟁이 일어났다. 아버지와 오경재는 외동아들이면서 종손이었다. 탐욕스러운 친척들이 재산을 빼앗기 위해 홀로 남은 그에게 분가를 요구했다. 이 심각한 분쟁의 여파로 아내가 병들어 죽었다. 이에 모든 것에 환멸을 느끼고 후처를 만나 남은 가족을 데리고 남경으로 이사했다. 다시 양주(揚州)에서 『유림외사』 집필에 몰두했다.

『유림외사』는 명나라 시대를 배경으로 다양한 유생을 묘사하고 비판했다. 팔고문(八股文)으로 인재를 선발하는 당시 과거 시험의 폐단을 폭로했다. 나아가 문장, 인품, 출세, 재야에 은거 등의 당시 유생의 다양한 모습을 묘사했다. 이 책 역시 『홍루몽』처럼 반봉건적인 작가의 관점이 잘 드러나 있다. 참고로 '유림'은 무사와 협객의 세계인 '무림(武林)'과 대비해 만든 말이며, '외사'는 국가의 공식적인 역사기록인 '정사(正史)'에 대비되는 말이다.

서세동점의 시대, 오랑캐를 본받아 오랑캐를 제압하자 『해국도지(海國圖志)』

1842년 끝난 '아편전쟁'으로 청나라는 물론 수천 년 면면히 내려온 동아시아 전체(조선, 일본의 에도막부 등)가 온통 충격과 공포에 휩싸였다.

아편전쟁은 청이 1840년 영국에서 들어오는 '아편'을 수입 금지하자 영국이 반발해 일으킨 전쟁이었다. 증기기관으로 빠른 기동력과 강력한 대포를 장착한 철갑의 배를 가진 영국에 청나라가 일방적으로 패배했다. 충격적인 중국의 패배 이후 맺은 것이 바로 '남경조약'이다. 이 조약의 내용은 청을 다시 비탄과 절망에 빠뜨렸다. 남경조약은 굴욕적인 불평등 조약이었기 때문이다. 이때 홍콩(香港)이 영국에 할양되었다. 동아시아 전체에서 가장 막강한 대제국이며 동아시아 전통문화의 수호자였던 청이 몰락하고 있었다. 이런 '망국(亡國)'이 점점 더 가시화되는 때에 한줄기 구원의 빛이 되어 준 책이 나타났다. 그 책이 바로 『해국도지』이다. 청과 조선, 일본의 지식인들은 이 『해국도지』를 읽으며 망국의 위기에서 벗어나 옛 시절의 강성함을 찾으려 했다.

『해국도지』는 당시 정치가이며, 춘추공양학자였던 위원(魏源)이 썼다. 내각중서(內閣中書)로 일하면서 황실 도서를 이용하며 집필을 시작했다. 이후 강소성 지방관으로 일했다. 그는 개혁 성향의 공자진(龔自珍) 등과 함께 춘추공양학자인 유봉록(劉逢祿)에게 '공양학'을 배웠다. 이후 임칙서(林則徐) 등이 주도한 '선남시사(宣南詩社)'에서 활동했다. 선남시사는 아편 엄금 등 정치개혁을 주장하는 춘추공양학자들의 모임이었다. 그리고 임칙서의 추천으로 양절총독(兩江總督, 강소성과 절강성 총독) 유겸(裕謙)의 막료가 되어 활동했다. 이때 영국 장교 앤스트러더(Anstruther)를 만나 영국을 알게 되었고 이에 관련한 책도 썼다. 그러던 중에 아편전쟁 패전의 책임을 지고 좌천되어 중앙아시아 이리(伊犁, Yili)로 가던 중에 양주(揚州) 근처에서 임칙서를 만나면서 『해국도지』를 쓰게 되었다.

여기서 임칙서에 대해 알아보자. 임칙서는 복건성 출신이고 부친이 과거에 낙방하고 시골 훈장을 했기 때문에 생활은 궁핍했다. 임칙서는 가경제(嘉慶帝) 때 과거에 합격해 한림원(翰林院)에서 일하면서 많은 연구를 했다. 지방관이 되어 좋은 실적도 쌓았다. 이후 도광제(道光帝) 때 호광총독(湖廣總督)이 되었고 흠차대신(欽差大臣)이 되어 광주(廣州)로 파견되었다. 흠차대신이란 어떤 사안에 대한 황제의 권한을 위임받은 '전권대신'이다. 여기서 그에게 황제가 맡긴 임부는 바로 아편 대책이었다. 영국은 청의 차와 도자기를 수입하면서 막대한 은(銀)을 결제 대금으로 써야 했다. 이 때문에 심각해진 무역적자를 타개하고자 아편을 청에 수출한다. 이에 청은 아편 수입이 급증하면서 경제적 타격을 받았다. 무엇보다 아편 흡입으로 관료와 군인의 기강, 사회질서가 무너지고 있었다.

임칙서는 약 2만 개의 아편 상자를 영국과 외국 상인들에게 몰수해 석회에 섞어 바다로 흘려보냈다. 아편 한 상자가 약 백 명이 일 년간 상용할 분량이었다. 당시 임칙서는 영국 상인들에게 분명히 '보상'해 주었다. 하지만 영국은 더 큰 배상을 요구하며 전쟁을 일으켰다. 이것이 '1차 아편전쟁'이다.

임칙서는 이미 영국의 침략에 대비하고 있었다. 중요한 것은 군사적인 준비뿐 아니라 적국인 영국과 세계정세를 알아야 했다. 이때 영국과 유럽의 자료를 모으고 양진덕(梁進德) 등으로 전문 번역집단을 구성했다. 양진덕은 중국 최초의 기독교 선교사이며 기독교 전도서인 『권세양원(勸世良言)』의 저자인 양발(梁發)의 아들이다. 이 『권세양언』이 유명한 이유는 훗날 '태평천국(太平天國)의 난'을 일으킨 홍수전(洪秀全)에게 큰 영향을 준 책이기 때문이다. 이때 모은 자료 중 영국의 휴 머레이(Hugh Murray)가 쓴 『세계지리대전』을 바탕으로 『사주지(四洲志)』를 편찬했다. 하지만 아편전쟁은 청의 처절한 패전으로 이어진다. 임칙서가 있는 광주 지역은 이미 방어 준비가 잘 되어있다는 것을 파악한 영국은 청의 수도 북경을 직접 공격했다. 수도의 관문인 천진(天津)을 공격하자 청의 조정은 바로 항복 태세로 돌입했다. 임칙서를 파면하고 일리로 보냈다. 이후 기선(琦善)을 파견해 서둘러 굴욕적인 남경조약을 맺고 전쟁을 끝냈다. 이런 굴욕적인 패전을 보며 중앙아시아의 이리로 떠나던 임칙서가 후배이며 동지였던 '위원'을 만나 자신의 『사주지』와 관련 자료를 넘겨준 것이다. 이를 받은 위원은 임칙서의 뜻을 이어 『해국도지』를 완성했다. 좌천된 임칙서는 태평천국의 난이 발발하자 다시 흠차대신으로 임명되어 임지로 가던 중 병으로 생을 마감했다.

『해국도지』는 처음에는 50권으로 발간되었지만 이후 더 많은 자료를 보충해 60권, 100권으로 재출간 되었다. 핵심 내용을 정리하면 다음과 같다.

「주해편(籌海篇)」은 바다로부터 침략해오는 외세를 막는 전략인 '해방(海方)'을 제시한다. 안남(安南, 베트남)과 미얀마가 영국을 막아낸 사례를 들어서, 바다보다 해구(海口)를, 해구보다 내륙 하천에서 외적을 막아야 한다고 주장했다. 이는 당시 청나라가 보유한 총포의 유효 사거리가 유럽의 제국주의 것보다 짧아서 효과적으로 공격하기 위해서는 내륙의 수로가 더 낫다고 판단한 것이다. 영국을 막기 위해서는 러시아와 프랑스를 끌어들여서 영국을 견제할 것, 군함 건조를 위한 조선소와 관련 인재를 양성해 해군을 강화할 것 등을 주장했다.

다음은 아시아 여러 나라와 유럽, 남북 아메리카의 역사와 지도를 소개했다. 이들 국가가 중국 역대 왕조와 맺은 관계사도 정리했다. 이어서 청의 인접국을 소개했다. 특히 일본과 베트남이 유럽 세력을 막아낸 사례를 높이 평가하고, 인도의 지리와 역사는 물론 영국의 동인도 회사도 소개했다. 페르시아, 유다왕국, 터키 등도 소개하며 천주교의 전래 과정을 집중 조명했다.

그런데 아프리카 대륙의 소개에서 과거 로마와 카르타고 전쟁을 상세히 서술한 것이 흥미롭다. 유럽에 대해서는 포르투갈과 영국의 대중국 관계, 무역 등을 서술했다. 이 외에 아메리카와 러시아 등을 소개했다. 동아시아와 유럽의 종교, 역법(曆法) 등을 상세히 서술했고 파미르고원도 소개한다.

당시 변방과 해안 방어에 관련한 청나라의 논의, 외국 잡지에 소개된 중국의 모습들, 유럽의 전함과 병기, 전술, 측량술 그리고 망원경 등과 같은 앞선 과학기술도 소개하고 있다. 그리고 청의 아편 수입량에 대한 통계도 담았다. 끝으로 포르투갈 출신 예수회 선교사 호세 마르티노 마르케스(Jose Martinho Marquez)의 칠정(七政) 등을 정리했다. 칠정은 해, 달, 수성, 금성, 화성, 목성, 토성의 운행 질서를 말한다.

위원은 『해국도지』를 쓴 목적을 서문에서 다음과 같이 밝혔다. "(서양) 오랑캐의 힘을 빌려 오랑캐를 공격하고(以夷攻夷), 오랑캐의 힘을 빌려 오랑캐와 화친하며(以夷款夷), 오랑캐의 뛰어난 기술을 배워(爲師夷長技) 오랑캐를 제압하기 위해서 저술한다(以制夷而作)." 전통적으로 한족 왕조가 주변 민족을 제압했던 전략인 '이이제이(以夷制夷)'의 근대 확장판과 같은 느낌이다.

이후 이홍장(李鴻章)과 같은 관료들이 주도했던 양무운동(洋務運動)은 사실 위원이 제시한 전략을 현실에 적용한 것이다. 이 양무운동으로 유럽의 앞선 과학기술 특히 군사 기술을 도입해서 군사력을 강화했고 근대적인 산업도 시작했다. 현재는 제한된 범위에서나 '근대화(近代化, modernization)'를 추진한 운동이라고 평가한다. 한편 아편전쟁과 남경조약을 예의 주시하던 조선과 일본도 이 『해국도지』가 출간되자마자 바로 수입했다. 조선은 '개화파', 일본은 메이지 유신(明治維新) 추진 세력이 이 책에서 새로운 국가전략을 찾았다. 결과적으로 보면 위원에서 비롯된 이 사상운동은 청과 조선에서는 끝내 실패했고 일본에서만 성공했다.

2부

일본, 천황을 위한 역사

일본 고전의 탄생과 배경

일본	책의 탄생과 그 배경	한국
율령제 국가	• 7세기 소가씨 세력 제거와 타이카 개신, 백촌강 패전, 진신의 난 이후 덴무 천황과 지토 천황 시기 율령제 고대국가 수립, 하쿠호(白鳳) 문화 • 『일본서기(日本書紀)』, 『고사기(古事記)』, 『만엽집(万葉集)』 편찬 시작	삼국시대 말기, 통일 전쟁
나라 시대	• 8세기 헤이조경(平城京)으로의 천도 이후 율령제 국가로 발전, 고쿠분사(國分寺) 제도로 대표되는 국가불교 발전, 덴표 문화(天平文化) • 『일본서기』, 『고사기』, 『만엽집』 완성, 『풍토기(風土記)』도 완성, 최초의 한시집 『회풍소(懷風藻)』 편찬	통일 신라와 발해
헤이안 시대	• 8세기 후반 헤이안경(平安京)으로 천도, 후지와라씨(藤原氏)의 섭관정치(攝關政治), 원정(院政)과 무사 집단의 등장, 국풍(國風) 문화, 밀교 수입 • 『고금와카집(古今和歌集)』 편찬, 『겐지모노가타리(源氏物語)』 저술, 가나(假名)가 완성되어 다양한 산문이 발달	신라 말기, 후삼국, 고려 통일
가마쿠라 막부 시대	• 12세기 후반 겐페이(源平) 전투와 가마쿠라 막부(鎌倉幕府) 수립, 고려·원의 2차례 침공 • 『헤이지모노가타리(平治物語)』 등 군기물(軍記物) 인기	고려
남북조 시대	• 14세기 고다이고(後醍醐) 천황의 토막(討幕) 계획 실패 후 일본 분열, 불교식 무상관 유행 • 『쓰레즈레구사(徒然草)』 저술	
무로마치 막부 시대	• 14세기 후반 남북조 시대 혼란을 수습하고, 무로마치(室町) 막부가 수립, 기타야마(北山) 문화와 히가시야마(東山) 문화, 새로운 일본불교의 종파들이 등장	조선
전국·아즈치모모야마 시대	15세기 중반 오닌(應仁)의 난 이후 무로마치 막부가 전국 통제력을 잃고 약 130년간 대혼란에 빠짐, 임진왜란을 일으킴	
에도 막부 시대	• 17세기부터 19세기 중반 메이지(明治) 유신 때까지 전국을 강력한 막번체제(幕藩體制)로 통치, 주자학의 전래와 관학화, 미토학(水戶学)과 국학(国学) 발달, 난학(蘭学) 연구와 해방론(海防論) 등장, 도시 서민문화와 하이쿠(俳句) 발달 등 • 『삼덕초(三德抄)』, 『논어징(論語徵)』, 『대일본사(大日本史)』, 『난학사시(蘭事始)』, 『호색일대남(好色一代男)』, 『가나데혼주신구라(仮名手本忠臣r)』, 『유수록(幽囚錄)』 등 발간	조선

1장

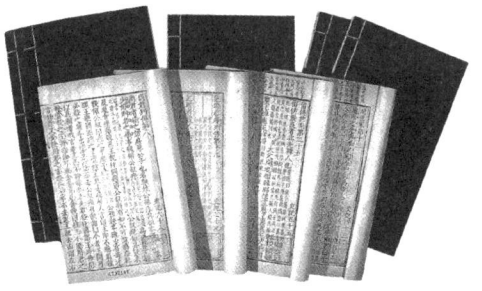

일본열도에서 문명이 시작되다
일본식 변화 '와후(和風)'

한반도에 대한 병적인 집착의 출발 『일본서기(日本書紀)』

『일본서기』는 덴무 천황(天武天皇)의 셋째 아들 도네리 친왕(舍人親王)을 중심으로 기노 기요히토(紀淸人)와 미야케노 후지마로(三宅藤麻呂) 등이 참여해 일본 최초로 관청에서 편찬한 '정사(正史)'이다. 일본에서는 '니혼쇼키'라고 한다.

구성은 전체 30권 중 1, 2권은 신대(神代)를 다루고 있고 이후 진무(神武) 천황에서 지토(持統) 천황까지 40명의 천황을 중심으로 정리했다. 특징은 편년체(연월별) 방식이었고 한문으로 썼다. 당시 와카(和歌)도 수록했는데 '음가나(音假名)'를 사용했다. 와카는 일본 고유의 정형시이고, 음가나는 일본의 고유명사와 특수한 고어를 한자음으로 표기한 것이다.

『일본서기』의 편찬 목적은 천황제 중심의 역사를 정리하기 위해서였다. 『일본서기』 편찬을 최초로 명령한 덴무 천황은 그의 아내 지토 천황과 함께 일본의 고대국가의 시작점인 율령제(律令制) 체제를 수립한 천황으로 평가한다. 『일본서기』를 이해하려면 책의 배경이 된 당시 역사를 이해해야 한다.

먼저 형인 덴지 천황(天智天皇)부터 보자. 그는 황자 신분으로 나카토미노 가마타리(中臣鎌足)와 당시 권신이었던 소가노 이루카(蘇我入鹿)를 어머니인 고교쿠 천황(皇極天皇) 앞에서 참살했다. 이 사건을 일본사에서는 '을사의 변(乙巳の變)'이라 한다. 황자였던 덴지가 실제 권력을 행사했고 나카토미노 씨(中臣氏)도 새롭게 부상했다. 나카토미노 가마타리는 이후 '다이카(大化大化) 개신'의 주역이라고 평가받는 인물이다. 소가노 이루카 등 소가 씨(蘇我氏)는 백제계 도래인이었고 4대째 권력을 독점하고 있었다. 이처럼 천황가는 이들의 손아귀에 있었다. 소가 씨는 백제에서 불교와 많은 문물을 들여왔다. 이 시기를 '아스카(飛鳥) 시대'라고 한다. 하지만 소가 씨는 을사의 변으로 몰락한다. 이 사건은 단순한 권력투쟁이 아니었고 더 복잡한 문제가 배후에 있었다.

이 사건 있었던 때는 7세기였다. 당시 급변하는 동아시아 국제정세를 이해해야 을사의 변을 정확히 알 수 있다. 당시 국제정세를 보면 '십자(十)형의 동맹'이 있었다. 가로축은 약소국 신라와 400년 만에 등장한 통일제국 수(隋)·당(唐)의 동맹이 있었다. 세로축은 전통적인 동아시아 강국 고구려와 백제 그리고 일본의 동맹이 형성되었다. 이 동맹에서 능동적인 역할을 한 사람은 나중에 신라왕이 되는 김춘추였다. 신라와 백제는 앙숙이었다. 이후 십자축으로 '고대 동아시아 세계대전'이 발발한다. 신라와 당의 동맹군은 백제와 고구려를 차례로 멸망시켰다.

혼자 남은 일본은 다음 차례가 자신일 수 있다는 두려움에 떨 수밖에 없었다. 급변하는 국제정세 변화에 빠르게 대처했어야 했다. 당시 일본은 백제계 도래인(渡來人)이 주도하는 친백제계 국가였다. 그래서 백제가 멸망했을 때 백제 부흥군을 지원하고자 대규모 군대를 파병기도 했다. 하지만 일본 파견군이 '백촌강(白村江, 지금의 금강) 전투'에서 패배했다. 백제 부흥 운동도 실패했다. 이후 일본 곳곳에 방어시설을 마련해 혹시 모를 신라와 당의 침략에 대비하는 등 국제관계는 긴장이 계속되었다. 이렇듯 대외적으로 신라와 당의 침략에 대비했고, 내부적으로는 전통적인 씨족 세력을 제압하고 새로운 '고대국가'로 발전을 모색했다. 이제는 망한 백제를 잊고 일본은 스스로 살아남아야 했다.

그런데 동아시아 국제정세에 극적인 변화가 일어났다. 신라가 당을 선제공격했다. 친밀했던 신라와 당은 이제 적대 국가가 된 것이다. 이 '나당전쟁(羅唐戰爭)'에서 신라가 승리하며 당을 한반도에서 몰아냈다. 이런 새로운 변화에 일본도 능동적으로 대처해야 했다.

그즈음 직접 천황이 된 덴지는 과거 적대국이었던 신라에 두 차례 견신라사(遣新羅使)를 보냈고, 당에는 여러 차례 견당사(遣唐使)를 파견해 국교를 빠르게 재개했다. 즉 적대적 국제정세를 덴지가 180도 반전시킨 것이다. 이는 적대국이 된 신라와 당을 견제하기 위한 외교정책이었다.

내부적으로는 최초로 호적제를 만들어 '경오년적(庚午年籍)'을 작성했다. 이후 '공지공민제(公地公民制)' 도입의 토대가 되었다. 공지와 공민은 '모든 땅과 백성은 천황에게 귀속한다'라는 이념이다. 이때 일본은 동아시아 군주제의 바탕인 '왕토사상(王土思想)'을 구체화했다. 다이카 개신으로 기존 세력의 토지와 그들이 거느렸던 백성을 모두 천황에게 귀속시켰다. 그리고 '구분전(口分田)'으로 토지를 백성에게 새롭게 분배하고 국가에 조세를 내도록 했다. 이전의 관제(官制)도 당나라식으로 정비했다. 이는 천황의 권력을 강화하고 전국적으로 지배력을 확장하기 위한 발판이었다.

당시 덴무는 덴지 천황 아래의 황태제(皇太弟)가 되었다. 이 둘은 어머니가 같은 형제이다. 그런데 덴지에게 오오토모노 미코(大友皇子)라는 성장한 맏아들이 있었다. 덴지의 유언에는 덴무에게 후사를 맡겼지만 덴지 천황이 죽은 후 상황이 달라졌다. 오오토모노가 천황에 올랐다. 덴무는 승려가 되겠다며 수도를 떠나 요시노(吉野) 지방으로 내려갔다. 그리고 오오토모노의 천황 지위를 인정하지 않았고 관동(関東) 지역의 세력을 규합해 반란을 일으켰다. 참고로 고대 일본에서 관동 지역은 시가현(滋賀県) 후와관(不破關) 동쪽 지역이다. 이후 에도시대부터 하코네(箱根)에 있는 관문(關門)의 동쪽을 '관동', 서쪽을 '관서'라고 한다. 이 반란을 '진신의 난(壬申の乱)'이라 한다. 이 덴무의 반란은 성공했고 드디어 천황이 되었다. 일본 최초의 성공한 반란이었다. 이 반란의 진짜 원인에 대해서는 논란이 많다. 표면상으로는 덴무와 조카가 천황 자리를 두고 벌인 쟁탈전이었지만 그 내막을 들여다보면 백촌강 전투 이후 일본의 발전 방향에 대한 생각 차이로 일어난 사건이라는 주장도 있다.

'덴지'는 평화로운 국제관계를 유지하면서 국내를 당나라 방식으로 개혁하려 했고, '덴무'는 당이라는 강대국을 배제하고 독자적인 일본을 건설하려고 했다. 일본사에서는 전자를 흔히 '당풍(唐風)'이라 하고 후자를 '국풍(国風)'이라 한다. 그런데 공식적으로 중국과 완전히 단절한 시기는 덴무 이후 약 200년 뒤이다.

또 다른 하나는 형제의 사랑과 증오 때문이라는 것이다. 당대 최고의 가인(歌人)이라는 누카타노오키미(額田王)을 둘러싼 삼각관계 때문에 서로 반목했다고 한다. 이 이야기를 연상시키는 내용이 일본 고대 시가인 『만엽집(萬葉集)』에도 실려 있기 때문이다.

덴무가 천황이 된 후 일본은 고대국가 건설을 본격화했다. 과거 왕(王 또는 大王)이었던 호칭을 천황(天皇)으로 바꾸었다. 그리고 일본(日本)이란 국호도 정했다. 과거 천황은 일본 내의 가장 큰 세력이었다면 덴무는 천황이란 이름을 새롭게 정해 그 위상과 권위를 국내뿐만 아니라 해외까지도 높이려 했다. 이와 관련해 덴무는 중국에서 도교를 도입했다. 천황이란 용어와 도교와의 관계를 찾는 연구도 했다. 관제 개혁으로 천황의 권력을 구체적으로 강화했다. 이는 기존의 강력한 씨족 세력을 천황 밑으로 귀속하려는 목적이었다. 이를 구체화하기 위해 수도와 왕궁을 정비하고 수도를 중심으로 도로를 정비했다. 이세 신궁(伊勢神宮)을 국가의 제사를 지내는 곳으로 정하고 옛날부터 내려온 신도(神道, しんどう)를 정비했다. 이세 신궁은 일본에 있는 약 8만여 개의 신사를 총괄하는 지위를 가졌다. 다른 한편으로 불교도 지원했다. 그리고 『일본서기』 편찬을 명령했다. 하지만 책이 완성되는 것은 보지 못하고 죽었다. 참고로 신도는 일본 고유 신앙으로써 자연, 조상, 재난 등과 관련한 여러 신을 숭배하는 것이다. 신도의 제사 시설을 신사(神社, じんじゃ)라고 한다. 규모가 큰 곳은 대사(大社, たいしゃ) 또는 신궁(神宮, じんぐう)이라고 하며 유명한 신들의 제사를 지낸다. 천황 및 황족과 관련한 신들의 제사도 신궁에서 지냈다.

덴무의 인생 최고의 동지는 그의 아내인 우노노 사라라(鸕野讚良)였다. 그녀는 내란을 함께 치른 전우이기도 했다. 덴무가 죽은 후 지토 천황으로 즉위해 남편이 시작한 개혁을 완성했다. 원래 그녀는 덴무의 여러 아내 중 한 명이었다. 그런데 지토는 덴무가 정치적 위기에 몰려 요시노로 쫓겨났을 때 남편을 따른 유일한 아내였다. 고대 일본의 결혼제도를 '방처혼(訪妻婚)'이라 한다. 평소 각자 살다가 남편이 아내의 집을 방문해 부부관계를 맺는 것이다. 부인이 여러 명이라도 마찬가지이다. 처첩(妻妾)의 지위도 차이가 없었다. 상식적으로 부부의 애정이 생기긴 어려운 구조였고 더욱이 황족과 귀족의 관계라면 정치적 동맹 이상의 사이로 발전하긴 어려웠다.

하지만 덴무와 우노노 사라라는 달랐다. 이 둘은 함께 대극전(大極殿)에 나아가 황족과 귀족, 관료들 앞에서 새로 만든 율령(律令)을 반포하기도 했다. 그녀의 중요한 업적은 '다이호 율령(大寶律令)의 준비한 것이다. 실제 반포는 다음 천황인 몬무 천황(文武天皇) 때였다. 다이호는 몬무의 연호이고 '율령'이란 율령격식(律令格式)을 말한다. 동아시아의 모든 국가에서 율령 반포는 그 자체로 '(고대) 국가 성립'이라고 평가받는 것이다. 오늘날 개념으로 보면 '율'은 형법, '령'은 행정명령, '격'은 새롭게 개정된 형법, '식'은 구체적인 시행령과 비슷하다. 즉 율령 국가란 '법치'의 시작이란 의미이다.

이것을 철저하게 준비한 천황은 지토였다. 이때 활약한 인물이 후지와라노 후히토(藤原不比等)이다. 후지와라 씨는 나카토미 씨(中臣氏)의 후예이며 후지와라 가문은 이후 일본 최고의 가문이 되어 이후 헤이안 시대(平安時代)를 주도한다. 지토는 남편의 유업을 위해 법을 만들기 시작했다. 그녀는 죽은 후 남편과 함께 묻혔다. 지금도 아스카에 가면 실제 일본을 건국한 이들 부부의 묘를 볼 수 있다. 참고로 일본 최초의 연호는 '다이카(大化)'이지만 다이카 이후 연호를 쓰지 않거나 일부 시기인 650~654년 하구치(白雉), 686년 슈쵸(朱鳥)를 부정기적

으로 사용했다. 하지만 지토 천황의 '다이호(大宝)' 이후는 연호를 끊이지 않고 썼다. 원래 한 명의 천황이 여러 연호를 쓰기도 했는데 메이지 유신(明治維新) 이후 한 명의 천황이 한 개 연호를 쓴다는 원칙이 정해졌다. 일본은 연호(年號)보다 '겐호(元号, げんごう)'라는 표현을 더 많이 사용한다.

  7세기 중반부터 8세기 초반까지 급변하는 국제정세와 숨 가쁘게 고대국가를 완성해 나가는 일본 역사를 간략히 살펴보았다. 이제 본격적으로『일본서기』에 대해 알아보자. 책은 앞서 밝힌 것처럼 덴무 천황의 명령으로 시작되어 지토, 몬무를 지나 쇼무 천황(聖武天皇) 때 완성되었다. 그래서 한반도 상황과 일본 천황의 등장 그리고 고대국가 완성이라는 시대 상황을 반영한 책이었다. 새롭게 등장한 천황과 천황제의 정당성이라는 정치적 요구가 담긴 것이다. 그 이유는 천황가 이외의 여러 씨족 세력보다 우위에 있다고 주장하려는 것이었다.

  책의 구성도 앞에 창세기 신화가 약간 나오고, 대부분은 1대 천황부터 40대 지토 천황까지의 역대 사적(史蹟)이 쓰여 있다. 하지만 실제 그런 천황이 있었는지, 이 계승 순서가 맞는지, 각 천황의 사적은 모두 사실인지 모든 것이 확실하지 않다. 그런데 이 책의 핵심 주제는 일본의 천황은 하늘로부터 내려온 천손(天孫)의 단일한 혈통으로 이어온 '만세일계(万世一系)'의 신성한 혈통이라는 것이다. 이런 구상을 온갖 정치적 풍상을 겪은 덴무가 처음 했고 손자 쇼무가 완성한 것이다.

  오늘날 일본에서는 대체로 대략 3세기 후반부터 6세기 초반기 사이에서 '천황가(天皇家)'가 출현했다고 말한다. 이 천황가의 출발지가 규슈(九州)인지, 기나이(畿內, 오사카 교토 일대)인지 여전히 일본 사학계는 열띤 논쟁 중이다.

  이 시대 특징은 앞은 네모꼴이고 뒤는 원형인 무덤인 '전방후원분(前方後圓墳)'

이다. 이런 무덤이 집중적으로 등장하는 시기를 '고훈(古墳) 시대'*라고 한다. 문제는 이렇게 특이한 무덤이 한반도 남부에서 일본 혼슈(本州, 일본열도 중앙의 큰 섬)까지 다양한 지역에서 발견된다. 즉 다양한 세력이 일본열도 곳곳에서 각자 '쿠니(国)'를 이루고 서로 경쟁한 것이다.

다만 오사카·나라(奈良) 일대에서 일본 최대 규모의 전방원형분이 발견되었다. 그래서 이곳에서 '왕'에 해당하는 권력자 출현했다고 말한다. 이들이 훗날 '야마토(大和)'라고 불렸던 집단이다.

이것들은 모두 입증할 수 없는 추론에 불과하다. 일본은 아직도 신성한 혈통의 천황이 존재하므로 천황의 대형 고분에 대한 고고학 발굴은 감히 상상도 못 한다. 지금 일본에 있는 고대 누구의 천황릉이라고 불리는 것들은 모두 고고학적으로 검증된 것이 아니다. 아마도 일본에서 천황제가 폐지되고 천황릉의 발굴, 쇼소인(正倉院)의 고대 유물, 황궁 내에서만 전해진다는 비서(秘書) 등이 모두 공개되기 전까지는 일본 고대사를 제대로 연구한다는 것은 거의 불가능할 것이다.

일본의 고대사 연구는 고고학 발굴보다 『일본서기』 등과 같은 고대의 일본 사서들을 중심으로 이뤄진다. 거기에 약간의 한국과 중국 역사 자료를 연구해 채워졌다. 그런데 문제는 『일본서기』가 논란의 출발점에 있다.

현존하는 한국과 중국의 역사책과 『일본서기』 내용은 너무도 큰 차이가 있다. 가장 심각한 모순은 히미코(卑弥呼)의 존재이다. 3세기 전반기 인물이다. 그녀가 한국사와 중국사에 존재하는 일본을 최초로 통일한 최초의 여왕이라고 한다. 그러나 일본 최초의 '정사'라는 『일본서기』와 『고사기』 등에는 그녀의 이름조차 나오지 않는다.

그녀는 고훈 시대 이전 야요이(弥生) 시대 야마타이국(邪馬台国)의 여왕이었다. 그녀의 존재는 『삼국사기』의 「신라본기(新羅本紀)」와 중국 『삼국지』의 「위지왜인전

(魏志倭人傳) 등에 그녀가 사신을 파견했다는 기록으로 알 수 있다. 특히 『삼국지』는 히미코와 그렇게 먼 시대가 아닌 거의 동시대 저술된 역사서이기에 설득력이 더 높다. 야마타이국의 위치는 대체로 규슈 북부로 알려져 있다.

이 때문에 히미코의 야마타이국의 존재는 『일본서기』가 조작된 '위서(僞書)'라는 것을 보여준다. 특히 『일본서기』 등에서 강조한 천황의 만세일계는 '허구'라는 점이다. 만약 『일본서기』가 진짜 정사(正史)였다면 히미코 여왕의 기록이 반드시 있어야 한다. 그녀의 기록이 없다면 천황의 만세일계는 없는 역사이다. 즉 천황의 신성성과 절대성이 무너지는 것이다. 그러나 『일본서기』에는 히미코의 이름이 등장하지는 않지만 신공 황후 섭정기에 '위지(魏志)에서 말하였다'라는 위지의 기록을 직접 인용하면서 왜의 여왕을 기술하고 있다. 이는 『일본서기』의 편찬자가 『삼국지』 나오는 히미코를 『일본서기』에 나오는 진구 황후(神功皇后)와 같은 인물이라고 주장하기 위해 의도적으로 삽입한 문구이다. 이것만으로 『일본서기』를 조작된 위서라고 볼 수는 없다는 견해도 분명히 존재한다. 현재 일본에서는 대체로 6세기 초 게이타이 천황(継体天皇)부터는 현재 천황까지 이어져 있다고 보지만 그 이전에 왕조교체가 되었다는 견해, 여러 왕조가 병립했다는 견해 등 여러 주장이 존재한다.

다만 한반도를 침략했다는 진구 황후(神功皇后)의 사적이 『일본서기』에 있는데 이 진구가 히미코 여왕이라는 주장이 많다. 그러나 이 내용도 사실이라는 근거가 없다. 그래서 일본학계에서도 『일본서기』에 나와 있는 진구 관련 기사를 부정하는 경우가 많다.

결론적으로 만세일계(万世一系)는 천황 지배의 정당성을 위해 만들어진 조작된 허구이고 그 출발이 『일본서기』이다. 그래서 이 『일본서기』를 사실로 전제하고 역사를 연구한다는 것 자체가 터무니없다. 단언컨대, 『일본서기』는 정사라기보다는 조선의 〈용비어천가(龍飛御天歌)〉와 같이 정치적 목적으로 창작된 '문학 작품에 가깝다. 이처럼 『일본서기』는 정치적 목적으로 만든 역사책이다. 이 근거는 상식적인 일본인과 일본학계를 포함해서 누구라도 인정할 수준이다.

한국 사람이라면 '읽는 순간 정서적인 거부감과 불쾌감이 들 수밖에 없는 내용이지만 그래도 내용을 좀 더 구체적으로 알아보자. 앞의 1, 2권의 '신대(神代, 일본어로 가미요)'는 분량은 그렇게 길지 않고 내용도 새롭고 흥미롭다. 일본식 창세기와 일본의 건국 신화이다.

하지만 이후 1대 진무 천황(神武天皇)부터 40대 지토 천황(持統天皇)까지 역대 천황의 사적을 읽으면 읽을수록 당황스럽다. 일본 역사인지, 한국 역사인지 몹시 헷갈린다. 이유는 한반도 관련 기사가 너무 많기 때문이다. 어떤 천황은 거의 즉위와 사망 기사를 빼면 거의 한반도 역사이다. 초반부에는 주로 신라, 중·후반부에는 백제 관련 기사가 너무 많다. 책의 거의 반 이상이 한반도 관련 내용이다. 이쯤 되면 한반도에 대한 집착이 거의 병적인 수준이다.

『일본서기』를 편찬한 의도를 보면 바다 건너 신라와 백제를 지배하는(했던) 이는 '위대한 천황'이라고 말하고 싶은 것이다. 『일본서기』의 한반도에 관한 많은 기사는 3세기 전반기부터 한반도 남부를 침략했고 지배했다는 내용이다. 그리고 이후 신라와 백제가 천황의 땅을 뺏어 갔다고 항의도 한다. 이런 이야기의 시작은 앞서 거론한 진구황후(또는 氣長足姬尊)의 기사가 그것이다. 그녀는 주아이 천황(仲哀天皇)의 아내이고 오진 천황(應神天皇)의 어머니로 나온다. 내용은 다음과 같다.

남편이 신라를 정벌하라는 하늘의 신탁(神託)을 듣지 않아 죽자 그녀가 대신 정벌에 나섰다. 그리고 200살이 된 늙은 신하 타케우치노 스쿠네(武內宿禰)의 조력을 받아 신라를 단박에 정벌했다. 이에 놀란 고구려와 백제는 신하로 복종을 맹세하고 조공을 약속했다. 이 기간 그녀는 오진을 임신했지만 돌로 눌러 출산을 막고

전쟁을 했다. 그리고 돌아와 아이를 낳았다. 그 후 다시 출병해 무례한 신라를 격파하고 가라 7국(加羅七國, 가야 7개 소국)을 평정한 후에 침미다례(忱彌多禮, 전라남도 지역)까지 장악했다. 그리고 '가야임나일본부(伽耶任那日本府)'를 설치했다. 이후 역대 천황들도 가야임나일본부 문제로 계속 한반도에 출병하거나 관여했다.

『일본서기』에는 한반도 관련 분량이 너무 많아 읽다 보면 사실인 것처럼 착각할 정도이다. 오늘날 한국 사학계와 일본의 저명한 역사학자들은 이 내용이 실제 사실에 맞지 않는다고 말한다. 대신 『일본서기』, 한국과 중국의 역사서, 고고학적 발굴 등을 절충해 다양한 학설을 제기한다. 현존하는 한국의 사료와 당시 유물인 고구려 호태왕비(好太王碑)에는 '왜(倭)'라는 세력이 존재했고 그들이 신라를 여러 차례 공격했다는 기록이 있다. 백제에는 성왕의 신라 출병과 백제 멸망 직후 등의 여러 시기에 '왜'가 지원군으로 참여했다는 기록도 있다. 중국의 역사 기록에서도 '왜'는 여러 번 등장한다. 이것 때문에 다양한 학설이 제기되는 것이다. 모든 것이 의문투성이다. 그렇게 여러 시기와 여러 곳에 있었던 '왜'가 누구인지, 어디에서 왔는지, 또 한 개의 특정 세력인지, 복수의 세력인지, 마찬가지로 왜라는 '국가'가 있었는지 등등. 모든 것은 불명확하다. 하지만 대부분 같다고 인정하는 학설도 많다.

하지만 여기에 문제는 따로 있다. 『일본서기』 진구의 삼한정벌(三韓征伐)과 가야임나일본부는 오랫동안 일본에서 사실로 받아들였다는 것이다. 일본 곳곳에는 그녀를 기리는 신사(神社, じんじゃ)가 많다. 신사는 일본 고유 종교인 신도(神道)의 종교 시설이다. 다신교라서 야스쿠니 신사(靖国 神社)처럼 '국가 신도(国家神道, 메이지유신 이후 제국주의 정책으로 만든 신도)'도 있고 진구와 같은 인물을 숭배하는 다양한 신사도 있다.

진구의 『일본서기』의 내용을 명분으로 내세워 조선에 대한 도요토미 히데요시(豊臣秀吉)의 침략과 메이지 천황(明治天皇) 때의 식민 지배는 정당하다고 주장했다. 지금도 일본의 극우세력은 역사 왜곡과 한반도 개입의 정당성을 『일본서기』에서 찾는다. 이 책은 지금도 정상적인 한일관계에서 한국에 대한 우월의식, 끝없는 한반도에 대한 집착과 침략적 사고의 근거이기 때문이다. 그래서 일본(일본인)을 총체적으로 이해하기 위해서는 정치, 문화, 문학, 군사학, 종교, 심리학, 정신의학 등 많은 분야의 사람들이 이 『일본서기』를 연구할 필요가 있다. 학계에서도 『일본서기』를 연구할 필요성을 제기한다. 지금은 사라진 『백제기(百濟記)』, 『백제신찬(百濟新撰)』, 『백제본기(百濟本紀)』 등의 삼국 시대 사료를 『일본서기』가 인용했기 때문이다. 그래서 삼국 시대 연구에 꼭 필요한 책이 『일본서기』라고 한다. 『일본서기』에 한반도 관계 기사가 많은 이유는 백제 멸망 후 일본에 정착한 백제 유민들이 편찬에 깊숙이 참여했기 때문이라고도 한다. 이들과 만세일계의 신성한 천황주의를 내세운 자들이 합심해서 『일본서기』를 윤색한 것이라고도 한다.

일본 고대사에서 중요한 사료들 몇 가지를 더 소개한다. 공통점은 모두 천황의 명령으로 만든 책이란 것이다. 즉 『일본서기』와 마찬가지로 고대 일본에서 강력한 천황의 (고대) 국가 건설하기 위한 목적으로 만들어진 책이다. 이 책들의 내용 대부분은 중국과는 다른 또 하나의 '소중화(小中華)'인 '야마또(大和)' 즉 일본 독자적으로 지배하는 세계를 구축했다고 주장한다.

늘 『일본서기』와 더불어 늘 거론되는 역사책이 『고사기(古事記)』이다. 일본어로 '고지키' 또는 '후루코토후미'라고도 한다. 이 두 책을 함께 '기기(記紀)'라고도 한다. 편찬자는 오노 야스마로(太安萬侶)라는 귀족 관료이다. 덴무의 반란에 동참한 공신(功臣)의 아들이다. 이 책도 덴무의 명령으로 편찬 작업을 시작했고 완성되어 겐메이 천황(元明天皇)에게 바친 것이다. 시기상 『일본서기』보다 조금 앞서 완성되었다. 1970년대 야스마로의 무덤이 발견되어 무덤에 대한 고고학 발굴로 실존 인물이었다는 것이 밝혀졌다.

책의 구성을 보면 자신의 출신과 편찬 경위 등을 밝힌 서문, 그리고 상·중·하 3권이다. 상권은 천지창조와 여러 신의 이야기, 이후 두 권은 1대 진무 천황부터 33대 스이코 천황(推古天皇)까지 역대 천황의 사적을 담았다. 내용을 보면 『일본서기』와 마찬가지로 창세기의 신과 천황의 연관성을 강조하며 천황 지배의 정당성을 주장했다. 문제의 진구가 삼한을 정벌해 가야임나일본부를 설치했다는 내용도 같다. 두 책의 차이는 『일본서기』는 순 한문으로 쓰였고, 『고사기』는 일본어로 읽는 것을 염두하고 썼다는 것이다. 책에서 다룬 범위는 천황제 고대 국가(텐지, 텐무, 지토 천황 시기) 건설기 이전까지만 다루었다.

겐메이 천황의 명으로 제작된 당시 일본의 지리와 풍속 등에 관한 책인 『풍토기(風土記)』도 유명하다. 일본어로 '후도키'라고 한다. 제작 과정은 천황에 명령으로 각 지방 관청에서 자신의 지역에 대한 관련 보고서를 올렸고 이것을 중앙에서 종합해 정리했다. 이 중에 이즈모국(出雲国), 히타치(常陸), 하리마(播磨), 히젠(肥前), 분고(豊後) 5개 지역에 대한 보고서만 남아있다.

사가 천황(嵯峨天皇)의 명령으로 헤이안(平安) 시대 일본의 성씨를 정리한 책인 『신찬성씨록(新撰姓氏錄)』도 유명하다. 일본어로 '신센쇼지로쿠'라고 한다. 수도 헤이안과 주변 지역의 1,182개 씨족을 출신별로 각각 황별(皇別, 황실의 자손), 신별(神別, 일본 신의 자손), 제번(諸蕃, 도래인의 자손)으로 분류해 정리했다. 한국이 이 책을 주목하는 이유는 삼국 출신 '도래인(渡來人)'의 가계가 담겨있기 때문이다. 도래인은 한반도와 중국에서 바다를 건너 일본으로 간 사람들이다. 이들이 고대 일본에 선진 문물을 전달해 역사 발전을 이끈 사람들이라고 평가한다. 일본어로 '도라이진'이라 한다.

『일본서기』 이후로도 역사책들이 편찬되었다. 나라 시대부터 헤이안 시대까지 역사를 다룬 다섯 권의 책이 출간되었다. 『속일본기(續日本紀)』, 『일본후기(日本後記)』, 『속일본후기(續日本後記)』, 『일본문덕천황실록(日本文德天皇實錄)』, 『일본삼대실록(日本三代實錄)』이다. 이 책들은 『일본서기』와 함께 '육국사(六国史, 릿코쿠시)'라고 한다.

일본 고대사의 시대 구분

조몬(繩文, 선사 시대) 시대 → 야요이(弥生) 시대(금속 사용, 벼농사 시작) → 고훈(古墳) 시대 → 아스카(飛鳥) 시대 → 나라(奈良) 시대 → 헤이안(平安) 시대로 이어진다. 이후는 중세 무사 집단이 '통치한 막부(幕府)의 시대'다.

순수하고 진실한 고대의 노래 『만엽집(万葉集)』

『만엽집(万葉集)』은 고대 일본 노래를 모은 책이다. 일본어로 '만요슈'라고도 한다. 참고로 나라 시대까지를 '상대(上代) 문학', 헤이안 시대를 '중고(中古) 문학'이라고 부른다. 이후를 '중세 문학', '근세 문학', '근대 문학' 순이다. 『만엽집』은 상대 문학이라고 한다. 4세기부터 8세기까지 약 450년간 불린 노래들 총 4,500여 수가 20권으로 정리되어 실려 있다. 편찬자는 여러 명이 거론되고 있는데 현재는 오토모노 야카모치(大伴家持)라는 주장이 다수이다.

오토모노 야카모치는 나라(奈良) 시대 말기의 최고 관직을 지낸 귀족이었다. 그가 죽은 후 반란에 연루되었다는 혐의로 시신 처리조차 어려울 정도로 집안이 몰락했다가 다시 복권되었다. 그는 당시 최고의 가인(歌人)으로 평가받았다. 그의 노래 473수가 『만엽집』에 실려 있다. 이 가운데 〈바다에 가면(海ゆか

ば))은 먼 훗날 일본이 일으킨 태평양전쟁에서 해군 군가로 쓰였다.

참고로 한국은 고대 신라의 노래인 '향가(鄕歌)'가 있었다. 현재는『삼국유사(三國遺事)』에 14수가 실려 있고, 고려 초기의『균여전(均如傳)』에 11수가 남아있다. 한글 창제 이전이기 때문에 모두 한자의 음훈(音訓, 소리와 뜻)을 빌려 쓰는 향찰(鄕札)과 이두(吏讀)의 방식으로 표기되어있다. 일본과 비슷하다. 신라 말기에 신라 천 년의 향가를 모은『삼대목(三代目)』이 편찬되었지만 지금은 사라졌다. 4,500여 수가 담긴『만엽집』과 비교하면 너무 아쉬운 대목이다.

『만엽집』의 '집'은 노래를 모았다는 의미이다. 그렇다면 '만엽'의 의미는 무엇일까? 대체로 두 가지로 해석한다. '온갖 말(万の言の葉)' 또는 '오랫동안 전해져야 할 노래(万世にまで末永く伝えられるべき歌集)'라고 해석한다. 즉 엽(葉)을 말(言)과 세(世) 또는 대(代)의 의미로 해석하는 것이다.

『만엽집』의 표기법은 고대 일본어를 한자의 음을 빌려 쓴 '만요가나(万葉仮名)'로 되어있다. 오늘날 우리가 아는 46개의 가나는 초서체(草書體, 흘림체)를 기초로 만든 히라가나(平仮名)와 한자의 부수(部首, 한자 사전에서 글자 찾는 색인들)로 만든 가타가나(片仮名)이다. 만요가나는 그 이전 과도기의 표기법이다.

실린 노래는 짧은 구는 5음절로 표기되고, 긴 구는 7음절로 표기가 되는 정형시이다. 이것을 음절별로 구분하면 네 가지 형식이 된다. 4,170수의 단카(短歌), 270수의 조카(長歌), 60수의 세도카(旋頭家), 1수의 붓소크세키카(仏足石歌)이다. 형태를 보면 다음과 같다.

- 단카 : 5·7·5·7·7 형식의 노래
- 조카 : 5·7·5·7·5·7···5·7·7 형식의 노래
- 세도카 : 5·7·7·5·7·7·7 형식의 노래
- 붓소크세키카 : 5·7·5·7·7·7 형식의 노래

참고로 단카는 5·7음의 기본형, 조카는 기본형을 3번 이상 반복하고 마지막을 7음로 마무리하는 형식이다. 주로 화답(和答)으로 노래를 할 때 사용한다. 세토카는 조카의 형식에 7음을, 붓소쿠세키카는 단카의 형식에 7음을 더한 것이다.

『만엽집』의 노래를 제작 시기에 따라 4시기로 나눈다. 1기는 덴무의 반란(임신의 난)까지 기간이다. 궁중 행사나 중요한 사건에 관련된 노래가 많다. 대표적인 작가로서는 누카타노 오키미(額田王), 죠메이 천황(舒明天皇), 덴지 천황, 덴무 천황, 아리마노 미코(有間皇子) 등이 있다. 아리마노 미코는 고토쿠 천황(孝德天皇)의 아들로서 반역죄로 젊은 나이에 죽었다.

2기는 덴무의 반란 이후 나라로 천도하기 전 율령제 고대국가 모습이 서서히 갖추기 시기이다. 가키노모토노 히로마로(柿本人麻呂), 다케치노 구로토(高市黒人), 나가노 오키마로(長意貴麻呂) 등의 관리들이 궁정의 의례, 죽은 황실 자녀를 위한 만가(挽歌), 여정(旅情) 등을 노래했다.

3기는 헤이안으로 천도 이후 쇼무 천황(聖武天皇)의 치세 기간(21년) 동안 연표로 사용되었던 덴표(天平) 시대 초반기까지이다. 이 시기에는 당과 활발한 교류, 귀족 문화의 발달, 불교의 성장 등이 있었고 역사에서는 '덴표문화'라고 한다. 다양한 계급과 계층의 사람이 부른 여러 주제가 담긴 노래가 실려 있다. 야마베노 아카히토(山部赤人), 오토모노 타비토(大伴旅人), 야마노에노 오쿠라(山上憶良), 다카하시노 무시마로(高橋虫麻呂), 사카노 우에노 이라쓰메(坂上郎女) 등의 노래가 전해지고 있다.

4기는 그 이후 고켄 천황(孝謙天皇)의 연호 덴표호지(天平宝字) 초반기까지다. 오토모노 야카모치, 가사노 이라쓰메(笠郎女), 사노노 오토가미노오토메(狭野弟上娘子) 등이 가인으로서 활동했다. 장가보다 단가가 많아지고 이후 헤이안 시대의

'고킨가풍(古今歌風)'으로 옮겨 갔다.

『만엽집』에 실린 노래를 실제로 보면, 어떤 형식으로 무엇을 어떻게 노래하는지 알 수 있다. 앞서 '덴지', '누카타노 오키미', '덴무'는 삼각관계였다고 거론한 바 있다. 관련한 두 수를 소개한다. 괄호 안의 히라가나는 한자에 대한 독음(讀音)이다.

> 붉게 빛나는 자초 가득 피어난 금단의 들판 망보는 이 없을까 소매 흔드는 그대
> _누카타노 오키미(額田王) 권1·20
>
> あかねさす 紫(むらさき)野(の)行き 標(しめ)野(の)行き 野(の)守(もり)は見(み)ずや 君(きみ)が袖振(そでふ)る

> 자초와 같이 아름다운 그대가 정녕 싫다면 남의 아내이기에 이리 마음 끌릴까
> _덴무 천황(天武天皇) 권1·21
>
> 紫草(むらさき)の にほへる妹(いも)を 憎(にく)くあらば 人妻(ひとづま)ゆゑに 我(あれ)恋(こ)ひめやも

누카타노 오키미는 원래 덴무의 여자였다. 둘 사이에 도치(十市)라는 딸도 있었다. 그런데 형인 덴지 천황의 부름으로 궁중에서 지냈다. 첫 번째 노래는 천황가의 여인이며 시대의 가인(歌人)이었던 누카타노 오키미가 부른 것이다. 오미(近江)의 들판으로 간 천황인 덴지의 사냥에 동행했을 때 수행하고 있던 과거의 남자 덴무에게 바친 노래이다. 두 번째 노래는 덴무가 그것에 화답한 노래이다. 천황의 넓은 사냥터에서 오랜만에 다시 만난 두 남녀의 미묘한 감정을 표현했다. 조금 구체적으로 상황을 떠올려보면 현장에는 둘만 있지 않았고 천황과 수행원, 수많은 귀족과 관리가 있었을 것이다. 이들도 두 사람에 대한 과거의 사연도 알고 있었기 때문에 노래가 암시하는 내용을 알았을 것이다. 그래서 일본

학계에서는 덴무가 '임신의 난'을 일으킨 동기를 이 노래에서 찾는 이유이다. 이처럼 『만엽집』을 읽을 때 그 노래를 부른 사람의 사연을 모르면 노래가 너무 짧고 일본인 특유의 비유나 은유가 많아 이해하기가 쉽지 않다.

일본 문학사나 사상사를 보면 '마코토(まこと)'라는 단어를 종종 볼 때가 있다. 사전적 의미는 '진실로', '참으로' 등의 의미로 쓰이는 부사이다. 문학사에서는 '진실' 또는 '정성'과 같은 추상명사로 쓴다. 모든 시대 문학에서 언제나 숨어있는 정신은 진실하고 소박한 정신이라는 의미이다. 그 시작은 당연히 상대(上代)의 『만엽집』 노래에서 출발한다는 것이다. 『만엽집』은 마코토(힘차며 소박하고 순수한 마음으로 일관된 정신)가 일관성 있게 담겨있다. 이런 개념은 에도(江戶) 시대 역사, 문학, 종교 등을 연구한 학자들에 의해 규정된 것이다. 일본의 유교에서도 마코토 정신은 강조된다. 원래 유교의 경전인 『중용』에서 성(誠)이란 개념을 강조했고, 『주자』는 참되고 거짓이 없다는 의미의 '진실무망(眞實無妄)'이란 말을 남겼다. 에도 시대 유학자도 주자학을 배웠기에 잘 알았을 것이다. 이처럼 마코트 정신은 오로지 일본에만 있는 특징이라 말하기는 어렵다.

『만엽집』은 편찬된 이래로 일본에서는 언제나 인기가 많았다. 현대에도 일본 대중들의 『만엽집』 읽기 열풍은 계속되고 있다. 관련해서 기억나는 두 가지 사건이 있다. 하나는 현재 천황의 연호 '레이와(令和)'는 『만엽집』에서 인용한 것이라고 한다.

원문은 "초봄에 무엇을 하든지 좋은 시기에 공기는 상쾌하고 바람은 부드럽다(初春令月 氣淑風和)"이다. 그런데 이 구절은 원래 중국의 시가에서 유래했다. 다른 하나는 애니메이션이다. 그것은 신카이 마코토 감독의 2013년 〈언어의 정원〉이다. 제목부터 『만엽집』을 연상한다. 일본어 제목이 '코토노하노 니와(言の葉の庭)'이다. 또 남녀 주인공이 『만엽집』의 노래를 주고받으며 자신의 사랑을 말한다.

"우렛소리 희미하고 구름이 끼고 비라도 내리면 그대 붙잡으련만"_ 권11·2513 (雷神小動 刺雲雨零耶 君將留)

"우렛소리 희미하고 비가 오지 않아도 나는 여기에 머무르오. 그대 가지 마라 하시면"_권11·2514 (雷神小動 雖不零 吾將留妹留者)

주인공은 현대에 살고 있지만 일상은 참 고전적이다. 부제인 '사랑, 그 이전의 사랑 이야기'도 심상치 않다. 일본어로는 '愛(あい), よりも昔, 孤悲(こい) のものがたり'이다. 여기서 '孤悲(홀로 슬픈 마음)'는 『만엽집』에 자주 등장하는 '사랑'을 의미하는 단어이다. 앞서 말했듯이 고대 일본의 결혼제도는 방처혼이다. 함께 살지 않으니 상대를 기다리며 그리워하는 마음이 '孤悲'이고 이것을 현대어로 다시 말하면 '사랑'이다. 영화감독이 대학에서 문학을 전공했다고 한다.

한편, 에도 시대부터 학자들이 본격적으로 연구하기 시작했다. 그들은 『만엽집』과 『일본서기』, 『고사기』 등 고대의 책을 연구해 '일본 고유의 문화와 정신'이란 것을 만들어 갔다. 좋게 말하면 자국 문화와 역사에 대한 깊은 관심과 연구였다. 그러나 이들은 배타적인 국수주의, 천황과 신토에 대한 숭배, 황국사관(皇国史觀) 등을 지향했다. 이들의 학문을 '국학(国学)'이라고 하며 근현대 일본 '극우사상'의 뿌리이기도 하다.

눈이 먼 노승 '감진(鑑眞)', 불법을 전하고자 바다를 건너다

감진은 당나라의 고승이다. 양주(揚州)에서 태어났고 속가 이름 순우(淳于)다. 대명사(大明寺)에서 출가해 '율(律)'과 '천태(天台)'를 배웠다. 특히 남산율종(南山律宗)의 도안(道岸)으로부터 배웠다. 이후 양주로 돌아와 대명사에서 율(律)을 강의했다. '율'이란 율장(律藏)을 말하며 불교 교단의 계율을 정리한 경전이다. 불교는 불가피하게 출가자의 교단을 중심으로 발전하게 되는데 교단을 형성하려면 율장은 필수 조건이다. 발상지가 어디든 마찬가지이다. 다만 대승불교와 소승불교의 율장은 종류나 숫자가 서로 다르다. 율종(律宗)은 이 불교 계율 연구를 중심으로 만든 종파이다. 중국 불교에서는 상부종(相部宗), 동탑종(東塔宗), 그리고 도선(道宣)의 남산종(南山宗, 남산율종)으로 나누어진다. 감진이 배운 도안은 도선의 제자이다. 신라의 자장 율사(慈藏律師)가 개창한 계율종(戒律宗)도 여기서 출발한 것이다.

당시 헤이안 시대 일본은 불교가 아직 초창기라서 제대로 율장을 하는 고승 즉 율종의 큰 스님이 꼭 필요했다. 견당사와 함께 당에 온 승려 요에이(榮叡)와 후쇼(普照)는 감진을 만났다. 감진에게 일본에 율종을 전파해 달라고 요청했다. 이미 고령임에도 감진은 흔쾌히 승낙했다. 그런데 감진의 일본행은 당나라가 공식적으로 승인한 것이 아니었다. 그 이유를 보면 당은 과거 신라와 함께 일본을 적대시했고 자기 나라 고승이 험한 바다를 건너 불모지나 다름없는 신생국 일본에 가는 것도 내키지 않았다. 당은 조건을 내걸며 승인을 거부했다.

일본으로 갈 수 있는 유일한 방법은 '밀항'밖에 없었다. 약 12년 동안 다섯 차례 시도했지만 모두 실패했다. 세 번은 준비부족으로 비바람에 배가 난파되었고, 두 번은 주변의 반대와 관청의 감시 때문이었다. 그렇게 세월이 흐르는 동안 감진과 함께 떠나려던 약 36명이 죽었고 일본 승려 요에이도 병으로 죽어 중국에 묻혔다. 후쇼는 낙담하고 홀로 귀국했다. 그리고 감진도 병으로 시력을 잃었다.

드디어 감진을 일본으로 데려갈 수 있는 기회가 왔다. 일본의 고겐 천황(孝謙天皇)은 대사 후지와라노 기요카와(藤原淸河)와 부사 기비노 마키비(吉備眞備), 오토모노 고마로(大伴吉麻呂) 등 10번째 견당사를 파견했다. 이들이 공식적으로 다시 감진의 일본행을 당에 요청했다. 이때 당은 현종(玄宗)이 황제였다. 그는 독실한 도교 신자였다. 도교에 도사도 동행한다는 조건으로 감진의 일본행을 승인했다. 일본은 사실 도교에는 흥미가 전혀 없었지만 당의 조건을 수용했다. 이렇게 공식적으로 일본으로 떠나게 된 것이다. 감진과 그의 제자 24명은 일본 견당사의 배로 출국했다. 이때 감진은 나이가 이미 66세였다.

바다는 험난했다. 겨우 어렵게 규슈 남부에 배가 도착했다.* 이듬해 수도 헤이안에 들어갔다. 감진은 일본 최대 사찰 도다이지(東大寺) 대불전 앞에 임시로 계단(戒壇)을 설치하고 천황과 그 가족, 고위 귀족, 관리 등 400여 명에게 수계를 내렸다. 출가자들에게도 새롭게 계를 내렸다.

5년 뒤 정변이 일어나 감진은 도다이지를 떠났다. 이후 도쇼다이지(唐招提寺)에서 율장을 강의했고 일본 율종을 개창했다. 이뿐만 아니라 그는 선진적인 당의 불교 미술, 한의학, 건축, 조소(雕塑) 등을 일본에 전파했다. 이렇듯 일본에 많은 것을 전해준 감진은 76세에 결가부좌한 채 세상을 떠났다. 이 모든 이야기는 나라 시대 말기 문인 오우미노 미후네(淡海三船)가 쓴 『도다이와조토세이덴(唐大和尚東征傳)』이라는 책으로 전한다.

지금 도쇼다이지에 가면 그의 초상(肖像)을 모신 개산당(開山堂)과 그의 묘를 볼 수 있다. 이 초상은 일본 최고의 초상이라고 평가받는다. 개산당 앞에서는 후대의 하이쿠(俳句) 명인 바쇼(芭蕉)가 감진에게 시 한 줄을 바쳤다. "새봄에 싹 튼 어린잎으로 스님의 눈물 닦아드리리." 그의 묘에 가면 1988년 '천안문(天安門)

사태'에 대한 책임으로 실각해 비참하게 죽은 중국 총리 자오쯔양(趙紫陽)의 기념식수가 있다. 또한 1963년 감진 서거 1,200주년 기념으로 현대 중국의 대표 지성이라고 불리는 궈모뤄(郭沫若)의 "눈먼 감진이 바다를 건너 지극 정성으로 천지를 밝혔네(鑑真盲目航東海, 一片精誠照太清)"라는 시도 유명하다. 지금도 감진은 일본과 중국에서 존경받는 인물이다.

도래인과 귀화인

감진과 같은 사람을 일본 역사에서 '도라이진(渡來人, 이하 도래인)'이라 한다. 이들은 일본에 선진 문명과 문화를 전달했고 일본의 역사를 발전시켰다. 도래인의 대부분이 한반도계라는 것이 정설이다. 그런데 일본이 그 의의를 축소한다는 일본인 학자의 비판성 주장을 읽은 적이 있다. 그래서 이번 장에서 감진과 함께 기억할 만한 도래인 몇을 짧게 소개하고자 한다.

규슈에서는 초기 벼농사가 한반도에서 도래했음을 알 수 있는 유물이 출토되었다. (벼의 전파가 어느 쪽이 먼저인지에 대한 논란이 있음.) '반월형석도(半月形石刀)'라는 것이다. 신석기시대 후기부터 청동기 시대에 걸쳐 곡물의 이삭을 따는 '반달 모양의 돌칼'이다. 한반도 남부와 일본의 규슈 북부에서 출토되었다. 이 시기는 야요이(弥生) 시대이다. 이때 농사를 짓는 사람들이 한반도에서 일본으로 대거 유입되었다. 그 규모가 당시 재래의 죠몬인(縄文)은 약 56만 명, 야요인은 380만 명이었다.

일본 최대 도래인계 씨족이 하타(秦) 씨이다. 이 씨족 집단은 신라 출신으로 보인다. (백제계라는 주장도 있음.) 교토(京都)가 일본의 수도가 되기 전 하타 씨는 이미 교토 지역에 정착해 지역을 개발한 것이다. 5세기 후반 무렵 교토에서 하타 씨는 교토의 강인 가츠라가와(桂川)의 물로 저수지(葛野大堰)와 수로를 만들어 관개농업을 시작했다. 선진적인 토목 기술로 토지를 개발했다고 한다. 양잠 기술로 비단을 만드는 직조 기술도 이 씨족 집단이 일본으로 들여온 것이다.

불교 사찰 고류지(広隆寺)와 농업과 풍요의 여우신을 모시는 후시미 이나리 신사(伏見稲荷神社)를 이들이 세웠다. 고류지에는 한국 국보 반가사유상(半跏思惟像)과 똑같은 모양의 보살상이 있다. 두 보살상의 차이는 한국의 것은 청동이고 일본 것은 목조라는 것이다. 강렬한 붉은 색 도리이(鳥居, 신사의 기둥 문)가 길게 늘어서서 터널을 이룬 장관을 담은 사진이나 영화를 본 사람들은 기억이 날 것이다. 이 도리이가 바로 후시미 이나리 신사 뒤편에 있다. 대부분 기업의 후원으로 근래에 세운 것이다. 한편 고류지는 하타 씨 집단의 대표로 보이는 진하승(秦河勝, 일본어로 하타노 가와카츠) 부부가 창건했고 레이호덴(靈寶殿)에는 진하승 부부상이 보존되어 있다.

이 외에도 다른 도래인계 씨족이 일본의 문화와 경제적 토대를 건설한 사례는 많다. 이들의 업적은 앞서 감진 이상이었다. 그 이유는 정치와 윤리, 종교와 사상, 예술과 문화 그리고 교육과 책 등도 인간이 기본적인 삶을 누린 이후에 가능한 일이기 때문이다. 어느 수준 정도의 풍족한 경제력을 갖추어야 가능하다. 한반도 출신의 도래인이 없었다면 당시 일본은 '고대국가'로 성장할 수 없었을 것이다.

다음은 성격이 조금 다른 도래인이다. 주로 백제계가 여기에 해당했다. 처음 시기는 대체로 가야의 멸망과 고구려의 남하로 백제가 위기에 빠져든 상황에서 일어났다. 이 때문에 백제는 바다 건너 일본열도의 여러 세력(왜)을 이용해야만 했다. 그들은 이런 정치적 목적으로 일본에 문물을 전수하고 교류했다. 백제가 일본에 전수한 문물은 오경박사로 대표되는 유교, 미술과 함께 전파된 불교, 와공(瓦工)으로 대표되는 선진 공업 기술 등이 있다. 이 선진 문물은 당시 일본이 고대국가를 건설하는 데 중요한 역할을 했다. 이 문물을 적극적으로 수용한 세력인 소가 씨도 백제계였다. 이들의 주도로 일본에 진정한 문화가 발생했다. 바로 '아스카 문화'이다.

백제 멸망 이후에는 정치적 망명이 대규모로 있었다. 규슈에 전승되어 온 정가왕(禎嘉王)과 복지왕(福智王) 이야기, 지토 천황이 의자왕의 아들 선광(禪廣)에게 구다라노 코니키시 씨(百済王氏)라는 성(姓)를 하사한 것 등을 보면 망명의 규모를 추측할 수 있다. 왕족이 혼자 망명할 리가 없기 때문이다. 그들을 따르는 많은 귀족과 백성을 거느리고 망명했다. 이 왕족은 일본에서도 '왕(王)으로 대접' 받으며 수도와 전국의 여러 곳에 집단을 이뤄 거주했다. 지금도 일본 곳곳에서 발견되는 '구다라' 즉 백제라는 이름의 지역과 다리, 강이 있고 한반도식 산성들도 있다. 같은 처지의 고구려계도 있었다. 이들은 당시 일본이 고대국가를 건설하는 데 적극적으로 참여했다. 교토의 기요미즈데라(清水寺), 나라의 도다이지, 오사카의 도톰보리(道頓堀) 등의 건축과 지역의 유래를 보면 이 시대 도래인의 흔적이 많이 남아있다.

이후 고대국가가 본궤도에 오르자 일본은 새롭게 당이라는 제국을 직접 만났다. 당의 눈부신 문물에 매료되어 일본은 온통 당의 문명과 문화에 온 사회가 열광했다. 이것을 '당풍(唐風)'이라 한다. 바로 감진이 당풍의 대표주자였다.

그런데 헤이안 시대 중반부터 권력이 천황에서 후지와라(藤原) 씨로 넘어갔다. 후지와라 씨는 천황의 외척 가문으로 성장하자 셋쇼(攝政, 천황을 대신한 정치)와 간파쿠(関白, 관료 통제)를 독점했다. 이러한 정치권력의 변화는 사회 분위기를 급변시켰다. 이들은 국수주의적인 역사관과 문화관을 가지고 새로운 문화를 만들어 나갔다. 이것을 '국풍(国風)'이라고 한다. 이 후지와라 정권이 주도적으로 만든 것이 『일본서기』와 가나의 원형에 해당하는 표기법으로 정리한 『만엽집』이다. 그리고 신라와 당나라 관계도 끊어버리고 견신라사(遣新羅使)와 견당사(遣唐使) 파견도 중단했다. 일본은 스스로 동아시아의 주류 문명과 문화로 벗어나 고립된 길을 갔다.

이 과정에서 도래인들의 평가도 바뀌었다. 언제나 동아시아의 최고 강대국인 중국에서 온 도래인은 인정하고 한반도계 도래인은 부정했다. 『일본서기』식의 '한반도 멸시관'을 가진 일본인들은 한반도계 도래인은 인정할 수 없었을 것이다. 부정할 수 없을 정도로 공적이 뚜렷하고 대중들도 널리 기억하는 인물과 집단에 대해서는 '귀화인(歸化人)'으로 정리했다. 귀화의 의미는 만세일계의 신성한 천황과 그가 다스리는 불멸의 '신국(神國) 일본'을 흠모해 바다를 건너왔다는 것이다. 따라서 지금 일본의 역사책과 관광지 설명 또는 공식적인 언론 보도에서 '귀화'라는 용어를 쓴다면 그 저의를 의심해야 한다.한국도 외국인에게 '귀화'라는 표현을 함부로 쓰지 말아야 한다. 참고로 1980년대 신군부 전두환 정권의 '국풍81'이란 작전의 명칭과 슬로건도 여기서 유래한 것이다. 근대 이후 등장하는 정치, 사상, 학술, 문화의 용어에는 이런 것이 많고, 지금도 문제의식 없이 사용하는 경우가 많다.

헤이안 시대 귀족들의 감수성 『고킨와카집(古今和歌集)』

『고킨와카집』 또는 『고킨와카슈』는 헤이안 시대 귀족들의 노래 '와카(和歌)'를 모아 편찬한 책이다. 본격적으로 『고킨와카집』을 소개하기 전에 헤이안 시대와 와카에 대해 알아보자. 헤이안 시대란 고대 시대의 마지막 시기이며 중세 가마쿠라(鎌倉) 막부 시대 이전의 약 400년 동안이다. 헤이안은 나라에서 새로 천도한 수도의 이름이다. 문학사에서는 '중고(中古) 시대'라고 한다. 구체적으로 보면 다음과 같은 특징이 있다.

천황제의 율령국가에서 후지와라(藤原) 씨라는 귀족들에게 권력이 점차 이동했다. 헤이안 시대 중반에는 아예 천황을 대신해 후지와라 가문이 정치를 독점하는 '섭관(攝關, 셋칸) 정치'가 시행되었다. 이는 후지와라 가문의 여성을 역대 천황의 황후와 후궁으로 만들었기 때문이다. 이렇게 되면 역대 천황은 모두 후지와라 씨의 후손이 되는 것이다. 이후 천황들도 권력을 계속 유지하기 위해 '인세이(院政) 정치'를 하며 정치적 혼란은 더욱 가속화했다. 인세이란 천황이 천황의 자리를 태자에게 양위하고 자신은 '상황(上皇)' 또는 '법황(法皇)'이 되어 계속해서 정치권력을 이어 나가는 것이다. 시라카와 천황(白川天皇) 때 처음 시작했다.

토지·경제 체제도 서서히 균열했다. 율령제에서는 성인 남자를 기준으로 과세했지만 묘덴(名田, 경작자의 실제 토지)으로 과세 기준이 바뀌었다. 그런데 국가의 토지와 권력자의 거대 장원(莊園), 지역민을 지방호족인 다토(田頭), 묘슈(名主)가 지방관 대신 관리하면서 부패가 만연했다. 이들은 율령제 하에서 지방관이었던 고쿠시(国司)를 대신해 개인의 무력으로 지역을 통제하는 권한까지 위임받아 반(半)독립적인 세력으로 성장했다. 이들이 '사무라이(侍)'의 유래이다.

사회는 후지와라 씨의 귀족 사회가 안착하면서 개인의 재능보다는 출신 가문을 우선시했다. 관직도 특정 가문이 세습했다. 이처럼 신분 차별과 세습으로 사회는 정체되었다. 국제적으로는 신라와 당과의 관계를 끊었다. 다만 고구려를 계승한 발해와는 계속 통교했다. 그렇게 당시 동아시아 국제사회부터 스스로 고립의 길을 택했다.

이런 헤이안 시대가 종말을 맞은 시기는 12세기 중반이었다. 귀족 사회의 내부 분쟁을 무력으로 해결하기 위해 무사를 동원했던 것이 그들에게 권력을 잡는 기회를 준 것이다. 처음 권력을 잡은 무사는 다이라노 기요모리(平清盛)이다. 그의 무사 가문을 헤이케(平家) 또는 다리아 씨(平氏)라고도 한다. 곧이어 겐지(源氏)의 미나모토노 요리토모(源 賴朝)가 동쪽 지역(東国)의 무사 집단을 이끌고 다이라노 기요모리 정권을 무너뜨렸다. 그리고 수도 교토를 떠나 동쪽의 도쿄(東京) 서남쪽 해안 지대인 가마쿠라(鎌倉)에 무사 집단 정부를 세웠다. 이것이 '가마쿠라 막부(幕府)'이다. 이후 시대를 고대가 아닌 중세라고 한다. 지금도 그곳에 가면 가마쿠라의 상징인 청동 대불(大仏), 후지산이 보이는 해변, 바다를 달리는 에노덴(江ノ電) 그리고 작은 섬 에노시마(江の島)를 볼 수 있다. 인기 만화였던 『슬램덩크』의 배경인 곳이다.

이 중고 시대 문학의 특징은 처음에는 한시문(漢詩文)이 크게 유행했고 이후에 일본 문자인 가나가 완성되면서 고유의 정형시 '와카'와 '수필'이 발달했다.

문화가 당풍에서 국풍으로 바뀐 것이다. 한시문 중에 유명한 책이 후지와라노 아키히라(藤原明衡)가 편찬한 『혼쵸몬즈이(本朝文粹)』이다. 헤이안 시대 전기부터 200년간 쓰였던 427편의 한시문을 14권 39가지 편목으로 정리해 교육용 교재로 만든 것이다. 사람을 죽게 만드는 귀신 '모노노케(物の怪)'라는 요괴 이야기가 유행했다. '음양사(陰陽師, おんみょうじ)'의 미신 이야기도 유행했다. 음양사는 음양료(陰陽寮)에서 천문, 점술 등의 일을 하는 관리이다. 2001년 타키타 요지로(滝田洋二郎) 감독의 〈음양사〉도 미신을 소재로 다룬 영화이다.

이제 『고금와카집』에서 정리한 일본 고유의 정형시 와카의 정의, 성격, 구성에 대해 알아보자. 와카는 5·7·5·7·7의 31자의 정형시이다. 이런 정의는 『고금와카집』에서 명확히 내린 것이다. 와카는 일본의 고전 시 전체를 의미하기도 한다. 그래서 『만엽집』의 노래도 와카라고 부르기도 한다. 엄밀히 말하면 5·7·5·7·7의 31자의 정형시가 아닌 노래는 와카가 아니다.

한시가 국제적 '당풍(唐風)'의 시대를 대표하는 시문학이라면, 와카는 국수주의적 '국풍(国風)'의 시대를 대표하는 시와 노래였다. 즉 국제주의 문화에 저항하는 국수주의 문화이다. 그래서 와카(和歌)는 '야마토(大和)의 노래'라는 의미이다. 야마토는 앞서 고훈(古墳) 시대에 야마토라는 집단이 있었을 것으로 추정했다. 하지만 고대 통일국가(강력한 천황의 조정)라는 것은 실제 역사가 아닌 『일본서기』 이후 만들어진 것이다. 이런 관념은 헤이안 시대 중기 국풍의 시대에 유행했다. 근현대의 일본에서도 국수주의적인 의미를 담고 있는 '와(和)'는 여전히 많이 쓴다. 전통의상을 와후쿠(和服), 일본어를 와고(和語), 일식을 와쇼쿠(和食), 일본식 집을 와시츠(和室) 등이 와(和)의 사례이다.

『고금와카집』은 다이고 천황(醍醐天皇)의 명령으로 만든 것이다. 이런 경우를 흔히 '칙찬(勅撰)'이란 표현을 쓴다. 총 4명이 편집자가 있는데 기노 도모노리(紀

友則), 기노 쓰라유키(紀貫之), 오시코치노 미쓰네(凡河內躬恒), 미부노 다다미네(壬生忠岑) 이다. 이들이 노래를 모아 정리했고 1,100여 수의 와카를 골라서 전 20권의 책으로 편찬한 것이다.

서문은 가나로 쓴 것(假名序)과 한문으로 쓴 것(真名書) 두 개이다. 가나서는 일본 문학사에서 최초의 가론(歌論, 문학론)으로 평가받는다. 문장이 아름다워 길지만 인용한다. 『고금와카집 천줄 읽기』라는 책에 수록된 것이다.

"와카란 인간의 마음을 재료 삼아 수많은 언어로 표현한 것이다. 이 세상을 살아가는 동안 이런저런 일들이 많이 일어나기 때문에 마음속으로 생각한 것들을 보고 듣는 것들에 실어 노래로 표현한다. 꽃에 와서 지저귀는 꾀꼬리나 물가에 사는 개구리의 울음소리를 들어 보면, 살아 있는 것 중에서 그 어느 것 하나 노래를 읊지 않는 것이 있겠는가. 힘을 하나도 안 들이고 하늘과 땅을 움직이고, 눈에 보이지 않는 귀신의 마음을 움직이며, 남녀 간의 친밀함을 더해 주고, 용맹스러운 무사의 마음까지도 부드럽게 해주는 것이 와카이다."

『고금와카집』에 수록된 대부분의 와카는 단가의 형태이다. 단, 5수의 장가와 4수의 세도카(旋頭歌)가 있다. 그리고 와카를 13가지 내용별로 분류하는 '부다테(部立)'로 배열했다. 봄, 여름, 가을, 겨울, 축하의 노래(賀), 이별의 노래(離別), 여행의 노래(羈旅), 사물의 이름을 읊은 노래(物名), 사랑의 노래(戀), 죽음의 노래(哀傷), 기타(雜), 형태가 다른 노래(雜體), 궁중의 축하 노래(大歌所御歌) 등이다.

전체 3분의 1은 작가의 이름이 없고 실명 작가는 모두 120여 명이다. 전체 작품에서 편찬자 4인의 작품도 약 20%에 이를 정도로 많이 수록되어 있다. 수록 작가는 시기별로 삼등분했다. 1기는 작가 미상의 시대, 2기는 육가선(六歌仙, 롯카센)의 시대, 3기는 찬자(撰者, 센자)의 시대이다. 찬자는 이 『고금와카집』

의 편찬자라는 의미이다. 1기는 헤이안 시대 초기로 국풍 시대이기 때문에 와카 작가들이 무명씨가 많다. 이들은 『만엽집』의 전통을 잇고 와카의 시대로 연결했다. 그래서 『만엽집』의 고풍스러운 느낌도 있지만 와카다운 새로운 표현이 등장한다. 2기의 '육가선'이란 편찬자의 선배 세대인 6인의 가인에 대한 존경심을 담은 표현이다. 이들은 와카 특유의 표현을 확립했다. 3기는 편찬자 4인의 시대를 말한다. 이들은 와카를 확립했다고 평가받는다. 이처럼 『만엽집』의 훌륭한 내용으로 후세에 '이십일대집(二十一代集)'이라 불리는 모든 칙찬(勅撰) 와카집의 모범이라고 평가한다.

헤이안 시대 궁정과 귀족들의 놀이인 '우타아와세(歌合)'를 알아 둘 필요가 있다. 가인(歌人)을 좌우로 나눈 후 정해진 제목에 따라 와카를 부르며 승부를 가리던 놀이다. 놀이기도 하지만 일종의 문학회이다. 2012년 NHK에서 제작한 〈다이라노 기요모리(平清盛)〉를 보면 우타아와세의 놀이 방법, 『겐지모노가타리』와 같은 문학작품을 낭독하는 모습, 백거이의 〈장한가(長恨歌)〉를 필사하는 모습 등의 궁중문화를 잘 묘사하고 있다.

『고금와카집』에 수록된 와카 중 몇 수를 소개한다. 18권 잡가 하에 수록된 작가 미상의 작품이다.

    이 세상에서 무엇이 안 변하나? (世中はなにかつねなる)
    아스카 강물 어제의 깊은 소가 오늘은 여울 됐네. (あすかがはきのふのふちぞけふはせになる)

2기 6명의 가선(歌仙) 중 한 명이며 일본 3대 미녀라는 오노노 코마치(小野小町)의 유명한 작품이다.

화려한 꽃 색깔은 완전히 바래가는구나. (花の色は うつりにけりな いたづらに)

어렴풋이 봄비 내리는 사이. (わが身よにふる ながめせしまに)

한 단어에 두 개 이상의 의미가 있는 중의적 의미를 표현하는 '가케코토바(掛詞)'란 수사법이 사용되었다.

다음은 3기 편찬자 중 한 명인 기노 쓰라유키(紀貫之)의 작품이다.

그 사람 마음은 도무지 알 수 없네. (人はいさ 心も知らず)

정든 마을은 매화가 옛날 그대로의 향기를 뿜네. (ふるさとは 花ぞ昔の 香に匂ひける)

다음은 여행의 노래(羈旅)라고 소개된 아베노 나카마로(阿倍仲麻呂)의 〈당나라에서 달을 읊다(もろこしにて月を見てよみける)〉란 작품이다.

맑은 밤하늘 쳐다보니 고향 가스가(春日)의 미카사 산(三笠山)에 떴던 그 달인가 싶구려(天の原 ふりさけみれば 春日なる 三笠の山に いでし月かも)

아베노 나카마로는 나라 시대 인물인데 조금 특이한 인생을 살았다. 그는 19세에 유학생으로 선발되어 당나라에 갔다. 당 현종(玄宗) 시절에 과거에 합격해 조형(晁衡)이란 이름으로 관직에 올랐다. 문학에 관련한 직무를 맡아 이백(李白), 왕유(王維)와 같은 당대 최고의 시인들과 교류했다. 진남도호안남절도사(鎮南都護安南節度使)로 임명되어 베트남(安南) 지역을 통치하기도 했다. 이후 일본으로 귀국하려다가 배가 난파되어 실패했다. 결국 죽은 후 당에 묻혔다.

이런 이력을 생각하며 아베노 나카마로의 와카를 보면 고향을 그리워하는 이백의 시 〈정야사(靜夜思)〉나 신라 최치원의 〈추야우중(秋夜雨中)〉 연상된다. 일본 고유의 와카이지만 작가의 특이한 이력 때문에 국경을 뛰어넘는 감성을 느끼게 한다. 당 현종 시대를 다룬 중국의 영화나 드라마에 그의 역할을 하는 배우가 대부분 출연한다. 아마도 당의 국제성을 강조하기 위해서 '아베노 나카마로'라는 배역이 필요했을 것이다.

끝으로 모두의 관심을 일으킬만한 와카 한 수를 소개한다.

우리 님 오래도록 장수하소서 (我が君は千代に八千代にさざれ)
자갈이 바위 되어 이끼가 낄 때까지 (石の巖となりて苔の生すまで)

축하 또는 장수 축원의 노래이다. 생일잔치 등과 같은 곳에서 부르기 적당한 노래였을 것이다. 이 노래는 기구한 운명을 맞는다. 메이지 유신 이후 제국주의 일본은 이 노래 가사의 의미도 바꾸어 버렸다. '와카키미와(我が君は)'를 '기미가요와(君が代は)'로 바꾸어 의미를 '우리 님(여기서 君은 당신, 그대)'에서 '우리 임금(천황)의 치세'로 변질시켰다. 여기에 당시 도입된 유럽 음악을 입혀 일본의 국가(國歌)인 '기미가요'가 된 것이다. 행복한 날 축하의 노래가 제국주의 일본의 군주를 찬양하는 노래가 된 것이다.

세상에서 가장 완벽한 남자 히카루 겐지의 다채로운 사랑과 빛나는 영화 그리고 허무한 죽음을 노래한 이야기『겐지 모노가타리(源氏物語)』

『겐지 모노가타리』 소개에 앞서 '모노가타리(物語)'라는 일본 특유의 문학 장르를 이해해야 한다. 앞서 소개한 상류 귀족 사이에서 와카가 유행하던 시대가 서서히 저물던 10세기 중엽부터 12세기 후반까지 일본어 산문의 시대가 도래했다. 가나의 발달은 훌륭한 일본어 산문이 탄생하는 밑거름이 되었다. 그 주체도 하류 귀족과 여성들이었다. 이들은 상류 귀족처럼 우아한 한문의 문장보다 일상에서 쓰는 일본어 가나가 더 익숙했다. 참고로 이 가나의 발달에 한국 고대의 불경에 쓰인 구결(口訣)이 큰 영향을 주었다고 한다.

이 시대 일본어 산문은 두 개의 문학 장르로 발전했다. 하나는 '닛키(日記)', 다른 하나는 '모노가타리'이다. 닛키는 현대의 '사소설(私小說)'처럼 작가 자신의 이야기를 시간순에 따라 쓴 것이다. 최초의 닛키인『도사닛키(土佐日記)』는 기노 츠라유키(紀貫之)가 도사(일본 시코쿠의 고치현)에서 임기를 마치고 55일 동안 귀경했던 내용을 쓴 기행문인데 일기처럼 하루하루 시간 순서에 따라 쓴 것이다. 기노 츠라유키는 관리이며 가인이었다.『고금와카집』의 편찬자 중 한 명이다.

모노가타리는 어떤 사물과 사실을 의미하는 모노(物)와 이야기를 의미하는 가타리(語)의 합성어이다. 낭독을 전제로 쓰일 때 '이야기하다'라는 의미로도 쓴다. 이 모노가타리는 우타 모노가타리(歌物語)와 쓰쿠리 모노가타리(作リ物語)로 나뉘어 발달했다. 제목에서 알 수 있듯이 우타 모노가타리는 노래 즉 와카를 중심으로 하나의 이야기를 서술한 것이고, 쓰쿠리 모노가타리는 창작된 허구이다. 대표적인 작품은『겐지 모노가타리』이다.

모노가타리는 지금의 '소설'과는 다르다. 결정적인 차이는 '일관된 스토리'가

모노가타리에는 없다는 것이다. 각각 다른 제목의 독립적 이야기이다. 하지만 일부에서는 소설의 기준을 유럽 근대 소설의 개념을 가져왔기 때문에 이 기준으로 일본 고유의 소설을 부정하는 것은 옳지 않다고 반박하는 이들도 있다. 이처럼 『겐지 모노가타리』는 세계 최초의 장편 소설이라고 하지만 다수가 인정하는 주장은 아니다.

『겐지 모노가타리』는 형식이 아닌 주제별로도 나눈다. 역사적 사건을 다룬『레기키 모노가타리(歷史物語)』, 군대의 전쟁을 다룬『군키 모노가타리(軍記物語)』등이 있다. 군키 모노가타리에는『헤이케 모노가타리(平家物語)』가 유명하다.

오늘날에는 다양한 창작물에도 모노가타리(物語)라는 단어를 많이 사용한다. 한국에서도 유명한 영화 〈4월 이야기〉도 일본어 원제목은 〈四月物語〉고, 베스트셀러 역사 에세이『로마인 이야기』도 제목은『ローマ人の物語』, 일본의 장수 드라마 〈기묘한 이야기〉도 원제목은 〈世にも奇妙な物語〉이다.

『겐지 모노가타리』의 전체 구성은 74년에 걸쳐 4명의 천황과 500명이 인물이 등장하는 장편 이야기이다. 총 54첩(帖)으로 구성되는데 각 첩에는 해당하는 세계를 암시하는 이름이 붙어있다. 전체를 세 부분으로 나눈다.

첫 번째는 기리츠보(桐壺)부터 후지노 우라비(藤裏葉)까지 33첩이다. 1첩의 이름 기리츠보는 하급 궁녀 이름이다. 그녀의 직책으로 보이는 갱의(更衣)를 사전에서 찾아보면 궁녀로서 윗사람의 옷을 입히는 역할과 화장실에서 윗사람의 용변을 뒤처리했던 것으로 추측된다. 이 기리츠보와 천황 사이에서 주인공 히카루겐지(光源氏)가 탄생했다. 그가 태어날 때 고려의 사신이 그의 관상을 보고 '제왕의 상'이라고 예언하는 대목이 흥미롭다. 당나라의 백거이(白居易)가 쓴 슬픈 사랑의 노래인 〈장한가(長恨歌)〉가 인용되기도 한다. 이렇게 태어난 히카루겐지는 이후 수많은 여인과 만나 사랑하고 벼슬도 계속 승진해 최고위직인 태정관(太政官 다이조칸)에 올라 영화를 누린다.

일단 어이없을 정도의 엄청난 여성 편력이 아주 인상적이다. 거대한 저택에 계절마다 놀 수 있는 집이 있고 그곳마다 거처하는 부인이 다섯 명이나 있었다. 이 중에 황후의 조카인 10살 소녀 무라사키노 우에(紫の上)가 가장 총애받는 정실부인이었다. 이 외에도 다양한 여인들이 등장한다. 자신의 계모인 황후와 불륜으로 훗날 천황이 되는 아들이 태어난다. 여기서 끝이 아니다. 숙모, 형의 딸과 약혼녀 등과의 불륜부터 자신을 따르는 부하의 부인과 그 딸, 친구의 애인, 심지어 유배지에서 만난 여인, 여관에서 만난 과부와 그녀의 딸과의 불륜까지 상상을 초월한다. 이처럼 『겐지 모노가타리』는 일본의 개방적인 성문화를 이해하는 마음이 없으면 읽기 불편할 정도이다.

두 번째는 와카나(若菜上, 새싹)부터 마보로시(幻, 환상)까지 8첩이다. 그렇게 화려한 인생을 산 히카루겐지가 말년에 접어들며 과거에 자신이 만난 여인들로부터 되돌아오는 고통을 숙명처럼 느끼며 번뇌한다. 무라사키노 우에도 죽자 출가를 결심한다. 그런데 마보로시 다음 첩은 쿠모가쿠레(雲隱)라고 하지만 그 내용은 전해지지 않는다. 쿠모가쿠레는 히카루겐지의 죽음을 의미한다.

세 번째는 니오우노미야(匂宮)에서 유메노우키하시(夢浮橋)까지 13첩이다. 히카루겐지가 죽은 후 자손들이 우지(宇治) 여성들과 복잡한 관계를 맺는 이야기이다. 마치 아버지 히카루겐지의 일생을 반복하는 듯한 숙명이라 느끼게 한다.

저자는 무라사키 시키부(紫 式部)이다. 헤이안 시대 궁녀이며 뛰어난 여성 문인이었다. 실제는 후지와라(藤原) 씨이고 이름은 알 수 없다. 무라사키 시키부라는 필명에는 여러 학설이 있다. 가령, '무라사키(紫)'는 그녀가 창작한 겐지 모노가타리에서 가장 총애받는 정실부인 무라사키노 우에의 성씨와 같다. 즉 무라사키는 그녀의 진짜 성이 아니라 창작된 '가짜'라는 주장이다. '시키부(式部)'는

그녀의 이름이 아니라 아버지의 과거 관직명이었다는 것이다. 식부성(式部省, しきぶしょう)은 문관인사와 국가 예식을 담당한 관청이다.

분명한 것은 권력층인 후지와라 씨의 일족이었고 학식이 높았다는 것이다. 후지와라 가문이 권력을 장악한 비법은 역대 천황과 자신의 딸을 결혼시켜 그 후손이 다시 천황이 되게 하는 것이었다. 이뿐만 아니었다. 후궁(천황의 첩), 천황 직계가족 등을 직접 수발하는 상위 궁녀는 모두 후지와라 씨 출신의 재능이 출중한 여인들이었다. 이 중 한 명이 무라사키 시키부였다. 이렇게 이치조 천황(一條天皇)의 제2황후 후지와라노 쇼시(藤原彰子)의 뇨보(女房)가 되어 궁중에 들어갔다. 뇨보는 천황 가족을 직접 수발하는 지위가 높은 궁녀이다. 그녀의 라이벌은 세이 쇼나곤(淸少納言)이었다. 세이 쇼나곤은 제1황후였는데 산후조리 문제로 사망한 후지와라노 데이시(藤原定子)의 뇨보였다.

입궁한 그녀에게 천황가는 많은 배려를 했다. 집필에 필요한 개인용 방, 좋은 종이와 붓, 필요한 참고서 등을 준비해주었다. 그리고 천황 내외와 궁중의 여인들은 그녀가 겐지 모노가타리를 완성할 때까지 기다려 주었다. 그리고 하나의 첩이 완성되면 기다리던 천황 내외와 궁중의 여인들이 함께 모여 그녀의 낭독을 들었다. 당시 궁중은 마치 거대한 문학 살롱이었다.

그녀는 『겐지 모노가타리』 외에 『무라사키 시키부 일기(紫式部日記)』와 시집인 『무라사키시키부집(紫式部集)』도 남겼다. 『무라사키 시키부 일기』는 2년 동안 궁중에서 생활했던 내용을 쓴 것이다. 일기보다는 편지이기 때문에 '닛키'라는 통념과는 조금 다르다. 그리고 내용에 세이 쇼나곤, 이즈미 시키부(和泉式部) 등 당대 여성 문인에 대한 평가가 후대의 많은 이들에게 호기심을 갖게 했다.

그녀는 궁중에 들어가기 전에 나이가 한참 많은 사촌 후지와라 노부타카(藤原宣孝)와 결혼해 다이니노 산미(大弐三位)라는 딸을 낳았다. 이후 남편이 죽자 입궁한 것이다. 딸도 훗날 궁중 뇨보가 되었고 저명한 시인으로 이름을 남겼다.

마지막으로『겐지 모노가타리』관련 중요한 사항 몇 가지를 더 소개한다. 일본 문학사에서 헤이안 시대의 작품에 대해 '모노노아와레(物の哀れ 또는 もののあはれ)'라는 말을 자주 쓴다. 대강의 의미는 슬픔, 비애, 무상 등이다. 헤이안 시대 대표작인『겐지 모노가타리』에도 따라붙는 표현이다. 이 말은 에도 시대 대표적인 국학자 모토오리 노리나가(本居宣長)가 주창한 개념이다.

　앞서『겐지 모노가타리』가 54첩(帖)으로 되어 있다고 했다. '첩'이란 표현이 등장하는 것을 보면 제본된 책의 형태가 아니라 처음부터 하나의 이야기를 긴 종이 위에 길게 써서 두루마리 형태로 말아서 묶어 두었음을 추측할 수 있다. 그래서 이런 두루마리에 유려한 가나 초서(草書)로 쓰인『겐지 모노가타리』의 필사본들을 보물 취급한다. 화가들이『겐지 모노가타리』의 내용을 그린 〈겐지 모노가타리 에마키(源氏物語繪卷)〉도 크게 유행했다. 에마키(繪卷)는 두루마리에 그린 일본화(日本畵, 일본 전통 회화)이다. 그림의 소재는『겐지 모노가타리』와 같은 이야기나 불경, 인물 전기, 와카 등이었다. 그림 중간에 일본의 가나로 내용을 물 흐르듯 유려하게 적어 놓기도 했다. 에마키를 '야마토에(倭繪大和繪)'라고도 하는데 중국풍의 그림 카라에(唐繪)에 대항하는 의미이다. 방 안을 투시해 그린 것, 일본 특유의 미남 미녀가 등장하는 것, 이것을 묘사한 섬세한 필선(筆線) 그리고 화려한 채색이 아름다운 것이 특징이다.

『겐지 모노가타리』와 함께 궁중 여성 문인의 대표작 『마쿠라노 소시(枕草子)』

『마쿠라노 소시』는 일본 최고의 고전 수필이다. 또는 『호조키(方丈記)』, 『쓰레즈레구사(徒然草)』와 함께 3대 수필로 꼽기도 한다. 『마쿠라노 소시』의 작가는 세이 쇼나곤(淸少納言)이다.

전체 300여 장단(章段, 문장의 단락)으로 구성되어 있다. 내용에 따라 유취적 장단(類聚的章段), 일기적 장단(日記的章段), 수상적 장단(隨想的章段)으로 분류한다. 유취적 장단은 소재나 주제를 먼저 제시하고 그것에 따라 감상을 쓴 것이다. 작가의 체험을 일기 형식으로 회상하여 기술한 수상적 장단은 계절에 따라 자연의 정취 등을 쓴 것이다.

화려한 헤이안의 궁중 생활과 귀족적 취향이 드러나기도 하고 일본 특유의 미적 표현인 '섬세하고 기교적이며 인공적인 성격'이라는 평가도 있다. 특히 많이 인용하는 것이 첫 문장이다.

"봄은 동틀 무렵. 산 능선이 점점 하얗게 변하면서 조금씩 밝아지고, 그 위로 보랏빛 구름이 가늘게 떠 있는 풍경이 멋있다.

여름은 밤. 달이 뜨면 더할 나위 없이 좋고, 칠흑 같이 어두운 밤에도 반딧불이가 반짝반짝 여기저기에서 날아다니는 광경이 근사하다. 반딧불이가 한 마리나 두 마리 희미하게 빛을 내며 지나가는 것도 운치 있다. 비 오는 밤도 좋다.

가을은 해 질 녘. 석양이 비추고 산봉우리가 가깝게 보일 때 까마귀가 둥지를 향해 세 마리나 네 마리 아니면 두 마리씩 떼 지어 날아가는 모습에 가슴이 뭉클해진다. 기러기가 줄지어 저 멀리 날아가는 광경은 한층 더 정취 있다. 해가 진 후 바람 소리나 벌레 소리가 들려오는 것도 기분 좋다.

겨울은 새벽녘. 눈이 내리면 더없이 좋고, 서리가 하얗게 내린 것도 멋있다. 매우 추운 날 급하게 피운 숯을 들고 지나가는 모습은 그 나름대로 겨울에 어울리는 풍경이다. 이때 숯을 뜨겁게 피우지 않으면 화로 속이 금방 흰 재로 변해 버려 좋지 않다."

무라사키 시키부처럼 세이 쇼나곤도 이름부터 여러 가지 설이 있다. '세이'는 기요하라(淸原)라는 출신지에서 따왔고, '쇼나곤'은 궁중 호칭이라고 하지만 확실치 않다. 가정에서 와카와 한학(漢學)을 배웠다고 한다. 다치바나노 노리미쓰(橘則光)와 결혼해 아들 노리나가(則長)를 낳았지만 이혼했다.

세이 쇼나곤은 궁중에 들어가 황후 후지와라노 데이시의 뇨보가 되었다. 학문에 뛰어나고 재기발랄했던 그녀는 주변과 교류가 많았다. 와카도 잘 지었고 황후와 당나라 백거이(白居易)의 시와 관련된 일화로도 유명하다. 이런 것들 때문에 무라사키 시키부는 그녀를 '잘난 척 나대는 사람'으로 악평했다. 그런데 그가 섬기던 황후가 죽은 후 명확한 기록이 없다. 궁중을 떠난 것은 확실해 보인다. 그래서 불행했다는 추측도 있다. 황후가 죽고 얼마 뒤 『마쿠라노 소시』를 출간했다.

『마쿠라노 소시』의 제목과 관련한 일화가 있다. 어느 날 황후가 자신의 오빠에게 종이를 받았다. 그래서 어디에 쓸까 하고 고민했는데 세이 쇼나곤이 "베갯머리 밑에 두시지요"라고 했다. 황후는 "그럼 자네에게 주지"라며 종이를 그녀에게 주었다. 그 후 『마쿠라노 소시(枕草子)』를 그 종이에 썼다. 마쿠라(枕)는 '베개', 소시(草子)는 '묶은 책'이란 뜻이다. 합치면 '베갯머리 서책'이 된다. 잠자리에서 읽기 좋다는 느낌으로 다가온다.

심심하여 마음에 떠올랐다 사라지는 시시한 것들을 썼다 『쓰레즈레구사(徒然草)』

『쓰레즈레구사』는 서(序)와 243단(段)으로 구성되었고, 불교의 무상관(無常觀), 은둔자의 관조를 담았다. 많이 인용되는 서단(序段)을 보자.

"딱히 할 일 없어 심심해서 온종일 벼루를 바라보며 마음에 떠올랐다가는 사라지는 시시한 일을 아무런 생각 없이 쓰고 있자니 묘하게 마음이 이상야릇하고 미칠듯한 기분이 든다."

무료함에 마음 가는 대로 시시한 일을 썼다는 서문이 흥미롭다. 특별할 것 없는 일상의 글쓰기는 수필의 본질일 것이다. 각단을 보면 주제가 다양하고 필체도 자유롭다. 글의 길이도 제멋대로이다. 아마도 그때그때 생각나는 대로 써 내려간 듯하다.

제목의 '도연(徒然, つれづれ)'은 심심함과 지루함 또는 '마음에 바라는 바를 이루지 못한 채 아무 일도 못 하는 상태'를 의미한다. '초(草, くさ)'는 풀이란 의미도 있지만 처음 쓴 초고(そう)의 의미도 있다. 집필 동기가 가장 잘 드러난 『쓰레즈레구사』의 한 대목을 소개한다.

"나의 인생은 이미 실패의 연속이다. 지금이야말로 참으로 속세의 속박을 모두 버려야만 한다. 신의도 더는 지키지 않을 것이다. 예의도 신경 쓸 필요가 없다. 그런 것들 또한 속세에 얽매이는 것이기 때문이다. 이와 같은 내 기분을 알지 못하는 이들은 마음대로 나를 '광인'이라고 불러 다오. 제정신이 아닌 박정한 남자라고 말해 다오. 은자로서 사는 나는 더는 속세를 비판하거나 속세로 인해 괴로워하거나 하지 않는다. 무슨 칭찬을 받아도 기뻐하지 않는다."

일본의 중세 문학은 전쟁을 중심으로 어느 한 시대의 역사를 장대하게 그린 이야기인 '군기물(軍記物)'이 많다. 일본의 중세는 과거 귀족계급은 몰락하고 신흥 무사들이 정권을 잡은 시대이다. 이런 까닭에 군기물이 많은 것이다. 그런데 용맹한 승리보다는 패자의 비애와 고통을 아름답게 그리는 불교의 무상관이 드러나는 경우가 많다. 그 대표작이 『헤이케모노가타리(平家物語)』이다.

일본의 중세는 계속되는 혼란과 전쟁으로 죽음에 대한 불안과 공포심이 팽배했던 시기이다. 이런 시대의 지식인은 은둔자가 되어 세상을 관조했다. 그래서 일본 중세문학은 은둔과 관조가 두드러진다. 이 시대 대표작은 요시다 겐코(吉田兼好)의 『쓰레즈레구사』와 모노 초메이(鴨長明)의 『호조키』이다. 이런 은둔자의 문학은 후대에 많은 영향을 주었다.

요시다 겐코는 본명이 우라베 가네요시(卜部兼好)이다. 대대로 교토의 요시다 사(吉田社)의 신관이 나온 우라베 가문 출신이다. 출사해 궁에서 일했다. 30세 전후에 출가해 자유로운 은자가 되었다.

그가 살았던 시기는 일본 중세의 남북조(南北朝) 시대였다. 천황이 두 명이고 조정도 갈라져 있었다. 고다이고 천황(後醍醐天皇)은 가마쿠라(鎌倉) 막부를 무너뜨리고 천황의 권력을 되찾으려 했다. 전투는 계획대로 되지 않고 계속 밀리다가 막부를 배신한 아시카가 다카우지(足利高氏)를 끌어들여 마침내 성공했다. 이번에는 아시카가 다카우지가 천황을 배반했다. 다시 내전이 일어났고 일진일퇴의 공방 끝에 아시카가 다카우지가 교토를 정복하고 새로 고묘 천황(光明天皇)을 세웠다. 이것이 북조이다. 패배한 고다이고는 승복하지 않고 남쪽 요시노(吉野)로 도주해 자신을 따르는 조정을 중심으로 남조를 세웠다. 이런 혼란과 내전의 시대가 60년간 지속되었다.

출가한 요시다 겐코는 히에이잔(比叡山)의 요코카와(橫川) 등에 머물며 『쓰레즈레구사』 등의 작품을 남겼다. 와카에도 뛰어나 돈아(頓阿), 게이운(慶運), 죠벤(淨弁)과 함께 남북조 시대의 '와카사천왕(和歌四天王)'이라고도 한다. 한편 그의 죽음에 대해서는 명확히 알려진 것이 없다.

말세에는 오직 '나무아미타불'만 염불하면 극락 간다 '호넨(法然)'

일본의 불교는 긴메이 천황(欽明天皇) 때 백제로부터 들어왔다. 백제의 성왕이 달솔(達率)이었던 노리사치계(怒唎斯致契)를 파견해 불경과 불상을 전달한 때부터 일본의 불교가 시작되었다.

이 시기 불교와 관련해 흥미로운 사건들이 있다. 그 첫 번째가 불교 수용을 놓고 신도(神道)를 믿는 토착 세력이 반대한 사건이다. 대신(大臣) 소가노 이나메(蘇我稲目)는 이미 동아시아에서 보편적인 종교로 성장한 불교를 수용하자고 주장했다. 그러나 대련(大連) 모노노베노 오코시(物部尾興)는 반대했다. '외국 신(부처)을 받아들이면 일본의 8백만 신들이 분노한다'라는 이유였다. 이것이 '숭불논쟁(崇仏論爭)'이다. 일본에서도 신라의 '이차돈 순교 사건'과 같은 일이 있었다. 당시 천황은 '신도가 옳지만 나는 불교가 좋다'라는 식으로 모호한 태도를 보였다. 이 내용은 후대에 조작되었다는 견해도 있다.

두 번째가 쇼토쿠 태자(聖德太子)의 불교 수용이다. 그는 요메이 천황(用明天皇)의 아들이고 스이코 천황(推古天皇)의 섭정으로 소가노 우마코(蘇我馬子)와 함께 국정을 이끌었다. 쇼토쿠 태자는 '12계의 관위(官位)와 17개조 헌법(憲法)'을 제정하는 등 고대 정치체제를 세웠다. 그리고 400년 만에 중국을 통일하고 동아시아 강대국으로 떠오른 수나라에 긴급하게 견수사(遣隋使)를 파견해 급변하는 국제정세를 탐색하고자 했다. 이때 그는 수에 보낸 국서(國書)에서 '해 뜨는 나라 천자가 해 지는 나라 천자에게 안부를 묻는다, 안녕하신가?'라고 적어 수나라가 발칵 뒤집혔다. 이때는 중국을 중심으로 천하의 질서가 통용되는 시대였지만 당시 일본은 처음 국제무대에 나왔기 때문에 국제질서를 이해하지 못했다. 이후에는 이런 국서를 지닌 일본 사신은 없었다.

이 외에도 수많은 공적이 있다. 이렇듯 쇼토쿠 태자는 일본 역사에서 고대국가 건설이란 위대한 첫걸음을 내디딘 인물이다. 그의 모습은 백제의 아좌태자가 그린 초상화와 엔화 1만 엔권에 남아있다. 묘소는 오사카 외곽 다이시마치(太子町, 전철역이 있고 그 근처 소재)에 있다.

일본에는 '태자신앙'이란 것이 있다. 쇼토쿠 태자는 탄생부터 온통 전설이다. 이것들은 대부분 불교와 관련되어 있다. 이 때문에 그를 '일본의 석가', '관음보살의 환생'이라고 했다. 그래서 쇼토쿠 태자의 위대한 업적은 전설이라는 반박도 많다. 중요한 것은 그가 불교를 적극적으로 수용했다는 점이다. 고구려 승려 혜자(慧慈)와 백제 승려 혜총(惠聰)을 스승으로 모시고 배웠다. 지금도 남아 있는 오사카의 시텐노지(四天王寺)와 나라의 호류지(法隆寺)는 쇼토쿠 태자가 세운 절이다. 호류지에는 담징(曇徵)이 그렸다고 전해지는 금당 벽화(현재는 모사품) 때문에 한국에서 유명하다.

그는 불교에 대한 지식이 깊었고 『삼경의소(三經義疏)』라는 주석서를 남겼다. 직접 황실에서 불교 강의도 했다. 당시 동아시아의 많은 나라처럼 국가와 천황의 정당성을 불교에서 찾으려 했을 것이다. 그것이 고대국가에서 불교의 기능이었다. 소가 씨 세력과 쇼토쿠 태자의 노력으로 일본도 불교 국가가 된다.* 이 시대를 아스카 시대라고 한다. 아스카 시대는 불교 수용기였다.

다음은 나라 시대이다. 쇼토쿠 태자와 초기 불교 수용론자가 불교에 대해 의도했던 구상이 잘 실현된 시대였다. 그 구상은 국가발전을 위한 불교의 번창이었다. 그래서 중요한 것은 '고쿠분사(国分寺)' 제도이다. 쇼무 천황(聖武天皇)은 전국 각지에 관립 사찰인 고쿠분사를 세우고 그 중앙에 거대한 도다이지와 대불전(大佛殿)을 건립했다. 지금도 남아있는 앉은키 16m, 얼굴 길이가 5m인 '비로자나불'은 너무도 압도적이다. 이 대불이 들어 앉아있는 대불전은 높이 47.5m나 되는 세계 최대의 목조건축물이다. 이런 거대 불상과 불교 제도를 국가가 만든 이유는 무엇일까?

당시 불교의 최대 사명은 국가의 안녕을 기원하는 '진호국가(鎭護国家)'였다. 국가가 재난과 전쟁으로 위기에 빠지면 인왕경(仁王經)과 같은 불경 강독 또는 밀교(密敎)의 '진언다라니(眞言陀羅尼)'와 같은 염불을 하는 것이다. 이런 상황에서 고쿠분사의 승려는 개인적인 수행이나 중생을 구제한다는 것은 생각할 수 없다. 심하게 말하면 국가의 종교 관련 부서의 공무원 역할을 한 것이었다. 한국에서도 불교의 초기 모습은 이와 같았다. 그래서 이후 '호국불교'라는 말도 많이 썼다. 중국도 남북조 시대 북조(北朝)의 불교에서 이런 모습은 발견된다.

물론 나라 시대에도 한반도와 중국에서 여러 고승과 수많은 종파가 들어왔다. 크게 6개 종파가 성립되는데 '남도육종(南都六宗)'이라 한다. 남도는 후대에 수도가 교토가 된 후 옛 수도 나라를 남도라고 했으므로 후대에 생긴 명칭이다. 육종은 삼론종(三論宗), 법상종(法相宗), 성실종(成實宗), 구사종(俱舍宗), 율종(律宗), 화엄종(華嚴宗)을 말한다. 그러나 이들은 특정 불교 교파의 교리를 학문적으로 연구한다는 의미이지 불교라는 종교를 숭배하는 것은 아니다.

이때 '진호'를 넘어 '내(우리)가 곧 이 나라다'라는 불순한 생각을 한 승려가 나타났다. 법상종의 도쿄(道鏡)이다. 여성이었던 고켄 천황(孝謙天皇)은 그를 총애해 황족에 버금가는 권세를 누리게 했다. 고켄이 상황으로 물러난 뒤 병이 들었는데 도쿄의 보살핌으로 병이 나았다. 이런 도쿄의 행실에 불만이 있었던 준닌 천황(淳仁天皇)이 고켄 상황에게 간언하다가 오히려 불화가 생겨 쫓겨났다. 이후 준닌은 유배지에서 죽었다. 이후 고켄은 쇼토쿠 천황(稱德天皇)이란 새로운 이름으로 천황에 복귀했다. 이후 도쿄는 대신선사(大臣禪師)로 임명되었고 천황에 준하는 지위의 법왕(法王)이 되었다. 또 도다지지를 모방해 사이다이지(西大寺)를 세웠다. 심지어 관료들의 배례(拜禮)도 직접 받았다. 이런 상황이 계속되자 그의 야심은 더욱 커졌다. 우사하치만구(宇佐八幡宮)의 신관을 통해 '도쿄가 천황에 올라야 태평천하가 된다'라는 신탁 예언을 올리게 했다. 하지만 양심적인 관료가 다시 가서 재차 신탁을 받아 앞의 것을 번복하고 '태자가 천황을 계승해야 한다'라는 신탁을 받아 왔다. 이에 천황은 분노해서 그 관료를 유배 보냈다. 아마 천황도 도쿄가 자신을 계승하길 원한 듯하다. 이런 소동이 있은 후 천황이 갑자기 병사했다. 천황은 평생 독신으로 살았다. 그래서 고위 신료들이 숙의한 끝에 고닌 천황(光仁天皇)를 즉위시켰다. 이제 남은 것은 도쿄를 처리하는 것이었다. 도쿄는 실각해 시모쓰케(下野) 국 야쿠시사 별당으로 좌천되었다. 이후 도쿄가 죽을 때까지 알려진 것은 없다. 이렇게 도쿄는 천황 자리를 넘본 인물로 지금껏 평가받고 있다.

이 시대에는 도쿄와 같은 승려만 있지는 않았다. 교기(行基)가 그런 승려다. 그는 백제계 도래인의 후손이었다. 조상이 유명한 왕인(王仁)이다. 왕인이 실존 인물이었다는 것에 대해 부정하는 학설도 있다. 흥미로운 것은 그의 스승이 아스카데라지(飛鳥寺)의 도쇼(道照) 등의 도래인 승려라는 주장이다. 그가 배운 종파는 법상종의 유식론(唯識論)이다.

앞서 거론한 도쿄도 법상종이다. 하지만 교기는 도쿄와 전혀 달랐다. 교기는 관제(官制) 불교에서 뛰쳐나와 민중 속으로 들어갔다. 불교의 원래 소명인 중생제도(衆生濟度)의 길로 나갔다. 빈민 구제, 치수, 교량 건설 등의 사회사업에 적극적으로 나섰다. 이러한 교기의 활동은 국가 입장에서는 위험한 '민중 선동'으로 보였다. 그래서 그와 제자들을 감옥에 가두고 탄압했다.

그러나 당시 경작지가 부족한 문제를 고민하던 국가가 교기와 그의 교단에게 화해의 손을 내밀었다. 교기를 이용해 당시 도다이지 대불을 조성하기 위한 기부금을 모집하려 했다. 그렇게 교기는 일본 최초의 대승정(大僧正)이 되었다. 그는 대불 조성의 마지막 '개안(開眼)' 행사를 보지 못하고 죽었다. 그는 말년에 국가에 협조하는 태도로 전향한 것에 대해서는 부정적인 평가도 있다.

헤이안(平安) 시대의 불교는 조금 달랐다. 나라 시대는 천황이 권력의 중심이었다면 헤이안 시대는 귀족의 시대였다. 불교계도 남도육종은 몰락하고 천태종과 진언종이 양대 종파로 등장했다. 천태종의 사이초(最澄)와 진언종의 구카이(空海)는 당나라에 유학을 통해 배워온 새로운 불교를 전파했다.

천태종은 지자대사(智者大師)인 지의(智顗)가 개창한 종파인데 기존의 불교 교리를 통일해 당시 중국의 상황(수의 천하통일)에 맞게 재정리한 것이다. 사이초는 당에 일 년 동안 유학하고 귀국해 사가(慈賀)현 히에이산(比叡山) 정상에 엔랴쿠지(延曆寺)를 세우고 천태종을 열어 일본 불교의 여러 종파를 통일하려 했다. 귀족들에게는 존중받았지만 교세는 크게 확장하지 못했다. 시호는 전교대사(傳教大師)이다.

구카이는 처음에 교토의 관료양성 국립학교인 다이가쿠료(大学寮)에서 유학 경전과 중국 역사를 배웠다. 어느 날 불교를 접한 후 출가를 결심하고 사이초 등과 함께 당나라 유학길에 오른다. 당시 당의 수도 장안에 있던 청룡사(青龍寺)에서 혜과(惠果)를 만나 '밀교(密敎)'를 배웠다. 이 밀교가 이후 일본 불교에서 중요한 역할을 한다. 귀국 후 밀교를 널리 전파해 이른바 '동밀(東密)'을 개창 했다. 와카야마의 고야산(高野山)에 공고부지(金剛峯寺)를 세우고 그곳을 '밀교 성지'로 만들었다. 사가 천황(嵯峨天皇)으로부터 교토의 도지(東寺)를 하사받아 밀교를 수도에도 확산시켰다. 그가 세운 밀교 교단은 '진언종'이다. 법명은 홍법대사(弘法大師)이다. 이 진언종은 현재 일본의 다수 종파다.

밀교는 부처의 깨달음은 비밀스럽게 전수되었다는 것이다. 그래서 주문과 염불, 도상(圖像), 만다라(曼茶羅, maṇḍala), 의례 등의 소재를 통해 가르침을 준다. 당나라에서 활동한 인도승인 금강지(金剛智 Vajrabohdi)와 불공삼장(不空三藏 Amoghavajrag)이 개창자이다. 이들의 제자가 신라 승려 혜초(慧超)이다. 경전은 『대일경(大日經)』과 『금강정경(金剛頂經)』이다. 밀교에서는 다른 불교 종파를 '현교(顯敎)'라고 했다. 이 비밀스러운 밀교에 매료된 집단은 당시 헤이안의 귀족 세력이었다. 귀족들은 밀교의 신비로운 주문과 현실에서 당장 믿고 의지할 대일여래(大日如來, 밀교의 본존불)에 적극적으로 호응했다. 그래서 헤이안 시대의 불교는 귀족 불교이다. 귀족들은 절과 탑을 건립하는 데 열성적이었다. 대규모 법회도 자주 열었다. 승려 집단도 이런 귀족에 호응(결탁)했다. 절은 귀족들의 토지 기부와 재산 헌납으로 거대해졌다. 거대 사찰마다 승병(僧兵, そうへい)을 조직해 절의 재산을 지키고 집단행동에도 나서면서 사회적으로 큰 위세를 부렸다. 승병을 당중(堂衆, どうじゅ)이라고도 하며 나라의 고후쿠지(興福寺), 교토의 도지 그리고 히에이산의 엔랴쿠지 등 거대 사찰마다 자체 군대를 조직했다.

이렇게 세속적인 명예와 부에 대한 탐욕 때문에 각 절의 승병끼리 치열한 전투도 벌였다. 깡패 수준이 아니라 사병집단의 살상전이었다. 당시 시라카와 천황(白河天皇)은 "카모가와(鴨川, 당시 賀茂河)의 물, 쌍륙 놀이의 주사위, 야마보시(山法師), 이것들이 내 마음대로 되지 않는 세 가지이다"라고 말했다고 한다. 여기서 야마보시가 바로 엔랴쿠지의 승병이다. 실제 시라카와가 이 말을 했는지 정확히 알 수는 없지만 분명한 것은 당시 불교는 우리가 아는 불교가 아니었다. 거대 사찰의 승병은 중세 일본에서 치열한 내전이 일어나자 주요한 세력으로 성장했다. 이후 센고쿠(戰國時代) 시대 무장 오다 노부나가(織田信長)가 엔랴쿠지 등의 절을 불태우고 승려들을 대거 죽였다. 인과응보(因果應報)라고 할 만하다. 오다 노부나가도 각지의 불교도들과 싸우다가 마지막에는 혼노지라(本能寺)는 절에서 죽었다.

이후 새로운 불교가 출현했다. 그것은 호넨(法然)이 시작한 '정토종(淨土宗)'이다. 귀족들의 헤이안 시대가 가고 또 다른 난세(亂世)가 왔다. 중세 무사들의 막부 시대가 개막된 것이다. 이 시기가 바로 가마쿠라(鎌倉) 시대이다. 당연히 이런 시대의 불교는 민중을 구제해야 한다.

호넨은 미마사카(美作) 호족의 아들로 태어났다. 그가 어릴 때 아버지는 권력 투쟁에 휘말려 야습으로 죽었다. 죽어가던 아버지가 그에게 '적을 미워하지 마라! 만약 네가 복수한다면 싸움은 그치지 않을 것이다'라는 유언을 남기고 세상을 떠났다. 그래서 절의 주지로 있던 삼촌 손에 자랐다. 이후 히에이산 엔랴쿠지(延曆寺)에서 출가했고 천태종을 배웠다. 그러나 당시 엔라쿠지는 앞서 거론한 대로 타락한 절이자 부패 종교의 표상과도 같은 곳이었다.

어느 날 부처상에 매달려 기도하는 대중을 본 후 대중 구제의 길로 나섰다. 이때 그가 발견한 방법은 '전수염불(專修念佛)'이다. 서방 극락정토(極樂淨土)에 있는 부처인 아미타불(阿彌陀佛)에게 지금의 고통에서 구제해 달라며 '아미타불'을 부르는 방법이다. 어떤 고행도 수련도 없이 '아미타불'을 부르기만 하면 누구나 극락에 갈 것이라는 호넨의 주장은 파격적이었다. 교토 남부 히가시야마(東山) 요시미즈(吉水)에 암자를 짓고 대중에게 설법하며『선택본원염불집(選擇本願念佛集)』이란 정토종 교리를 정리한 책을 집필했다. 줄여서『선택집』이라고 말한다. 이곳에 지금도 히가시혼간사(東本願寺)와 니시혼간사(西本願寺)라는 '정토진종(淨土眞宗)'의 대형 사찰이 있다. 이들이 일본의 대표적인 불교 종파이다.

『선택집』은 모두 16장으로 구성되어있고 아미타불에 대한 염불이 극락가는 방법이라 강조하고 수행자의 마음 자세, 공덕을 쌓는 법, 수행법 등을 담고 있다. 그의 생각을 잘 드러낸 좋은 문장 하나를 소개한다.

'만일 불당과 불탑을 건립하고 불상을 만들지 않아 (극락) 왕생할 수 없다면 일부 부자만 왕생한다는 것이다. 불교를 깊이 공부하고 지혜를 연마한 자들만 왕생한다면 일부 사람만 왕생할 자격을 가지는 것이다. 그러나 아미타불은 모든 사람에게 자비의 마음을 일으켜 소수의 사람만 구원받는 일이 없도록 하셨다. 그저 '칭명염불(稱名念佛, 부처의 이름을 부르고 부처를 생각)'만으로 왕생할 수 있도록 하신 것이다.'

이 말은 인간은 수행을 통해 스스로 구원받는 것이 아니라 아미타불의 자비에 의지해야 한다라는 의미이다. 이런 신앙을 '타력본원(他力本願)'이라 한다. 기존의 주류 불교 입장과는 다르다. 우리가 알고 있는 불교는 '개인의 기나긴 수행' 이후 부처가 되는 것이다. 부처의 절대적인 힘이 아니다. 타력본원의 신앙은 오히려 기독교와 이슬람에 가깝다. 이 점이 동아시아의 전통 종교와 외래 수입 종교의 차이다. 이런 호넨의 정토종은 당시 고통받는 민중의 열광적인 지지를 받으며 급속도로 신자가 늘어났다. 교세 확장에 놀란 기성 교단이 이를 두고 보지 않았다. 당시 조정을 움직여 탄압했다. 염불 중지, 강제 개명, 시코쿠(四國)의 도사(土佐)라는 지역으로 유배를 보냈다. 제자 네 명은 사형당했다. 호넨은 유배지에서도 꿋꿋이 제자들을 가르쳤다. 이후 유배가 해제되고 교토로 돌아와 얼마 후 죽었다. 저서로는 『선택집』 이외에 『정토삼경사기(淨土三經私記)』, 『정토경석(淨土經釋)』 등이 있다.

호넨 이후 그의 종파를 더욱 발전시킨 인물은 수제자였던 신란(親鸞)이다. 신란은 교토의 하급 귀족 집에서 태어났다. 그도 스승인 호넨처럼 일찍 부모를 잃고 삼촌의 절로 가서 출가했다. 이때 만난 스승이 천태좌주(天台座主) 지엔(慈円)인데 유명한 역사 평론서『구칸쇼(愚管抄)』의 저자이다. 이후 히에이산 엔랴쿠지에서도 천태종을 배웠다. 하지만 천태종이 타락한 모습을 견디다 못해 20년간의 수행 생활을 청산하고 호넨을 찾아가 공부했다. 이때 호넨은 69세, 신란은 29세였다. 결혼도 해서 재가승이 되었다. 완전한 승려도 아니고 속가인도 아닌 '비승비속(非僧非俗)'의 생활을 선택한 것이다.

이후 스승과 함께 유배형을 받았다. 신란의 유배지는 오늘날 니가타(新潟)인 에치고(越後)이다. 5년이 지나 유배가 해제되고 귀경했지만 스승의 임종을 보지 못했다. 그는 가족과 제자들과 함께 간토(關東) 지역으로 떠나 '이나다 암자(稲田の草庵)' 등에서 약 20년 동안 포교 활동을 했다.

나이 60세가 넘어 교토로 돌아왔다.『교행신증(教行信證)』,『정토화찬(淨土和讚)』,『고승화찬(高僧和讚)』,『정상말화찬(正像末和讚)』 등의 책을 남겼다. 나이 90세에 죽어 유골과 유품은 도호쿠의 대표적 포교지였던 이나다 암자에 봉납되었다.

신란이 죽은 후 그의 법어(法語)를 제자인 유이엔(唯圓)이 모아서 정리한『탄니쇼(歎異抄)』란 책이 유명하다. 제목의 의미는 '다름(異)을 탄식하다(歎)'라는 것이다. 책 제목이 이런 것은 그가 스승과 다른 주장을 했고 다른 종교를 만들었다고 세상이 이해하는 것에 대한 반박이었다. 그런데 종파의 명칭을 보면 호넨은 정토종(淨土宗), 신란은 정토진종(淨土眞宗)이라 했다.

신란은 정토진종이 정토종을 더 철저히 추구한 것이라고 주장했다. 정토진종은 전수염불이 '더 철저하게' 타력(부처나 보살의 능력)이라고 보았다. 염불은 자기 의지의 발현이 아니라 '아미타불이 우리 인간들을 불쌍히 여겨 염불을 외우게 하는 것이다. 자기 힘으로 외운다고 생각하면 안 된다고 했다. 더 나아가 악인이 극락 왕생하는 것에 대해서는 당연하다고 주장했다. 선인이란 인간의 무력함을 모르고 자력으로 선행한다고 잘난 체하는 자로 보았다. 반면에 악인이란 자신의 어리석음과 악함을 자각한 자이기 때문에 오로지 아미타불에 의지해 왕생할 것이라고 주장했다. 그래서 아미타불은 선인도 구제하지만 당연히 악인도 구제한다는 것이다.

한편, 선종(禪宗)에서도 새로운 흐름이 나타나 크게 성장한다. 에이사이(榮西)의 임제선(臨濟禪) 종파와 도겐(道元)의 조동선(曹洞禪) 종파가 대표적이다. 이 둘은 각각 송(宋)에서 유학하며 이 두 종파의 선종을 배워왔다. 이렇게 새롭게 시작한 두 종파는 크게 성장했다. 선종의 가르침은 무사(사무라이)의 정서에 잘 맞았다. 이에 더해 당시 권력을 쥔 무사 집단인 막부(幕府, 바쿠후)의 지원으로 크게 성장한 것이다. 이런 지원에 대한 선종의 화답이 에이사이의 '흥선호국론(興禪護国論)'이다. 임제종과 조동선의 일반적인 차이는 '공안(公案)'에 대한 가치 평가에 있다. 공안은 선종의 선문답(禪問答)을 모은 것이다. 임제종은 이 공안을 중시하지만 조동선은 좌선(坐禪) 명상을 중시한다.

참고로 조동종은 과거 일본 제국주의 침략의 첨병 역할을 했다고 평가받고 있다. 지금 군산에 '근대화 거리'에 가면 '동국사'란 일본의 절을 볼 수 있다. 이것이 조동선 사찰이다.

마지막으로 니치렌(日蓮)을 소개한다. 아와(安房, 지금의 치바)에서 어부의 아들로 태어났다. 그는 『법화경(法華經)』만이 유일무이한 경전이라고 주장하며 기존의 불교는 모두 부정했다. 진토종의 전수염불을 극단적으로 반대했다. 이런 주장을 담은 책이 『입정안국론(立正安国論)』이다. "정토교는 무간지옥에 빠지고, 선종은 악마의 가르침이고, 율종은 나라의 적이다(念佛無間禪天魔, 眞言亡国律国賊)!"라는 극언도 했다. 그래서 불교계 모두와 적이 되었다.

『입정안국론』은 몽고와 고려의 침략을 예언했다고 주목받기도 했다. 그도

'나는 법화경을 믿습니다(南無妙法蓮華經, 남묘호렌게쿄)'라는 구절을 외우도록 했다. 이렇게 생긴 종파가 일련종(日蓮宗, 니치렌슈우)이다. 근현대에 들어서 일련종에서는 다나카 치가쿠(田中智学)가 침략주의(국가주의)로 나갔다. 반대로 마키구치 쓰네사부로(牧口常三郎)와 도다 조세이(戸田城聖)가 창가학회(創価学会, 소카가카이)를 만들어 제국주의 일본에 협력을 거부하다가 탄압받았다. 하지만 현 창가학회는 공명당(公明党)을 창당하고 항상 자민당(自民党)과 함께 연립정부를 세우고 있다. 현재 한국에서도 포교 중이다.

※ 일본 불교의 특징

흔히들 일본의 불교 특징을 '신불습합(神佛習合)'이라 한다. 일본 고유의 신도와 불교가 융합되어 있다는 말이다. 관련해서 소개할 것이 있다. 일본인들은 어려울 때 이런 말을 한다고 한다. "가미사마(神様, かみさま), 호토케사마(佛様, ほとけさま), 도와주세요(手伝ってください)!" 이렇게 신도의 신과 부처를 찾는 것은 이 둘을 동격화하고 함께 숭배한다는 의미이다. 그래서 '신불(神佛)'이란 표현도 자주 쓴다.

신도는 일본 고유의 민족 신앙으로 조상, 자연 등의 다양한 대상을 숭배(다신교)하며, 특별히 종교를 창시한 (부처, 예수와 같은) 교조 없이 자연발생적으로 성장한 것이다. 국가 주도로 제사를 지내는 신사(神社, じんじゃ)가 있고 자신의 집에 신을 모시는 민간신앙 형태도 있다. 천리교(天理教, てんりきょう)는 신도의 일파이지만 18세기에 생긴 신흥종교이기에 교조와 교단도 있으며 포교 활동도 한다. 한국에서도 활동한다.

신도는 처음에 불교 수용에 반발했다. 하지만 불교를 수용하자는 계파가 승리해 불교가 본격적으로 유입되었다. 그러면서 이때 나타난 것이 기존의 신도와 불교를 융합하는 논리 즉 '신불습합'의 주장이다. 당시 주장이 '본지수적(本地垂迹)'이다. 본지는 '부처의 본래 원천', 수적은 '부처의 임시 모습'으로 풀이한다. 쉽게 말해 일본의 신은 부처의 임시 모습이라는 것이다. 헤이안 시대 말기에는 이 주장이 널리 보급되었다. 특히 천태종과 진언종이 자신들의 교의로 이 주장을 수용했다.

하지만 중세 막부 시대가 오자 앞의 본지수적을 반대로 주장하는 흐름이 나타났다. '일본의 신은 세계를 지배하는 존재이므로 외국에 나타난 임시 모습이 부처다'라는 주장이다. 이런 주장을 하는 흐름을 '이세(伊勢) 신도'라고 한다. 참고로 이세는 일본 최고 지위와 규모의 신궁(神宮, 진구)이 있는 곳이다. 무로마치(室町) 막부 시대에는 이 논리가 유교로 확장되었다. '유교는 가지와

잎, 불교는 꽃과 열매, 신도는 뿌리'라는 것이다. 이후 신도는 에도 시대에 이르러 문제의 국학(国学)과 흐름을 같이 하면서 더 배타적이고 복고적인 성질을 가졌다. 이후 메이지(明治) 유신 때에는 천황 절대주의, 침략주의를 위한 '국가 신도'로 만들기 위해 강제로 신불습합의 전통을 파괴했다. 이때 대대적인 불교 탄압이 일어났다.

군기 모노가타리의 대표작 『헤이케 모노가타리(平家物語)』

헤이케 이야기는 중세 군기물(軍記物) 중에 최고의 작품이라고 한다. 주인공은 다이라노 기요모리(平淸盛)라는 헤이안 말기의 실존 인물이다. 그래서 이 이야기는 실제 역사라고 생각하기 쉽지만 『삼국지연의』처럼 창작된 문학이다. 특히 문제는 일본 센고쿠 시대이다. 제대로된 정사(正史)가 없기 때문에 지금도 고작 군기물을 가지고 역사 논쟁을 하는 실정이다.

여기서 잠시 '다이라노 기요모리'라는 인물에 대해 알아보자. 뒤에 소개할 스토쿠 천황(崇德天皇) 이야기와 관련 있는 '호겐의 난(保元の乱)'으로 떠오른 무장(武將)이다. 원래 헤이안 권력 구조에서 상위 권력자는 천황가와 그들의 인척인 후지와라 가문, 조정의 귀족과 관리 즉 '구게(公家)'였다. 무가(武家)는 하위 권력자였는데 이 호겐의 난으로 무가 집단이 두각을 나타낸다. 이때 크게 떠오르는 두 무가가 있었는데 다이라노 기요모리의 다이라 씨(平氏)와 뒤에 가마쿠라 막부를 개창한 미나모토노 요리토모(源賴朝)의 겐지(源氏)였다. 다이라 씨를 헤이케(平家)라고도 한다.

호겐의 난은 고시라카와 천황(後白河天皇)과 스토쿠 천황이 천황의 자리를 두고 벌인 내전이었다. 이때 고시라카와는 무가 세력을 동원해 승리했다. 고시라카와는 니조 천황(二条天皇)을 세우고 자신은 상황(上皇)이 되어 권력을 유지했다. 이런 비정상적인 권력을 '인세이(院政)'라고 했다. 그런데 무가 세력은 고시라카와의 '논공행상(論功行賞)'에 대해 불만이 많았다. 많은 공을 세운 겐지 씨는 자신보다 공이 적은 헤이케가 더 많은 보상을 받자 불만이 아주 컸다. 겐지 씨가 먼저 선제공격을 개시해 고시라카와 상황과 니조 천황을 사로잡았다. 하지만 곧이어 헤이케가 반격해 고시라카와 니조를 구출하고 사태를 수습했다. 이것이 '헤이지의 난(平治の乱)'이다.

이후 헤이케는 권력을 장악했다. 다이라노 기요모리는 무사 최초로 태정대신(太政大臣)이 되었다. 오늘날 일본의 지위로 보면 수상(총리)에 해당한다. 그리고 딸을 천황에게 시집보내 천황과 친척이 되고 일가 전체는 권력의 요직을 독차지했다. 나중에는 딸이 낳은 3살 아들을 안토쿠 천황(安德天皇)으로 세웠다. 이런 과정에서 인세이(院政)라는 정치 체제는 사라졌다. 이런 처사에 여러 세력이 반발했다. 하지만 다이라노 기요모리는 오만과 독재로 일관했고 헤이케 일가는 최고의 부귀영화를 누렸다. 그러던 중 다이라노 기요모리가 갑자기 병으로 죽자 전국적으로 헤이케 권력에 반대하는 반란이 일어났다.

일본을 상징하는 이미지에 자주 등장하는 것 중에 일렁이는 푸른 바다 위에 우뚝 서 있는 붉은 기둥의 도리이가 있다. 히로시마(広島) 앞바다에 있는 이쓰쿠시마섬의 이쓰쿠시마 신사(厳島神社) 앞 도리이다. 이쓰쿠시마 신사를 건설한 자가 다이라노 기요모리이다. 자신의 권력과 가문의 영화가 영원하기를 신에게 기원하고자 만든 신사이다. 지금은 일본이 자랑하는 인류 문화유산이다.

이제 다시 반(反) 헤이케 반란을 보자. 이 반란의 선봉이 하필 미나모토노 요리토모였다. 앞서 헤이지의 난으로 그의 아버지와 형들은 처형당했다. 그는 운 좋게 살아남아 도쿄 동쪽 이즈(伊豆)의 히루가코지마(蛭ヶ小島)로 유배되었다. 여기서 극적인 반전이 일어난다. 평생 동지가 되는 호조 마사코(北条政子)를 만나

면서이다. 그녀는 현지 호족의 딸이었다. 처가의 도움과 포섭한 여러 세력의 조력으로 거병해 간토(關東) 지방을 평정하고 수도로 진격해 헤이케 세력을 격멸한다. 나머지 헤이케 세력을 단노우라 전투(壇ノ浦の戦い)에서 완전히 몰살시킨다. 단노우라 전투는 현재 일본 혼슈(本州)와 규슈 사이의 간몬해협(關門海峽)에서 일어난 해전이다.

이 극적인 드라마가 끝난 후 미나모토노 요리토모는 자신만의 권력 기관인 가마쿠라(鎌倉) 막부를 세웠다. 일본 최초의 무가 막부정권이다. 일등 공신은 호조 마사코와 호조 씨 일족이었다. 이들은 겐지 씨와 함께 가마쿠라 막부에서 함께 권력을 행사했다. 호조 마사코는 남편이 죽은 후에도 '비구니 쇼군(尼將軍)'으로 불리면서 권력을 행사한 여걸로 역사에 남았다. 후대의 조선통신사들이 간몬해협을 지나면서 어린 나이에 단노우라 전투로 죽은 안토쿠 천황을 불쌍하게 여겼는지 '애도의 시'를 남기기도 했다. 아마도 헤이케와 겐지 씨의 드라마틱한 역사를 조선에서도 잘 알고 있었던 것으로 보인다.

이 극적인 역사를 소재로 쓴 문학 작품이 『헤이케 모노가타리』이다. 원작자에 대해서는 주장이 분분하다. 나카야마노 유키나가(中山行長)라는 하급 귀족이라는 설이 유력하다. 나카야마노 유키나가는 헤이안 말기부터 가마쿠라 막부 초기에 최고위 관직을 지낸 구조 가네자네(九條兼実)의 가신이었고 한시에 능한 시인이었다. 어느 날 궁중 연회에서 긴장해 실수를 한 후 출가했다고 한다.

『헤이케 모노가타리』는 비파 곡조를 붙여 읊었던 평곡(平曲)이다. 맹인 승려인 '비파법사(琵琶法師)'라는 사람들이 전국을 떠돌며 비파연주로 『헤이케 모노가타리』를 전파했는데 이 때문에 여러 본(本)이 존재하게 되었다. 처음 6권에서 이후 더 많은 이야기가 추가되었다.

문체는 가나와 한문 훈독(訓読)이 함께 쓰인 '화한혼효문(和漢混淆文)'이다. 한국의 '국한 혼용체'라고 생각하면 비슷하다. 화려한 한자 어구와 고사성어가 많은 유려한 문장인 것을 보면 역사와 고전 지식을 갖춘 지식인이 이야기를 정리했다고 보인다. 그리고 이 지식인의 사상적 바탕은 불교였다. 전체적인 이야기 전개가 성자필쇠(盛者必衰)의 불교 무상관(無常觀)이 깔려 있기 때문이다. 시작부터 세상만사 다 덧없다고 무상을 느끼도록 하는 작가의 의도가 드러난다.『헤이케 모노가타리』의 첫 번째 장인 '기원정사(祇園精舍)'의 첫 문장이다.

"기원정사 무상당(無常堂)의 종소리는 제행무상(諸行無常)의 울림이구나.

석가의 입적을 지켜보던 사라(沙羅) 나무의 두 꽃의 빛깔은 성자필멸(盛者必滅)의 섭리를 드러낸다.

교만한 자도 오래가지 못가니, 단지 봄날 밤의 꿈과 같고,

강한 자도 마침내는 멸망하니, 오로지 바람 앞의 티끌처럼 허망하다."

요괴와 원령의 천국

일본은 요괴(妖怪, ようかい)와 원령(怨靈, おんりょう)의 천국이다. 일본의 요괴와 원령은 그림, 애니메이션, 만화, 영화, 캐릭터 상품, 게임 등으로 자주 등장했다. 일본은 요괴가 너무도 많아 '요괴사전'이란 것도 있고 연구하는 학문도 있다. 요괴와 원령이 없다면 현대 일본의 대중문화는 존재할 수 없을 정도이다. 이제 일본의 전통문화에서 발견되는 요괴와 원령을 찾아보자.

'요괴'라는 말이 최초로 등장하는 책은 『속일본기(續日本記)』라는 역사책이다. 『속일본기』는 헤이안 시대 초기 『일본서기』(日本書紀) 다음에 나온 정사(正史)이며 이른바 육국사(六國史)의 하나이다. 처음 요괴는 이상한 것, 불가사의(不可思議)한 것의 의미했다. 이 요괴는 대체로 '오니(鬼)' 또는 '오니의 행위'로 인식했다. 오니는 머리에 뿔이 달리고 무시무시하게 생긴 존재이다. 원래는 불교의 지옥에서 죽은 자에게 벌을 주는 존재에서 유래했다. 한국의 도깨비와는 다르다. 중세 때부터는 '텐구(天狗)'라는 것도 나타난다. 붉은 얼굴에 큰 코가 인상적이다. 또는 변신하는 여우나 너구리, 갓파(河童, 물에 사는 요괴) 등도 등장한다.

후대인 근세 에도 시대부터 요괴보다 더 뚜렷한 캐릭터를 가진 존재로 발전했다. 〈화도 백귀야행(畵圖百鬼夜行)〉이란 그림을 보면 정말 다양한 요괴를 그렸다. 여러 요괴가 한꺼번에 나타나 날뛰는 모습이 생생하다. 이 시대부터 유행한 우키요에(浮世繪)에도 다양한 요괴가 등장한다. 우키요에는 '덧 없는 세상의 그림'이란 뜻으로 무로마치 시대부터 에도 시대까지 유행했던 회화 및 목판화 장르 중 하나이다 프랑스의 인생주의 화가들에게 큰 영향을 주었다.

전통 연극인 노(能)의 가면극에도 요괴가 나온다. 노는 시적인 노래와 춤, 눈물과 웃음 등 인간의 다면적인 감정을 대화로 구성한 연극이다. 고전 시가와

고사를 대사로 사용하기도 한다. 특징은 배우들이 각자 캐릭터에 맞는 가면을 쓰는 것이다. 공연되는 노는 다섯 종류이다. 인간에게 축복을 주는 신을 노래하는 '가미노(神能)', 전쟁에서 사람들을 죽인 한 무사가 죽은 후 지옥에서 괴로움을 당하는 '슈라노(修羅能)', 우아한 사랑 등을 소재로 한 '가즈라모노(鬘物)', 다양한 인간관계의 '자쓰모노(雜能)', 그리고 오니와 악령 퇴치하는 '기치쿠모노(鬼畜物)' 또는 '기리노(切能)'이다. 다섯째의 노에는 원한에 사로잡힌 오니 '야만바(山姥)'가 등장한다. 야만바의 가면은 전체적으로 붉은데 눈을 빨간색으로 눈썹은 검은색과 하얀색으로 분장한다. 요즘도 일본의 여성들에게 유행인 '갸루(ギャル)' 화장법의 원조가 이 야만바이다.

원령은 원통하게 죽은 후 다시 이 세상에 나와 복수하는 영혼이다. 존귀하고 신령스러운 정령(精靈)과는 다르다. 그래서 살아있는 사람들은 원령의 원한을 풀기 위해 제사를 지내기도 한다. 이런 원령을 노에서 주목하고 다루는 것이다. 노의 대가인 제아미(世阿彌)가 쓴 『후시가덴(風姿花伝)』은 이론서로 원령을 상세히 다룬다. 전체 7권 중 제2권의 모노마네죠죠(物学条々)라는 배우 연기론을 보면 원령을 원령(怨靈), 악령(憑物), 지옥의 오니(冥途の鬼)로 분류해 다루고 있다.

이제 일본 역사에서 대표적인 원령이 된 인물과 관련한 사건을 소개한다. 모두 억울하게 죽은 실존 인물이다. 먼저 소개할 인물은 '스가와라노 미치자네(菅原道真)'이다. 헤이안 시대 인물이며 오늘날 '학문의 신'으로도 인기가 많다. 해마다 입시 철이 돌아오면 그가 죽어 묻힌 후쿠오카(福岡) 다자이후텐만구(太宰府天満宮) 앞에 있는 황소 상의 뿔을 잡고 기도하는 사람들이 많다. 그의 출신 가문은 토기 제작과 장의사를 하던 낮은 신분이었지만 증조부 때부터 중국의 역사와 문학을 연구한 유명한 학자 집안으로 알려졌다. 스가와라노 미치자네도 이런 집안의 분위기 속에서 학자로 성장했다. 율령제 국가 시절 문관인사와 국가 예식을 담당한 식부성(式部省)의 관리를 뽑는 시험에 합격해 문장생(文

章生)이 되었고 방략시(方略試)에 합격해 젊은 나이에 고위 관료가 되었다.

이후 우다 천황(宇多天皇)에게 중용되어 많은 활동을 했다. 딸들을 황실에 시집보냈다. 당시 중앙 권력은 천황에서 서서히 후지와라 씨 세력에게 넘어가던 시기였다. 이렇게 예민한 시기에 스가와라노 미치자네와 우다 천황이 맺은 일종의 '정치적 동맹'을 후지와라 씨는 도저히 용납할 수 없었다. 이후 우다의 아들 다이고 천황(醍醐天皇)도 그를 중용하자 바로 공격했다. '분수를 모르고 마음이 전권(專權, 마음대로 권력을 휘두름)에만 있다'라고 공격당해 하루아침에 최고위 관직에서 해임되었다. 이후 다자이곤노 소치(大宰權帥)로 좌천되었고 네 명의 아들은 유배를 떠났다. 다자이후(大宰府)는 규슈에 있던 고대 율령제 시대 지방관청이었고 주로 중국, 한국과 통교하는 업무를 했다. 다자이곤노 소치는 장관인 다자이노 소치(大宰帥)를 대신하는 자리다. 별다른 원망을 드러내거나 항의도 없이 이곳에서 3년을 지내다 쓸쓸히 죽었다.

문제는 그가 죽은 후이다. 수도에서 재난이 끊이지 않고 발생했다. 황실의 자제들이 잇달아 죽었다. 특히 세이료덴(淸涼殿)에 벼락이 떨어져 그곳에서 정무회의를 하던 후지와라 가문의 권력자들이 죽었다. 당연히 황실과 후지와라 씨 등의 지배계급은 공포에 떨었고 민심도 흔들렸다. 이런 재난의 이유가 스가와라노 미치자네가 억울하게 죽어 원령이 되어 복수했다고 생각했다. 결국 그에 대한 사면복권과 가족에 대한 유배를 해제했다. 나아가 벼락은 천신(天神)의 분노라는 생각에 죽은 그를 천신으로 받들어 제사 지냈다. 이 제사를 지내는 신사가 지금도 있는 후쿠오카의 다자이후텐만구이다. 이처럼 스가와라노 미치자네는 '유명한 학자'에서 '재앙의 신'이 되었다가 마지막엔 '학문의 신'이 되었다.

이번에 알아볼 인물은 '다이라노 마사카도(平 將門)'이다. 헤이안 시대 중반에 살았던 인물이며 일본 동쪽 간토(關東, 오늘날 도쿄 일대) 지역을 기반으로 반란을 일으켜 독립 정권을 세우려 했다. 간토 지방의 호족 출신이다. 10대 중반에 수도 헤이안에 올라와 후지와라노 다다히라(藤原忠平)의 밑에서 일했지만 어떤 관직도 얻지 못했다. 청년기에 고향에 내려갔지만 삼촌과 결혼, 영지 등의 문제로 분쟁이 일어났다. 분쟁은 무력까지 사용해 일진일퇴의 전투를 벌이는 상황에 이르렀다. 이때 삼촌 세력이 다이라노 마사카도를 중앙에 고발해 조사도 받았다. 하지만 지방호족 내에서 일어난 사적인 전투 행위 정도로 여겨져 처벌받지 않았다. 이 분쟁에서 다이라노 마사카도가 승리했고 삼촌과 그 일족은 도호쿠(東北) 지방으로 도망쳤다.

그런데 본격적으로 중앙 권력과 대립하는 일이 생겼다. 자신의 영향 안에 있던 간토 지역에 부임해 온 지방관 국사(國司)와 군사(郡司)의 분쟁에 개입하면서 중앙과 대립했다. 그는 하치만 대보살(八幡大菩薩)의 계시를 받은 무녀의 조언으로 반란을 결심하고 빠르게 간토 주요 지역을 점령했다. 그리고 시모후사(下総)에 왕궁을 건립해 자신이 '새로운 천황'에 올랐다. 이렇게 독립국을 세운 것이다. 이에 헤이안 조정은 후지와라노 다다후미를 정동대장군(征東大將軍)으로 임명하고 토벌군을 출동시켰다. 거침없이 진격해 온 관군과 반란군은 사시마(幸島) 군의 기타 산(北山)에서 최후의 결전을 벌였다. 다이라노 마사카도는 패배했고 화살에 맞아 죽었다. 그의 시신을 헤이안으로 가져가 효수(梟首)했다.

'신황' 다이라노 마사카도가 간토를 지배한 기간은 짧았지만 간토의 민중들에게 큰 영향을 남겼다. 그를 간토 최고의 무장으로 숭배하기 위해 '간다 명신(神田明神)'으로 받들어 도쿄 치요다구(千代田区)의 '간다 신사(神田神社)'에 모셨다. 간다 명신은 액운을 막는 신이다. 매년 5월 중순에 도쿄에서 열리는 〈간다 마츠리(神田祭)〉는 일본 3대 마츠리이다. 간다 마츠리는 다이라노 마사카도에게서 유래한 것이다. 나머지 마츠리에는 7월 한 달간 열리는 교토의 〈기온 마츠리

(祇園祭)〉, 7월 24~25일 앞서 나온 스가와라노 미치자네에 대한 제사를 지내는 오사카의 〈덴진 마츠리(天神祭)〉가 있다. 참고로 마츠리는 제물을 갖추어 신에게 제사를 지낸다는 '마츠루(祭り)'에서 나온 말이다. 신화 시대부터 있었다.

마지막으로 스토쿠 천황(崇德天皇) 이야기다. 그는 헤이안 시대 말기 천황이었는데 이렇다 할 공적이 없고 당시에도 아버지와의 불화와 반란 사건 이외에 볼 만한 사적이 없다. 하지만 죽은 후에 무시무시한 원령이 되었다.

문제는 증조할아버지 시라카와 법황(白河法皇) 때부터 시작되었다. 스토쿠는 도바 천황(鳥羽天皇)의 1황자로 태어나 불과 5세 때 천황이 되었다. 당시 권력은 인세이 정치를 하던 시라카와 법황에게 있었기 때문에 그의 아버지도 상황(上皇)이었지만 실권이 없었다. 그러다가 시라카와 죽자 상황이 바뀌었다. 도바 상황이 법황이 되어 인세이를 장악했다. 그리고 스토쿠를 억지로 퇴위시키고 2살이었던 그의 동생을 새로운 천황으로 세웠다. 고노에 천황(近衛天皇)이다. 천황의 자리에서 쫓겨난 스쿠토는 '와카'에 묻혀 조용히 살았다. 고노에도 죽자 스쿠토가 자신의 아들을 새 천황으로 밀었지만 아버지는 또 다른 동생을 고시라카와를 천황(後白河天皇)으로 세웠다. 아버지 도바가 병이 들자 문병마저도 거부했다. 아마도 당시 스쿠토는 고립되고 절망적인 상태였을 것이다. 그래서 생긴 전설이 스토쿠는 도바의 친아들이 아니라 실제는 할아버지의 시라카와의 아들이라는 것이다. 즉 시라카와가 손자며느리(孫婦)와 '밀통'해 낳은 사생아가 스토쿠라는 것이다. 사실인지는 알 수 없지만 이 불륜 드라마는 헤이안 말기의 사회상이었다.

아버지 도바가 병으로 죽자 절망 상태였던 스쿠토가 드디어 분노의 반격을 시작한다. 때마침 후시와라 씨의 셋칸케(摂関家) 권력에서 소외되어있었던 후지와라노 요리나가(藤原頼長)를 끌어들여 반란을 일으켰다. 하지만 고시라카와 천황의 명령이 더 강력했다. 지방의 무사 세력을 끌여들여 선제공격을 했고 그 결과 고시라카가 승리했다. 가담자들은 대부분은 처형당했고 스토쿠는 시코쿠(四國) 북부 사누키(讚岐)로 유배당했다. 이 반란을 당시 연호를 붙여 '호겐(保元)의 난'이라고 한다. 이 반란 진압에 공을 세운 무사 세력은 최고 권력을 누리게 되었다. 그들이 겐지(源氏)와 헤이지(平氏) 가문이다.

이후 유배지에서 스토쿠는 전설이 되었다. 수도로 귀환하지 못하고 유배지에서 죽었다. 당시 그 지역 민중들은 그의 죽음이 불쌍히 여겨 '능'을 만들고 제사도 지냈다. 이후 '원령'이 되었다. 이후의 모든 재난은 스토쿠 원령의 소행이라고 지목했다. 그 이유는 그가 무시무시한 '텐구(天狗)'로 변했다는 전설 때문이다. 전설은 대략 이렇다.

그는 피로 『오부대승경(五部大乘經)』이란 불경을 써 당시 수도 교토(京都)의 절에 보냈다. 과거의 잘못에 대한 처절한 반성의 뜻이었다. 그런데 고시라카가 그 불경을 불쾌하게 생각해 되돌려 보냈다. 스토쿠는 분노와 절망으로 저주의 말을 내뱉었다. 자신의 혀를 깨물어 피를 오부대승경 위에 쏟으며 '대마왕이 되어 천황은 백성으로, 백성을 천황으로 만들 것이다.', '이 불경은 마귀들에게 바친다' 등의 저주를 퍼붙고 무시무시한 텐구로 변했다고 한다.

도쿄(東京)로 쳐들어가 여성을 납치해 잡아먹었다는 모든 오니의 두목 '슈텐도지(酒呑童子)', 변신에 능한 꼬리 아홉 달린 여우 '하쿠멘콘모큐비노 기츠네(白面金毛九尾の狐)', 그리고 스쿠토 - 다이조코 스토쿠 텐구(大上皇崇德天狗)가 일본 3대 악귀이다.

2장

**풍요의 시대,
에도 시대의 문화**

퇴계 선생에게 배웠소, 하야시 라잔(林羅山)의 주자학 입문서 『삼덕초(三德抄)』

1603년 '세키가하라 전투(関ヶ原の戦い)'에서 도쿠가와 이에야스(德川家康)가 도요토미 히데요시(豊臣秀吉)의 추종 세력에게 승리했다. 이로써 100년 넘게 하극상, 배신, 대량 살상 등이 계속되었던 전국 시대 이후 30여 년 동안 거대 세력들 간의 내전, 무도한 조선 침략을 벌였던 아즈치모모야마(安土桃山時代) 시대라는 암흑기가 끝났다. 일본은 이 130여 년 동안 불법 무도한 난세, 말법의 시대, 온갖 칼 든 악당이 튀어나와 날뛰는 지옥과 같은 세상이었다. 참고로 이 시대를 역사의 진보라고 찬양하거나 잔인무도한 전국무장(戰國武將)들을 영웅시하는 게임, 만화, 영화 등이 너무 많다. 이런 풍조는 일본뿐 아니라 한국에서도 일부 존재한다. 우려스러운 일이다.

비로소 일본은 평화를 찾았다. 그런 절망과 고통을 끝낸 인물이 도구카와 이에야스이다. 이후 도요토미 일가의 마지막 거점인 오사카성에서 두 차례 전투가 있었지만 천하의 승패는 이미 세키가하라에서 결정되었다.

전투에서 승리한 도쿠가와 이에야스는 지금의 도쿄에 자신의 무가(武家) 통치 기관을 세웠다. 당시 도쿄의 이름인 '에도'에 위치해 에도 막부(江戸幕府)라고 했다. 1603년에서 1868년까지 265년 동안을 '에도 막부 시대'라고 한다. 일본이 평화와 번영을 구가한 시대였다.

그렇다면 사상 유래 없는 평화와 번영을 구가한 에도 막부의 통치 비법은 무엇이었을까? 무엇보다 강력한 '막번체제(幕藩体制)' 건설이었다. 중앙의 도쿠가와 집안에서 대대로 계승하는 막부의 쇼군(將軍)이 전국의 300여 영주들의 번(藩)을 강력히 통제했다.

'무가제법도(武家諸法度)'라는 법으로 각 영주의 권한, 경제력, 실력 행사 등을 모두 통제했다. 함부로 군대 양성하거나 무기를 개량하지 못하고 번을 함부로 떠나지도 못했다. 직접적으로 지역민에게 조세를 걷는 것과 재판을 금지했다. 영주는 오직 중앙의 막부가 서열별로 정해준 영지와 녹봉(祿俸)을 받았고 정해진 규모의 군대만 자체 비용으로 유지했다.

그것도 모자라 '참근교대(參勤交代)'라는 제도로 가족을 수도 에도에 거주(인질)하게 하고 영주 본인과 가신(家臣)에게만 일 년에 한 번 만날 수 있게 했다. 과거의 영주처럼 제멋대로 행동했다가는 바로 영주에서 해임되고 처벌받았다. 독립된 영주가 아니라 거의 국가에 고용된 '관료'에 가까운 처지였다. 그래도 영주 자리는 세습되었다.

이렇게 통제한 까닭은 영주 세력이 과거 전국 시대 혼란의 직접적 원인이었기 때문이다. 그래서 영주에 대한 억압적 통제는 평화와 번영의 시대를 만들기 위해 반드시 해결해야 할 과제였다. 이 외에 군사적 요충지, 대외 창구가 되는 항구 등은 중앙의 에도 막부가 직접 통제했다. 그리고 이러한 전국적인 통치체계를 위해 중앙의 막부에는 전문적인 관료 집단을 구성했다.

제멋대로 날뛰던 전국 시대와 이후 30년 전쟁이 남긴 문제는 영주만이 아니었다. 덩달아서 탐욕에 물들고 하극상(下剋上)이 만연한 사회 상황도 통제해야 했다. 그래서 신분에 따른 명확한 책임과 권한을 부여했다. 에도 막부는 당시 일본 사회를 사(士)·농(農)·공(工)·상(商)으로 분류했다.

사는 기본적으로 국가를 통치하는 소수의 지배계급이다. 그런데 사는 다른 동아시아 국가들처럼 유생, 문인 사대부가 아니라 칼을 찬 사무라이가 그 자리를 차지했다. 사무라이는 자신들의 계급 내에서도 신분 차별이 있었지만 사회적으로 최상층에 있었고 아래 계급이 감히 도전하지 못할 권위를 가지고 있었다. 그들의 상징은 허리에 찬 '칼'이었다.

다음 아래의 계급은 농민이었다. 이들은 인구 비중이 가장 높았고 조세의 대부분을 부담했다. 토지를 떠나거나 토지를 매매·양도할 수는 없었다. 너무도 과중한 책임으로 큰 고통을 받았다.

　마지막은 공(工)·상(商) 계급이다. 이들은 도시의 일정한 지역에 모여 살기 때문에 '죠닌(町人)'이라고 했다. 인구수도 적었다. 그래서 농민보다 상대적으로 자유로웠다. 조세도 적었다. 이 때문에 에도 막부 시대는 도시가 번영했고 상공업이 크게 발전해 최고의 경제적 번영을 누렸다. 전성기 시절 에도의 인구는 100만 명이었다.

　주목할 점은 당시 일본인은 누구도 막부가 정한 이 신분 질서를 벗어나 직업을 바꾸거나 새로운 일을 할 수 없었다. 에도 막부의 평화와 번영은 막부의 통제 밑에서 모두가 자신에게 주어진 일만 묵묵히 하는 것이었다. 참고로 이 시대를 일본 역사에서는 중세 또는 근대도 아닌 '근세(近世)'라고 한다.

　다음은 에도 막부의 철저한 사회통제 정책을 낳은 사상과 신분제 사회의 지배 이데올로기를 찾아보자. 그것은 바로 '주자학'이다. 당시 동아시아 보편적인 사상은 주자학이었다. 그렇다면 일본의 주자학도 같은 보편성을 지녔을까?

　에도 막부 시대 최초의 주자학자는 '후지와라 세이카(藤原惺窩)'였다. 그는 구게(公家)의 명문인 후지와라 가문에서 태어났다. 아버지의 영지인 하리마 국(播磨國, 현 효고현 남부)에서 둘째 아들로 태어나 교토의 상국사(相国寺)에서 출가해 승려가 되었다.

　거기서 주자학에 눈을 떴다. 전국 시대라는 난세를 극복할 길은 주자가 설파한 '인간의 욕망을 버리고 하늘의 이치를 따르는 것(去人慾거인욕, 存天理존천리)'에서 찾은 것이다. 승려의 사상이 주자학이라는 것이 이상하지만 당시 일본은 그랬다. 주변국 모두에서 알고 배우는 학문인 주자학을 아는 사람도 없었다. 그나마 글을 읽고 쓸 수 있었던 후지와라 세이카란 승려만이 어렴풋이 주자학의 존재를 알고 공부하기 시작했다.

혼자서 주자학을 공부하는 것은 쉬운 일이 아니었다. 그러던 중 나이 30세에 운명처럼 스승을 만났다. 조선 사람 허성이다. 허성은 허균의 형이고 허난설헌의 오빠이다. 그는 당대 최고의 문장가였고 유학자이자 서예가였다. 그는 임진왜란 직전 일본에 파견된 사절단의 서장관(書狀官)이었다. 그가 후지와라 세이카와 교류하며 조선의 주자학을 가르쳐 준 것이다. 조선의 주자학 서적도 주었다. 이때 허성은 후지와라 세이카에게 〈시립자설(柴立子說)〉을 써 주었다. 유교(주자학)와 불교의 같은 점과 차이점을 설명한 글이다. 허성은 후지와라 세이카가 승려 출신이라 그의 눈높이에 맞추어 교육했다.

나가오 다케시라는 전문 작가는 이들의 만남에 대해 다음과 같이 평가했다. 당시 후지와라 세이카는 "조선은 주자학이 정착해 사무라이가 아닌 유학자가 정치를 한다. 일본도 유교에 의한 사회 질서를 만들어야 한다"라고 말하며 사명감을 가졌다고 평가했다. 심지어 명나라나 조선에 태어나지 못하고 일본에 태어난 것을 슬퍼했다는 기록도 있다.

허성은 사신단의 임무를 마치고 귀국했다. 이때 정사 황윤길과 부사 김성일은 일본의 침략 의도를 두고 논란이 일어났다. 서장관 허성은 같은 동인(東人)이라는 당파를 떠나서 황윤길을 지지했다.

결국, 임진왜란이 일어나고 후지와라 세이카는 조선에서 온 또 다른 스승을 만났다. 전라도의 강직한 선비 강항(姜沆)이었다. 강항은 임진왜란 때 고향에서 의병으로 활동했다. 그런데 정유재란이 일어나 남원성이 일본군에 함락되자 가족들과 급히 배를 타고 바닷길로 피난에 나섰다. 하지만 이순신 장군의 진영으로 가다가 일본군에게 잡혀 포로가 되었다. 그를 잡은 자는 해군 장수였던 도도 다카토라(藤堂高虎)였다. 이 자는 해전에서 여러 번 이순신 장군에게 패배한 인물이다.

일본군 배에 실려 끌려가던 중 눈앞에서 가족들의 죽음을 지켜봐야 했다. 심지어 공포에 질린 어린아이들이 울자 일본군이 그대로 바다에 던져 죽였다. 바다에 빠진 아이는 죽기 전까지 한동안 '아버지'를 불렀는데 그 소리를 갑판 위의 사람들에게 그대로 들렸다고 한다. 강황도 그때 바다로 뛰어들어 아이들의 뒤를 따르려 했지만 일본군의 제지로 실패했다. 이후에도 여러 번 자살을 시도했지만 실패하고 일본까지 끌려왔다. 경로를 보면 쓰시마(對馬島)와 이키(壹岐)섬을 지나 일본 내해(內海)로 들어갔고 시코쿠(四国)에 상륙했다.

그는 일본 땅에 도착해서는 꿋꿋이 살아남았다. 그 이유는 포로로 끌려 온 조선인들과 탈출을 시도하기 위해서였다.

이렇게 끌려온 조선인을 '피로인(被擄人)'이라 불렀다. 당시 일본에 끌려온 조선인 포로는 3만~10만 명이었다. 당시 조선의 인구는 700만 명이 되지 않았다. 이들 대부분은 그냥 포로가 아니고 납치된 사람들이었다. 일부는 도공(陶工) 같은 귀한 존재도 있었지만 대부분은 노예 매매가 목적이었다. 일설에는 포로 중 상당수가 국제 노예시장으로 팔렸다고 한다. 이때 노예시장에 너무 많은 조선인이 나와 노예 가격의 일시적으로 하락했을 정도였다고 한다. 이들 중 조선 정부의 외교적 노력으로 또는 자력으로 탈출해 조선으로 돌아온 사람은 겨우 8,000명도 되지 않았다.

강항도 여러 번 탈출을 시도했지만 모두 실패했다. 그나마 일본에 대한 정보를 담은 〈적중봉소(賊中封疏)〉와 일본 지도를 몰래 조선의 왕 선조에게 전달했다. 당시 적국 일본에 대한 정보는 귀중했다. 그가 전달한 일본 정보(특히 피로인 상황)는 전쟁이 끝난 후에 사명대사가 일본과의 '강화 협상과 피로인 송환 협상'에서 매우 유용한 정보로 사용되었다. 이는 적지에서 보여준 조선 선비의 진정한 모습일 것이다. 그렇게 그는 시코쿠, 오사카, 교토의 후시미(伏見)성까지 끌려왔다.

그곳에서 후지와라 세이카를 만났다. 강항은 원래 자신의 글을 팔아 탈출용 배를 마련하려고 했다. 서로의 언어를 몰라 글로 필담(筆談)을 나누다가 후지와라 세이카의 주자학에 대한 열정과 재능에 감탄해 그를 제자로 받았다. 납치되어 끌려온 포로 스승과 촉망받는 제자라는 기이한 인연은 운명이었을 지도 모른다. 당시 강항은 포로 신분이어서 가르칠 마땅한 교재가 없었다. 그래서 자신이 외운 주자학 관련 조선의 논문, 해설 등을 다시 복기해 전수했다. 그 중 하나가 조선의 퇴계 이황이 교정하고 발문을 붙인『연평답문(延平答問)』이다. 『연평답문』은 과거 남송의 주자가 그의 스승인 연평(延平) 이통(李侗)과 철학, 사상 등에 대해 이야기를 주고받은 편지글을 모은 것으로 주자학 성립에서 중요한 책이다. 당연히 조선의 학자와 퇴계도 중요하게 연구했던 책이다. 후지와라 세이카도 이 책을 열심히 연구했다.

그리고 후지와라 세이카는 훗날 에도로 벼슬길에 오르려는 애제자 하야시 라잔(林羅山)에게 준 책도『연평답문(延平答問)』이었다. 이때 스승 후지와라 세이카는 하야시 라잔에게 이런 말을 했다. "이 책을 천하의 백성을 위해 열심히 읽고 음미하라.(熟讀玩味)" 이처럼 주자의 학문이 조선의 퇴계에게로, 퇴계의 학문이 다시 일본의 후지와라 세이카와 하야시 라잔에게 전달된 것이다. 야만의 전쟁으로 온통 절망적인 어둠뿐인 일본에서 퇴계의 학문과 사상은 새 시대를 여는 여명과 같았다.

강항은 이후에도 계속 포로로 있다가 후지와라 세이카를 비롯한 일본인 제자들의 조력으로 조선으로 귀환했다. 그가 일본에 처음 상륙했던 곳인 시코쿠 에히메현 오즈시(四国 愛媛県 大洲市)에는 〈홍유강항현창비(鴻儒姜沆顯彰碑)〉가 있다.

강항은 돌아온 후 선조를 만나 귀국 보고를 했다. 이후 고향으로 돌아가 독서와 수양, 후학을 양성하며 지냈다. 그리고 일본으로 끌렸갔던 자신과 수만 피로인의 비참한 포로 생활을 기록으로 남겼다. 그것이『간양록(看羊錄)』이다. 원래 제목은 '죄수들 끌고 가는 수레'를 의미하는 '건거록(巾車錄)'이었는데 이후 제자들이 고쳤다. 제목은 '간양목양(看羊牧羊)'이라는 한나라 소무(蘇武)의 고사에서 따왔다. 소무는 흉노에 사신으로 갔다가 포로로 19년 동안 억류당했지만 절개를 지켰다. 투항을 거절하자 흉노 왕은 그에게 '숫양이 새끼를 낳으면 한나라로 돌려보내겠다'라며 시베리아의 바이칼호(당시 北海) 근처 양 목장으로 보내버렸다고 한다. 이후 흉노제국이 붕괴하자 귀국했다. 간양의 절개를 상징하는 고사이다.『간양록(看羊錄)』은 일제 강점기에는 '금서'로 지정되어 탄압받았다.『간양록』이 오늘날에도 유명한 이유는 조용필의 노래이기 때문이다. "이국땅 삼경이면 밤마다 찬서리고~"로 시작하는 슬픈 노랫말이다. 이 원작이『간양록』에 있다. 1980년 사극〈간양록〉을 만들 때 작가 신봉승이 번역하고 조용필이 부른 주제곡이었다.

 이야기를 본론으로 돌려서 어떻게 주자학이 일본에 뿌리를 내렸는지 다시 보자. 여기서 중요한 것은 세키가하라 전투이다. 이때 에도 막부의 초대로 도쿠가와 이에야스와 후지와라 세이지가 처음 만났다. 천하를 평정한 도쿠가와 이에야스는 지금 꼭 필요한 것은 글을 잘 아는 '문관(文官)'이라 생각했다. 여기서 글이란 한문(漢文)이고 한문으로 쓰인 여러 경전과 역사, 철학, 문학을 아는 고급 관료가 문관이다. 당시 중세 일본에서 글을 잘 아는 지식인은 모두 불교 승려였다. 한반도와 중국의 외교문서도 모두 승려가 담당했다. 오랫동안 조선에 대한 외교를 담당한 이들도 모두 쓰시마의 이정암(以酊庵)이란 절의 승려였다. 이정암은 현재 호텔로 운영되고 있다.
 후지와라 세이지는 첫 대면에서 유학자의 옷을 입고 있었다. '나는 승려가 아니라 주자학자요!'라는 표현이었다. 복장부터 인상적이었는지 도쿠가와 이에야스는 후지와라 세이카를 보고 깊은 숙고에 들어갔다. 처음에는 그냥 실력있는 문관 정도가 필요해서 초빙했지만 그를 만나고 새 시대 통치 이데올로기가 필요하다고 느꼈고 그것이 주자학이라는 확신이 들었다. 도쿠가와 이에야스가 유능한 통치자인 것이 바로 이런 이유다. 이전에 '천하인(天下人)'이라며 거들먹거렸던 오다 노부나가(織田信長)와 도요토미 히데요시는 고만고만한 전국 시대 무장 수준이었다. 다만 이전의 다른 무장보다 조금 더 나은 전투 기술이 있어 좀 더 승리했을 뿐이다. 그들에게는 통치 자질이 없었다. 하지만 통치를 아는 도쿠가와 이에야스는 차원이 전혀 다른 새 시대의 지도자였다.

그런데 후지와라 세이카는 유능하고 눈치 빠른 제자 하야시 라잔을 추천하고 자신은 사라진다. 스승 강황의 기록에 의하면 후지와라 세이카는 자신의 꼿꼿한 성품이 통치자 도쿠가와 이에야스 밑에서 일하기에는 부적절하다고 스스로 판단했다고 한다.

하야시 라잔은 도쿠가와 이에야스부터 4대 장군 도쿠가와 이에츠나(德川家綱)의 스승이었다. 그리고 중요한 것은 이 시기 주자학은 일본의 주류 학문, 국가의 지도 사상, 통치에 필요한 관료의 양성을 위한 학문 '관학(官学)'이 되었다.* 흥미로운 것은 '지동설(地動說)'조차 반대했다는 주장이 있다. 그 이유는 그가 철저한 주자학자이기 때문이었다. 즉 땅이 둥글고 회전하면 천하의 상하 구분의 질서 즉 예(禮)가 뒤집힌다고 생각했다.

하야시 라잔은 교토의 로닌(浪人)의 아들로 태어났다. 로닌은 당시 몰락한 영주를 따르다가 갈 곳이 없어 떠돌게 된 무사이다. 후대에는 호적도 없이 그냥 '떠돌이'가 된 자들을 이르는 말이 된다. 자라서 켄닌지(建仁寺)에서 공부했다. 불교가 아니고 주자학을 공부한 것이다. 이때 스승인 후지와라 세이카를 만나 제자가 되었다. 하야시 라잔은 조선처럼 주자학 이외의 다른 사상과 학문을 이단으로 취급하고 배척해야 한다고 생각했다. 이런 주장은 스승보다 더했다.

아마도 조선의 유학에 심취했을 것이다. 그래서 퇴계의 『천명도설(天命圖說)』을 연구하고 발문을 붙여 출판하기도 했다. 심지어 조선의 문화를 흠모해 조선의 『전등신화(剪燈新話)』, 『당음비사(棠陰秘事)』를 보고 괴담 소설과 재판 관련 소설도 썼다. 참고로 『당음비사』는 중국의 재판기록물로 조선에서도 출간되었다.

이후 학문이 높아진 다음에는 이전의 주자학 중심의 생각만 고집하지 않았고 다양한 분야를 연구하고 개척했다. 아마도 막부의 중추적 위치에 오른 후 많은 지식과 경험이 쌓였기 때문일 것이다. 그는 막부에서 활동하며 조선에서 온 통신사를 접대했다. 통신사로 온 조선의 학자들과 시와 문장으로 교류하고 유학과 역사에 대한 문답을 주고받았다.

그는 에도에 사숙(私塾, 사립학교)을 열어 많은 제자를 양성했고 공자에 대한 제사를 받들었다. 이 제자들도 훗날 관학자(주자학자)로서 에도 막부에 출사해 충성을 다한다. 이후 사숙은 5대 쇼군 도쿠가와 쓰나요시(德川綱吉)의 명령으로 이전해 '쇼헤이코(昌平黌)'라는 관립학교로 발전했고 에도 막부 이후에는 메이지 유신으로 폐지되고 유럽의 신학문을 가르치는 학교로 바뀐다.

이제 그의 저서 『삼덕초(三德抄)』를 보자. 당시 쇼군, 영주, 무사들에게 주자학의 기초를 가르치는 책이었다. 그래서 한문이 아닌 일본의 가나로 썼다. 이 책은 「삼덕초」, 「이기변(理氣辯)」, 「대학(大學)」으로 구성되어 있다.

'삼덕'은 세 가지 덕(德)을 말한다. 마음에 미혹이 없는 것은 '지(智)', 마음을 잘 분별해 후회가 없는 것을 '인(仁)', 정직하고 강한 마음을 '용(勇)'이 그것이다. 이 세 가지 덕목은 중세 일본에서 무장의 덕목으로 강조되었다. 이것을 유교의 경전 『중용(中庸)』의 문장을 인용해 설명했다. 이 삼덕을 거스르지 않는 것이 '성(誠)'이며 이것을 다시 '일심(一心)'이라고 했다. 그리고 『중용』을 인용하며 군신(君臣), 부자(父子), 부부(夫婦), 형제(兄弟), 붕우(朋友)라는 5가지 관계는 천지간에 영구 보편적인 도리라고 강조했다.

「이기변」은 유학의 '이기론'이다. 여기서는 『주역』을 인용하고 주자의 주장을 토대로 태극(太極)과 음양(陰陽)·오행(五行)을 설명한다. 기본적으로 주자, 성리학의 이기론이다.

「대학」에서는 당나라의 국립 교육기관을 소개하면서 국가의 교육으로 충효를 다하는 사람을 양성해 천하가 태평했다고 강조한다. 이런 전제로 「대학」의 중요 문장인 '대학지도(大学之道)는~' 이라는 부분을 설명한다. 결론을 성현의 학문으로 나를 다스리고 남을 선하게 인도하고 '국가에 도움이 되는 것'이 대학의 길이라고 맺는다. 이처럼 『삼덕초(三德抄)』는 당시 무장의 덕목을 수용한 것, 상하 질서의 윤리를 영구적으로 설명한 것, 국립 대학 기관의 필요성 등을 강조했다. 그의 주자학은 에도 막부 요구로 썼을 것이다.

실제로 그에 대한 비판 중에 그가 주자학자라기보다는 그냥 에도 막부의 고위 관료에 가까웠다는 평가도 있다. 가령, 스승과 달리 그는 불교 승려처럼 머리를 빡빡 깎고 활동했다. 이때는 중세 관습에 따라 문관을 승려로 취급했기 때문이다. 에도 막부는 주자학을 초기의 '통치의 수단'으로만 여겼다. 하야시 라잔은 에도 막부의 목적에 맞게 따라준 것이다. 이런 모습을 후대 학자들은 비판하기도 한다.비판도 받았지만 하야시 라잔의 활동 이후 일본 사회는 크게 바뀌었다. 수많은 사람이 주자학을 배웠다. 막부 체제에서 중앙은 물론 지방 영주의 가신이라도 되려는 사무라이라면 반드시 주자학을 배워야 했다. 유명한 역사 소설가 시바 료타로(司馬遼太郎)는 "에도 시대 270여 년간은 일본 전체가 '학교'에 입학한 듯한 시대였다"라는 말을 했다. 물론 주자학만은 아니다. 전쟁의 시대가 아니라 평화의 시대에는 학문, 사상, 예술 등이 발전하는 것은 당연한 이치다. 세월이 지나면서 에도 막부의 주자학에 대한 태도도 바뀌었다. 5대 쇼군 도쿠가와 쓰나요시는 더는 주자학자에게 삭발을 강요하지 않았다. 이때부터 주자학이 진정한 관학으로 평가받았다는 평가도 있다. 마치 한 무제가 유학을 국교화했지만 이후 선제 때쯤 되어서야 국교로 대접받은 것처럼 말이다.

하야시 라잔 이후 훌륭한 주자학자와 학파가 나왔다. 야마자키 안사이(山崎闇齋)와 오오쯔카 타이노(大塚退野) 등이다. 이들은 주자학 입문 단계부터 퇴계의 책을 숙독하고 연구했다. 퇴계의 『자성록(自省錄)』, 『주자서절요(朱子書節要)』, 『이퇴계문집(李退溪文集)』 등을 연구하고 공부했다. 이런 인연으로 일본이 유럽에 '퇴계학'을 소개했다. 후대에 메이지 유신에도 큰 영향을 미친다. 메이지 유신을 주도했고 교육정책을 세웠던 소위 '유신지사(維新志士)' 중에는 이들 학파의 주자학을 배운 자가 많았다.

조선 후기 일본에 통신사로 다녀온 이들과 정약용 등의 학자들은 '일본이 드디어 성인의 도를 배워 평화의 길로 나간다'라고 평가하기도 했다. 에도 막부에서는 공식적으로 주자학을 수용했고 주자학의 지향은 개인적인 수양과 학문 연구에 있기 때문이다. 하지만 에도의 주자학자들은 중국과 한국처럼 주자학이 개인적인 '수양과 공부'가 선행되어야 하는 학문임을 전혀 이해하지 못했다. 원래 유교의 기본 정신은 군자가 되는 길을 인도하는 것이지 정치의 기술, 문예(文藝)의 기술 따위 등을 가르치는 것이 아니기 때문이다. 특히 일본처럼 권력에 충성하는 '문관'을 양성하는 것은 더더욱 아니다. 에도 시대 또 다른 유학자 오규 소라이(荻生徂徠)도 같은 비판을 했다.

일본의 유교에서 가장 기이한 점은 두 가지이다. 하나는 앞서 거론한 '수양론'이 없다는 점이다. 학문과 개인 수양, 인간의 본성 탐구 등이 없는 주자학은 '맹목적인 충(忠)'과 '억압적인 예(禮)'만 남는다. 다른 하나는 『맹자』의 '역성혁명론(易姓革命論)' 또는 '천명(天命)' 사상이 보이지 않는다는 점이다. 일본의 주자학자들이 앞장서서 '만세일계(万世一系)'의 절대 천황제를 만들었다. 그들이 진짜 유학자였다면 공자처럼 '괴력난신(怪力亂神)'을 부정해야 하기 때문이다.

※ 에도의 주자학자와 조선통신사

에도 막부 시대 주자학자의 오류가 확실하게 드러나는 사건 중에는 에도 막부와 조선의 '통신사 교류'에서 나타난 외교 갈등도 있었다. 오늘날에는 이 통신사 교류를 평화의 시대에 문화를 통해 교류하고 공감했던 아름다운 역사로 이해한다. 그래서 2017년 한일 양국의 민간 학자와 시민이 나서 공동으로 당시 통신사 기록물을 유네스코의 세계기록유산으로 등록시켰다. 관련 기념행사가 지금도 한일 양국에서 계속되고 있다.

그런데 당시 통신사와 관련해 조선과 에도 막부의 외교교섭을 보면 언제나 첨예하게 갈등하고 대립했다. 결코 '호혜평등'한 분위기에서 순조롭게 진행되지 않았다. 거기에는 그때그때의 정치적인 상황도 있었지만 항상 일관된 갈등이 있었다.

그것은 『일본서기』 이래로 형성된 일본의 '한국(조선) 멸시관' 때문이었다. 심지어 일본은 그들 내부 공문서에 조선을 '서번(西藩, 서쪽 울타리 또는 제후국)', '술국(戌国, 개 같은 나라)'이라고 불렀다. 또 통신사를 '어례(御禮)' 또는 '입공(入貢, 조공을 바침)'이라고 했다. 즉 진구 황후(神功皇后)의 삼한정벌 이래로 조선은 대대로 일본에 조공을 바치던 속국이라고 여긴 것이다.

조선의 통신사도 일본에 대한 멸시관이 있었다. 심지어 에도 막부가 준 선물을 버리고 귀국하거나 외교교섭 상대에게도 뒤에서 외모를 비하하기도 했다. 임진왜란 이후 국교 재개 교섭에서 제대로 책임자 처벌, 사과, 배상 등을 받지 못했기 때문이었다. 임진왜란 직후에는 아예 일본을 적(敵)이라고 공식적으로 인식해 '탐적사(探敵使)'라고 한 적이 있었다.

이런 인식 때문에 양국 외교 갈등의 대부분은 조선과 에도 막부가 주고받는 외교문서인 국서(國書)의 몇 글자 때문이었다. 에도 막부의 쇼군(將軍)에 대한 호칭을 '일본 국왕'이라고 해야 맞는지, '일본국원(日本國源) ○○○'이라고 해야 하는지를 두고 갈등했다. 조선은 쇼군이 실질적 통치자이고 중국도 과거 (무로마치 막부) 쇼군을 일본 국왕으로 책봉한 것으로 보았다. 하지만 막부는 '일본국원(日本國源) ○○○'라고 불러야 하며 조선의 왕은 천황과 동급이 아니라 그 아래인 쇼군을 상대해야 한다고 주장했다. 즉 '조선은 일본의 아래다'라는 것을 말하고 싶었던 것이다.

하지만 이런 주장은 조선이 결코 동의할 수 없는 외교 논리였다. 조선은 중원의 정통 왕조가 사대(事大) 대상이고 일본은 교린(交隣, 이웃 나라와의 교제)의 대상일 뿐이라고 생각했다. 이와 같은 생각은 조선뿐 아니라 과거 모든 유교 국가가 지향하는 국제관계였다. 오늘날의 언어로 해석하면 교린은 상식적인 외교이며 호혜평등한 국제관계의 표현이라고 말할 수 있다.

일본이 조선 멸시관에 기반한 억지 논리로 조·일 교섭장에서 '외교 소동'을 일으켜 매번 통신사 사신단과 조선 예조(禮曹)의 속을 뒤집어 놓은 자들의 정체가 흥미롭다. 그자들이 바로 에도의 주자학자들이다. 하야시 라잔, 아라이 하쿠세이(新井白石), 나카이 치쿠잔(中井竹山) 등이다. 참고로 아라이 하쿠세이는 일본 역사에서 '쇼토쿠의 치(正德の治)'를 실행한 정치가로 유명하다. 이렇듯 일본의 주자학은 동아시아 보편의 주자학이 아니다. 일본의 주자학은 '절대' 천황제에 봉사하는 학문으로 전락한 것이다. 귤이 회수를 건너면 탱자가 되듯이 주자학은 일본에서 변질되었다.

오직 아메노모리 호슈모리(雨森芳洲)만이 예외였다. 그는 쓰시마 출신으로 조선을 제대로 이해하고 외교에 임해야 한다고 주장했다. 그것을 '성신교린(誠信交隣)'이라 했다. '서로 속이지 않고 다투지 않고 진심으로 교류하라'는 의미이다. 관련한 저서가 『교린제성(交隣提醒)』이다. 그 자신이 직접 부산에 체류하며 조선어를 익혔고 『교린수지(交隣須知)』라는 조선어 교재도 만들었다. 이런 경험으로 그는 당시 주변의 다른 주자학자가 지닌 '조선멸시관'을 비판하고 진정한 우호를 주장했다.

효(孝)를 강조한 일본 양명학의 시조 '나카에 도주'

에도 시대 일본의 양명학은 조선처럼 비주류의 학문이었지만 꽤 많은 활동을 했다. 일본 양명학의 시조는 나카에 도주이다. 그는 양명학에 인생의 모든 열정을 바쳤다. 본래 이름은 나카에 하라(中江原)였는데 등나무(藤樹) 아래서 강학하여 나카에 도주라는 이름을 얻게 되었다.

지금의 시가(滋賀)인 오우미(近江) 출신으로 사무라이 신분이었다. 처음에는 하야시 라잔의 문하에서 주자학을 배웠다. 그런데 그의 스승 하야시 라잔이 37세에 막부에 출사하면서 머리를 삭발한 것에 크게 분노한다. 관련한 글을 공개적으로 발표했다. 이때부터 서서히 주자학과 결별했고 양명학의 주요 서적을 보면서 사상을 전환했다. 다른 계기는 고향의 어머니가 병을 얻자 에도에서 관직을 버리고 고향으로 귀환했다. 이때부터 오미에서 어머니를 극진히 모시며 서원을 열어 제자를 가르쳤다. 주목할 점은 주자학에서 사람의 마음은 리(理)가 있다는 것에 반대해 리를 효(孝)로 표현했다. 그리고 효라는 개념을 사람의 마음은 물론 전 우주의 보편법칙으로 확대했다.

그의 서원에서는 사무라이뿐 아니라 지역민을 대상으로 강학을 했다. 공자의 교육관(有敎無類, 가르침에는 차별이 없음)또는 유교의 교화(敎化)를 실천했다. 이 때문에 '오미의 성인(近江聖人)'이란 칭송을 들으며 41세에 세상을 떠났다.

그의 저서는 『대학해(大学解)』, 『중용해(中庸解)』, 『감초(鑑草)』 등으로 유교 경전과 역사에 대해 평론한 것이다. 이 외에 『오키나 문답(翁問答)』이라는 책이 있다. 『오키나 문답』은 나카에 도주 사상의 정수가 담겨 있다고 평가받는다. 덴군(天君)이란 이름의 늙은 스승과 다이추(體充)란 제자의 질문과 그에 대한 대답으로 구성되어 있다. 이 책에서도 효를 강조했고 불교는 배격했다.

에도 막부 시대 양명학이 갑자기 사회적으로 크게 주목받는 사건이 있었다. 나카에 도주의 가장 뛰어난 제자 구마자와 반잔(熊沢蕃山) 때문이었다. 그는 오카야마 번(岡山藩)에 출사해 양명학에 기반한 정책을 실현하려 했다. 특히 농정(農政)과 교육에 적극적이었다. 그러나 당시 에도 막부는 그의 이런 학문과 사상을 위험한 것으로 판단했다. 그 때문에 그는 유폐되어 쓸쓸히 죽었다.

이후 또 한 명의 위험한 양명학자가 출현했다. 그는 에도 시대 후기의 오시오 헤이하치로(大塩 平八郞)이다. 오사카에서 요리키(与力)라는 낮은 직급의 관리로 있다가 사직한 후 저술 활동과 제자 교육활동에 집중했다. 이때 '덴포 대기근(天保の大飢饉)'이란 재앙이 일본을 덮쳤다. 수많은 난민이 발생하자 그는 사재를 털어 재난 구제에 직접 나서기도 하고 오사카의 봉행소(奉行所)라는 관청에 구제책을 헌상했다. 하지만 봉행소는 재난 구제를 외면했고 거상(巨商)들이 담합해 물가를 조작하자 재난은 더욱 악화했다. 참을 수 없었던 그는 제자들과 함께 차별받는 부락민을 규합해 민중봉기를 일으켰다. 이때 일본 최대의 상업 도시이자 '탐욕'의 도시였던 오사카를 불태워버리려 했다. 봉기군은 오사카를 휩쓸고 다니며 준비한 대포로 부자 상인들의 저택에 대포를 쏘고 불을 질렀다. 그리고 금고의 돈과 창고의 쌀을 빈민들에게 나누어 주었다. 이때 봉기군의 방화로 오사카의 20%가 타버렸다. 그러나 제자였던 사무라이의 밀고로 관군이 출동했고 두 차례의 포격전과 시가전 끝에 진압당했다. 포위된 그는 폭약에 불을 붙여 스스로 자결했다. 이런 양명학자의 실천이 '치양지(致良知)'이고,

'지행합일(知行合一)'이다. 진짜 유학자는 군주 앞에서 점잖은 충고나 하는 사람이 아닌 실천하는 사람이다.

주자학 이전 성인의 도로 돌아가자, 고학(古学)의 '오규 소라이(荻生徂徠)'

에도 시대의 유교는 크게 세 가지 흐름으로 발달한다. 관학으로써 주류의 '주자학', 비주류의 '양명학' 그리고 '고학'이 있었다.

고학의 핵심 논리는 주자학 이전의 유교를 찾자는 것이었다. 이유는 주자학의 이기이원론(理氣二元論)에 대한 의문이었다. 무엇보다 인간 심성을 '이'와 '기'로만 설명하는 것은 '현실적으로 맞지 않다'고 보았다. 또한 이런 인식 위에 주자학의 도학(道學)은 인간을 '위선적'으로 만들 위험성이 있다고 판단했다. 그래서 주자와 송나라 성리학자들이 해석한 유교에서 벗어나 그 이전의 경전 그 자체 즉 육경(六經)을 연구해 공자와 성인들의 진정한 학문과 사상을 되찾자는 흐름이 고학이다. 육경은 『시경(詩經)』, 『서경(書經)』, 『악경(樂經)』, 『역경(易經)』, 『예경(禮經)』, 『춘추경(春秋經)』이다.

이 고학을 처음 주창한 학자는 야마가 소코(山鹿素行)이다. 그는 에도 전기의 유학자이며 병법 연구가였다. 그가 유명한 이유 중 하나는 에도 시대 '무사도(武士道)'를 확립했기 때문이다. 에도 막부 시대는 사무라이의 전성시대가 아니고 일부의 사무라이가 막부와 번에서 관료로 일하는 시대였다. 유럽의 기사도(騎士道)도 기사의 시대가 저물고 근세에 만든 것이다. 야마가 소코는 자신의 고학 사상 때문에 에도로부터 탄압받아 유배를 떠나기도 했다.

다음은 '이토 진사이(伊藤仁斎)'이다. 그도 마찬가지로 에도 시대 초기의 유학자다. 그의 학문을 대개 고의학(古義學)이라고 했다. 그는 『논어(論語)』를 연구해 인(仁)을 곧 사랑(愛)이라고 해석했고 『대학(大學)』을 집중적으로 연구했다. 그래서 내린 결론이 『대학』은 공자의 저술이 아닌 후대 학자의 주장이라는 것이었다. 주자와 성리학에 대한 부정이었다. 그는 평생 벼슬을 오르지 않고 3천여 명의 제자를 받아 교육에 전념했다.

마지막으로 유명한 학자는 이번 장에서 소개할 '오규 소라이'이다. 앞의 두 고학자 보다 후배 세대이다. 그의 고학은 '고학사학(古學辭學)'이라고 했다.

고학은 에도 시대에만 있었던 것은 아니다. 임진왜란 이후 조선에서도 육경 중심의 고학이 발달한다. 처음에는 권력의 비주류인 남인(南人) 계열의 학자들이 주자학의 성과들에서 벗어나 육경을 연구했다. 이후 소위 실학자들이 이어서 체계적으로 연구했고 그 유명한 정약용이 주자학을 완전히 벗어나 새로운 육경 해석을 완성했다. 청나라에서도 비슷한 흐름이 있었다. 그것이 고증학(考證學)이다. 비록 각자의 나라에서 주류는 아니었지만 당시 동아시아에서 보편적으로 일어난 새로운 학풍이었다.

이제 본격적으로 에도 시대 고학을 알아보자. 먼저 오규 소라이를 소개한다. 그는 에도 중기의 유학자이고 문헌 연구가였다. 집안은 원래 도쿠가와 가문의 의사였다. 아버지가 3대 쇼군 도쿠가와 쓰나요시(德川綱吉)에게 미움받아 쫓겨났다. 이후 어머니의 고향 가즈사국(上總国, 현재 치바현 중동부)으로 이주했다. 여기서 본격적으로 학문을 탐구했다. 처음 공부한 것은 하야시 라잔의 주자학이었다. 청년기에 아버지가 복권되어 에도로 돌아왔다. 처음에는 가난했지만 마침 쇼군의 측근 야나가와 요시나스(柳沢吉保)의 눈에 띄었다. 야나가와 요시나스의 정치적 고문을 맡았다. 이 시기 그는 학문적으로 더욱 성장했다.

이 시기 그 유명한 '아코(赤穂) 낭인 사건'이 일어난다. 이 사건은 아코의 낭인들이 주인(영주)을 대신해 복수한 사건이다. 이 사건과 관련해 흥미로운 일화가 있다. 당시 막부의 주자학자는 평소 '명분론'에 입각한 '의리와 충성'을 높이 평가했다. 그래서 이 사건에 대한 처벌을 주저했다. 그러자 오규 소라이는 단호하게 단죄해야 한다고 주장했다. "이 사건은 무작정 사무라이의 충성이라고 칭송할 수 없다. 천하의 법도(공적인 법치)로 보면 범죄이다." 결국 그가 주장한 대로 처벌되었다.

마침 그가 과거 생계가 곤란하던 시기에 도움을 주었던 두부 가게에 큰불이 나서 모든 것을 잃게 되었다. 이 사실을 안 그는 급히 돈을 챙겨 두부 가게 주인을 만나 도움을 주려고 했다. 그러자 주인은 거부하며 말했다. "의사(義士)에게 셋푸쿠(切腹, 할복)를 시킨 당신이 주는 도움은 거절하겠소"라고 했다. 막부에서 아코 낭인들에게 할복을 명령한 사람이 오규 소라이라고 알고 있었기 때문이었다. 그는 법과 인정(人情)에 대한 입장을 진솔하게 설명했다. "공적인 법으로는 아코 낭인들은 죽어 마땅한 살인자이지만 사적으로는 그들의 충의도 가치가 있다. 처형장에서 목을 쳐서 죽이는 것보다 '할복의 예(禮)'를 베푸는 것이 합당하다." 이 말은 들은 주인은 오규 소라이의 말을 수긍했다고 한다.

그렇게 세월이 흘러 5대 쇼군 도쿠가와 쓰나요시는 죽고 야나가와 요시나스는 실각하게 되었다. 소라이도 직책에서 물러나 겐엔주쿠(蘐園塾)라는 학당을 열었다. 이렇게 '소라이 학파'가 시작하게 되었다.

이후 학문적 성과가 본격적으로 나타났다. 그는 주자가 정리한 유교 경전인 『주자집주(朱子集註)』에 대해 재해석했다. 이 중에 가장 유명한 책이 『논어징(論語徵)』이다. 이 책의 출발은 선배 고학자인 이토 진사이의 『논어고의(論語古義)』에 대한 반박이기도 했다. 왜냐하면 그가 이토 진사이에게 오래전 편지로 학문에 관해 질문을 했지만 답장이 없어 화가 난 일이 있었기 때문이다. 고령의 이토 진사이가 와병(臥病) 중이라 답장을 보낼 수 없는 상황이었지만 『논어징』의 주자학에 대한 반박은 대단한 학문적 성과였다. 그의 학문을 이은 제자가 '다자이 슌다이(太宰春台)'이다. 조선의 정약용도 다자이 슌다이의 책을 읽고 높이 평가했으며 자신의 책에도 인용했다.

　말년의 오규 소라이는 8대 쇼군 도쿠가와 요시무네(德川吉宗)의 자문으로 개혁 정치를 보좌했다. 이 시절의 경험으로 정리한 책이 『정담(政談)』이다. 그의 학문과 사상이 최고 정점에 이르러 완성된 책이라 높이 평가한다. 에도 시대 중·후반기 사회와 모순과 고민을 이해하려면 반드시 읽어야 할 책이다. 그런데 이 책은 최고 권력자에게만 바쳤기 때문에 쇼군만 읽고 그대로 봉인되었다. 다시 『정담』이 세상에 나온 시기는 일본이 격변하던 시대인 메이지 유신이 일어난 후이다.

　오규 소라이가 집필한 책 중 유명한 것은 『논어징』이다. 징(徵)은 (옛 기록에 근거해) '밝히다', '증명하다'라는 뜻이다. 『논어징』은 무엇보다도 철저하게 문헌을 고증했다. 그는 방대한 문헌을 인용해 자신의 의견을 제시했다. 주자를 포함해 송나라의 성리학자이자 명나라에서 '고문사학(古文辭學)'을 이끌었던 왕세정(王世貞)과 같은 중국 학자의 견해와 이토 진사이 등 일본 학자의 주장을 인용했다. 거기에 6경과 『사기』와 같은 역사서도 최대한 인용해 문헌을 철저하게 고증했다. 책의 구성은 「갑(甲)」권부터 「계(癸)」권까지 전체 10권으로 되어 있다. 각 권에는 『논어』의 20편을 두 편씩 나누어 편성해 그 의미를 자신의 관점으로 해석했다.

　집필 목적은 송나라의 성리학자와 주자가 해석한 『논어』와 이토 진사이가 해석한 『논어』를 비판하는 것이다. 그리고 육경 등의 고문헌을 통해 다시 해석했다. 특히 중국의 고전이 일본으로 넘어오면서 일본 방식으로 읽히고 이해하는 풍토에 대해 비판했다.

『논어징』이 출간되자마자 일본은 떠들썩했다. 에도 막부는 정통 주자학만이 정학(正學)이고 다른 학문은 이학(異學)으로 규정했다. 이 조치를 '간세이(寬政, 당시 연호) 이학의 금(禁)'이라고 한다. 비슷한 시기 조선의 정조가 했던 문체반정(文體反正)과 천주교의 서학(西學)을 사학(邪學)으로 규정하며 지식인들을 탄압했던 정책이 연상된다. 막부의 이 조치는 다른 사상과 학문을 지향하는 학파의 성장을 막았다. 그리고 이 『논어징』에 대한 비판과 반발도 격렬해졌다. 그럼에도 그의 사상과 학문은 다자이 슌다이 등에 의해 계승되었고 근현대에 이르러 폭넓게 연구되며 재평가되고 있다.

다음 책은 『정담(政談)』이다. 책은 에도 막부 시대 사회·경제 분석과 그 치국(治國) 방안을 제시한 책이다. 지금도 '동양의 마키아벨리 군주론', '정치의 발견' 등으로 높게 평가하지만 읽어보면 과도한 평가라는 생각이 드는 책이다.

그 내용을 보면 다음과 같다. 첫 번째 주제는 당시 에도의 인구 폭증과 도시 확장으로 무질서와 범죄가 증가하는 문제에 대한 방안이다. 호적, 여행 증명서와 같은 방식으로 이전을 막는 것, 도시의 사무라이에게 거주 질서를 확실하게 세우는 것 등을 제시한다. 다음은 당시 상품경제 발전과 화폐 유통 증가에 따른 상인의 사치와 사무라이의 빈곤 문제에 대한 방안이다. 그가 제시한 방안은 예법(禮法) 제도의 강화이다. 이 제시 방안을 실현하기 위해 세습이 아닌 합리적인 관료 제도로 새로운 인재를 등용하자고 제시했다. 마지막은 당대 풍속의 변화에 따른 문제들에 대한 개선책이었다.

이상한 유학자 그룹 미토학파가 일본역사를 정리했다 『대일본사(大日本史)』

『대일본사』는 미토 번(水戸藩)의 2대 번주 도쿠가와 미쓰쿠니(德川光圀)의 명령으로 쓴 역사서이다. 책은 250년 뒤인 1906년에 완성되었다.

먼저 알아야 할 것은 미토 번의 위상이다. 고산케(御三家)로써 지위가 높은 번이다. 고산케는 도쿠가와 이에야스의 후손 가문이다. 만약 본가인 막부에서 쇼군을 승계할 남자가 없으면 이 고산케에서 승계자를 낼 권리가 있는 번을 말한다. 고산케는 미토 번과 오와리 번(尾張藩), 기슈 번(紀州藩)을 말한다. 미토는 현재 일본 간토의 이바라키 현(茨城縣)이다.

다음은 도쿠가와 미쓰쿠니라는 인물이다. 그의 미토 번은 유교의 가르침에 기반한 통치를 했고 현재에도 좋은 평가를 받는다. 문제는 그가 고명한 유학자라는 점이다. 그를 중심으로 '이상한 유학'이 발달했고 이상한 유학자 그룹이 만들어졌다. 그들의 학문과 사상을 '미토학'이라고 했고 그들 집단을 '미토학파'라고 했다. 문제는 그들이 지향하는 유학의 핵심은 철저한 천황 중심제이며 국수주의라는 것이다.

우리가 일본 제국주의 시대를 다룬 영화나 드라마를 보면 일본 관료·군인 또는 한국인 친일파가 자주 사용하는 슬로건이 있다. '국체명징(国體明徵, こくたいめいちょう)', '국체호지(國體護持, こくたいとは)'이다. 이 말의 의미는 일차적으로 '국체'를 명확히 하자는 것, '국체'를 지키자는 것이다. 여기서 국체(国體)란 절대적이고 신성한 천황제 국가를 말한다. '절대 천황에 대한 절대 충성'과 같은 의미이다. 원자폭탄으로 수많은 사람이 죽어갈 때도 당시 일본제국(日本帝国) 정부가 연합국에 항복을 계속 미룬 이유가 이 국체를 보존하기 위해 연합국과의 협상을 지연시켰기 때문이다. 일제의 최후 슬로건 '일억(총)옥쇄(一億玉碎)'라는 것도 국체를 지키기 위해 일본 신민 일억 명을 모두 전쟁의 희생양으로 삼는 것이었

다. 그리고 우리는 일제 패망의 날에 히로히토 천황(裕仁天皇)이 항복선언을 했다고 알고 있지만 실제 제목은 '종전조서(終戰詔書)'라는 것을 발표했다. 거기에도 '국체보존' 운운하는 대목이 나온다. 일제는 최후의 순간까지 전체 국민을 연합국의 '총알받이'로 희생시키더라도 '국체'를 사수하려는 '광기'를 부린 것이다.

바로 그 국체란 용어와 개념을 처음 만든 집단이 바로 미토학파이다. 중국 고전인 관자(管子)에서 '국가의 골격'이란 정도의 아주 단순한 의미에서 유래했다. 이런 의미의 국체가 미토학파의 손을 거쳐 '절대 천황제'를 상징적으로 드러내는 용어로 둔갑시킨 것이다. 절대 천황제란 1868년 메이지 유신 즉 제국주의 침략기부터 1945년 일본이 패망하기 전까지의 천황제를 말한다. 참고로 현재 '평화헌법'의 천황제는 '상징 천황제'이다.

직접적으로 에도 막부를 타도하고 메이지 유신을 한 세력이며, 존왕양이를 내세운 존왕파(尊王派)의 사상가인 '후지타 도코(藤田東湖)', '요시다 쇼인(吉田松陰)' 등과 같은 자들의 출발이 이 미토학파이다. 요시다 쇼인은 아베 신조와 같은 극우 정치인들이 존경하는 인물이라고 한국 언론에 소개되면서 국내에서도 유명해진 인물이다. 이런 미토학파의 학술적 성과가 『대일본사』이다. 기전체(紀傳體)로 일본 역사를 정리한 최초의 책이라고 평가받는다. 실존 인물인지 존재 자체가 의심스러운 초대 진무 천황(神武天皇)부터 고코마쓰 천황(後小松天皇)까지 100대의 천황과 그 사적을 정리했다.

마지막 시기를 고코마쓰라고 거론한 것은 일반적으로 이해하기 어렵다. 앞서 거론한 일본의 남북조(南北朝) 시대의 60년 혼란을 무로마치 막부(室町幕府)의 3대 쇼군 아시카가 요시미쓰(足利義滿)가 중재해 평화롭게 해결했다. 바로 이 시대까지라고 이해하면 쉽다. 이런 역사를 알아도 고코마쓰가 누군지 아는 사람은 거의 없을 것이다.

헤이안 중반부터 메이지 유신까지 일본 천황은 존재했지만 '왕으로서 통치'

한 적이 없다. 권력 회수를 시도한 천황은 있었지만 모두 실패했다. 이 기간의 대부분은 무가의 막부(幕府)가 일본을 통치했다. 조선 등 주변국들도 이런 사실을 알기에 일본 천황을 왕으로 인정하지 않고 막부의 쇼군을 실질적인 왕으로 인정했다. 참고로 아시카가 요시미쓰는 명(明)이 '일본왕(日本王)'으로 책봉했고 대명무역으로 큰 이익을 보았다. 정치적으로도 유능해 평화롭게 남북조를 통일시켰고 조선과도 정식 수교를 맺었다. 신라와 발해가 멸망한 후 처음이었다. 그의 치세 동안 일본은 안정적으로 발전하면서 '기타야마 문화(北山文化)'가 발달했다. 교토에 있는 기카야먀에는 유명한 황금으로 만든 절인 긴카쿠지(金閣寺)가 있다. 이처럼 누가 보아도 명실상부한 일본의 왕은 아시카가 요시미쓰와 같은 막부의 쇼군들이었다. 그런데도 전혀 존재감이 없는 천황 중심으로『대일본사』는 쓴 것이다.

그리고 중요한 점은 기전체의 사서라는 것이다.「본기」73권,「열전」170권,「지(志)」·「표(表)」154권으로 전 397권 226책이다. 유교적 윤리라는 관점에서 권선징악(勸善懲惡)과 난신적자(亂臣賊子)를 드러내고 구분한 것이 특징이다. 그 내용을 보면 고대 아스카 문화 시대를 이끌었던 소가노 우마코(蘇我馬子) 등의 일족은「역신전(逆臣傳)」에 기록했다. 당시 천황 머리 꼭대기에 앉아서 정치를 휘둘렀기 때문이었다. 그리고 자신들이 그토록 숭배하는 진구 황후(神功皇后)는「본기」에 없고「후비전(后妃傳)」에 넣었다. 여자라는 이유였다. 덴지 천황의 태자로 덴무 천황의 반란에 맞서다가 죽은 오토모(大友) 황자는 천황의「본기」에 삽입했다. 그것도 덴무보다 앞에 기록했다. 큰 아들이 상속해야 한다는 유교 윤리 때문이었다.

끝으로 중요한 특징은 남북조 시대 '남조 정통론'을 내세운 것이다. 일단 유교의 대의명분론에 따른 것이다. 그렇다면 미토학파는 왜 이런 명분론을 중요하게 여겼을까? 현실의 역사에서는 대체로 북조가 더 우세했고 남조는 열악했다고 서술한다. 무엇보다도 남조에는 천황의 상징물로 중요한 '삼종신기(三種神器)'가 없었다. 이것은 '야타노카가미(八尺鏡, 거울)', '구사나기노 쓰루기(草雉劍, 칼)', '야사카니노마가타마(八坂瓊曲玉, 굽은 옥 장식)'를 말한다. 지금도 이것이 없으면 천황이 아니다. 고다이고 천황(後醍醐 天皇)이 무로마치 막부 초대 쇼군 아시카가 다카우지(足利尊氏)의 반란군에게 패배하고 수도 교토에서 도망칠 때 이 삼종신기도 막부 측에 넘겨주었다.

고다이고는 패배를 승복하지 않고 북조가 가지고 있는 삼종신기도 가짜라고 주장했다. 그리고 고다이고의 조정은 무가와 귀족들의 공가도 인정하지 않고 천황을 중심으로 독재정치를 했다. 이것이 '겐무 신정(建武の新政)'이다.

미토학은 남조 정통론을 유교적 대의명분론과 같은 것으로 보았다. 남송의 주자가 유비(劉備)의 '촉한정통론'을 내세운 것과 비슷하다고 말할 수도 있다. 그래서 남조의 천황은 모두 본기에 넣었고, 남조의 신하는 모두 충신으로「제신전(諸臣傳)」에 넣었다. 반면 북조의 고코마쓰에게는 천황이라는 호칭도 하지 않았다. 이런 것이 메이지 유신의 존왕파에게 많은 영향을 주었다는 점이 더 중요하다.

온 우주를 담는 단 한 줄의 시어 하이쿠의 명인 '마츠오 바쇼(松尾芭蕉)'

먼저 단순한 사실 하나를 짚고 넘어가자. '마츠오 바쇼(松尾芭蕉)'를 소개할 때 '하이쿠(俳句)'의 시인이라고도 하고 '하이카이(俳諧)'의 대가라고도 한다. 그러면 하이쿠와 하이카이는 같은 것일까? 아니면 다른 시가일까?

하이카이는 중세의 렌가(連歌)에서 파생한 시가이다. 익살이나 해학을 추구하는 요소가 강해져 하이카이 렌가(俳諧連歌)라고 했다. 시가 보다 쉽고 해학적인 요소를 더 부각하면서 하이카이로 정착된 것이었다. 이 때문에 일본 문화사에서는 앞서 소개한 와카와 이 렌가를 귀족적인 '아(雅)', 하이카이를 서민적인 '속(俗)'이라고 구분하기도 한다. 이러한 과정을 거치며 에도 시대의 서민문학이 되었다. 이 의미가 더 강조된 하이카이가 단린하이카이(談林俳諧)이다. 바쇼도 이 단린하이카이 작가이다. 대가로 성장한 바쇼는 문하(門下)에 제자들을 둔다. 그들을 쇼몬(蕉門)이라 하고 그들의 하이카이 작품을 '쇼풍 하이카이(蕉風俳諧)'라고도 한다.

그런데 이 시기에는 형식의 변화가 일어난다. 원래 하이카이는 1, 2, 3구(句)로 구성되었는데 훗쿠(發句)라는 첫째 1구 5·7·5의 17음절을 강조하면서 이것만 독립해 쓰게 된다. 그리고 근대 메이지 유신 이후 바쇼 등의 작품이 지닌 혁신성에 주목하면서 그들의 하이카이를 '하이쿠(俳句)'라고 재정의한 것이다. 일본을 대표하는 문화유산 중에는 메이지 유신 이후 다시 해석되어 새롭게 정리된 것이 많다. 이후에는 요즘 대다수가 사용하는 용어인 하이쿠로 통일해서 쓰고자 한다.

마쓰오 바쇼는 에도 시대 전기 일본 중부 이가(伊賀)에서 농사짓던 하급 무사의 둘째 아들로 태어났다. 원래 이름은 마사후사(宗房)이다. 성장해서 후지토 번(藤戶藩) 군사 책임자의 장남을 모시는 시종이 되었다. 그런데 그 장남이 하이쿠 시인이었다. 그 덕에 바쇼는 하이쿠 계에 입문하게 된다. 그 장남이 죽자 잠시 방황하기도 했다. 이후 에도로 가서 도세이(桃靑)라는 이름으로 활동하며 시인으로도 본격적인 활동을 개시한다.

그리고 방화용수(防火用水) 공사장에서 장부를 정리하는 일에도 종사한다. 이 시절 하이쿠를 소개한다.

구름이 가네
개 오줌 찔끔거리듯
지나가는 비

서리를 입고
바람을 깔고 자는
버려진 아이

그는 에도 후카가와(深川)에 암자를 짓고 은거한다. 이유는 여러 가지로 추측된다. 직접적으로 그의 집이 화재로 타버렸다는 것부터 당시 하이쿠 계의 잘못된 풍토(창작 능력이 고갈된 선배가 후배 신인의 아이디어나 작법을 갈취하는 일)에 대한 반감과 반성이라는 것까지 여러 설이 있다.

중요한 것은 그의 암자 이름이다. 이름은 '파초암(芭蕉庵)'이다. 여기서 파초 즉 천하의 명성을 듣는 바쇼라는 이름이 여기서 나온 것이다. 뜰에는 파초도 심었다고 한다. 이 시절의 시를 소개한다.

파초에 태풍이 불고

물대야에 빗소리

듣는 밤이여

  이 시절 그는 『장자』를 읽고 두보, 이백, 백거이, 소동파, 헤이안 시대 승려 시인 사이교(西行), 무로마치 시대 렌가 시인 소기(宗祇), 무로마치 시대 화가 승려 셋슈(雪舟), 도요토미 히데요시가 죽인 다도가 리큐(利休) 등의 예술 세계를 흠모했다. 그리고 시의 영원성과 같은 것에 대해 깊이 사색했다.

  전근대 시대의 전 세계 도시는 모두 화재에 취약해 대형 화재가 빈번했다. 화마가 바쇼암을 덮쳤다. 암자는 전소했고 목숨만 겨우 부지했다. 이후 여행을 떠난다. 총 세 차례 전국을 다니며 그만의 새로운 기풍인 하이쿠를 창작했다. 9개월 동안 고향 이가의 우에노(上野) 지역을 다닌 첫 번째 여행에서는 〈노자라시기행(野ざらし紀行)〉이라는 시를 지었고, 10개월 동안 나고야(名古屋), 이세(伊勢) 지역, 간사이(關西), 교토 등을 돌아본 두 번째 여행에서는 〈사라시나기행(更科紀行)〉를 지었다. 세 번째 여행으로 동북 지역을 5개월 동안 돌아보고 〈오쿠노 호소미치(奥の細道)〉를 발표했다. 이 여행지들을 근거로 그가 에도 시대 유명한 닌자였던 핫토리 한조(服部半藏)라고 주장하는 사람도 있지만 확실치 않다.

  이후 에도로 돌아와 새로 신축한 바쇼암에 한동안 칩거한다. 그 이유는 무더위 때문이라고도 하고, 후배 신인들의 작품을 평가해달라는 요청이 싫었다고도 한다. 얼마 후에 오사카로 마지막 여행을 떠난다. 창작 여행은 아니었고 불화로 갈등 중이던 두 명의 제자를 화해시키기 위한 길이었다. 그런데 이 여행의 목적은 달성하지 못하고 병을 얻게 된다. 그리고 아래의 마지막 하이쿠를 남기고 51세에 세상을 떠났다.

방랑에 병들어

꿈은 마른 들판을

헤매고 돈다.

그의 묘는 오우미(近江)의 기쥬지(義仲寺)에 있다. 그의 작품 중 많이 회자(膾炙)되는 작품 몇 개를 보자.

고요한 연못

개구리 뛰어드는

물소리 퐁당

어느 봄날에 극적인 순간을 포착한 것 같다. 긴 여운이 남는 시다. 일본의 전통적인 미(美)의식을 설명할 때 많이 쓰는 말이 '와비·사비(侘·寂)'이다. 일본 다도(茶道)에서 유래했다. 간소한 가운데 깃든 한적한 정취라는 의미이다. 하지만 이 둘은 원래 다른 의미이다. 와비는 '가난 속에서 자족(自足)'과 같은 개념이고, 사비는 '부유하지만 스스로 검소한 것'이라는 의미이다. 이런 와비·사비의 미의식을 대표하는 작품을 소개한다.

한적함이여

바위에 스며드는

매미 울음

다음은 가벼움을 의미하는 '가루미(輕み)'이다. 현실의 소박한 소재 정도로 이해하면 좋다.

가을 깊은데

옆방은 무엇하는

사람인가

　바쇼가 죽은 후 에도 시대에 고바야시 잇사(小林一茶), 요사 부손(与謝蕪村) 등 수많은 하이쿠 시인이 등장해 훌륭한 작품을 남겼다. 지금도 일본에서는 '하이쿠 짓기 모임'이 대중적인 행사이다. 일본뿐만 아니라 미국 등 해외에서도 하이쿠를 창작하거나 함께 읽고 감상하는 모임이 많다. 그래서 영어로 지은 하이쿠도 많다.

　하이쿠를 창작하는 데 반드시 지켜야 할 것이 있다. 첫째, 5·7·5의 17음절이어야 한다. 이 짧은 음절 안에 모든 것을 담아야 한다. 그래서 세계에서 가장 짧은 시라고 한다. 둘째, 반드시 계절을 상기하는 시어인 '기고(季語)'를 써야 한다. 마지막은 '기레지(切れ字)'라는 매듭을 짓는 말을 써야 한다. 일부에서는 자유롭게 쓰기도 하지만 이것이 원칙이다. 끝으로 하이쿠 몇 수를 소개한다.

떨어진 꽃잎

가지로 돌아가네

아, 나비였구나!　_모리다케

곧은 길이라서 외로워라.

하늘로 뻗은 어린 대나무, 고민 하나 없구나.　_타네다 산토카(현대작가)

여자 3,742명과 남자 725명을 상대로 온갖 정사를 벌인 호색한의 인생을 그린 소설 『호색일대남(好色一代男)』

『호색일대남』은 17세기 에도 시대의 대중 소설로 당대 최고의 베스트셀러였다. 작가는 이하라 사이카쿠(井原西鶴)이다. 그의 첫 작품이 베스트셀러가 된 요인은 크게 두 가지이다.

첫째, 당시 세태와 인간의 욕망을 솔직하게 그렸기 때문이다. 에도 막부 시대는 철저한 주자학을 기반으로 한 엄격한 신분 질서와 예법을 내세웠다. 법으로도 개인적인 연예를 철저하게 금지했다. 그러나 세상은 반드시 권력자의 의도대로 운영되지 않는다. 당시 에도, 오사카, 교토에는 수천 명의 여성이 일하는 거대한 유곽(遊廓, 집창촌)이 있었고 이런 상황을 에도 막부도 알고 있었다. 더욱이 당시 에도는 경제력과 인구가 급격하게 성장하고 있었고 도시민의 사치와 향락(오락)에 대한 요구도 커졌다. 도시민의 다수는 죠닌(町人)이라는 상공인이었다. 이런 사회변화로 본격적인 대중 소설도 등장할 수 있었다. 더구나 이 대중 소설은 독자들의 욕망을 채워줄 성적인 쾌락을 본격적으로 다뤘기 때문에 베스트셀러가 될 수 있었다.

둘째, 기술적인 요인이 있었다. 인쇄술의 발달이다. 그 시작은 조선의 활판(活版) 인쇄술이다. 임진왜란을 일으킨 일본은 조선의 선진문화 기술을 약탈했고 관련 기술자들을 대거 납치했다. 이 중 하나가 조선의 서책과 금속활자였다. 임진왜란 이전의 일본은 변변한 인쇄문화와 기술이 없었다. 하지만 임진왜란 후의 에도 시대에는 인쇄문화가 비약적으로 발전했다. 아이러니하게도 조선에서 온 통신사들이 일본의 번창한 인쇄문화를 크게 부러워했다고 한다. 이런 인쇄술 덕분에 대중 소설 『호색일대남』이 출간되었을 때 독자의 폭발적인 수요를 충족시킬 수 있었다. 아마도 발전한 인쇄술이 없었다면 대중 소설도 없없을 것이다. 『호색일대남』조차도 일부 사람들이 필사해서 돌려보는 수준으로 남았을 것이다. 여기서 간략하게 일본 소설 문학의 발전 과정을 살펴보자. 중세 시대에는 '오토기조시(御伽草子)'라는 것이 발달한다. 단편 모노가타리와 같은 것이다. 귀족부터 서민까지 그들의 다양한 이야기를 쓴 것이다. 하지만 가나로 베낀 것이어서 독자가 한정되었다.

에도 시대 초기에 본격적인 대중 소설이 등장한다. 그것이 '가나조시(仮名草子)'이다. 연애물, 해학물, 편력물, 괴이물, 교훈물 등이었다. 문학적으로 미숙했지만 발달한 인쇄술 덕분에 대중에게 널리 보급되었다. 이 가나조시에서 혁명적인 일이 일어났다. 앞에서 거론한 『호색일대남』이다. 이 책의 등장은 일순간 유행하던 소설의 내용을 크게 변화시켰다. 대중이 진짜 좋아하는 내용은 호색물(好色物, 섹스), 무가물(武家物, 싸움), 죠닌물(町人物, 도시민의 일상)과 잡화물(雑話物)이다. 이런 소설을 '우키요조시(浮世草子)'라고 했다. 우키요조시에서 중요한 말은 '우키요(浮世)'이다. 이 말은 난세였던 중세를 살아가는 사람들이 근심 걱정뿐인 세상을 멀리하고 싶은 마음 즉 염세적인 의미로 쓰인 '우키요(憂き世)'에서 유래했다. 반면 에도 시대 '우키요'는 현세적이고 향락적인 의미로 쓰였다. 즉 사회 변화에 따라 단어의 의미가 변한 것이다. 그리고 '조시'는 책(소설)이란 뜻이다. 같은 의미의 판화 작품이 유행했는데 〈우키요에(浮世絵)〉가 그것이다.

끝으로 중국 소설 번안물(飜案物)로 출발한 교토의 요미혼(讀本)도 유행했다. 번안물이란 번역에서 줄거리와 소재 등은 그대로 두고 배경, 인물, 명칭 등을 번역자가 자신의 나라의 것으로 바꾸는 것이다. 이때 괴담소설도 발전한다. 호색물은 계속 인기를 끌었다. 중국 소설의 영향도 있었다. 이런 것을 '샤레본(洒落本)'이라 한다. 풍사소설도 유행했는데 '곳케이본(滑稽本)'이라 한다.

『호색일대남』은 한평생 호색행각으로 일관했던 요노스케(世之助)의 이야기이다. 요노스케의 54년의 인생을 54장으로 나누어 썼다. 주인공은 가마가타(上方, 교토 중심 지역)의 향락적인 상인인 조닌의 아들로 태어나 7세에 남녀 관계를 처음 알았다. 자신의 하녀에게 섹스 수업을 받는다. 이때부터 주변 여인부터 다양한 여성을 만나 쾌락을 즐긴다. 아내도 최고의 유곽 기생 출신인 요시노(吉野)이다. 이렇게 60세까지 온갖 남녀와 섹스를 즐기다가 요시이로마루(好色丸)이란 배에 친구들과 올라타고 떠난 섬이 뇨고이다. 이 섬은 여인들만 사는 섬이다. 이 섬으로 가는 것으로 내용은 끝난다. 연상이 되는 작품이 『겐지 모노가타리』이다. 히카루겐지가 7세에 기리즈보에서 글을 배우고 수많은 여인과 사랑을 나누며 번민하는 나이가 54세이기 때문이다.

『호색일대남』의 작가인 이하라 사이카쿠는 오사카 상인의 아들로 태어났다. '하이카이(俳諧)'라는 장르의 시인으로 유명했다. 『이쿠타마 1만 구(生玉萬句)』라는 작품집도 남아있다. 이후 『호색일대남』으로 스타 작가로 떠올랐다. 이후에도 여러 호색물을 더 썼다. 무가물도 남겼고 일본 최초의 경제소설이라는 『일본영대장(日本永代蔵)』도 그의 작품이다.

『호색일대남』 이후 호색물 중에서 여성 주인공을 내세워 유명해진 작품으로 『호색일대녀(好色一代女)』가 있다. 6권 6책이며, 삽화 그림은 우키요에 작가 요시다 한베(吉田半兵衛)의 작품이다. 내용은 어떤 젊은이 둘이 여행 중에 '호색암(好色庵)'이란 산중의 작은 암자에 들어가게 된다. 이 암자의 주인인 노파가 들려주는 그녀의 이야기가 소설 줄거리이다. 궁중에서 심부름하던 소녀에서 무희(舞姬), 영주의 첩, 유곽의 유녀(遊女), 재봉사, 식모 등을 전전하다가 마침내 거리에서 몸을 파는 여인이 되기까지의 이야기이다.

그리고 우연히 방문한 암자에서 오백나한상(五百羅漢像)을 보고 놀란다. 갑자기 그 오백나한이 한때 자신과 섹스했던 남자들로 보였기 때문이다. 그녀가 평생 육체관계를 맺은 남자는 만 명 이상인데 이제 자신만 남은 것이다. 그것이 부끄러워 주저앉아 울어버렸다. 그리고 더럽고 추한 자신의 과거를 반성하고 불교에 귀의한 것이다. 제목은 『호색일대녀』이지만 『호색일대남』과는 전혀 다르다. 전근대 여성에게 가해진 차별과 억압의 문제, 욕정의 유한성 등 다양한 내용과 주제가 담겨있기 때문이다.

최고의 괴담소설 『우게쓰 모노가타리(雨月物語)』

『우게쓰 모노가타리』는 우에다 아키나리(上田秋成)가 쓴 에도 시대 중기 '요미혼(讀本)'으로 괴담소설 중 최고의 걸작이라고 평가받는다.

요미혼은 앞서 소개한 대로 중국 소설의 번안물이다. 이 소설은 중국과 일본의 많은 고전을 바탕으로 창작된 측면이 크다고 한다. 9편으로 구성되어 있다.

억울하게 죽은 스토쿠 천황이 사이교(西行)에게 헤이케(平家)의 멸망을 예언하는 「시라미네(白峰)」, 9월 9일 중양절(重陽節)에 죽은 의형제 무사가 약속을 지켜 영혼이 돌아온다는 「국화의 약속(菊花の約)」, 전란으로 인해 7년 만에 겨우 귀향해 아내를 만났지만 유령이었다는 「아사지 여인숙(浅茅が宿)」, 중국의 『고금설해(古今說海)』에 나오는 '어복기(魚服記)'가 원작인 승려의 잉어 체험기 「무오의 잉어(夢応の鯉魚)」, 도요토미 히데요시에게 억울하게 죽은 관백 히데쓰구(関白秀次)의 망령이야기 「붓포소(仏法僧)」, 다른 여자와 도망친 남편을 원망하며 죽은 아내가 보복하는 「기비쓰의 솥(吉備津の釜)」, 뱀의 화신인 여자와 결혼하는 괴기스러운 이야기 「쟈세이노 인(蛇性の婬)」, 어린 아이의 사체를 먹어 식인귀가 된 승려를 가이안선사(快庵禅師)가 성불시키는 이야기 「아오즈킨(青頭巾)」, 도쿠가와 막부의 실현을 예언한 「힌푸쿠론(貧福論)」으로 구성되어 있다. 기이(奇異)한 이야기의 단단한 스토리 구조와 박진감 넘치는 묘사가 돋보이는 「기비쓰의 솥」은 이 소설의 백미(白眉)라고 한다. '우게쓰 모노가타리'라는 제목의 의미는 '비가 그치고 달이 몽롱하게 비치는 밤 창가에서 썼다(雨霽月朦朧之夜, 下編成)'란 서문에서 따온 것이다.

　작가 우에다 아키나리는 요미혼 작가로도 알려졌지만 국학자(国学者)이기도 했다. 오사카의 기생집에서 태어났으나 기름 상인 집안에 양자로 들어갔다. 한의학을 배워 한의사로 살다가 소설가가 되었고 여러 작품을 남겼다. 이후 국학을 배워 국학자로 활동했다. 대표적인 국학자인 모토오리 노리나가(本居宣長)에게 '미쳤다'라고 비난하며 그와 논쟁을 벌인 일화도 유명하다. 이 논쟁은 당시 고대 제도를 연구하는 학자 후지와라 사다모토(藤井貞幹)가 쓴 『충구발(衝口發)』때문이었다. 자신들이 국학에서 공들여 만들어 놓은 일본 신국론(神国論)과 천황의 신성성인 국체(国体) 등을 후지와라 사다모토가 부정했기 때문이라고 한다. 그는 일본 문화의 주요한 모든 것이 조선에서 왔다고 주장했다. 이후 우에다 아키나리는 처자의 죽음과 화재, 실명 등으로 말년을 불행하게 살았다.

에도 시민을 열광시킨 가부키만 뽑았다, 『가부키 18번집(歌舞伎十八番集)』

〈가부키(歌舞伎)〉는 일본 전통극 가운데 가장 유명하다. 가부키는 에도 시대 초 이즈모(出雲)의 무녀 오쿠니(阿国)가 교토의 한 강변에 가설극장을 세우고 공연한 것에서 유래했다. 시작부터가 서민 예술이었다. 이 가부키라는 말에는 공연 배우의 노래, 춤, 연기가 포함된 의미이다. 가부키가 인기를 끌자 유녀(遊女)나 나이 어린 미소년을 배우로 출연시키는 가부키도 유행했다. 심지어 공연은 덤이고 본업은 성매매였던 가부키 극단도 출현했다. 이에 막부가 가부키에 여성과 소년의 출연을 금지했고 성인 남성의 배우만 공연할 수 있었다.

이후 이치카와 단쥬로(市川団十郎)와 같이 연기가 뛰어난 배우가 큰 인기를 끌었다. 그의 집안은 대대로 가부키 극단을 이끌었는데 이를 '습명(襲名, 후대가 이어받는 관례)'이라 했다. 그리고 지카마쓰 몬자에몬(近松門左衛門)과 같은 전문 작가들도 나타나 작품성이 뛰어난 공연이 가능했다. 또한 죠루리(淨瑠璃)라는 공연 예술에서 무대 장치가 도입되면서 더욱 발전했다. 죠루리는 무대에서 사람이 조정하는 인형이 움직이고, 다유(大夫, 내레이터)가 샤미센(三味線, 악기) 연주에 맞추어 대사를 읊는 것이었다. 에도 말기에 쇠퇴했지만 다시 메이지 유신 이후 정부의 적극적 지원으로 다시 명성을 되찾았다.

남자 배역과 여자 배역, 그 외 배역, 각각의 연기, 대사 방식, 무대 의상, 분장, 가발 등의 내용이 방대해 다 소개할 수 없지만 이 모든 것은 정형화되어 있었다. 배우가 이 정형화된 양식 안에서 자신의 개성을 표출해 끊임없이 새로운 것을 개발했다. 이런 배우는 명인이 되고 하나의 유파(流派)가 되었다.

무대는 거대한 '회전무대'와 '하나미치(花道)'로 크게 나눈다. 회전무대는 지하의 물레회전식의 나무틀을 돌리는 것이다. 쟁반 언덕이란 뜻으로 오카봉(岡盆)이라고 한다. 하나미치는 중앙의 무대에서 폭 1.5m의 길을 내서 객석을 가로 질러 끝까지 이어지는 통로이다. 배우의 등장과 퇴장 때 사용하기도 하고 위에서 연기도 한다. 그러면 관객은 가까이에서 배우의 대사와 연기를 감상할 수 있다. 이런 가부키의 무대는 에도 중기에 도입되어 열광적인 인기를 끌었다.

『가부키 18번집』은 제7대 이치카와 단쥬로(七代目市川團十郞)가 1대, 2대, 4대의 인기 상연극 목록에서 18종을 뽑은 것이다. 다음과 같다.

〈후와(不破)〉, 〈나루카미(鳴神)〉, 〈시바라쿠(暫)〉, 〈후도(不動)〉, 〈우와나리(嫐)〉, 〈조히키(象引)〉, 〈간진초(勸進帳)〉, 〈스케로쿠(助六)〉, 〈오시모도시(押戾)〉, 〈우이로우리(外郎賣)〉, 〈야노네(矢の根)〉, 〈관우(關羽)〉, 〈가게키요(景淸)〉, 〈나나쓰멘(七つ面)〉, 〈게누키(毛拔)〉, 〈게다쓰(解脫)〉, 〈자야나기(蛇柳)〉, 〈가마히게(鎌髭)〉이다. 이 중 〈간진초〉가 가장 인기가 많았던 공연이었다. 대강의 내용은 미나모토 요리토모(源賴朝)와 그의 동생 미나모토노 요시쓰네(源義経)의 갈등을 배경으로 하고 있다.

실제 역사를 보자. 미나모토 요리토모는 앞서 소개한 것처럼 헤이케(平家)를 쓰러뜨리고 가마쿠라 막부를 세운 인물이다. 미나모토노 요시쓰네는 그의 이복동생이다. 헤이케의 공역으로 집안이 풍비박산이 났을 때 어머니와 도피에 성공한다. 하지만 붙잡힌 외할머니 때문에 다이라노 기요모리(平清盛)에게 투항한다. 그 후 미나모토 요리토모가 거병하자 달려가 형을 도와 공을 세운다. 그러나 형과 갈등으로 쫓겨나 결국 자살로 생을 마감한다. 시신도 훼손되어 머리만 형에게 보내졌다. 이에 일본인들은 미나모토노 요시쓰네는 안타깝게 죽은 비극적인 영웅이었다고 생각했다. 그래서 많은 전설이 만들어졌고 지금도 대중문화 속에서 인기 캐릭터로 재생산되고 있다. 이 중 하나가 『가부키 18번집』의 〈간진초〉이다. 줄거리는 다음과 같다.

교토를 탈출한 미나모토노 요시쓰네는 벤케이(辨慶) 등 몇 명이 수행하고 있었다. 북쪽의 오슈(娛州)에 있는 후지와라노 히데히라(藤原秀衡)에게 가려는 것이었다. 후지와라노 히데히라는 당시 후지와라 가문의 대표였다. 후지와라 가문은 호겐(保元)의 난 이후 교토에서는 몰락했지만 북쪽 지역에서 독자 세력을 키웠던 것은 실제 있었던 역사이다.

그런데 가가(加賀, 현 이시카와현 남부)의 관문을 지키던 도가시(富樫)는 통행자를 일일이 조사하고 감시했다. 이때 벤케이가 꾀를 내어 자신들은 도다이지(東大寺) 기부금을 모금하기 위해 지나던 수행자라고 주장했다. 그러자 도가시는 〈간진초〉를 읽어보라고 했다. 〈간진초〉는 사원에 공양하는 취지를 기록한 문서였다. 가지고 있던 두루마리를 꺼내 큰 소리로 읽어내자 통과를 허락받았다.

이에 다시 출발하려는데 도가시가 벤케이의 뒤를 따르던 미나모토노 요시쓰네를 보고 수상하게 여겨 다시 멈춰 세웠다. 그러자 벤케이가 뒤돌아 가서 지닌 지팡이로 미나모토노 요시쓰네를 쥐 잡듯이 다그치며 때리기 시작했다. "해가 지는데, 네놈 때문에 지체된다. 네 놈이 하인 주제에 미나모토노 요시쓰네를 닮아서 일어난 일이다"라고 큰소리를 쳤다. 상황을 지켜보던 도가시는 다시 통과를 허락했다.

이렇게 위험 지역에서 벗어나 한참을 빠져나와 벤케이가 미나모토노 요시쓰네에게 사과했고, 미나모토노 요시쓰네는 감사의 인사를 했다.

그런데 아까 만난 도가시가 뒤따라왔다. 술 한 동이를 들고 와 사과했다. 그는 처음부터 미나모토노 요시쓰네의 실체를 알았고 그를 살리려는 벤케이의 충심에 감동했다며 벤케이와 미나모토노 요시쓰네 일행을 위로했다.

47명의 사무라이가 저지른 복수극 『가나데혼주신구라(仮名手本忠臣蔵)』

『가나데혼주신구라』은 가부키 등 많은 전통극에서 가장 큰 인기를 얻은 작품이다. 약칭인 『주신구라(忠臣蔵)』로 많이 알려 있다. 『주신구라』의 첫 공연은 당시 일본을 뒤흔들었던 이 사건이 발생한 지 만으로 47년째 되는 해에 있었다. 그 사건은 바로 '아코 사건(赤穂事件)'이다. 또는 이때의 연호를 붙여 '겐로쿠 아코 사건(元禄赤穂事件)'라고도 한다. 오규 소라이를 소개할 때 언급했지만 배경이 된 실제 사건을 자세히 보자.

에도 시대 중기인 1701년 도쿄에서는 교토에서 온 천황의 사절을 맞이했다. 이때 담당자가 아코의 번주인 아사노 나가노리(浅野長矩)였다. 이때 아사노 나가노리가 자신의 칼로 막부의 쇼군 직속 무사인 기라 요시나카(吉良義央)를 다치게 했다. 그러자 막부는 에도 성내에서는 칼을 휴대하지 못하는 법을 근거로 아사노 나가노리를 처벌했다. 그의 영지를 몰수했고 할복을 명령했다. 반면 기라 요시나카는 어떤 처벌도 없이 그냥 면직만 되는 것으로 그쳤다. 이에 갑자기 주인을 잃어 낭인(浪人)이 된 아사노 나가노리의 무사 47명이 복수를 결의했다. 이듬해 이들은 기라 요시나카의 저택을 습격해 그의 목을 베어 주군의 묘에 바쳤다. 이 참혹한 복수극에 대해 에도의 시민은 '아코의사(赤穂義士)'라고 공감했고 막부도 그들의 충성과 의리를 인정해 처벌을 주저했다. 하지만 오규 소라이가 법대로 처리해야 한다고 주장했고 정상을 참작해서 할복의 '예(禮)'를 베풀었다.

그런데 왜 47년 만에 이들의 이야기가 무대에 올랐을까? 그 이유를 작가도, 배우도, 관객도 다 알았다. 바로 피 끓는 충성심을 보여준 아코의 무사 47인의 장엄한 죽음을 기리기 위한 것이었다.

『주신구라』는 다케다 이즈모(竹田出雲), 미요시 쇼라쿠(三好松洛), 나미키 센류(並木千柳) 등이 공동 집필했다. 당대의 유명한 작가들이었다. 이들도 고민이 컸던 모양이다. 에도 막부는 무사 사회에 관한 글을 쓰는 것을 금지했기 때문에 철저히 각색했다. 그래서 배경이 되는 시대는 에도 시대가 아닌 이전 무로마치 막부 시대였다. 등장인물도 아사노 나가노리를 엔야 한간(塩冶判官)으로, 기라노 고즈케노스케(吉良上野介)는 고노 모로노(高師直)로, 오이시 구라노스케(大石内藏助)는 오보시 유라노스케(大星由良助)로 바꾼다. 줄거리는 다음과 같다.

지방 영주 엔야 한간은 쇼군을 위한 행사를 준비하는데 자신의 처에게 욕정을 품은 막부 교관 고노 모로노에게 괴롭힘을 당한다. 이에 화가 난 엔야 한간은 자신의 칼을 뽑아 고노 모로노의 이마에 상처를 입힌다. 그러자 쇼군은 자신의 성에서 사사로이 칼을 뽑는 행위는 충성에 어긋나는 것이므로 그에게 할복을 명령한다. 그렇게 엔야 한간은 억울하게 죽는다. 오보시 유라노스케와 47명의 부하는 복수를 맹세한다. 일단 흩어져 복수의 날을 참고 기다린다. 어느 12월 한겨울 눈오는 밤 고노 모로노는 술자리에서 그의 부하들과 취해 있었다. 이 틈을 노려 47명의 무사가 그들을 모두 죽인다. 엔야 한간이 할복할 때 사용한 칼로 고노 모로노의 목을 베어 머리를 그의 무덤에 바쳤다. 막부는 그들에게 할복을 명령했고 그렇게 죽음을 맞이한다.

이렇게 내용은 실제 사건과 대부분 비슷하다. 『주신구라』 공연 당시 일본인들은 열광했다. 지금도 영화와 드라마로도 끊임없이 제작되고 있다. 주신구라 첫 공연은 앞서 거론한 죠루리(淨瑠璃)를 통해서였다.

『소네자키 신주(曽根崎心中)』도 당시 큰 인기를 얻는 작품이었다. 이것도 소네자키의 텐진(天神) 숲에서 실제로 일어난 남녀 동반자살 사건을 소재로 만든 것이다. 작가는 지카마쓰 몬자에몬(近松門左衛門)이다. 억울한 누명을 쓴 간장 가게 점원과 그 누명 쓴 점원을 사랑해 같이 괴로워하는 기생이 남녀 주인공이다. 하지만 누명에서 벗어날 길이 없음을 깨닫고는 그 둘은 자살로서 결백을 증명한다. 아름답고 슬픈 이야기다.

서양의학을 배우다 『난학사시(蘭学事始)』

흔히들 에도 막부가 '쇄국(鎖國)'을 했다고 알고 있다. 쇄국은 자신의 나라를 외국과의 외교, 통상, 교역을 모두 금지하는 것이다. 이렇게 전면적으로 쇄국한 나라는 역사에 존재하지 않는다. 다만 정부가 교역을 통제한다. 어떤 정치적 이유로 어떤 특정한 나라와 외교와 통상 관계를 맺거나 제한을 두는 것이다. 당시는 양국이 미리 약정한 상품만을 허가된 장소에서 교역했다. 이 외의 거래는 금지(통제)했다. 에도 막부, 조선, 중국 등이 쇄국을 했다는 말은 역사적 사실이 아니다. 에도 막부도 기본적으로 조선과 정상적인 외교 관계를 맺었고 통상하고 있었다. 유럽도 막부의 통제 아래서 교역했다.

초기에는 이전 시대처럼 유럽(특히 포르투갈)과 통상을 계속하고 있었다. 이처럼 통상은 했지만 대사를 파견하는 등의 외교 관계는 특별히 없었다. 다만 유럽 상인이 통상을 주도했고 가끔 자국 정부의 국서 등을 대신 전달하기도 했다. 문제는 기독교(당시는 가톨릭)가 대거 유입되는 것이었다. 처음부터 이질적인 종교가 유입되면서 생길 위험은 인식했지만 대체로 묵인했다. 그런데 규슈 서쪽에서 가톨릭 교도들이 '시마바라의 난(島原の乱)'이란 대규모 반란을 일으켰다.

이 반란으로 막부는 가톨릭의 위험성을 심각하게 인식하는 계기가 되었다. 반란 진압 후에 막부는 가톨릭을 엄금했고 이 가톨릭 반란을 배후에서 지원했다는 포르투갈 상인들도 모두 추방했다. 당시 중국에서도 비슷한 일이 있었고 조선도 이런 사태를 주시했다. 에도 막부는 가톨릭 신자를 처벌하면 그 사실을 바로 조선에 통보하기도 했다.

이때 개신교 국가인 네덜란드 상인들이 막부와 교섭을 요청했다. 그들은 자신들은 가톨릭의 적대세력이고 기독교 포교에 관심이 없다고 말하며 오직 통상만 하겠다고 밝혔다. 그래서 유럽권에서 오직 네덜란드 상인만이 유일하게 통상권을 획득했다. 그러나 가톨릭 반란에 큰 충격을 받았던 막부는 계속 의심할 수밖에 없었다. 그래서 철저한 통제 하의 통상을 허가했다. 규슈 나가사키(長崎) 앞바다에 부채꼴 모양의 작은 인공섬(약 4천 평)을 조성하고 오직 이곳에서만 통상하도록 했다. 이 섬이 데지마(出島)이다. 미리 약정한 네덜란드 상인만 섬에 상륙해 상관을 열었고 일본 상인도 막부가 허가한 이들만 출입할 수 있었다. 오늘날 우리가 여행 가서 볼 수 있는 나가사키 시내에 있는 데지마는 에도시대의 것이 아니라 작게 축소 복원한 것이다.

데지마의 네덜란드 상관장(商館長)은 일 년에 한 번 쇼군을 알현하고 선물을 바쳤다. 바로 이때 〈네덜란드 풍설서(和蘭說書)〉라는 해외 정보를 취합한 보고서를 막부에 건넸다. 이것은 그들에게 통상을 허가한 막부의 조건이었다. 이 보고서를 통해 쇼군과 막부는 국제정세를 이해했다. 그러나 막부는 담당 관료와 허가된 상인 이외에는 네덜란드 사람을 만나는 것을 금지했다. 시중에 네덜란드와 유럽에 대한 정보가 유포되는 것도 막았다. 3대 쇼군 도쿠가와 이에미쓰(德川家光) 때의 일이었다. 이것이 흔히 말하는 에도 막부의 '쇄국'이었다.

8대 쇼군 도쿠가와 요시무네(德川吉宗) 때는 상황이 다르게 전개되었다. 도쿠

가와 요시무네는 고산케 중 하나인 기슈 도쿠가와 집안 출신이었다. 에도 막부의 쇼군을 이을 직계 자손이 없었기 때문에 그가 8대 쇼군이 되었다. 쇼군이 된 그가 해결해야 할 가장 시급한 과제는 막부의 재정난이었다. 그래서 그가 추진한 정책이 '교호 개혁(享保の改革)'이었다. 이때 일본이 조선 인삼을 자체적으로 생산한 시대였다. 조선 인삼의 수요가 높아 많은 양의 인삼을 수입했고 이 때문에 재정난이 가중되자 이것을 해결하려고 실행한 정책이었다. 그리고 구황작물인 고구마를 수입해 자체적으로 재배한 것도 그의 성과였다.

또한 민간의 학자들에게 유럽의 새로운 지식을 연구할 수 있도록 허용했다. 하지만 기독교 관련 유럽의 서적을 수입하거나 연구하는 것은 여전히 금지했다. 이것이 '난학(蘭学, らんがく)'의 출발이다.

난학의 '난(蘭)'는 네덜란드를 말하는 '화란(和蘭)', '오란다(阿蘭陀)'에서 따온 것이다. 네덜란드의 '홀란드(Holland)'에서 유래했다. 또는 남쪽에서 온 오랑캐의 학문이라는 의미로 '남만학(南蛮学)', '만학(蛮学)'이라고 하기도 했다. 후대에는 남만보다 서양이란 말이 많이 쓰이면서 '양학(洋学)'이라고 했다. 난학은 출현부터 에도 막부가 수입을 허용한 실용적인 학문이었다. 의학, 천문학, 공학 등과 같은 학문을 수입한 목적은 산업을 발전시키려는 의도였다. 가령, 의학과 어학 분야의 마에노 료타쿠(前野良澤), 의학 분야의 스기타 겐파쿠(杉田玄白), 식물학 분야의 우다가와 요안(宇田川榕菴), 물리학과 화학의 히라가 겐나이(平賀源内), 천문학의 시즈키 다다오(志筑忠雄) 등이 활동했다. 문제의 쇄국이란 말은 시즈키 다다오가 쓴 『쇄국론(鎖國論)』에서 유래했다. 이처럼 산업발전을 위해 막부에서 허가한 실용학문이 난학이었다.

그러나 예외의 인물이 있었다. 에도 막부 말기에 활동한 '와타나베 가잔(渡辺崋山)'이다. 그는 다와라(田原) 번의 무사이자 뛰어난 화가였다. 또한 해안을 방어하는 책임자였다. 다와라 번은 지금의 일본 중부 아쓰미반도(渥美半島)이다. 와

타나베 가잔은 『신기론(愼機論)』과 『서양사정서(西洋事情書)』라는 책을 남겼는데 그 내용은 기존의 해안 방어책과 대외관계 처리에 무능한 막부 관료 등을 비판한 것이었다. 그리고 자연과학과 합리적 인식을 가진 유럽과 교류해 인재를 육성해야 한다는 사회 개혁을 주장했다. 하지만 막부는 그를 탄압했다. 바로 '만사의 옥(蠻社の獄)'이다. 만사는 오랑캐(추종)의 결사라는 의미이다. 그는 마지막으로 불충불효(不忠不孝)라는 글을 남기고 스스로 할복해 생을 마감했다.

와타나베 가잔은 스기타 겐파쿠 등과 함께 한국에서도 널리 알려진 난학자와는 전혀 다른 길을 갔다.

난학과 관련해 한국에서도 널리 알려진 책은 스기타 겐파쿠 등이 번역한 『해체신서(解體新書)』와 그 스기타 겐파쿠의 말년 회고담인 『난학사시(蘭学事始)』이다. 스기타 겐파쿠는 오바마 번 출신의 의사였다. 오바마 번은 현재 오바마 시이고 동해 쪽에 있다. 불행히도 어머니가 그를 출산하던 중에 죽었다.

그는 에도에서 병원을 개업하고 한의학자, 난학자 등과 교류했다. 이때 그의 인생에서 중요한 사건이 있었다. 당시 고즈가하라(小塚原)라고 부르던 형장에서 처형된 시신을 해부하는 것을 참관하게 된 것이다. 이때 만난 다른 의사들에게 중국 의학서와는 전혀 다른 네덜란드의 인체 해부도에 대해 처음 듣게 되었다. 당시 유럽의 해부학은 동양의 전통 의학과 달리 실제로 인체를 해체해서 정리한 것이어서 보다 과학적이었다.

그는 의사로서 인간의 몸을 제대로 알고 싶다는 강렬한 학구열이 생겼다. 스기타 겐파쿠와 같은 오바마 번의 의사였던 동료 나카가와 준안(中川淳庵)이 그즈음 데지마의 네덜란드 상관에서 네덜란드어로 된 의학서인 『타펠 아나토미아(Ontleedkun-dige Tafelen)』를 빌려왔다. 하지만 그는 네덜란드어를 몰랐다. 그저 삽화로 그려진 상세한 인체도를 보며 경탄만 했다.

그는 번역을 결심한다. 이때 새로운 동료 한 명이 더 나타났다. 마에노 료타쿠이다. 그도 의사였고 박학한 지식인이었다. 더구나 그는 그나마 기초적인 네덜란드어를 조금 알고 있었다. 그래서 마에노 료타쿠가 책의 번역 작업에서 주도적인 역할을 했을 것으로 보인다.

『타펠 아나토미아』의 원작은 독일의 의대 교수인 요한 아담 쿨무스(Johann Adam Kulmu)가 쓴 것이다. 원제는 『해부도보(Anatomische Tabellen)』였다. 이 책은 유럽의 여러 나라에서 번역되었고 네덜란드에서는 외과 의사 헤라루쥬스 딕텐(Geradus Dicten)이 『타펠 아나토미아』라는 제목으로 번역해 출간했다. 내용은 249쪽 분량으로 해부학 표와 부, 도표, 해설 그리고 인체의 구조와 각 부분의 기능에 대한 도해와 해설 등이 수록되어 있다. 이 책 몇 권이 네덜란드 동인도 회사의 상선에 실려 나가사키 데지마까지 온 것이었다. 데지마의 네덜란드 상관에도 의사가 상주하고 있었다.

스기타 겐파쿠, 나카가와 준안, 마에노 료타쿠 등이 알파벳부터 배워 차근차근 내용을 풀이했다. 이렇게 시작해 번역을 완성하기까지 약 3년 반이 걸렸다. 이런 중역(重譯)의 과정을 거쳐 탄생한 책이 『해체신서(解體新書)』이다. 이를 계기로 스기타 겐파쿠는 명성과 재물을 얻었다. 수많은 제자도 모였다. 그의 환갑연과 신년회에는 수많은 난학자가 몰려들어 축하 파티도 열었다.

이 시기 막부도 난학자에 대한 인식이 바뀌었다. 갑자기 나타난 러시아에 대한 정보가 필요했다. 그래서 난학자에게 네덜란드의 러시아 정보를 번역해서 제출하라고 명령했다. 이때도 마에노 료타쿠 등이 활약했다. 이렇게 난학은 순수한 학문연구에서 에도 막부가 인정한 '천하유용(天下有用)'의 학문으로 인정받게 된 것이다. 그렇게 스기타 겐파쿠는 행복한 말년을 보내고 85세까지 장수했다. 반면 그의 동료였던 마에노 료타쿠는 불행한 말년을 보냈다. 그런데도 스기타 겐파쿠는 외면했다고 한다.

기존의 의학에 한계를 느끼던 의사들은 『해체신서』에 매료되었지만 일부는 비난도 했다. 하지만 이미 역사의 대세는 난학을 통해 서양 의술을 배우는 것이었다. 이후 난학자이며 의사였던 라하나오카 세이슈(華岡青洲)가 일본 최초로 유방암 치료에 외과수술을 시도했다. 참고로 조선에서 최초로 서양의학을 소개한 학자는 19세기 중엽의 최한기이다.

끝으로 『난학사시』에 대해 소개한다. 이 책은 스기타 겐파쿠가 나이 여든셋에 남긴 회고록이다. 늦은 나이에 집필해 잘못된 기억도 기록되어 있다. 주된 내용은 난학이 한학보다 우월하다는 점, 네덜란드와 통상에서 성장한 나가사키 통역 전문 집안이 보인 배타적인 태도, 마에노 료타쿠 등의 동료에 대한 회고, 시신 해부의 의의, 『타펠 아나토미아』의 가치, 어려웠던 번역 과정 등을 담고 있다. 무엇보다 이 책은 『해체신서』의 저자 회고록으로 높은 가치를 지닌다.

이 책의 원래 제목은 '화란사시(和蘭事始)'였다. 그런데 메이지 유신 이후 후쿠자와 유키치(福澤諭吉)가 재발견했다. 그가 주장한 것이 문제의 '탈아론'이다.* 그의 위험한 책들은 일본은 물론 조선과 청에서도 많이 읽혔고 지금도 한국에서 '문명개화론자'로 유명하다. 이 후쿠자와 유키치가 원래 제목을 『난학사시』로 바꾸어 출판했다. 이렇게 『난학사시』는 세상에 알려졌다. 지금도 일본의 학교 교과서에 실릴 정도로 중요한 고전으로 평가받고 있다.

※ 탈아론과 난학

난학이 일본의 근대화를 가져온 학문이라는 것은 오해이다. 앞서 거론한 난학의 유명한 학자들은 막부의 정책적 배려로 순수하게 학문을 연구한 수준에 불과했다. 이들이 당시 일본의 여러 문제점을 해결하기 위해 혁명적 방안을 제시하지 않았다. 그래서 난학이 일본 근대화를 이끌었다는 주장은 오히려 근대 이후 일본에서 유행했던 '탈아론(脫亞論)'에서 유래한 것이다.

　탈아론은 '열등하고 야만스러운 조선과 중국의 것을 배울 필요도, 교류할 필요도 없다고 주장한다. 일본은 문명국인 유럽을 배워 유럽처럼 문명국으로 발전하자'라는 것이다. 이는 '일본이 문명국이 된 후 열등과 야만 상태의 조선과 중국을 처리하자'는 주장이었다. 한 마디로 인종차별주의, 침략주의 논리였다. 유럽의 제국주의 논리를 그대로 수입한 것이다. 이처럼 난학은 근대화와는 직접적으로 관련이 없다. 다만 근세 일본에서 처음으로 유럽의 과학·기술을 구체적으로 연구했던 실용적인 학문 정도로 이해하는 것이 합당하다.

위험한 일본의 시작 '국학'(国学, 고구가쿠 こくがく)

　일본 관련 책 중에 최고의 베스트셀러는 『국화와 칼』이다. 저자 베네딕트가 밝힌 집필 동기는 당시 '미국 정부의 의뢰' 때문이었다고 말했다. 당시 미국은 일본과 한창 태평양전쟁 중이었다. 전쟁 수행에 바쁜 정부가 저명한 인류학자에게 일본에 관한 연구를 의뢰한 중대한 이유는 무엇이었을까?

　미국이 바라본 일본은 도저히 이해할 수 없는 나라였다. 더는 교전 능력이 없는 일본군은 도무지 항복할 기미가 없었기 때문이다. 오히려 "천황폐하 만세!"를 외치며 무모한 자살 돌격까지 했다. 아니면 할복해 스스로 목숨을 버렸다. 심지어 오키나와에서는 민간인들까지 총알받이로 내몰거나 집단 자살을 강요했다. 이에 미국은 일본인의 머릿속이 궁금했다.

　일본이 저지른 2차 세계대전으로 아시아의 무고한 민중 2천만 명이 죽었고 자국민만 300만 명이 죽었다. 그런데도 어떤 반성과 부끄러움도 없다. 도대체 그 뻔뻔한 정신 상태는 무엇이며 그 기원은 어디에 있을까?

　이러한 위험한 일본을 만든 원인으로 지목받았던 것이 에도 시대 중기에 발생한 '국학'이란 사상이다. 일반적으로 국학은 일본의 고대 고전을 연구해 일본의 순수한 정신을 찾자는 학문이라고 말한다. 얼핏 들으면 자국의 역사와 문화에 대한 자긍심을 찾는 것일 뿐이라고 생각할 수 있다. 하지만 실상을 조금만 들여다보면 제국주의 침략 사상, 오늘날 일본을 지배하고 있는 우익세력의 사상적 바탕이 되는 위험한 사상이라는 걸 알 수 있다.

대체로 국학의 시작을 진언종(眞言宗)의 승려였던 게이추(契沖)에게서 찾는다. 그는 승려였지만 기존의 불교를 배제하고 '와카(和歌)'에 빠져들었다. 와카에서 숨겨진 순수한 일본적 미의식을 찾아야 한다고 생각했다. 본격적으로 『만엽집(万葉集)』을 연구해 주석서인 『만엽대장기(万葉代匠記)』를 저술했다. 그런데 공교롭게도 『만엽집』에 관한 연구를 처음 의뢰한 사람은 앞서 소개한 미토학의 시조 도쿠가와 미쓰쿠니(德川光圀)였다. 미토학도 이 국학 못지않게 위험한 학문이다.

그다음 나타난 국학자는 가모노 마부치(賀茂眞淵)이다. 처음에는 오규 소라이와 같은 고문사학(古文辭学)을 공부하다가 국학을 지향했다. 그도 『만엽집』에 주목해 연구했다. 그가 내린 결론은 고대 일본인은 순박하고 용맹한 정신을 가졌는데 이것을 '높고 곧은 마음'이라 했다.

"일본인은 '마음이 곧은' 백성이므로 번거롭게 일일이 지시하지 않더라도 천황이 중요한 지시를 내리면 그것은 그냥 놔두어도 바람처럼 사방으로 울려 퍼져 물처럼 사람들의 마음에 스며들어 간다." 즉 일본인 매우 자연스럽게 천황의 통치를 받아들이는 국민성을 가지고 있다는 의미이다. 참 위험한 주장이다.

그가 말년에 집필한 책이 『국의고(国意考)』이다. 여기서 '국의'라는 것은 불교와 유교 이전의 고유한 일본 고대의 도(道)를 의미한다. 전체 내용은 5단으로 구성되어 있다. 일본 고유의 도를 유교의 중국 문명과 비교하며 정치, 윤리, 도덕, 문자 등에서 자신들이 중국보다 우월하다고 주장한다. 그리고 불교가 일본에 악영향을 끼쳤다고 주장했다. 여기서 '가도(歌道)'라는 말을 내세운다.

그 근거로 내세운 것은 앞서 소개한 『고금와카집(古今和歌集)』의 서문이다. 여기서 주장하는 내용은 '국민 한 사람, 한 사람이 온화한 마음을 품는 것과 노래를 치세(治世)의 근본'으로 삼으라는 것이다. 이는 유교에서 '예절과 음악으로 나라를 다스려라'라는 주장을 따라 한 것이다. 참고로 일본 사람은 도(道)라는 말을 참 좋아한다. 칼 쓰는 것, 차 마시는 것, 글씨 쓰는 것, 꽃꽂이 등의 온갖 것에 도를 붙인다.

이런 선배 세대에 이어 더 대단한 국학자가 출현한다. 모토오리 노리나가(本居宣長)이다. 죽기 전 가모노 마부치가 직접 국학을 계승·발전시키라고 그에게 유언했다고 한다. 그런데 그는 가모노 마부치와 달리 『고금와카집』, 『신고금와카집(新古今和歌集)』도 호평했다. 가모노 마부치는 『고금와카집』을 여성 취향이라고 거부감을 가졌다. 모토오리 노리나가는 『겐지 모노가타리』도 깊이 연구했다. 그렇게 해서 그가 만든 말이 앞서 소개한 '모노노아하레(物の哀れ)'라는 '일본인의 마음'이란 것이다. 그는 상인의 아들로 태어나 상인 집안의 양자가 되어 그 재산을 물려받았다. 의학과 주자학을 공부했고 오규 소라이에게도 배웠다. 하지만 마지막에 그가 찾은 것은 게이추의 국학이었다. 그리고 그가 집중적으로 연구한 일본 고전은 문제의 『일본서기』와 『고사기』이다.

그는 많은 강연과 책을 남겼다. 그중에 『직비령(直毘靈, なおびのみたま)』을 잠시 소개한다. 여기서 '직비'란 제사를 지낸 후의 음복 행사를 말하며 전체적인 의미는 '제사 음복의 정령을 바탕으로 세상의 악을 바로 잡는다'라는 뜻이다. 그가 『고사기전(古事記伝)』을 집필하면서 쓴 책이다. 이 책에 그의 『고사기』 연구의 결론과 사상적 요체가 담겨있다고 평가한다. 『직비령』에서 중요한 부분을 소개한다.

우선 그가 내린 일본에 대한 정의이다. "스메라오미구니(皇大御国, 신의 나라)는 그 덕이 만국에 두루 미치는 아마테라스 오미카미(天照大御神, 신도 최고의 태양신)

가 현출하신 나라이며, 이 아마테라스오미카미가 3가지 신기(神器)를 주시며 '황국(皇國)은 내 자손이 영원히 다스리는 나라가 될 것이다'라는 신칙(神勅)을 내리시어 하늘과 땅의 구석구석까지 황손이 다스리게 될 것을 정하셨으니, 신도 사람도 모두 황손을 받들게 되었다." 즉 일본은 하늘신의 아들 천황이 영원토록 다스리는 신국(神國)이며 일본은 전 세계를 지배하고 다스릴 '신칙(神勅)'을 받았다고 주장했다. 1945년 점령군 맥아더 사령관 앞에서 겁먹은 얼굴로 엉거주춤 서서 '천황도 인간이다'라는 선언을 하던 히로히토의 장면이 떠오른다. 이런 말을 순순히 믿고 따랐던 당시 일본인들은 '천황의 인간 선언'으로 큰 충격을 받았을 것이다. 또 한 가지는 국학자의 논리 전개는 궤변에 가깝다. 먼저 일본인은 순수한 존재였으며 이에 더해 순종을 잘하는 존재가 되었다는 주장이다. 이는 순종을 잘하기 때문에 원래 순수한 것이라고 풀이된다. 반대로 말하면 순종하지 않으면 순수하지 않은 존재가 된다. 이는 일본인에 대한 모독, 나아가 인간에 대한 모독과 같다.

다음은 중국으로 대표되는 동아시아의 전통문화를 일본 문화와 대립 구조로 만든 것이다. 과연 그럴까? 상식적으로 일본 고대의 문화는 동아시아가 보편적으로 만들어 온 문명의 일부였다. 만약 이런 역사적 사실마저 부정한다면 일본은 세계와 고립된 영원한 섬으로 남는다. 헤겔식으로 표현하면 '역사와 시간이 영원히 정지된' 야만의 나라가 일본인 것이다. 하지만 이 책의 마지막은 이렇게 끝난다.

"그래도 도를 구하고자 한다면 우선 중국 서적의 독이 스며든 마음을 깨끗이 씻어내고, 정결하기 그지없는 황국의 마음으로 일본의 고전을 배워야 한다. 그러면 새삼스레 배워야 할 도가 없다는 사실을 절로 알게 될 것이다. 이는 바꾸어 말하면 신도(神道, しんとう)에 순응하는 것이다."

모토오리 노리나가를 계승한 국학자로 유명한 자는 에도 시대 말기의 히라타 아쓰타네(平田篤胤)이다. 그는 그들 세계에서 가다노 아즈마마로(荷田春滿), 가모노 마부치, 모토오리 노리나가와 함께 '국학사대인(国学の四大人)'으로 숭배받는 인물이다. 그는 오늘날 아키타(秋田)인 구보타 번(窪田藩)의 사무라이 아들로 태어나 어려서 한학과 의학을 배웠다. 이후 국학을 공부했다. 그가 모토오리 노리나가의 제자라는 것은 모토오리 노리나가 사후의 일이다. 노리나가의 묘지에서 '천오백 제자 가운데 특별히 저를 써주세요'라고 노래했다고 한다. 이후 그의 제자는 모토오리 노리나가의 제자들보다 3~4배 더 많았다. 이처럼 히라타 아쓰타네는 국학이 만개할 때 활동한 학자였다.

그의 기본적인 주장은 일본과 천황의 신성함을 강조하는 것은 다른 국학자와 같지만 그는 일본 고전뿐 아니라 다방면으로 연구했다. 불교, 유교, 도교, 난학, 기독교 등을 '팔가학(八家の学)'이라고 하면서 일본 고유문화의 우월성을 내세우며 배척했다. 그리고 국학을 '종교화'했다는 평가도 있다. 그가 남긴 『영능진주(靈能眞柱)』를 보면 국학으로 사후세계도 설명한다. 관련 주장은 다음과 같다.

"일본인은 일본인의 주체성인 '위대한 야마토고코로(大倭心, 일본 고유의 정신)'를 확실하게 굳히지 않으면 안 된다. 이를 위해서는 사후세계에 대해 아는 것이 최우선이다."

※ 미토학+국학 = 메이지 유신

메이지 유신 이후 일본은 위험한 나라가 되었다. 그 위험의 직접적인 뿌리는 두 가지이다. 하나는 앞서 설명한 '미토학(水戶学)'이고, 다른 하나는 '국학(国学, こくがく)'이다. 마치 이 둘은 일본인의 이중성을 설명할 때 쓰는 '혼네(本音, 숨은 속마음)'와 '다데마에(建前, 드러나는 마음)'처럼 서로 떨어

져 있지만 결코 분리될 수 없는 것이다. 이 둘이 본격적으로 합쳐진 계기가 메이지 유신 이전의 '존 왕양이(尊王攘夷)' 운동이었고, 이것을 구체화한 사상가가 요시다 쇼인(吉田松陰)이다.

이 미토학과 국학 논리로 과거의 일본을 해체하고 새롭게 재구성한 시기는 '절대천황제'로 국가를 건설한 메이지 유신 때이다. 이때 그들은 새롭게 조어를 만들었다. 그 조어는 국가(國家), 국민(國民), 국사(國史) 등처럼 '국(國)'자가 들어가는 말이다. 일본은 이런 용어로 일본 민중에게 국가에 순종하고 천황의 이름으로 죽을 수 있도록 만들었다. 거부하면 비국민(非國民, ひこくみん)으로 몰아 차별하거나 소외시키고 심지어는 죽이기까지 했다.

한국도 식민지 시절 '대항'의 의미로 1930년대부터 국(國)자 들어가는 말들을 썼다. 시간이 흘렀지만 일본어 잔재가 많이 남아있다. 이런 말을 쓰는 것을 경계해야 한다.

일본의 바다를 지켜라 '해방론(海防論)'

에도 시대 중기 일본은 '바다 한복판에 떠 있는 섬나라'라는 사실에 처음 주목한 학자가 출연한다. 그는 바다로부터 쳐들어올 외세에 대비할 수 있는 강력한 해양 방비를 주장했다. 이들을 '해방론자(海防論者)'라고 한다.

대표적인 해방론자는 하야시 시헤이(林子平)이다. 그가 한 유명한 말이 있다. "곰곰히 생각해보면 에도의 니혼바시(日本橋)에서 당나라, 네덜란드까지는 경계가 없는 수로이다."

당시 일본은 바다 넘어 외국의 침략에 대해 무관심했다. 그 이유는 일본의 전쟁이 거의 내전이었기 때문이다. 유일한 예외가 가마쿠라 막부 시대에 몽골과 고려의 침략이 있었을 뿐이다. 이들의 침략은 실패했고 일본은 피해가 거의 없었다. 하늘이 가미카제(神風)를 불어서 일본을 보호한 덕분이라고 믿었다. 그래서 스스로 '영원한 신국(神國)' 또는 '신주(神州)'라는 믿는다. 몽골과 고려의 침략과 실패와는 전혀 관련 없는 종교적 믿음이었다. 이런 믿음이 있었기에 '수도 에도(오늘날 도쿄)의 한가운데로 이어진 바닷길로 누군가 침략을 할 수 있다'라는 하야시 시헤이의 주장은 충격적이었다.

하야시 시헤이는 에도에서 막부 하급 관리의 아들로 태어났다. 어려서 아버지가 해고당하자 일본 동부의 큰 도시인 센다이 번(仙台藩)으로 이주했다. 당시 센다이 번 영주의 첩으로 누이가 있었고 형도 센다이 번의 관직에 있었다. 이때 오규 소라이 학파의 학문과 오늘날 군사학에 해당하는 병학(兵學) 등을 배웠다.

이후 북쪽의 에조(蝦夷) 지방과 남쪽의 나가사키 등으로 여행했다. 에조는 오늘날 동북 지방 끝과 홋카이도(北海道) 지역으로 주로 일본의 소수민족인 아이누(Ainu)족과 차별받는 동북의 지역민이 거주하는 곳이었다. 다시 돌아와 홋카이도 등 북방영토를 개척하자고 주장하는 구도 헤이스케(工藤平助)와 앞서 소개한 난학자들과 교류했다. 그의 학문과 사상은 이렇게 성장해 나갔다. 센다이 번의 재정난을 타개하기 위한 제안도 했다.

본격적으로 해방론자의 목소리를 낸다. 먼저 『삼국통람도설(三国通覧図説)』 발표한다. 여기서 3국은 조선, 류큐(琉球, 오키나와) 그리고 홋카이도를 말한다. 이들 지역에 대한 소개와 함께 군사적 가치를 주장한다. 이 주장은 러시아의 남하를 우려하면서 내세운 논리였다. 일본이 역사적으로 늘 주장했던 러시아, 소련, 북한 위협론의 시작을 여기서 발견할 수 있다. 에도 중기 이후 일본에서는 늘 홋카이도 개발을 운운했지만 별개의 나라처럼 설명했다.

하야시 시헤이는 또 다른 책을 발표했다. 가장 널리 알려진 『해국병담(海国兵談)』이다. 에도 시대에는 국제정세가 대체로 평화로웠다. 그래서 막부의 군사적 관심은 늘 내부에 있었다. 특히 강력한 막번(幕藩) 체제를 위협할 만한 세력(큰 번)의 반란을 늘 걱정했다. 다시 전국 시대나 아즈치모모야마 시대와 같은 대량 살육의 시대로 돌아갈 수 없다는 의지이기도 했다. 그래서 지방의 큰 번에 대한 군사적 방비가 중심이었다. 그런데 하야시 시헤이가 이런 좁은 생각을 바꾸라고 촉구했다. "해국이란 무엇인가? 요컨대 이어진 나라가 없고 사방이 모두 바다로 둘러싸인 나라를 말한다. 그러므로 해국에는 해국에 걸맞은 국방 대비책이 있어야 한다."

그러나 막부의 생각은 달랐다. 그의 해방론은 강력한 외적의 침략을 전제로 한 주장으로 태평한 시대에 사회를 불안하게 만들 위험한 사상이라고 판단했다. 막부는 그에게 밖으로 나오지 말고 집에만 있으라고 칩거 명령을 내렸다. 그리고 그의 '위험한 책'을 모두 몰수하고 판매 금지했다. 얼마 후 그는 병으로 죽었다. 아마도 회재불우(懷才不遇)로 생긴 화병이었을 것이다.

그가 죽은 후 또 다른 해방론자가 나타난다. 막부 말기의 사쿠마 쇼잔(佐久間象山)이다. 청나라가 '아편전쟁'으로 영국에게 처절하게 패배했다는 소식을 듣고, 이 전쟁에 대해 철저히 분석하고 연구했다. 이후 그는 '개방론자'가 되었다. 일본의 개항과 유럽 세력과 교류를 주장한 것이다. 하지만 동시에 서양 포병술을 배웠다. 이뿐 아니라 자신이 속한 마쓰시로 번(松代藩)의 영주에게 '해방 8책(海防八策)'을 올린다. 해안 요충지에 포대 건설과 서양식 대포 제조, 전문 해군 양성 등을 주장했다. 사쿠마 쇼잔과 해방론자들이 우려하던 일이 벌어졌다. 바로 미국의 페리(Perry) 제독이 이끄는 거대한 '구로부네(黑船)'가 나타났다. 에도의 관문인 요코하마(橫浜) 앞에서 함포를 쏘며 '개국(開國)'을 강요했다. 일본은 미국의 강요로 문호를 개방했다. 이후 1875년 일본이 조선 강화도에서 한 짓은 이것을 모방한 것이다.

이런 상황을 사쿠마 쇼잔과 에도 막부는 문호 개방은 불가피한 일이라고 받아들였다. 하지만 당시 존왕양이 사상을 받드는 지방 번의 무사들은 이 사건을 에도 막부 타도라는 명분으로 만들었다.

사쿠마 쇼잔은 이 존왕양이 운동이 일본의 갈등을 해소할 수 있고 에도 막부와 교토의 천황 체제가 공존해야 한다는 '공무합체(公武合体)'를 주장한다. 하지만 그는 교토에서 존왕양이 세력에게 암살당했다. 이때 일본의 지배계급인 사무라이는 에도 막부 지지와 천황제 지지 세력으로 분열했고 이 갈등이 폭발했던 극심한 혼란기였다. 수많은 사람이 암살당했다. 이 암살로 죽은 사람 중에 가장 유명한 사람이 사카모토 료마(坂本龍馬)였다.

이후 사쿠마 쇼잔의 사상은 가쓰 가이슈(勝海舟) 등으로 이어진다. 이 가쓰 가이슈는 참으로 기이한 사람이었다. 죽기 살기로 내전을 벌이던 에도 막부와 메이지 신정부에서 모두 고위 관료를 지냈다. 이 사연은 더욱 기가 막힌다. 존왕양이 세력은 쿠데타로 권력을 쥔 후 신임 천황 메이지(明治)를 옹립해 신정부를 세웠다. 그리고 '관군'의 타이틀을 쥔 존왕양이 세력은 막부의 거점인 에도를 공격했다. 전세가 역전된 것이다. 어제의 반란군이 오늘은 정부가 되었고 어제의 정부가 오늘은 반역자가 된 것이다. 당시 에도성에는 당시 세계에서 가장 많은 100만 명이 살고 있었다. 100만 명의 생사가 걸린 절박한 순간에 에도 막부 대표로 협상에 나선 관료가 가쓰 가이슈였다. 그의 상대가 사이고 다카모리(西鄕隆盛)였다. 사이고 다카모리도 나중에 자신이 제안한 조선 침략 정책에 대해 메이지 신정부가 시기상조라고 거절해 반란을 일으켰고 이 반란으로 죽음을 맞이했다. 가쓰 가이슈는 성공적인 협상을 이끌었고 100만 시민의 목숨을 살렸다. 또 에도 막부의 쇼군과 측근들도 안전을 보장받았다. 이후 그는 메이지 신정부에서 다시 고위 관료가 되었다. 그리고 일본의 근대적인 해군을 창설했다.

정리하면, 메이지 유신 전후 일본은 극도의 혼란기였다. 다양한 사상가가 등장했지만 중심을 세우고 일관된 입장으로 대처하기는 무척 힘든 난세였다. 그나마 이 해방론자 계보의 사상가들이 일관된 사고와 능동적으로 처신했다.

위험한 사상 정한론(征韓論)과 대동아공영권을 만든 '요시다 쇼인(吉田松陰)'

요시다 쇼인은 앞에서도 거론한 인물이다. 먼저 그의 인생에 대해 알아보자. 요시다 쇼인은 현재 야마구치현(山口縣)인 조슈 번(長州藩) 출신의 사무라이 신분으로 태어났다. 어려서 부모를 잃었고 삼촌에게 병학(兵學)을 배웠다. 불과 19세에 죠슈 번의 사무라이 학교에서 병학 사범이 되어 사무라이를 가르쳤다.

하지만 아편전쟁의 결과를 알게 된 후 더는 기존의 병학이 쓸모없다고 생각했다. 이후 '탈번(脫藩)'하고 전국을 다니며 새로운 배움을 구했다. 탈번은 번주(藩主)의 허락 없이 번을 벗어나 낭인이 되는 행위로 당시에는 심각한 불법이었다. 이때 사쿠마 쇼잔을 찾아가 배움을 청했다.

나가사키 데지마에 가서 네덜란드 상선에 올라보기도 했고 동북 지방에 가서 러시아의 남하 상황을 알아보기도 했다. 때마침 내항한 페리 함선을 찾아가 밀항을 요청했다가 거절당하고 쫓겨났다. 이후 당국에 자수하고 죠슈 번으로 압송되어 수감생활을 했다. 이즈음 그의 대표작인 『유수록(幽囚錄)』을 썼다. 얼마 후 풀려나 고향으로 돌아갔다. 고향에서 사설 학당을 열었다. 바로 '쇼카손주쿠(松下村塾)'이다. 이 사설 학당은 과거 아베 정권의 외교적 노력으로 2015년 유네스코 세계문화유산으로 등재되었다.

고향에서 약 2년 동안 죠수 번의 사무라이들을 가르쳤는데 그들이 바로 메이지 유신의 주역들이다. 동시에 이자들은 조선 침략과 식민지 건설의 주범이고 지금도 일본 극우 정치인들의 정신적 스승이다. 이자들의 면면을 보면, 일본제국 초대 총리였고 초대 조선통감을 했던 이토 히로부미(伊藤博文), 이토 히로부미의 오른팔이고 조선에서 일본공사를 역임한 이노우에 가오루(井上馨), 일본 육군의 전신이 되는 기병대의 창설자이며 아베 신죠(安倍晋三) 전 총리가 가장 존경한다는 타카스기 신사쿠(高杉晋作), 일본 육군의 창설자이며 일본 군국주의 아버지라고 불리는 야마가타 아리토모(山縣有朋), 메이지 유신 3걸이라는 기도 다카요시(木戶孝允) 등등 다 찾아내기 힘들 정도로 많다. 참고로 메이지 시절 이 자들에 대한 사회적 평가는 매우 나빴다. 당시 이런 말이 있었다고 한다. 사람들은 "돈에 더러운 야마가타 아리토모, 여자에 더러운 이토 히로부미, 둘 다 더러운 이노우에 가오루"라고 말했다. 대중의 기억과 인식을 바꿀 수 있는 역사교육은 참으로 무섭다. 요시다 쇼인은 이런 대단한 자들을 남기고 29세에 죽었다.

이 요시다 쇼인의 제자들이 일본 사회의 주역이 되는 과정을 잠시 살펴봐야 한다. 에도 막부 말기 지방 출신에 나이는 젊고 신분도 낮았던 사무라이들은 존왕양이 사상에 급속히 경도되어 갔다. 먼저 존왕양이 사상을 보자.

원래 존왕양이는 중국 춘추 시대에 제환공(齊桓公)이 여러 제후국 위의 패자(霸者)로 올라서기 위해 만든 정치 논리였다. 의미는 주나라 왕(王)을 받들고 주변의 오랑캐를 물리치자는 것이다. 이후에도 계속 사용되었다. 한국의 경우에는 조선 말기에 특히 많이 사용되었다. 외세의 침략에 맞서 싸우자는 위정척사(衛正斥邪) 운동, 일부 의병운동 그리고 대원군(大院君) 등이 그렇다.

일본도 비슷한 맥락에서 쓰였지만 좀 더 특별했다. 앞서 소개한 국학, 에도 시대 나타난 복고 신도(復古神道, 국학자들이 신도에서 불교를 배제하고 『고사기』의 원시적인 신도로 돌아가자 주장) 등에서 강조한 의미는 이렇다. '만세일계(万世一系)의 일본 천황은 신이며 완벽한 왕이다. 그래서 역성혁명(易姓革命)으로 바뀌는 중국 역대 왕조의 왕들보다 뛰어나다.' 그러므로 당연히 천황에게 '존왕'을 해야 한다는 것이다. 하지만 당시 권력은 천황에게 없었고 도쿠가와 막부에 있었다.

이때 미토학이 이 모순된 상황을 해소할 방안을 제시했다. 도쿠가와 집안의 주요 가문인 미토 번이 나서서 만든 논리였다. '쇼군이 천황을 마음 깊이 존숭

(尊崇))한다면 전국의 다이묘(大名, 번의 영주)들은 이런 쇼군을 마음으로 숭경하게 된다. 그러면 사무라이는 다이묘를…' 즉 천황〉도쿠가와 쇼군〉다이묘〉휘하의 사무라이로 이어지는 단계적 군신 관계를 정립해 천황이 존왕의 대상이 되도록 모순을 해결하려는 의도였다. 이 논리는 후지타 유코쿠(藤田幽谷) 부자가 개발했다. 흥미로운 것은 에도 막부의 마지막 쇼군 도쿠가와 요시노부(德川慶喜)는 이 미토학을 깊이 학습한 인물이다.

이 존왕양이 사상이 메이지 유신으로 촉발하기까지 한 명이 더 필요했다. 그가 바로 요시다 쇼인이다. 그가 내세운 것은 '일군일민(一君万民)' 사상이었다. '일본 국민 전체가 직접 천황을 숭경한다'라는 것이다. 여기에는 에도 막부가 빠진 것이다. 일본에서는 천황을 숭경함에 있어 일본인 모두를 평등하게 규정했다는 논리로 근대 혁명의 발상이라고 주장한다. 그러나 군국의 대권을 가졌고 신으로 숭배받는 천황 아래서 '사민평등(四民平等)'을 이뤘을지라도 이것은 근대 혁명의 사상인 '평등'이 아니다. 또한 하늘로부터 천명을 받은 제왕이 온 세상과 민중을 다스려야 한다는 논리는 전근대 시대 동아시아의 보편적인 정치 논리였다. 결론적으로 말하면 요시다 쇼인의 '일군일민'을 '근대 혁명 사상'이라고 말하는 것은 어불성설이다.*

하지만 정치권력은 요시다 쇼인의 사상을 근대 혁명사상으로 둔갑시킨다. 그 결과가 오늘날 쇼카손주쿠와 메이지 유신 시절의 산업시설을 근대 문화유산이라고 주장하며 유네스코의 인류문화유산으로 지정하는 황당한 사건들이 벌어지게 된 것이다.

요시다 쇼인은 죽고 그 제자들은 에도 막부 타도 운동과 서양인 테러 사건을 저지른다. 이후 요시다 쇼인의 제자들은 죠슈 번의 주류세력이 되었다. 그러나 죠슈 번 혼자서 막부를 타도하기에는 벅찬 일이었다. 이때 막부와 앙숙이었던 규슈 남부의 사쓰마 번(薩摩藩)을 끌어들인다. 이때 큰 역할을 한 사람이 바로 사카모토 료마이다. 그가 나서 대립하던 이 두 번을 화해시키고 '삿초 동맹(薩長同盟)'을 맺도록 주선했다.

하지만 마지막 한 가지가 더 필요했다. 자신들의 주군 정확히는 명분이 되어 줄 천황이 필요했다. 당시 천황은 코오메에 천황(孝明天皇)이었다. 하지만 그는 서양의 침략에 맞서고 국내 혼란을 종식 시킬 유일한 세력을 에도 막부라고 생각하고 있었다. 즉 천황은 죠슈 번의 요시다 쇼인 제자들 입장과 정반대 편에 서 있었다.

코오메에 천황이 갑자기 급사하고 16세 어린 아들이 메이지 천황(明治天皇)으로 서둘러 즉위하게 되었다. 그래서 당시 존왕양이 파에 의한 독살로 급사했다는 이야기가 광범위하게 퍼졌다. 훗날 안중근 의사가 법정에서 이토 히로부미의 죄상을 폭로할 때 그에게 일본 천황을 독살한 죄를 묻기도 했다. 이렇게 주변국에서 알고 있었던 것으로 보아 당시에는 '천황 독살설'이 상당히 설득력 있는 주장이었을 것이다. 범행을 실행했다고 지목받았던 이들은 이와쿠라 도모미(岩倉具視)라는 궁정 귀족과 그의 여동생인 궁중 여관이었다. 이와쿠라 도모미는 귀족 출신으로 메이지 유신(明治維新)의 공신이 된다.

갑자기 등극한 메이지 천황은 존왕양이 파의 '꼭두각시'였다. 이런 이유로 일종의 '궁정 쿠데타'와 같은 메이지 유신은 쉽게 성공했고 그들의 추진한 정책도 빠르게 진행되었다. 하지만 그 끝은 에도 막부와 존왕양이 추종 세력(메이지 유신 세력) 간의 피비린내 나는 내전의 소용돌이였다. '보신 전쟁(戊辰戰爭)'이라는 대혼란과 참극이 일 년 동안 진행되었다. 특히 동북 지역의 피해가 심했다.

결국 에도 막부는 반(反) 메이지 유신 세력이 밀려서 마지막에는 홋카이도로 들어가 '에조공화국(蝦夷共和国)'을 수립했다. 공화국이라고 불렸지만 실제로 천황 권력을 부정하지는 않았다. 그래도 늘 만세일계의 천황만 있는 일본이란 나라에서 '공화국'이라고 불렸던 지역과 시절이 있었다는 것이 흥미롭다.

　이런 우여곡절 끝에 탄생한 메이지 유신에는 요시다 쇼인의 사상이 짙게 배여 있었다. 이미 소개한 '일군일민'과 '존왕양이' 이외에도 중요한 것이 몇 가지 더 있다. '정한론(征韓論)'으로 대표되는 주변국 침략(정복) 사상이다. 일단 조선 침략인데 그 근거는 역시 『일본서기』와 『고사기』의 진구 황후의 '삼한정벌론'이었다. 이외에 그가 지목한 침략 대상은 러시아의 캄차카 반도와 남쪽의 류큐 왕국, 조선 북쪽의 만주(滿洲), 타이완(臺灣), 필리핀, 멀리 오스트레일리아까지였다. 훗날 일본이 2차 세계대전을 일으킬 때 구상한 '대동아공영권'과 거의 같다. 이 때문에 울릉도(독도) 점령을 중요시했다. 울릉도(독도)는 자신들이 조선과 만주 침략의 첫 번째 발판이어야 한다고 강조했다. 훗날 일본 제국주의가 조선의 영토를 병탄할 때 가장 먼저 강탈한 땅이 바로 독도였다. 그리고 지금도 일본에서 계속되는 독도 영유권을 주장하는 것을 보면 그 작은 섬의 영유권보다 그 숨은 저의가 더 무섭다. 만약 일본이 독도나 울릉도 그리고 동해를 영유하게 되면 한반도 침략이 시작되는 것이다.

　이 외에 존왕양이 사상의 실천, 새로운 정보 탐지의 중요성 등이 있다. 일제시대의 일본군 정보부대가 그의 『유수록』을 읽었다고 한다. 『유수록』은 요시다 쇼인의 사상이 고스란히 담긴 책이다.

　많은 사람이 그의 사상을 정확히 알아야 한다. 요시다 쇼인이 죽은 후의 일본 역사를 읽다 보면 그가 제시한 사상이 대체로 실현되었다는 것을 알수 있다. 지금도 일본의 극우 정치 세력들은 여전히 요시다 쇼인의 사상을 실천하고 있다. 그래서 그의 사상을 반드시 알아야 한다.

❈ 민중을 노예로 만드는 사상, 천황제

영화 〈박열〉로 유명해진 여성 혁명가 가네코 후미코(金子文子)는 법정에서 천황제에 대해 이렇게 말했다.

"자기를 희생하고 국가에 충성하라는 천황제 사상은 권력이 이익을 탐하기 위해서 아름다운 형용사로 포장을 한 것이다. 이는 그들의 이익을 위해 민중을 희생시키려는 권력자의 잔인한 욕망에 지나지 않는다. 따라서 무작정 받아들이는 것은 특권계급의 노예가 되는 것임을 경고한다."

즉 일군일민 사상은 하나의 민(民)을 하나의 군(君)을 따른다는 것은 민중을 천황의 노예로 만드는 사상이다. 그리고 민중을 천황의 노예로 만드는 것을 실현한 것이 메이지 유신 즉 '대일본제국'이다.

3부

베트남, 승리의 노래

베트남 고전의 탄생과 배경

베트남	책의 탄생과 그 배경	한국
초기	• 기원전 2,879년 훙부엉(雄王)이 문랑국(文郞國) 건국, 신화 시대	고조선
중국 지배와 저항	• 조타(趙佗)의 남월국(南越國), 후한(後漢)의 마원(馬援) 침략 등 • 쯩짝(徵側)과 쯩니(徵貳) 자매의 반란 등	삼국 시대
응오 왕조의 독립 등	• 939년 응오 꾸옌(吳權)의 최초 독립 왕조 응오 왕조 출발 등 • 중국의 남한(南漢) 침략 격퇴	고려
리 왕조 시대	• 1010년 리꽁우언(李公蘊)이 최초의 장기 (지속) 왕조인 리 왕조 건국 • 불교와 유교 도입, 문묘(文廟) 건설과 과거제 실시	
쩐 왕조 시대	• 1225년 쩐 투도(陳守度)가 건국 • 몽고의 두 차례 침략 격퇴, 쩐 흥다오(陳興道) 활약 • 『대월사기(大越史記)』 편찬, 『영남척괴열전(嶺南摭怪列傳)』 편찬, 민족문자 쯔놈(字喃) 발전	
호씨 정권	• 1400년 호뀌리(胡季犛)의 찬탈 • 명(明)나라의 침략과 지배	
레 왕조 시대	• 1428년 레 러이(黎利)가 명의 지배을 끝내고 건국 • 〈평오대고(平吳大誥)〉 발표 등 • 후기 부터에 반란(鄭氏, 阮氏, 西山黨)과 찬탈(莫登庸)으로 긴 혼란, 호 쑤언흐엉(胡春香) 시집 발간 등	조선
응우웬 왕조	• 1802년 응우옌 푹아인(阮福映)이 프랑스 세력의 도움으로 혼란을 수습하고 전 국토를 통일 • 19세기 후반 프랑스의 식민지로 전락, 1945년 왕전히 소멸	

1장

남국의 산하에 오색구름이
찬연하게 피어오르다

천년 숙적 중국을 격퇴하다 『평오대고(平吳大誥)』

 옛날부터 베트남은 외래 침략군의 무덤이란 말이 있다. 베트남을 쳐들어갔던 중국, 몽골, 프랑스, 일본, 미국은 잠시 그 땅에 머물 수는 있지만 그 땅의 민중들은 침략자를 반드시 격퇴했다. 짧지만 베트남 역사부터 먼저 살펴보자. 특히 중국 등 외세에 맞서 싸우고 독립을 지킨 역사에 대해 알아보자.

 베트남 역사의 시작은 한국의 단군신화와 비슷하다. 신농씨(神農氏)의 후손인 락롱꿘(貉龍君)이 산신의 딸 어우꺼(嫗姬)와 결혼해 100명의 자식을 낳았고 그 후손들 가운데 훙브엉(雄王)이 반랑국(文郎國)을 세웠다. 그리고 역사에는 특별한 기록은 없고 몇 개 나라의 이름이 더 등장할 뿐이다.

 이후 역사는 대체로 두 가지 시선으로 정리되어 있다. 하나는 중국 역대 사서를 기준으로 보는 것이다. 진(秦)나라 장수였던 조타(趙佗)가 남월(南越, 南粤)을 세우고 황제에 올랐고 이후 한무제 때 망했다는 것이다. 이 기록으로 시작해 역대 중국 왕조의 통치를 중심으로 쓴 것이다. 다른 하나는 후한(後漢) 때 쯩짝(徵側)과 쯩니(徵貳)라는 자매의 봉기로부터 시작한다. 베트남은 저항의 역사로 출발한다고 말할 수 있다. 그리고 대부분 반란(봉기)의 기록으로 이어진다. 다만 그들이 한족인지, 베트남 출신인지 명확하지 않다.

 중국 기록이나 이후 독립된 베트남에서도 월(越)이란 이름이 계속 등장한다. 하지만 어느 지역의 누구인지 정확히 알 수 없다. 춘추 시대 말기 구천(句踐)의 월나라는 양자강 이남 즉 강남(江南) 소흥(紹興)에 있었고, 월족이라는 소수민족이 세운 나라이다. 현재 베트남과 너무도 먼 지역이다. 백월(百越), 힌월(邗越), 구월(歐越), 민월(閩越), 낙월(駱越), 남월(南越) 등이 중국 양자강(장강) 남쪽 지역부터 현재의 베트남 북부지역까지 광대한 지역에 등장한다. 이 이름들은 모두 중국이 부르는 이름인데 모두 다 같은 월종족의 나라인지는 명확하지 않다.

역사에 기록된 베트남의 독립국가 출현은 응오 꾸엔(吳權)의 응오 왕조(938년) 부터이다. 응우 꾸엔은 바익당 강(白藤江)에서 오대십국(五代十國)의 남한(南漢) 군대를 격멸하면서 결정적인 독립의 기회를 잡았다. 바익당 강은 베트남 북부에서 할롱만으로 흘러간다. 이 하구는 3천여 개의 기암괴석으로 유명한 하롱베이다. 이 바익당 강은 이후 두 차례나 더 외래 침략군을 격멸한 베트남 최고의 대첩지이다.

베트남 역사는 대체로 국가 이름보다 왕조의 성씨로 시대를 구분한다. 각 왕조도 표방한 이름인 월, 대(구)월(大瞿越), 월남(越南) 등이 있다. 아마도 왕조는 바뀌었지만 국가명을 이전 왕조의 국가명을 그대로 사용하는 경우가 많아서 일 것이다. 중국은 베트남을 대체로 '안남국(安南國)'이라 불렀다. 베트남 쌀인 안남미도 이런 이유로 생긴 것이다. 중국의 패권(권위)에 도전하지 말고 남쪽에서 조용하게 지내라는 의미로 보인다. 중국은 전통적으로 베트남과의 국경 관문을 '진남관(鎭南關)', 국경도시는 '남녕(南寧)'이라고 했는데 모두 다 중국의 적대적 의도가 보인다. 지금은 '진남관'이라는 것이 너무 심했다고 생각했는지 '우의관(友誼關)'으로 바꾸어 부른다.

승전 후 응오 꾸엔은 왕위에 올라 새 나라의 율령과 관제를 정하는 등 건국에 온 힘을 쏟았다. 하지만 큰 성과는 없었다. 그가 죽고 몇 대가 짧은 시간을 잇지만 곧 외척 세력의 찬탈로 왕조는 불과 건국 30년 만에 무너졌다. 그리고 나라는 분열되었다. 이후 베트남의 혼란을 수습하고 황제가 되어 창업을 한 사람은 딘보린(丁部領)이다. 응우 왕조 개국공신의 후예이다. 국호는 다이꼬비엣(大瞿越), 연호는 타이빈(太平), 수도는 자신의 고향 호아르(華閭)로 정했다. 호아르는 지금의 닌빈(寧平)으로 베트남 북동부이다. 지방 관제와 군제를 개혁했다. 그리고 송(宋)과도 관계를 개선했다. 이 방식도 고려처럼 군주가 외부에서는 왕으로, 내부에서는 황제로 군림하는 '외왕내제(外王內帝)'이다. 하지만 그가 죽자 황위 계승의 문제가 발생했고 사대신(四大臣)이라 불리는 권신의 전횡으로 나라는 혼란에 빠졌다. 불과 건국 20여 년 만에 망했다.

사대신 중 하나였던 레 호안(黎桓)이 레 왕조를 개국했다. 그가 황제로 한 첫 임무는 침략군 송을 격퇴하는 것이었다. 송 태종(太宗)은 베트남의 왕조 교체기라는 혼란을 틈타 또다시 공격 명령을 내렸다. 이번에는 육지와 바다를 통해 동시에 공격했다. 하지만 이번에도 바익당 강에서 패배했다. 여기서 송 태종은 현명하게 추가 공격을 하지 않았다. 송의 뒤에는 강력한 적인 '거란'이 있었기 때문이다. 또한 레 호안의 귀신 같은 용병술과 베트남의 강력한 군사력을 볼 때 긴 소모전을 할 이유가 없었다. 그래서 레 호안을 왕으로 인정하고 관계를 정상화했다.

이후 베트남은 남쪽으로 시선을 돌렸다. 당시 베트남 중·남부에는 참파(占婆)라는 전통의 강대국이 있었다. 참파는 후한(後漢) 시대부터 존재했다. 베트남 발전을 위해 중국보다 참파를 정벌하는 것이 더 중요했다. 그래서 전쟁을 일으켰고 승리해 복속시켰다. 레 호안은 강력한 내부 통치를 했다. 이 때문에 반란이 많았다. 불교를 장려하고 숭배했다. 동아시아의 불교가 수용기에는 대체로 국가의 통치 수단이었던 것처럼 베트남도 마찬가지였다. 레 왕조도 레 호안이 죽은 후 혼란이 가중되었다. 그는 시호도 없고 황위 계승 과정에 문제가 많아 역사적 평가는 좋지 않다. 결국 레 왕조도 단명했다. 이후 처음으로 오랫동안 통치한 왕조가 들어섰다. 바로 리(李) 왕조이다. 이때부터는 한국이나 중국처럼 베트남 황제가 시호로 불린다. 리 태조(太祖), 리 태종(太宗)처럼 말이다.

개국한 태조는 리 꽁우언(李公蘊)인데 베트남 사람들의 추대로 황제가 되었다. 그는 어린 나이에 출가해 승려로 수행하다 어느 날 궁궐 수비대에 입대했다.

여기서 그가 뛰어난 능력을 보여 레 호안의 사위가 되었다. 국호는 그대로 다이꼬비엣으로 두고, 수도는 지금의 하노이(河內)로 옮겼다. 하노이는 당시 다이라성(大羅城) 또는 탕롱성(昇龍城)이라고 했다. 낮은 신분에서 황제가 되었던 만큼 주위의 시선이 부담스럽고 행동도 조심스러웠던 것 같다. 연호는 순천(順川)이라고 했다. 국내 통치와 대외관계 안정에 힘을 쏟았다. 국호는 이후 3대 성종(聖宗) 때 다이비엣(大越)로 바꾸었다.

리 왕조 전성기는 1대 태조 때부터 태종, 성종(聖宗), 인종(仁宗)까지 4대 120여 년이다. 내정이 안정되어 경제와 문화가 발달했고 무엇보다도 전면적인 유교 국가가 되었다. 과거제를 실시해 실력 있는 인재를 선발했고 국립대학인 국자감(國子監)을 설치했다. 문묘(文廟) 세워 공자와 성현에 대한 제사를 지내기 시작했다. 그리고 외부적으로는 송의 2차 침략을 격퇴했다. 송과 2차 전쟁에서는 흥미로운 인물이 하나 등장한다. 바로 리 트엉끼엣(李常傑)이다. 그는 하급 장교의 아들로 태어나 궁의 환관이 되었다. 성종의 눈에 띄어 경호 대장이 되었고 황실의 성인 리(李)를 받았다. 황제의 총애로 자리가 탄탄해질 무렵 성종이 죽고 어린 인종이 즉위하자 권력자로 변신한다.

어느 날 송으로 보낸 첩자가 국경에서 송의 병력과 군수물자가 모인다는 보고를 올렸다. 이 보고를 받자마자 송을 선제공격했다. 베트남 사상 초유의 일이었다. 중국 서남부 광서(廣西)와 광동(廣東) 지역에 수륙 10만 대군을 출격시켰다. 현재 광서장족자치구(廣西壯族自治區)의 주도인 남녕(南寧) 당시 옹주(邕州)를 함락해 불태우고 수많은 포로와 군수물사를 끌고 돌아왔다.

이번에는 송이 반격했다. 송의 신종(神宗)은 우선 베트남 주변국과 군사 동맹을 맺고 대군을 파병했다. 대군이 국경을 넘어 기세 좋게 밀고 내려와 수도 근처 홍강(紅江)에 주둔했다. 하지만 이번에도 베트남의 기습으로 패배한다. 이 홍강 전투를 앞두고 리 트엉끼엣이 아래의 칠언절구 시를 지어 군사들의 사기를 높였다. '우리나라는 독립 국가이고 하늘의 천명을 받은 황제가 있다. 결국 송의 남침은 하늘에 이치에 어긋나기 때문에 패배할 것이다'라는 의미이다. 제목은 〈남국산하(南國山河)〉이며 강한 자긍심이 느껴진다.

> 남국의 산하에는 남제(南帝)가 있다고 하늘의 책(天書)에도 분명히 쓰여 있다.
> 어찌하여 역노(逆虜)는 이 땅을 침범하는가. 너희는 참담한 패배를 피할 수 없다.
>
> (南國山河南帝居, 載然定分在天書. 如何逆虜來侵犯, 汝等行看取敗虛.)

송이 후퇴하자 베트남은 화해를 청했고 이에 송도 수락했다. 역시 1차 침략 때와 같은 이유였다. 그런데 의심스러운 면이 있다. 송이 베트남 침략을 준비하고 있다는 첩자의 보고는 과연 사실이었을까? 전쟁 초기의 전개 양상을 보면 송은 베트남과 전쟁을 미리 준비했다고 하기에는 상황이 좋지 않았다. 오히려 베트남이 일상적인 국경지대 군사 활동을 과장해 미리 준비된 병력으로 선제공격한 것이 아닐까? 무엇보다 이 시기 북송은 재정난 등으로 위기가 심화하고 있었다. 무엇보다 개혁 방향을 둘러싸고 중앙 조정은 구법당과 신법당으로 나뉘어 치열한 당쟁이 일어난 시기였다.

혹시 리 트엉끼엣이 자신의 갑작스러운 출세(권력자) 이후 찾아온 국내의 불안정을 해소하고 제위 찬탈과 같은 더 큰 야망을 이루기 위해 대국인 송과 전쟁을 벌였을지도 모른다. 전쟁은 국내 정치의 연장이기도 하기 때문이다.

송과 전쟁에서 승리하고 송의 편에 섰던 참파를 응징하는 차원에서 몇 차례 공격했다. 약소국으로 전락한 참파는 인도차이나반도를 오고 가는 모든 강대국의 발에 차이는 돌멩이처럼 이리저리 굴러다니는 처지가 되었다.

6년 뒤 성장한 인종(仁宗)이 권력을 잡자 상황이 바뀌었다. 리 트엉끼엣은 군권(軍權)을 빼앗기고 쫓겨나 타잉화라는 곳의 지방관으로 내려가서 약 20년을 보낸다. 인종은 그를 위험한 권신으로 보았다.

그렇게 세월이 흐른 어느 날 리 쟉(李覺)이란 호족이 반란을 일으켰다가 실패하고 남쪽 참파로 망명하는 사건이 일어났다. 그러자 참파는 그를 앞세워 베트남에 대한 '복수전'을 시작했다. 초기에는 참파가 계속 승리했다. 이에 인종은 결국 리 트엉끼엣에게 다시 군권을 내주었다. 이렇게 84세 노인인 리 트엉끼엣은 화려하게 재기했다. 구관이 명관이라고 그가 군대를 다시 지휘하자 기세가 오른 베트남은 참파를 격파했다. 리 트엉끼엣은 대승을 거둔 후 죽었다. 리 트엉끼엣은 일생을 리 왕조의 충신으로 살았고 명장으로 평가받는다. 인종 이후 리 왕조는 서서히 어려움에 빠졌다. 갑자기 서쪽에서 나타난 강대국 크메르(Khmer)와 싸워야 했고 내부적으로는 부패로 인해 무너져 가고 있었다. 결국 9대 만에 멸망했다.

쩐 투도(陳守度)는 지방 호족이다. 호족이라고 하지만 어업과 해적 활동을 하던 자였다. 그런데 무능했던 리 왕조의 7대 고종(高宗)과 아들 8대 혜종(惠宗)이 군사 반란으로 수도에서 도망치자 이들을 도와주며 중앙의 권력 무대에 등장했다. 이후 병든 9대 황제 혜종을 대신해 황제의 둘째 딸을 제위에 올렸다. 그리고 자신의 조카와 결혼시키고 강제로 자신의 조카에게 선양(禪讓)하도록 했다. 그 조카가 쩐(陳) 왕조의 태종(太宗)이다. 그리고 혜종이 죽자 혜종의 두 딸을 제외하고 모든 리 왕조의 황족을 몰살시켰다. 이렇게 쩐 왕조가 들어섰다. 쩐 투도 자신은 태사(太師)가 되어 모든 권력을 장악했다.

이때 살아남은 황족 한 명이 있었다. 이용상(李龍祥)이다. 그는 혜종의 숙부였는데 뛰어난 인재로 혜종에게 국정을 위임받았다. 하지만 권모술수에 능한 쩐 투도가 권력을 쥐자 밀려났다. 이후 황족 학살이 시작되자 베트남을 탈출해 송나라를 거쳐 고려로 망명했다. 당시 옹진반도에 출몰하던 해적이 지역민을 납치하자 바로 달려들어 해적을 격퇴하고 납치된 사람들을 구출했다. 이 일이 고려 조정에 알려지자 당시 고려 국왕이었던 고종(高宗)은 그에게 식읍(食邑)을 내리고 화산군(花山君)에 봉했다. 그가 '화산 이씨'의 시조이다. 이후 몽골이 쳐들어오자 다시 옹진에서 격퇴했다. 어쩌면 이용상이 한국과 베트남을 연결해주는 최초의 공식적인 인물일 것이다.

이제 다시 쩐 투도로 돌아가자. 황위 찬탈은 가혹했지만 그는 유능한 통치자였다. 내부적으로는 통치체제를 효율적으로 정비했다. 베트남이 제대로 된 호적(戶籍)을 갖춘 때가 이때부터이다. 무엇보다 지방병력 동원하고 체계적으로 훈련시켜 군대를 제대로 정비했다. 이것이 이후 무지막지한 몽골 침략으로부터 베트남을 살린 개혁이 된다.

한편, 몽골의 몽케 칸(蒙哥, Möngke Khan)은 남송에 대한 두 번째 공격을 앞두고 있었다. 기존의 공격로와 함께 새로운 진격로를 찾았다. 그래서 베트남을 통하는 우회로를 새로운 공격 루트로 결정한다. 몽골은 운남성(雲南省)의 대리국(大理國)을 멸망시키고 3만의 군사를 중국 남쪽 국경에 대기시켰다. 그리고 베트남에 사신을 보내 몽골에 조공할 것과 송에 대한 공격로를 내어달라고 요구했다. 이에 쩐 투도는 몽골 사신을 감옥에 가두고 전쟁을 준비한다. 전국에 동원령을 내리고 사령관에 젊은 쩐 훙다오(陳興道)를 임명했다. 그런데 그는 쩐 투도가 권력에서 끌어내린 태종의 형인 쩐 리에우(陳柳)의 아들이었다. 쩐 투도에게 정적이 될 수도 있는 인물이었다. 쩐 투도는 위험을 감수하면서 능력만 보고 쩐 훙다오를 임명한 것이다. 이처럼 쩐 투도는 훌륭한 리더의 모습을 갖춘 인물이었다.

초기에 승기를 잡은 몽골의 3만 대군은 홍강과 로강(瀘江) 두 갈래로 진격해 수도를 함락했다. 하지만 베트남 군은 수도 근처에서 동더우보(東頭步)에서 반격에 성공한다. 이즈음 몽골은 더는 전쟁할 처지가 아니었는지 곧 철수했다. 철수하던 중에 지방 소수민족(무엉족)의 공격으로 어려움에 빠지기도 했다. 양측은 화약을 맺고 베트남은 조공을 약속한다.

이것이 몽골 1차 침략이다. 몽골은 베트남과 전면전을 할 태세가 아니었다. 그 이유는 세 가지이다. 첫째는 자신들이 무적의 상승군(常勝軍)이기 때문에 베트남이 지레 겁을 먹고 항복할 것이라고 안일하게 생각했다. 둘째는 처음부터 남송을 공격하는 것이 목표였기에 베트남에 대한 전쟁 준비가 미흡했다. 셋째는 몽케 칸의 갑작스러운 죽음으로 후계 칸 자리를 놓고 일어난 내전 때문이었다. 이 때문에 몽골군은 결국 철수할 수밖에 없었다.

하지만 몽골은 내부를 정비하고 쿠빌라이가 대칸이 되어 본격적인 남하를 개시한다. 그리고 이때부터 몽골은 원(元)이란 국호를 사용했고 쿠빌라이는 중국식 황제가 되었다. 수도는 대도(大都, 현재 북경)로 정했다. 일단 원래 목표였던 남송(南宋)을 먼저 정벌했다. 다음 목표는 베트남이었다.

베트남은 쩐 투도가 죽자 2대 황제 성종(聖宗)은 태상황(太上皇)이 되어 어린 아들인 인종(仁宗)을 즉위시킨다. 성종은 어린 황제의 후견인으로 정국을 안정시켰다. 이때부터 후계자 수업을 시키는 제도가 시작되었다. 리 왕조 말기 상황(어리고 미숙한 황제를 누르고 권신이 찬탈하는 것)에 대한 교훈으로 이런 정치제도가 만들어졌다. 그리고 친동생을 태위(太尉)로 임명해 군을 장악하도록 했다. 이러한 정책은 왕권 강화를 위한 것이었다.

최대한 전쟁을 피하고자 원에 조공을 바치는 데 힘썼다. 그런데 원은 인종에게 직접 원으로 들어와 황제를 알현하라는 친조(親朝)를 요구했다. 베트남은 황제의 당숙을 대신 보냈는데 여기서 큰 사건이 일어난다. 원은 일방적으로 당숙을 왕으로 봉했다. 그리고 군대로 그를 호위해 귀국시키자 국경에서 충돌이 일어났다. 당숙은 겨우 탈출해 베트남으로 귀환했다. 설상가상으로 더 큰 위기가 발생했다. 베트남 남쪽의 참파를 원이 해상으로 침략한 것이다. 이때 원의 해군은 오마르(Omar Batur)라는 페르시아 출신 장군이 지휘했다. 이 침략의 요구사항은 진격로를 내어달라는 것과 군량을 제공하라고 것이었다. 의도가 뻔한 것이기에 참파는 당연히 거부했다. 그러자 원은 해상으로 기습 공격해 수도를 함락했다. 이제 베트남은 남북으로 동시에 원군을 맞이해야 했다. 사면초가 상황이었다. 그나마 베트남에 다행이었던 것은 참파가 계속 몽골에 저항하면서 타격을 주고 있었다. 이 때문에 남방의 원군 주력 부대가 북진할 수 없었다. 물론 참파의 저항은 적대국 베트남을 위한 것은 아니었다. 졸지에 나라의 수도가 적에게 함락되고 왕실과 지배계급은 밀림으로 탈출한 상황이었기 때문에 저항을 계속하는 수밖에 다른 방도가 없었다. 그렇다고 원에 협조하면 인접한 강대국인 베트남이 보복할 것이기에 어쩔 수 없는 저항이었다. 이처럼 약소국은 스스로 자신들의 운명을 결정할 수 없는 처지였다.

이제 원은 베트남과 2차전을 개시한다. 쿠빌라이의 열번째 아들 토곤을 총사령관으로 20만 대군을 몰고 내려왔다.(50만 명이라고도 함) 기세와 규모에서 보면 세계 최강의 군대이며 지금까지 침략군 중 가장 큰 규모였다. 이제 베트남은 존망의 갈림길에 있었다. 미증유의 침략 앞에 인종은 세 가지를 한다.

먼저 '영홍회의(延洪會議)'라는 것을 개최했다. 덕망이 있는 전국의 촌로를 모아 '전쟁이냐, 항복이냐'라는 의견을 물었다. 이번 전쟁은 훈련된 군대와 수도의 지배계급 그리고 협조적인 소수 지방민 만의 전쟁이 아니었다. 그래서 전국민적인 결의가 필요했다. 다행히도 촌로들은 죽더라도 싸우자고 결의했다.

둘째는 자신의 친삼촌이었던 인물의 군권을 회수해 1차 전쟁의 영웅인 쩐 홍다오에게 다시 돌려주었다. 지금은 왕권 강화보다 싸움에 능한 명장이 필요한 시기라고 파악한 현명한 조치였다.

셋째는 외교이다. 적대국 참파에 사신을 보내 원한을 풀고 동맹을 맺었다. 가능성은 적지만 혹시 모를 위험을 미리 없앤 것이다. 전쟁의 양상은 언제나 그렇듯 침략군이 처음에는 기세를 먼저 잡는다. 원의 육군과 수군이 합류해 진격해 수도를 함락한다. 인종도 겨우 밀림 속으로 탈출했다. 쩐 흥다오도 이런 원의 의도를 알고 막고자 했지만 막강한 원에 패배했다. 수도에서 퇴각한 베트남군은 수도 남동쪽 남딘(南定)에서 재결집한다.

이때 황족 중에 배신자가 나왔다. 참파에 주둔했던 원군이 북상하자 인종은 황족들에게 사병을 끌고 나가 그들의 북상을 막도록 했다. 사병을 동원하라 명했던 이유는 북방에 상륙해 수도를 함락한 원군을 상대하기 위해 이미 훈련된 정규군을 모두 동원했기 때문이었다.

그런데 황족 중 인종의 삼촌 한 명이 참파에서 북상 중인 원군에게 투항해 베트남은 앞뒤로 포위되었다. 절망에 빠진 인종이 항복을 고민하기 시작했다. 최악의 경우 원에 자신과 황실은 몰살당하겠지만 백성을 살려야 한다고 생각했을 것이다. 제대로 된 군주라면 당연히 무고한 생명 하나라도 살리려고 노력해야 한다. 무모한 전쟁을 지속하는 것은 백성을 모두 죽이겠다는 것이나 다름이 없다. 이때 쩐 흥다오가 나서 황제에게 '나부터 죽이라' 하며 격렬히 반대했다. 이때 바친 글이 명문장이다. 〈유제비장격문(諭諸裨將檄文)〉 흔히 '격장사(檄將士)'라고 하며 베트남 전체 장병에게 보내는 격문이다. 애국심과 단결을 호소하는 내용이다. 이 격문을 보고 자원입대자가 늘어 다시 베트남군은 25만 명의 대군으로 재편성할 수 있었다.

본격적인 반격 전에 먼저 원의 수송부대와 보급 기지를 공격했다. 원은 베트남의 청야전술(淸野戰術) 때문에 현지에서 식량 조달에 어려움을 겪고 있었다.

그래서 긴 보급선이 원군의 약점이었다. 다음은 수도 근처 홍강 하구를 따라서 늘어선 몽골군 주둔 기지를 습격했다. 그리고 우기(雨期)를 기다렸다.

역대 침략군이 모두 겪었던 베트남의 사나운 기후 조건(장마, 더위, 습기 등)이 이번에는 원군을 덮쳤다. 원의 자랑하는 기병대가 강가의 진흙과 뻘 때문에 기동력을 발휘하지 못했다. 이를 확인한 베트남군은 원군을 차근차근 섬멸했다. 이때 전투 지휘관은 쩐 뚜옥또안이었다. 이 전투에서 송나라 망명자 부대도 큰 활약을 했다. 망국의 한을 베트남에서 푼 것이다. 그러자 토곤의 주력군은 수도에서 철수해 북쪽으로 서둘러 철수했다. 베트남은 이렇게 수도를 탈환했다. 뒤따르던 원의 부대들은 모두 홍강에서 모두 참패했다. 이렇게 2차 전쟁도 몽골의 패배로 끝났다. 쩐 흥다오는 이 승리로 '흥다오브엉(興道王)'에 봉해졌는데 지금 부르는 그의 이름은 여기서 유래된 것이다.

그러나 쿠빌라이는 오기로 다시 3차 전쟁을 명령했다. 이번에는 정예군 10만 명이 동원되었다. 바다로 모든 군량을 공급하기 위해 해군도 대규모로 동원했다. 2차 전쟁에서 베트남의 철저한 청야전술에 큰 낭패를 봤기 때문에 군량 수송을 가장 중요시 했다. 하지만 하롱베이에서 쩐 카인즈(陳慶余)가 이끄는 베트남 해군이 대형 범선 70여 척을 가진 원군을 격퇴했다. 이제 침몰 된 70척의 배보다 더 큰 문제는 원군 10만 명이 1년간 먹을 군량과 건초가 모두 바닷속으로 사라진 것이었다. 처음부터 3차 전쟁은 원의 계산대로 진행될 수 없게 되었다. 다시 보낸 군량 수송선단도 이전과 거의 비슷한 지역에서 베트남 해군의 기습으로 궤멸당했다.

이제 남은 것은 육지의 주력군이었다. 하지만 무시무시한 우기가 다가오고 있었다. 결국 원은 철수를 결정하고 북쪽 육로와 남쪽 해로로 군대로 나눴다. 쩐 흥다오도 군대를 둘로 나누었다. 일군은 북상하는 원군보다 먼저 국경지대에 도착해 매복했다. 자신이 이끄는 다른 일군은 해로로 향하는 원의 군선을 따라서 바익당 강으로 이동했다. 이전 응오 꾸엔이 남한(南漢)군에게 구사한 전술을 다시 사용했다.

강바닥에 말뚝을 박아 배의 이동을 막고 강변에는 염초와 볏짚을 실은 작은 배들을 매복시켜 화공(火攻)을 준비했다. 여러 번의 기습 공격과 후퇴로 몽골 군선을 자극하자 베트남 군선을 추격했다. 몽골 군선이 추격하도록 유도한 것은 밀물에서 썰물로 조수가 바뀌어 강 하구의 수위가 낮아지는 시점을 기다리기 위한 것이었다. 썰물 시점이 오자 육중한 원의 전함은 모두 말뚝에 걸려 옴짝달싹할 수 없었다. 이때를 놓치지 않고 매복했던 베트남 수군과 육군은 동시에 화공을 펼쳤다.

바익당 강을 붉게 태우며 원의 군선 100여 척을 침몰시켰다. 베트남은 400여 척을 노획했고 수군 장수와 병사들도 상당수 생포했다. 소설 『삼국지연의』의 적벽대전이 베트남 바익당 강에서 실제로 재현된 것이다. 육상으로 퇴각하던 부대도 베트남 매복에 걸려들어 대부분 궤멸당했다. 사령관 토곤만 겨우 도망쳤다. 이렇게 베트남과 원의 3차례 전쟁은 원의 철저한 패배로 끝났다. 분노한 쿠빌라이는 토곤을 죽을 때까지 만나지 만나주지 않았다. 토곤을 수도인 대도(大都, 지금의 북경)에서 멀리 떨어진 양주(揚州)로 보내 버렸다.

전승지 바익당 강은 베트남의 문학사에서 중요한 소재이며 정신이다. 대표적으로 거론되는 작품은 쩐 흥다오의 휘하 장수였던 장한초(張漢超)가 쓴 〈백등강부(白藤江賦)〉, 쩐 왕조의 명종(明宗)이 쓴 〈백등강(白藤江)〉, 응우옌 짜이(阮廌)가 쓴 〈백등해구(白藤海口)〉 등이 있다. 응우옌 짜이가 쓴 시를 보면 그날의 승리를 이렇게 표현하고 있다.

삭풍이 바다에 부니 그 기운 늠름하고,

시인의 배를 가볍게 일으켜 백등(白藤)을 지나네.

산의 굽이 굽이에서 악어를 베고 고래를 쪼갰으며,

언덕 층층에서 창을 던져 쌍지창을 꺾었도다.

관하에서 수많은 적선을 당해 낸 것은 하늘이 베푼 험지이니,

호걸의 공훈과 명성은 일찍이 이곳에서 이루었노라.

지난 일 돌이켜 보면 탄식은 끝났지만,

흐르는 물을 보며 마음을 가누기 어렵구나."

朔風吹海氣凌凌, 輕起吟帆過白藤. 鰐斷鯨刳山曲曲, 戈沉戟折岸層層.

關河百二由天設, 豪傑功名此地曾. 往事回頭嗟已矣, 臨流撫影意難勝.

시의 앞에는 지역의 위치, 쩐 흥다오의 승리한 전술, 패전한 적장을 잡은 사실을 간략히 소개하고 있다.

이런 대승에도 마냥 기뻐할 수 없었던 인물은 인종이었다. 바로 엎드려 몽골(원나라)에 싹싹 빌어야 했다. 서둘러 몽골에 사신을 파견해 사과하고 조공도 바쳤다. 이런 사례는 한국사에서도 많다. 대표적으로 신라 문무왕 때이다. 당나라를 한반도에서 몰아내는 통일 전쟁 중에도 당나라에 사죄 편지를 여러 차례 보내야 했다. 그 내용은 오늘날 도저히 읽고 싶지 않을 정도로 굴욕적이었다. 하지만 굴욕보다 더 중요한 것은 강대국 당과 전쟁에서 승리해 자신의 정치적 목적인 삼한통합(三韓統合)을 달성하는 것이 우선이었다.

이제 쿠빌라이도 더는 공격할 수 없다고 판단하자 전쟁포로 송환만 요구했다. 그의 관심사는 고려를 앞세워 일본을 정벌하는 것으로 바뀌었다. 그렇게 양국 관계는 정상화되었다. 그래서 베트남은 전쟁포로를 모두 송환했는데 단 한 사람만 예외였다. 페르시아 출신 해군 사령관 오마르였다. 공식적으로는 오

마르를 배로 출국시켰는데 해난 사고로 죽었다. 딱 봐도 의심할 수밖에 없는 사고였다. 패전했다고 해도 나름 유능한 해군 사령관이 이끄는 원의 해군에 대해 안심하지 못했을 것이다. 만약에 쿠빌라이가 마음을 바꾸어 새로운 복수전을 결심하면 다시 원의 해군은 오마르가 지휘할 것이다. 결국 나중을 위해서라도 반드시 제거해야 했을 것이다.

이후 쩐 왕조는 전쟁 후유증을 수습하고 번영했다. 하지만 천년만년 전성기만 구가할 수 없다. 6대 황제 헌종(憲宗) 때부터 서서히 몰락의 기운이 드리웠다. 참파, 라오스와 끝없는 전쟁에 시달렸고 내부적으로는 성장의 한계에 부딪혔다. 당시 참파의 왕 포 비나수르는 무서운 적이었다. 분열되어 있던 참파를 강력한 통치로 통합하고 끊임없이 베트남을 침공했다. 하지만 이것이 마지막이었다. 이후 참파는 재기하지 못하고 마침내 베트남에 병합된다. 오늘날 베트남 중부·남부가 그들의 영역이었고 관련 유적이 지금도 있다.

한편, 9대 예종(藝宗) 때부터 레 꿔리(黎季犛)라는 권신이 출현했다. 대체로 권신은 충직한 신하의 얼굴로 등장한다. 그도 쩐 왕조 말기에 충성스러운 신하로 큰 명망을 쌓았고 부실한 황실과 망가진 국가는 점점 더 그에게 더욱 의존하게 되었다. 결국 권력을 장악해 황위를 찬탈해 호(胡) 왕조를 세웠다.

그런데 레 씨가 아니고 호 씨인 이유는 조상이 중국의 오대십국 혼란기에 베트남으로 이주한 호 씨가 조상이라고 주장했기 때문이다. 고조부가 레 씨의 양자가 되어 레 씨를 사용했지만 황제가 된 후에 호 씨로 다시 바꾸었다. 이제부터 호 꿔리이다.

그는 토지개혁으로 사회개혁을 시도한다. 그리고 화폐개혁을 단행해 동전 대신 지폐를 사용하도록 했다. 세제개혁도 실시해 토지 보유량에 따라 과세했다. 불교를 탄압하고 유교(유학)를 장려했다. 베트남 고유문자인 쯔놈(字喃)을 장려해 법령을 쯔놈으로 발간했다. 이는 조선 초기의 정도전, 태종, 세종처럼 혁명적인 사회개혁을 강력하게 시행한 시기와 흡사하다.

그리고 새로운 강대국 명(明)이 들어서자 국방력을 강화했다. 더는 귀족의 군대에 의존하지 않고 그들의 군대를 모두 통합해 황제의 지휘 아래 두었다. 그리고 참파에 대한 복수전에 나섰다. 이번 기회 완전히 멸망시켜 귀속하려 했다. 20만 대군을 이끌고 남하했지만 실패했다. 오히려 참파는 생존을 위해 명나라에 사신을 보내 구원을 요청했다. 하지만 베트남이 명으로 보내는 참파의 조공 사신을 막고 공물을 가로챘다. 혹 때려다가 혹을 붙인 격이었다.

역시 문제는 초강대국 명이었다. 국방력을 강화했지만 외교에 더 힘을 써야 했다. 명은 조선 초기처럼 베트남에 막대한 조공을 요구했다. 어떻게든 명과 충돌을 피하고자 그 조공요구를 받아들였다.

그런데 갑자기 명의 태도가 바뀌었다. 원 나라를 완전히 만리장성 밖으로 완전히 몰아내고 내부의 문제를 수습하자 태도가 공격적으로 바뀌었다. 이때 광서성(廣西省)의 어느 소수민족 족장이 원래 자신의 땅을 베트남이 강탈했다고 명에 보고했다. 명은 문제 지역을 즉시 반환하라고 으름장을 놓았다. 이에 놀란 베트남은 그 땅을 바로 반환하고 진정시키려 했다.

이렇게 고조된 양국의 긴장이 드디어 폭발한 사건이 터졌다. 이전 쩐 왕조의 관리라는 사람이 명의 조정에 나타나 호 꿔리의 찬탈 사실을 폭로한 것이다. 이어서 쩐 왕조의 후손이라 자처하는 사람이 나타나 찬탈자 호 꿔리를 몰아내고 빼앗긴 왕위를 자신에게 돌려달라고 호소한 것이다. 이를 명은 전쟁의 명분으로 삼았다. 명의 소수 군대가 쩐 왕조 왕손을 앞세워 국경을 넘어왔다. 양군이 충돌하자 명군은 바로 후퇴했고 왕손은 죽었다.

이에 명의 영락제(永樂帝)가 20만 대군으로 베트남 정벌을 명했다. 시기도 안전한 겨울이었다. 하지만 당시 베트남은 전쟁할 상황이 아니었다. 아직 왕조

교체의 후유증을 치유하지 못했다. 또한 호 왕조의 급진적 개혁으로 기득권을 잃은 세력과 새로운 세금을 부과해 농민도 불만이 많았다. 호 꿔리의 아들조차 "싸우다가 죽는 것은 두렵지 않지만 따르지 않는 백성이 더 두렵다"라는 말을 했을 정도였다. 싸우기도 전에 이미 졌다는 것이 이런 경우일 것이다. 명은 불과 개전 두 달 만에 수도를 점령하고 도망치는 베트남군을 추격했다. 이듬해 호 꿔리도 붙잡혀 명으로 끌려가 남경(南京)에서 참수당했다. 명은 베트남을 교지군(交趾郡)으로 하여 자국 영토에 귀속시켜버렸다. 이렇게 호 왕조도 베트남 역사도 끝났다.

이후 명은 베트남을 철저하게 강압과 약탈 방식으로 통치했다. 심지어 베트남 문자로 쓰인 기록물을 파괴하고 중국 풍속을 따르게 했다. 그리고 10만 명 이상의 군대를 주둔시켰다. 쩐 왕조 후예들의 봉기도 분쇄했다. 이렇게 명은 베트남을 약 20년 동안 지배했다.

이 가혹한 명의 지배를 끝장낼 영웅이 출현했다. 그 영웅은 레 러이(黎利)였다. 중북부 타잉화(淸化)성 람선(藍山) 지방 대지주의 막내아들로 태어나 쩐 왕조 후예들의 봉기에도 참전해 싸웠다. 이 봉기는 명의 진압으로 분쇄되었고 그는 살아남아 떠돌며 다양한 일을 했다. 이후 고향 람선으로 돌아와 봉기를 준비했다. 스스로 평정왕(平定王)이라 자칭하고 명의 지배에서 베트남을 독립시키기 위해 장장 10년의 독립전쟁을 일으킨다.

이때 평생의 동지를 만난다. 응우옌 짜이(阮廌)와 쩐 응우옌한(陳元扞) 등이다. 응우옌 짜이는 레 러이의 책사(策士)이며 유능한 행정가, 외교관, 탁월한 학자, 위대한 시인이었다. 쩐 응우옌한은 쩐 왕조의 후예이며 무적의 장군이었다. 비교하면 레 러이가 유방이라면 장량, 소하, 진평 등을 합친 사람이 응우옌 짜이고, 한신과 번쾌를 합친 인물이 쩐 응우옌한이었다. 레 러이가 이 둘을 얻은 것은 천군만마를 얻은 것보다 값진 일이었다. 하지만 이 둘은 대부분의 개국공신이 비운으로 끝났던 것처럼 마지막은 비극적이었다.

전쟁 준비를 마친 레 러이는 람선 근처 룽냐이 산에 거점을 마련하고 출병했다. 이때 부하 장졸은 2,000여 명이었고 매복과 유격전을 주요 전술로 구사했다.

먼저 봉기군은 명에 귀부(歸附, 스스로 복종함)한 현지 베트남 관리를 처단했다. 이 내용이 사람들에게 퍼지면서 명은 민심을 수습하기 위해서 빠르게 추격해 왔다. 봉기군은 밀림 속으로 숨어들어 매복하고 공격했고 명의 추격군이 몰살당했다. 그러자 밀림 속 환경이 두려운 명군은 추격을 포기하고 밖에서 포위하는 전술을 폈다. 그리고 굶주리고 지친 봉기군이 스스로 붕괴가 되길 기다렸다. 제대로 보급과 휴식을 하지 못한 봉기군이 먼저 붕괴했다. 레 러이의 봉기군은 얼마 남지 않은 전력이라도 보존하기 위해 후퇴한다.

2차 봉기는 유격전에 기동전을 더한 형태의 전술로 발전했다. 명군 주둔지를 선제공격했다. 명군 주둔지는 수도 탕롱과 홍강 유역이었다. 주둔지를 공격하지 않은 일부 봉기군은 명에 귀순한 베트남 군벌을 맡았다. 므엉못 산에 또 다른 봉기군을 매복시키고 또 다른 봉기군은 명군 기지를 공격과 후퇴를 반복하며 명군을 매복지로 유인했다. 이때 명군은 큰 피해를 입고 후퇴했다. 이 기세를 몰아 명의 주둔지를 공격해 승리하고 주변 마을을 해방시켰다. 여기까지는 레 러이가 세운 전략대로 진행되었다.

레 러이의 기세에 놀란 명군은 이번에 탕롱에 주둔해 있던 주력군을 출격시켰다. 명군을 피해 봉기군이 치링 산으로 들어갔다. 또다시 포위된 것이다. 1차 봉기와 같은 최악의 결과가 반복되었다. 이번에는 상황이 더 비참했다. 다수 부하의 희생을 뒤로한 채 레 러이와 소수 인원만 탈출했다. 살아남은 자들은 다시 봉기를 준비했다. 이후에도 계속 여러 지역에서 봉기군이 다시 출몰한다.

3차 봉기도 기본 전략은 이전과 같았다. 다만 규모가 더 커졌다. 타잉화 지역

전체가 레 러이 봉기군의 공격 범위가 되었기 때문이다. 명군도 철저히 준비하고 10만 대군으로 선제공격했다. 이에 봉기군은 데오옹에서 매복전으로 명군에 피해를 주고 라오스 쪽 국경으로 후퇴했다. 라오스 왕은 처음에는 호의적이었지만 갑자기 돌변해 봉기군을 공격했다. 아마도 미래가 불확실한 나라의 독립군보다 강대국의 보호가 안전하다고 판단했을 것이다. 하지만 레 러이의 봉기군은 응전태세로 바로 전환해 라오스군을 크게 패퇴시켰다. 이후 타잉화 북쪽 산악지대로 후퇴했다. 하지만 이 '고난의 행군'이 끝이 아니었다. 또다시 명의 대군에 포위되어 고립되었다. 아사자와 도망자가 속출했다. 고민 끝에 레 러이는 명군에 휴전을 요청했다. 때마침 전국적으로 레 러이의 봉기에 자극받아 반명 봉기가 줄을 잇고 있었다. 명의 주력군이 레 러이의 봉기군 진압하기 위해 타잉화 지역에 집중되어 다른 봉기군에게는 좋은 기회였다.

　레 러이의 휴전 요청으로 이제 복잡해진 것은 명의 수뇌부였다. 가장 좋은 방안은 본국의 추가 파병이었다. 그러나 당시 명의 북방에는 북원(北元)이 여전히 건재했다. 영락제도 직접 친정(親征)에 나서 여러 차례 만리장성 너머로 대군을 출격시켰다. 이때가 마지막 원정이었고 패전하고 돌아와 곧 죽는다. 이런 상황이었던 명도 레 러이의 휴전 제안을 수락했다. 레 러이와 봉기군은 휴전 기간을 잘 활용했다. 일단 휴식과 보급도 중요했지만 패배가 아닌 휴전이란 점이 중요했다. 이때 응우옌 짜이는 레 러이의 봉기는 단순히 왕조 부활이 아닌 '구국의 항전'이라고 했다. 그리고 베트남 국민이 단결하면 반드시 승리할 수 있다고 선전했다.

　레 러이는 '항복문서'를 명군에 보냈다. 자신은 처음부터 명의 지배를 반대한 것이 아니라 명이 임명한 지역 관리와 불화로 봉기한 것이라고 주장하며 관대한 처분을 바란다고 호소했다. 이에 명도 '타잉화의 관리로 임명하겠다'거나 '어염과 농기구를 하사하겠다'라고 하며 그를 적극적으로 회유하려 했다. 그러자 레 러이는 사자를 보내 답례한다. 레 러이의 사자는 양측을 분주히 오갔다. 목적은 명군을 안심시키려는 것이었다. 마치 고구려 을지문덕 장군이 수시로 항복하며 수나라 군대 진영을 오간 이유와 같다.

휴식과 보급을 마친 봉기군은 4차 봉기를 준비한다. 반격의 타이밍이 필요했다. 마침내 베트남과 몽골(북원)에 대규모 원정군을 보낸 인물이었고 정화(鄭和)의 대함대를 동남아시아, 인도양, 페르시아만, 동아프리카 등으로 파견한 막강했던 영락제가 죽었다. 내치를 중요하게 여겼던 태자가 뒤를 이었는데 그가 홍희제(洪熙帝)이다. 그러나 병약했던 홍희제도 즉위 얼마 후 병으로 죽었다. 이처럼 연달아 국상을 당한 명은 베트남의 움직임에 적절히 대처할 수 없었다.

레 러이 봉기군은 국제정세와 명의 상황이 파악되자 공격을 시작했다. 공격 목표는 중북부 해안지대인 응에안(乂安)이었다. 다깡에 있는 명군 기지부터 급습했다. 그러자 명군도 남북 양쪽으로 협공해왔다. 이때 레 러이는 화려한 기동전을 구사해 명군의 진군 속도를 늦추었고 상대적으로 취약했던 짜롱(茶櫳)을 먼저 점령했다. 그리고 잠시 휴전 후 다시 전투가 재개되었지만 계속된 기동전에 명군은 허둥지둥했고 매복에 걸려 낭패를 보기 일쑤였다. 어느새 응에안을 제외한 그 주변의 전 지역을 레 러이 봉기군이 장악했다.

레 러이는 또 다른 부대를 파견해 북쪽의 타잉화 성을 점령하도록 했다. 그리고 함대를 결성해 투언호아(順和社, 현재의 꽝빈(廣平)) 지역의 명군 기지들을 공격해 항복을 받아냈다. 이제 봉기군은 게릴라전을 하던 수준이 아니라 대규모 전쟁이 가능한 정규군으로 탈바꿈했다. 작전 지역도 서서히 전국적으로 확장했고 여러 진신에서 대승을 거뒀다. 이렇게 봉기군은 베트남 중부와 남부 지역을 장악했다. 이제 수도 탕롱으로 출정할 일만 남았다. 이제는 봉기군이 아니고 명실상부한 베트남군이었다.

명은 홍희제의 뒤를 이어 젊은 선덕제(宣德帝)가 즉위했다. 그는 5만 명의 지원군을 베트남에 추가 파병했다. 베트남 탕롱에 도착한 주둔군 등과 합세해 10만 명 규모의 대군을 만들었다. 이 대군을 좌군, 우군, 중군으로 나누어 탕롱 서쪽 방면의 베트남군을 공격한다. 이에 베트남군은 이 삼군 중 지휘관의 능력이 부족해 보이는 한 곳을 선제공격했다. 하지만 다른 부대의 빠른 지원으로 오히려 베트남군이 피해를 입고 물러났다. 명군은 계속 추격해 왔다. 이 명군을 계속 유인하며 베트남군도 계속 물러났다. 결전지는 현재 베트남 동북 하장(河楊)성의 까오보(高蒲) 남쪽에 있는 똣동(陣峯洞)과 쭉동(祝洞)이란 마을이었다. 베트남군의 주력군이 이 두 곳에 매복해 있었다.

비 내리는 어느 날 명군은 똣동 마을에서 매복에 걸려들었고 이를 눈치챈 명군은 후퇴하려 했지만 양쪽 숲에서 전투용 코끼리와 수천 명의 베트남군의 공격으로 대오가 일시에 무너지며 후퇴하기 시작했다. 후퇴하며 들어간 쭉동에는 더 큰 위험이 기다리고 있었다. 반드시 건너야 할 다이 강(底江)의 다리도 이미 베트남군이 끊어버린 후였다. 명군은 약 5만 명이 그 자리에서 죽었고 1만 명이 포로로 잡혔다. 그나마 남은 탕롱성의 명군은 곧 베트남군에 포위되었다.

탕롱성의 명군은 마지막 수를 준비했다. 휴전을 먼저 제의한 것이다. 다만 자신들은 먼저 철수할 테니 대신 베트남 정벌의 명분이었던 쩐 왕조를 부활하자고 제안했다. 레 러이는 이 제안을 수락했다. 진심으로 믿었던 것 같다. 더는 양측이 피 흘리는 전쟁을 계속하는 것보다 이전 왕조이지만 독립하는 것이 낫다고 생각한 듯하다. 그래서 왕에 오른 사람은 쩐 까오(陳暠)이다.

베트남 왕 승인과 철수 승인을 받기 위해 명군의 사신이 본국으로 출발했다. 그 사신이 휴대한 서신은 추가 병력을 파견해 달라는 내용이다. 속은 것이다. 하지만 레 러이는 평화를 다시 회복하고자 휴전 조건 대로 이행했다. 그리고 다시 과거 시험을 실시한다는 포고를 전국에 알렸다. 사태를 주시하던 명군은 먼저 기습 공격을 했다. 명은 기병대의 선제공격을 시작으로 차츰 탕롱 주변의 베트남군을 공격해 승리하기 시작했다. 협상으로 충분히 휴식을 취한 명군은 적극적인 공격 태세로 전환한 것이다.

한편, 명에서는 베트남에서의 처절한 패배 소식에 결코 이대로 물러설 수 없다고 판단했다. 이번에는 15만 명의 대군을 파병했다. 그러나 이제 30만 대군으로 성장한 베트남군도 만만치 않았다. 베트남군은 명에서 파병한 명군 진격로에 있는 쓰엉지앙 성을 점령하고 그 북쪽 치랑(支棱) 계곡에 군대를 매복시켰다. 이 지역이 최후의 결전장이 되었다. 이 계곡은 명군이 반드시 통과해야 할 지점이었기 때문이다. 이윽고 길고 긴 치랑 계곡에 도착한 명군은 베트남의 첫 공격을 막았다. 이 공격은 명군도 예상했다. 베트남군의 1차 공격을 막아낸 명군은 더 깊이 계곡 안으로 들어갔다. 이때 예상하지 못했던 베트남의 2차 공격이 있었다. 이 공격으로 최고 사령관이 죽었다. 남은 명군은 겨우 계곡을 통과해 쓰엉지앙성을 향해 남하하다가 또 다른 부대의 매복에 걸려 남은 부대가 대부분 전멸했다. 명군의 결정적인 패전이었다. 뒤따르던 후속 부대는 그대로 국경으로 돌아갔지만 여기서도 죽음이 기다리고 있었다. 철저히 패배하고 후속 부대 지휘관만 겨우 국경을 넘었다.

탕롱성에 남은 명군에게 항복을 받아낸다. 정식으로 강화조약을 맺어 명군과 관리, 가족, 민간인의 안전한 귀국을 배려했다. 공식행사를 통해 주둔군 사령관이 공개적으로 완전 철수를 맹세하도록 했다. 이들은 안전하게 귀국하지만 이후 본국에서 주요 지휘관과 관리들은 처벌받았다.

레 러이와 베트남군은 20년간 지속되었던 명의 지배에서 벗어나 독립했다. 이제부터는 문관이 필요한 시대가 도래했다. 대표적 인물이 '응우옌 짜이'다. 이후의 일은 모두 그의 공적이라고 말해도 무방할 정도로 큰 역할을 했다. 레 러이는 황제로 즉위했고 국호를 다이비엣(大越)으로, 연호는 투언티엔(順天)으로 했다. 행정제도와 관제를 명의 제도를 참작해 만들었다. 그리고 국자감을 부활하고 과거를 실시해 새로운 인재도 대거 등용했다. 침략자인 명에 부역한 자의 토지는 몰수했고 균전제(均田制)라는 평등한 토지분배 제도를 시행했다. 독립전쟁으로 거대해진 35만 명의 군대를 10만 명으로 축소했고 나머지 병사를 귀향하도록 했다.

주목할 점은 명과의 관계 정상화이다. 명은 쩐 왕조 부활을 주장했지만 쩐 까오가 이미 자결했기 때문에 실현되기 불가능한 일이었다. 이미 대세는 베트남 전체를 통일한 레 왕조였다. 명은 레 왕조를 인정할 수밖에 없었다. 레 러이를 왕이 아닌 임시통치자인 '권서안남국사(權署安南國事)'로 인정하고 3년에 한 번 조공하도록 했다. 조선의 태조 이성계를 처음에 '권지고려국사(權知高麗國事)'라고 한 것과 같다.

응우옌 짜이는 전통적인 학자(문인) 집안 출신이며 호 왕조에서 실시한 과거에 합격했다. 이때 태학사(太學士)라는 직위에 있었다. 명이 침략으로 아버지는 끌려가 연금되었다. 이후 시골에 은거하다가 여러 항쟁에 참여했다. 드디어 레 러이를 만나 10년 독립전쟁에서 책사로 참전해 큰 공을 세웠다. 건국 후에는 새 왕조 건설에 정열을 쏟았다. 일생토록 수많은 책을 집필했다. 건국 과정을 다룬 『람산실록(藍山實錄)』, 베트남 문자 쯔놈으로 쓴 『국음시집(國音詩集)』, 베트남 최초의 역사 지리서인 『여지지(輿地誌)』 등과 수많은 한시를 남겼다. 람산은 레 러이의 독립전쟁이 처음 시작한 곳이고 이 『람산실록』에는 레 러이의 시문이 있다.

응우옌 짜이의 최고 작품은 『평오대고(平吳大誥)』이다. 의미는 '오(吳)'를 평정하고 독립을 이룩한 것에 대한 선언문이다. 여기서 오나라는 명나라를 의미한다. 명의 태조 주원장이 건국 전에 오나라의 왕으로서 원에 독립을 선언하고 독립전쟁을 시작했던 역사적 사실에 기인한다. 다시 풀이하면 명나라 침략과 지배를 종식했다는 정치선언문이다.

전근대 시대 유학적 풍토에서 쓰인 작품이라서 오늘날 보기에는 표현이 조금 낯설다. 첫 문장을 보면 "인의의 거사는 요체가 백성을 편안하게 하는 데에 있고, 조민벌죄의 군사는 포악함을 제거하는 것보다 앞세우는 것은 없다.(仁義之擧, 要在安民, 吊伐之師, 莫先去暴)"이다. 여기서 '조벌(吊伐)'은 불쌍한 백성을 구제하고 죄지은 자 벌을 준다(吊民伐罪)는 의미이다. 주 무왕(周武王)과 은 탕왕(殷湯王)이 거병해 폭군을 제거한 고사이다. 『평오대고』의 문체는 병려문(騈儷文)이다. 앞서 고문(古文)과 대비해 짧게 거론한 바 있지만 넉 자 또는 여섯 자의 대구(對句)로 구성된 문장을 말한다. 그래서 화려한 수식이 중요하다. 내용을 보면 크게 세 부분으로 나뉜다. 앞의 부분은 베트남은 당당한 독립국임을 밝혔다. 다음은 역사적 사실을 들어서 중국의 부당한 침략은 모두 좌절되었다고 설명한다.

다음 부분은 명의 20년 동안의 지배에 대한 평가이다. '동해의 물로도 더러움을 씻기 부족하고, 남산의 대다무로도 그 악랄함을 적기에 부족한 악행과 참상'이라는 적었다. 앞서 말한 '조민벌죄'의 이유에 해당한다.

마지막은 레 러이의 독립전쟁에 대한 묘사와 해설이다. 이 작품에서 가장 큰 비중을 차지한다. 중요한 것은 이 글의 주인공은 '레 러이'이다. 그가 회상하는 람산에서 첫 봉기 이후 고난과 번뇌, 승리의 과정을 담았다. 소수의 약자가 끝내 승리하기 위해 구사한 전술에 대한 묘사도 나온다. 다만 정치 선언문이기에 과장된 수사법도 있다. 문장의 마지막도 그렇다. 이제 독립을 쟁취한 베트남 또는 새 왕조의 미래가 번창할 것이라고 노래한다.

하지만 응우옌 짜이의 최후는 불행했다. 태조 레 러이 때 승상의 지위까지 올랐지만 2대 태종이 즉위하자 반대파와 정치적 갈등으로 은퇴하고 시골에 은거했다. 이후 태종이 그의 집을 방문했다. 여기서 누구도 예상하지 못한 불의

의 사건이 일어난다. 갑자기 황제가 죽은 것이다. 당연히 그와 그의 가족이 의심받아 무참히 도륙당했다. 응우옌 짜이가 죽고 20년이 흐른 뒤 성군이라 칭송받는 성종(聖宗)이 즉위한 후에야 사건의 진상이 밝혀지고 그의 무죄도 드러났다. 이후 명예는 회복되었지만 수많은 작품이 이 사건으로 유실되었다. 19세기에 이르러 당시까지 남아 있던 작품을 모아 전 7권으로 『억재유집(抑齋遺集)』으로 편집되어 발간되었다.

마지막으로 그의 칠언율시 한 수 소개한다. 제목은 〈난후도곤산감작(亂後到崑山感作)〉이다. 의미는 '전란이 끝난 후 곤산(崑山)에 도착한 감격으로 적다'이다. 그는 수도 탕롱에서 태어났지만 곤산에서 자랐다. 그래서 그의 고향이라고도 할 수 있는 곳이다. 지금도 그의 사당이 있다.

고향 집 떠난 지 십 년 만에 돌아와 보니,
소나무, 국화꽃 반은 그대로 있구나.
신선들이 살던 임천(林泉)에 살자던 맹약 어찌 저버릴 수 있을까.
흙먼지에 머리 숙이던 일 다만 자신이 가엾을 뿐이지.
지나는 길에 고향에 잠시 들르니 꿈에 온 것 같구나.
전쟁이 아직 끝나지는 않았으나 몸이 성하니 다행스럽네.
어느 때 구름 시린 산봉우리 아래 집을 짓고서,
시냇물로 차 끓여 마시고 돌을 베개로 단잠을 자려나.

一別家山恰十年, 歸來松菊半脩然. 林泉有約那堪負, 塵土低頭只自憐.

鄕里纔過如夢到, 干戈未息幸身全. 何時結屋雲峰下, 汲澗烹茶枕石眠.

시의 앞에 산의 위치, 외조부였던 시인 진원단(陳元旦), 고승 현광(玄光) 등이 살았던 곳이라고 설명한다.

성종 때 레 왕조는 최고의 전성기를 맞이한다. 국조형률(國朝刑律) 등의 성문법을 완성했다. 영토는 참파를 격파하고 지금의 베트남 중부 지역까지 확보한다.

이후 레 왕조는 국세가 기울었고 민중봉기로 멸망했다. 그리고 오랜 혼란기를 보낸다. 북쪽은 모(莫) 왕조와 찐(鄭) 씨, 남쪽은 응우옌(阮) 씨 왕조에 의해 남북으로 분열되었다. 중간중간 레 왕조가 잠시 부활했고 농민봉기로 시작된 '떠이산(西山) 운동'도 일어났다. 이때 레 왕조의 황제가 청(淸)으로 망명해 청이 개입하기도 한다. 이렇게 떠이산 세력을 격퇴했다.

결국에는 응우옌 왕조가 베트남을 통일한다. 응우옌 푹아인(阮福映)이 프랑스 기독교 세력의 도움으로 1802년 통일제국을 만든다. 그가 자롱제(嘉隆帝)이다. 이때 지금의 베트남 남부가 베트남 영토가 되었다. 하지만 베트남은 19세기 중반 1858년부터 프랑스의 침략이 시작되어 1885년에 프랑스의 식민지로 전락했다. 이때 베트남이 프랑스에 유린당하는 과정을 상세히 소개한 책이 20세기 초 한국에 전해졌다. 그 책이 『월남망국사(越南亡國史)』이다. 이 책은 베트남인 판 보이쩌우(潘佩珠)가 청 말의 계몽사상가 양계초(梁啓超)에게 구술한 것을 정리해 만든 것이다. 망국의 원인과 과정, 베트남 애국지사 소개, 프랑스 통치의 잔학성, 베트남의 장래에 대한 전망 등의 내용을 담고 있다. 이 책은 1906년 계몽운동을 하던 현채가 번역해 출간했다. 당시 대한제국도 '을사늑약'으로 망국의 우려가 크게 일어난 때였기에 베트남이 결코 남의 일이 아니었다. 이 때문에 베스트셀러가 되었고 일제의 식민지 이후 '금서'로 지정되었다.

이 시기 몹시 흥미로운 인물이 동아시아에 등장한다. 청나라 흑기군(黑旗軍)을 이끈 유영복(劉永福)이다. 처음 중국에서 반청(反淸) 운동에 참여했다가 베트남에 망명했다. 베트남의 자주독립을 위해 프랑스와 싸워 여러 번 승리하기도 했다. 이후 청의 요청으로 귀국해 청·프전쟁과 청·일전쟁에 참전했다. 그리고 타이완(臺灣)으로 건너가 침략전쟁을 벌이는 일본과 맞서 싸웠다. 타이완에 최초의 공화국을 세우기도 했다. 이후 1911년 신해혁명에서도 활약했다. 19세기 후반부터 20세기 초반까지 중국, 베트남, 일본, 타이완 등에서 일어난 대부분의 침략전쟁과 혁명에 참전했던 인물이 유명복이다.

식민지 시절 응우옌 왕조의 황제들은 모두 프랑스의 '허수아비'였다. 마지막 황제 바오다이(保大)가 1945년 9월 호 찌민(胡志明)의 베트남민주공화국에 권력을 이양하며 왕조는 끝났다. 이후 바오다이는 프랑스의 '재식민지 정책'에 협조했지만 결국 프랑스 파리로 망명해 그곳에서 죽었다.

베트남의 건국 신화와 전설, 민담의 세계 『영남척괴열전(嶺南摭怪列傳)』

앞서 베트남 역사를 약술하면서 '신농씨의 후손인 락롱꿘(貉龍君)이 산신의 딸 어우꺼와 결혼'했다는 건국 신화를 소개했다. 이 건국 신화가 실린 책은 『대월사기전서(大越史記全書)』와 『영남척괴열전』이다.

『대월사기전서』는 레 왕조에서 1497년 편찬된 정사(正史)이다. 편년체로 건국 신화부터 리 왕조까지의 역사를 정리했다. 이 책은 쩐 왕조 때 학자 레반흐우(黎文休)가 편찬한 『대월사기(大越史記)』를 바탕으로 쓰였다. 마찬가지로 편년체이고 중국 한나라 때 남월(南越)의 조타(趙佗, 찌에우다) 즉 무제(武帝)부터 리 왕조의 소황제(昭皇帝)까지의 역사를 정리했다. 현존하지는 않지만 이후 편찬된 사서에 많이 인용되어 그 내용을 알 수 있다고 한다. 『영남척괴열전』은 쩐 왕조 때(1493년) 신화, 전설, 민담 등이 민간으로 전승된 설화를 모아서 정리한 책이다. 저자는 보꾸인(武瓊)이라는 데에는 이견도 있다.

주목할 점은 베트남은 신농씨의 후예라고 하고, 중국 한족(漢族)은 황제의 후손이라고 하는 점이다. 앞서 『산해경』을 다룬 장에서 동아시아 창세기 신화를 다루면서 황제가 천하의 주인인 신농씨를 몰아내고 그 자리를 빼앗았다고 소개했다. 이렇듯 신농씨와 황제는 적대적인 관계였다. 현실의 베트남과 중국의 관계처럼 말이다.

또 한 가지는 알 100개에서 후손인 백월(百越)이 나왔다는 것도 중요한 의미를 지닌다. 난생설화(卵生說話)는 동아시아의 보편적인 설화이기 때문이다. 그런데 한국의 알 숫자보다 베트남 숫자가 많다. 이 백월은 중국 동남지역이다. 민족의 이동을 연상하게 만든다. 무엇보다 북방 도래인과 남방 토착민의 결합이라는 것이 강조되었다. 대체로 북방 도래인을 한족(漢族)이다. 다른 한 가지는 베트남은 현재 54개 다민족 국가이다. 이 외에 용신(龍神) 사상, 산과 물의 결합과 대립을 다루는 부분도 주목할 만하다.

이보다 반세기 전 쩐(陳) 왕조 1329년 리 테스엔(李濟川)이 편집한 『월전유령집(越甸幽靈集)』도 전해지고 있다. 베트남 북부의 사묘(社廟) 등에서 받들었던 수호신이나 토지신 등의 전설을 모은 것이다.

쯔놈 시의 여왕 '호 쑤언흐엉(胡春香)'

전근대 시대 베트남에서도 수많은 여성 문인이 있었다. 이중 베트남 사람들에게 '쯔놈 시의 여왕(喃字詩女王)'이라는 칭송을 받는 문인이 호 쑤언흐엉(胡春香)이다. 쯔놈은 베트남 민족 문자이다. 그녀는 레(黎) 왕조 시대 말기에 탕롱(오늘날 하노이)에서 첩의 딸로 태어났다. 젊어서는 남성 문인들과 교유를 많이 했다. 훗날 『유향기(琉香記)』라는 시집을 냈다. 첩으로 했던 결혼은 모두 불행했다. 첫 남편은 병사했고 두 번째 남편은 응우옌(阮) 왕조의 초기의 탐관오리로 처벌받아 죽었다. 이후 삼도산(三島山)에 은거했다고 하는데 명확하지 않다.

이제 그녀의 시를 몇 수 소개한다. 먼저 〈서정(敍情)〉의 3번째 수다. 그녀의 처지 같아 안타깝다.

> 백주(柏舟) 떠도는 신세 슬프고,
> 물 위에서 떠도는 신세 한스럽구나.
> 차지 않은 선창(船艙)에는 정의(情義)가 넘치는 듯하고,
> 배의 옆으로는 풍파(風波)가 끝없이 밀려오네.
> 제멋대로 떠다니다 나루터에 닿을지,
> 돛 줄 내버려 두었으니 급류로 내려갈지.
> 새것 얻고 헌것 싫어하니 어찌 참을 수 있으리오.
> 다른 남자와 맺어지는 것 싫지만 그럴 수밖에.

이번 작품은 보다 직접적이다. 제목은 〈첩이 되다〉이다.

> 누구는 누비이불 덮고 자고 누구는 추위에 떨고,

빌어먹을, 첩의 숙명이지.

드물게, 그것도 마지 못해서,

한 달에 두 번 와도 그뿐.

먹고살기 위해 참지만 쉰밥이 돌아올 뿐,

하녀처럼 일하지만 품삯은 없다.

이 몸이 이렇게 될 줄 알았더라면,

차라리 그만두고 홀로 살았을 것을.

여성들의 노동력과 성을 무제한 착취하기 위해 지배계급 남성들이 '축첩(畜妾)' 제도를 만들었다고 한다.

이번에는 조금 다른 주제의 시를 보자. 다음은 칠언절구의 시인데 당혹스러울 정도로 적나라한 성애(性愛)를 묘사하고 있다. 제목은 〈파라밀(菠蘿蜜)〉이며 밋(베트남어 Mit, 또는 Jack fruit)이라는 열대과일이다.

제 몸은 나무에 달린 밋과 같아요.

꽃씨는 크고 살은 두터우며, 겉에는 가시가 있답니다.

군자(君子)께서 마음에 드신다면 말뚝을 박으세요.

물이 나오니 손으로 만지지는 마세요."

하지만 억압적이고 고통스러운 성적 학대에는 반대한다. 다음은 〈찢긴 북〉이다.

제 것은 깊이 감추었지만, 여전히 울적해요.

그게 찢긴 건 그이가 무거운 북채로(친 때문이지요).

조용한 대낮에 예닐곱 차례 마구 두드리고,

고요한 밤중에 한두 번 함부로 두드렸지요.

때로는 팔을 쭉 뻗고, 때로는 머리를 푹 숙이고,

일어나서 치다 말고서 다시 앉아서 쳤지요.

누가 가서 말려주세요, 제발 가엾게 여기라고요.

살가죽은 누구나 다 같은 것이 아니냐고요.

마지막으로 살펴볼 시는 〈떡〉이다.

제 몸은 희고도 동그랗지요,

산하와 더불어 몇 번이나 부침(浮沈)한답니다.

주무르는 손길이 거칠든 부드럽든,

저는 언제나 붉은 속마음을 지킬 겁니다.

앞의 〈찢긴 북〉이란 작품 뒤에 이 〈떡〉이란 시를 보면 그녀의 당당한 목소리가 들리는 듯하다. 호 쑤언흐엉의 시를 소개하는 이유는 무엇보다 놀라운 '주제 의식'에 있다. 한국에도 전근대 시대 수많은 여성 문인이 있었다. 한국의 그녀들도 모두 주옥 같은 작품을 남겼지만 호 쑤언흐엉처럼 선명하게 여성의 목소리로 남성 중심의 가부장제(유교의 예제)에 정면으로 반대하는 목소리를 내지는 않았다. 오늘날에야 당연히 여성이 여성의 시와 문학을 하지만 18세기 후반에서 19세기 초에 이런 생각을 한 여성을 찾기란 쉽지 않다.

마지막으로 베트남의 언어와 문자에 대해 짧게 알아보자. 앞서 말한 것처럼 베트남의 다수 민족은 베트남족이다. 그들의 언어는 단음절 고립어이며 6개의 성조가 있다. 어형 변화나 접두사, 접미사가 없다. 문법적 관계는 주로 단어가 놓인 위치에 의해 결정된다. 문자는 전근대 시대에는 한자로 썼다. 현대는 로

마자로 표기한다.

베트남 문자를 로마자화한 세력은 프랑스였다. 베트남어를 로마자로 처음 표기한 사람은 17세기 프랑스 아비뇽 출신으로 예수회 소속 가톨릭 선교사인 알렉산드르 드 로드(Alexandre de Rhodes)이다. 이처럼 베트남어의 로마자 표기는 19세기 중반 프랑스가 베트남에 대한 식민지 정책으로 공문서와 학교 교육을 통해 보급했다. 여기에 가톨릭 신자이며 프랑스에 협조한 인물인 쯔엉빈끼와 후인 띤뚜어도 언론과 출판을 통해 보급했다. 베트남에서 가톨릭 세력이란 식민지의 엘리트 세력이며 프랑스 식민지 당국에 협조한 자들이다. 오늘날 베트남에서 '국어(國語)'란 한자나 쯔놈이 아닌 로마자를 말한다.

마지막으로 쯔놈(字喃)이다. 쯔놈은 베트남의 민족 문자이며 오직 베트남어를 표기하기 위해 만든 것이다. 원리는 한자의 음과 뜻을 빌려 자국어 문장 전체를 표기하는 것이다. 한국의 향찰(鄕札) 문자, 일본의 만엽가나(万葉假名)와 같은 원리다. 가령 쯔놈으로 南+年을 합쳐 쓰면 발음은 南(năm)이 되고, 뜻은 年이 되는 것이다.

쯔놈은 8세기 또는 그 이전 처음 만들어졌다. 13세기 항몽(抗蒙) 전쟁 시기 쩐 왕조 때 확산이 되었다. 쯔놈으로 수많은 문학작품이 창작되었다. 호 왕조 때와 떠이산(西山) 운동으로 세운 왕조에서 잠시 공식 문자로 채택되기도 했다.

조선의 사신 이수광과 필담을 나누다 '풍 칵 코안(馮克寬)'

앞서도 밝혔듯이 동아시아는 책봉(冊封)·조공(朝貢) 체계로 중국 중심의 세계 질서를 형성해왔다. 베트남도 중국과 수많은 전쟁 속에서 독립을 유지했지만 중국 중심의 세계질서의 일원이었다. 베트남은 중국의 명·청 시대 내내 3, 4년에 한 번씩 수천 킬로미터 대륙을 관통하며 북경(北京)으로 사신을 파견했다. 이것은 정기적인 사행길이었고 부정기적으로 바다에서 조난당한 표류민(漂流民) 문제로 파견된 사신도 많았다.

조선도 그렇지만 베트남도 북경 사행길은 문화교류의 장이고 새로운 창작의 기회였다. 사행길마다 무수히 많은 기행문과 시가 창작되었고 책으로 출간되었다. 베트남 문화에 대한 자부심이 드러나는 작품이 많았다. 그리고 중국이 베트남을 '오랑캐(夷)'로 취급하는 것에 항의하며 자신들도 '중화(華)'라는 점을 강조했다. 1831년 응우옌 왕조의 사신 이문복(李文馥, Lý Văn Phúc)은 그가 묵을 중국 관문의 공관 이름이 '월남이사공관(粵南夷使公館)'인 것을 보며 크게 분개했다. 그리고 〈이변(夷辨)〉이란 글을 썼다. 핵심적인 주장은 '베트남은 신농씨(神農氏)의 후예로서 공맹정주(孔孟程朱, 주자학)의 가르침을 따르고, 주한당송(周漢唐宋)의 법과 제도를 따르는 '화'이지 결코 '이'가 아니다!'라는 것이었다. 앞서도 『대의각미록(大義覺迷錄)』을 다룬 장에서도 밝혔듯이 중화와 이적을 나누는 것은 혈통이 아니라 '유교 문명'이라는 것이다. 소신이 스스로 '소중화(小中華)'라고 했던 것도 같은 맥락으로 이해해야 한다. 참고로 이문복은 베트남의 문인 사대부로 대외 사신으로 활동을 많이 했으며 어문을 연구했다. 그는 기행문과 시집을 썼고 한문으로 된 산문을 쯔놈으로 번역하기 위한 『이십사효연음(二十四孝演音)』을 집필했다.

베트남의 사신이 북경에서 조선 사신과 주고받은 한시 '수창(酬唱)'이 지금도 많이 남아있다고 한다. 수창이란 시와 노래를 주고받으며 읊는 것이다. 북경과 열하(熱河)에서 조선과 베트남의 사신이 만나 수창의 시를 주고받은 것은 14기 초엽부터 19세기 후반까지 약 17회에 이른다. 최초의 사례는 1460년 조선의 서거정과 베트남의 양여곡(梁如鵠, Lương Như Hộc)이다. 서거정은 『동문선(東文選)』의 편찬자이며 조선 전기 가장 유명한 문인이다. 양여곡 후레(後黎) 왕조의 사신이다. 마지막은 1871년 조선의 역관 이용숙(李用肅)과 베트남은 범희량(范熙亮, Phạm Hy Lượng)이다.

이 열일곱 번의 사신 왕래 중에 가장 널리 알려진 사례는 4번째였다. 1597년 진위사(陳慰使)로서 명나라 북경에 간 이수광(李睟光)과 베트남의 후레 왕조에서 온 풍극관(馮克寬, Phùng Khắc Khoan, 풍 칵 코안)의 만남이다. 이수광은 조선 중기의 성리학자이며 백과전서인 『지봉유설(芝峰類說)』의 저자였다. 이 저서로 조선 후기 실학(實學)의 선구자로 평가받는다. 풍극관은 유명한 학자이며 외교관이다. 그가 이수광을 만났을 당시 이미 나이가 70세였다. 반면 이수광은 혈기 왕성한 30대였다. 이들의 만남은 자금성(紫禁城) 옆 외국 사절의 숙소인 옥하관(玉河館)에서 이뤄졌다.

이때 이수광은 필담(筆談)으로 베트남의 풍물, 산업, 제도, 역사와 인물, 정세, 거리 등에 대해 아주 상세히 물었다. 기록된 것은 총 16개의 질문 항목이다. 그중에 몇 가지를 보자. '옛날의 월상교지는 귀국의 강역인가?', '인재를 취할 때 시부로 하는가, 책론으로 하는가? 무과 시험은 따로 있는가?', '예전에 듣기에 귀국 왕의 성은 막 씨라 했는데, 지금은 여 씨이니 이는 창업한 주인인가 아니면 혁명으로 오른 왕인가?', '귀국에는 두 번 익는 벼가 있고 여덟 번 누에 쳐서 실을 얻는다는데 사실인가?', '유구 및 일본과의 거리는 몇 리인가?' 등이 눈에 띈다. 이런 노력은 훗날 『지봉유설』의 「외국조」 내용을 풍부하게 만들었다. 이후 사행에서도 유구(琉球, 오키나와)와 태국(泰國, 타일랜드) 등의 사신과

도 이런 필담을 주고받았다고 한다.

이제 풍극관과 이수광의 창화(한쪽에서 시나 노래를 부르고 다른 쪽에서 화답함)를 보자. 먼저 풍극관이 자신의 시집에 올릴 서문을 이수광에게 청했다. 그래서 탄생한 것이 이수광의 '안남 사신의 『만수성절경하시집』에 쓴 서문(安南使臣萬壽聖節慶賀詩集序)이다. 그 내용은 아래와 같다.

"이번에 사신으로 온 풍공(馮公)은 머리는 하얗고 몸은 말랐다. 일흔의 나이에도 얼굴은 여전히 아름답고 머나먼 여정임에도 탈 없이 도착하여 중국의 예악을 구경하고 천자에게 조회했다. 그가 지은 『만수경하시(萬壽慶賀詩)』 31편은 천자의 성절(聖節)을 기린 내용으로 문사와 함의가 혼후(온화하고 인정이 두터움)하여 말마다 주옥이요 소리마다 금옥이니, 어찌 비범한 인물이 아니겠는가. …

나는 동방에서 태어난 사람으로 그대와 대화를 나누고 그대의 시를 접해 보니 구름 수레를 탄 듯 황홀하여 정신은 화해(火海)의 지역에서 노닐고 발은 안남(安南)의 지경을 밟는 듯하니 크나큰 행운이다. 어찌 감히 졸문을 핑계대어 사양하겠는가? 이에 서문을 쓴다."

이에 풍극관이 감사의 답시를 했다.

의가 있는 곳은 어디든지 편안하지 않으리오.
예로 만나 진실되게 사귀면 즐거움이 넘치네.
피차 서로의 강역은 다르나,
연원은 성현의 경전으로 동일하구나.
교린(交隣)은 믿음이 근본이요,
덕으로 나감을 생각하면 공경이 바탕이로구나.

사신의 수레 돌아갈 날,

동으로, 남으로 오색구름을 바라노라.

義安何地不安居(의안하지불안거), 禮接誠交樂有餘(예접성교락유여).
彼此雖殊山海域(피차수수산해역), 淵源同一聖賢書(연원동일성현서).
交隣使是身爲本(교린사시신위본), 進德深惟敬作輿(진덕심유경작여).
記取使軺還國日(기취사초환국일), 東南五色望雲車(동남오색망운차).

이 시에서 분명하게 드러나는 것은 있다. 義, 禮, 誠, 信 등의 시어를 보면 유교적 윤리에 기반한 외교를 했다는 것이다. 그리고 유교 문명이 공통의 문화 기반이라는 점을 확인하는 것이다. 마지막으로 귀국길이 행운의 오색구름이 비추길 바란다고 마무리한다. 동과 남으로 갈 두 사람뿐 아니라 각자의 나라, 조선과 후 레조의 베트남에도 행운을 빌었다. 이렇게 두 사람은 각자의 임무를 마치고 귀국했다.

그런데 이 아름다운 이야기가 양국에서 회자되는 일이 생겼다. 경상도 진주 사람 조완벽이 정유재란 때 왜군에게 납치되어 끌려갔다. 노예로 팔렸는데 글을 아는 선비라서 교토(京都)의 상인이 그의 주인이 되었다. 이후 주인을 따라 오키나와(琉球), 필리핀(呂宋), 베트남(安南) 등으로 다녔다. 베트남에는 세 차례나 방문했는데 현지 고관이 그가 조선인이라는 사실을 알고 "이수광을 아냐"라고 물었다고 한다. 모른다고 하니 이수광의 시집을 보여주었다고 한다. 그리고 베트남 사람들은 그의 시를 많이 알고 좋아한다는 사실을 알려 주었다고 한다. 이후 다시 일본으로 돌아갔고 그렇게 10년이 흘렀다. 당시 조선과 에도 막부는 국교 재개를 앞두고 피로인 송환 문제 등을 다루었다. 외교 교섭 끝에 일부 소수의 피로인이 귀국할 수 있었다. 이때 조완벽도 귀국했다. 이 사실을 후일 이수광이 알게 되자 『조완벽전(趙完璧傳)』이란 조완벽의 전기를 남겼다. 17세기 초반 조선과 베트남, 베트남과 일본의 해양 교류사, 베트남의 사회상 등을 알 수 있는 자료로 가치가 크다고 한다.

마치며

글을 마치고 보니 미처 소개하지 못한 책들이 문득문득 떠오른다. 특히 음악과 미술과 같은 예술 분야, 실생활에 유용했던 점복, 풍수지리, 의복 등등. 그리고 아동용 교재 등의 소개가 부족했다. 분명한 것은 동아시아는 거대한 세계였고 동아시아 문명을 이끈 책들도 엄청 많았다. 부디 독자들은 여기서 멈추지 말고 그런 책들을 발굴해 찾아주시길 바란다.

이 책에 소개한 책뿐만이 아니라 우리를 풍요롭게 만들 고전은 많다. 사실 거대한 책의 세계, 고전의 바다에서 노니는 재미가 크다.

중세 유럽의 현자인 마키아벨리는 만년에 고전을 읽으며 고대 그리스와 로마의 현자들을 만나는 이야기를 술회한 바 있다. 또 조선 시대 지식인들은 유배지에서 긴 밤을 고전 속 성현, 명사와 대화하며 보냈다고 한다.

이 책을 통해 책 속의 인물과 만나 대화하고 사랑도 한다면 우리의 정신세계를 풍요롭게 만들 것이다.

"내 이 세상 도처에서 쉴 곳을 찾아보았으되,
마침내 찾아낸 책이 있는 구석방보다 나은 곳은 없더라."

_움베르토 에코의 『장미의 이름』 서문에서

참고문헌(무순)

* 노태준 평해, 『주역』, 홍신출판사 1990년 중판
* 풍우란 저, 중국철학사, 까치글방 2003년 6쇄
* 고전연구회, 논쟁, 포럼 2006년 1판 1쇄
* 사마천 저, 사기1 - 본기, 도서출판 까치 1994년 초판
* 정재서 저, 이야기 동양신화, ㈜황금부엉이 2007년 초판 10쇄
* 이창일 역, 황제내경, 책세상 2004년 1쇄
* 야마다 게이지 저, 중국 의학은 어떻게 시작되었는가, ㈜사이언스 북스 2012년 1판 4쇄
  라오위췬, 중국문화12 전통의학, 도서출판 대가 2008년 초판 1쇄
* 중의학, https://ko.wikipedia.org/wiki/%EC%A4%91%EC%9D%98%ED%95%99, 2021년 7월 22일
* 민두기 편, 중국의 역사인식 상 하, 창작과 비평사 1985년 발행
* 존 킹 페어뱅크 외, 신중국사, 까치글발 2011년 수정증보판 6쇄
* 사마천 저, 공자세가·중니제자열전, 예문서원 2003년 초판 1쇄
* 위중 저, 상서 깊이 읽기 : 동양의 정치적 상상력, 글항아리 2013년
* 이중톈, 이중톈 제국을 말하다, 에버리치홀딩스 2008년
* 이나미 리츠코, 중국인 이야기, 이손 2002년 초판 2쇄
* 군사학연구회, 군사사상론, 플래닛미디어 2016년 초판 2쇄
* 크리스 피어스 저, 전쟁으로 보는 중국사, 수막새 2005년 10월 20일 초판 2쇄
* 김영수 역해, 제자백가, 동서문화사, 2016년 2판 4쇄
* 김혁제 교열, 논어집주, 명문당 1995년 중판
* 김혁제 교열, 『맹자』집주, 명문당 1993년 중판
* 거지엔슝 총편집, 천추흥망 전 8권(진/한/삼국·양진·남북조/수·당/송/원/명/청), 따뜻한손 2013년 개정판 1쇄
* 송정희 역, 순자, 명지대학 교양교육 연구소, 1973년 재판
* 최태웅 역, 한비자, 새벽이슬 2011년 5쇄
* 선정규 저, 장강을 떠도는 영혼(굴원평전), 도서출판 2000년 초판 1쇄
  여불위 저, 여씨춘추, ㈜글항아리 2012년 초판
* 류소천 저, 중국문인열전, 북스넛 2011년 1판 1쇄
* 후지타 가쓰히사 저, 사마천의 여행, 이른 아침 2004년 초판 1쇄
* 환관 저(김원중 역), 염철론, 현암사 2007년
* 양비 편저, 그림으로 읽는 중국고전, 천지인 2010년 초판 2쇄
* 비분시(悲憤詩) 채염(蔡琰), https://cafe.naver.com/gugbo/20428, 2021년 8월 4일
* 다케우치 미노루 외, 절대지식 중국고전, 이다미디어 2010년 개정판
* 구보 노리따다 저, 도교사, 분도출판사 1990년
* 마명(馬鳴) 저, 대승기신론, 지식을만드는지식 2011년 초판 1쇄
* 자현 스님 저, 불교사 100장면, 불광출판사 2020년 초판 5쇄
* 무마라집 저, 묘법연화경, 도서출판 비움과 소통 2011년 1판 1쇄

* 조병활 기자, 64.구마라집스님과 한국불교, 불교신문 2003년 5월 26일자
우봉규 작가, 동화, 法話 속으로 32. 구마라집과 〈법화경〉, 금강신문 2015년 10월 8일자
* 법현, https://namu.wiki/w/%EB%B2%95%ED%98%84, 2021년 8월 6일
* 왕오천축국전, https://namu.wiki/w/%EC%99%95%EC%98%A4%EC%B2%9C%EC%B6%95%EA%B5%AD%EC%A0%84, 2021년 8월 6일
* 권오석 저, 반야심경, 홍신문화 1990년 중판
* 고우 스님 저, 육조단경, ㈜조계종출판사 2013년 초판
* 關口眞大 저, 선종사상사, 문학생활사 1987년
* 蔡志忠 저, 선의 사상, 도서출판 오월 1992년 제1쇄
* 중국 불교 선종(禪宗)을 꽃피운, 육조 혜능 선사 (慧能禪師)의 발자취를 더듬어 보다, https://blog.naver.com/chinajgkim/221646573252, 2021년 8월 7일
* 오긍 저, 정관정요, 글항아리 2013년 초판
* 윤희진 저, 제왕의 책, 황소자리 2007년 초판
* 덩인커 저, 고대발명, 도서출판 대가 2008년 초판
* 리우동 저, 중국문화 차. 도서출판 대가 2008년 초판
* 팡리리 저, 도자기, 도서출판 대가 2008년 초판
* 미야자키 이치사다 저, 과거 중국의 시험지옥, 역사비평사 2016년 초판
* 장백일 편역, 신역 이백.두보, 홍신문화사 2004년 2판
* 야오단 저, 중국문학, 도서출판 대가 2008년 초판
* 유종목 저, 팔방미인 소동파(소식평전), 신서원 2005년 초판
* 유병례 저, 송사 노래하는 시, 천지인 2009년 개정판 1쇄
* 시마다 겐지 저, 주자학과 양명학, 까치 1989년 재판
* 미우라 쿠니오 저, 인간 주자, 창작과 비평사 1996년 초판 2쇄
* 권중달 저, 자치통감 3번 태어나다, 도서출판 삼화 2013년 초판 1쇄
* 최해별 저, 송대 사법 속의 검시 문화, 세창출판사 2019년 1판 1쇄
* 張基槿 譯註, 大學章句大全, 明文堂 2004년 初版
* 관한경(關漢卿) 저 / 하경심 역, 두아이야기(竇娥)/악한 노재랑(魯齋郞), 지만지 2008년 판
* 진수 저/김원중 역, 정사 삼국지, 휴머니스트, 2018년 판
* 류짜이푸 저, 쌍전, 글항아리 2012년 1판
* 티모시 브룩 저, 쾌락의 혼돈 – 중국 명대의 상업과 문화, 도서출판 이산 2010년 초판 3쇄
* 안드레 군더 프랑크 저, 리오리엔트, 도서출판 이산 2004년 초판 3쇄
* 우한(吳晗) 편집, 대여행가, 살림 2009년 초판
* 서하객 저, 서하객유기1, 2, 소명출판 2011년 1판 1쇄
* 徐連達 외 저, 중국통사, 청년사 1990년 3판
* 다니가와 미치오 외, 중국민중반란사, 혜안 1996년 초판 1쇄
* 레이 황, 1587 만력 15년 아무 일도 없었던 해, 새물결출판사 2004년 1판 1쇄
* 니우산 외 저, 소통의 정치학 상소(중국편), 도서출판 달과소 2008년 첫판 1쇄

* 오함 저, 주원장전(朱元璋傳), ㈜지식산업사 2006년 초판 3쇄
* 신용철 저, 이탁오, ㈜지식산업사 2006년 초판 2쇄
* 王陽明 저, 傳習錄, 청계출판사 2004년 초판 2쇄
* 판수즈 저, 관료로 산다는 것 – 명대 문인들의 삶과 운명, 더봄 2020년 1판 1쇄
* 임용한 외 저, 뇌물의 역사, 이야기가있는집 2015년
* 개자원화보, https://terms.naver.com/entry.naver?docId=565890&cid=46660&categoryId=46660, 2021년 8월 29일
* 마테오 리치(利瑪竇) 저, 천주실의, 서울대학교 출판문화원 2018년 초판 13쇄
* 포송령 저, 요재지이, ㈜민음사, 2002년 1판 1쇄
* 옹정제 저, 대의각미록, 도서출판 b 2021년 초판 1쇄
* 조설근 저, 홍루몽, 일송북 2010년 초판 1쇄
* 위원 저, 해국도지, 세창출판사 2021년 초판 1쇄
* 王曉秋 저, 근대 중국과 일본, 고려대학교 출판부 2002년 초판
* 田溶新 譯, 完譯 日本書紀, 一志社 2010년 10쇄
* 오오노야스마로(太安万呂) 저, 고사기, 고즈윈 2007년 1판 1쇄
* 미야케 히데토시 저, 역사적으로 본 일본인의 한국관, 풀빛 1990년
* 일본 역사교육자협의회 편, 천황제 50문 50답, 혜안 2001년 초판
* 김용덕 편, 일본사의 변혁기를 본다, 지식산업사 2011년 초판 1쇄
* 요시노 마코토 저, 동아시아 속의 한일 2천년사, 도서출판 책과함께 2005년 1판 2쇄
* 서영교 저, 고대 동아시아 세계대전, ㈜글항아리 2015년 초판
* 마쓰무라 아키라 외 저, 절대지식 일본, 이다미디어 2011년 개정판
* 고미 후미히코 외 저, 일본인 이야기, 이손 2003년 초판 1쇄
* 츠위화 저, 일본의 여성, 시그마북스 2008년 초판
* 사이토 모키치 저, 만요슈 선집, ㈜에이케이커뮤니케이션즈 2020년 초판 1쇄
* 이시윤·임태균 저, 포인트 일본문학사, 제이앤씨 2013년 신개정초판 5쇄
* 고니시 진이치(小西甚一) 저, 일본문학사, 고려원 1996년 2판 1쇄
* 기노 쓰라유키 외 저, 고금와카집 천줄읽기, 지식을만드는지식 2014년 초판 1쇄
* 나가오 다케시(長尾剛) 저, 일본사상이야기 40, 예문서원 2004년 초판 2쇄
* 이에나가 사부로 저, 일본문화사, 까치글방 2003년 초판 5쇄
* 유홍준 저, 나의 문화유산 답사기 일본편 1·2·3·4권, ㈜창비 2013년 초판 1쇄
* 홍성화 저, 한일고대사유적답사기, ㈜도서출판 삼인 2008년 초판 2쇄
* 히나타 가즈마사(日向一雅) 저, 겐지모노가타리의 세계, 川花 2006년 초판
* 무라사키 시키부 저, 겐지이야기, ㈜도서출판 한길사 2007년 1판 2쇄
* 계절마다 가장 아름다운 순간은?, https://www.whitepaper.co.kr/news/articleView.html?idxno=56092, 2021년 9월 19일
* 스에키 후미이코 저, 일본 종교사, 논형 2018년 초판 2쇄
* 스와 하루오 저, 세 개의 키워드로 본 일본인, 열린책들 2012년 초판 1쇄

* 이지선, 일본의 전통문화, 제이앤씨 2008년 초판
* 오찬욱 역, 헤이케 이야기, ㈜문학과지성사 2006년 1판 1쇄
* 박전열 외 저, 일본의 요괴문화 그 생성원리와 문화산업적 기능, 한누리미디어 2005년 초판
* 阿部吉雄 저, 退溪와 日本儒學, 도서출판 전통과 현대 2001년 2판
* 이케가미 료타 저, 도해 전국무장, ㈜에이케이 커뮤니케이션즈 2011년 초판 2쇄
* 박윤명, 상식 밖의 동양사, 도서출판 새길 1994년 초판
* 오규 소라이 저, 논어징(論語徵), 소명출판 2010년 1판 1쇄
* 오규 소라이 저, 정담 政談, 서해문집 2020년 초판 1쇄
* 유옥희 역, 바쇼의 하이쿠, ㈜민음사 2020년 2판 1쇄
* 김향 편집, 하이쿠와 우키요에, 그리고 에도 시절, 다빈치 2006년 1판 2쇄
* 너무도 한심했던 임정수립 100주년의 메시지, http://www.tongilnews.com/news/articleView.html?idxno=128461, 2021년 9월 22일
* 이종각 저, 일본 난학의 개척자, 서해문집 2013년 초판 1쇄
* 박홍규 외 저, 국학과 일본주의-일본 보수주의의 원류, 동북아역사재단 2011년 초판 1쇄
* 김세진 저, 요시다 쇼인 시대를 반역하다, 호밀밭 2019년 초판 4쇄
* 劉仁善 저, 베트남史, 民音社 1989년 4판
* 趙東一·池浚模 저, 베트남 최고시인 阮廌(완채), ㈜지식산업사 1992년 초판 1쇄
* 오정환 저, 천년전쟁, 종문화사 2017년 초판 1쇄
* 최귀묵 저, 문학의 창으로 본 베트남, 고려대학교 출판문화원 2018년 초판 3쇄
* 특별한 만남, https://blog.naver.com/moonkok711/222618845477, 2022년 3월 14일
* 최병욱 저, 이수광(李睟光)의 베트남, 1597-1598, 동남아시아연구 19권 3호(2009) : 31-55

찾아보기

ㄱ

가나데혼주신구라 16, 354, 452
가부키 18번집 16, 449, 450
간양록 422
간진초 450, 451
간축객서 77, 90
갈홍 149, 150, 151, 234
감진 15, 374, 375, 376, 377
강남봉이구년 193
강설 214
강성자 228
강항 419, 420, 421
강희자전 20
개자원화보 332, 333, 334, 518
건안문학 136, 141
건안칠자 141
검남시고 253
겐지 모노가타리 15, 385, 386, 387, 388, 389, 390, 446, 462
격장사 487
결안정식 302
계사전 28, 265
고구가쿠 16
고금가제례 267
고금와카집 354, 380, 381, 382, 385, 462, 518
고문진보 139
고사기 354, 362, 366, 367, 373, 462, 470, 473, 518
고사변 55
고사찰요 115
고송 220
고체시 187
고킨와카집 15, 378
공자 22, 23, 24, 28, 41, 42, 43, 44, 45, 47, 48, 49, 50, 51, 52, 53, 56, 59, 61, 75, 76, 83, 84, 86, 102, 103, 114, 118, 119, 123, 124, 126, 127, 132, 206, 210, 258, 264, 266, 323, 340, 349, 424, 426, 428, 430, 431, 481, 516
과진론 18, 103, 111
관산의 달 253
관창해 136
관한경 20, 273, 275, 517
교린제성 428
교우론 336
교행신증 402
구가 4, 16, 31, 70, 73, 79, 80, 88, 109, 113, 139, 150, 187, 199, 207, 220, 229, 233, 272, 289, 299, 315, 319, 322, 361, 363, 367, 416, 417, 430, 431, 444, 491
구마라집 13, 154, 157, 158, 160, 161, 162, 164, 167, 517
구법당 19, 221, 222, 223, 232, 233, 237, 242, 259, 261, 265, 482
구수수 136, 137
구양문충공집 219
구양수 209, 214, 215, 217, 218, 219, 220, 240
구장산술 13, 182, 183
구현령 138
국음시집 499
국의고 461
국풍 354, 359, 377, 378, 380, 382, 389
국학 337, 354, 373, 389, 405, 448, 460, 461, 462, 463, 464, 465, 470, 519
군키 모노가타리 386
군현제 5, 18, 101, 321
굴원 22, 36, 106, 107, 108, 109, 110, 111, 112, 114, 123, 125, 516
귀거래사 19, 146, 147
귀화인 376, 377

근사록 267
근체시 187, 190, 207
기미가요 384
기효신서 14, 20, 293, 301

ㄴ

나관중 281, 283, 284
나카에 도주 15, 428, 429
낙신부 140
낙양가람기 175
난경 37
난학 16, 354, 454, 456, 457, 458, 459, 460, 464, 466, 519
난학사시 16, 354, 454, 457, 459
난후도곤산감작 501
남가기 276
남국산하 482
네덜란드 풍설서 455
노자도덕경 18, 86, 150
노자라시기행 441
노재랑 275, 517
논불골표 209, 210
논어 18, 30, 41, 44, 48, 50, 51, 53, 79, 83, 114, 266, 268, 325, 354, 431, 432, 433, 434, 516, 519
농상집요 184
농서 184
농정전서 184, 304
뇌타화라 163
능가경 175

ㄷ

다경 13, 19, 182, 185, 186
다이라노 기요모리 379, 382, 405, 406, 450
다이라노 마사카도 411, 412
당송팔대가 13, 19, 209, 219, 221, 226
당시선 188

당완 254, 255, 256, 257
대당서역기 13, 19, 167, 168, 171
대동운부군옥 115
대승기신론 13, 19, 163, 164, 165, 166, 516
대승불교 155, 158, 163, 165, 166, 374
대의각미록 14, 20, 341, 342, 343, 509, 518
대일본사 15, 354, 435, 436, 437
대장엄논경 163
대학 10, 13, 28, 30, 57, 83, 102, 130, 136, 142, 180, 263, 266, 268, 269, 270, 279, 282, 341, 342, 373, 424, 425, 429, 431, 481, 516, 518, 519
대학장구 13, 263, 268, 269, 270
도기 252, 289, 305, 308, 369
도래인 356, 357, 367, 376, 377, 397, 504
도야도설(302, 308
도연명 13, 146, 147, 148, 196, 215
도쿠가와 미쓰쿠니 435, 461
도화원기 148
독좌경정산 196
동의보감 40
두보 188, 189, 190, 191, 193, 194, 199, 200, 201, 202, 203, 204, 205, 254, 441, 517
두시언해 188
두아원 14, 273, 274, 275
등고 203
등문공 하 52
떡 144, 186, 326, 507

ㄹ

람산실록 499
레기키 모노가타리 386
레 러이 476, 493, 494, 495, 496, 497, 498, 499, 500
레 호안 480, 481
리 트엉끼엣 481, 482, 483

릿코쿠시 368

ㅁ

마쿠라노 소시 15, 390, 391
마테오 리치 184, 326, 336, 337, 339, 340, 518
만강홍 247, 248
만수성절경하시집 511
만엽집 354, 359, 368, 369, 370, 371, 372, 373, 377, 380, 382, 461
만요슈 15, 368, 518
망악 194
망여산폭포 191
매탄옹 211
맥진 37
맹자 12, 18, 30, 51, 52, 75, 76, 77, 78, 79, 80, 81, 82, 83, 84, 85, 105, 165, 175, 178, 210, 219, 238, 264, 266, 268, 309, 325, 340, 344, 426, 516
명유학안 330
명이대방록 14, 20, 328, 329
모란정 14, 272, 275, 276, 277
몽계필담 229, 304
무라사키 시키부 일기 388
무라사키시키부집 388
무목유서 249
무원록 14, 302, 303
묵자 12, 18, 104, 105, 106
문경의 치 18, 133
문화대혁명 58, 286, 320, 321
미근십론 251
미토학파 15, 435, 436, 437

ㅂ

바다에 가면 368
바쇼 15, 375, 439, 440, 441, 443, 519
바익당 강 479, 480, 489

박물지 279
반야경 161
발분지서 122, 260, 326
배송지주 281
백등강 489
백등강부 489
백등해구 489
법화경 161, 403, 404, 517
변려문 30
병거행 199
보출하문행 136, 137, 138
본초강목 14, 39, 304
분서 5, 14, 20, 53, 101, 323, 325
분서갱유 5, 53, 101
불국기 168
붕당론 217
비급천금요방 39
비분시 12, 142, 516

ㅅ

사고전서 20, 339
사기 12, 18, 23, 60, 75, 95, 122, 123, 124, 125, 126, 127, 129, 153, 214, 219, 236, 260, 278, 326, 332, 348, 354, 362, 366, 367, 373, 401, 433, 462, 470, 473, 476, 482, 503, 516, 518
사대기서 277
사라시나기행 441
사륙변려문 30, 127, 141, 189
사마광 51, 220, 221, 222, 223, 232, 259, 260, 261, 262
사마법 60
사마천 22, 22-528, 23, 53, 75, 95, 111, 112, 122, 123, 124, 125, 126, 260, 326, 332, 516
사서장구집주 266
사서집주 19, 267, 268, 269

사시찬요 13, 184
사조영웅전 249
사쿠마 쇼잔 467, 468, 469
산수화보 333
산해경 7, 12, 18, 31, 35, 36, 37, 113, 148, 504
삼경의소 395
삼국지 14, 20, 60, 73, 79, 138, 139, 198, 227, 230, 250, 277, 278, 279, 280, 281, 282, 283, 286, 287, 362, 363, 405, 489, 517
삼국지연의 14, 20, 73, 79, 138, 250, 277, 278, 281, 282, 283, 286, 287, 405, 489
삼국지주 281
삼국지평화 281
삼국통람도설 466
삼덕초 15, 354, 416, 424, 425
삼리 201
삼별 201
삼종신기 438
상양백발인 212
서경 6, 7, 24, 30, 43, 54, 55, 81, 124, 175, 180, 208, 278, 303, 430
서상기 325, 326
서양사정서 457
서유기 172, 286, 287
서정 110, 141, 187, 505
서하객 14, 20, 288, 289, 290, 291, 292, 517
서하객유기 14, 20, 288, 291, 292, 517
서화보 14, 332, 334
선택본원염불집 400
선택집 400, 401
성성만 245, 246
성호사설 115
세설신어 138, 140, 277
세원집록 302, 303

소네자키 신주 453
소동파 226, 229, 230, 231, 232, 233, 234, 235, 236, 237, 238, 240, 242, 259, 441, 517
소석담기 215
소승불교 154, 158, 163, 374
소학 267
속일본기 368, 409
손빈 18, 22, 60, 62, 64, 65, 66, 67, 123
손빈병법 18
손자병법 12, 18, 59, 64, 67, 72, 301
손타리난타시 163
송사 7, 239, 242, 246, 257, 273, 517
송원학안 330
수시통고 184
수조가두 228, 257
수호전 277, 283, 284, 285, 286, 287, 325, 326
수호지 14, 20, 222, 277, 282, 286
순자 75, 84, 90, 516
스토쿠 천황 405, 413, 447
승고월하문 187
시경 6, 7, 18, 24, 30, 49, 50, 54, 90, 114, 141, 267, 430
시집전 267
신기론 457
신기질 240, 249, 250, 251, 253
신농본초경 37, 39
신농씨 33, 34, 37, 184, 478, 503, 504, 509
신당서 219
신란 401, 402
신서 14, 20, 40, 111, 293, 301, 317, 457, 458, 459, 517
심심몀몀 19, 245
쓰레즈레구사 15, 354, 390, 392, 393

ㅇ

아미산의 달 노래 191
아미타경 161
아편전쟁 20, 349, 350, 352, 467, 469
아호의 회합 310
악경 54, 430
악부시 136, 141, 188
악비 240, 246, 247, 248, 249, 253, 257, 341
안남국 479, 499
안녹산의 난 198, 211
애영 109, 112
야마가 소코 430
양명우파 314, 329
양명좌파 314, 315, 323, 324, 329
양명학 310
어부사 12, 107
억재유집 501
여몽령 243
여불위 22, 90, 93, 102, 115, 116, 117, 118, 119, 123, 516
여씨춘추 12, 18, 22, 115, 116, 118, 119, 304, 516
여이십이백동심범십은거 194
여지를 먹으며 233
역대명화기 332
역학상수론 330
연병실기 301
연평답문 421
열선전 150
염노교 230
염철론 18, 130, 221, 516
영남척괴열전 16, 476, 503
영락대전 20
영우락·경구북고정회고 251
예기 30, 51, 52, 54, 83, 268
예종실록 181

오규 소라이 15, 426, 430, 431, 432, 433, 452, 461, 462, 466, 519
오긍 181, 182, 517
오대사기 219
오대십국 19, 147, 224, 239, 479, 491
오부대승경 414
오자병법 62
오주연문장전산고 115
오쿠노 호소미치 441
오키나 문답 429
와비·사비 442
완약파 240, 246
왕복수재소거쌍회 229
왕안석 209, 218, 219, 220, 221, 222, 223, 225, 226, 229, 232, 233, 259, 260, 261, 265, 266
왕안석의 신법 221, 222, 225, 226, 232, 233, 260, 261, 265, 266
왕양명 309, 310, 311, 312, 313, 314, 323
왕오천축국전 36, 168, 517
왕유 147, 189, 205, 215, 383
왕정농서 184
왕중양 19, 153
요시다 쇼인 16, 436, 465, 469, 470, 471, 472, 473, 519
요재지이 14, 20, 331, 332, 518
우게쓰 모노가타리 16, 447, 448
우미인 241, 242
원도 210, 213, 253, 255, 289, 352
원령 15, 409, 410, 411, 413, 414, 484
원앙진 298, 299, 300
원형천하도 36
월전유령집 504
월하독작 195
위성별곡 207

유림외사 278, 348
유수록 354, 469, 473
유종원 147, 209, 211, 212, 214, 215
유향기 505
육유 19, 240, 253, 254, 255, 257
육일시화 219
육조단경 13, 19, 173, 517
음수사 241
음호상초청후우 227
응오 꾸엔 479, 489
응우옌 짜이 489, 493, 495, 498, 499, 500, 501
이백 188, 189, 190, 191, 192, 193, 194, 195, 197, 198, 199, 204, 205, 208, 383, 384, 441, 517
이변 509
이소 22, 109, 110, 111, 112
이수광 510, 511, 512, 519
이십사효연음 509
이안거사문집 246
이청조 240, 242, 243, 244, 246
이토 진사이 430, 432, 433
이하라 사이카쿠 444, 446
일군일민 471, 473, 474
일본 3대 악귀 414
일본문덕천황실록 368
일본삼대실록 368
일본서기 15, 354, 356, 359, 361, 362, 363, 364, 365, 366, 367, 368, 373, 377, 380, 409, 427, 462, 473
일본후기 368
일전매 246
일통노정도기 289
임천집습유 219
임칙서 349, 350, 351
임하필기 116

입당구법순례기 168
입정안국론 403

ㅈ

자고천 250
자술 187
자제금산화상 236
자치통감 13, 19, 51, 180, 222, 258, 259, 260, 261, 262, 267, 280, 326, 517
자치통감강목 262, 267, 280
자치통감훈의 262
장서 86, 142, 325, 326, 426
장자 12, 13, 18, 31, 51, 75, 86, 87, 88, 89, 226, 229, 277, 441
적벽부 13, 19, 226, 229, 230
전국 7웅 18, 47, 73
전국책 47
전수염불 400, 402, 403
전습록 14, 20, 309
전진교 19, 153
정관정요 13, 19, 180, 181, 182, 517
정담 433, 434, 519
정토화찬 402
정풍파 234, 235
정한론 469, 473
제민요술 182, 184, 304
제서림벽 231
제십이당론 213
제자백가 5, 6, 18, 42, 59, 78, 84, 115, 516
조발백제성 198, 204
조선왕조실록 51, 283
조설근 278, 286, 347, 348, 518
조씨고아 275
조완벽전 513

존왕양이 344, 436, 465, 467, 468, 470, 471, 472, 473
종남별업 206
종법제 18
종수곽탁타전 215
좌구명 22, 53, 123
주돈이 265, 339
주문공문집 267
주문왕 7, 22, 23, 27, 83, 123
주신구라 16, 354, 452, 453
주역 7, 12, 18, 22, 23, 24, 27, 28, 29, 30, 48, 54, 70, 90, 259, 265, 266, 267, 303, 328, 330, 356, 425, 469, 470, 516
주자 15, 19, 20, 30, 83, 102, 201, 252, 260, 262, 263, 266, 267, 268, 269, 280, 309, 310, 312, 313, 315, 323, 329, 330, 341, 344, 345, 354, 372, 377, 416, 418, 419, 421, 422, 423, 424, 425, 426, 427, 428, 430, 431, 432, 433, 434, 438, 444, 462, 509, 517
주자어류 267
죽리관 206
중국의 과학과 문명 182
중용 30, 75, 83, 98, 266, 268, 372, 411, 424, 429
중종실록 181
지령 138
지봉유설 115, 510
지지당집 301
직비령 462
진시황 5, 6, 33, 53, 77, 100, 101, 102, 103, 106, 117, 119, 321
쩐 홍다오 484, 486, 487, 488, 489, 490
쯔놈 시 16, 505
찢긴 북 506, 507

ㅊ

차두봉 254, 255, 257
채염 142, 144, 145, 516
척계광 296, 297, 298, 299, 300, 301
천공개물 14, 302, 303, 304, 308
천문 64, 68, 109, 112, 113, 123, 125, 219, 336, 380, 456
천주실의 14, 20, 335, 337, 338, 339, 340, 518
청명상하도 19, 273
청야음 231
초사 18, 107, 109, 110, 111, 113, 114, 141
초한지 244
촉도난 192
추성부 218
추풍사 19
춘망 190, 200
춘야희우 202
춘추 12, 18, 20, 22, 23, 30, 31, 41, 42, 45, 47, 49, 50, 51, 52, 53, 54, 55, 56, 59, 60, 62, 73, 86, 114, 115, 116, 118, 119, 124, 126, 180, 227, 258, 262, 278, 280, 302, 304, 326, 344, 345, 349, 357, 430, 470, 478, 516
춘추곡량전 53
춘추공양전 53
춘추좌씨전 53, 54, 55, 258
취옹정기 218, 219
측천실록 181
칠보시 139

ㅌ

타펠 아나토미 457, 458, 459
탕현조 275, 277

태극도설 265
텐구 409, 414
통감기사본말 262
통감절요 262

ㅍ

파라밀 506
파악견론 170
팔조명신언행록 267
편년체 51, 126, 181, 258, 356, 503
평오대고 16, 476, 478, 499, 500
평원록 302
포박자 13, 19, 149, 150, 151
풍극관 510, 511
풍 카쿄안 16, 509
피로인 420, 422, 512

ㅎ

하야시 라잔 15, 416, 421, 423, 425, 426, 427, 428, 431
하야시 시헤이 465, 466
하이쿠 15, 354, 375, 439, 440, 441, 443, 519
하일절구 244
한비자 18, 22, 51, 90, 91, 92, 93, 94, 95, 99, 101, 103, 123, 516
한서 36, 111, 278
한유 83, 189, 190, 209, 210, 211, 213, 214, 215, 263
한진춘추 280
한창려집 213
해국도지 14, 20, 349, 350, 351, 352, 518
해국병담 466
해방론 354, 465, 466, 467, 468
해서파관 320, 321

해체신서 40, 457, 458, 459
행로난 192
향약구급방 40
허성 419
헤이케 모노가타리 15, 386, 405, 407, 408
헤이케모노가타리 393
현장 72, 164, 165, 167, 168, 169, 170, 171, 172, 303, 371
혜능 173, 176, 177, 178, 179, 517
호가십팔박 144
호넨 15, 394, 400, 401, 402
호방파 240, 246
호색일대남 16, 354, 444, 445, 446, 447
호색일대녀 446, 447
호 쑤언흐엉 16, 505, 507
호조키 390, 393
혼쵸몬즈이 380
홍루몽 14, 20, 32, 278, 286, 346, 347, 348, 518
화간집 239
화도 백귀야행 409
화청궁을 지나가다 234
환혼기 275
황제내경 12, 18, 31, 37, 39, 516
황종희 314, 328, 329, 330, 342
후지와라 세이카 418, 419, 421, 423
훈고학 18, 54
히미코 362, 363

고전의 쓸모

초판 1쇄 인쇄 2022년 8월 15일
초판 1쇄 발행 2022년 8월 21일

지은이 홍성준
펴낸이 곽유찬
기획·편집 손승겸
디자인 디자인_수
펴낸곳 레인북
등록 2019년 5월 14일 제2019-000046호
주소 서울시 서대문구 홍은동 두산위브 102-1103
대표메일 lanebook@naver.com

인쇄·제본 (주)상지사

ISBN 979-11-967269-6-6 (03150)

※ 책값은 표지 뒤쪽에 있습니다.
※ 잘못된 책은 구입하신 서점에서 바꾸어 드립니다.
※ 이 책은 저작권법에 의하여 보호를 받는 저작물이므로 무단 전재와 복제를 금합니다.
※ 시여비는 레인북의 문학, 인문교양 브랜드입니다.